Thomas Schlag, Muriel Koch, Christoph H. Maaß

Konfirmationsarbeit in der Schweiz

Thomas Schlag, Muriel Koch, Christoph H. Maaß

Konfirmationsarbeit in der Schweiz

Ergebnisse, Interpretationen, Konsequenzen

TVZ
Theologischer Verlag Zürich

Bibliografische Informationen der Deutschen Nationalbibliothek
Die Deutsche Nationalbibliothek verzeichnet diese Publikation in der Deutschen Nationalbibliografie; detaillierte bibliografische Daten sind im Internet über http://dnb.dnb.de abrufbar.

Umschlaggestaltung
Simone Ackermann, Zürich

Druck
ROSCH BUCH GmbH, Scheßlitz

ISBN 978-3-290-17869-7

Inhaltsverzeichnis

Vorwort und Danksagung

Bildung ist nach reformatorischer Auffassung eine der wesentlichen Aufgaben von Kirche. Sie zielt darauf ab, Menschen einen reflektierten Zugang zu Glaubens- und Lebensfragen zu ermöglichen und religiöse Erfahrungen im Horizont einer theologisch orientierten Bildung zur Sprache zu bringen. Die Konfirmationsarbeit ist eine der herausragenden Möglichkeiten, auf pädagogisch und theologisch verantwortete Weise Bildungsprozesse bei jungen Menschen zu initiieren und zu fördern.

Mit der hier vorgelegten Studie wird die Situation der Konfirmationsarbeit in der Schweiz als kirchliches Bildungs- und Orientierungsangebot für Jugendliche analysiert, in praktisch-theologischer Perspektive interpretiert und auf ihre möglichen Konsequenzen für die Profilierung zukünftiger Konfirmationsarbeit (zur gewählten Terminologie Schlag/Voirol-Sturzenegger 2010, 11 ff.) hin beleuchtet.

Jährlich werden in der Schweiz rund 20'000 Jugendliche konfirmiert. Diesem bedeutsamen Einschnitt im Verlauf der Jugend – oft auch entwicklungs- und religionspsychologisch als *rite de passage* (Gennep 2005) verstanden – geht mit der Konfirmationszeit eine je nach Kanton und sogar Kirchgemeinde unterschiedlich lange und intensive Vorbereitung voraus.

Zwar erlauben punktuelle Rückmeldungen und Erfahrungen ein gewisses Bild über die Zielsetzungen und Praxisformen gegenwärtiger Konfirmationsarbeit. Allerdings können solche einzelnen Einschätzungen natürlich nicht als gesicherte oder gar repräsentative Erkenntnisse angesehen werden. Obwohl also nach wie vor eine grosse Zahl von Jugendlichen an diesem Angebot teilnimmt und sich hauptamtliche wie freiwillige Mitarbeitende in diesem Arbeitsfeld intensiv engagieren, ist eine detaillierte Innenansicht und Bestandsaufnahme der aktuellen Situation bisher nicht erfolgt. Man kann deshalb sagen, dass die ganze Lebendigkeit, Buntheit und Vielfalt der Konfirmationsarbeit in ihren einzelnen Facetten und Mosaiksteinen bisher erst ansatzweise ins Licht gerückt sind. Aber auch die möglicherweise schwierigen Ausgangs- und Rahmenbedingungen, die mit den Wahrnehmungen der Jugendlichen selbst zusammenhängen, wurden bisher kaum in systematischer Weise in den Blick genommen. Dies erstaunt umso mehr, als gerade dieses Bildungs- und Orientierungsangebot für das Jugendalter ja zu Recht immer wieder als hoch bedeutsam für die Weitergabe christlicher Traditionen und des kirchlichen Selbstverständnisses angesehen wird. Insofern sollte es für kirchliche Verantwortliche ein zentrales und dringendes Anliegen sein, zu wissen, was in diesem Feld geschieht und wovon eine professionelle Bildungspraxis unbedingt auszugehen hat.

Die religionspädagogische und praktisch-theologische Forschung hat sich in den vergangenen zehn Jahren zwar bereits intensiv mit Fragen der Konfirmationsarbeit befasst – und dies sowohl im europäischen (Schweitzer u. a. 2015b), im deutschsprachigen (Schweitzer u. a. 2015a) wie auch punktuell im schweizerischen Kontext (Schlag/Voirol-Sturzenegger 2010). Allerdings stand bisher eine empirische Studie für die reformierte Schweiz, die die Rahmenbedingungen sowie die Praxis dieses kirchlichen Bildungsangebots für alle Kantonalkirchen beleuchtet, gänzlich aus. Denn für die Erste Europäische Studie zur Konfirmationsarbeit, die in den Jahren 2007/2008 durchgeführt wurde (Schweitzer u. a. 2010), war es vor allem aus zeitlichen und logistischen Gründen nicht gelungen, alle Kantonalkirchen zur Mitwirkung einzuladen. Die damaligen «schweizerischen» Ergebnisse waren darum ausschliesslich aus dem Zürcher Kontext gewonnen. Im Rahmen der fortgesetzten europäischen Kooperation beschlossen im Jahr 2011 Forschende aus neun Ländern, eine Zweite Europäische Studie auf den Weg zu bringen. In diesem Zusammenhang konnte nun auch erstmalig eine gesamtschweizerische Studie in Angriff genommen werden, womit die Aufmerksamkeits- und Forschungslücke der ersten Zürcher Befragung von 2007/2008 geschlossen werden konnte.

Ziel der im Jahr 2012/2013 durchgeführten Befragungen war es, einerseits die Erwartungen und Motivlagen aufseiten der Konfirmandinnen und Konfirmanden sowie der Mitarbeitenden und deren jeweilige Erfahrungen mit diesem Angebot zu erheben. Andererseits sollten deren Einstellungen gegenüber Religion, Glaube und Kirche sowie die damit verbundenen pädagogischen und theologischen Herausforderungen und Herangehensweisen ausgelotet werden. Eine neue Erfahrung war für uns in diesem Zusammenhang die Ausweitung der Befragung um einen dritten Befragungszeitpunkt t3 im Jahr 2015, um so im Sinne einer Längsschnittstudie noch bessere Einblicke in die möglichen Wirkungen der Konfirmationsarbeit zu erhalten.

Auch wenn die jetzt vorliegenden Ergebnisse durch einen einzigen Jahrgang und über den Zeitraum von nur ca. zweieinhalb Jahren gewonnen sind, so handelt es sich unserer Ansicht nach dabei doch um sehr viel mehr als lediglich eine punktuelle Momentaufnahme. Wir gehen vielmehr davon aus, dass sich in den präsentierten Ergebnissen Trends abbilden, die über einen längeren Zeitraum hinweg vorherrschend sind. Mit den nun vorliegenden Daten und Ergebnissen als einer Art Bestandsaufnahme ist es nämlich erstmals möglich, ein breites Bild der gegenwärtigen Situation dieses kirchlichen Bildungsangebots und seiner Wirkungen zu erhalten. Wenn dabei in diesem Band von «der Schweiz» die Rede ist und zugleich auch der vergleichende Blick nach Europa und von Europa her erfolgt, so tun wir als Verfasser dies mit gutem Gewissen. Denn dieses Mal sind tatsächlich – bis auf den Kanton Uri – alle Kantonalkirchen der Eidgenossenschaft am Zustandekommen der Studie beteiligt – und zwar sowohl als Untersuchungsobjekte wie auch als tatkräftige, in vielen Fällen überaus engagierte Unterstützer der Studie.

So gilt es an dieser Stelle, der kaum zu überblickenden Anzahl von finanziellen und ideellen Förderern dieser Studie ausgesprochen herzlich zu danken: Es waren in besonderer Weise namhafte Beträge der reformierten Landeskirchen – hier seien allen voran Zürich, Bern, St. Gallen, Graubünden, Aargau und Thurgau sowie die deutschschweizerische Kirchenkonferenz genannt –, die die Durchführung der Studie und auch die vorliegende Publikation wesentlich gefördert und damit ermöglicht haben. Einen erheblichen Anteil tragen zugleich die Universität Zürich und die Theologische Fakultät. Neben diesen ganz realen finanziellen Unterstützungen sind die von Beginn an sehr weitreichenden Unterstützungsmassnahmen durch die kantonalen Kirchenleitungen sowie die jeweils vor Ort verantwortlichen Kontaktpersonen für die Konfirmationsarbeit und Begleitung unserer Studie zu erwähnen.

Dass die Studie über den Zeitraum von insgesamt fünf Jahren zum jetzigen Ergebnis führen konnte, ist einer Vielzahl von Personen zu danken, die in unterschiedlicher Weise mit ihrer Kompetenz zum nun vorgelegten Stand beigetragen haben. Zu nennen ist hier an erster Stelle das Team am Lehrstuhl für Praktische Theologie der Theologischen Fakultät der Universität Zürich: Dr. Rahel Voirol-Sturzenegger hat in den Jahren 2007 bis 2012 durch ihr Engagement für die notwendigen Kontinuitätslinien zwischen der Ersten und Zweiten Europäischen Studie gesorgt und im Vorfeld der neuerlichen empirischen Untersuchung die grundlegenden Kontaktaufnahmen zu den Kantonalkirchen hergestellt, wichtige regionale Recherchen durchgeführt und schliesslich auch die neue empirische Studie durch ihr Fachwissen mitentwickelt und von Beginn an mit geprüft. Die vielfältigen, in ihren einzelnen Details kaum nachzuvollziehenden logistischen und technischen Herausforderungen der Umfragen wurden allezeit zuverlässig und gewissenhaft durch Jonas Stutz und Silvio Liesch bewältigt. Beide haben uns auch sehr intensiv in der editorischen Arbeit begleitet und damit ebenfalls wesentlich zum Zustandekommen dieses Bandes beigetragen.

Wir möchten es an dieser Stelle nicht versäumen, den Kooperationspartnern im Rahmen der Zweiten Europäischen Studie aus den neun beteiligten Ländern sehr herzlich zu danken: Dieser Dank gilt in allererster Linie dem unermüdlichen und uns alle immer wieder motivierenden, antreibenden und mahnenden Koordinator der Studie, Prof. Dr. Friedrich Schweitzer, Tübingen, und seinem Team, namentlich Dr. Wolfgang Ilg, Katja Lißmann und Georg Hardecker. Von Tübingen aus wurde unsere eigene empirische Arbeit in ganz unverzichtbarer Weise durch viele wissenschaftliche Hilfskräfte zuverlässig und vielfältig unterstützt.

Unser herzlicher Dank gilt auch den Kolleginnen und Kollegen Prof. Dr. Henrik Simojoki (Deutschland), Mag. Dagmar Lagger (Österreich), Prof. Dr. Leise Christensen und Prof. Dr. Henrik Reintoft Christensen (Dänemark), Prof.

Dr. Kati Niemelä und Jouko Porkka (Finnland), Prof. Dr. Ida Marie Høeg und Prof. Dr. Bernd Krupka (Norwegen), Prof. Dr. Jonas Bromander und Dr. Erika Willander (Schweden), Ádám Hámori und Dr. Baláz Siba (Ungarn), Elzbieta Byrtek (Polen) sowie Prof. Dr. Achim Härtner und Tobias Beißwenger (Methodistische Kirche Deutschland), mit denen wir im 2007 gegründeten «International Network for Research and Development of Confirmation and Christian Youth Work» verbunden sind. Wir haben durch die inzwischen langjährige Verbindung zu diesen Fachkolleginnen und -kollegen nicht nur erheblich für unsere eigene Arbeit profitiert, sondern von dieser europäischen Perspektive und thematischen Vernetzung aus auch wichtige fachliche und persönliche Freundschaften schliessen dürfen, wofür wir sehr dankbar sind. Von besonderem Wert im Blick auf die Erhebung der Religiosität war die Beratung durch unseren Kollegen Prof. Dr. Stefan Huber von der Theologischen Fakultät der Universität Bern, der uns die Items des von ihm entwickelten Religionsmonitors der Bertelsmann-Stiftung in deutscher, französischer und italienischer Sprache zur Verfügung gestellt hat und uns für die Interpretation dieser Ergebnisse hilfreich zur Seite stand. Zu danken ist schliesslich den Verantwortlichen des Theologischen Verlags Zürich, hier insbesondere Frau Lisa Briner und Herrn Günther Fässler, welche die auch gestalterisch und technisch anspruchsvolle Herstellung dieses Bandes kompetent und zuverlässig begleitet haben.

Zu danken ist abschliessend drei weiteren Personengruppen: Zum Ersten den vielen Hauptverantwortlichen und leitenden Personen in den einzelnen Kirchgemeinden, die an der zeitlich und organisatorisch aufwendigen Untersuchung mit ihren Konfirmandinnen und Konfirmanden und durch das eigene Ausfüllen der Fragebögen mitgewirkt haben – oft auch trotz knapper zeitlicher Ressourcen und nicht selten unter Verzicht auf eigene Unterrichtszeit. Zum Zweiten danken wir den vielen interessierten Personen aus den einzelnen Landeskirchen, die uns bei den jeweiligen Präsentationen der Ergebnisse vor Ort seit Herbst 2014 durch ihre Rückfragen, kritischen Überlegungen und insbesondere durch ihren motivierenden Zuspruch vielfältig dazu angeregt haben, unsere Frageperspektiven permanent zu erweitern und die eigenen Interpretationen immer wieder neu zu überprüfen.

Schliesslich sei allen Konfirmandinnen und Konfirmanden unser herzlichster Dank ausgesprochen. Sie haben sich in intensiver Weise auf die nicht immer ganz einfache Beantwortung der ausführlichen Fragebögen eingelassen. Durch ihr Ankreuzen und Antworten auf die offenen Fragen haben sie uns höchst aufschlussreiches und wertvolles Material für unsere Forschung gegeben, uns wichtige Einblicke in ihre Lebenswelten und Gefühlslagen gewährt und dadurch das faszinierende praktisch-theologische Arbeitsfeld der Konfirmationsarbeit in ganz eigener Weise für uns erschlossen.

Die vorgelegte wissenschaftliche Studie will ganz bewusst auch der Praxisreflexion und der Gestaltung zukünftiger Konfirmationsarbeit dienen. Wir wünschen deshalb den Leserinnen und Lesern unseres Buches einen geduldigen und scharfen Sinn angesichts der vielen, wirklich nur auf den ersten Blick knochentrocken erscheinenden Ergebnisse, Zahlen, Tabellen und Grafiken. Und wir erhoffen uns Leserinnen und Leser, die sich durch unsere Interpretationen der Daten dazu motiviert und herausgefordert fühlen, ihre je eigene Verantwortung für die Konfirmationsarbeit und insbesondere für die Jugendlichen vielleicht *noch* intensiver, begeisterter und kompetenter wahrzunehmen.

Zürich, im April 2016

Thomas Schlag
Muriel Koch
Christoph H. Maaß

1. Einleitung und Hintergründe

1.1 Konfirmationsarbeit in der Schweiz

1.1.1 Gesellschaftliche, religiöse und kirchliche Hintergründe

Kirchliche Bildungsarbeit in der Schweiz ist in ein gesellschaftliches, religiöses und kirchlich-institutionelles Gesamtsetting eingebettet, das sowohl durch lange tradierte Selbstverständlichkeiten und Stabilitäten wie auch durch eine hochdynamische Pluralität und wachsende Komplexität der Verhältnisse gekennzeichnet ist. Die Konfirmationsarbeit steht in besonders aufschlussreicher Weise im Kreuzungspunkt dieser gesellschaftlichen, religiösen und kirchlichen Herausforderungen. An ihr lässt sich markieren und überprüfen, inwiefern es der reformierten Kirche gelingt, die Generation der Jugendlichen für religiöse Fragen zu interessieren bzw. vorhandene Interessen zu intensivieren und ihnen zugleich hilfreiche Orientierungen für die individuelle und gemeinsame Lebensführung anzubieten. Dieses spezifische Bildungsangebot kann insofern als Prüfstein für die Zukunftsfähigkeit reformierten Christseins und der Identifizierung mit der reformierten Kirche angesichts zunehmender gesellschaftlicher Problemkonstellationen gelten. Wie stellen sich nun diese Rahmenbedingungen und Herausforderungen dar?

Wie in vermutlich nur wenigen anderen Ländern Europas verbinden sich in der Eidgenossenschaft tradierte, oftmals sehr lokal orientierte Identitätsmuster mit globalen Verflechtungsmechanismen und erheblichen transnationalen Mobilitätsdynamiken – und dies in einer keineswegs immer konfliktfreien Weise. Die Folge sind wachsende Spannungen zwischen international zu bewältigenden und zu regelnden Problemen und einem hohen Bewusstsein nationaler, kantonaler und lokaler Eigenständigkeit. Das historisch gewachsene und von einer breiten Mehrheit kultivierte Selbstverständnis manifestiert sich sehr stark darin, dass nationale, regionale und lokale Eigenheiten, seien sie sprachlicher oder kultureller Art, in jedem Fall in ihrem Eigenrecht berücksichtigt werden müssen. Konkret gesprochen lebt die politische, gesellschaftliche und kirchliche Kultur der Schweiz vom Bewusstsein, dass Kompetenz- und Verantwortungsfragen in der Regel «von unten» bzw. von der vor Ort gegebenen Zuständigkeitsebene aus gedacht und bearbeitet werden. Um konflikterzeugende Spaltungstendenzen schon im Ansatz zu vermeiden, sind folglich viele entscheidende Handlungskompetenzen bis heute auf kantonaler und vor allem auf kommunaler Ebene angesiedelt, während der nationale Rechts-, Verfassungs- und Institutionenrahmen primär als Ermöglichungs- und Sicherungsraum für den zivilisierenden Umgang mit Verschiedenheit verstanden wird.

Die daraus resultierende und über viele Jahrhunderte hinweg gepflegte Ausgleichs- und Konsenskultur hat ihren entscheidenden Grund darin, dass die bestehenden politischen, kulturellen und konfessionellen Unterschiede nicht zur gesellschaftlichen Destabilisierung des helvetischen fragilen Gesamtgebildes oder gar zu Abspaltungen oder zur Auflösung des Gemeinwesens führen sollen (Maissen 2011). So darf also auch Religion dem schweizerischen Selbstverständnis zufolge nicht zum Spaltmaterial werden. Religiöse Zugehörigkeit gilt demnach aufgrund der faktischen konfessionellen Vielfalt von vornherein nicht als wesentlicher Faktor oder als einheitsstiftende Grösse gesellschaftlicher Identitätsbildung. Religion wird somit im Bewusstsein einer breiten Öffentlichkeit im Konfliktfall als Privatsache verstanden.

Dieses Religionsverständnis spiegelt sich auch in der gegenwärtigen Situation und gesellschaftlichen Position von Kirche wider: Dabei ist vorausgehend zu sagen, dass sich die Mitgliederzahlen in beiden grossen Kirchen in den vergangenen Jahrzehnten deutlich verringert haben. In den urbanen Zentren entspricht der Anteil der Reformierten inzwischen in etwa der Grössenordnung der Konfessionslosen: In Genf sind es rund 12 %, in Basel etwa 18 % und in Zürich etwa 30 % Reformierte. Es hat den Anschein, als ob sich die Schweiz demografisch und auch religionspolitisch zunehmend säkularisiert. Aber trotz dieser Tendenzen bewegt sich der Mitgliederanteil in beiden grossen Volkskirchen immer noch bei etwa 65 % der Gesamtbevölkerung. Und es ist noch mehr zu sagen: Die reformierte Kirche lebt – mindestens in vielen Regionen der Schweiz – noch heute von ihrer lokalen architektonischen und personalen Präsenz sowie ihren weitreichenden und gut ausgebauten Angebotsstrukturen. Insbesondere in lokaler Hinsicht reicht die kirchliche Prägekraft nach wie vor weit in die gesellschaftlichen Lebensverhältnisse hinein. Die Kirchen geniessen immer noch einen ausgezeichneten oder zumindest doch erwartungsvollen guten öffentlichen Ruf (Winter-Pfändler 2015). Die finanzielle Verfassung der einzelnen Kantonalkirchen ist zwar unterschiedlich beschaffen und in Einzelfällen durchaus prekär. Alles in allem ist die reformierte Kirche aber immer noch in der Lage, sich auf dem Markt religiöser Angebote zu positionieren, in eigene neue Projekte zu investieren und Aufmerksamkeit zu gewinnen. Auf dem Parkett nationaler Meinungsbildung und ethischer Urteilsbildung hingegen spielen beide Kirchen nur in seltenen Fällen eine prominente Rolle als moralische Instanz, was sie etwa von den Verhältnissen in Deutschland deutlich unterscheidet. Man kann vielleicht etwas zugespitzt sagen: Die Kirchen sind im Bewusstsein der schweizerischen Öffentlichkeit präsent, allerdings müssen sie ihre Glaubwürdigkeit insbesondere auf kantonaler, lokaler und personaler Ebene immer wieder neu manifestieren (Schlag 2014). Kurz gesagt: Volkskirchlich ist nichts mehr selbstverständlich, aber die etablierten

Strukturen sind immer noch gegeben, so dass die Türen nach wie vor offen stehen (Plüss u.a. 2016).

Die oben angesprochene gesellschaftskulturelle Grundidee einer basisorientierten Verantwortungspraxis wirkt sich auch auf das Selbstverständnis der Kirchen im Inneren aus. Strukturell sind die reformierten kirchlichen Verhältnisse primär von ihren kantonalen und kommunalen Strukturen her zu verstehen und bestimmt. Die sogenannte Gemeindeautonomie ist das entscheidende Regelungsprinzip für alle kirchlichen Entscheidungsvollzüge vor Ort. Für den reformierten Protestantismus bedeutet dies in inhaltlicher wie in struktureller Hinsicht, dass der Schweizerische Evangelische Kirchenbund (SEK) und selbst die jeweilige kantonale Kirchenleitung nur in sehr begrenztem, manchmal gar symbolhaftem Sinn eine Orientierungs-, Regelungs- oder Steuerungsgewalt für sich beanspruchen kann, was gelegentlich durchaus auch moniert wird (Kundert 2014).

Dieses gemeindliche Selbstverständnis und das damit verbundene Selbstbewusstsein der Kirchenleitenden vor Ort sind auch für die Frage der kirchlichen Praxis der Konfirmationsarbeit relevant. Denn vor diesem Hintergrund sind zum einen alle Versuche einheitlicher Regelungen oder nur schon Empfehlungen schon strukturell von Beginn an limitiert, zum anderen haben eben auch die Verantwortlichen für die Konfirmationsarbeit eine erhebliche Selbständigkeit in der Planung und Durchführung ihres je eigenen Angebots.

Eine weitere wichtige Rahmenbedingung für die religionspädagogische Perspektive der Konfirmationsarbeit ist in diesem Zusammenhang noch zu benennen: Sowohl die reformierte wie die katholische Kirche haben sich in den vergangenen Jahrzehnten mehr und mehr aus der Mitverantwortung für den staatlich verantworteten schulischen Religionsunterricht zurückgezogen bzw. wurden daraus verdrängt (Helbling u.a. 2013; Schlag 2013). Um auch zukünftig als massgebliche und einflussreiche Instanzen religiöser Traditionsüberlieferung und Bildung angesehen zu werden, sind sie folglich neu gefragt, sich im Raum öffentlicher religiöser Bildung zu positionieren. Hier bietet sich die Konfirmationsarbeit als ausserfamiliäres und ausserschulisches Sozialisationsangebot natürlich als entscheidende Möglichkeit für Innovation an. Dass sich die Kirchen dieser Herausforderung bewusst sind, zeigt sich überall dort, wo es ihnen in den letzten Jahren und zum Teil mit erheblichem Investitionsaufwand gelungen ist, neue Angebotsformen für die kirchgemeindliche Bildungsarbeit zu entwickeln und zu etablieren (Schlag/Voirol-Sturzenegger 2011).

Schliesslich ist eine weitere Herausforderung zu benennen, die mit dem Aspekt der persönlichen Religiosität junger Schweizerinnen und Schweizer zu tun hat. Hier stellt sich die Frage einer religiösen Identität sehr viel komplexer und schwieriger dar, als dies für vorherige Generationen gegolten haben mag: Denn tatsächlich ist es keineswegs ausgemacht und schon gar nicht selbstverständlich, dass

Jugendliche im Alter zwischen 14 und 16 Jahren selbstverständlich dazu bereit sind, sich während eines gewissen Teils ihrer Lebenszeit mit einer Thematik und einer Institution auseinanderzusetzen, die ihren sonstigen lebensweltlichen Erfahrungen und ihrem eigenen Agendasetting zumindest nicht ohne weiteres entsprechen. Die individuelle und die institutionelle Dimension von Religion sind nicht einfach nur zwei Seiten einer Medaille, sondern können auf einen fast unüberwindbaren Graben hindeuten (Campiche 2004; Stolz 2014). Die Tatsache, dass Jugendliche heute mehr denn je aus einer nicht mehr überschaubaren Vielfalt lebenskultureller, ganz realer oder virtueller Optionen für die individuelle Lebens- und Freizeitgestaltung auswählen können, ist als Hintergrundfolie kirchlicher Bildung schlechterdings nicht ignorierbar. Dass in der Begegnung von Jugendlichen mit Kirche wechselseitige Fremdheitserfahrungen durchaus nicht ungewöhnlich sind (Schlag/Schweitzer 2011; 2012), muss jedenfalls die systematischen Überlegungen zur Konfirmationsarbeit ebenso wesentlich mitbestimmen wie die Frage nach der Attraktivität und Zukunftsfähigkeit reformierten Glaubens und der entsprechenden kirchlichen Praxis (Weber-Berg 2016).

Von den hier benannten gegenwärtigen Rahmenbedingungen des gesellschaftlichen, religiös-kulturellen und kirchlichen Lebens in der Schweiz aus ergeben sich konsequenterweise die aktuellen Herausforderungen im Blick auf die Konfirmationsarbeit. Wird die religiöse Landschaft, wie angedeutet, pluraler und immer unübersichtlicher und ist die Selbstverständlichkeit individueller Kirchenmitgliedschaft längst nicht mehr gegeben, so stellt sich für die Kirche die Frage, wie sie mit ihrem Bildungs- und Orientierungsangebot adoleszente Mädchen und Jungen überhaupt noch erreichen kann und wie sie für diese attraktive und passende Angebote zu entwickeln vermag.

1.1.2 Theologische Bedeutungsvielfalt der Konfirmation

Will man die gegenwärtige Praxis schweizerischer Konfirmationsarbeit angemessen verstehen und einordnen, ist es unumgänglich, sich ihre vielfältige Entstehungsgeschichte und die damit verbundenen Bedeutungszuschreibungen wenigstens ansatzweise zu vergegenwärtigen. Was vor einigen Jahren exemplarisch für die Geschichte und das Profil der Konfirmationsarbeit der Evangelisch-reformierten Landeskirche des Kantons Zürich erfolgt ist (Schlag/Voirol-Sturzenegger 2010, 15–19), wäre im Blick auf die nun vorgenommene Ausweitung für alle Kantonalkirchen eigentlich notwendig: eine Darstellung der wesentlichen historischen Entwicklungslinien. Angesichts der Anzahl von insgesamt 26 reformierten Landes- bzw. Kantonalkirchen ist aber unschwer nachzuvollziehen, dass dies einer eigenen vergleichenden Geschichte bedürfte, was im vorliegenden Zusammenhang nicht zu leisten ist.

Insofern sind für den hier vorgelegten Band wenigstens in vergleichender Weise die rechtlichen Rahmenbedingungen und die aus den entsprechenden Ordnungen ablesbaren Verständnisse der Konfirmationsarbeit zusammengestellt (vgl. 4.1), aus denen ansatzweise die unterschiedlichen Profile herausgelesen werden können. Von der Wahrnehmung dieser verschiedenen Rahmenbedingungen und Ausformungen aus können aber schon an dieser Stelle einige grundlegende Einsichten zur Konfirmationsarbeit im Kontext der reformierten Schweiz benannt werden:

Von einer einheitlichen Tradition, einer generellen Leitidee oder einem gemeinsamen, übergreifenden Organisationsprinzip der Konfirmationsarbeit in der Schweiz kann höchstens dann gesprochen werden, wenn man den Blick auf sehr grundsätzliche Entscheidungen richtet: So sind die Leitvorstellung vom Priestertum aller Gläubigen und die Freiheit individueller Glaubenspraxis konstitutive Merkmale reformierten Christ- und Kircheseins (Freudenberg 2011; Busch 2007). Wie bereits angedeutet, verbindet sich dies in institutioneller und struktureller Hinsicht mit einer starken Betonung kirchgemeindlicher Handlungsautonomie, die ihrerseits mit einem stark demokratisch-partizipatorischen Verständnis der möglichen Einflussnahme des einzelnen Gemeindemitglieds verbunden ist (Schlag 2015). Es ist folglich angemessen, den Begriff der Mündigkeit als zentrale Leitkategorie der Konfirmationsarbeit in der Schweiz herauszustellen – und dies sowohl im Sinne der individuellen, eigenständigen Auseinandersetzung mit Fragen des Glaubens, der Kirche und der eigenen Religiosität wie auch der verantwortlichen Mitgestaltung der gesellschaftlichen und politischen Verhältnisse.

Die Tatsache, dass kein einheitliches oder gar verbindliches Bekenntnis der reformierten Kirchen der Schweiz vorliegt (Krieg/Luibl 1999; Krieg/Zangger-Derron 2002; Krieg 2009), bedeutet für das Verständnis der Konfirmationsarbeit und Konfirmation, dass in deren Zentrum in der Regel nicht die katechetische Einweisung Jugendlicher in einen bestimmten Katalog von Glaubensaussagen oder Glaubenstraditionen steht. Vielmehr ist gerade die Interpretationsleistung der Kirchen dazu gefragt, was ihnen als reformierte Tradition vor Augen tritt. Vergewisserung über die eigene reformierte Herkunft ist folglich nicht ohne die je eigene kritische Auseinandersetzung möglich.

Nicht zu unterschätzen ist in diesem Zusammenhang, dass nach reformiertem Verständnis die sakramentale und liturgische Praxis der Wortverkündigung deutlich nachgeordnet ist. Zudem kann die Zuordnung von Taufe, Abendmahl, Konfirmation und Mitgliedschaft unterschiedlich bestimmt werden und wird in den reformierten Kirchen der Schweiz auch unterschiedlich praktiziert (SEK 2010, 8). Jedenfalls hat die Konfirmation ihre ursprüngliche Funktion als Zulassung zum Abendmahl auch in der Schweiz längst eingebüsst. Diese reformierte Vielfalt wird wie folgt auf den reformiert-vielfältigen Punkt gebracht: «Die Konfirmation kann den Konfirmandinnen und Konfirmanden ermöglichen, ihr Glaubensverständnis zu artikulieren. Sie kann die Abschlussfeier der kirchlichen Unterweisung darstellen. Mit ihr werden die Jugendlichen in die Gemeinde der Erwachsenen aufgenommen. Sie kann die Getauften an ihre Taufe erinnern und die Ungetauften zur Taufe einladen. Nicht zu unterschätzen sind die Aspekte der Konfirmation als Kasualie: sie ist auch Segnungsfeier, rite de passage auf dem Weg zum Erwachsensein, Familien- und Generationenfest.» (SEK 2010, 32)

Dies zeigt sich konkret für den Konfirmationsgottesdienst darin, dass die Einsegnung der Konfirmandinnen und Konfirmanden etwa gegenüber dem lutherischen Verständnis eher einen symbolischen als einen eindeutig bekenntnishaften Charakter trägt oder Akt darstellt: Indem der Segen den in der Taufe sichtbar ergangenen Zuspruch des Evangeliums vergegenwärtigt, liegt der theologische Hauptzweck der Einsegnung als rituelle Anknüpfung an den Taufakt gerade nicht in einer Bestätigung der Taufe durch die Jugendliche oder den Jugendlichen selbst. Im Akt der Konfirmation soll vielmehr zum Ausdruck kommen, dass die Gemeinde der/dem Jugendlichen die Aufnahme in ihren Kreis als mündige Glieder zuspricht und die/der Jugendliche dieser Einladung im wahrsten Sinn des Wortes beipflichtet. Wenn man so will, liegt die Deutung dessen, was Konfirmation meint, nach reformiertem Verständnis erst einmal eindeutig aufseiten der Gemeinde und ihrer Bereitschaft, die Jugendlichen in deren je eigener Glaubenshaltung anzunehmen. Die Einstimmung der/des Jugendlichen ist dann nicht mehr – aber auch nicht weniger – als eine/die Folge dieser Annahme durch die Gemeinde.

Dies bedeutet für die gesamte Konfirmationsarbeit, dass die Zielsetzung weniger in einer expliziten Einverständniserklärung der Jugendlichen zu bestimmten vorausgesetzten Glaubenssätzen besteht als vielmehr in deren selbstverantworteter Auseinandersetzung mit einzelnen Inhalten des christlichen und reformierten Glaubens. Wenn man es in einer aufschlussreichen typologischen Unterscheidung formulieren will, ist die schweizerische Konfirmationsarbeit sicherlich eher durch das kybernetisch-integrative und lebenszyklisch-segnende als durch das katechetisch-kirchenrechtliche und sakramentlich-zeremonielle Inszenierungsmuster (Klie 2007) charakterisiert.

Diese vergleichsweise niederschwellige Zielsetzung der Konfirmationszeit, das traditionell gegebene Schwergewicht auf der Wortverkündigung und die damit reduzierte Aufmerksamkeit auf liturgische Anschaulichkeit führen folglich zu einer erheblichen Vielfalt einzelner kantonaler Ausgestaltungspraktiken – und zwar sowohl hinsichtlich des inhaltlichen Bildungsangebots wie auch der gottesdienstlichen Praxis während und am Ende der Konfirmationszeit. Gerade weil die gottesdienstliche Liturgie nach reformiertem Verständnis gegenüber der zentralen Stellung der Predigt nur von sekundärer Bedeutung ist, hat dies im Lauf der Zeit erhebliche Freiheiten der individuellen Ausgestaltung eröffnet (Kunz u. a. 2011). Aufgrund dieser programmatisch bedeutsamen theologischen Deutungsfreiheit sowie der damit verbundenen nachreformatorischen Bekenntnisfreiheit manifestieren sich das angedeutete Grundverständnis von Konfirmation und ihre theologisch-pädagogische Ausgestaltungspraxis je nach Kontext sehr unterschiedlich. Die entscheidenden Einflussgrössen für die jeweiligen Veränderungen sind dabei einerseits bestimmte regionale und lokale Traditionen in den unterschiedlichen Kantonalkirchen, andererseits der recht breite – eben stark autonom bestimmte – Gestaltungsrahmen, in dem sich die jeweiligen Akteurinnen und Akteure der Konfirmationsarbeit bewegen und ihr Angebot profilieren.

1.2 Hintergründe der Studie

1.2.1 Die Zürcher Studie 2007/2008

Nach ersten punktuellen empirischen Untersuchungen seit den 70er Jahren des vergangenen Jahrhunderts (zum Überblick Schweitzer/Elsenbast 2009), die allerdings die Schweiz praktisch ausklammerten, hat sich in den vergangenen rund zehn Jahren eine umfassendere empirische Forschung zur Konfirmationsarbeit zu etablieren begonnen. Einer ersten grösseren Konfirmandenstudie für den Bereich der Evangelischen Kirche in Deutschland (EKD) (Ilg u. a. 2009) folgte die bereits erwähnte europäische Vergleichsstudie zur Konfirmationsarbeit in sieben europäischen Ländern (Schweitzer u. a. 2010). Für diese internationale Zusammenarbeit war 2007 das bereits im Vorwort erwähnte International Network for Research and Development of Confirmation and Christian Youth Work mit Forschenden aus Dänemark, Deutschland, Finnland, Norwegen, Österreich, Schweden und der Schweiz gegründet worden. Diese internationale Studie war die erste ihrer Art und zielte als eine Art Panoramastudie darauf, möglichst viele Aspekte des Forschungsfelds zu identifizieren, um so über die unmittelbare Datenerhebung hinaus auch eine Basis für weitere Forschungsprojekte zu bieten: So wurden im Konfirmationsjahr 2007/08 in den genannten Ländern über 28'000 Konfirmandinnen und Konfirmanden, deren Eltern sowie Mitarbeitende zu Erwartungen und Erfahrungen, Motivationen und Gestaltungsformen befragt – und dies mittels quantitativer Fragebögen zu zwei Zeitpunkten am Anfang und gegen Ende des Konfirmationsjahrs.

In diesem Rahmen wurden auch in 39 Kirchgemeinden des Kantons Zürich 598 (t1) und 578 (t2) Konfirmandinnen und Konfirmanden, rund 250 Eltern sowie 64 (t1) und 59 (t2) Mitarbeitende befragt. Die Zürcher Resultate der Studie wurden mithilfe deskriptiver und vergleichender Statistik tiefer gehend analysiert und auf mehreren Arbeitstagungen für kirchliche Ausbildungsinstitute und Pfarrpersonen dem breiteren Publikum vorgestellt. Sie mündeten in mehrere Veröffentlichungen und fachwissenschaftliche Beiträge, in denen einzelne systematische Überlegungen angestellt und weiterführende Perspektiven für die Praxis und zukünftige Forschung präsentiert wurden (Schlag/Voirol-Sturzenegger 2010; Schlag 2010a). Besonders erwähnenswert ist im Blick auf die praktischen Konsequenzen, dass die durch die Zürcher Kantonalkirche entwickelte neue Unterrichtshilfe (Wir leben in Beziehungen 2014) in enger Bezugnahme auf die Ergebnisse dieser Zürcher Studie entstand und sich der Erarbeitungsprozess durch eine intensive fachwissenschaftliche Kooperation von universitärer und kirchlicher Religionspädagogik auszeichnete.

1.2.2 Die Schweizer Studie 2012/2013

Im Anschluss an die hohe internationale Aufmerksamkeit für die europäischen Ergebnisse wurde durch die Mitglieder des International Network for Research and Development of Confirmation and Christian Youth Work im Jahr 2011 nicht nur eine zweite Umfrage beschlossen, sondern sowohl eine thematische Ausweitung und Schwerpunktsetzung des Fragenkatalogs als auch eine Ergänzung um Polen, Ungarn, die Evangelisch-methodische Kirche in Deutschland sowie nun um die ganze Schweiz. Die Entwicklung und Durchführung der schweizerischen Umfragen geschah in enger Kooperation mit den Mitgliedern des Networks, das sich über den gesamten Forschungszeitraum hinweg im Schnitt zweimal pro Jahr traf. Für die Entwicklung dieser zweiten Erhebung wurde an die Erfahrungen aus der ersten Untersuchung sowie an die bis dahin entstandenen Publikationen angeknüpft. In empirischer Hinsicht ergab sich eine thematische Ausweitung vor allem um die Thematik der Gottesdienstwahrnehmung sowie der Freiwilligenarbeit. Die Verfeinerung des Erhebungsdesigns machte im Vergleich zur Ersten Europäischen Studie die vertiefte empirische und interpretatorische Arbeit möglich. Durch die angestrebte weitgehende Parallelität in den Fragebögen sollten sich möglichst viele Möglichkeiten ergeben, die Daten aus den unterschiedlichen Ländern zu vergleichen und auch bezüglich der konzeptionellen und didaktischen Ansätze von Konfirmationsarbeit in den grenzüberschreitenden internationalen Dialog einzutreten. Zudem lag uns als Zürcher Forschungsteam an einigen Themen, die in der Europäischen Studie so nicht aufgenommen wurden – etwa die Themen Religiosität, Wahrnehmung der Gesellschaft, Werte und Zukunftshoffnungen.

Eine besondere Herausforderung für die Entwicklung des schweizerischen Fragebogens bestand darin, einerseits eine um der Vergleichbarkeit willen möglichst hohe Itemgleichheit bis hinein in die Wortwahl zu erzielen, andererseits aber auch sowohl den Spezifika der schweizerischen Verhältnisse gerecht zu werden wie auch die kantonalen Unterschiede in den Items und deren Übersetzung ins Französische und Italienische zu berücksichtigen. Auf eine Übersetzung ins Rätoromanische wurde angesichts der zu erwartenden geringen Fallzahlen verzichtet. Trotz der kantonalen Differenzen kamen für die Studie überall das gleiche Design und derselbe Fragebogen zum Einsatz, um so den Datenvergleich über alle Landeskirchen hinweg gewährleisten zu können. Die Ergebnisse der Zweiten Europäischen Studie – auch mit einer Zusammenfassung der schweizerischen Ergebnisse – haben inzwischen bereits zu ersten englischsprachigen Veröffentlichungen gefunden (Schweitzer u. a. 2015; Schlag/Koch 2015).

1.2.2.1 Organisatorische und zeitliche Planung

Seit Herbst 2011 erfolgte die Kontaktaufnahme mit den Kirchenleitungen aller Kantonalkirchen, mit welcher deren Bereitschaft zur Mitarbeit und eine entsprechende Unterstützung der Finanzierung erfragt wurde. Darauf antworteten alle Landeskirchen ausnahmslos positiv und waren zudem bereit, einen teilweise erheblichen finanziellen Betrag zur Ermöglichung der Studie zu leisten. Um die kantonalen Eigenheiten und Interessen möglichst genau zu berücksichtigen, wurden in allen Kantonalkirchen sogenannte Kontaktpersonen benannt, die für die Informationen über die regionalen Rahmenbedingungen, die argumentative Unterstützung in den Kirchgemeinden wie auch für die Prüfung der Fragebogenentwürfe zur Verfügung standen. Zu diesen Fachpersonen erfolgte dann die einzelne Kontaktaufnahme, insbesondere im Hinblick auf kantonalkirchliche Dokumente und Lehrpläne zur Konfirmationsarbeit, um so einen ersten Überblick über die jeweiligen Rahmenbedingungen zu erhalten und zugleich die kantonale Situation im Blick auf den schulischen Religionsunterricht zu erheben und gegebenenfalls auch frühere empirische Untersuchungen in einzelnen Landeskirchen zu sichten. Zugleich erhielten wir mit der jeweiligen Mitarbeitserklärung aus sämtlichen Kirchen die Adressen aller Kirchgemeinden sowie die Namen und Adressdaten der für die Konfirmationsarbeit zuständigen Personen der jeweiligen Kirchgemeinde.

Hinsichtlich des Samples entschlossen wir uns nach längeren internen Überlegungen zu einer Vollerhebung– und dies aus zwei Gründen: Zum einen war angesichts der Vielzahl der Kantonalkirchen eine repräsentative Auswahl logistisch und organisatorisch ausgesprochen schwierig, zum anderen lag uns daran, dass an der Gesamtumfrage möglichst viele Gemeinden teilnehmen, um so auch die Bedeutung der Studie überhaupt verdeutlichen zu können. Insofern sprachen wir uns auch gegen eine Zufallsstichprobe aus. Eine möglichst hohe Gesamtbeteiligung und Repräsentativität wurde dadurch zu erzielen versucht, dass die kantonalkirchlichen Kontaktpersonen nochmals gezielt auf die Gemeinden ihrer Landeskirche zugehen sollten, falls diese bei einer der Umfragen t0, t1 oder t2 keine oder nur eine sehr zögerliche Teilnahmebereitschaft zeigten. Es gab tatsächlich dann auch ein mehrfaches und durchaus erfolgreiches Nachfassen bei säumigen Gemeinden.

So erfolgte nach diesen ersten vorbereitenden Arbeiten im Frühjahr 2012 ein Erstkontakt zu allen Gemeinden bzw. zu den Hauptverantwortlichen für die Konfirmationsarbeit. Mithilfe eines entsprechenden Einladungsschreibens und des «Erhebungsbogen zu Grunddaten der KonfirmandInnengruppe» (t0) wurden diese zur Mitarbeit eingeladen. Im Bogen wurden Rahmendaten zu Name und Adresse des bzw. der Hauptverantwortlichen, zur Dauer der Konfirmationszeit, Grösse der Gruppe, der geschätzten Zahl der Nichtteilnehmenden, der Mitarbeitenden, zum Konfirmationsdatum, zum Alter der Konfirmandinnen und Konfirmanden, zum Rhythmus und zu den Formen der Treffen, zu den Teilnahmevoraussetzungen sowie zum Vorhandensein eines schulischen Religionsunterrichts erfragt. Zudem wurden Informationen zur konkreten Gemeinde eingeholt, so etwa zur Lage (grossstädtisch, städtisch, vorstädtisch, ländlich), zur Grösse der politischen Gemeinde sowie zu einer möglichen Diasporasituation.

Aus den Rückmeldungen von insgesamt 667 Gemeinden bzw. Gruppen der insgesamt angefragten 1360 Gemeinden konnten im Frühsommer 2012 die Rahmeninformationen dieser Gemeinden zusammengestellt werden. Von dieser Grundlage aus und nach endgültiger Ausarbeitung der KonfirmandInnen- und Mitarbeitendenfragebögen auf europäischer Ebene erhielten im Herbst 2012 die Hauptverantwortlichen, Mitarbeitenden sowie die Konfirmandinnen und Konfirmanden den ersten Fragebogen t1. Dieser umfasste 157 Items und Variablen im Falle der Jugendlichen und 149 Items und Variablen im Falle der Mitarbeitenden. Die Befragung umfasste damit jeweils die komplette Gruppe der jeweiligen Gemeinde, also alle Jugendlichen, die sich in diesem letzten Jahr vor der Konfirmation befanden, sowie die für diese Gruppe zuständigen Mitarbeitenden (relevant sind dabei alle, die haupt- und ehrenamtlich regelmässig in der Konfirmationsarbeit mitarbeiten, also entweder wöchentlich oder bei mindestens drei Einzelaktionen im Konfirmationsjahr).

Dass eine Studie über die Wahrnehmung der Konfirmationsarbeit eigentlich auch diejenigen erfassen müsste, die sich nach der Einladung bewusst gegen eine Teilnahme entschieden haben oder im Lauf des Jahres ausgestiegen sind, ist uns durchaus bewusst. Sowohl Hürden des Datenschutzes als auch die vergleichsweise viel komplizierteren Kontaktierungswege haben allerdings den Einbezug dieser Personen nicht zugelassen.

Für die beteiligten Gemeinden war der Aufwand verhältnismässig gering: Die Befragungen waren so vorbereitet, dass die Zuständigen vor Ort weder Kopieraufwand noch Portokosten tragen mussten. Das Ausfüllen der Fragebögen erfolgte im Rahmen der normalen Treffen der Gruppe der Konfirmandinnen und Konfirmanden, wobei für die beiden Befragungszeitpunkte jeweils ca. 30 Minuten veranschlagt wurden. Die Bögen wurden vom Hauptverantwortlichen in einem Umschlag gesammelt und direkt an die Projektleitung zurückgeschickt, worauf die digitale Erfassung der Daten erfolgte.

Der zweite Befragungszeitpunkt t2 lag ca. vier Wochen vor der Konfirmation im Frühjahr bzw. Frühsommer 2013. Hier wurden die Mitarbeitenden – mithilfe von insgesamt 256 Items und Variablen für die Hauptamtlichen und Freiwilligen – und die Jugendlichen – mithilfe von insgesamt 134 Items und Variablen – insbesondere über ihre Erfahrungen und die Zufriedenheit mit der Konfirmationszeit befragt. Zugleich wurden Fragen aus t1 wortgleich wiederholt, um mögliche Veränderungen und Entwicklungen im Verlauf des Konfirmationsjahrs zu prüfen. Von den angeschriebenen nun 655 Gemeinden, deren Zahl aufgrund einiger Rückmeldungen von Hauptverantwortlichen (Personalwechsel, organisatorische Schwierigkeiten, Terminknappheit) etwas geringer ausfiel, erfolgten dann Rücksendungen aus 478 Gemeinden.

An dieser Stelle sei auch erwähnt, dass ein im April 2012 für die Finanzierung der Studie eingereichter Antrag beim Schweizerischen Nationalfonds leider nicht bewilligt wurde, wobei hier auf die dort genannten Gründe nicht näher eingegangen werden soll. Dies hatte allerdings zur finanziellen Folge, dass die Mitwirkung durch uns als schweizerischer Kooperationspartner erheblich infrage gestellt war. Erst durch eine ausgesprochen grosszügige Förderung der Evangelisch-reformierten Landeskirche des Kantons Zürich, für die hier nochmals ausdrücklich gedankt sein soll, konnte die weitere Arbeit an der Studie gewährleistet werden.

Die t1- und t2-Befragung wurde in Form einer Paper-Pencil-Befragung durchgeführt, weil die so gebotene Möglichkeit, die Befragungen im Gruppenverband durchzuführen, die Rücklaufquote gegenüber einer Internetumfrage erheblich zu erhöhen versprach. Die individuelle Zuordnung der Konfirmandinnen und Konfirmanden wurde bei den Bögen t1, t2 und t3 jeweils durch einen anonymen Code realisiert.

Mit der Erhebung t2 wurden die Jugendlichen zugleich danach gefragt, ob sie sich vorstellen könnten, an einer dritten Befragung ca. zwei Jahre nach ihrer Konfirmation teilzunehmen und uns dafür ihre Adressen zukommen zu lassen. Tatsächlich erhielten wir hier rund 4000 positive Rückmeldungen samt Adressen, die wir für die t3-Erhebung, die im Frühsommer 2015 mittels 99 Items und Variablen stattfand, nutzen konnten. Sie erfolgte sowohl auf dem Weg des postalischen Versandes wie auch durch eine Onlineumfrage. An dieser beteiligten sich 1229 Jugendliche. Im Herbst 2015 erhielten die Gemeinden Zugang zu ihren spezifischen Daten.

Hier der zeitliche Verlauf im grafischen Überblick:

Abbildung 1: Übersicht zu den Befragungszeitpunkten t0 bis t3

Frühjahr 2012: t0-Befragung
(Erhebung der Gemeindedaten)
Hauptverantwortliche

Herbst 2012: t1-Befragung
(zu Beginn des Konfirmandenjahres)
Konfirmandinnen und Konfirmanden, Mitarbeitende

Frühjahr/Frühsommer 2013: t2-Befragung
(ca. 4 Wochen vor der Konfirmation)
Konfirmandinnen und Konfirmanden, Hauptverantwortliche, Mitarbeitende

Konfirmation 2013

Frühsommer 2015: t3-Befragung
(ca. 2 Jahre nach der Konfirmation)
Konfirmandinnen und Konfirmanden bzw. konfirmierte Jugendliche

1.2.2.2 Rückläufe im Überblick

Im grafischen Überblick stellt sich die Teilnahme in den einzelnen Kantonen wie folgt dar – markiert sind hier die 493 Konf-Gruppen, die an t1 und/oder t2 teilgenommen haben. Naturgemäss konnte die Teilnahme an t3, die ja weitgehend individuellen Charakter in der Beteiligung trug, hier nicht in gleicher Weise dokumentiert werden:

Abbildung 2: Konf-Gruppen, die an t1 und/oder t2 teilgenommen haben

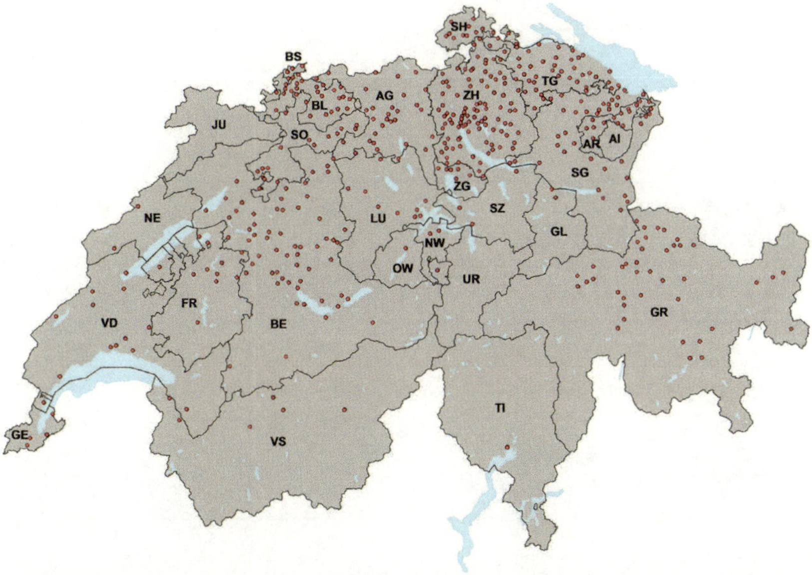

N = 493 Konf-Gruppen. In der Abbildung wurden also sämtliche Konf-Gruppen, die an t1 und/ oder t2 teilgenommen haben, addiert bzw. übereinandergelegt. Auch Gruppen, die an beiden Befragungen partizipiert haben, sind jeweils nur durch einen einzigen Punkt vertreten. Analoges gilt für den Fall, wo mehrere Konf-Gruppen aus derselben Kirchgemeinde oder Ortschaft stammten (siehe unten) – auch hier wurden «Doppelungen» der Übersichtlichkeit halber jeweils in einem einzigen Punkt zusammengefasst. Mit anderen Worten: Pro Postleitzahl der teilnehmenden Konf-Gruppen findet sich stets nur eine Markierung.

Die Zahlen der Teilnehmenden und Rückläufe (ein Fragebogen gilt jeweils als Datensatz) gibt der folgende numerische Überblick wieder. Hier sei noch angemerkt: Die Unterscheidung von Gemeinden und Gruppen rührt daher, dass in einzelnen Gemeinden mehrere Konf-Gruppen existieren, die entweder von den gleichen Hauptverantwortlichen oder einer anderen hauptverantwortlichen Person geleitet wurden. Von daher erklärt sich die höhere Zahl der Gruppen gegenüber der Gemeindezahl.

Tabelle 1: Zahlen der an der Studie teilnehmenden Gemeinden/Gruppen, Konfirmandinnen und Konfirmanden sowie Mitarbeiterinnen und Mitarbeiter:

	In t0 angeschriebene Gemeinden	In t1 angeschriebene Gemeinden	In t2 angeschriebene Gemeinden	In t1 und/oder t2 teilnehmende Gemeinden	In t1 und/oder t2 teilnehmende Konf-Gruppen
Total	1360	667	655	478	493
	KonfirmandInnen-Datensätze insgesamt	In t1 teilnehmende Konfirmandinnen und Konfirmanden	In t2 teilnehmende Konfirmandinnen und Konfirmanden		In t1, t2 und t3 teilnehmende Konfirmandinnen und Konfirmanden
Total	8692	7271	6437		662
	MitarbeiterInnen-Datensätze insgesamt	In t1 teilnehmende Mitarbeiterinnen und Mitarbeiter	In t2 teilnehmende Mitarbeiterinnen und Mitarbeiter	Hauptamtlichen-Datensätze insgesamt	Freiwilligen-Datensätze insgesamt
Total	1068	900	688	747	171

Mit der doch recht grossen Zahl von Jugendlichen, die damit als Befragte in den Blick geraten sind, nähert sich unsere Studie in ihrem Umfang demjenigen der Eidgenössischen Jugendbefragungen «ch-x» und leistet damit einen Beitrag zur empirischen Jugendforschung in der Schweiz.

1.2.2.3 Hinweise zur Darstellung und zur Nomenklatur

Die Fragebögen t1, t2 und t3 waren quantitativer Natur, wobei die Befragten meist die Möglichkeit hatten, ihre Antworten auf einer 7er-Skala anzukreuzen. Die Diagramme dieser Studie dokumentieren meist die Ja-Antworten, zu denen die Ankreuzungen 5–7 zusammengefasst wurden. Im Einzelfall werden hier auch explizit die negativen Antworten, die dann aus den Ankreuzungen 1–3 zusammengefasst sind, dokumentiert.

In den Bögen wurden auch Freitextfragen als Möglichkeit zur ausführlicheren Antwort und Reaktion gestellt: Für die Konfirmandinnen und Konfirmanden wurden in t1 neun und in t2 eine Frage gestellt, für die Mitarbeitenden in t1 und t2 jeweils elf Fragen. Einige transkribierte Antworten auf die offenen Fragen finden sich insbesondere in den verschiedenen Abschnitten des 2. Kapitels. Sie sollten allerdings nicht im statistischen Sinne als repräsentative Belege für bestimmte Ergebnisse gewertet werden, sondern sind jeweils als Illustration zu diesen Ergebnissen zu lesen.

Für die Auswertung und die Darstellung dieser Studie wurde den Items als Einzelfragen innerhalb des Fragebogens jeweils sogenannte Itemnamen zugewiesen: Items, die im Text mit C beginnen, stammen aus dem KonfirmandInnenfragebogen t1; Items, die mit K beginnen, aus dem Fragebogen t2 für Konfirmandinnen und Konfirmanden; Items, die mit W beginnen, beziehen sich auf den Mitarbeitendenfragebogen t1; Items, die mit V beginnen, auf den Mitarbeiter- oder den Hauptverantwortlichenbogen t2; Items, die mit Q beginnen, beziehen sich auf die Umfrageergebnisse aus t3. Mit dem jeweils zweiten Buchstaben (z. B. KN) wird ein bestimmter thematischer Itembereich gekennzeichnet, die zweistellige Nummer zeigt das genaue Item an. So ist etwa mit KN01 die Zufriedenheit der Konfirmandinnen und Konfirmanden «mit der Konf-Zeit insgesamt» erfasst, WB09 gibt Auskunft darüber, ob die Mitarbeitenden bei der ersten Befragung intendieren, dass die Konfirmandinnen und Konfirmanden in der Konfirmationsarbeit die Themen mitbestimmen dürfen. Zwischen t1 und t2 korrespondierende Items tragen in den Kürzeln, abgesehen natürlich vom ersten Buchstaben, die gleiche Signatur: Also gibt dann beispielsweise VB09 Auskunft darüber, ob die Mitarbeitenden bei der Befragung am Ende des Jahres ihrer Meinung nach «die Themenauswahl in der Konf-Zeit mitbestimmt» haben.

Neben den Items finden sich in der Darstellung auch sogenannte Indizes: Diese wurden aus einzelnen Items gebildet und sind jeweils durch ein kleines «i» am Anfang mit folgendem C, K, W, oder V und einem entsprechenden thematisch verankerten Buchstaben signiert: So haben wir z. B. aus den vier Items Gerechtigkeit und Verantwortung für andere (CL08), Freundschaft (CL09), Sinn des Lebens (CL11) und Tod (CL23) den Index «Interesse an Themen der Lebensführung» zum Zeitpunkt t1 (iCL3) und zum Zeitpunkt t2 (iKL3) zusammengestellt. (Überblick und Genaueres zu allen Codes sowie zum hier nicht erläuterten Code-Suffix «_CH» siehe Abschnitt 7.1.)

Prozentangaben (%) in den Abbildungen und im Text beziehen sich stets auf die Zahl gültiger Antworten und werden auf ganze Zahlen gerundet dargestellt. Aufgrund von Rundungen der Prozentangaben zu einzelnen oder mehreren Item-Antwortkategorien können sich Quersummen der Prozentangaben ergeben, die unter oder über 100 % liegen. Zu Abweichungen zwischen den in den Abbildungen berichteten Ergebnissen und den Ergebnissen im Anhang (Kapitel 8.2) kann es deshalb kommen, weil einerseits Prozentangaben für die positiven Antworttendenzen (5/6/7) erst aufsummiert und dann gerundet wurden, und andererseits Prozentangaben für einzelne Antwortkategorien (1/2/3/4/5/6/7) zum Zweck einer übersichtlichen Darstellung im Anhang gerundet wurden, ohne dass sie aufsummiert wurden. Wenn man sie aufsummiert, kann es zu geringeren Abweichungen zu den Ergebnissen in den Abbildungen – jedoch nur im 1-Prozent-Bereich – kommen.

Die aufmerksame Leserin und der aufmerksame Leser werden feststellen, dass wir an zahlreichen Stellen unserer Ergebnispräsentationen und Interpretationen mit Begriffen wie «vermutlich», «wahrscheinlich», «möglicherweise» o. ä. operieren und überhaupt unsere Einschätzungen nicht selten mit einer gewissen Auslegungsbreite verbunden sind. Dies mag angesichts des primär quantitativen Forschungsdesigns erstaunen, da doch Zahlen und Prozent vermeintlich klare Auskunft, Einordung und Gewichtung ermöglichen. Tatsächlich aber ist hier insbesondere auf das Faktum zu verweisen, dass schon manche in den Items der Fragebögen verwendeten Begrifflichkeiten bei den Befragten höchst unterschiedliche Assoziationen ausgelöst haben dürften (auch hier verwenden wir bewusst eine konjunktivische Formulierung) – ganz zu schweigen von den schlechterdings nicht zu erfassenden konkreten Settings, Situationen und Stimmungen, in denen diese Bögen von den Befragten im Einzelnen ausgefüllt wurden. Insofern bleiben sowohl aufgrund der Formulierungen der Items als auch hinsichtlich der sachlichen Grenzen jeglicher Dateninterpretation manche Ergebnisse prinzipiell auslegungsoffen und natürlich diskutabel. Dies muss im Übrigen für eine wissenschaftliche Studie keinesfalls ein Nachteil sein, sondern lässt gerade die hermeneutische Perspektive jeder praktisch-theologischen Forschungsarbeit umso deutlicher in den Blick rücken. Wenn wir also nicht selten vermeintlich vage zu formulieren scheinen, so geschieht dies nicht in der Absicht, die Leserschaft im Unklaren zu lassen oder gar im Blick auf die gewonnenen Ergebnisse unsicher zu sein. Vielmehr wollen wir damit signalisieren, dass selbst bei vermeintlich eindeutigen Zahlenverhältnissen Vorsicht vor allzu schnellen Schlussfolgerungen angebracht ist und die hier nun präsentierten Ergebnisse und unsere Interpretationen bei den Lesenden der Studie selbst möglichst intensive Reflexions- und Interpretationsprozesse auslösen sollen. Insofern wünschen wir uns gerade angesichts der auf den ersten Blick so augenfälligen, bildgewordenen Ergebnisse eine möglichst kritische Leserschaft!

1.2.2.4 Gliederung des Bandes

Nach den einleitenden Bemerkungen im 1. Kapitel zu den gesellschaftlichen, religiösen, kirchlichen und theologischen Hintergründen der Konfirmationsarbeit in der Schweiz und einer Vorstellung des Untersuchungsdesigns sowie der Rücklaufdaten beginnt mit dem 2. Kapitel die eigentliche Präsentation der Ergebnisse und Erkenntnisse. Dabei beziehen wir uns in diesem Kapitel insbesondere in deskriptiver Weise auf die quantitativen Ergebnisse einerseits zu den Antworten der Konfirmandinnen und Konfirmanden, andererseits der hauptamtlichen und freiwilligen Mitarbeitenden. In diesen deskriptiven Teil, in den bereits erste Interpretationen einfliessen, sind zugleich immer wieder in illustrierender Absicht einzelne Zitate bzw. Passagen aus den Freitextantworten der Befragten eingefügt. Das 3. Kapitel vertieft mithilfe unterschiedlicher Mehrebenenanalysen die bis dahin aufgefundenen Ergebnisse, indem hier insbesondere nach den Einstellungen der die Konfirmandinnen und Konfirmanden beeinflussenden Prägungen, Erfahrungen und Kontexte gefragt wird. Im 4. Kapitel erfolgt einerseits eine Bestandsaufnahme der kantonalkirchlichen Rahmenbedingungen und einschlägigen Anordnungen zur Konfirmationsarbeit, andererseits werden in exemplarischer Weise einige Ergebnisse aus den jeweiligen Kantonen präsentiert und so auf besonders starke Unterschiedlichkeiten der kantonalkirchlichen Ergebnisse hingewiesen. Das 5. Kapitel geht im Sinn einer Ausweitung dieser Vergleichsperspektive zum einen näher auf den europäischen Gesamtzusammenhang der Studie ein, indem die internationalen Ergebnisse mit den schweizerischen Daten verglichen werden, zum anderen werden in einem kurzen Abschnitt die Zürcher Ergebnisse von 2007/2008 mit denen von 2012/2013 verglichen. Im Sinne einer Bilanzierung und im Hinblick auf mögliche Folgerungen und Konsequenzen für die zukünftige Konfirmationsarbeit werden im 6. Kapitel nochmals die wesentlichen Erkenntnisse dargestellt und im Zusammenhang interpretiert. Das 7. Kapitel nimmt ausführlichere Erläuterungen zu den detaillierteren Aspekten des Forschungsdesigns und zu den statistischen Methoden vor und gibt nähere Auskünfte über das Management sowie die Analyse der im Rahmen dieser Studie erhobenen Daten. Im Kapitel 8 finden sich als Anhang sowohl ein exemplarischer Fragebogen – für die Konfirmandinnen und Konfirmanden für den Befragungszeitpunkt t1 – (8.1) , die Items und Kennwerte/Einzelergebnisse, auf die wir uns für unsere Darstellung und Auswertung beziehen (8.2), sowie das Abbildungs- und Tabellenverzeichnis (8.3 und 8.4). Das 9. Kapitel bildet das Verzeichnis der im Text zitierten und verwendeten Literatur.

Es sei an dieser Stelle ausdrücklich erwähnt, dass die einzelnen Kapitel dieses Bandes von allen drei Autoren gemeinsam verantwortet werden. Sie wurden in einem intensiven Austauschprozess gemeinsam entwickelt und erarbeitet, wechselseitig korrespondierend immer wieder besprochen und dabei erweitert oder verändert und schliesslich in einer intensiven Schlussphase in die jetzige Darstellungsform gebracht.

2. Ergebnisse und Erkenntnisse

2.1 Einleitung

In den reformierten Landeskirchen der Schweiz findet nach wie vor flächendeckend Konfirmationsarbeit statt. Soweit uns bekannt, verzichtet bisher keine Kirchgemeinde und schon gar keine Kantonalkirche freiwillig auf dieses Angebot. In aller Regel – und vielleicht mehr denn je – sind die Verantwortlichen vor Ort um eine verlässliche Angebotsstruktur und attraktive Durchführung bestrebt. Aufseiten der Jugendlichen und deren Familien erfreut sich die Konfirmation grosser Beliebtheit und öffentlicher Aufmerksamkeit. Sie stellt sowohl für die Jugendlichen wie im familienbiografischen Zusammenhang ein wichtiges Ereignis dar, selbst wenn es von der Mehrheit der Jugendlichen nicht mehr als *der* entscheidende Übergangsschritt zum Erwachsenensein angesehen wird. Deshalb kann mit Fug und Recht behauptet werden, dass diese Bildungsarbeit, an deren Ende den Jugendlichen im Konfirmationsgottesdienst durch die Gemeinde das Ja der Aufnahme als mündige Subjekte zugesprochen wird, eines der prägenden Kernangebote und zudem ein wichtiges öffentliches Aushängeschild reformierter kirchlicher Praxis darstellt.

Dieses positive Bild kann jedoch nicht darüber hinwegtäuschen, dass sich die Relevanz der Konfirmation in den vergangenen fünfzig Jahren deutlich verändert hat und ihre Wahrnehmung als ein familiär und kulturell bedeutsames Ereignis längst nicht mehr selbstverständlich ist. Gemessen am Gesamtanteil der 15-Jährigen sind es heute rund 20 % der schweizerischen Jugendlichen, die sich konfirmieren lassen – und dies gegenüber rund 50 % im Jahr 1960. Aufgrund der von uns zum Zeitpunkt t0 gestellten Frage, wie hoch die Hauptverantwortlichen den Anteil der nicht teilnehmenden Jugendlichen einschätzen, ist davon auszugehen, dass dieser etwa 20 % der für die Konfirmation infrage kommenden Jugendlichen in den teilnehmenden Gemeinden umfasst.

Die abnehmende Tendenz der Bereitschaft zur Teilnahme an der Konfirmation bei den 15-Jährigen ist über die Jahre hinweg unterschiedlich stark ausgeprägt, doch fällt die Kurve in den letzten Jahren stärker ab. Im Zeitraum von 2000 bis 2014 zeigt sich ein Rückgang um 9 %. Angesichts dieser Zahlen ist darauf hinzuweisen, dass diese natürlich in engem Zusammenhang mit dem Anteil der Reformierten an der Gesamtbevölkerung stehen, was wiederum mit der gesellschaftlichen Veränderungsdynamik religiöser Einstellungen und kirchlicher Praktiken über die letzten Jahrzehnte hinweg verknüpft ist.

Abbildung 3: Anteil der Konfirmierten an der Altersgruppe der 15-Jährigen in der Schweiz

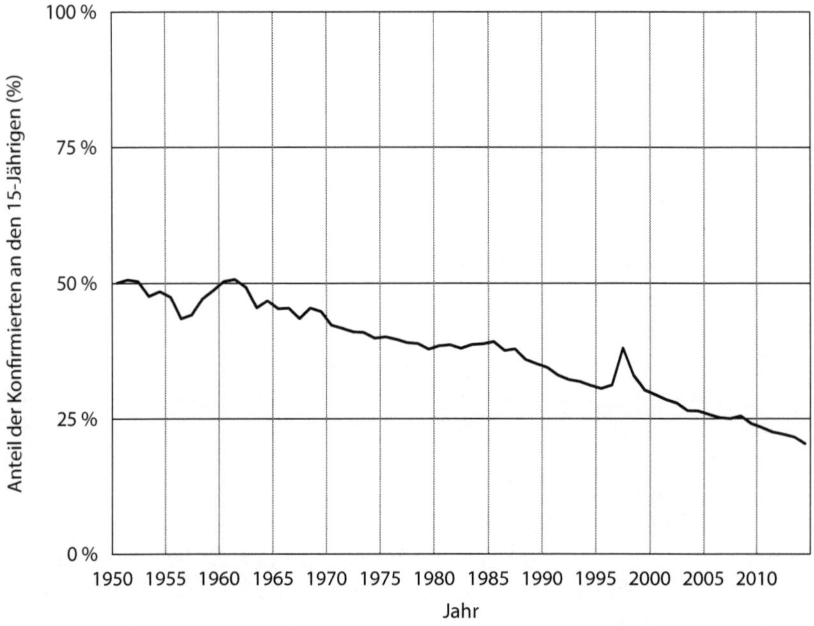

Quelle: Angaben zur absoluten Zahl der Konfirmationen in der Schweiz 1950–2014 vom Schweizerischen Evangelischen Kirchenbund (SEK), Angaben zur absoluten Zahl der 15-jährigen Jugendlichen in der Schweiz 1950–2014 vom Bundesamt für Statistik (BFS).

2.2 Rahmengestaltung

Den folgenden Ausführungen zur Rahmengestaltung sei eine Vorbemerkung vorangestellt: Die empirische Ausgangslage der Studie legt es aufgrund unterschiedlich starker kantonaler Beteiligung nahe, bei zahlreichen Fragen nicht von einzelnen Kantonalkirchen, sondern von Grossregionen auszugehen: Die Orientierung erfolgt hier entlang der Einteilung durch das Bundesamt für Statistik:

Tabelle 2: Grossregionen und die in ihnen zusammengefassten Kantone oder Kantonalkirchen

Grossregion	zusammengefasste Kantone/Kantonalkirchen
Genferseeregion	Genf, Waadt, Wallis
Espace Mittelland	Bern-Jura-Solothurn, Freiburg, Neuenburg
Nordwestschweiz	Basel-Stadt, Baselland, Aargau
Zürich	Zürich
Ostschweiz	St. Gallen, Thurgau, Appenzell Innerrhoden, Appenzell Ausserrhoden, Glarus, Schaffhausen, Graubünden
Zentralschweiz	Uri, Schwyz, Obwalden, Nidwalden, Luzern, Zug

Das heisst, wir unterscheiden in den folgenden grafischen Darstellungen nicht nach einzelnen Kantonalkirchen, da hier teilweise nur sehr geringe Zahlen gegeben sind, die keinen seriösen statistischen Vergleich erlauben. Vielmehr werden die einzelnen Kantonalkirchen in Grossregionen zusammengefasst, aufschlussreiche kantonale Differenzen und Besonderheiten werden hingegen, soweit es das Datenmaterial erlaubt, im 4. Kapitel und für den Kanton Zürich nochmals im 5. Kapitel untersucht.

Um es hier gleich sehr grundsätzlich zu sagen: *Den* Konf-Unterricht gibt es in der Schweiz nicht. Die unterschiedlichen Rahmenbedingungen der Konfirmationsarbeit werden schon an der Dauer der Konfirmationszeit deutlich, die sich je nach Kanton über ein bis drei Jahre erstrecken kann. Einige Kantonalkirchen betten die Konfirmationszeit in einen grösseren katechetischen Kontext ein, der mitunter von der 1. bis zur 9. Klasse dauert. In diesem Fall wird das Jahr vor der Konfirmation sowohl aus Sicht der Konfirmandinnen und Konfirmanden wie auch der Hauptverantwortlichen, also der Pfarrpersonen oder der Katechetinnen und Katecheten, als Teil eines grösseren Angebots wahrgenommen. Bezüglich der Dauer der Konfirmationszeit ergibt sich folgendes Bild:

Abbildung 4: Die Dauer der Konfirmationszeit in der Gesamtschweiz und differenziert nach Grossregionen

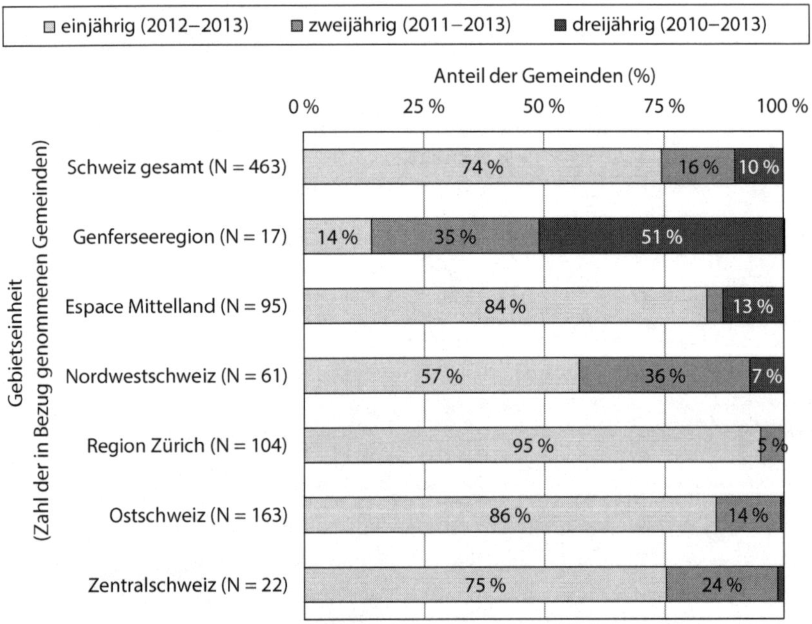

N Gemeinden. Angaben aus der t0-Befragung. Lesehilfe: In 74 % der Gemeinden in der Schweiz dauert die Konfirmationszeit ein Jahr, in 16 % zwei Jahre und in 10 % drei Jahre.

Grösstenteils dauert die Konfirmationszeit ein Jahr. Die Nordwestschweiz und vor allem die Region Genfersee unterscheiden sich jedoch von dieser Tendenz. In der Nordwestschweiz dauert die Konfirmationszeit in 57 % aller Gemeinden oder Gruppen ein Jahr, doch ist auch der zweijährige Unterricht mit 36 % verhältnismässig stark vertreten.

Das disparateste Bild zeigt sich in der Genferseeregion, wo 51 % der Konfirmandinnen und Konfirmanden den Unterricht über drei Jahre hinweg besuchen und nur 14 % einen einjährigen Unterricht kennen. In allen Grossregionen der Schweiz – mit Ausnahme der Region Zürich – sind alle drei Optionen der Unterrichtsdauer vertreten.

Die Region Espace Mittelland, zu der auch der Kanton Bern gehört, weist mit 84 % eine starke Dominanz des einjährigen Unterrichts auf. In gerade diesem Fall liegt aber mit der sogenannten KUW (Kirchliche Unterweisung) ein katechetisches Gesamtkonzept vor, das die Jugendlichen über die ganze Schulzeit hinweg begleitet (Burri 2004). Um Vergleichbarkeit zwischen den Kantonen zu ermöglichen, wurden die befragten Mitarbeitenden und auch die Jugendlichen der Kirche Bern-Jura-Solothurn gebeten, lediglich über das Abschlussjahr des Gesamtangebotes Auskunft zu geben.

Aber nicht nur zwischen den Kantonalkirchen, sondern auch innerhalb derselben gibt es aufgrund regionaler (z. B. urban, ländlich) und kontextueller Umstände (z. B. Diasporasituation) sehr verschiedene Rahmenbedingungen, denen sich die jeweiligen gemeindlichen Angebote offenbar im Einzelfall durchaus flexibel anpassen.

Im Blick auf den Lektionenumfang (60 oder 45 Minuten) ist in jeder Kantonalkirche in den entsprechenden Rahmenordnungen die *Stundenzahl* des Konfirmationsunterrichts vorgegeben. Allerdings ist auch hier davon auszugehen, dass die Verteilung der Stunden vor Ort sehr unterschiedlich ausfällt:

Abbildung 5: Durchschnittliche Zahl der «normalen» Unterrichtsstunden (à 60 min.) in der Gesamtschweiz und differenziert nach Grossregionen

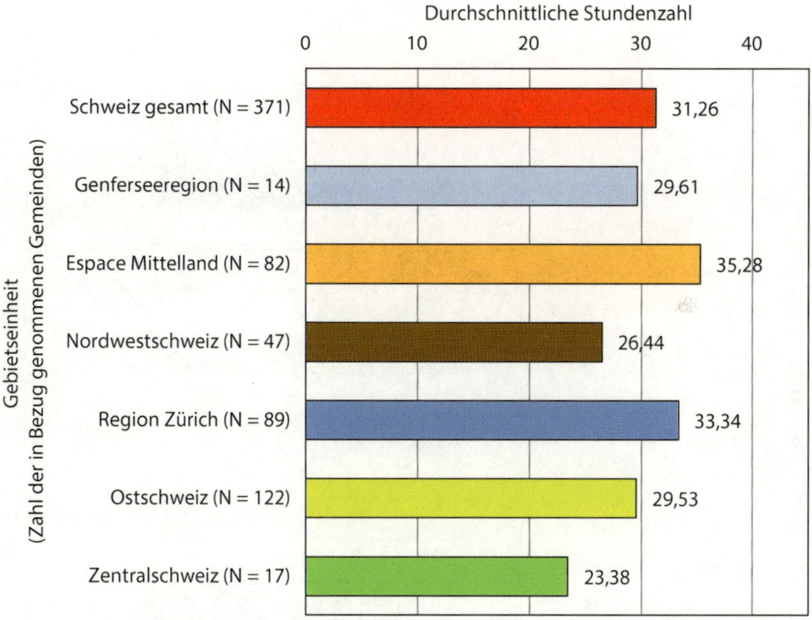

N Gemeinden. Variable VQ02. Lesehilfe: Im Gemeindedurchschnitt beträgt in der Gesamtschweiz die Zahl der «normalen» Unterrichtsstunden 31,26.

Neben der Dauer der Konfirmationszeit unterscheiden sich die Kantone bzw. Grossregionen auch bezüglich des *Rhythmus der Treffen*: Die hier vorhandenen Unterschiede lassen sich – neben Präferenzen der Verantwortlichen und bestimmten Traditionen vor Ort – auch auf den Stellenwert des kirchlichen Unterrichts innerhalb des jeweiligen Kontexts in Verbindung mit dem jeweiligen Modell des schulischen Religionsunterrichts zurückführen. Das heisst, ob der schulische Kontext den kirchlichen Unterricht berücksichtigt, eine Kooperation zwischen den Institutionen besteht oder eine völlige Trennung herrscht, beeinflusst, welchen Ort oder Stellenwert die Konfirmationszeit im Alltag der Jugendlichen einnimmt. Nach den im Einleitungsteil notierten Entwicklungen zum schulischen Religionsunterricht ist leicht vorstellbar, dass sich diese Rahmenbedingungen weiter ändern werden:

Abbildung 6: Der Rhythmus der Gruppentreffen in der Gesamtschweiz und differenziert nach Grossregionen

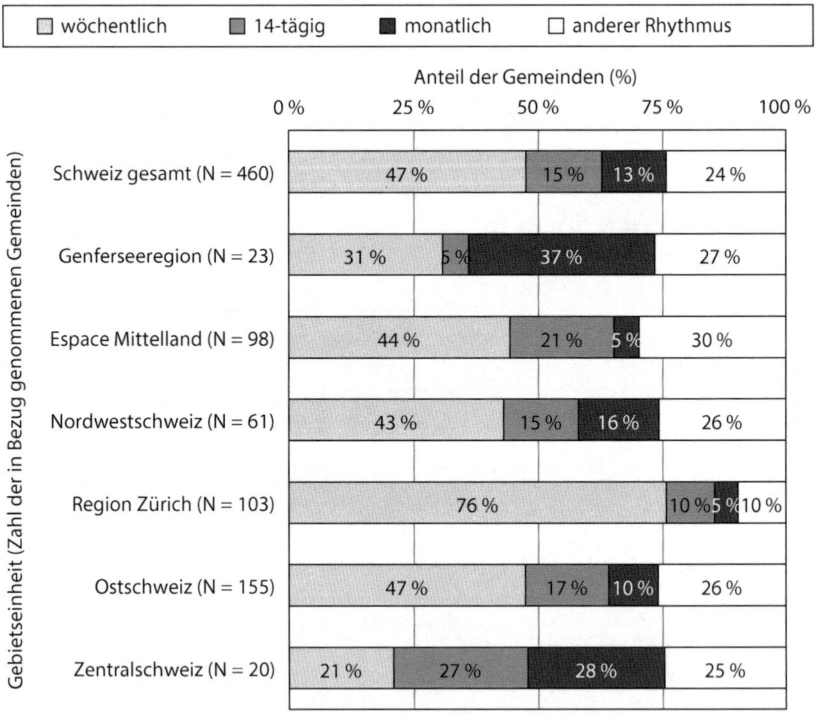

N Gemeinden. Angaben aus der t0-Befragung. Lesehilfe: In 47 % der Gemeinden in der Schweiz finden die Gruppentreffen wöchentlich, in 15 % 14-täglich, in 13 % monatlich und in 24 % in einem anderen Rhythmus statt.

Knapp die Hälfte der Gemeinden in der Schweiz bietet für die Konfirmandinnen und Konfirmanden wöchentliche Treffen an. Bei kleineren Gruppengrössen, in ländlich geprägten Gegenden, im Fall einer Diasporasituation oder einer strikten Trennung zwischen schulischem und kirchlichem Angebot, das heisst, wenn z. B. keine Freistunden für das kirchliche Angebot vorgesehen sind, können die Treffen auch seltener stattfinden. In der Genferseeregion etwa liegt der kirchliche Unterricht ganz in der privaten Zeit der Jugendlichen, die Schulen bieten dazu keinen Zeitraum an. Oftmals wird auch in ländlichen Gebieten vom wöchentlichen Unterricht abgesehen, um die teils weit auseinander lebenden und verkehrstechnisch nicht optimal angebunden Jugendlichen bestmöglich zu berücksichtigen.

Interessant ist hier ein Blick auf die Präferenz der Konfirmandinnen und Konfirmanden bezüglich der *Organisationsformen* der Konfirmationszeit. Während durch Rahmenordnungen der Kantonalkirchen sowie durch die Hauptverantwortlichen bedingt der regelmässige (wöchentliche oder 14-tägliche) Unterricht schweizweit am verbreitetsten ist, zeichnen sich bei den Konfirmandinnen und Konfirmanden andere Vorlieben ab:

Abbildung 7: Attraktivität bestimmter Organisationsformen in der Konfirmationszeit

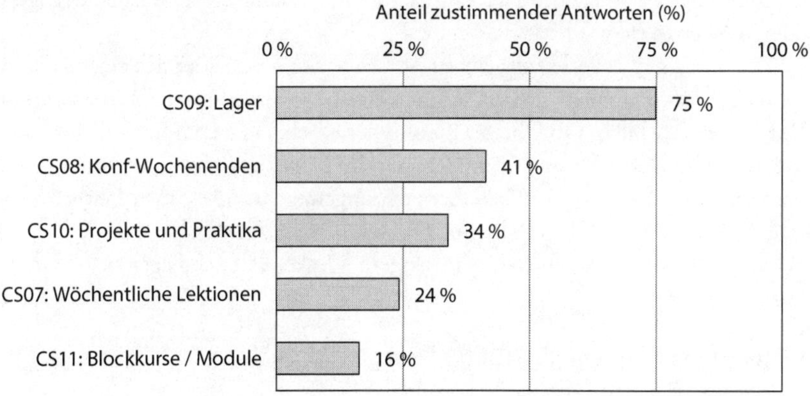

N = 6782–7110 KonfirmandInnen. Skalen mit Wertebereich von 1 (nicht wichtig bzw. trifft gar nicht zu) bis 7 (sehr wichtig bzw. trifft voll zu). Angegeben sind die Anteile der Antworten im zustimmenden Bereich (Skalenpunkte 5, 6 und 7). Lesehilfe: 75 % der KonfirmandInnen fanden in t1 Lager attraktiv.

Wenn auch der strukturell schulisch geprägte Unterricht die Regel ist, gibt es Ausnahmen, bspw. in Bergregionen wie der Zentralschweiz, wo durch lange Anfahrtswege das Modell wöchentlicher Lektionen seltener Anwendung findet. Die Jugendlichen zeigen eine grosse Offenheit für Organisationsformen jenseits des Unterrichts. Das Konf-Lager, dessen einzelne Ausgestaltungsformen gleich noch näher erläutert werden, erfreut sich bei 75 % explizit grosser Beliebtheit (CS09). Eine Konfirmandin schreibt:

> «Das Konf-Lager war grossartig. Es hat mir viel Spass gemacht und ich würde sofort wieder gehen!» (Mädchen, 15 Jahre, t1)

Im Unterschied dazu finden die wöchentliche Lektion (CS07) nur 24 % der Jugendlichen attraktiv, unterboten nur noch von der Option eines Unterrichts im Rahmen von Blockkursen/Modulen (CS11), den 16 % gerne erleben. Hier ist allerdings zu berücksichtigen, dass vermutlich viele der Befragten über keine oder kaum Erfahrungen mit Blockkursen und Modulen verfügen. Konf-Wochenenden sind, wie auch Einsätze im Rahmen von Projekten oder Praktika innerhalb und ausserhalb der Gemeinden, für einige Konfirmandinnen und Konfirmanden bessere Alternativen zum wöchentlichen Unterricht. Die Aussagen der Jugendlichen sind zumindest dahin gehend relevant, als damit der hohe Stellenwert eines Lagers oder Weekends klar sichtbar ist.

Die jeweilige *Durchführung* eines Konf-Lagers unterscheidet sich regional und zwischen den einzelnen Gemeinden gemessen an vorhandenen Interessen und Ressourcen erheblich. Ob Übernachten in der Kirche, in einem Jugendlagerhaus, Teilnahme an einem grossen Camp oder eine Städtereise – gemeinsam sind diesen Formen in der Regel auswärtige Übernachtungen, wobei diese mehrheitlich zwischen zwei und fünf Nächten liegen.

Aus Sicht der Jugendlichen sind längere Weekends oder Lager beliebter als kurze Ausflüge:

> «Ich finde die Lager müssten min. 7 Tage sein und nicht nur ein Weekend!» (Mädchen, 14 Jahre, t1)

In immerhin knapp 9 % der befragten Gemeinden wird oder wurde zum Befragungszeitpunkt gar keine Form von Lager oder Weekend angeboten:

Abbildung 8: Anzahl der Übernachtungen bei Freizeiten, Camps und Seminaren

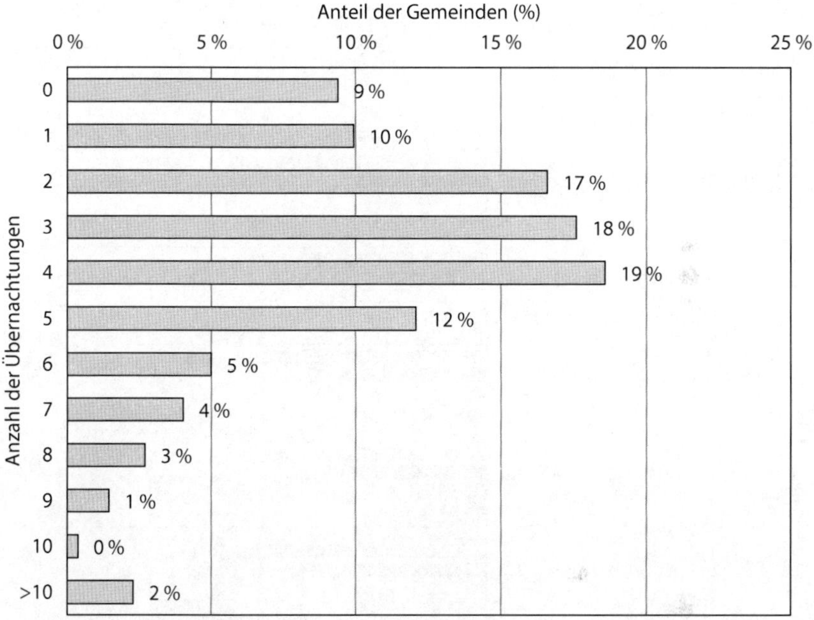

N = 386 Gemeinden. Variable VQ05. Lesehilfe: In 9 % der 386 Gemeinden gab es gar keine Übernachtungen bei Freizeiten, Camps und Seminaren. In 10 % der Gemeinden gab es zumindest eine Übernachtung.

Neben der Frequenz der Treffen spielt für die Erfahrung der Konfirmationszeit durch die Jugendlichen auch die Frage nach den Örtlichkeiten eine Rolle. Hier muss darauf hingewiesen werden, dass je nach (baulicher) Situation in einer Gemeinde keine eindeutige Unterscheidung zwischen Gemeindehaus/-zentrum und Kirchgebäude gemacht werden kann. Doch gibt es auch einzelne Gemeinden, in denen die Konf-Treffen tatsächlich im Gottesdienstraum stattfinden. Eine ähnliche bauliche Verschränkung kann auch bezüglich des Pfarrhauses angenommen werden, doch ist in seltensten Fällen damit zu rechnen, dass Pfarrpersonen 20 Jugendliche in ihrem Arbeits- oder Wohnzimmer empfangen:

Abbildung 9: Die Räumlichkeiten der Konf-Treffen in der Gesamtschweiz und differenziert nach Grossregionen

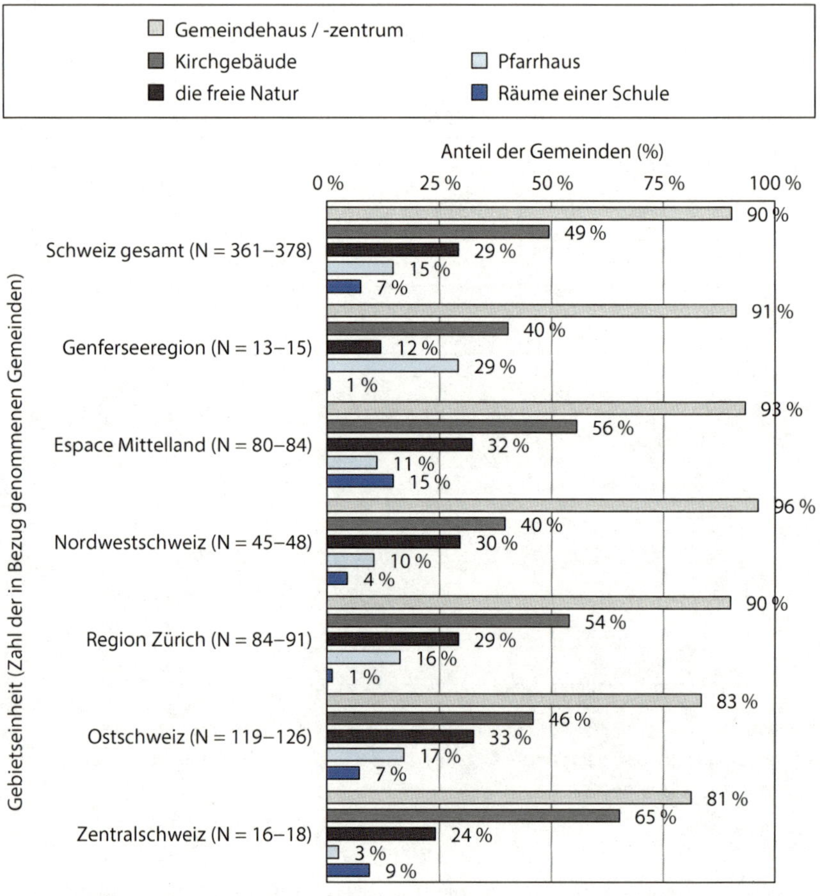

N Gemeinden. Variablen VV01–04 und VV06. Mehrfachantworten waren möglich. Skalen mit den Werten 1 (nie), 2 (selten), 3 (manchmal) und 4 (fast jedes Mal). Angegeben sind ie Anteile der Antworten in den beiden höheren Kategorien (manchmal / fast jedes Mal, Skalenpunkte 3 und 4). Lesehilfe: In 96 % der Gemeinden in der Nordwestschweiz fanden die Konf-Treffen im Gemeindehaus/-zentrum statt.

Die durchschnittliche *Gruppengrösse* der Konf-Gruppen liegt schweizweit bei 14,46 Jugendlichen. In urban geprägten Grossregionen (z. B. Nordwestschweiz mit 15,49) fallen die Gruppen deutlich grösser aus als in ländlich geprägten Gegenden wie der Zentralschweiz (12,66) oder der Genferseeregion (11,76).

Zusätzlich dürfte die jeweilige kantonalkirchliche Ausstattung mit Stellenprozenten für die Konfirmationsarbeit eine Rolle spielen, die im Falle knapperer Ressourcen zu grösseren Gruppen führen kann. Insgesamt kann jedoch festgestellt werden, dass die Gruppen in der ganzen Schweiz in der Regel klein genug sind für intensive Zusammenarbeit und zugleich ausreichend gross für gruppendynamische Entwicklungen innerhalb der Klassen:

Abbildung 10: Grösse der Konf-Gruppen in der Gesamtschweiz und differenziert nach Grossregionen

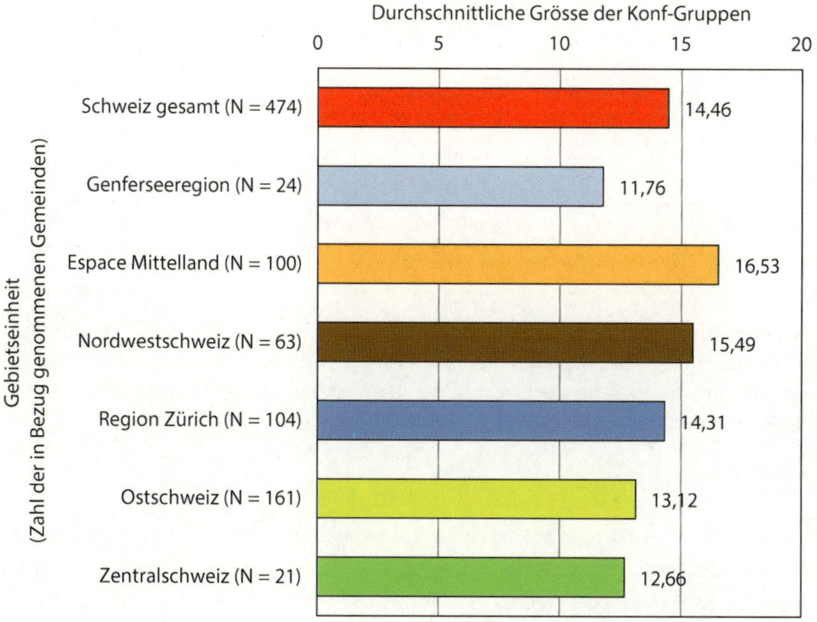

N Gemeinden. Angaben aus der t0-Befragung. Lesehilfe: Die durchschnittliche Konf-Gruppengrösse beträgt in den Gemeinden der Gesamtschweiz 14,46 und in der Genferseeregion 11,76 KonfirmandInnen.

Bezüglich des *Wochentags* der Gruppentreffen der Konfirmandinnen und Konfirmanden gibt es über die Schweiz gesehen ein erwartbar disparates Bild. In der Genferseeregion z. B., wo sich die Kirche in einer Diasporasituation befindet, sind typische Freizeitgelegenheiten wie der Mittwochnachmittag oder -abend und besonders das Wochenende (Freitag 40 % bis Sonntag 16 %) beliebte Veranstaltungszeiträume für die oft monatlichen Treffen. In der Region Zürich mit stark ausgeprägtem einjährigem Unterricht ist hingegen mit über 60 % der Dienstag der häufigste Veranstaltungstag, dicht gefolgt vom Donnerstag. Dies entspricht einer gesamtschweizerischen Tendenz – zumindest für all die Regionen, die hauptsächlich wöchentliche Treffen anbieten – und gibt Aufschluss über die Vernetzung zwischen Schule und Kirche:

Tabelle 3: Wochentage für die regelmässigen Gruppentreffen schweizweit und nach Grossregionen

	Mo	Di	Mi	Do	Fr	Sa	So
Schweiz (N = 398)	10 %	42 %	16 %	36 %	12 %	17 %	3 %
Genferseeregion (N = 16)		24 %	32 %	10 %	40 %	34 %	16 %
Espace Mittelland (N = 87)	15 %	42 %	13 %	45 %	16 %	14 %	1 %
Nordwestschweiz (N = 49)	7 %	40 %	18 %	41 %	4 %	25 %	2 %
Region Zürich (N = 93)	5 %	62 %	6 %	44 %	4 %	10 %	4 %
Ostschweiz (N = 134)	15 %	39 %	24 %	25 %	7 %	12 %	
Zentralschweiz (N = 19)	8 %	23 %		46 %	8 %	31 %	

N Gemeinden. Variablen VW02–08. Mehrfachantworten waren möglich. «Sonntag» sollte nur angegeben werden, falls sonntags Gruppentreffen ausserhalb der Gottesdienste stattfinden. Lesehilfe: In 42 % der Gemeinden in der Gesamtschweiz fanden die regelmässigen Gruppentreffen am Dienstag statt.

Die Antworten auf die Frage nach der üblichen *Tageszeit* des Konfirmationsunterrichts sind insofern erhellend, als daraus abgelesen werden kann, welchen Stellenwert die Konfirmationsarbeit in den jeweiligen Regionen neben der Schule geniesst. Es erstaunt nicht, dass der Unterricht grösstenteils ausserhalb der schulischen Kernzeit stattfindet, namentlich zwischen 16.00 und 20.00 Uhr. Nur in der Nordwestschweiz zeigt sich eine weniger starke Tendenz hin zum Unterricht über Mittag. Die Uhrzeit des Unterrichts betrifft sowohl die Bedürfnisse und die Leistungsfähigkeit der Konfirmandinnen und Konfirmanden wie auch den Ort des Konfirmationsunterrichts im Horizont anderer «Freizeitaktivitäten». Dazu passt die Aussage eines Konfirmanden:

«Man könnte den KUW-Unterricht vielleicht in der Schule absolvieren, während der Schulzeit (Stundenplan). Es ist sehr stressig neben Schule/Ausbildung, Hobby und Freizeit noch den KUW-Unterricht zu besuchen.» (Junge, 15 Jahre, t1)

Je nach Kanton nehmen Schulen insofern Rücksicht, als zu gewissen Zeiten, die für religiösen Unterricht blockiert sind, keine anderen schulischen Aktivitäten angeboten werden (z. B. im Kanton Basel-Stadt). Allgemein steht das kirchliche Angebot jedoch in Spannung zum schulischen Programm, das bezüglich Zeitaufwand und Prioritäten der Jugendlichen einen klaren Vorrang geniesst:

Abbildung 11: Zeitliche Lagerung der Konf-Gruppentreffen in der Gesamtschweiz und differenziert nach Grossregionen

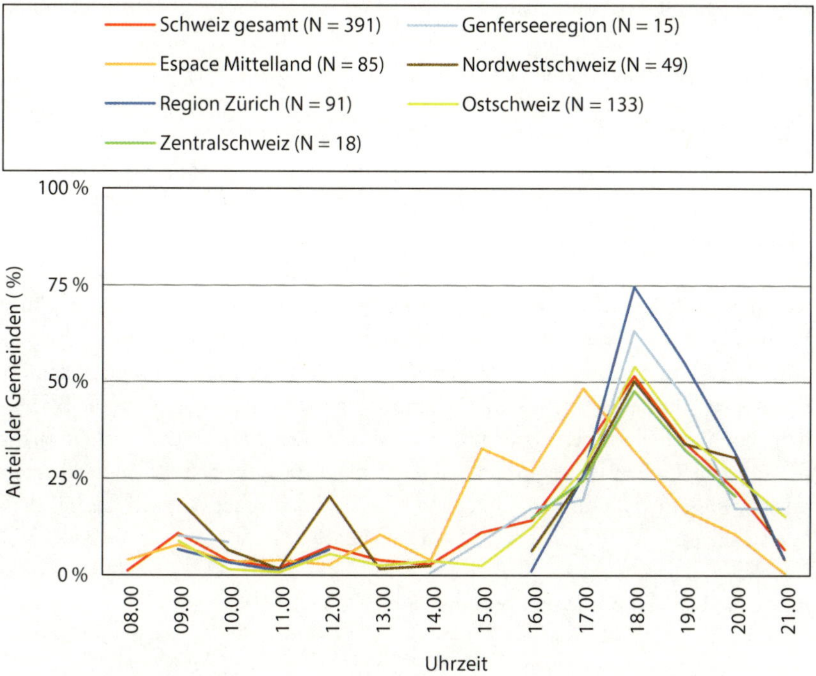

N Gemeinden. Variablen: VW09–22. Mehrfachantworten waren möglich. Lesehilfe: Über 70 % der Gemeinden in der Region Zürich hielten ihre Konf-Gruppentreffen in der Zeit ab 18.00 Uhr ab.

2.3 Die Konfirmandinnen und Konfirmanden

2.3.1 Wer sind die Konfirmandinnen und Konfirmanden?

In einer ersten Annäherung gilt es zuerst die durch die Studie gewonnenen demografischen Daten zu den Jugendlichen zur Kenntnis zu nehmen, bevor die weiteren Ergebnisse präsentiert werden. Die befragte Gesamtgruppe setzt sich zu 51 % aus Jungen und zu 49 % aus Mädchen zusammen. Die Konfirmation findet schweizweit in der Regel im 9. Schuljahr statt, unabhängig davon, wie lange die Unterrichtszeit davor gedauert hat, so dass die Mehrheit (57 %) der Konfirmandinnen und Konfirmanden zu Beginn des letzten Jahres vor der Konfirmation 15 Jahre (Durchschnittsalter 14,74 Jahre) alt ist.

Betrachtet man die *angestrebten Bildungsabschlüsse* – die natürlich nicht immer mit den faktischen späteren Abschlüssen identisch sind –, zeigt sich ein für schweizerische Verhältnisse erwartbares Bild. Die Mehrheit (64 %) strebt eine Berufsausbildung an und steht damit zum Befragungszeitpunkt kurz vor dem Eintritt in eine Lehre, rund ein Drittel (29 %) ist auf dem Weg zur Matur und lediglich 7 % notieren «Sonstiges». Was die Jugendlichen unter «Sonstiges» verstehen, ist nicht ganz klar. Es kann sich dabei um den Besuch einer Berufsschule, ein freiwilliges 10. Schuljahr, Angebote im Rahmen einer Privatschule, ein Praktikum oder anderes handeln. Zum Vergleich: Schweizweit erlangten 2014 rund 37 % einen Maturitätsabschluss, davon gut 20 % eine gymnasiale Maturität. Die Anzahl der Berufsmaturitätsabschlüsse liegt bei rund 15 % und die Fachmatur, ein neueres Bildungsmodell, wird von rund 2 % abgelegt. Hintergrund dieser etwa gegenüber Deutschland oder Frankreich – mit jeweils rund 40 % – vergleichsweise geringen Zahl von Maturandinnen und Maturanden ist, dass das duale Bildungssystem in der Schweiz bis heute eine hohe Anerkennung geniesst, das heisst, dass die Berufslehre ein allgemein akzeptierter Abschluss ist und die Maturität bei weitem nicht den einzig erstrebenswerten Abschluss darstellt, auch wenn sich dies in den letzten Jahren langsam verändert entsprechend dem u. a. deutschen Vorbild der höheren Wertschätzung des Abiturs gegenüber einer Lehre:

Abbildung 12: Bildungsziele der Konfirmandinnen und Konfirmanden

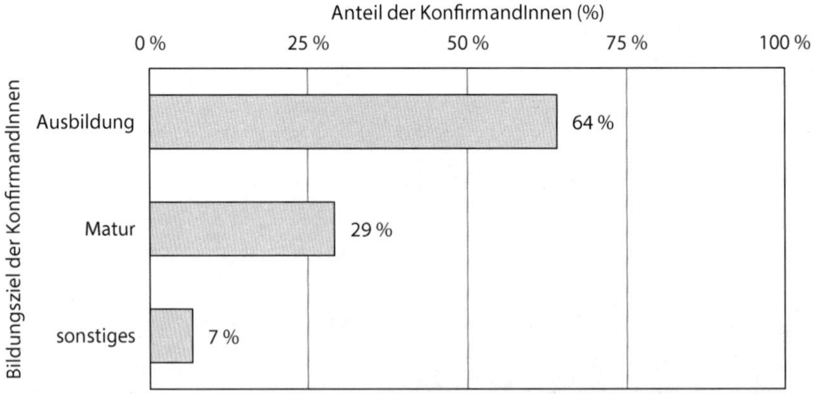

N = 6897. Variable CM07_CH. Lesehilfe: 64 % der KonfirmandInnen streben in t1 eine Berufsausbildung an.

Verglichen mit der gesamtschweizerischen Verteilung der Jugendlichen auf die Schultypen entspricht die Zusammensetzung der befragten Konfirmandinnen und Konfirmanden dem schweizerischen Durchschnitt, wenn auch offenbleiben muss, wie Jugendliche mit angestrebtem Berufs- und Fachmaturitätsabschluss im Einzelfall geantwortet haben. Mit Sicherheit lässt sich jedoch sagen, dass die Konfirmandinnen und Konfirmanden – entgegen gängigen Klischees bezüglich der bildungsbürgerlichen Ausrichtung der reformierten Kirche – durchaus repräsentativ sind für die Zusammensetzung der schweizerischen Jugendlichen unabhängig von religiöser Zugehörigkeit, womit sich hier die generelle statistische Verteilung widerspiegelt.

Das *Elternhaus* spielt in vielfacher Weise eine wichtige Rolle für die Konfirmandinnen und Konfirmanden – und dies bis hin zur Frage, wie sie die gesamte Konfirmationszeit wahrnehmen und einschätzen. Anhand der Frage nach der Anzahl der zu Hause vorhandenen Bücher wurde zu eruieren versucht, welchem Bildungsmilieu die Jugendlichen entstammen. Für die Frage nach dem angestrebten Abschluss zeigt sich ein konsistentes Bild: Je höher die Anzahl der Bücher, desto seltener wird eine Berufsausbildung als nächstes Bildungsziel angegeben:

Abbildung 13: Zusammenhang zwischen dem Bildungshintergrund der Konfirmandinnen und Konfirmanden und deren Bildungszielen

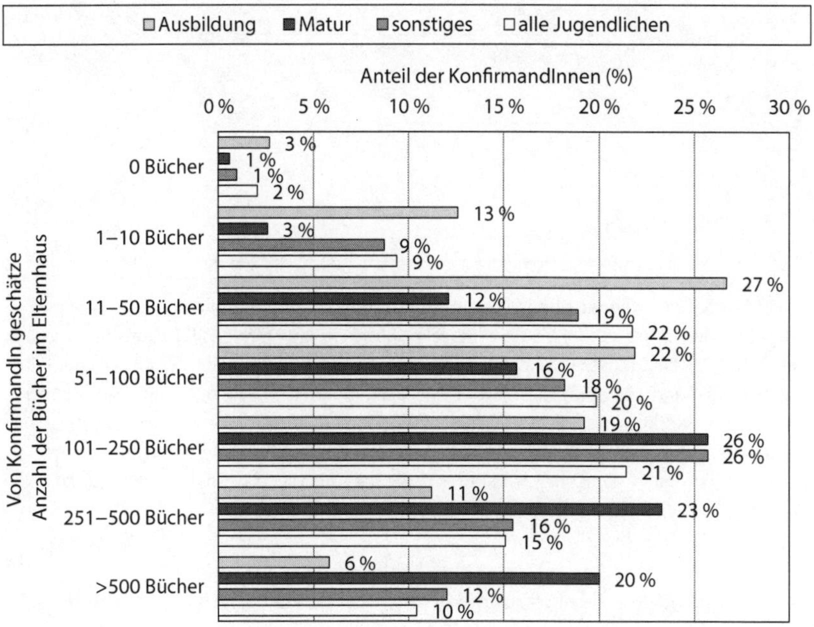

N = 6734–7019 (weisse Säule: alle Jugendlichen). Variablen CM04 («Wie viele Bücher habt ihr zuhause?») und CM07_CH («Am Ende meiner Schulzeit plane ich …»). Lesehilfe: 27 % der KonfirmandInnen, die in t1 11–50 Bücher zuhause haben, streben eine Berufsausbildung an.

Die schweizerischen Konfirmandinnen und Konfirmanden fallen dadurch auf, dass knapp 18 % von sich sagen, über einen *Migrationshintergrund* (d. h. in diesem Fall durch die Geburt des Jugendlichen selbst im Ausland oder mindestens eines Elternteils) zu verfügen. Zum Vergleich sei angemerkt, dass in der Studie der EKD von rund 13 % Jugendlichen mit Migrationshintergrund ausgegangen wird. In der Schweiz sind von den Jugendlichen, die im Ausland geboren wurden (also nur von einem Teil der genannten 18 %), 45 % in Deutschland, 4 % in Österreich und 3 % in Frankreich geboren. Bei den Herkunftsländern der Eltern werden neben den drei genannten auch noch Italien, die Niederlande und Skandinavien angeführt. Zugleich scheint es, dass die Gruppe der Jugendlichen mit diesem Migrationshintergrund im Durchschnitt aus bildungsorientierteren Familien stammt und deutlich häufiger die Matur anstrebt als der schweizerische Durchschnitt:

Abbildung 14: Zusammenhang zwischen Bildungszielen der Konfirmandinnen und Konfirmanden und Migrationshintergrund

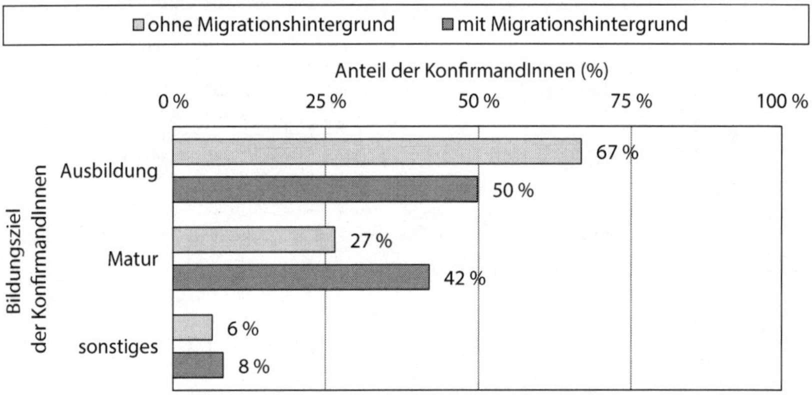

N = 5509 KonfirmandInnen ohne Migrationshintergrund; 1272 KonfirmandInnen mit Migrationshintergrund. Variablen CM33–35 (Berechnungsgrundlage für den Migrationshintergrund) und CM07_CH (Bildungsziel). Kein Migrationshintergrund liegt vor, wenn der Konfirmand / die Konfirmandin und seine/ihre Eltern in der Schweiz geboren sind. Migrationshintergrund liegt vor, wenn der Konfirmand / die Konfirmandin, sein/ihr Vater oder seine/ihre Mutter im Ausland geboren ist. Lesehilfe: 67 % der KonfirmandInnen ohne Migrationshintergrund streben eine Berufsausbildung an; das ist bei den KonfirmandInnen mit Migrationshintergrund nur bei 50 % der Fall.

Neben dem Bildungshintergrund ist vor allem die Frage nach der *religiösen Sozialisation* der Jugendlichen von hoher Bedeutung. In der Konfirmationszeit erfahren alle Konfirmandinnen und Konfirmanden ihre Kirchgemeinde in konzentrierter Form und erleben mögliche Zugänge für ein weiteres Leben in Verbindung mit der Kirche. Dennoch sind die Voraussetzungen nicht für alle gleich. Ob Religiosität im Elternhaus schon eine Rolle spielt und inwiefern bei den Jugendlichen von religiösen Vorerfahrungen ausgegangen werden kann, ist jedenfalls erheblich:

> «Meine Familie ist religiös, da mein Grossvater Pfarrer war und meine Mutter Religionslehrerin ist.» (Mädchen, 16 Jahre, t1)

Die Jugendlichen wurden gefragt, welche Bedeutung die *Religion in ihrem Elternhaus* hat (CJ01). Gesamtschweizerisch geben 17 % der Jugendlichen an, aus einem «ziemlich religiösen» oder «sehr religiösen» Elternhaus zu kommen (siehe nachstehende Darstellung). Gemessen an diesem Durchschnitt liegt die Genferseeregion mit 37 % deutlich darüber, was möglicherweise mit einer speziellen Form von Diasporasituation in den Kantonen Genf, Waadt, Wallis und auch Neuenburg

Abbildung 15: Anteile der Konfirmandinnen und Konfirmanden mit ziemlich oder sehr religiösem Elternhaus für die Gesamtschweiz und differenziert nach Grossregionen

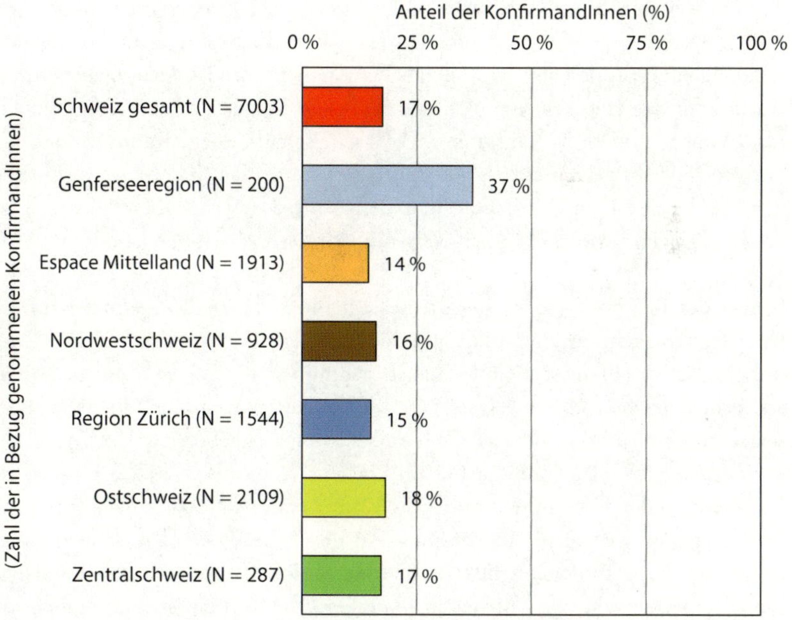

Variable CJ01 («Welche Bedeutung hat die Religion in deinem Elternhaus?»).
Die Skala besteht aus den Werten 1 (Ich komme aus einem sehr religiösen), 2 (ziemlich religiösen), 3 (weniger religiösen) und 4 (überhaupt nicht religiösen Elternhaus). Angegeben sind die Anteile der Antworten im zustimmenden Bereich (Skalenpunkte 4 und 5).
Lesehilfe: 37 % der 200 sich zu CJ01 äussernden KonfirmandInnen in der Genferseeregion bezeichnen ihr eigenes Elternhaus als ziemlich oder sehr religiös.

(das allerdings zur Region Espace Mittelland gehört) zu tun hat. Leicht unter dem schweizerischen Durchschnitt liegen hingegen die Regionen Espace Mittelland, die Nordwestschweiz sowie die Region Zürich. Diese Grossregionen weisen eine stärkere Urbanisierung auf und lassen vermuten, dass die Religiosität des Elternhauses der Jugendlichen einen weniger zentralen Platz einnimmt als in ländlichen Gebieten (siehe Abbildung 15).
Interessant ist, dass, wenn neben der Frage «Welche Bedeutung hat die Religion in deinem Elternhaus?» (CJ01), zusätzlich nach Vorkommen und Frequenz des «Abendgebetes» gefragt wird, ein konkreteres Bild erkennbar wird:

In der Genferseeregion und in den frankofonen Kantonen findet sich die Kombination «religiöses Elternhaus» und «Abendgebet» am häufigsten. Die Kombination «religiöses Elternhaus» ohne «Abendgebet» zeigt sich praktisch in keinem der Kantone. Interessanterweise ist die Option «kein religiöses Elternhaus» und «Abendgebet» in zahlreichen Kantonen und Gegenden die häufigste, nämlich in Graubünden, St.Gallen, im Aargau und Thurgau. Es ist hier zu fragen, ob das Abendgebet einen Teil der Praxis der jeweiligen Familientradition ausmacht, ohne dass ein weiterer expliziter Kirchenbezug durch die Eltern besteht (Morgenthaler 2011). Andererseits ist es auch möglich, dass Jugendliche ihre Familien aus unterschiedlichen Gründen als nicht religiös beschreiben und das Abendgebet, welches Bestandteil der Tradition ist, nicht als Indikator für tatsächliche Religiosität der Eltern wahrnehmen. In Kantonen wie Zürich, Schaffhausen, Solothurn und Freiburg verfügt übrigens mehr als die Hälfte der Konfirmandinnen und Konfirmanden über keine religiöse Sozialisation in dem Sinn, dass weder ein religiöses Elternhauses angegeben noch ein Abendgebet in Erinnerung ist(siehe Abbildung 16).

Neben der Religiosität des Elternhauses hat die *kirchliche Vorerfahrung* im Sinn einer frühen nichtfamiliären Sozialisation der Jugendlichen eine wichtige Funktion in Bezug auf ihr religiöses Selbstverständnis. In einigen Kantonalkirchen erstreckt sich der kirchliche Unterricht über längere Zeit und umfasst von der Primarschule bis zur Sekundarschulzeit verschiedene Angebote, wie z. B. das sogenannte Religionspädagogische Gesamtkonzept (rpg) der Zürcher reformierten Kirche. In anderen Kantonen bildet die Konfirmationszeit das einzige rein kirchliche Angebot speziell für Jugendliche. An den Schulen werden dann meist auf freiwilliger Basis konfessionelle oder überkonfessionelle bzw. interreligiöse Unterrichtsformen angeboten. Vor diesem pluralen Hintergrund ist es erfreulich, dass laut unserer Befragung zwei Drittel der befragten Jugendlichen schon vor dem Befragungszeitpunkt t1 an kirchlichen Angeboten teilgenommen haben. Der hohe Wert erlaubt die Vermutung, dass Jugendliche von Weihnachtsgottesdiensten über Beerdigungen bis hin zu kirchlichen Jugendgruppen etc. vielfältige Erfahrungen als kirchlich wahrnehmen, unabhängig davon, ob der Anlass altersspezifisch, Teil eines Bildungsangebots oder ein Kernangebot der Kirche ist. Auch

Abbildung 16: Regionale Verteilung von Konfirmandinnen und Konfirmanden mit verschiedenen Kombinationen aus «religiöses Elternhaus» und «Abendgebet»

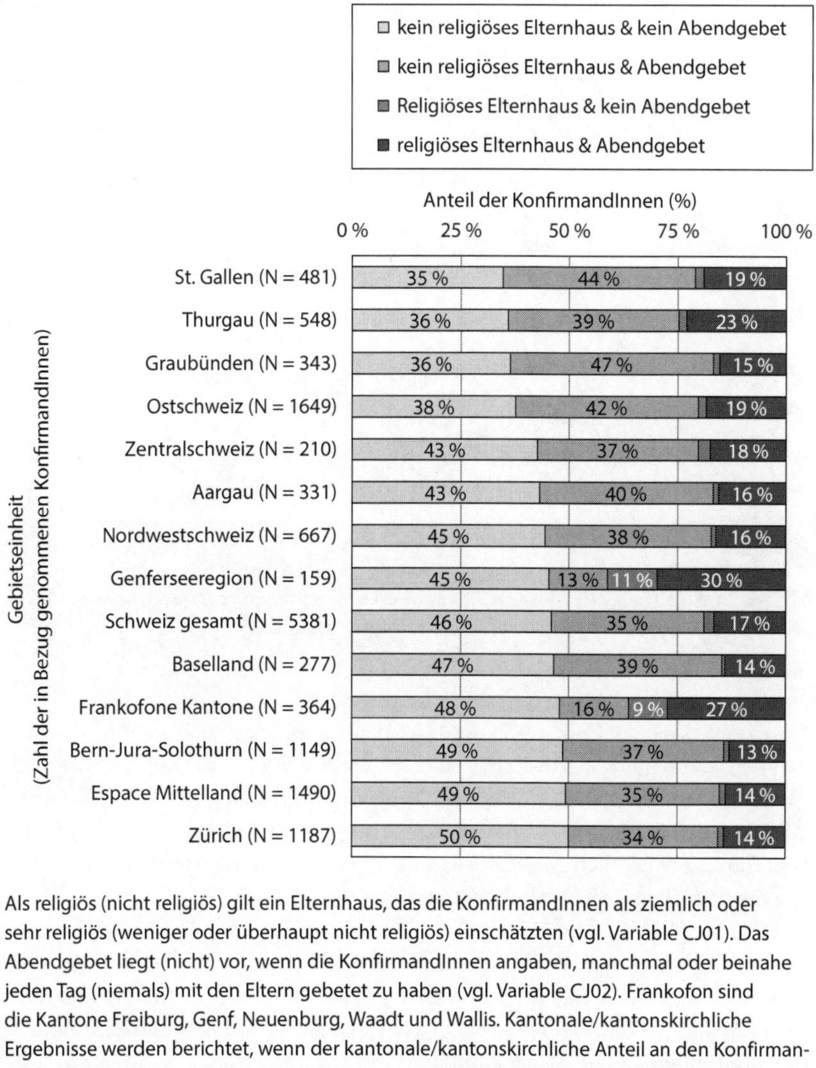

Als religiös (nicht religiös) gilt ein Elternhaus, das die KonfirmandInnen als ziemlich oder sehr religiös (weniger oder überhaupt nicht religiös) einschätzten (vgl. Variable CJ01). Das Abendgebet liegt (nicht) vor, wenn die KonfirmandInnen angaben, manchmal oder beinahe jeden Tag (niemals) mit den Eltern gebetet zu haben (vgl. Variable CJ02). Frankofon sind die Kantone Freiburg, Genf, Neuenburg, Waadt und Wallis. Kantonale/kantonskirchliche Ergebnisse werden berichtet, wenn der kantonale/kantonskirchliche Anteil an den KonfirmandInnen-Datensätzen mindestens 5 % beträgt. Lesehilfe: 50 % der KonfirmandInnen aus dem Kanton Zürich stammen nach eigener Angabe aus einem Elternhaus, in dem nicht gebetet wurde und das als weniger oder nicht religiös eingeschätzt wird.

die Annahme, dass die Jugendlichen sich an Erfahrungen in den vergangenen fünf Jahren besser erinnern und der Kirche zuschreiben können als in der Zeit davor, bildet sich in der Erhebung ab:

Abbildung 17: Erfahrungen der Konfirmandinnen und Konfirmanden mit der Kirche vor der Konfirmationszeit

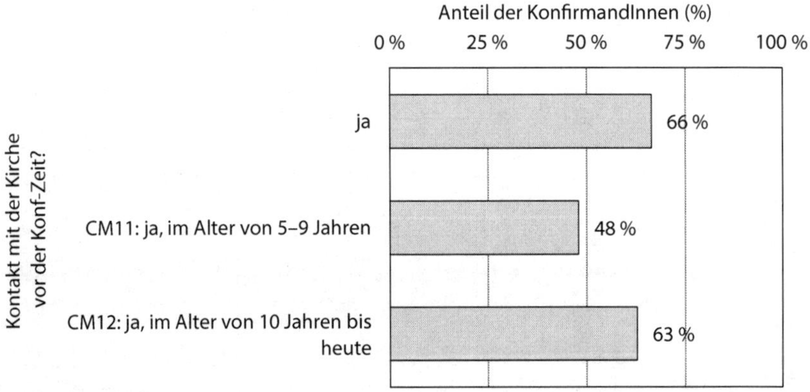

N = 6891–7141. Variablen CM11 und CM12. Lesehilfe: 66 % der KonfirmandInnen haben (mehr als dreimal) bei einer christlichen Gruppe oder Veranstaltung der Kirche teilgenommen. 48 % der KonfirmandInnen taten dies im Alter von 5–9 Jahren.

Wenn zusätzlich die Religiosität des Elternhauses mit einbezogen wird, stellt sich klar dar, dass religiös sozialisierte bzw. über kirchliche Vorerfahrungen verfügende Konfirmandinnen und Konfirmanden über kontinuierliche kirchliche Erfahrung verfügen, da die Differenz zwischen CM11 (5–9 Jahre) und CM12 (10 Jahre bis heute) mit 3 % deutlich geringer ist als bei Jugendlichen aus überhaupt nicht religiösem Elternhaus (18 %) (siehe Abbildung 18).

Zusätzlich zu diesem Befund kann vermutet werden: Ob die Kirche als Anbieterin verschiedener Kasualien, von Gottesdiensten, sozialen Angeboten und Bildungsgefässen wahrgenommen wird, hängt ebenfalls davon ab, ob familiär frühzeitig und kontinuierlich kirchlicher Kontakt gepflegt wurde.

Abbildung 18: Zusammenhang zwischen der Religiosität des Elternhauses und Erfahrungen mit der Kirche vor der Konfirmationszeit

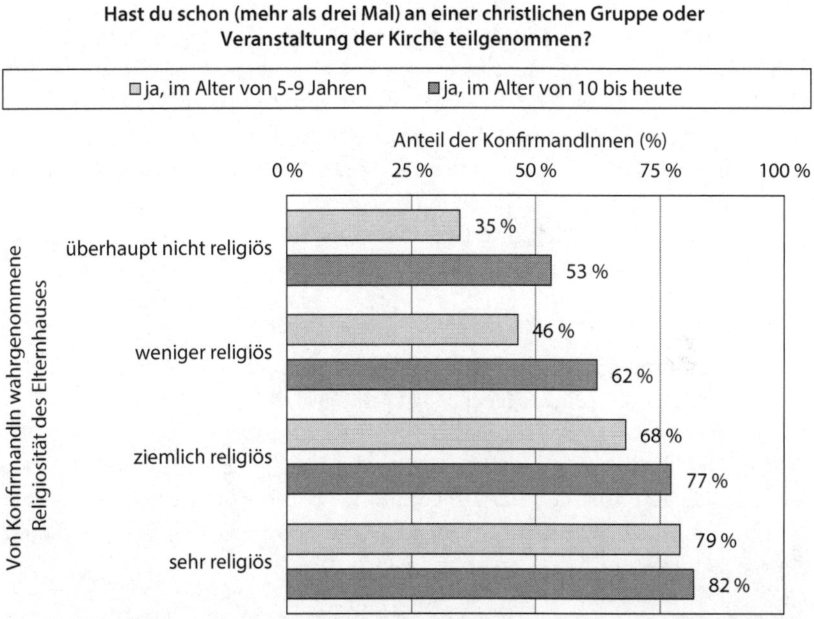

N = 6707–6750. Variablen CM11 und CM12 (Kirchenkontakte vor der Konfirmationszeit) und CJ01 (Religiosität des Elternhauses). Lesehilfe: 35 % der aus einem überhaupt nicht religiösen Elternhaus stammenden KonfirmandInnen haben im Alter von 5 bis 9 Jahren (mehr als dreimal) bei einer christlichen Gruppe oder Veranstaltung der Kirche teilgenommen.

2.3.2 Motivationen und Ziele

Die Konfirmation stellt auch heute noch vielerorts ein Ereignis dar, das fest in den Familienkalender eingeplant ist. Dennoch sind, wie zu Beginn dieses Kapitels bereits erwähnt wurde, die Zahlen der Konfirmationen rückläufig, was in Verbindung mit einer generell zurückgehenden Kirchenmitgliedschaft steht. So ist es notwendig, nach den Motiven zur Teilnahme an der Konfirmationszeit zu fragen, da sie keineswegs mehr einfach selbstverständlich ist. Und individuelle Antworten sind hier durchaus nicht einfach zu interpretieren, wenn etwa gesagt wird:

> «Ich war mir zuerst wirklich nicht sicher ob ich mich konfirmieren lassen will (meine Eltern sagten es sei meine Entscheidung), also habe ich gedacht ich lasse mich einfach darauf ein.» (Mädchen, 14 Jahre, t1)

Deshalb wurde mit 22 Items umfassend nach der Motivation zur Teilnahme an der ein- bis dreijährigen Konfirmationszeit gefragt. Daraus ergibt sich ein recht eindeutiges Bild:

Der *Spassfaktor* (CK05) spielt die grösste Rolle: 89 % der Jugendlichen melden sich zum Unterricht an in der Erwartung, Spass zu haben. Zunächst ist daran zu denken, dass Spass aus der Sicht Jugendlicher und Erwachsener als Begriff eine weite Interpretationsbreite hat. Die hohe Erwartung diesbezüglich mag nicht weiter erstaunen, doch kann man durchaus feststellen, dass dieses kirchliche Angebot in der Vorstellung der Jugendlichen mit Spass verbunden ist und damit von vornherein einen positiven Stellenwert geniesst. Dass dieser Spassfaktor eng mit der erhofften Erfahrung guter Gemeinschaft zusammenhängt, macht exemplarisch die folgende Aussage deutlich:

> «Die Konfirmation ist für mich kein muss, aber ich wollte einfach mit den Leuten eine tolle Zeit.» (Mädchen, 15 Jahre, t1)

Weniger stark, aber immer noch häufig wird mit 59 % das Motiv der *Geschenke* am Ende der Konfirmation (CB10) genannt. Dass ein materieller Anreiz bei der Konfirmation besteht, ist keine Neuigkeit und spiegelt sich auch in der hohen Zustimmung wider:

> «Ich bin nicht gläubig und will nur konfirmiert werden wegen den Geschenken.» (Mädchen, 14 Jahre, t1)

Übertroffen wird dieses Motiv von dem, was man *familientraditionsorientierte Motive* nennen kann. Das Familienfest zur Konfirmation (CB09) übertrifft die Aussicht auf Geschenke mit 62 % Zustimmung. Gleich stark ist das Motiv der Aussicht, durch die Konfirmation später selber Gotte oder Götti (Patin oder Pate) zu werden (CB05) und insofern eine Kontinuität der bestehenden Familientradition zu gewährleisten. Dazu passend wird die erfolgte eigene Taufe (CA04) sowie die Fortsetzung der Familientradition (CA03 «… weil das in meiner Familie schon immer so war») explizit positiv bewertet:

> «Ich freue mich auf meine Konf, weil ich später mal Gotti werden will und in der Kirche heiraten möchte.» (Mädchen, 14 Jahre, t1)

Die überwiegend hohe Bereitschaft, die eigenen Kinder später taufen zu lassen, erlaubt den Schluss, dass die Taufe bei den Jugendlichen insgesamt eine positive Bewertung geniesst, wohl auch, weil sie das gewissermassen erste persönlich zugeeignete kirchliche Ritual darstellt und von ihnen als Anfang der persönlichen Beziehung zur Kirche gedeutet werden kann:

Abbildung 19: Motivationen und Ziele der Konfirmandinnen und Konfirmanden

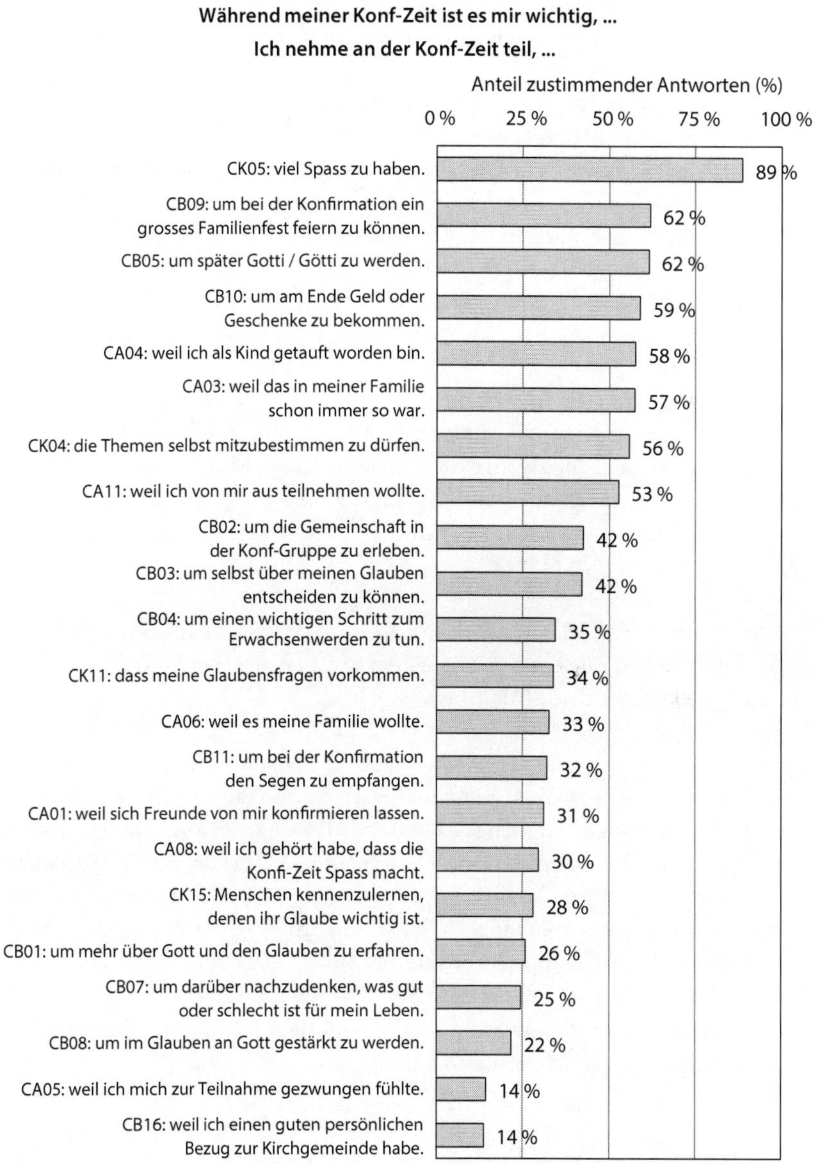

N = 7073–7168. Skalen mit Wertebereich von 1 (trifft gar nicht zu) bis 7 (trifft voll zu). Angegeben sind die Anteile der Antworten im zustimmenden Bereich (Skalenpunkte 5, 6 und 7). Lesehilfe: 89 % der KonfirmandInnen geben in t1 als Ziel für die Konf-Zeit an, viel Spass haben zu wollen.

Überraschen mag es, dass die Peers der Konfirmandinnen und Konfirmanden, d. h. die in der Regel gleichaltrigen Mitglieder der persönlichen Bezugsgruppe, einen verhältnismässig geringen Einfluss auf die Entscheidung der Jugendlichen zur Teilnahme haben.

Nur 31 % geben an, an der Konfirmationszeit teilzunehmen, weil sich auch ihre Freunde konfirmieren lassen (CA01). Sogar nur 30 % geben an, gehört zu haben, dass die Konfirmationszeit Spass macht (CA08), und beziehen sich damit wohl insbesondere auf die Empfehlungen anderer Peers oder von Geschwistern – wie Letztere natürlich ohnehin so oder so mit im Blick sind:

> «Je trouve dommage que mon frère ne veuille pas faire le catéchisme, j'ai trouvé ça super mais je n'arrive pas à le convaincre.» (Mädchen, 15 Jahre, t1)

Als notwendig, «um einen wichtigen Schritt zum Erwachsenwerden zu tun» (CB04), sehen zu Beginn des Jahres nur 35 % der Jugendlichen die Konfirmation an, was deutlich macht, dass die meisten Konfirmandinnen und Konfirmanden keine entscheidenden Entwicklungsimpulse von dieser Zeit bzw. diesem kirchlichen Angebot erwarten. Aber in der Gruppe der 35 % finden sich dann Aussagen wie:

> «Ich bin nicht sehr gläubig aber trotzdem besuche ich den Konf-Unterricht, weil es hat nicht nur etwas mit dem Glauben zu tun, sondern ist auch ein Teil des erwachsen werden.» (Mädchen, 15 Jahre, t1)

Explizit *glaubensbezogene Motive* erfahren unterschiedlich hohe Zustimmung: Die Aussicht, selber über den Glauben entscheiden zu können (CB03), ist mit 42 % deutlich ausschlaggebender als mit 22 % das Ziel, im Glauben an Gott gestärkt zu werden (CB08). Etwas positiver bewertet werden Items, bei denen der persönliche Glaube aktiv zur Sprache kommt: So ist es für 34 % wichtig, dass ihre persönlichen Glaubensfragen vorkommen (CK11), und 26 % zeigen Bereitschaft, mehr über Gott und den Glauben zu erfahren (CB01). Spass zu erleben, ein grosses Familienfest zu feiern und selber über den Glauben im Rahmen der Konfirmationszeit bestimmen zu können, sind somit vermutlich die stärksten Motivationsfaktoren für die Jugendlichen zum Zeitpunkt t1.

2.3.3 Themeninteressen

Aufschlussreich ist es, die *Entwicklung der thematischen Interessen* bei den Konfirmandinnen und Konfirmanden im Vergleich der Zeitpunkte t1 und t2 zu betrachten: Das Thema Freundschaft (CL/KL09) geniesst am meisten Aufmerksamkeit, dicht gefolgt von der Frage nach dem Sinn des Lebens (CL/KL11) und der Frage nach dem Tod (CL/KL23) – oder wie es prägnant in Frageform heisst:

«Ich finde es schade, dass es keine Antwort auf die Fragen gibt, z. B. Ob es ein Leben nach dem Tod gibt?» (Mädchen, 15 Jahre, t1)

Abbildung 20: Themeninteresse der Konfirmandinnen und Konfirmanden in t1 und t2

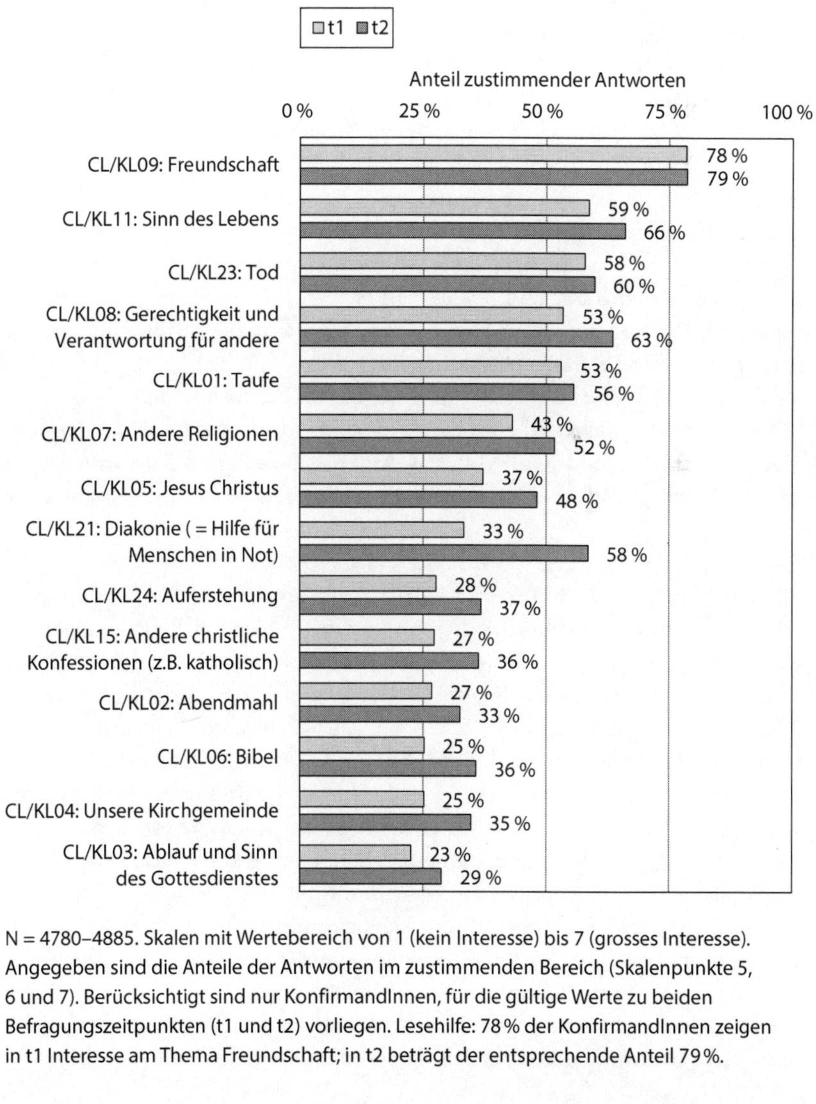

N = 4780–4885. Skalen mit Wertebereich von 1 (kein Interesse) bis 7 (grosses Interesse). Angegeben sind die Anteile der Antworten im zustimmenden Bereich (Skalenpunkte 5, 6 und 7). Berücksichtigt sind nur KonfirmandInnen, für die gültige Werte zu beiden Befragungszeitpunkten (t1 und t2) vorliegen. Lesehilfe: 78 % der KonfirmandInnen zeigen in t1 Interesse am Thema Freundschaft; in t2 beträgt der entsprechende Anteil 79 %.

Am Ende der Skala rangieren klassisch christliche Themen wie die Bibel (CL/KL06), die Kirchgemeinde (CL/KL04) sowie Ablauf und Sinn des Gottesdienstes (CL/KL03). Auffällig ist die Entwicklung der Themeninteressen von t1 zu t2: Betrachtet man das Potenzial des Interessenzuwachses, weist gerade das Thema Freundschaft am wenigsten Entwicklung auf, von t1 zu t2 interessieren sich lediglich 1 % mehr Jugendliche dafür. Das Interesse am Thema bleibt zwar hoch, verändert sich aber durch die Konfirmationszeit hindurch kaum.

Anders fällt das Interesse am Thema Diakonie (CL/KL21) aus, das von 33 % (t1) auf 58 % (t2) steigt. In diesem Fall muss angenommen werden, dass nicht alle Konfirmandinnen und Konfirmanden zum Zeitpunkt t1 bereits mit dem Begriff der Diakonie vertraut waren. Inhaltlich wurde der Begriff im Rahmen des Fragebogens t1 erläutert, praktische Erfahrung damit lag aber hier wahrscheinlich noch nicht vor. Doch zeigt sich gerade auch unter dieser Voraussetzung, dass sich während der Konfirmationszeit einiges getan hat – bei den Jugendlichen und vermutlich auch durch den Unterricht bewirkt.

Noch deutlicher zeigt sich dies bei den Themen Jesus Christus (CL/KL05) und Bibel (CL/KL06), die beide anfangs nur ein gutes bzw. ein knappes Drittel zu interessieren vermochten, am Ende des Jahres aber einen Zuwachs von 11 % aufweisen. Hier die komplette Auflistung in der Reihenfolge des Zustimmungsgrades zum Zeitpunkt von t1 (siehe Abbildung 20).

Mithilfe der Indizes «Interesse an Themen der Lebensführung» (iCL3) und «Themen der christlichen Tradition» (iCL2_CH) sowie deren Entwicklung von t1 zu t2 (iCL/iKL3 und iCL/iKL2_CH) lassen sich bezüglich der thematischen Interessen der Jugendlichen noch abstrahierende Analysen durchführen (siehe Abbildung 21).

Hinsichtlich der Themeninteressen je nach *Geschlechtszugehörigkeit* kann festgestellt werden: Die befragten Mädchen bringen gegenüber den Jungen in t1 grösseres Interesse an lebensweltlichen Themen mit. Die Differenz beläuft sich auf rund 0,7 Punkte, was doch eine recht bedeutsame Differenz darstellt. Interessant wird es zum Zeitpunkt t2, wo sich bei beiden Geschlechtern ein Interessenzuwachs zeigt. Es sind jedoch die Jungen, die besonders bei den Themen der christlichen Tradition etwas grösseres Interesse im Verlauf der Konfirmationszeit entwickelt haben. Die Werte sind bei ihnen um rund 0,5 Punkte gestiegen, während es bei den Mädchen lediglich knapp 0,4 sind. Auch bezüglich der lebensweltlichen Themen steigt das Interesse bei den Jungen um rund 0,3, bei den Mädchen um knapp 0,2 Punkte an. Offenbar kann sich auch eine zurückhaltendere Einstellung zum Zeitpunkt t1 durchaus während eines Unterrichtsjahres positiv entwickeln. Allerdings ist allgemein zu sagen, dass die Zuwächse zwischen t1 und t2 geringer ausfallen, wenn das Ausgangsniveau in t1 schon hoch ist, wie z. B. bei den lebensweltlichen Themeninteressen bei den Mädchen.

Abbildung 21: Themeninteressen der Konfirmandinnen und Konfirmanden in der Gesamtschweiz differenziert nach t1 und t2 sowie nach verschiedenen Kontrastgruppen

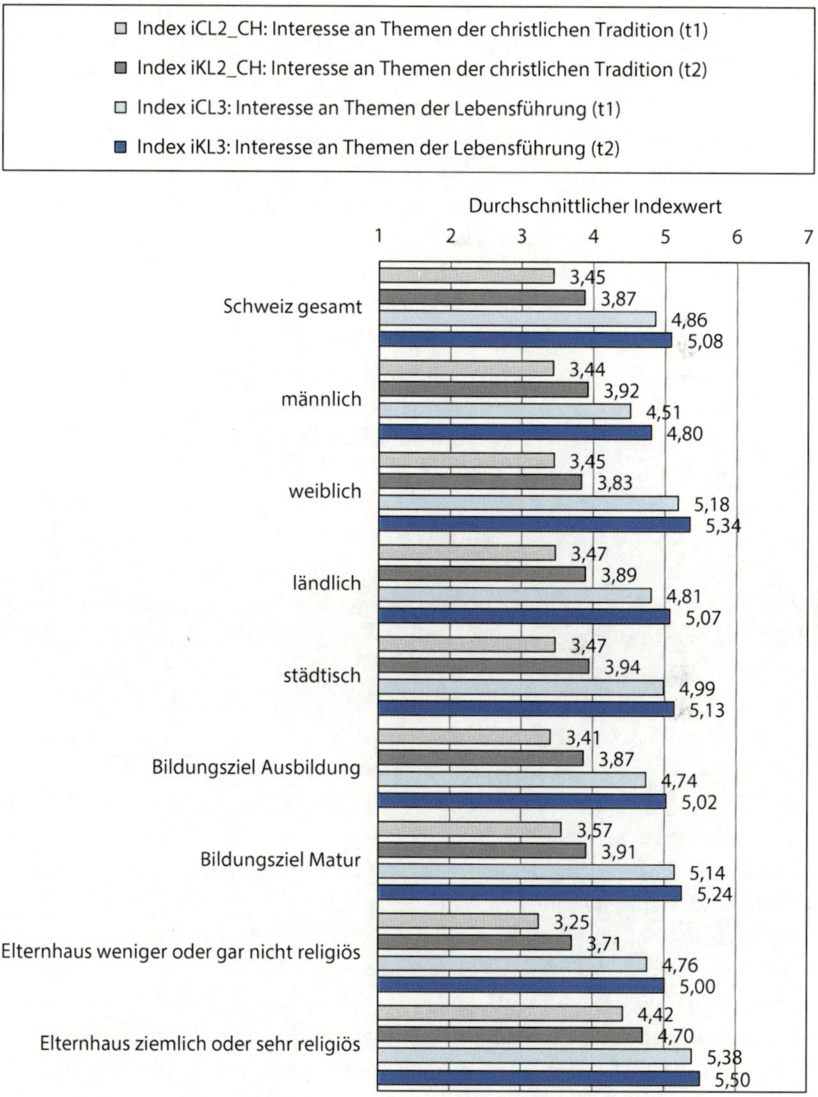

N = 4929 (iCL/iKL2_CH); N = 4930 (iCL/iKL3). Berücksichtigt sind nur KonfirmandInnen, für die gültige Werte zu den beiden Befragungszeitpunkten (t1 und t2) vorliegen. Lesehilfe: Bei den aus einem ziemlich oder sehr religiösen Elternhaus stammenden KonfirmandInnen liegt das Mittel des Index iKL3, Interesse an Themen der Lebensführung (t2), auf der von 1–7 reichenden Skala bei 5,5 Skalenpunkten.

Differenziert man anhand der *Lebensumgebung* der Jugendlichen in der Schweiz, namentlich zwischen *städtischen und ländlichen Gemeinden* und den Themeninteressen, so zeigt sich folgendes Bild: Das Interesse an Themen der christlichen Tradition ist in t1 bei städtisch und ländlich sozialisierten Jugendlichen auf gleichem Stand. Der Interessenzuwachs ist in beiden Fällen gering und ähnlich, ebenso verhält es sich bei den lebensweltlichen Themen. Daraus kann geschlossen werden, dass die Lebensumgebung im Blick auf die thematischen Interessen der Jugendlichen kaum Einfluss hat, was doch insofern erstaunlich ist, als man «der Kirche» in ländlichen Gebieten häufig noch eine zentralere Rolle im (Familien-)Alltag zumessen würde als in städtischen Gebieten – es sei denn, man geht davon aus, dass in einem städtischen Diasporakontext eher glaubens- und kirchenaffine Eltern in der Kirche verbleiben. Unterschieden nach angestrebtem Schulabschluss ist festzustellen, dass Jugendliche mit dem Bildungsziel Matur sowohl bei Themen christlicher Tradition als auch bei lebensweltlichen Themen zum Zeitpunkt t1 stärker interessiert sind als Jugendliche mit dem Ziel einer Berufsausbildung. Der Interessenzuwachs im Lauf der gesamten Konfirmationszeit liegt jedoch bei denjenigen, die eine Lehre planen, höher als bei den (angehenden) Gymnasiastinnen und Gymnasiasten – aber auch hier ist natürlich wieder an das bereits höhere Ausgangsniveau zu erinnern, das grössere Entwicklungsschritte eher unwahrscheinlicher macht.

Das deutlichste Bild zeichnet sich ab, wenn man die unterschiedliche *religiöse Sozialisation* der Jugendlichen berücksichtigt. Das Ausgangsinteresse bezüglich der Themen christlicher Tradition (t1) bei wenig oder nicht christlich sozialisierten Jugendlichen liegt bei 3,25 (von max. 7 Punkten), bei christlich sozialisierten bei 4,42 Punkten. Das ist ein sehr bedeutsamer Unterschied und die Jugendlichen aus religiösem Elternhaus führen diese Statistik insgesamt an (im Durchschnitt aller Jugendlichen in t1 3,45). Auch ihr Interesse an lebensweltlichen Themen ist mit 5,38 Punkten am ausgeprägtesten, gefolgt von den Jugendlichen mit dem Bildungsziel Matur.

Wiederholt zeigt sich jedoch im Blick auf die Entwicklung zwischen t1 und t2, dass bei den wenig oder nicht religiös sozialisierten Jugendlichen deutlich mehr Interessenzuwachs zu verzeichnen ist als bei denjenigen, die aus einem religiös geprägtem Elternhaus kommen. Erstere weisen bei den Themen christlicher Tradition einen Zuwachs von 0,46 Punkten auf, bei den lebensweltlichen um 0,24, während es bei den religiös Sozialisierten bei den Themen christlicher Tradition lediglich 0,28 und bei den lebensweltlichen Themen nur 0,12 Punkte sind.

Es zeigt sich also, dass Jugendliche mit weniger ausgeprägten religiösen Voraussetzungen im Verlauf der Konfirmationszeit offenbar gute Gelegenheiten erhalten, um ihre Interessen zu erweitern und vertiefen.

2.3.4 Glaube und Religiosität

Wie bereits anfangs erwähnt, sind *Glaube und Religiosität* bei Jugendlichen gegenwärtig zentrale Themen in verschiedenen Jugendstudien (z. B. Bertelsmann-Stiftung 2009). Die vorliegenden schweizerischen Ergebnisse ermöglichen ein präziseres Bild des Ist-Zustandes bei den Konfirmandinnen und Konfirmanden. Vorab ein Statement eines Jugendlichen zur Frage nach der Religion:

> «Gott ist mir Scheissegal! Wegen der Religion gibt es ständig Kriege und viele Tote. Wissenschaft basiert auf Beweisen, Religion dagegen auf Vermutungen oder der Bibel welche genauer gesagt ein Roman sein könnte.» (Junge, 15 Jahre, t1)

Zu den Befragungszeitpunkten t1 und t2 wurden im Zusammenhang des Themas Religiosität jeweils die gleichen Fragen an die Konfirmandinnen und Konfirmanden gerichtet, einerseits zu Glaubensaussagen (CE/KE01–10), andererseits zu ihrer religiösen Selbstbeschreibung, Identifikation und Praxis (CE/KE15–25). Durch die zweifache Erhebung t1 und t2 konnten so nicht nur der Ist-Zustand, sondern auch mögliche Entwicklungen von Religiosität während des letzten Jahres der Konfirmationszeit gemessen werden. Im Rahmen von erkennbar christlich geprägten Items (CE/KE01–10) wurde die Positionierung und mögliche Zustimmung zu verschiedenen christlichen Glaubenssätzen abgefragt. Die Items beziehen sich auf christliche Glaubenssätze, z. B. «Die Welt ist von Gott erschaffen» (CE/KE01), und konnten durch die Konfirmandinnen und Konfirmanden mithilfe der 7er-Skala positiv, unentschieden oder negativ bewertet werden.

An dieser Stelle sei uns gerade zu diesem Aspekt eine Zwischenbemerkung erlaubt: Mit Recht wurden diese Formulierungen (v. a.) von manchen/einzelnen Pfarrpersonen kritisiert, und auch in den Präsentationen unserer Studie wurde skeptisch zurückgefragt, ob sich denn die Frage des Glaubens und der Religiosität durch diese quantitativen Zugänge überhaupt eruieren lässt. Tatsächlich ist es ganz richtig, dass natürlich jeder Jugendlicher mit jedem einzelnen Item etwas je Eigenes assoziiert und dementsprechend das Ergebnis hier nur äusserst vorsichtig interpretiert werden kann. Gleichwohl meinen wir, dass sich in den Antworten doch wenigstens bestimmte Tendenzen deutlich abbilden – zugleich gehen wir nicht davon aus, dass die jeweilige individuelle Antwort wirklich schon die «ganze Wahrheit» über die persönlichen Glaubenseinstellungen und die je eigene Religiosität sagen. Unter diesem Vorbehalt kommen die folgenden Ergebnisse zur Darstellung:

Insgesamt kann man von einer gewissen Zurückhaltung seitens der Jugendlichen bezüglich dieser Fragen ausgehen. Dahinter steht offenkundig bei manchen, wie gerade angedeutet, die Schwierigkeit, eine solche komplexe Frage einfach durch Ankreuzen zu beantworten:

«C'est dure de répondre à des questions aussi directes que ‹Crois-tu en Dieu?›. Et de quelle vision de Dieu parlez-vous? C'est vague, parfois, tout ça.» (Mädchen, 14 Jahre, t1)

Nur gerade zwei Items weisen bereits beim Zeitpunkt t1 bei mehr als der Hälfte der Befragten Zustimmung auf: Zum einen betrifft dies die Frage nach einem Leben nach dem Tod (CE/KE02), dem 53 % der befragten Jugendlichen zu beiden Zeitpunkten t1 und t2 zustimmen. Ein gewisses Interesse am Jenseits, am Tod und an der Frage nach dem Wohin des Menschen wird ebenfalls erkennbar. Zum anderen findet die Aussage «Gott liebt jeden Menschen und kümmert sich um uns» (CE/KE03) bei 54 % Zustimmung in t1 und t2. Ein fürsorgliches Gottesbild scheint für eine Mehrheit der Jugendlichen Gegenstand ihres Glaubens zu sein. Oder wie etwa formuliert wird:

«Ich glaube an Gott. Er hilft mir manchmal bei schwierigen Sachen.» (Mädchen, 15 Jahre, t1)

Diese beiden Items weisen, wie auch die Zustimmung zu «Jesus ist auferstanden», mit 37 % (CE/KE04) eine gewisse Stabilität auf: Bei allen drei Items verändern sich die Zustimmungswerte vom Zeitpunkt t1 zum Zeitpunkt t2 nicht, was den Schluss zulässt, dass es sich um stabilere Glaubensgewissheiten handelt, die, zumindest auf den ersten Blick, von der Konfirmationszeit nicht weiter beeinflusst werden – weder negativ noch positiv. Bei einigen Aussagen der Jugendlichen zeigt sich, dass sie sehr wohl zwischen verschiedenen Traditionen zu unterscheiden wissen:

«Ich glaube an Gott, aber das mit Jesus finde ich Quatsch, kein Mensch kann auferstehen.» (Mädchen, 15 Jahre, t1)

Oder in ähnlicher Weise:

«Je crois en Dieu depuis peu – mais je ne sais pas pourquoi. J'ai de la peine à croire en Jésus.» (Mädchen, 14 Jahre, t1)

Der innere Widerstreit zwischen Glauben und Wissen, der für das Alter der Konfirmandinnen und Konfirmanden charakteristisch scheint, drückt sich in folgender Aussage noch einmal pointiert aus:

«Ich glaube sicher nicht an Gott, denn es wäre etwas grosser Zufall, dass die Menschheit genau das glaubt, was auch stimmt.» (Mädchen, 15 Jahre, t1)

Grafisch stellt sich dies wie folgt dar:

Abbildung 22: Zustimmung der Konfirmandinnen und Konfirmanden zu verschiedenen christlichen oder religiösen Überzeugungen

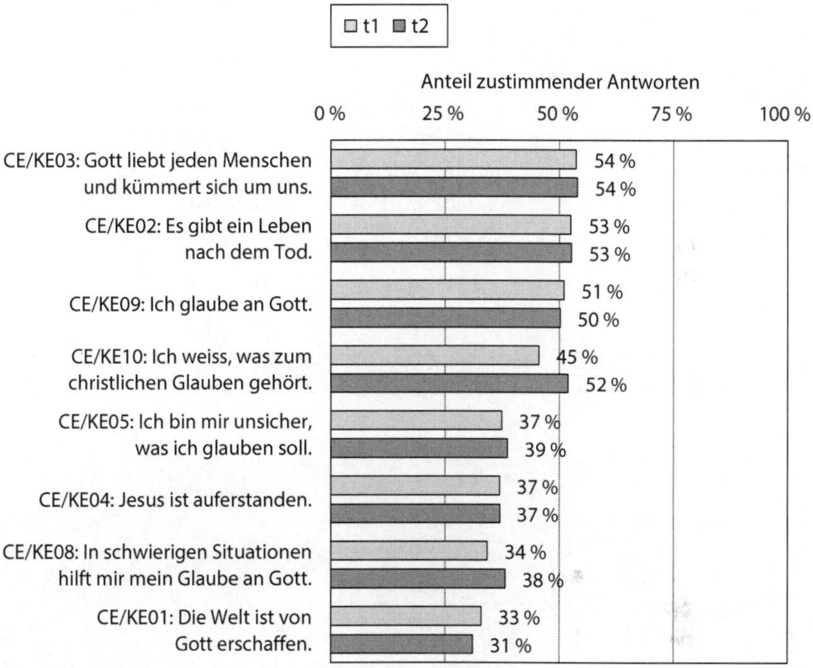

N = 4768–4839. Skalen mit Wertebereich von 1 (trifft gar nicht zu) bis 7 (trifft voll zu). Angegeben sind die Anteile der Antworten im zustimmenden Bereich (Skalenpunkte 5, 6 und 7). Berücksichtigt sind nur KonfirmandInnen, für die gültige Werte zu den beiden Befragungszeitpunkten (t1 und t2) vorliegen. Lesehilfe: 33 % der KonfirmandInnen stimmen in t1 der Aussage, die Welt sei von Gott erschaffen, zu; in t2 beträgt der entsprechende Anteil 31 %.

Wachsende Zustimmung hingegen weisen Items auf, in denen auf *persönliche Weise* Stellung zum Glauben bezogen werden soll: «In schwierigen Situationen hilft mir mein Glaube an Gott» (CE/KE08) sowie «Ich weiss, was zum christlichen Glauben gehört» (CE/KE10) verzeichnen einen Zustimmungszuwachs von 4 % resp. 7 %.

Interessanterweise wächst nicht nur die Zahl derjenigen, die bejahen, dass sie wissen, was zum christlichen Glauben gehört (CE/KE10), sondern auch die derjenigen, die sich unsicher sind, was sie glauben sollen (CE/KE05). Offenbar befinden sich die Konfirmandinnen und Konfirmanden im Jahr vor der Konfirmation in einem Reflexionsprozess, der einerseits zu besserer Kenntnis des eigenen Glaubens, andererseits oder gerade durch diesen Umstand zu vorsichtigerem Umgang mit Glaubensinhalten führen kann. Ein Zuwachs um 2 % ist statistisch gesehen jedoch von geringer Relevanz, weshalb Veränderungen unter 5 % mit Vorsicht zu deuten sind. Die grundsätzliche Frage nach dem Glauben an Gott (CE/KE09) weist mit rund 50 % Zustimmung zuerst ein recht ernüchterndes Ergebnis bezüglich des Glaubens der Jugendlichen auf, darüber hinaus verliert das Item von t1 zu t2 auch noch 1 % Zustimmung. Wie erwähnt spielt diese Veränderung statistisch gesehen kaum eine Rolle, dennoch kann aber auch dieses Item zu den stabilen Gewissheiten gezählt werden, insofern hier durch die Konfirmationszeit in der Gesamttendenz offenbar keine messbaren Veränderungen ausgelöst worden sind – was sich natürlich für das einzelne Individuum ganz anders darstellen kann.

Abbildung 23: Durchschnittliche christliche Überzeugungen der Konfirmandinnen und Konfirmanden differenziert nach Religiosität des Elternhauses und Befragungszeitpunkt

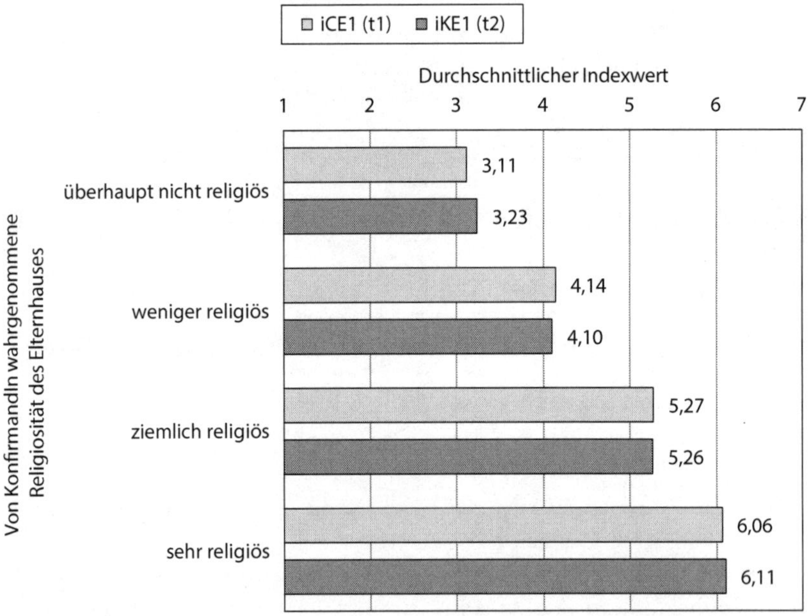

N = 4779. Indizes iCE/iKE1. Berücksichtigt sind nur KonfirmandInnen, für die gültige Werte zu den beiden Befragungszeitpunkten (t1 und t2) vorliegen. Angegeben sind die Anteile der Antworten im zustimmenden Bereich (Skalenpunkte 5, 6 und 7). Lesehilfe: Aus einem sehr religiösen Elternhaus stammende KonfirmandInnen weisen in t2 einen durchschnittlichen Wert von 6,11 im 7 Skalenpunkte umfassenden Index iKE1 auf.

Dass die Frage nach dem Glauben an Gott Jugendliche zum Nachdenken anregt, für sich zu formulieren, was Gott für sie selber darstellt, illustriert die folgende Aussage:

> «Ich will frei in meinem Glauben sein, ich glaube an meine Götter.» (Mädchen, 15 Jahre, t1)

Wenn diese Ergebnisse noch einmal im Zusammenhang der religiösen Sozialisation durch das Elternhaus interpretiert werden, ergibt sich zu den Glaubensüberzeugungen, die in CE/KE01–10 (zusammengefasst im Index iCE/KE1) abgefragt wurden, folgendes Bild (siehe Abbildung 23).

Die christlichen Überzeugungen vertiefen sich während der Konfirmationszeit vor allem bei den *nicht religiös sozialisierten Jugendlichen* sowie bei solchen aus *sehr religiösem Elternhaus*. Erstere weisen einen Zuwachs von 0,12 Punkten auf, was auch die Entwicklung von 0,05 Punkten am anderen Ende der Skala, also bei den sehr religiös Sozialisierten, deutlich übersteigt. Interessanterweise liegt im mittleren Feld, also bei den Jugendlichen mit «weniger» oder «ziemlich religiösem» Elternhaus ein Rückgang vor: Die Übereinstimmung mit den christlichen Überzeugungen (iCE/iKE1) ist rückläufig, wenn auch nur minimal.

Jugendliche mit geringeren religiösen Voraussetzungen legen offenbar einen stärkeren Weg der Entwicklung zurück. Jugendliche mit sehr starker religiöser Prägung durch ihr Elternhaus weisen eine stabile Aufwärtstendenz in der Entwicklung ihrer Glaubenseinstellungen auf – an den Zusammenhang von hohem Niveau und Entwicklung wurde bereits mehrfach hingewiesen. Ganz ähnlich zeigt sich dieses Bild noch einmal, wenn anstelle der Frage nach der Religiosität des Elternhauses nach der *familiären Praxis des Abendgebetes* als Kontrollindikator gefragt wird: Hier zeigt sich eine (leicht) positive Entwicklung bei den Konfirmandinnen und Konfirmanden ohne Abendgebetserfahrung, eine Rückläufigkeit bei denen mit gelegentlicher Praxis und eine gewisse Stabilität bei denen, die sich an ein regelmässiges Abendgebet zurückerinnern:

Abbildung 24: Durchschnittliche christliche Überzeugungen der Konfirmandinnen und Konfirmanden differenziert nach Angaben zum Abendgebet mit den Eltern in der Kindheit

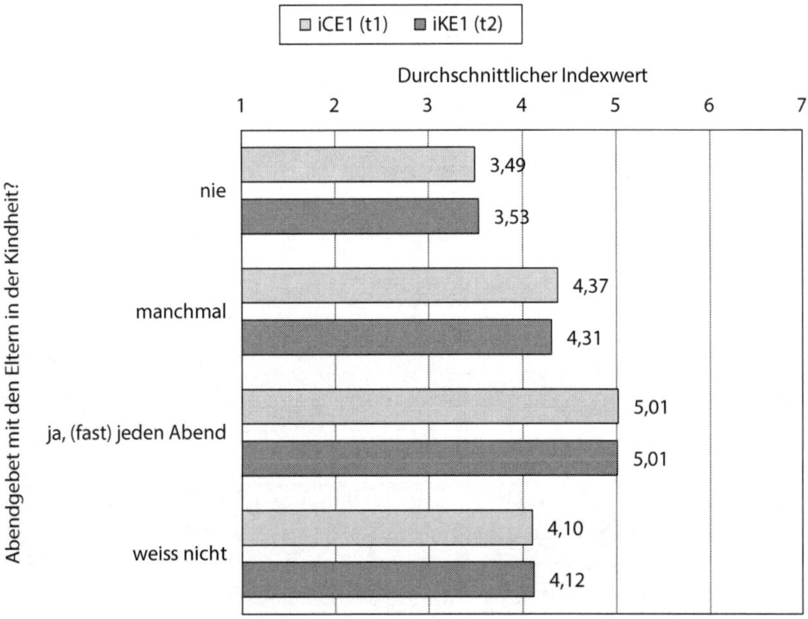

N = 4770. Indizes iCE/iKE1. Berücksichtigt sind nur KonfirmandInnen, für die gültige Werte zu den beiden Befragungszeitpunkten (t1 und t2) vorliegen. Lesehilfe: KonfirmandInnen, mit denen die Eltern in der Kindheit (fast) jeden Abend ein Abendgebet sprachen, weisen in t2 einen durchschnittlichen Wert von 5,01 im 7 Skalenpunkte umfassenden Index iKE1 auf.

Neben der Identifikation mit spezifisch christlichen Glaubenssätzen werden die Jugendlichen auch zu ihrer Religiosität bzw. religiösen Selbstwahrnehmung sowie zu ihrer religiösen Praxis befragt. Die Items entstammen aus dem Religionsmonitor der Bertelsmann-Stiftung und lassen damit zusätzliche Vergleiche mit den internationalen Ergebnissen und somit weiter gehende Interpretationen zu. Die Rede von «Religiosität» bezieht sich in diesem Zusammenhang weniger auf eine konfessionell ausgerichtete Form religiöser Praxis, sondern gefragt wird vielmehr nach einer allgemeinen Grundoffenheit gegenüber religiösen Überzeugungen – auch hier ist nochmals darauf hinzuweisen, dass diese Fragen sowohl bei manchen Jugendlichen wie auch bei den Mitarbeitenden die Reaktion auslösten, dass sie entweder gar nicht wüssten, was in dieser Frage mit Religiosität gemeint sei oder aber Religiosität überhaupt nur sehr schwer zu verstehen und erst recht zu definieren sei:

Abbildung 25: Anteile der bestimmten religiösen Haltungen und Aktivitäten in stärkerem Masse zustimmenden Konfirmandinnen und Konfirmanden

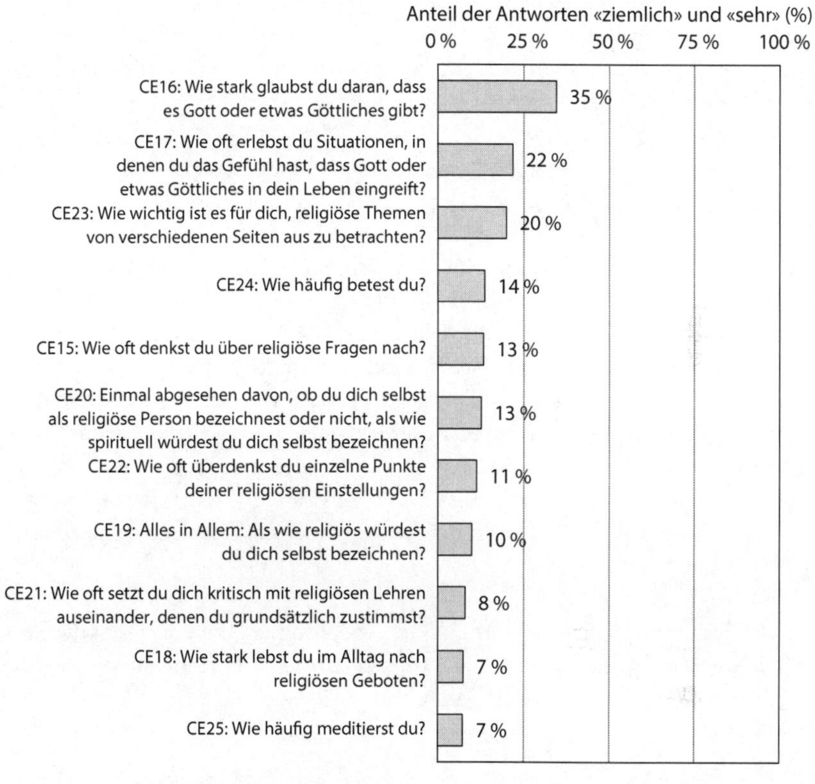

N = 6785–7135. Skalen mit den Werten 1 (gar nicht), 2 (wenig), 3 (mittel), 4 (ziemlich) und 5 (sehr). Angegeben sind die Anteile der Antworten im zustimmenden Bereich (Skalenpunkte 4 und 5). Lesehilfe: 13 % der KonfirmandInnen geben in t1 an, ziemlich oder sehr oft über religiöse Fragen nachzudenken; 35 % glauben ziemlich oder sehr stark daran, dass es Gott oder etwas Göttliches gibt; 10 % würden sich als ziemlich oder sehr religiös bezeichnen; für 20 % ist es ziemlich oder sehr wichtig, religiöse Themen von verschiedenen Seiten aus zu betrachten; 14 % beten ziemlich oder sehr häufig.

Im Allgemeinen liegen die zustimmenden Werte der Konfirmandinnen und Konfirmanden in Bezug auf Fragen zu ihrer Religiosität in einem sehr geringen Bereich. Nur gerade «Wie stark glaubst Du daran, dass es Gott oder etwas Göttliches gibt?» (CE16) weist mit 35 % mehr als ein Drittel an Zustimmung auf. Erinnert sei hier an das oben genannte Ergebnis von 51 % bzw. 50 % bei der Frage, ob die Jugendlichen an Gott glauben (CE/KE09). Offenbar lässt eine spezifische

Nachfrage zu «Gott» eine Identifikation in höherem Masse zu als die abstraktere Formulierung in CE16. Besonders geringe Werte weisen dann auch die beiden Fragen nach der Selbstbeschreibung aus: CE19 und CE20 fragen nach einer religiösen und spirituellen Selbstbeschreibung («Als wie religiös/spirituell würdest du dich selbst bezeichnen?») und erzielen nur bei 10 % resp. 13 % eine positive Antwort. Oder in Form der Aussage:

> «Ich bin nicht sehr religiös, was aber nicht heisst, dass ich nicht an Gott glaube.» (Mädchen, 15 Jahre, t1)

Interessant ist die Tatsache, dass im Vergleich zur religiösen Selbsteinschätzung 3 % mehr Jugendliche von sich sagen, spirituell zu sein. Aus zahlreichen Rückmeldungen durch die Hauptverantwortlichen in den Gemeinden wurde ersichtlich, dass insbesondere der Begriff Spiritualität den Jugendlichen möglicherweise schlichtweg unvertraut ist – was aber möglicherweise zugleich zur stärkeren Identifikation eingeladen hat, als es der Ausdruck «religiös» vermochte. Es mag sein, dass Spiritualität durch seine Neuheit im Vokabular der Jugendlichen einen neutraleren Eindruck macht als die Aussage, religiös zu sein. In den freien Aussagen der Jugendlichen kann der Begriff der Religion aber durchaus auch eine positive Färbung annehmen:

> «Ich glaube zwar nicht an Gott und die Schöpfung etc, finde aber dass die Religion vielen Menschen eine Stütze ist und darum ist es für manche eine gute ‹Idee› oder Sache.» (Junge, 15 Jahre, t1)

Oder:

> «J'aime bien le caté, je voudrais m'investir plus dans ma religion mais je manque du temps.» (Mädchen, 14 Jahre, t1)

Fragt man nach der Häufigkeit der religiösen Praxis in Form des Gebetes oder der Meditation, in diesem Kontext verstanden als Praxisformen des Religiösen und des Spirituellen, dreht sich die Situation zugunsten des Gebets (CE24). Die Form der Meditation (CE25) mag weniger bekannt sein oder weniger zur Identifikation einladen, doch beide Formen finden eine durch die Jugendlichen ausgesprochen gering bezeugte Praxis mit 14 % resp. 7 %.

Als Nächstes stellt sich die Frage nach den Empfindungen seitens der Konfirmandinnen und Konfirmanden gegenüber Gott oder etwas Göttlichem. Ähnlich wie bei den Items zur Religiosität fallen auch diese Werte zurückhaltend aus – ganz entlang der immer wieder vertretenen Einstellung:

«Ich glaube, der Mensch bestimmt sein Schicksal/Leben selbst, ohne ‹göttliche Einwirkung›.» (Junge, 14 Jahre, t1)

Aber es zeigt sich dennoch ganz klar, dass diejenigen Empfindungen, die vorhanden sind und durch die Jugendlichen mit Gott in Verbindung gebracht werden, grundsätzlich sehr positiv ausfallen:

Abbildung 26: Anteile der Konfirmandinnen und Konfirmanden mit bestimmten häufigen Gefühlen bezüglich Gott oder etwas Göttlichem

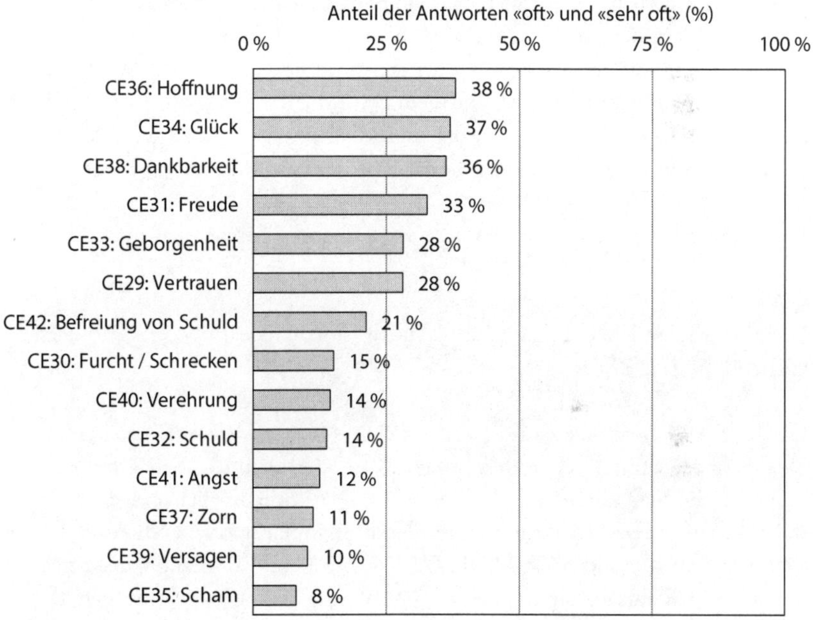

N = 6974–7086. Skalen mit den Werten 1 (nie), 2 (selten), 3 (gelegentlich), 4 (oft) und 5 (sehr oft). Angegeben sind die Anteile der Antworten im zustimmenden Bereich (Skalenpunkte 4 und 5). Lesehilfe: 28 % der KonfirmandInnen erlebten nach t1-Angabe oft oder sehr oft Situationen, in denen sie Vertrauen in Gott oder etwas Göttliches empfinden.

Die Jugendlichen zeigen auch Zurückhaltung, wenn sie aufgefordert werden, Gefühle mit Gott in Verbindung zu bringen. Dennoch kann aus den Daten herausgelesen werden, dass positive Assoziationen und Gefühle stark überwiegen: «Gott» verknüpfen über ein Drittel mit Glück, Hoffnung, Dankbarkeit und Freude. Interessant ist, dass Gefühle wie Scham oder Schuld sowie Angst besonders selten genannt werden. Dies deutet auf einen Glauben oder zumindest Gottesbezug hin, in dem Gott nicht als omnipräsenter Sittenwächter, sondern als helle, freundliche Gestalt wahrgenommen wird – wobei schon an dieser Stelle darauf hingewiesen werden soll, dass die Assoziation des Gottesbegriffs mit Angst bei den Jugendlichen höher ist als bei den Mitarbeitenden.

2.3.5 Verhältnis zur Kirche und Kirchgemeinde

Da «die Kirche» von Konfirmandinnen und Konfirmanden während ihrer Konfirmationszeit und je nachdem auch davor in unterschiedlichen Formen wahrgenommen wird, liegt den Items zu diesem Themenbereich eine Unterscheidung zwischen der Institution Kirche als eher allgemeiner Grösse, der Ortsgemeinde mitsamt ihrer Dienstleistungen und dem persönlichen Bezug zur Ortsgemeinde, basierend auf eigenen Erlebnissen, zugrunde. Dabei scheint die folgende Wahrnehmung der Konfirmationsarbeit zu diesem Thema nicht ganz untypisch zu sein:

> «Ich finde man lernt nicht besonders viel über die Kirche bzw. über die reformierte Kirche.» (Mädchen, 14 Jahre, t1)

Hier die wesentlichen Ergebnisse zu dieser Thematik in der Gesamtübersicht (siehe Abbildung 27).

Die Kirche spiegelt sich als Dienstleisterin in den Items «Falls ich später einmal Kinder habe, will ich sie taufen lassen» (CG/KG03) und «Die Kirche tut viel Gutes für die Menschen» (CG/KG05) wider. Die Taufe möglicher eigener Kinder steht bei vielen Konfirmandinnen und Konfirmanden hoch im Kurs – in t1 mit 81 % sogar etwas höher als in t2 mit 79 %, wobei dieser Rückgang statistisch gesehen nicht bedeutsam sind. Diese hohe Wertschätzung ist vermutlich darauf zurückzuführen, dass die Taufe für die meisten bisher das einzige selber erlebte Ritual innerhalb der Kirche darstellt und die Jugendlichen an die Taufe aufgrund ihrer besonderer Anschaulichkeit mit den eigenen Lebens- und Selbstwahrnehmungen und dem Bedürfnis nach Schutz und Zusage anknüpfen können (Schlag 2010c). Ein Interesse an der Kontinuität dieser meist familientraditionell konnotierten Kasualpraxis der Kirchen ist für 81 % resp. 79 % stark ausgeprägt. 69 %, und damit in t2 immerhin 5 % mehr als in t1, finden, dass die Kirche viel Gutes für die Menschen tut (CG/KG05).

Überraschend gering hingegen fällt die Bereitschaft oder das Interesse aus, gewissermassen in eine potenziell seelsorgerische Nähe zur Pfarrperson zu kommen: Lediglich 7 % resp. 12 % stimmen der Aussage «Wenn ich persönliche Probleme habe, würde ich mich an einen Pfarrer oder eine Pfarrerin wenden» (CG/KG06). Zwar steigt die Anzahl um 5 %, doch sind auch 12 % aller Konfirmandin-

Abbildung 27: Zustimmung der Konfirmandinnen und Konfirmanden zu verschiedenen Fragen bezüglich Kirche und Kirchgemeinde

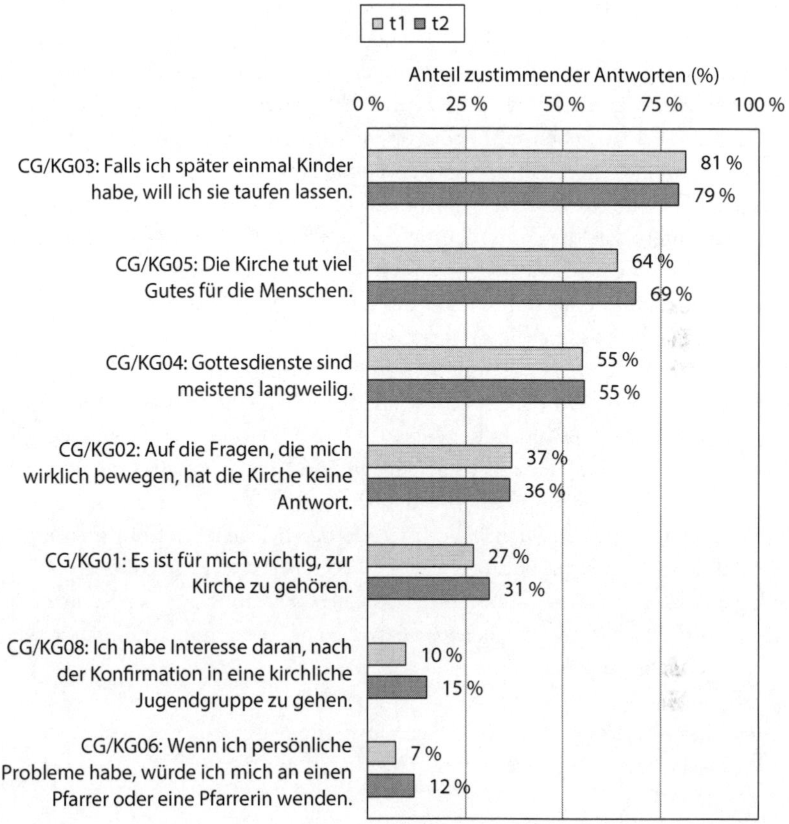

N = 4738–4862. Skalen mit Wertebereich von 1 (trifft gar nicht zu) bis 7 (trifft voll zu). Angegeben sind die Anteile der Antworten im zustimmenden Bereich (Skalenpunkte 5, 6 und 7). Berücksichtigt sind nur KonfirmandInnen, für die gültige Werte zu den beiden Befragungszeitpunkten (t1 und t2) vorliegen. Lesehilfe: 81 % der KonfirmandInnen stimmen in t1 der Aussage zu, später einmal die eigenen Kinder taufen lassen zu wollen; in t2 liegt der entsprechende Anteil bei 79 %.

nen und Konfirmanden noch ein äusserst geringer Wert. Der Bezug zur Kirche drückt sich zuerst in «Auf die Fragen, die mich wirklich bewegen, hat die Kirche keine Antwort» (CG/KG02) aus, wo 37 % resp. 36 % der Jugendlichen offenkundig die Sinnangebote der Kirche als mangelhaft einschätzen. Inwiefern diese Wahrnehmung gewichtet ist, also auf persönlichen Erfahrungen mit der Ortsgemeinde beruht, vom persönlichen Verhältnis zur jeweiligen Leitungsperson (CG/KG06) beeinflusst ist oder sich auf ein eher allgemeines Bild von Kirche als Institution bezieht, kann daraus aber im Detail nicht abgelesen werden.

Allerdings ist hier zu überlegen, ob «Fragen, die mich wirklich bewegen» auch immer als existenziell im engeren Sinne aufgefasst werden müssen. Ob die Jugendlichen denken, dass die Kirche ihnen keine Antworten auf Fragen wie die nach dem Sinn des Lebens geben kann, oder ob ihrer Erfahrung nach in der Konfirmationszeit kaum Fragen, die ihr alltägliches Leben betreffen, zur Sprache kommen, kann jedenfalls aufgrund dieser Ergebnisse nicht beurteilt werden. Man kann jedoch vermuten, dass die Formulierung «Auf die Fragen, die mich wirklich bewegen, hat die Kirche keine Antwort» die Jugendlichen nicht unbedingt an theologische oder religiöse Fragen innerhalb des Unterrichtssettings denken lässt, sondern an alltägliche existenzielle Erfahrungen.

Da die Erfahrung mit Gottesdiensten in der Ortsgemeinde anschliessend ausführlicher reflektiert wird (vgl. 2.3.6), sei an dieser Stelle nur darauf hingewiesen, dass über die Hälfte der Jugendlichen sowohl zum Zeitpunkt t1 wie zum Zeitpunkt t2 Gottesdienste meist als langweilig empfinden (CG/KG04). Die Vorstellung, auch nach der Konfirmationszeit noch in der Kirche an altersgerechten Angeboten teilzunehmen («Ich habe Interesse daran, nach der Konfirmation in eine kirchliche Jugendgruppe zu gehen», CG/KG08), ist nur für 10 % resp. 15 % der Jugendlichen attraktiv – immerhin kann hier bis zum Ende der Konfirmationszeit ein Zuwachs von 5 % verzeichnet werden. Und so findet sich tatsächlich vereinzelt eine Aussage wie:

> «Ich bin froh, dass es Jungschar, Teeniclubs und Musical-Angebote der Kirche gibt!» (Mädchen, 15 Jahre, t1)

2.3.6 Gottesdienste

In fast allen Kirchgemeinden der Schweiz ist es üblich, dass die Konfirmandinnen und Konfirmanden während der Konfirmationszeit eine bestimmte Anzahl von Gottesdiensten (mehrheitlich zwischen 6 und 15) besuchen, mit dem Ziel, die ortsgemeindliche Gottesdienstpraxis kennenzulernen. Allerdings wird dies von Jugendlichen als durchaus problematisch empfunden:

> «Teilweise sind die Gottesdienste nicht so spannend und sollten mehr an unser Alter angepasst werden. Ich finde es nicht gut, wie strikt das Besuchen der Gottesdienste gehandhabt wird im Bezug auf die Konfirmation. 1 Jahr nicht gegangeN = kann nicht konfirmiert werden.» (Mädchen, 14 Jahre, t1)

Abbildung 28: Zahl der Pflicht-Gottesdienstbesuche in der Konf-Zeit differenziert nach Kantonen und Grossregionen

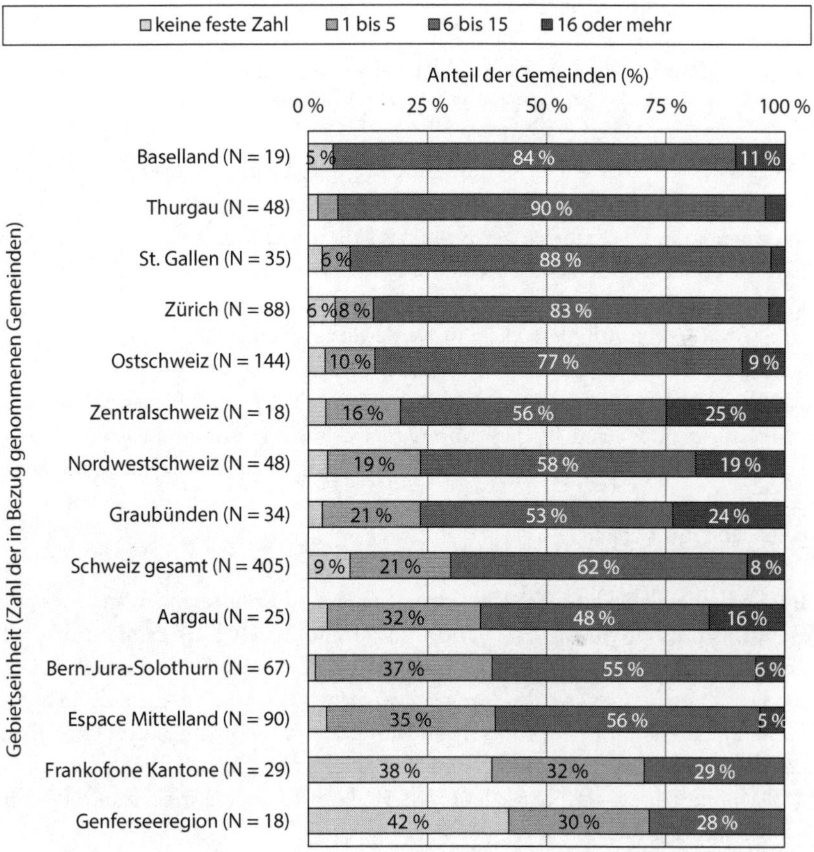

N = 405 (Gemeinden in der Gesamtschweiz). Die Fallzahlen im Einzelnen werden in der Abbildung berichtet. Frankofon sind die Kantone Freiburg, Genf, Neuenburg, Waadt und Wallis. Kantonale/kantonskirchliche Ergebnisse werden berichtet, wenn der kantonale/kantonskirchliche Anteil an den Gemeinde-Datensätzen mindestens 5 % beträgt. Lesehilfe: 84 % der Gemeinden in Basellandschaft sehen 6–15 Pflicht-Gottesdienstbesuche für die Konf-Zeit vor.

Die Konfirmandinnen und Konfirmanden wurden zum Zeitpunkt t1 nach ihren Erwartungen an den Gottesdienst befragt und zum Zeitpunkt t2 wurden diese Erwartungen daraufhin überprüft, inwiefern positive Erfahrungen damit verbunden sind.

Das Hauptinteresse der Konfirmandinnen und Konfirmanden zum Zeitpunkt t1 fokussiert sich auf das Erleben jugendgemässer Gottesdienste (CS01) mit 58 %, oder wie es ausführlicher heisst:

> «Ich wünschte, dass in Zukunft der Gottesdienst mehr für Jugendliche wäre (Gospelchor) Keine Orgel!» (Mädchen, 14 Jahre, t1)

Desgleichen erwarten 48 % im Gottesdienst, nette Leute zu treffen (CS04), und immerhin 41 % erhoffen sich, interessante Predigten zu hören (CS05). Übertroffen werden die Erwartungen am Ende der Konfirmationszeit bezüglich des Treffens netter Leute (KS04) für durchaus erstaunliche 61 %. Zum Verständnis dieser Ergebnisse gilt es anzumerken, dass es für Jugendliche sehr wichtig ist, sich in einer Gruppe wohlzufühlen. Die positive Bewertung von Erfahrungen hängt massgeblich davon ab, ob das Umfeld als sympathisch wahrgenommen wird (Meyer 2012). Ob es sich im Fall dieses Ergebnisses um nette Mitkonfirmandinnen und Mitkonfirmanden handelt oder Leute aus der Gemeinde aus verschiedenen Altersgruppen gemeint sind, kann aber nicht abschliessend beurteilt werden – der hohe Anstieg dieses Ergebnisses zum Ende der Konfirmationszeit hin ist jedenfalls als bedeutend anzusehen.

Immerhin hat die Hälfte aller Konfirmandinnen und Konfirmanden am Ende der Konfirmationszeit Gottesdienste erlebt, die aus ihrer Sicht altersgemäss sind. Auf der Mitarbeiterseite, wie sich noch zeigen wird, liegen die Werte deutlich höher, so dass angenommen werden muss, dass nicht alles, was in jugendgemässem Gewand daherkommt, auch so verstanden wird. Darum ist besonders erfreulich, dass die Hälfte sich wirklich angesprochen gefühlt hat. Von der Predigt erwarten 41 % Interessantes, wovon wiederum 43 % dann auch eine interessante Predigt gehört haben (KS05).

> «Ich finde die alten Geschichten sind unnötig im Gottesdienst, mich interessiert, was man zum heutigen Zeitpunkt tun sollte. Das sollte auch diskutiert werden.» (Mädchen, 14 Jahre, t1)

Aussagen dieser Art sind kaum verwunderlich, wenn man bedenkt, dass eine grosse Zahl von Jugendlichen in für sie nicht spezifisch altersgemäss ausgerichteten Gottesdiensten gewesen ist. Vielmehr kann man auch hier positiv bemerken, dass zumindest ein Drittel tatsächlich die Erfahrung gemacht hat, dass Predigten interessant sein können.

Etwas anders präsentiert sich das Bild, wenn man das Interesse und die Bereitschaft der Jugendlichen zur *Partizipation* in einem Gottesdienst untersucht. In der Planung eines Gottesdienstes eigene Ideen beizusteuern (CS02), ist für 24 %

Abbildung 29: Erwartungen, Erfahrungen und Erwartungserfüllung der Konfirmandinnen und Konfirmanden bezüglich der Gottesdienste in der Konfirmationszeit

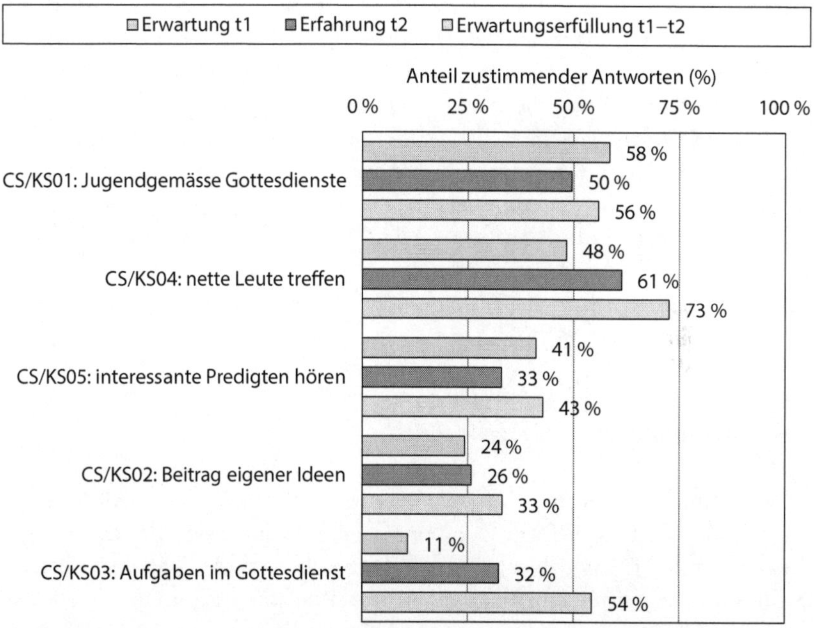

N = 4784–4815. Berücksichtigt sind nur KonfirmandInnen, für die gültige Werte zu beiden Befragungszeitpunkten (t1 und t2) vorliegen. Angegeben sind die Anteile der Antworten im zustimmenden Bereich (Skalenpunkte 5, 6 und 7). Lesehilfe: 58 % der sich zu den Items CS/KS01 äussernden 4784 KonfirmandInnen, also 2795 Jugendliche, wünschen sich in t1, jugendgemässe Gottesdienste zu erleben; 50 % der 4784 Jugendlichen geben in t2 an, jugendgemässe Gottesdienste erlebt zu haben; 56 % der 2795 Jugendlichen, die in t1 den Wunsch nach jugendgemässen Gottesdiensten äusserten, sehen in t2 ihre Erwartung erfüllt.

eine Option; selber Aufgaben während des Gottesdienstes wahrzunehmen (CS03), ist für nur 11 % denkbar. In beiden Bereichen haben interessanterweise mehr Konfirmandinnen und Konfirmanden Erfahrungen gesammelt, als sie zum Zeitpunkt t1erwarteten, was aber natürlich auch daran liegen kann, dass man sich am Ende der Konf-Zeit einfach mehr darunter vorstellen kann. Offenbar wurden die Jugendlichen in der einen oder anderen Form dazu angehalten, sich an Gottesdiensten in Vorbereitung und Durchführung zu beteiligen. Wichtig ist hier der Hinweis, dass zum Befragungszeitpunkt t2 der Konfirmationsgottesdienst zwar vermutlich in den meisten Gemeinden, die diesen mit den Konfirmandinnen und Konfirmanden gemeinsam gestalten, schon in Planung war, aber noch nicht erlebt wurde. Anders als z. B. in Deutschland ist es in der Schweiz sehr verbreitet, dass die Jugendlichen im Konfirmationsgottesdienst die oftmals sogar tragende planerische und durchführende Rolle übernehmen und sehr stark durch eigene Themensetzungen und die entsprechenden Beiträge den Gesamtablauf prägen. So gesehen ist es bemerkenswert, dass 32 % bereits vor der Konfirmation Aufgaben in einem Gottesdienst wahrgenommen haben (KS03), da dies ein Hinweis darauf ist, dass vielerorts die Pfarrpersonen schon während der Konfirmationszeit hier eng mit den Jugendlichen zusammenarbeiten. Zusätzlich ist es wahrscheinlich, dass sogar ein noch höherer Anteil aktiv involviert war, da von Jugendlichen häufig nur Aufgaben wie das Durchführen einer Lesung, das Vorstellen eigener Gedanken oder das Gebet mit der Gemeinde als «Aufgaben» angesehen werden, musikalische Beiträge oder technische Hintergrundleistungen hingegen eher weniger.

2.3.7 Werthaltungen

Die Konfirmandinnen und Konfirmanden wurden mithilfe verschiedener Items zu ihrer Werthaltung befragt. Zum einen sollte damit etwas über das ethische Bewusstsein der Jugendlichen für bestimmte gesellschaftliche Phänomene herausgefunden, zum anderen ihre Zustimmung resp. Ablehnung gegenüber christlichen ethischen Überzeugungen und zum öffentlichen Engagement der reformierten Kirche eruiert werden. Die Mehrheit der Jugendlichen teilt die Überzeugung, dass die Kirche ethische Pflichten gegenüber Schwächeren hat und sich für die Wahrung und den Schutz von Menschenrechten einsetzen soll (siehe Abbildung 30).

Interessanterweise sind bei allen drei oben gezeigten Items von t1 zu t2 Abnahmen in der Zustimmung zu beobachten, und dies jeweils im bedeutsamen Bereich (13 bis 7 %), was nicht ganz leicht zu interpretieren ist. Es wirkt jedenfalls so, als hätte die Konfirmationszeit eine Art ernüchternde Wirkung auf die Einstellung zum Thema Einsatz und Hilfe für Schwächere.

Auf der anderen Seite wurden die Jugendlichen mit gesellschaftlichen und christlichen Aussagen konfrontiert, die ihre persönlichen Wertvorstellungen betrafen. Hier zeigt sich grundsätzlich eine Zunahme der Zustimmung bei jedem Item (CP/KP20–24). Dies ist jedoch nicht zwingend positiv zu bewerten, da z. B. das Item «Fremde haben es in unserer Gesellschaft leicht» (CP/KP22) nicht zwingend von der erlebten Konfirmationsarbeit aus geprägt worden sein muss. Es ist möglich, dass sich hier ein Positionseffekt in dem Sinne abbildet, dass die Jugendlichen bei dieser Fragebatterie eine andere Ausrichtung der Fragen angenommen haben und deshalb häufig «falsch» geantwortet haben. Jedoch zeigen auch die anderen Items überraschende Entwicklungen von t1 zu t2, die zumindest auf den

Abbildung 30: Ethische Erwartungen der Konfirmandinnen und Konfirmanden gegenüber der Kirche

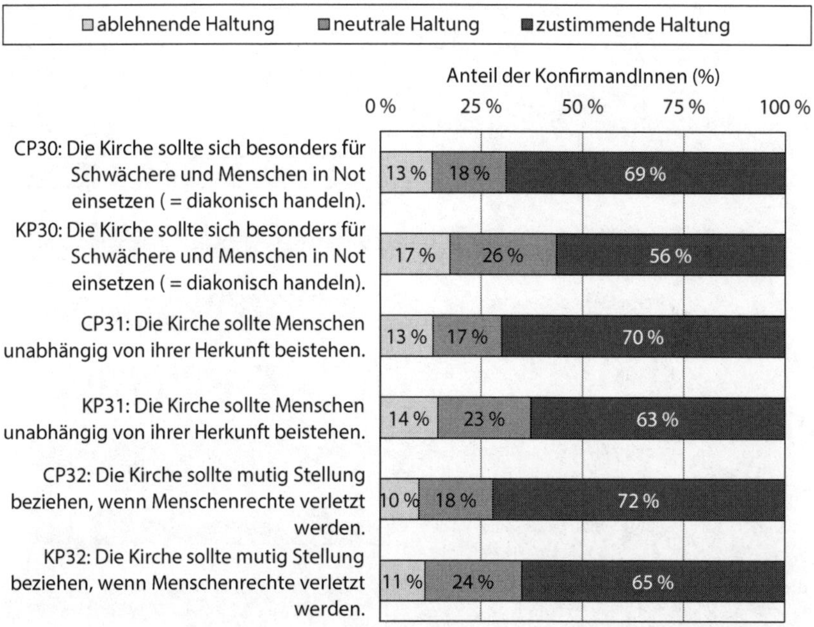

N = 4765–4777. Skalen mit Wertebereich von 1 (trifft gar nicht zu) bis 7 (trifft voll zu). Angegeben sind die Anteile der Antworten im ablehnenden Bereich (Skalenpunkte 1, 2 und 3), im neutralen Bereich (Skalenpunkt 4) und im zustimmenden Bereich (Skalenpunkte 5, 6 und 7). Berücksichtigt sind nur KonfirmandInnen, für die gültige Werte zu den beiden Befragungszeitpunkten (t1 und t2) vorliegen. Lesehilfe: Der Anteil der KonfirmandInnen mit ablehnender Haltung gegenüber Item CP/KP30 steigt zwischen t1 und t2 von 13 % auf 17 %.

ersten Blick nicht mit bestimmten christlich-ethischen Vorstellungen bzw. den vermutlichen Intentionen der Verantwortlichen für die Konfirmationsarbeit kompatibel sind.

Es ist insofern zu überlegen, ob die Jugendlichen bei diesem Themenblock in einem gewissen Mass überfordert waren oder zwischen einer gefühlten moralischen Verpflichtung zur korrekten Antwort – im Sinn sozialer Erwünschtheit – und den eigenen Überzeugungen schlichtweg nicht adäquat geantwortet haben:

Abbildung 31: Haltungen der Konfirmandinnen und Konfirmanden gegenüber gesellschaftlichen Aussagen

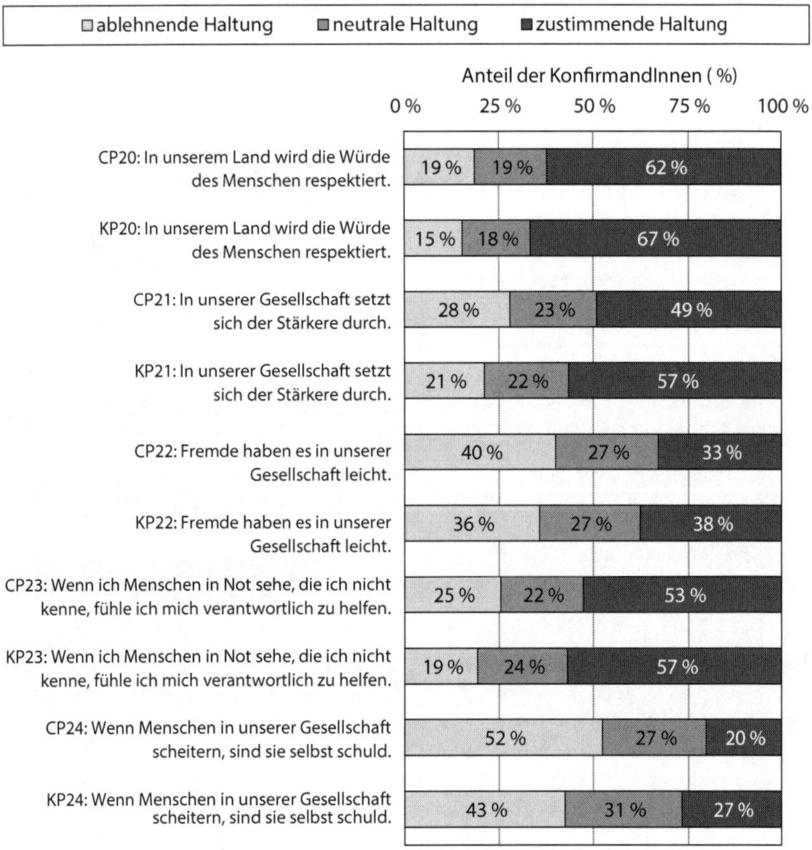

N = 4770–4836. Skalen mit Wertebereich von 1 (trifft gar nicht zu) bis 7 (trifft voll zu). Angegeben sind die Anteile der Antworten im ablehnenden Bereich (Skalenpunkte 1, 2 und 3), im neutralen Bereich (Skalenpunkt 4) und im zustimmenden Bereich (Skalenpunkte 5, 6 und 7). Berücksichtigt sind nur KonfirmandInnen, für die gültige Werte zu den beiden Befragungszeitpunkten (t1 und t2) vorliegen. Lesehilfe: Der Anteil der KonfirmandInnen mit ablehnender Haltung gegenüber Item CP/KP20 sinkt zwischen t1 und t2 von 19 % auf 15 %.

Viel erwartbarer sind die Ergebnisse bei den folgenden Items:

Abbildung 32: Haltungen der Konfirmandinnen und Konfirmanden gegenüber ethischen Aussagen

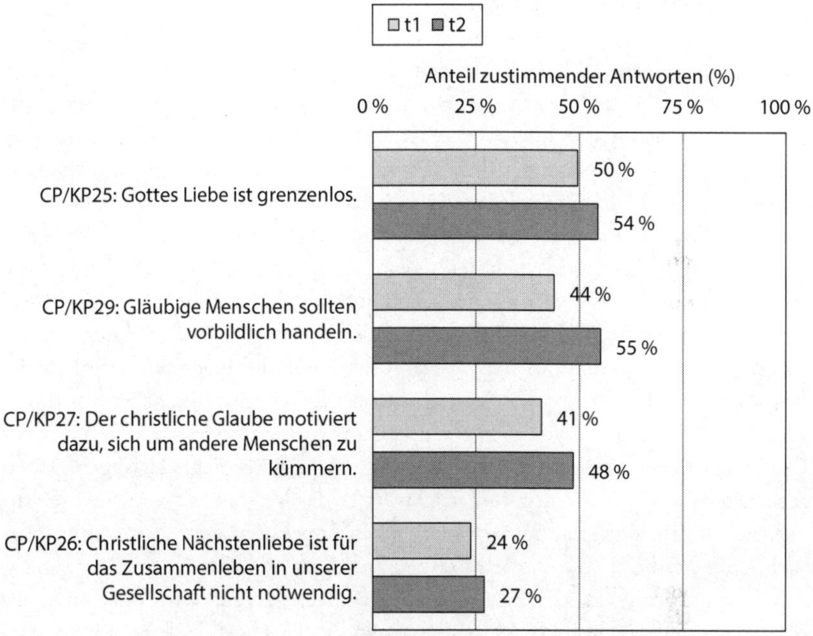

N = 4679–4775. Skalen mit Wertebereich von 1 (trifft gar nicht zu) bis 7 (trifft voll zu). Angegeben sind die Anteile der Antworten im zustimmenden Bereich (Skalenpunkte 5, 6 und 7). Berücksichtigt sind nur KonfirmandInnen, für die gültige Werte zu den beiden Befragungszeitpunkten (t1 und t2) vorliegen. Lesehilfe: 50 % der KonfirmandInnen stimmen in t1 der Aussage «Gottes Liebe ist grenzenlos» zu. Der entsprechende Anteil liegt in t2 bei 54 %.

CP/KP25–27, 29 zeigen stabile Werte, die sich von t1 zu t2 leicht bis bedeutsam erhöhen. So sind es zum Zeitpunkt t2 11 % mehr Jugendliche, nämlich 55 %, die meinen, gläubige Menschen sollten vorbildlich handeln (CP/KP29). Es scheint bei den Jugendlichen jedenfalls ein gewisses Hintergrundwissen bezüglich der Einstellung und Handlungsbereitschaft von gläubigen Christinnen und Christen vorhanden zu sein. Insgesamt ist die Sektion mit Fragen zur ethischen Haltung bzw. zu den Einstellungen der Jugendlichen gleichwohl diejenige, die eine Einschätzung und Deutung vergleichsweise schwierig macht. Denn die Jugendlichen zeigen kaum Stringenz bei den unterschiedlichen Fragen zu persönlichen, christlichen und gesellschaftlichen Verpflichtungen. Deswegen kann an dieser Stelle keine abschliessende Einschätzung bezüglich der ethischen Orientierungen der Jugendlichen gegeben werden.

2.3.8 Freiwilliges Engagement

Die Kirchen bieten vielfältige Möglichkeiten des freiwilligen und ehrenamtlichen Engagements. Die diakonische Arbeit, nicht nur durch professionelle Fachkräfte geleistet, sondern massgeblich von ehrenamtlich engagierten Gemeindemitgliedern getragen, ist ein wichtiger Pfeiler reformierten Kircheseins. Jugendliche erleben in ihrer Konfirmationszeit ihre Ortsgemeinde auch durch eine solche Praxis und haben in der Regel Gelegenheit, Einblick in die Ehrenamts- und Freiwilligenarbeit zu erhalten und auch Teil davon zu werden. Altersgerechte Angebote existieren bei weitem nicht in jeder Gemeinde, doch ermöglichen es viele Orte den Jugendlichen nach der Konfirmation, als Freiwillige oder Ehrenamtliche im Konfirmationsunterricht, in Lagern/Camps sowie in der Jugendarbeit mitzuwirken. Allerdings ist festzuhalten: Im Rahmen der Datenerhebung haben wir durch zahlreiche Rückmeldungen von Hauptverantwortlichen festgestellt, dass der Begriff der Ehrenamtlichkeit oder Freiwilligenarbeit aus Sicht der Jugendlichen recht deutungsoffen ist. Zum einen betrifft er das Verständnis von unentgeltlicher Arbeit, die hinter zahlreichen kirchlichen Angeboten steht. Zum anderen ist nicht reglementiert, ob z. B. die Mitarbeit an einem Sportfest (einmaliger Anlass, z. B. Ticketverkauf) als ehrenamtliches Engagement gezählt wird oder nicht. Es erstaunt deshalb nicht, dass 62 % aller Jugendlichen angeben, bereits im Sportverein ehrenamtlich tätig zu sein, 33 % in schulischen Aktionen und jeweils 17 % in der Kirchgemeinde und/oder im Jugendverein. Man kann davon ausgehen, dass die Jugendlichen ein Interesse daran haben, von sich sagen zu können, dass sie ehrenamtlich tätig sind oder waren. Ob jedoch die Mitgliedschaft im Sportverein, der Kuchenverkauf in der Schule u. a. bereits als ehrenamtliche Tätigkeit aufgefasst werden oder ob kontinuierliche oder mehrmalige Einsätze geleistet wurden, bleibt bei diesen Antworten offen.

Für den schweizerischen kirchlichen Kontext und diese Studie unterscheiden wir zwischen freiwilliger Mitarbeit im Rahmen eines Gemeindeangebotes (Jugendarbeit, Kirchenkaffee etc.) und ehrenamtlichen Mitarbeitenden, die für kirchliche Ämter (Kirchenpflege, Kirchenvorstand etc.) gewählt wurden. Für diesen Text wird der Terminus des freiwilligen Engagements bevorzugt verwendet, der auch in den Fragebögen schwerpunktmässig verwendet wurde.

Während die Frage zum bisherigen Engagement verhältnismässig positive Ergebnisse aufweist, zeigt sich bei den Jugendlichen eine deutlich grössere Zurückhaltung gegenüber zukünftigen Plänen ehrenamtlicher Mitarbeit. Besondere Zurückhaltung tritt bei der Frage nach ehrenamtlicher Arbeit innerhalb der

Kirchgemeinde auf: Zum Zeitpunkt t1 können sich 14 % der Jugendlichen vorstellen, nach der Konfirmationszeit freiwillig/ehrenamtlich in der Kirche (z. B. in der Jugendarbeit) mitzuarbeiten (CP01). So wird gesagt:

> «On pourrait peut-être un peu de bénévole pour personnes malades et/ou pauvres à Noël par exemple.» (Mädchen, 16 Jahre, t1)

Zwischen t1 und t2 steigt dieser Wert um 7 % an (KP01), was anzeigt, dass, wenn auch nach wie vor in kleinem Ausmass, doch offenbar vielerorts positiv Werbung für die Mitarbeit gemacht wurde.

Die Zurückhaltung ist jedenfalls nicht auf mangelndes Wissen bezüglich der Möglichkeit zum Engagement zurückzuführen: 61 % der Jugendlichen geben an zu wissen, dass die Kirche Jugendlichen die Gelegenheit gibt, ehrenamtlich/freiwillig mitzuarbeiten (KP03).

Die Motivation zur ehrenamtlichen Mitarbeit in der Kirche (KP01) ist übrigens im Vergleich zu einer Mitarbeit ausserhalb der Kirche (KP34) vergleichsweise gering. Es kann also beobachtet werden, dass die Jugendlichen zwar über ein Bewusstsein für die Notwendigkeit ehrenamtlichen Engagements verfügen. Sich selber für die Zukunft zumindest auf der abstrakten Ebene eines Fragebogens für eine solche Arbeit anzubieten, stösst hingegen auf grössere Zurückhaltung, die sich noch einmal verstärkt, wenn die Mitarbeit innerhalb der Kirche stattfinden soll. Das gerade in der heutigen Zeit positive Image ehrenamtlicher Arbeit – zum Beispiel im Sinn des freiwilligen sozialen Dienstes auf anderen Kontinenten und die Tendenz, sie auch für die persönliche Entwicklung und sogar den Lebenslauf als notwendig zu verstehen – steht dazu im Gegensatz. Offenbar verfügen die hiesigen kirchlichen Angebote zum ehrenamtlichen Engagement Jugendlicher vielerorts nicht über ausreichend Attraktivität oder Entwicklungsmöglichkeiten, um als eine echte Option infrage zu kommen.

2.3.9 Erfahrungen, Wirkungen und Zufriedenheit

Im Rahmen der ersten Befragung (t1) sollten die Jugendlichen über ihre inhaltlichen Erwartungen an die Konfirmationszeit Auskunft geben. Anhand verschiedener Items kann überprüft werden, wie zufrieden die Jugendlichen gegen Ende der Konfirmationszeit sind (t2), welche Lernfortschritte sie erlebt haben und inwiefern sie von sich sagen können, dass ihr Glaube sich entwickelt hat. Ziele und Erfahrungen werden für diesen Datenzugang parallelisiert, jedoch ist zu bedenken, dass sich z. B. in einem möglichen positiven Zuwachs von t1 zu t2 nicht nur die Attraktivität eines durch die Items bezeichneten Sachverhalts, sondern unter Umständen auch einfach die Erweiterung des Erfahrungshorizontes abbildet:

Abbildung 33: Erwartungen, Erfahrungen und Erwartungserfüllung der Konfirmandinnen und Konfirmanden bezüglich der Konfirmationszeit

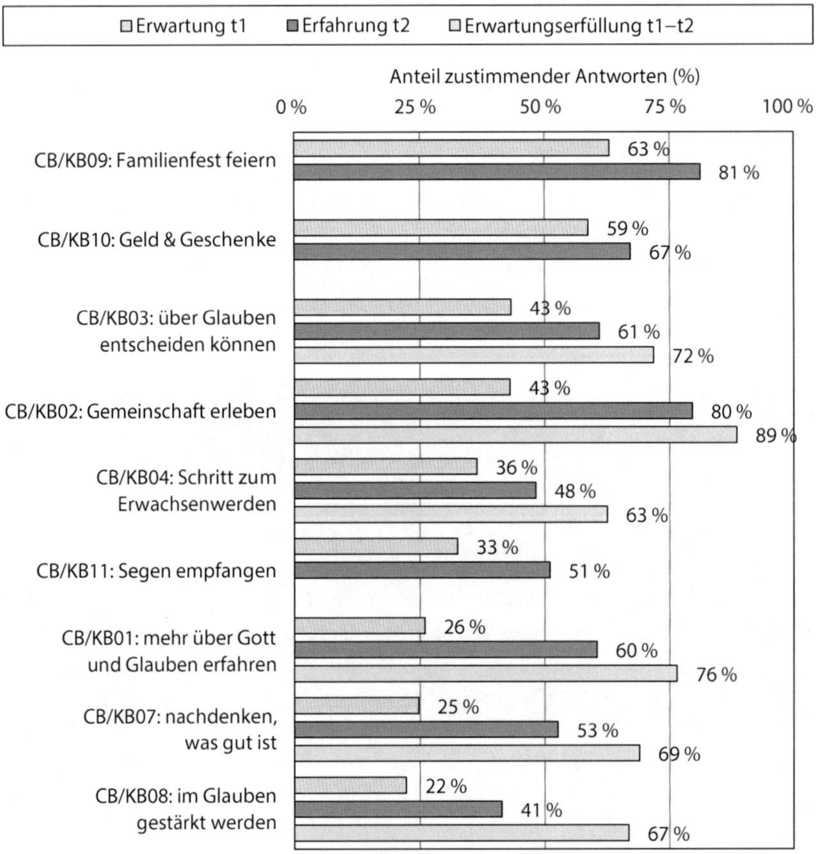

N = 4756–4891. Berücksichtigt sind nur KonfirmandInnen, für die gültige Werte zu beiden Befragungszeitpunkten (t1 und t2) vorliegen. Skalen mit Wertebereich von 1 (trifft gar nicht zu) bis 7 (trifft voll zu). Angegeben sind die Anteile der Antworten im zustimmenden Bereich (Skalenpunkte 5, 6 und 7). Lesehilfe: 26 % der 4891 sich zu den Items CB/KB01 äussernden KonfirmandInnen, also 1270 Jugendliche, wünschen sich in t1, mehr über Gott und den Glauben zu erfahren; 60 % der 4891 Jugendlichen sagen in t2, mehr über Gott und den Glauben erfahren zu haben; von den 1270 Jugendlichen, die in t1 mehr über Gott und den Glauben zu erfahren wünschten, sehen in t2 76 % ihre Erwartung erfüllt.

Es zeigt sich, was diese drei Erfahrungswelten angeht, ein durchweg positives Bild: Besonders Gemeinschaft erleben (CB/KB02), ein Familienfest feiern (CB/KB09) und Geld und Geschenke (CB/KB10) weisen sehr positive Ergebnisse auf. 89 %

derjenigen, die Gemeinschaft erwartet haben, haben dann auch Gemeinschaft erlebt. 26 % wollten in t1 mehr über Glauben und Gott erfahren, 60 % haben nach t2 mehr über Gott und den Glauben erfahren (unabhängig von ihrer Haltung in t1). 76 % der in t1 Gott- und Glaubensinteressierten gaben in t2 an, auch tatsächlich mehr über Gott und den Glauben erfahren zu haben.

Durchaus von exemplarischem Charakter ist der folgende Rückblick:

> «Ich würde mehr Ausflüge machen. Z. B. in eine Kirche oder an einen Ort, der sonst wichtig ist für die Religion. Ich würde die Konfirmanden mehr wählen lassen (Bsp. Thema oder Gottesdienst gestalten). Den Rest fand ich gut und würde es so lassen. Vorallem das Konflager fand ich toll.» (Mädchen, 15 Jahre, t2)

Während die Konfirmandinnen und Konfirmanden aussagen, positive Erfahrungen in fast allen Bereichen gemacht zu haben, zeigt sich im Blick auf folgende drei Items ein differenzierteres Bild:

Abbildung 34: Erwartungen, Erfahrungen und Erwartungserfüllung bezüglich Mitbestimmung, Spass und Glaubensfragen

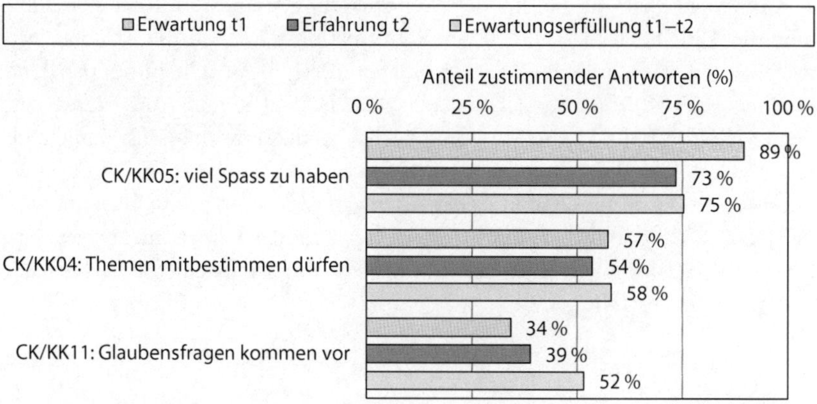

N = 4813–4892. Berücksichtigt sind nur KonfirmandInnen, für die gültige Werte zu beiden Befragungszeitpunkten (t1 und t2) vorliegen. Skalen mit Wertebereich von 1 (trifft gar nicht zu) bis 7 (trifft voll zu). Angegeben sind die Anteile der Antworten im zustimmenden Bereich (Skalenpunkte 5, 6 und 7). Lesehilfe: 57 % der 4857 sich zu den Items CK/KK04 äussernden KonfirmandInnen, also 2780 Jugendliche, erwarten in t1, in der Konf-Zeit die Themen mitbestimmen zu dürfen; 54 % der 4857 Jugendlichen haben dann in t2 die Erfahrung, die Themen mitbestimmt zu haben. Von den 2780 Jugendlichen, die in t1 erwarteten, die Themen mitbestimmen zu dürfen, geben in t2 58 % an, die Themen auch tatsächlich mitbestimmt zu haben.

Die Erwartung, Spass zu haben, ist in t1 mit 89 % Zustimmung sehr ausgeprägt. Dass Spass eine Aussicht darstellt, die von der Mehrheit positiv bewertet wird, erstaunt kaum, und 73 % aller Konfirmandinnen und Konfirmanden haben dann während des Unterrichtsjahres auch Spass erlebt (CK/KK05). Die Aussicht, die Themen selber mitbestimmen zu dürfen und so eigene Interessen vertreten zu können, findet bei 57 % Zustimmung. Die Erwartung, die Themen mitzubestimmen, sind am Ende des Jahres für 58 % erfüllt worden. Die positivste Entwicklung zeigt sich beim Thema der persönlichen Glaubensfragen: Lediglich 34 % möchten schon zum Zeitpunkt t1 ihre Glaubensfragen behandelt wissen. Immerhin 39 % haben dann aber erfahren, dass ihre Fragen bezüglich des Glaubens thematisiert wurden (CK/KK11). Zugleich ist aber darauf hinzuweisen, dass 52 % der Jugendlichen, die entsprechende Erwartungen hatten, ihre Glaubensfragen dann berücksichtigt fanden.

Die folgende Aufstellung ermöglicht einen Gesamtüberblick über die Erfahrungen (siehe Abbildung 35).

Die Jugendlichen nehmen für sich wahr, dass sie ihren Blick auf Andere und Fremde verändert haben: 57 % haben gelernt, andere Religionen zu respektieren (KK55), und gleich viele haben erfahren, dass der Einsatz für andere Menschen (KK44) wichtig ist. Ein Fünftel der Konfirmandinnen und Konfirmanden empfand die Aktivitäten im Rahmen der Konfirmationszeit als stressig (KK10), was im Blick auf die schulische Belastung dieser Altersgruppe sehr positiv ist. Und konkret sehen 38 % den Konf-Unterricht rückblickend als gute Abwechslung zur Schule (KK61) an und bestätigen somit auch, dass die Konfirmationszeit nicht als schulisch geprägt wahrgenommen wird, sondern einer anderen Erfahrungswelt angehört. In Bezug auf die Zeit in der Kirchgemeinde kann positiv bemerkt werden, dass 52 % dort Menschen begegnet sind, die das Christsein überzeugend leben (KK32), und 45 % sagen von sich, dass sie ihre Kirchgemeinde besser kennen gelernt haben (KK25).

Abbildung 35: Verschiedene Erfahrungen mit der Konfirmationszeit

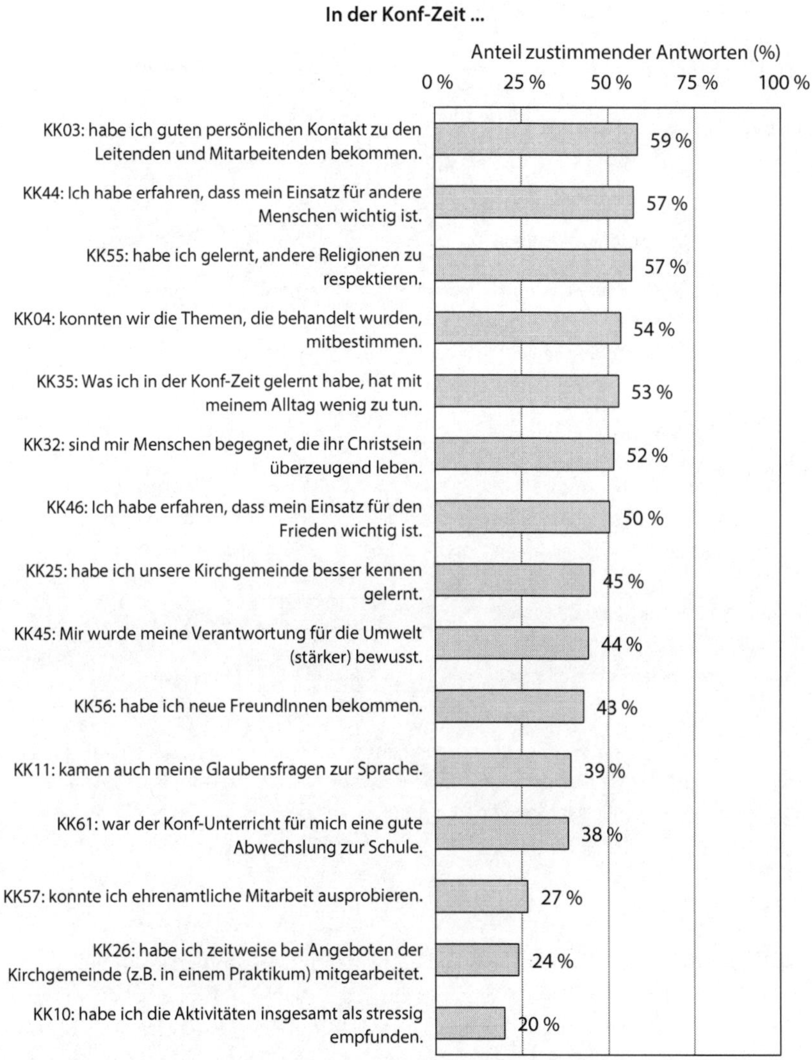

N = 5724–6369. Skalen mit Wertebereich von 1 (trifft gar nicht zu) bis 7 (trifft voll zu). Angegeben sind die Anteile der Antworten im zustimmenden Bereich (Skalenpunkte 5, 6 und 7). Lesehilfe: 59 % der KonfirmandInnen bejahen die Frage, ob sie guten persönlichen Kontakt zu den Leitenden und Mitarbeitenden bekommen haben.

Ein enger sachlicher Zusammenhang zeigt sich auch zwischen den positiven Erfahrungen und der Zufriedenheit:

Abbildung 36: Zufriedenheit mit bestimmten Aspekten der Konfirmationszeit

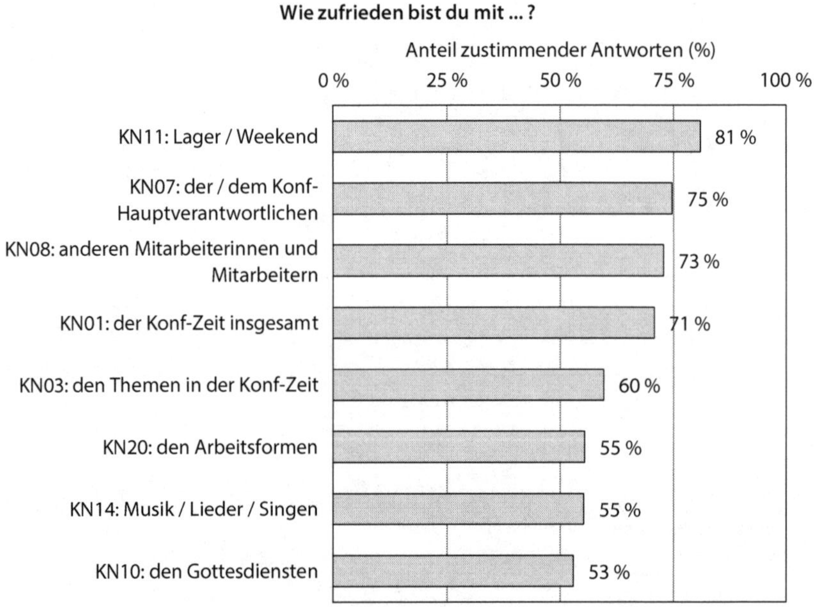

N = 5593–6379. Skala mit Wertebereich von 1 (ganz unzufrieden) bis 7 (total zufrieden). Angegeben sind die Anteile der Antworten im positiven Bereich (Skalenpunkte 5, 6 und 7). Lesehilfe: 60 % der KonfirmandInnen waren zufrieden mit den Themen der Konfirmationszeit; mit der Konfirmationszeit insgesamt waren 71 % zufrieden.

54 % der Jugendlichen sagen, dass sie die Themen mitbestimmen konnten (KK04) und 60 % sind mit der Themenauswahl zufrieden (KN03). Oben haben wir gesehen, dass 59 % einen guten Kontakt zu den Mitarbeitenden/Leitenden bekommen haben (KK03), und hier wird nun davon berichtet, dass 75 % mit den Hauptverantwortlichen zufrieden sind (KN07) und 73 % mit den Mitarbeitenden (KN08). Es mag gleichwohl erstaunen, dass nur 27 % ehrenamtliche Mitarbeit (KK57) ausprobiert oder sich in der Kirchgemeinde während dieses Jahres in einem Projekt engagiert (KK26) haben. Offenbar stehen die positive Haltung gegenüber Mitarbeitenden und der Ortsgemeinde und das persönliche Engagement Jugendlicher aus ihrer eigenen Sicht nicht in einer notwendig direkten Verbindung zueinander. Für die Deutung interessant ist der Vergleich zwischen 73 %,

die Spass als zentrale und positive Erfahrung für die Konfirmationszeit angeben (KK05), und 71 %, die mit der Konfirmationszeit insgesamt sehr zufrieden sind (KN01). Die Erfahrung von Spass steht jedenfalls in einem sehr relevanten Zusammenhang mit der Einschätzung, insgesamt eine positive Konfirmationszeit erlebt zu haben.

2.3.10 Zwischenergebnisse

Die Konfirmationszeit nimmt im Alltag der reformierten Jugendlichen in der Schweiz einen wichtigen und insgesamt positiv wahrgenommenen Platz ein. Die Datenerhebung bei den Konfirmandinnen und Konfirmanden steht unter verschiedenen Voraussetzungen: Schweizweit sind die befragten Jugendlichen zu Beginn des letzten Konfirmationsjahres im Durchschnitt knapp 15 Jahre alt, die Geschlechterverteilung ist ausgeglichen und die Jugendlichen verteilen sich durchschnittlich auf die verschiedenen Bildungsmodelle – ein Drittel strebt die Matur an, zwei Drittel beabsichtigen eine Berufsausbildung. Starke kantonale Unterschiede gibt es bezüglich der Rahmenbedingungen: Die Konfirmationszeit dauert zwischen einem und drei Jahren, der Unterricht wird wöchentlich, zweiwöchentlich oder monatlich abgehalten und findet an unterschiedlichen Orten (Kirchgemeindehaus, Kirchgebäude oder Pfarrhaus) statt.

Die Jugendlichen, die den Unterricht besuchen, stammen nur zu 17 % aus sehr religiösem Elternhaus, doch haben rund zwei Drittel kirchliche Vorerfahrungen unterschiedlicher Art gesammelt. Die Konfirmationszeit stellt also nur für eine Minderheit den ersten Kontakt mit einer Kirchgemeinde dar. Offenbar liegt eine gewisse kirchliche Bindung in den meisten Familien vor, sei es im Rahmen von aktiver Partizipation am Gemeindeleben oder durch den Kontakt zur Kirche im Zusammenhang des Feierns wichtiger Übergänge (Taufen, Hochzeiten, Abdankungen, aber beispielsweise auch Weihnachtsgottesdienste etc.). «Die Kirche» stellt somit entgegen pessimistischen Vorahnungen keinen Fremdkörper im Familienalltag der meisten Familien mit Kindern im Konfirmandenalter dar.

Nach ihrer Motivation zur Teilnahme am Konf-Unterricht gefragt, geben die meisten Jugendlichen an, Spass erleben, ein grosses Familienfest feiern und später selber Gotte oder Götti sein zu wollen. Auch die Geschenke sind ein Anreiz für die Konfirmandinnen und Konfirmanden. Eine Mischung aus erlebnisorientierten und familientraditionsorientierten Motiven liegt bei den meisten Jugendlichen zu Beginn der Konfirmationszeit resp. des letzten Konf-Jahres vor.

Fragt man die Jugendlichen nach ihrem Glauben und nach ihrer Einstellung zum christlichen Glauben insgesamt, erhält man eher zurückhaltende Antworten. Gerade die Hälfte behauptet von sich, an Gott zu glauben. Am ausgeprägtesten ist der Glaube an einen liebenden und helfenden Gott, dogmatische Aussagen hingegen werden höchstens von rund einem Drittel für wahr gehalten. Noch bescheidener fällt die religiöse Praxis bei den Jugendlichen aus. Interessanterweise nehmen die Werte sowohl bei der Frage, ob die Jugendlichen wissen, was zum christlichen Glauben gehört, als auch bei der Aussage «Ich bin mir unsicher, was ich glauben soll» (CE/KE05), zu.

Das Interesse an spezifisch christlichen Glaubensinhalten und Themen ist bei allen Jugendlichen geringer als dasjenige an lebensweltlichen Themen. Grundsätzlich sind jedoch die Mädchen sowohl insgesamt als auch an spezifisch christlichen Themen stärker interessiert, wie auch die Maturwilligen ein ausgeprägteres Interesse mitbringen. Die bereits stärker religiös sozialisierten Jugendlichen sind auch im Blick auf die Themen offener und interessierter. Berücksichtigt man aber auch die Werte von t2, kann festgestellt werden, dass das grösste Entwicklungspotenzial bezüglich der Themeninteressen gerade eher bei den Jungen und bei den Jugendlichen mit der Bildungsabsicht Berufslehre liegt, auch weil hier gleichsam noch mehr «Luft nach oben» besteht. Die Themen, die von den Jugendlichen als primär interessant eingestuft werden, stammen vor allem aus dem Bereich der Lebenswelt und geniessen im Vergleich zu den klassisch christlichen Themen den Vorzug. Ein Unterricht jedoch, der sich mit den weniger populären Themen auseinandersetzt und dem es gelingt, die christlichen Inhalte auf jugendgemässe Art einzubringen, kann bei den Jugendlichen ebenfalls viel auslösen, und zwar in Bezug auf ihre Bildungsprozesse wie auch auf die Entwicklung einer (religiösen) Identität. Es kann vermutet werden, dass sich ein engagierter Unterricht auch über Themen, die auf den ersten Blick für die Jugendlichen nicht interessant sind, sehr wohl positiv auswirken kann. Das heisst, die Tatsache, dass lebensweltliche Themen von vornherein positiv bewertet werden, christliche Themen erst im Nachhinein, zeigt, dass es möglich ist, auch zu den Kerninhalten spannenden und lehrreichen Unterricht zu gestalten, und dass dies von den Jugendlichen positiv wahrgenommen wird.

Die Einstellung gegenüber der christlichen Kirche ist unter den befragten Jugendlichen grundsätzlich positiv und auch ihre Bereitschaft, dazugehören zu wollen, ist ausgeprägt. Besonders ragen die Werte im Zusammenhang mit der Absicht hervor, später eigene Kinder taufen zu lassen, sowie im Blick auf die ethische und diakonische Arbeit der Kirche. Zudem scheint sich eine Art Sensibilität für die ethische Dimension von Kirche im Verlauf des Jahres einzustellen. Ob sie auch dafür verantwortlich ist, dass die eigene Zugehörigkeit zur Institution positiver bewertet wird, oder ob beispielsweise das Bewusstsein, bald selber und offiziell Mitglied zu sein, dazu beiträgt, ist von dem Befund nicht abzulesen.

Zum Verhältnis zu den einzelnen unterrichtenden Pfarrpersonen befragt, sagen zum Zeitpunkt t2 nur 12 %: «Wenn ich persönliche Probleme habe, würde ich mich an einen Pfarrer oder eine Pfarrerin wenden» (CG/KG06). Aussagen wie die folgende stellen eher eine Ausnahme dar:

> «Finde es einfach super, dass unsere Pfarrerin ein so respektvolles, bewusstes Verhalten [gegenüber] anderen Religionen und Menschen hat. Ich bin sehr beeindruckt und fühle mich sicher so.» (Mädchen, 14 Jahre, t1)

Der quantitative Befund könnte darauf hinweisen, dass das Vertrauen, zumindest dann, wenn es um persönliche Probleme geht, gegenüber den Leitenden der Konfirmationsarbeit nicht allzu stark ausgeprägt ist. Dies muss nicht negativ gedeutet werden, da auch berücksichtigt werden kann, dass gerade in dieser Altersgruppe Familie und Freunde wichtige Bezugspersonen sind. Pfarrpersonen können hingegen leicht auf einer Ebene mit schulischen Lehrpersonen wahrgenommen werden und damit eher als Fachpersonen zu bestimmten Themen und Fragen denn als Experten für existenzielle Fragen.

Dass Gottesdienste vor allem jugendgemäss sein und die Gelegenheit bieten sollen, nette Leute zu treffen, drückt das Bedürfnis der Jugendlichen aus, sich im Gottesdienst wohlzufühlen und angesprochen zu sein – sowohl in der Predigt als auch zwischenmenschlich in persönlichen Begegnungen.

Im Bereich des ehrenamtlichen und freiwilligen Engagements zeigt sich deutlich, dass die Jugendlichen zum einen wissen, worum es dabei geht, und zum anderen auch die Notwendigkeit solcher Arbeit erkennen und anerkennen. Die Bereitschaft dazu ist jedoch weniger ausgeprägt und gerade ehrenamtliche Arbeit innerhalb der Kirche geniesst keinen hohen Stellenwert – und dies, obwohl die Jugendlichen mehrheitlich Möglichkeiten zum Engagement kennengelernt haben. Es scheint, dass bezüglich der Attraktivität ehrenamtlicher Mitarbeit das reichlich vorhandene Potenzial an Interessen und Kompetenzen noch längst nicht ausgeschöpft ist.

Insgesamt kann man über die Konfirmandinnen und Konfirmanden des befragten Jahrganges sicher sagen, dass sie mehrheitlich eine positive Konfirmationszeit erlebt, Gemeinschaft in positiver Weise erfahren haben, thematisch positiv gefordert wurden und in diesem Zeitraum deutlich erkennbare Entwicklungsschritte hinsichtlich der eigenen Interessen und Glaubenseinstellungen oder Überzeugungen gemacht haben. Jedoch ist auch zu konstatieren, dass die Jugendlichen trotz ihrer vorhandenen und potenziellen Interessen für christliche Themen und Glaubensinhalte eine insgesamt recht zurückhaltende Position zu diesen einnehmen.

2.3.11 Vergleich der Zürcher Ergebnisse 2007/2008 und 2012/2013

Im Unterschied zum Auswertungsdesign der anderen europäischen Länder haben wir für die Schweiz auf einen ausführlicheren Vergleich zwischen den Ergebnissen der ersten und zweiten Studie verzichtet. Denn zum einen betrafen die damaligen Ergebnisse nur den Kanton Zürich, nun dagegen liegen umfassendere Ergebnisse aus der gesamten Schweiz vor. Zum anderen unterscheidet sich eine grosse Zahl der einzelnen Items – und sei es nur in Hinsicht auf die genaue Frageformulierung – in beiden Befragungen so stark, dass sich der direkte Vergleich verbietet. Schliesslich erschien uns die Zürcher Datenbasis der Befragung von 2007/2008 mit damals nur rund einem Drittel der jetzt befragten Gemeindegruppen, Jugendlichen und Mitarbeitenden doch zu gering, um hier den ausführlicheren kantonalen Vergleich anzustellen. Gleichwohl werden wir hier nun in diesem «Vergleichskapitel» wenigstens in einem kurzen Abschnitt auf einige interessante Ergebnisse von «Zürich 2007/2008» und «Zürich 2012/2013» zu sprechen kommen. Dabei konzentrieren wir uns ausdrücklich auf den Vergleich der Ergebnisse zu den Konfirmandinnen und Konfirmanden, da die Zahl der teilnehmenden Mitarbeitenden an der ersten Studie 2007/2008 mit 64 (t1) bzw. 59 (t2) doch sehr viel geringer ausfiel als nun 2012/2013 mit 198 (t1) bzw. 170 (t2) Mitarbeitenden – für die Konfirmandinnen und Konfirmanden lauten die Vergleichszahlen 2007/2008: 598 (t1) und 578 (t2) gegenüber 2012/2013: 1590 (t1) und 1534 (t2).

Wir beziehen uns im Folgenden primär auf Ergebnisse, in denen die Item-Formulierungen von t1 und t2 in 2007/2008 bzw. t1 und t2 in 2012/2013 identisch sind und sich der Prozentsatz im Vergleich beider Studien – sei es in t1 *oder* in t2 – um mindestens 5 % nach unten oder nach oben unterscheidet bzw. verändert hat. Dies schliesst allerdings nicht aus, dass im Text und in einzelnen Grafiken auch bewusst einige Ergebnisse integriert sind, die keine und nur wenig Veränderung zeigen.

Natürlich ist uns bewusst, dass wir es hier nicht mit einem klassischen Längsschnittvergleich zu tun haben, da es ja nicht dieselben Jugendlichen sind, die in der ersten Zürcher und nun der zweiten gesamtschweizerischen Studie befragt wurden. Und natürlich ist auch aufgrund des unterschiedlichen Samples (die damalige Erhebung basierte auf einer repräsentativen Stichprobe, die zweite Studie auf einer Vollerhebung) eine ganz genaue Vergleichbarkeit nicht gegeben. Allerdings meinen wir doch, dass der Vergleich hier nicht unsachgemäss ist und zudem ausgesprochen interessante Tendenzen erkennbar werden.

Um es gleich an dieser Stelle zu sagen: Bei einer Vielzahl von Fragen ergeben sich im Vergleich beider Untersuchungen erstaunliche Veränderungen. Diese zeigen dabei unverkennbar die Tendenz hin zu deutlich positiveren Ergebnissen an – und zwar in vielen der abgefragten thematischen Aspekte. Dies lässt sich in einem ersten Schritt durch den *Blick auf die Ergebnisse aus t1 – also zu Beginn des letzten Jahres vor der Konfirmation* – bereits deutlich erkennen:

Ein positiveres Ergebnis zeigt sich hier schon hinsichtlich der Teilnahmemotive: Während in der ersten Studie 31 % dem Motiv «weil sich Freunde von mir konfirmieren lassen» (CA01) positiv zustimmten, sind es in der zweiten

Studie 38 %. Das Motiv «weil ich als Kind getauft worden bin» (CA04) steigt von damals 45 % auf nun 53 % an. Zugleich nimmt das Motiv «um einen wichtigen Schritt zum Erwachsenwerden zu tun» (CB04) deutlich von 41 % auf nun 33 % ab.

Schon hier deutet sich im Sinn einer möglichen Interpretation an, dass eine bestimmte stärkere Verbindung und Verbindlichkeit, vielleicht sogar eine grössere

Abbildung 37: Christliche Überzeugungen in den Zürcher Studien 2007/2008 und 2012/2013

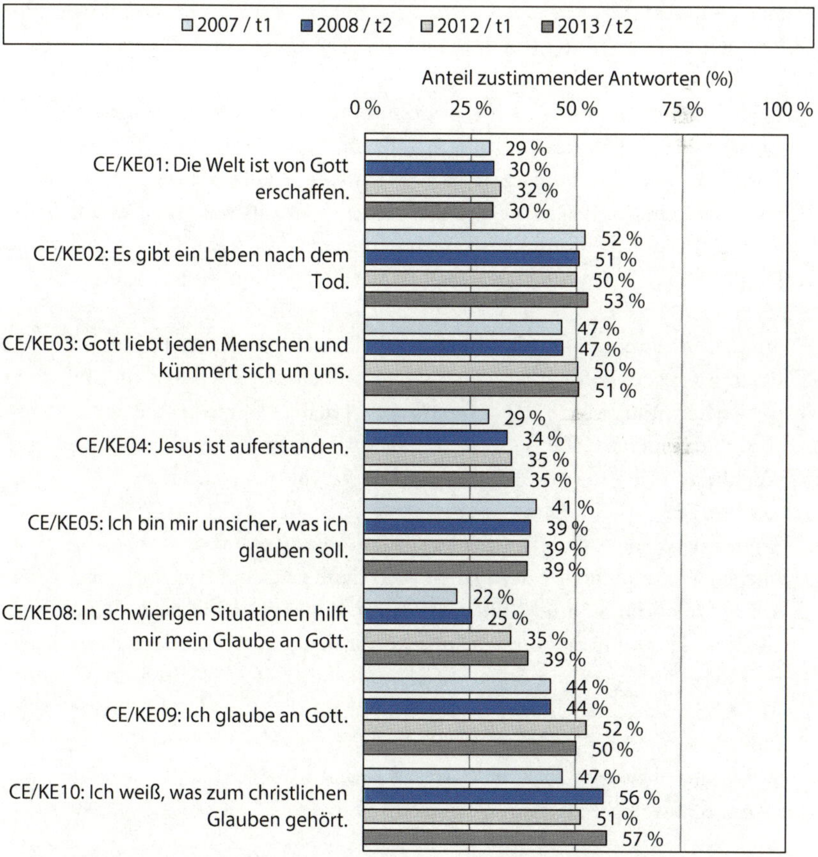

N Erhebung 2007/08 = 425/437; Erhebung 2012/13 = 1078/1095. Berücksichtigt sind nur KonfirmandInnen, für die gültige Werte zu den beiden Befragungszeitpunkten (t1 2007/2012 und t2 2008/2013) vorliegen. Lesehilfe: 29 % der KonfirmandInnen stimmen 2007 in t1 der Aussage zu, die Welt sei von Gott erschaffen; der entsprechende Anteil liegt 2008 in t2 bei 30 %. 32 % der KonfirmandInnen stimmen 2012 in t1 der Aussage zu, die Welt sei von Gott erschaffen; der entsprechende Anteil liegt 2013 in t2 bei 30 %.

Entschiedenheit im Blick auf die Teilnahme an der Konfirmationszeit erkennbar wird. Dies erfährt seine Bestätigung im Blick auf die glaubensbezogenen Aussagen der Zürcher Konfirmandinnen und Konfirmanden, die sich teilweise sehr deutlich verändern:

So stimmen nun nicht mehr 45 %, sondern 51 % der Aussage «Gott liebt jeden Menschen und kümmert sich um uns» (CE03) zu; 36 % statt vorher 30 % bejahen «Jesus ist auferstanden» (CE04) und die Aussage «Ich glaube an Gott» (CE09) findet nun bei 53 % im Vergleich zu vorher 45 % Zustimmung. Besonders erstaunlich erscheint das Ergebnis, dass nun nicht mehr nur ein knappes Viertel (22 %), sondern ein starkes Drittel (35 %) die Aussage «In schwierigen Situationen hilft mir mein Glaube an Gott» (CE08) bejahen (siehe Abbildung 37, vorige Seite).

In diese Richtung eines möglicherweise in dieser Generation gestiegenen Glaubensinteresses ist auch das Ergebnis zu deuten, dass es nun für 37 % gegenüber 26 % in der ersten Studie wichtig ist, «dass meine Glaubensfragen vorkommen» (CK11). Zudem zeigt sich bei den klassischen glaubensbezogenen Themen fast durchweg (bis auf die Taufe) ein höheres Interesse der Jugendlichen, mit einem Anstieg von 5 % beim Thema Abendmahl (CL02), und von 7 % bei «Unsere Kirchgemeinde» (CL04).

Interessanterweise fällt die Interessenbekundung bei lebensweltbezogenen Themen hingegen deutlich geringer aus: Das Thema Freundschaft (CL09) sinkt in der Zustimmung von 87 % auf 75 %, das Thema «Gerechtigkeit und Verantwortung für andere» (CL08) gar von 65 % auf 53 %; die Thematik «Drogen und Kriminalität» (CL10) von 69 % auf 61 % und die Frage nach dem «Sinn des Lebens» (CL11) von 72 % auf 58 %.

Neben den genannten glaubensbezogenen Aussagen und vermutlich im engen sachlichen Zusammenhang dazu fallen auch die Aussagen der jetzt befragten Zürcher Konfirmandinnen und Konfirmanden in der zweiten Studie zur Kirche aus: Der Anteil der Konfirmandinnen und Konfirmanden, die zu Beginn des Jahres sagen, dass es ihnen wichtig ist, zur Kirche zu gehören (CG01), ist zwar insgesamt recht niedrig, bewegt sich aber in der Umfrage 2012/2013 bei immerhin 28 %, das sind 9 % mehr als in der ersten Studie. Und dem Item «Auf die Fragen, die mich wirklich bewegen, hat die Kirche keine Antwort» (CG02) wird nun mit 35 % um 6 % weniger zugestimmt als seinerzeit:

Abbildung 38: Verhältnis der Konfirmandinnen und Konfirmanden zur Kirche in den Zürcher Studien 2007/2008 und 2012/2013

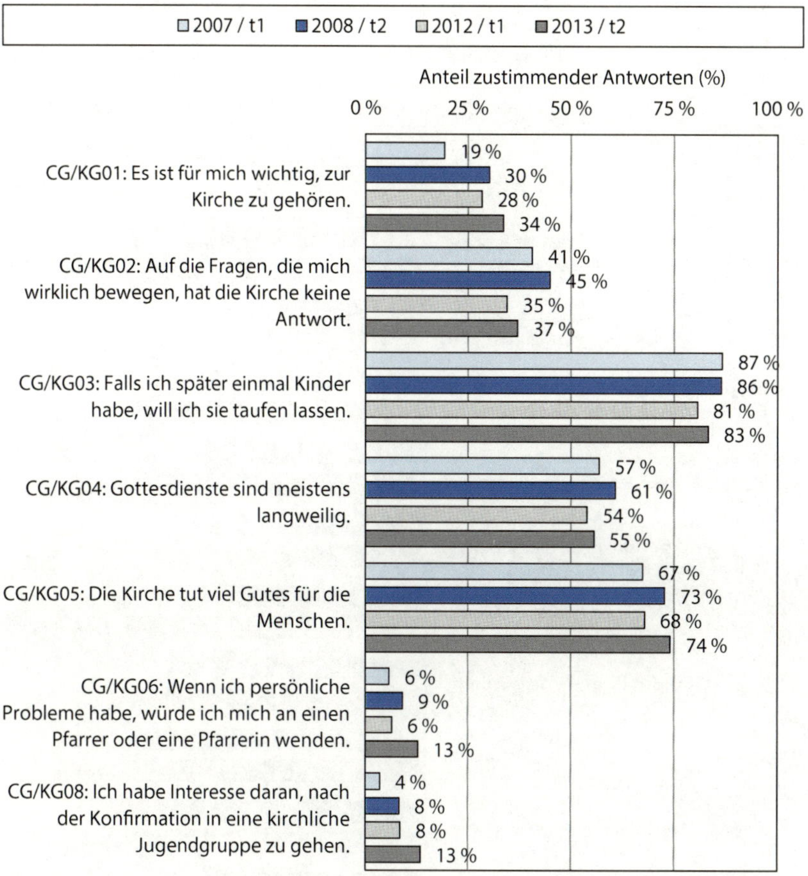

N Erhebung 2007/08 = 421/437; Erhebung 2012/13 = 1072/1101. Berücksichtigt sind nur KonfirmandInnen, für die gültige Werte zu den beiden Befragungszeitpunkten (t1 2007/2012 und t2 2008/2013) vorliegen. Lesehilfe: Für 19 % der KonfirmandInnen ist es 2007 in t1 wichtig, zur Kirche zu gehören; der entsprechende Anteil liegt 2008 in t2 bei 30 %. Für 28 % der KonfirmandInnen ist es 2012 in t1 wichtig, zur Kirche zu gehören; der entsprechende Anteil liegt 2013 in t2 bei 34 %.

Nur der Vollständigkeit halber: Dramatische Einbrüche im Blick auf einzelne Items sind im Vergleich von 2007/2008 und 2012/2013 nicht zu verzeichnen; das heisst, dass beispielsweise die damals schon sehr hohen Werte im Blick auf die Bereitschaft zur Taufe der eigenen Kinder (CG03) immer noch hoch sind (81 %)

Abbildung 39: Zufriedenheit der Konfirmandinnen und Konfirmanden im Vergleich der Zürcher Studien 2007/2008 und 2012/2013

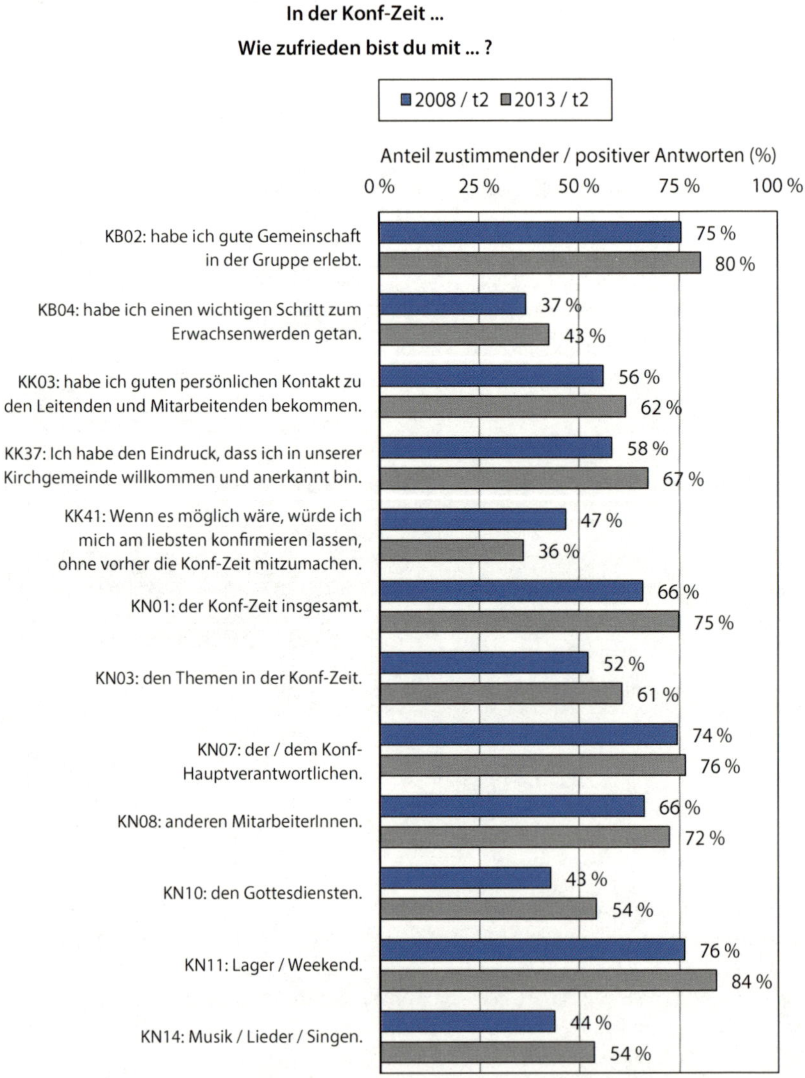

N Erhebung 2007/08 = 321/573; Erhebung 2012/13 = 1378/1523. Lesehilfe: 66 % der KonfirmandInnen sind 2008 in t2 mit der Konf-Zeit insgesamt zufrieden; 75 % der KonfirmandInnen sind 2013 in t2 mit der Konf-Zeit insgesamt zufrieden.

und auch der Aussage «Es gibt ein Leben nach dem Tod» (CE02) erneut von der Hälfte der Jugendlichen zugestimmt wird (s. o.). Auch der Aspekt, dass die Kirche «viel Gutes für die Menschen tut» (CG05), wird wiederum von mehr als zwei Dritteln der Jugendlichen bejaht.

Man könnte, da bisher *Ergebnisse aus t1* genannt wurden, daraus ableiten, dass hier möglicherweise im Vergleichszeitraum eine Generation von Zürcher Konfirmandinnen und Konfirmanden auf den Plan getreten ist, die sich durch klarere Überzeugungen und auch eine stärkere kirchliche Bindung oder doch mindestens eine positivere Wahrnehmung der Kirche und auch ihres Personals auszeichnet. Denkbar ist natürlich auch, dass der Anteil derjenigen, die gegenüber Glaubensfragen und einer Nähe zur Kirche eher reserviert sind, eben in den vergangenen Jahren schlichtweg zurückgegangen ist.

Nimmt man nun die Ergebnisse jeweils am *Ende der Konfirmationszeit* in den Blick, so zeigt sich hier ebenfalls Erstaunliches: Praktisch durchweg finden sich hier nun im Jahr 2013 (t2) höhere positive Angaben als in der ersten Studie aus dem Jahr 2008 (t2) (siehe Abbildung 39).

Dies beginnt schon damit, dass die «Zufriedenheit mit der Konf-Zeit insgesamt» (KN01) nun nicht mehr nur bei zwei Dritteln, sondern bei drei Vierteln der Konfirmandinnen und Konfirmanden hoch ist. Umgekehrt liegt der Anteil derjenigen, die sagen: «Wenn es möglich wäre, würde ich mich am liebsten konfirmieren lassen, ohne vorher die Konf-Zeit mitzumachen» (KK41), nicht mehr bei 47 %, sondern «nur noch» bei 36 %.

Auch im Blick auf die Pfarrpersonen bzw. Hauptamtlichen (KN07) ist die Zufriedenheit erneut bei rund drei Viertel der befragten Jugendlichen hoch. Insbesondere im Blick auf die anderen Mitarbeiterinnen und Mitarbeiter (KN08) liegt sie nun nicht mehr bei 66 %, sondern bei 72 %. In diesen Zusammenhang gehört sicherlich auch die nun um 6 % auf 62 % erhöhte positive Rückmeldung, dass die Jugendlichen «guten persönlichen Kontakt zu den Leitenden und Mitarbeitenden bekommen» haben (KK03). Erfreulich ist ausserdem, dass nun nicht mehr nur 58 %, sondern 67 % den Eindruck haben, «dass ich in unserer Kirchgemeinde willkommen und anerkannt bin» (KK37).

Die «Zufriedenheit mit den Gottesdiensten» (KN10) steigt im Vergleich der beiden Studien von 43 % auf 54 % ebenso wie die «Zufriedenheit mit Musik/Lieder/Singen» (KN14) von 44 % auf 54 % und mit den Lagern/Weekends (KN11) von 76 % auf 84 % – wobei in der ersten Studie die Auswahl hier «Freizeit/Rüstzeit/Lager» lautete und mitunter etwas sperriger gewirkt haben mag. Überhaupt zeigt sich nun eine noch höhere «Zufriedenheit mit den Themen in der Konf-Zeit», die nun immerhin nicht mehr nur bei 52 %, sondern bei 61 % liegt. Dass die Jugendlichen «gute Gemeinschaft in der Gruppe erlebt» haben (KB02), sagen

Abbildung 40: Inhaltliche und glaubensbezogene Erfahrungen im Vergleich der Zürcher Studien 2007/2008 und 2012/2013

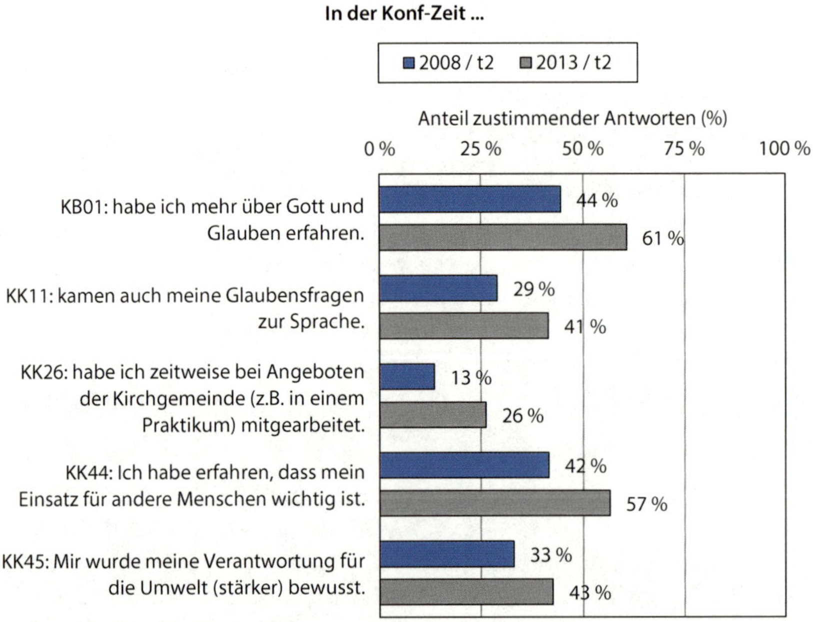

N Erhebung 2007/08 = 563/569; Erhebung 2012/13 = 1498/1524. Lesehilfe: 44 % der KonfirmandInnen geben 2008 in t2 an, während der Konf-Zeit mehr über Gott und den Glauben erfahren zu haben; 2013 in t2 liegt der entsprechende Anteil bei 61 %.

nun statt 75 % sogar 80 %, und dass sie «einen wichtigen Schritt zum Erwachsenwerden getan» haben (KB04), bejahen nun 43 % statt seinerzeit 37 %.

Was die inhaltlichen Erfahrungen und hier insbesondere die glaubensbezogenen Aspekte angeht, weisen die Ergebnisse der aktuellen Studie ebenfalls häufig sehr viel höhere Werte auf: So sagen nun 61 % gegenüber 44 % in der ersten Studie, dass sie «mehr über Gott und den Glauben erfahren» haben (KB01), und 41 % gegenüber 29 %, dass während der Konf-Zeit ihre «Glaubensfragen zur Sprache» kamen (KK11). Was die ganz praktischen Erfahrungen angeht, zeigt sich auf interessante Weise ebenfalls eine veränderte Situation: Bei der zweiten Studie sagen nun immerhin 26 % statt seinerzeit 13 %, dass sie «zeitweise bei Angeboten der Kirchgemeinde (z. B. in einem Praktikum) mitgearbeitet» haben (KK26).

Möglicherweise in einem inhaltlichen Zusammenhang zum letztgenannten Befund stehen dann auch die positiven Änderungen des Items «Ich habe erfahren, dass mein Einsatz für andere Menschen wichtig ist» (KK44) von seinerzeit 42 % auf nun 57 % und des Items «Mir wurde meine Verantwortung für die Umwelt (stärker) bewusst» (KK45) von seinerzeit 33 % auf nun 43 %.

Was nun die – wenn man so will – *Wirkungen* dieser positiven Erfahrungen angeht, zeigen sich sowohl im Blick auf das Glaubensthema wie auch die konkrete Bereitschaft zur Mitarbeit fast konsequenterweise ebenfalls höhere Werte als in der ersten Studie von 2007/2008:

Wie in den Abbildungen weiter oben ersichtlich wurde, wird der Aussage «Ich glaube an Gott» (KE09) nun von 50 % gegenüber 44 % zugestimmt und auf die Aussage «In schwierigen Situationen hilft mir mein Glaube an Gott» (KE08) antworten nicht mehr nur 25 %, sondern sogar 39 % positiv. Gottesdienste werden zwar auch am Ende der Konfirmationszeit noch von 55 % als langweilig empfunden (KG04), aber auch dieser Wert liegt im Jahr 2013 um 6 % niedriger als noch 2008. Dementsprechend fällt auch die Zustimmung zum Satz «Auf die Fragen, die mich wirklich bewegen, hat die Kirche keine Antwort» (KG02) nun mit 37 % statt 45 % um immerhin 8 % geringer aus. Und für die Frage der Bewertung des christlichen Glaubens insgesamt zeigt sich diese Tendenz in besonders anschaulicher und eindrücklicher Weise:

Abbildung 41: Positive Bewertung des christlichen Glaubens insgesamt durch die Konfirmandinnen und Konfirmanden in den Zürcher Studien 2007/08 und 2012/13

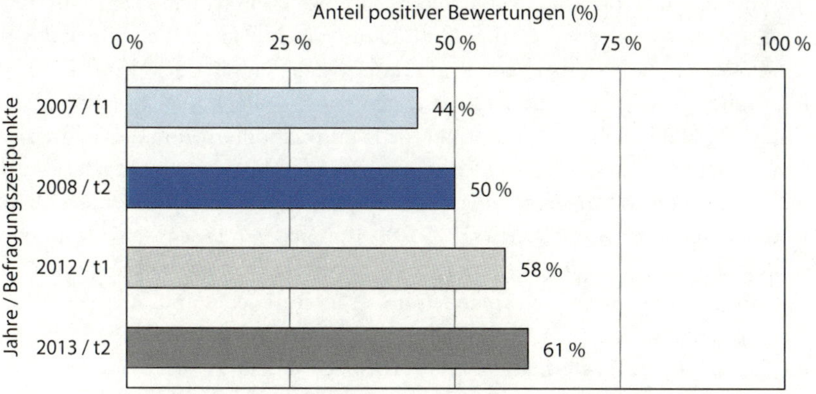

N Erhebung 2007/08 = 370; Erhebung 2012/13 = 1035. Berücksichtigt sind nur KonfirmandInnen, für die gültige Werte zu den beiden Befragungszeitpunkten (t1 2007/2012 und t2 2008/2013) vorliegen. Lesehilfe: 44 % der KonfirmandInnen bewerten 2007 in t1 den christlichen Glauben insgesamt positiv; der entsprechende Anteil liegt 2008 in t2 bei 50 %. 58 % der KonfirmandInnen bewerten 2012 in t1 den christlichen Glauben insgesamt positiv; der entsprechende Anteil liegt 2013 in t2 bei 61 %.

Ob sich nun in diesem Fünfjahreszeitraum wirklich so viel getan hat und ob sich gar schon eine gewisse Veränderungsbereitschaft unter den Verantwortlichen und Mitarbeitenden eingestellt hat, die mit deren Kenntnis der Ergebnisse der ersten Studie des Jahres 2007/2008 zusammenhängt, muss eine offene Frage bleiben – zumal der Zeitraum zwischen der Veröffentlichung der ersten Studie im Jahr 2010 und der Planung des Konfirmandenjahrgangs 2012/2013 ja sehr kurz war und zudem bestimmte Gewohnheiten ja in der Regel nicht einfach von heute auf morgen umgestellt werden können. Auch die neue Zürcher Unterrichtshilfe für die Konfirmationsarbeit (Meyer-Liedholz u. a. 2014) lag für den Jahrgang 2012/2013 noch nicht vor.

Möglicherweise haben die öffentlichen Diskussionen nach der ersten Studie, hier vor allem zur Herausforderung der notwendigen stärkeren Thematisierung von Glaubensfragen und Berücksichtigung konkreter Erfahrungen der Jugendlichen – sei es im Rahmen von Gottesdiensten, Jugendgruppen oder Projekten –, dazu geführt, dass nun schon für den Kanton Zürich ein etwas anderes Bild entstanden ist, als es noch für den Jahrgang 2007/2008 der Fall war.

2.4 Die Mitarbeitenden

Für die vorliegende Untersuchung ist es uns wichtig, dass nicht nur die Konfirmandinnen und Konfirmanden in den Blick rücken, sondern auch die Mitarbeitenden. Dafür sind vor allem zwei Gründe zu nennen: Zum einen können durch den Fokus auf die Mitarbeitenden zum ersten Mal in empirischer Weise die Hintergründe, Motivationen und Erwartungen sowie – am Ende des Jahres – die Erfahrungen der Verantwortlichen für die Konfirmationsarbeit in der Schweiz in den Blick genommen werden. Denn punktuelle Erfahrungsberichte oder Rückmeldungen von Mitarbeitenden lassen ja empirisch gesehen kein wirklich klares Bild entstehen (Böhme-Lischewski 2010). Zum anderen lassen sich aus unserer Sicht durch einen solchen Blick auf die Mitarbeitenden auch die Ergebnisse der Konfirmandinnen und Konfirmanden besser interpretieren und in einen weiteren Horizont stellen. Um die Erkenntnisse zu diesen beiden Gruppen in ein möglichst aussagekräftiges und aufschlussreiches Verhältnis zueinander zu bringen, wurden in die Fragebögen nach Möglichkeit weitgehend dieselben Aspekte bis hin zum identischen Wortlaut aufgenommen. Darüber hinaus wurde eine Reihe von Fragen integriert, die sich der Natur der Sache nach nur an die Mitarbeitenden richten können: So etwa die Frage nach dem Einsatz der Methoden und Materialien, die Frage nach der Team-Bildung – im doppelten Sinn der Teamkonstituierung wie auch der theologischen und pädagogischen Kompetenz –, nach der eigenen Schwerpunktsetzung im Rahmen der beruflichen Gesamtaufgaben, der Kenntnis und Berücksichtigung der einschlägigen kirchlichen Rahmenordnungen oder auch die Frage nach der Unterstützung der Arbeit durch die Gemeinde.

An dieser Stelle ist eine wesentliche Differenzierung zu benennen: Befragt wurden von Beginn an nicht nur die sogenannten Hauptamtlichen, also Pfarrerinnen und Pfarrer, Katechetinnen und Katecheten oder andere angestellte Personen der Gemeinde, sondern bewusst auch freiwillige oder ehrenamtliche Mitarbeitende. Um diese zu erfassen, wurden die Hauptverantwortlichen darum gebeten, an diejenigen Mitarbeitenden, die regelmässig (d. h. wöchentlich oder bei mindestens drei Einzelaktionen im Konfirmationsjahr) mitarbeiten, sowohl in t1 wie in t2 eigens konzipierte Fragebögen weiterzuleiten.

Bezüglich der Nomenklatur soll transparent gemacht werden, in welchem Sinn wir unsere Verwendung des Begriffs der Freiwilligen verstehen. In schweizerischer Begriffsverwendung wird zwischen Freiwilligen und Ehrenamtlichen unterschieden (vgl. 2.3.8): Während ehrenamtliche Tätigkeiten insbesondere auf ein Mandat bzw. eine Delegation oder Wahl zurückgehen, ist freiwilliges Engagement in der Regel an kein festes Amt gebunden. Behördenmitglieder, oft auch Ehrenamtliche genannt, sind für eine Amtszeit gewählt, haben eine Rechenschaftspflicht und erhalten häufig festgelegte Entschädigungen (Leitfaden 2010). Allerdings ist darauf hinzuweisen, dass oftmals auch die Freiwilligen für ihre Arbeit eine Vergütung erhalten und teilweise auch eine Art Vertragsverhältnis mit der Gemeinde eingehen. Wir haben im Fragebogen an die Mitarbeitenden häufig «freiwillig» und «ehrenamtlich» nebeneinandergestellt, um beide Gruppen zu integrieren. Dies bedeutet in der Konsequenz allerdings auch, dass für die Interpretation der Ergebnisse keine Differenzierung zwischen beiden Gruppen möglich ist. Auszugehen ist aber davon, dass die allermeisten Personen, die die Abschnitte zu dieser Rubrik ausgefüllt haben, im Sinn des freiwilligen Engagements tätig sind.

2.4.1 Wer sind die Mitarbeitenden?

Was den *beruflichen Hintergrund* angeht, vermag es kaum zu überraschen, dass der allergrösste Teil, konkret 57 % der für die Konfirmationsarbeit Verantwortlichen, Pfarrerinnen oder Pfarrer bzw. Vikarinnen oder Vikare sind. Dies ist insofern bedeutsam, als sich in der Schweiz eine grundsätzliche Tendenz abbildet, dass Pfarrerinnen und Pfarrer je länger, desto weniger für die institutionalisierte Bildungsarbeit in ihren Gemeinden zuständig sind. Konkret bedeutet dies, dass etwa für die gemeindliche Arbeit mit Kindern sehr häufig speziell ausgebildete Fachkräfte, insbesondere Katechetinnen und Katecheten angestellt sind. Auch für den Bereich der Erwachsenenbildung und der Arbeit mit Seniorinnen und Senioren sind oftmals nicht in erster Linie Pfarrerinnen und Pfarrer zuständig. Dies bedeutet, dass die Konfirmationsarbeit häufig der zentrale oder nicht selten auch der einzige noch intensiv durch die Pfarrerinnen und Pfarrer bearbeitete gemeindliche Bildungsbereich ist – und dies unter Umständen mit allen Vor- und Nachteilen:

Abbildung 42: Beruflicher Hintergrund der Mitarbeitenden

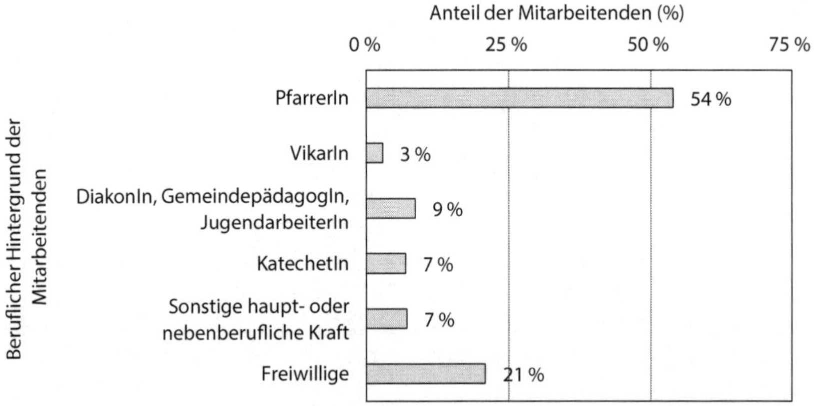

N = 918. Lesehilfe: 54 % der Mitarbeitenden sind Pfarrerinnen und Pfarrer.

Neben den Pfarrpersonen zeichnen als weitere hauptamtlich angestellte Personen für dieses Bildungsangebot mit insgesamt 16 % Diakoninnen und Diakonen, Gemeindepädagoginnen und Gemeindepädagogen, Jugendarbeiterinnen und Jugendarbeiter, Katechetinnen und Katecheten verantwortlich. Interessant ist, dass immerhin jeder fünfte Mitarbeitende auf freiwilliger bzw. ehrenamtlicher Basis mitarbeitet.

Dies zeigt, dass eine durchaus breite Anzahl von Personen ausserhalb der professionellen religionspädagogischen Arbeit mit in dieses Angebot involviert ist und dieses, so steht zu vermuten, in einer ganz eigenen Art und Weise mitgestaltet, profiliert und prägt – sei es als Einzelperson oder in einem Team von mehreren Freiwilligen. An dieser Stelle sei darauf hingewiesen, dass in rund 60 % der befragten Gemeinden Teams aus mindestens einem Hauptverantwortlichen (VU01) und einer weiteren mitarbeitenden Person (VU02) bestehen (WE12). Oder um es noch etwas weiter auszudifferenzieren: Zieht man ausdrücklich alle Freiwilligen hinzu (VU04/VU05), kommt man auf 83 % der Gemeinden, die ein Team von mindestens zwei Personen haben. Zieht man darüber hinaus noch Eltern (VU03) und sonstige (VU06) hinzu, dann beläuft sich der Anteil von Gemeinden bzw. Konfirmationsgruppen mit Team auf 88 %. Dies bedeutet, dass nur in 12 % der befragten Gemeinden von «Einzelkämpferinnen» oder «Einzelkämpfern» auszugehen ist. Die Tatsache eines doppelten «Herkunfts-» und Verantwortungsprofils spiegelt sich auch in der *Alterszusammensetzung* (W/VF02) wider:

Abbildung 43: Anteile der Altersgruppen von Hauptamtlichen und Freiwilligen

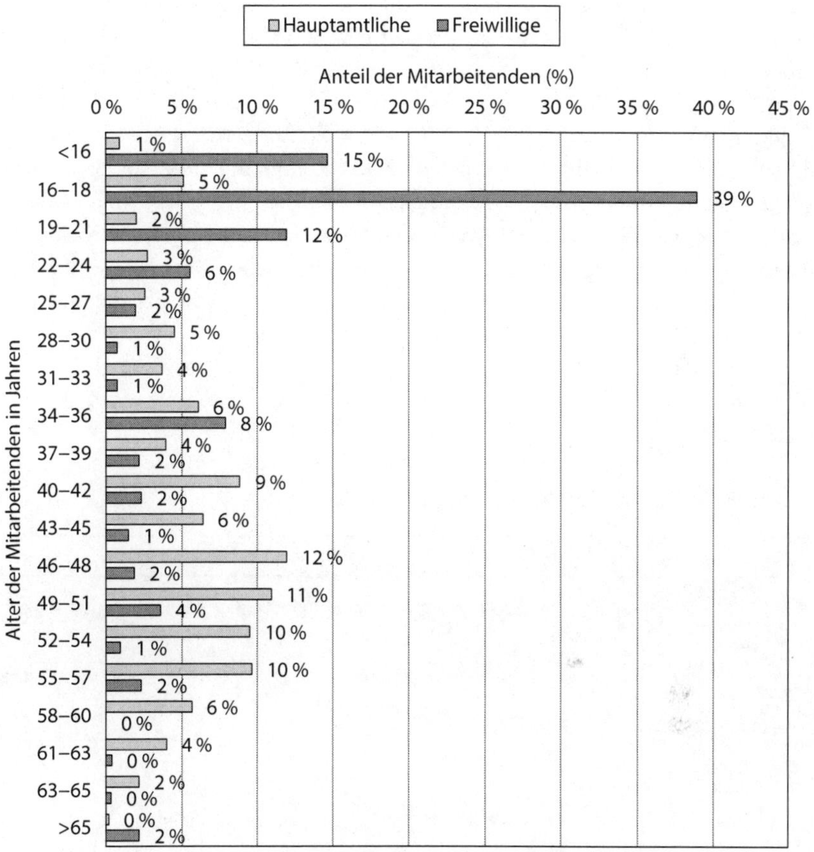

N = 745 Hauptamtliche; 166 Freiwillige. Alter berechnet aus den Variablen VF/WF02.
Lesehilfe: 12 % der Hauptamtlichen sind zwischen 46–48 Jahre alt.

Hier zeigt sich zum einen ein breites Altersspektrum unter den Pfarrerinnen und Pfarrern mit einer grossen Gruppe der Mittvierziger bis Anfang Sechziger, während unter den Freiwilligen eindeutig die Altersgruppe der unter 16-Jährigen bis 24-Jährigen – insgesamt fast drei Viertel aller freiwillig Tätigen – sehr eindrücklich überwiegt. Dies lässt unverkennbar darauf schliessen, dass es sich bei den Freiwilligen insbesondere um Jugendliche oder junge Erwachsene handelt, die entweder vor vergleichsweise kurzer Zeit selbst konfirmiert wurden und/oder im Bereich der kirchlichen Jugendarbeit tätig sind. Will man ein generelles Bild zeichnen, so wirken in der teamorientierten Konfirmationsarbeit sehr häufig «Jung und Alt» zusammen.

Angesichts dieser *Altersverteilung* kann schon an dieser Stelle daraus die Folgerung abgeleitet werden, dass die Freiwilligenarbeit aus der Perspektive der Hauptamtlichen als eine hervorragende Möglichkeit der Kontaktaufnahme und Kontaktpflege mit der jüngeren Generation, für deren aktive Partizipation und Integration in das gemeindliche Leben und zugleich als eine ausgezeichnete Chance zur Bildungsarbeit mit den Jugendlichen nach der Konfirmation verstanden werden kann. Man könnte hier geradezu von der Chance eines intergenerationellen pädagogischen und theologischen Austausches auf Expertinnen- und Expertenebene sprechen. Zugleich kann dieser Austausch für die Hauptamtlichen entscheidende Einsichten und Erkenntnisse «aus berufenem jugendlichen Mund» über Lebensgefühl, religiöse Ansichten und Interessen der Jugendlichen sowie zu deren Wahrnehmungen von Kirche und Gemeinde mit sich bringen.

Dass im Blick auf den *Bildungshintergrund* (WF/VF17) praktisch 100 % der Pfarrerinnen und Pfarrer über einen Hochschulabschluss verfügen, vermag schwerlich zu überraschen:

Abbildung 44: Bildung der Mitarbeitenden

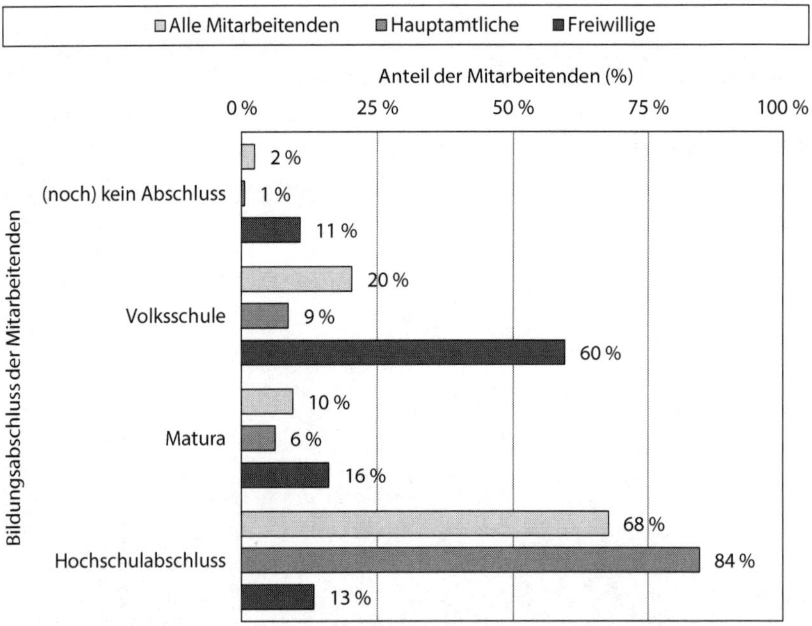

N = 876 Mitarbeitende; 687 Hauptamtliche; 139 Freiwillige. Bildungsstatus berechnet aus den Variablen WF/VF17_CH. Lesehilfe: 84 % der Hauptamtlichen verfügen über einen Hochschulabschluss.

Interessant ist allerdings, dass der Anteil mit einem niedrigeren Schulabschlusses bei den Freiwilligen mit 60 % doch deutlich davon unterschieden ist. Dies ist zum einen natürlich darauf zurückzuführen, dass aufgrund des Lebensalters in der Mehrheit dieser Kohorte der Freiwilligen schon rein biografisch gesprochen noch kaum ein Hochschulabschluss vorliegen kann. Allerdings ist auch die hohe Zahl von Schülerinnen und Schülern der Sekundarstufe I ein Indiz dafür, dass eben auch viele Jugendliche in der Konfirmationsarbeit engagiert sind, die nicht das Gymnasium besuchen. Man kann insofern die Vermutung wagen, dass unter den Verantwortlichen im Blick auf die bildungsbezogenen Voraussetzungen ein nicht geringer und möglicherweise ja durchaus relevanter Unterschied besteht – jedenfalls, was die Gestaltung und Durchführung des Programms sowie die Form der Vermittlung einzelner Themen und Inhalte angeht.

Auch in diesem Zusammenhang können besondere Herausforderungen und Chancen der Zusammenarbeit zwischen Hauptamtlichen und Freiwilligen markiert werden, und dies wiederum von beiden Seiten her: Zum einen kann das freiwillige Engagement dieser Jugendlichen zu deren Persönlichkeitsentwicklung, Stärkung des Bewusstseins und Kompetenzzuwachs beitragen. Zum anderen sind die Hauptamtlichen herausgefordert, mit diesen Jugendlichen einen kommunikativen und bildungsorientierten Stil der Teamarbeit zu pflegen, welcher deren Interessen, Bedürfnissen und Potenzialen möglichst gerecht wird.

Im Blick auf die *Geschlechterverteilung* lässt sich nicht übersehen, dass insbesondere im Blick auf die Pfarrerinnen und Pfarrer die Konfirmationsarbeit überwiegend männlich ausgerichtet ist, d. h. konkret zu immerhin drei Vierteln von Männern organisiert und verantwortet wird, was keineswegs der Verteilung der Pfarrschaft in der Schweiz mit rund 35 % Frauen entspricht. Da ein nicht geringer Anteil von Frauen im schweizerischen Pfarramt in Teilzeit arbeitet, könnte es sein, dass dieses gemeindliche Kerngeschäft eben stärker den vollzeitlich Tätigen überlassen – oder zugemutet – wird. Ob sich hinter dieser Tendenz aber möglicherweise auch ein geringeres Interesse von Pfarrerinnen für diesen Bildungsbereich zeigt, wäre noch weiter zu prüfen (siehe Abbildung 45).

Auffallend ist demgegenüber der stark weibliche Anteil unter den Katechetinnen und Katecheten. Auch wenn diese insgesamt nur einen vergleichsweise geringen Anteil an allen Hauptamtlichen einnehmen, wird hier doch ein Unterschied deutlich, den es im Blick zu behalten gilt. Denn bedenkt man, dass in pädagogischer Hinsicht die Bedeutung des Geschlechts eine nicht zu vernachlässigende Grösse darstellt und sich die Konfirmandinnen und Konfirmanden in etwa gleich auf die Geschlechter verteilen, so muss doch besonderes Augenmerk auf diese Diskrepanz und die daraus möglicherweise resultierenden Konsequenzen gelegt werden.

Abbildung 45: Geschlecht der Mitarbeitenden

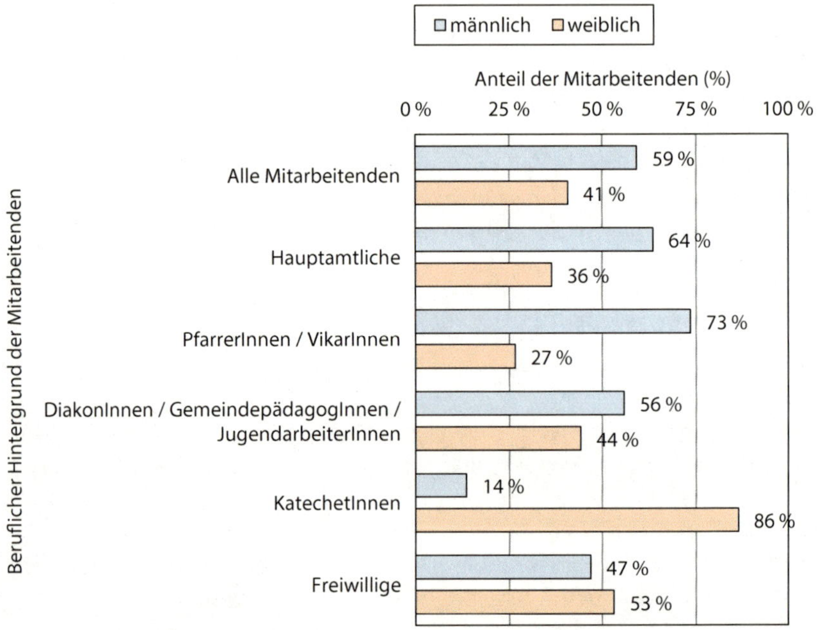

N = 977 Mitarbeitende; 744 Hauptamtliche (darunter 555 PfarrerInnen/VikarInnen; 95 DiakonInnen/GemeindepädagogInnen/JugendarbeiterInnen und 46 KatechetInnen); 168 Freiwillige. Lesehilfe: 73 % der PfarrerInnen und VikarInnen sind männlich.

Im Fragebogen wurde gefragt: «Bei wie vielen KonfirmandInnenjahrgängen vor dem jetzigen haben Sie schon mitgearbeitet?» (WF13) Durch diese Frage sollte der jeweilige *Erfahrungshorizont* der Mitarbeitenden näher erfasst werden, um von da aus gegebenenfalls Zusammenhänge mit der jeweiligen Zufriedenheit – und zwar sowohl unter den Mitarbeitenden selbst wie auch unter den Jugendlichen! – zu eruieren:

Abbildung 46: Erfahrungen der Mitarbeitenden mit Konf-Gruppen

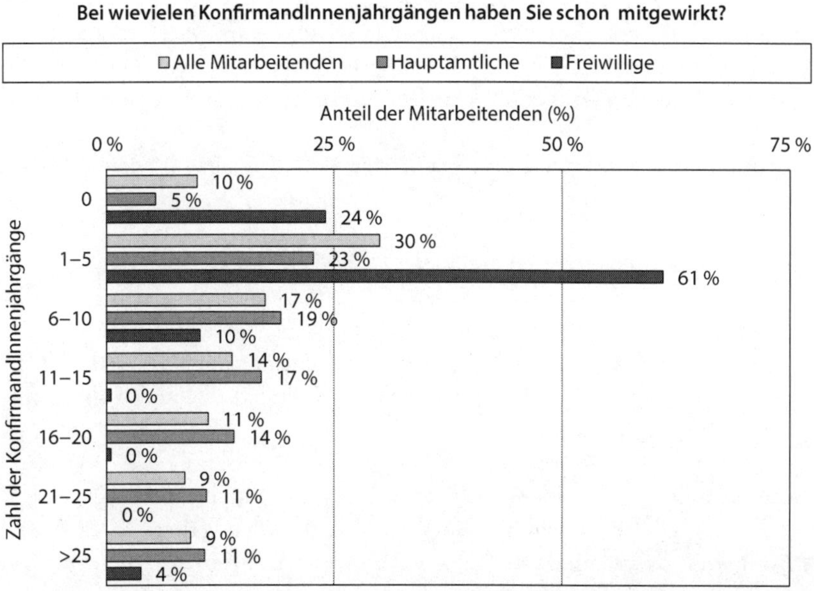

N = 795 Mitarbeitende; 620 Hauptamtliche; 120 Freiwillige. Variable WF13_CH.
Lesehilfe: 61 % der Freiwilligen haben bei 1–5 KonfirmandInnenjahrgängen vor dem jetzigen mitgearbeitet.

Für diesen Aspekt zeigt sich ein deutliches Übergewicht an Erfahrung im Umfang von ein bis fünf KonfirmandInnenjahrgängen unter den Freiwilligen, wobei dieser Anteil unter den Pfarrerinnen und Pfarrern aufgrund des mehrheitlich höheren Alters natürlich auch höher ausfällt. Es kann gefolgert werden, dass die Erfahrungen der Hauptamtlichen mit der Konfirmationsarbeit in der Regel sehr viel umfangreicher sind als die Erfahrungen der Freiwilligen. Auch wenn dieses Ergebnis als solches rechnerisch gesehen so konsequent wie wenig überraschend ist, leitet sich daraus doch mindestens eine mögliche Problematik ab: Der Erfahrungsunterschied zwischen Hauptamtlichen und Freiwilligen kann im Einzelfall dazu führen, dass die Freiwilligen mit eigenen Ideen, Interessen oder Schwerpunktsetzungen sozusagen gegen den Erfahrungshorizont der «alten Hasen» argumentieren müssen oder von diesen mit dem Verweis auf ihre sehr viel längere Erfahrung behindert werden. Die aufgezeigte unterschiedliche Erfahrungsebene bringt demzufolge insbesondere die Frage der partnerschaftlichen Zusammenarbeit im Team bei ungleichen Voraussetzungen mit sich.

Die offenen Anmerkungen und Rückmeldungen der Mitarbeitenden in den Fragebögen t1 und t2 veranschaulichen – zwar nicht in repräsentativer, aber doch in eindrücklich illustrierender Weise –, dass die *Teamstrukturen* vielerorts ausgesprochen gut funktionieren und eher noch ausgebaut werden sollten. So schreibt ein Pfarrer im Rückblick, was er für seine Konfirmationsarbeit noch bräuchte:

> «Immer wieder so wunderbare Teamer wie in diesem Jahr.» (Pfarrer, 40 Jahre, t2)

Und eine andere Pfarrperson konstatiert:

> «Die wöchentlichen Konf-Stunden leite ich alleine. Spezielle Anlässe während des Jahres sowie das Konf-Lager werden von einem ganzen Team vorbereitet und mitgetragen. Diese Mitarbeit ist mir wichtig und erachte ich als wesentlich.» (Pfarrer, 36 Jahre, t1)

Dafür, dass die Konfirmationsarbeit ein so komplexes wie anspruchsvolles Aufgabenfeld darstellt, überrascht allerdings der ausgesprochen geringe Anteil *spezifischer Weiterbildungen* für dieses Feld – und dies sowohl unter den Hauptamtlichen wie unter den Freiwilligen (siehe Abbildung 47).

Weniger als die Hälfte der Pfarrerinnen und Pfarrer sowie der Vikarinnen und Vikare haben eine spezielle Ausbildung oder Fortbildung zur Konfirmationsarbeit besucht. Dies bedeutet vermutlich, dass seit dem Studium und dem Vikariat keine spezifische weitere religionspädagogische Qualifikation stattgefunden hat. In der Gruppe DiakonInnen / GemeindepädagogInnen / JugendarbeiterInnen zeigt sich wenigstens für ein starkes Viertel, dass eine JugendleiterInnenschulung erfolgt ist. Dass die Freiwilligen ganz offenkundig zu einem überwiegenden Teil quasi ohne Ausbildung an der Konfirmationsarbeit teilnehmen, wirft hingegen erhebliche Fragen auf. Denn wenn höchstens nur ein Fünftel der Freiwilligen überhaupt irgendeine Art der Schulung oder Fortbildung in diesem Bereich erhalten hat, so hat dies natürlich Konsequenzen für die gemeinsame Planung und Durchführung dieses Angebots. Will man hier die Teamzusammenarbeit erhöhen, ist eine stärker implementierte und substanzielle inhaltliche Einführung und Begleitung der Freiwilligen unabdingbar.

Abbildung 47: Teilnahme der Mitarbeitenden an Ausbildungs-, Fortbildungs- und Schulungsseminaren speziell für die Konfirmationsarbeit

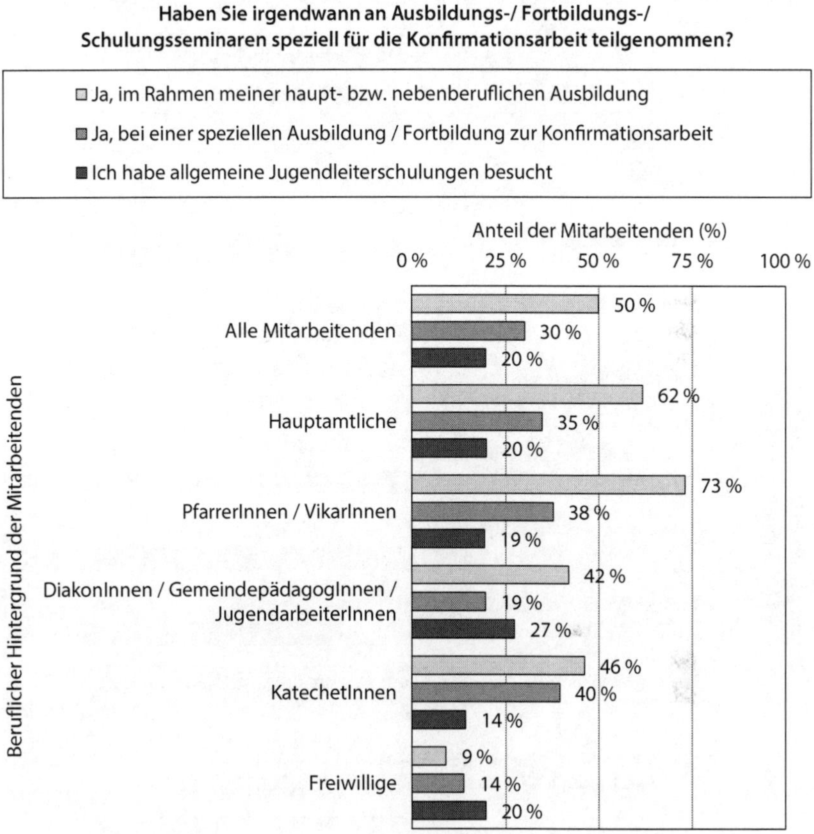

N = 965; 738 Hauptamtliche (darunter: 533 PfarrerInnen/VikarInnen, 96 DiakonInnen/GemeindepädagogInnen/JugendarbeiterInnen und 44 KatechetInnen); 164 Freiwillige. Variablen WF/VF19–21. Lesehilfe: 62 % der Hauptamtlichen geben an, irgendwann an Ausbildungs-/Fortbildungs-/Schulungsseminaren speziell für die Konfirmationsarbeit im Rahmen ihrer haupt- bzw. nebenberuflichen Ausbildung teilgenommen zu haben.

Es hat uns natürlich auch interessiert, wie die Mitarbeitenden sich in Hinsicht auf ihre Befähigung zur Durchführung der Konfirmationsarbeit selbst einschätzen. Die bisherigen empirischen Studien haben praktisch kein Augenmerk auf diese Selbsteinschätzungen gelegt. Grundsätzlich schätzen die Mitarbeitenden ihre *pädagogischen und theologischen Kompetenzen* für die Konfirmationsarbeit als hoch ein:

Abbildung 48: Zusammenhang zwischen Aus- und Weiterbildung und subjektiver pädagogischer und theologischer Kompetenz bei allen Mitarbeitenden (Hauptamtliche, Pfarrerinnen und Pfarrer / Vikarinnen und Vikare sowie Freiwillige)

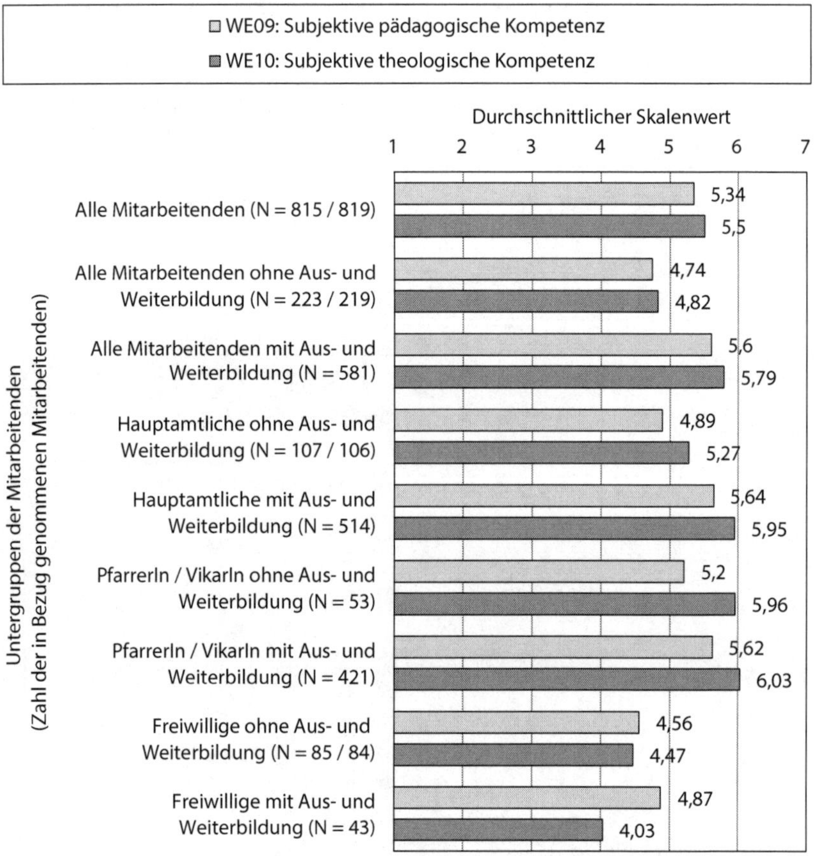

Lesehilfe: Bei PfarrerInnen und VikarInnen mit Aus- und Weiterbildung liegt gemäss subjektiver Einschätzung die durchschnittliche pädagogische Kompetenz bei 5,62, während die theologische Kompetenz im Durchschnitt mit 6,03 auf der Punkte-Skala von 1 bis 7 angegeben ist.

Geht man einmal von einer gewissen helvetischen Bescheidenheit aus, dann sehen sich offenkundig auch die Mitarbeitenden in sehr überwiegendem Mass dazu in der Lage, den Konfirmationsunterricht sowohl pädagogisch als auch theologisch zu verantworten und professionell durchzuführen. Die Ergebnisse zu dieser Frage vermitteln jedenfalls den Eindruck, dass sich die Hauptamtlichen aufgrund ihrer beruflichen Qualifikationen für gut geeignet halten, die Anforderungen professionell erfüllen zu können. Auffallend ist, dass die theologische Kompetenz fast durchweg (mit Ausnahme der Freiwilligen) als grösser erachtet wird als die pädagogische.

Im Blick auf die Angaben zur subjektiven pädagogischen und theologischen Kompetenz zeigt sich sehr eindrücklich der *Zusammenhang zwischen Aus- und Weiterbildung und der jeweiligen Selbsteinschätzung*: In fast allen Fällen steigt der Anteil der positiven Selbstzuschreibung, wenn die entsprechenden Angebote besucht wurden, und zwar sowohl bei allen Hauptamtlichen wie auch besonders bei den Pfarrerinnen und Pfarrern, Vikarinnen und Vikaren. Und offenkundig liefern die konkreten Bildungsangebote sowohl in pädagogischer wie in theologischer Hinsicht die entsprechenden Orientierungsmöglichkeiten.

Dass Personen sich der Grenzen ihrer eigenen Möglichkeiten aber auch durchaus bewusst sein können, macht folgende Rückmeldung in t1 deutlich:

> «Teilweise bräuchte ich auch eine mitreissendere Persönlichkeit. Mehr Mut und Geschick, wirklich in die ‹Tiefe› zu gehen.» (Pfarrerin, 31 Jahre, t2)

Ein überaus interessantes Resultat zeigt sich beim Vergleich der Angaben der Freiwilligen ohne und mit Aus- und Weiterbildung. Während sonst alle Selbsteinschätzungen der pädagogischen und theologischen Kompetenz immer dort grösser werden, wo bestimmte Schulungen erfolgt sind, zeigt sich bei Freiwilligen mit Aus- und Weiterbildung, dass sie ihre subjektive theologische Kompetenz niedriger einschätzen als diejenigen ohne Aus- und Weiterbildung. Dies könnte darauf schliessen lassen, dass die konkreten Schulungsangebote eher zu einer Sensibilisierung dafür beitragen, dass eben theologische Sachgehalte und überhaupt eine theologische Bildung alles andere als leicht zu erwerben und weiterzuvermitteln ist. Sollte diese Interpretation richtig sein, spricht dies aber gerade nicht gegen solche Angebote, sondern für den verstärkten Ausbau von Aus- und Weiterbildungsangeboten für Freiwillige.

Für die Frage, wie viel Gewicht und Aufmerksamkeit insbesondere die Pfarrpersonen der Konfirmationsarbeit geben können, ist aufschlussreich, wie sich aus Sicht der Mitarbeitenden deren Aufgabenbereiche und Schwerpunktsetzungen darstellen (siehe Abbildung 49).

Im Blick auf diese Ergebnisse kann davon ausgegangen werden, dass der überwiegende Teil der Antwortenden ein klassisches Pfarramt mit allen wesentlichen Aufgaben ausübt. Insofern ist es durchaus eindrücklich, dass der Konfirmationsarbeit gleich nach Gottesdienstvorbereitung/Predigten (95 %) mit 92 % die höchste Relevanz zugemessen wird, noch vor den Kasualien (90 %), der Seelsorge (81 %), der Öffentlichkeitsarbeit (61 %) und der Gemeindeentwicklung (61 %).

Abbildung 49: Relevanz bestimmter Aufgabenbereiche in der Arbeit der Pfarrerinnen und Pfarrer und Vikarinnen und Vikare

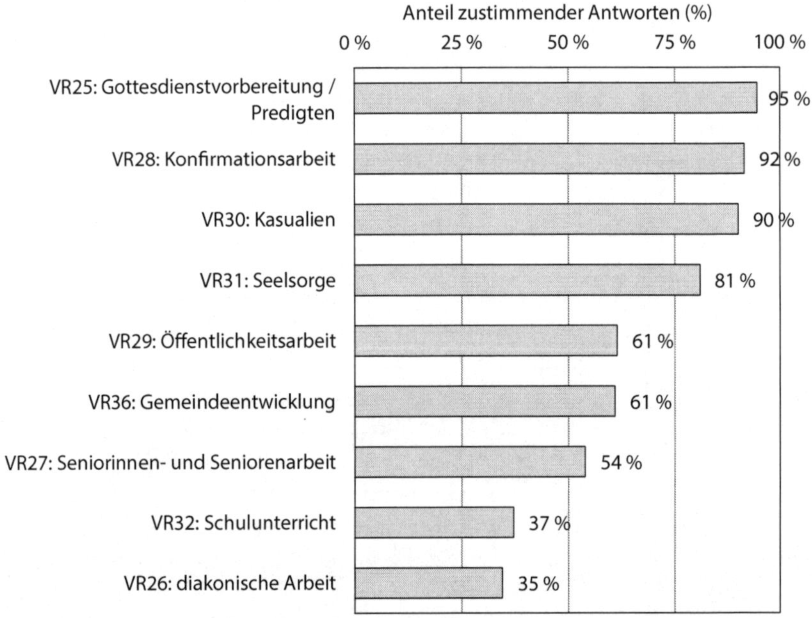

N = 346–370. Skalen mit Wertebereich von 1 (nicht wichtig) bis 7 (sehr wichtig). Angegeben sind die Anteile der Antworten im zustimmenden Bereich (Skalenpunkte 5, 6 und 7). Lesehilfe: 95 % der PfarrerInnen und VikarInnen geben «Gottesdienstvorbereitungen/ Predigten» als wichtigen Aufgabenbereich an.

Für die Interpretation ist natürlich hier nicht ganz klar, was die Antwortenden unter dem Begriff der Relevanz verstehen: Damit kann gemeint sein, dass sie dieser Arbeit sowohl in inhaltlicher wie in zeitlicher Hinsicht hohe Bedeutung geben. Gemeint sein kann allerdings auch, dass die Antwortenden um die öffentliche Relevanz der Konfirmationsarbeit wissen und sich insofern gleichsam von aussen motiviert hier so positiv äussern.

Um an dieser Stelle eine methodische Zwischenbemerkung zu machen: Man könnte dieses erfreuliche Ergebnis darauf zurückführen, dass die Personen, die den Fragebogen ausgefüllt haben, in besonderer Weise für die Konfirmationsarbeit sowie überhaupt für die Teilnahme an der Studie motiviert sind und sich darin insofern diese Motivationslage widerspiegelt. Allerdings ist, worauf schon an anderer Stelle hingewiesen wurde, die Teilnahme an der Umfrage keineswegs ganz und gar freiwillig gewesen. Vereinzelt wurde die Teilnahme vonseiten der kantonalkirchlichen Kontaktpersonen deutlich eingefordert. Anders gesagt: Es ist davon auszugehen, dass eben auch Pfarrerinnen und Pfarrer an dieser Umfrage teilgenommen haben, die nicht in höchstem Masse der Konfirmationsarbeit gegenüber positiv eingestellt sind.

In diesem Zusammenhang ist die *Aufstellung der offiziellen Schwerpunkte in der Gemeindearbeit* aufschlussreich. Bei diesem Aspekt wurde nicht eigens nach der Konfirmationsarbeit gefragt, um hier die grösseren Felder gemeindlicher Arbeit in den Blick zu bekommen und daraus einzelne Schwerpunktsetzungen ablesen zu können. Es zeigt sich dabei ein geradezu klassisches Bild der Schwerpunktverteilung in der regulären Gemeindearbeit mit einer Priorisierung bzw. Hauptaufgabenbestimmung von Gottesdienst und Kasualien, gefolgt von der Seelsorge. Es kann davon ausgegangen werden, dass die Konfirmationsarbeit hier vor allem unter den Bereich der Jugendarbeit (VR38) subsumiert, möglicherweise auch mit der Seelsorgetätigkeit verbunden wurde.

Abbildung 50: Offizielle Schwerpunkte der Pfarrerinnen und Pfarrer und Vikarinnen und Vikare in ihrer Gemeindearbeit

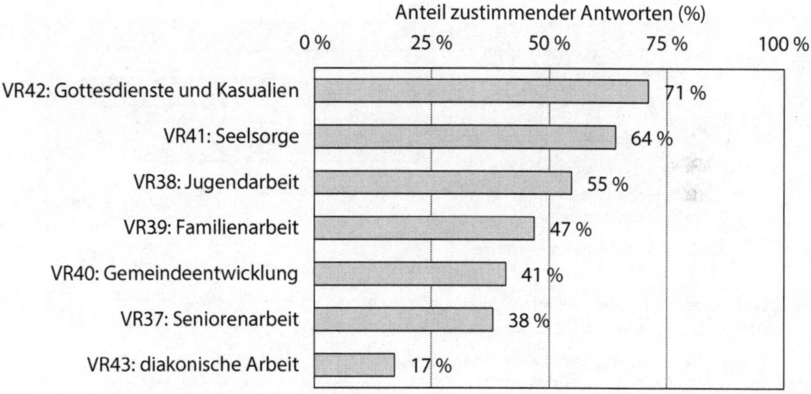

N = 198. Lesehilfe: 71 % der PfarrerInnen und VikarInnen geben «Gottesdienste und Kasualien» als offiziellen Schwerpunkt in ihrer Gemeindearbeit an.

Nimmt man die Auskünfte zur Relevanz und zu den offiziellen Schwerpunkten in der Gemeindearbeit zusammen, so scheint es tatsächlich so zu sein, als ob die Pfarrpersonen gleichsam «trotz» ihrer weiteren und im Einzelfall sehr umfangreichen Aufgaben doch ein überproportional grosses Gewicht auf die Konfirmationsarbeit legen und faktisch auch im Einzelfall tatsächlich mehr Arbeitskraft dafür aufwenden als für andere Bereiche.

2.4.2 Zielsetzungen und Erwartungen

Um eine aussagekräftige Vergleichsebene zwischen den Jugendlichen und Mitarbeitenden herzustellen, wurde auch bei diesen nach Zielen und Erwartungen im Blick auf die Konfirmationszeit gefragt. Denn für die Durchführung und den Erfolg des Angebots ist es ja erheblich, ob sich hier von Beginn an wesentliche Übereinstimmungen oder starke Diskrepanzen in den jeweiligen Zielsetzungen

Abbildung 51: Ziele der Hauptamtlichen für die Konfirmationsarbeit

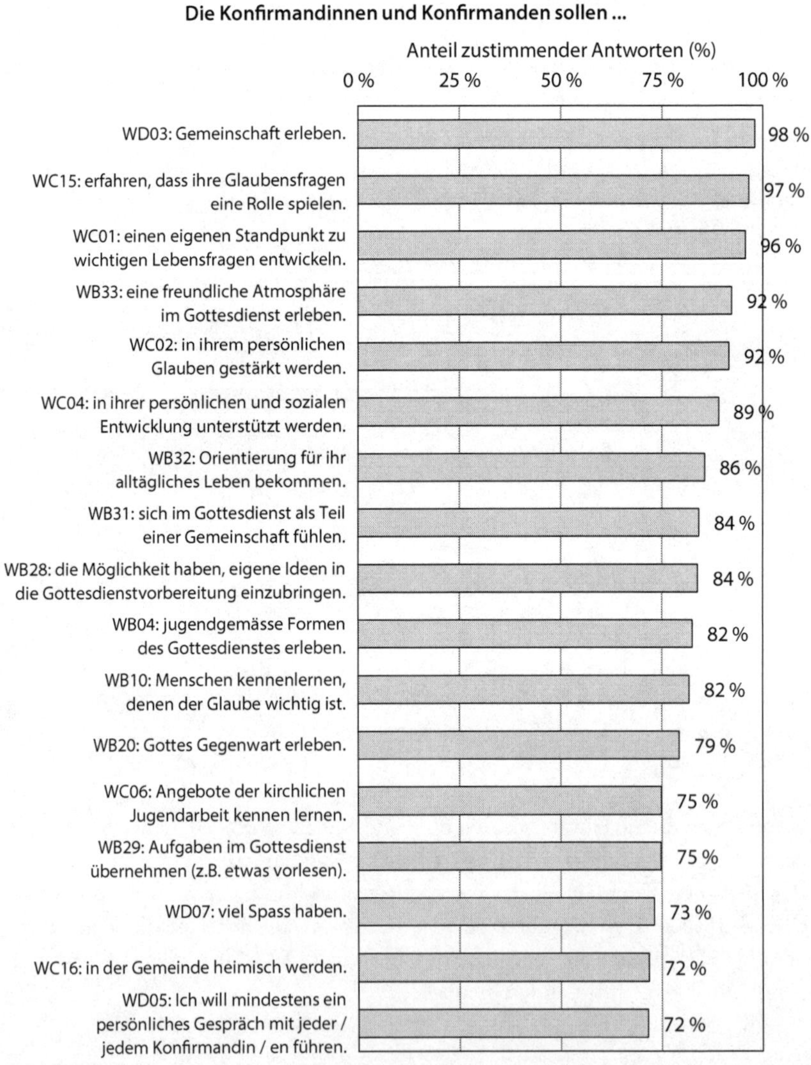

und Erwartungshaltungen zeigen. Blickt man auf die Priorisierung der Ziele und Erwartungen bei den Hauptamtlichen, so ist unverkennbar, dass in allererster Linie das Erleben von Gemeinschaft für zentral gehalten wird. Dies überrascht nicht, wenn man die reale Praxis der Konfirmationsarbeit vor Ort beobachtet oder

Die Konfirmandinnen und Konfirmanden sollen ...

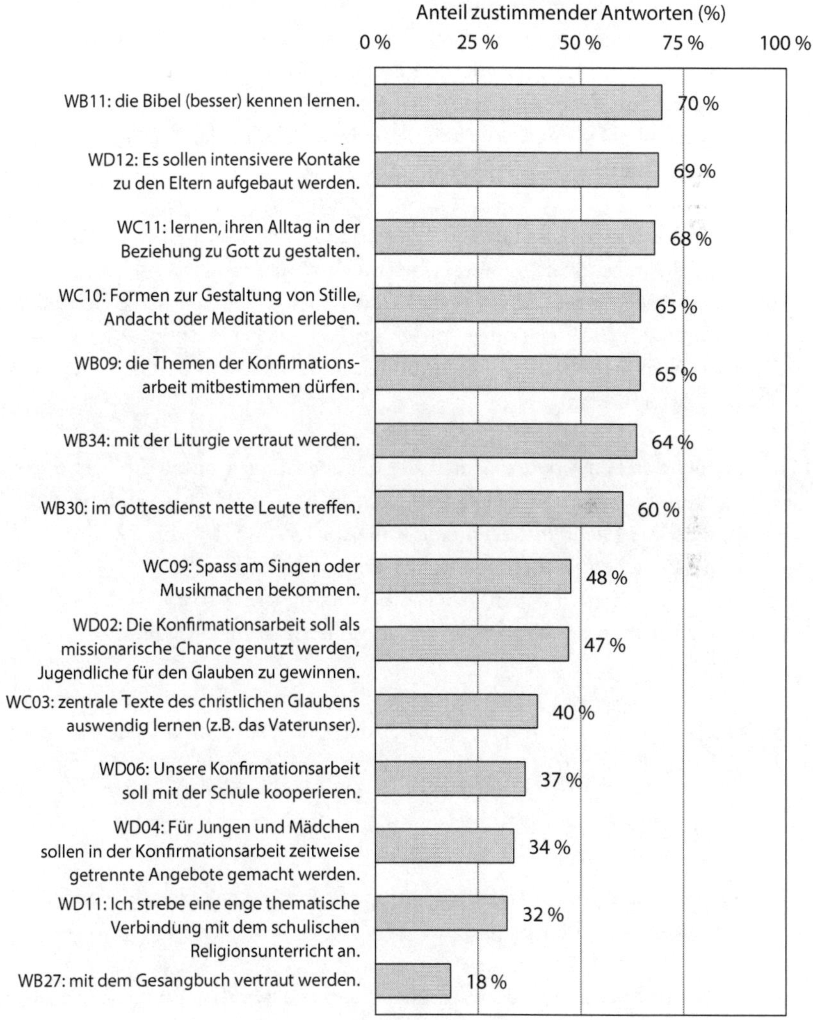

N = 628–639 Hauptamtliche. Skalen mit Wertebereich von 1 (trifft gar nicht zu) bis 7 (trifft voll zu). Angegeben sind die Anteile der Antworten im zustimmenden Bereich (Skalenpunkte 5, 6 und 7). Lesehilfe: 98 % der Hauptamtlichen wünschen sich, dass die KonfirmandInnen in der Konf-Zeit Gemeinschaft erleben.

davon hört, wie diese aktuell ausgestaltet ist. Nun bestätigt sich aber auch empirisch, dass die Hauptamtlichen diesen Erfahrungen einer positiven Gemeinschafts- und Begegnungskultur tatsächlich den höchsten, ja beinahe den höchstmöglichen Wert beimessen (siehe Abbildung 51, vorige Seite).

In diesen Ergebnissen zeigt sich aber noch ein Weiteres: Die auf das jeweilige Subjekt bezogenen Aspekte erfahren eine deutlich stärkere positive Gewichtung als etwa Fragen des besseren Kennenlernens der Bibel (WB11), der Formen zur Gestaltung von Stille, Andacht oder Meditation (WC10) oder des Auswendiglernens zentraler Texte des christlichen Glaubens (WC03). Für die Behandlung der Bibel mag aber ebenfalls wieder gelten, dass sie bereits vor der Konfirmationszeit ein Thema war. So teilt ein Pfarrer mit:

> «Die Bibel spielt bei mir im KU eine mittelmässige Rolle. Aber nur deshalb, weil dieses Thema im RU intensiv behandelt wird. Würde der schulische RU wegfallen, bekäme die Bibel für die Konf-Arbeit einen viel höheren Stellenwert. Oder: Andere Religionen spielen im KU gar keine Rolle, aber nur weil sie in der Schule im Fach Religionskunde und Ethik intensiv thematisiert werden.» (Pfarrer, 42 Jahre, t1)

Hauptamtliche stellen jedenfalls auch die Glaubensfragen unter die Perspektive der Subjektorientierung: So sollen die Jugendlichen für 97 % (!) der Befragten erfahren, dass ihre Glaubensfragen eine Rolle spielen (WC15), für 92 %, dass sie in ihrem persönlichen Glauben gestärkt werden (WC02) und für 82 %, dass sie Menschen kennenlernen, denen der Glaube wichtig ist (WB10). In den offenen Antworten zu Beginn des Konfirmationsjahres heisst es entsprechend:

> «Im Konfi-Unti/Konfi-Jahr geht es vor allem um das Erwachsenwerden. Ich möchte die Jugendlichen ein Stück auf dem Weg zur Mündigkeit im Leben und im Glauben führen/begleiten.» (Pfarrer, 40 Jahre, t1)

Oder kurz gefasst:

> «Für mich ist die KonfirmandInnengruppe Gemeinde auf Zeit, die den Zweck in sich selbst hat.» (Pfarrer, 56 Jahre, t1)

Was hingegen nicht Ziel sein könne, formuliert ein anderer Pfarrer folgendermassen:

> «Konf-Arbeit soll nicht missbraucht werden, die Jugendlichen zu ‹konvertieren›, aber sehr wohl sollen sie sehen, dass Glaube glaubwürdig ist.» (Pfarrer, 64 Jahre, t1)

Und eine Pfarrerin findet überhaupt das Folgende änderungswürdig:

> «Die Verquickung, dass Konfis durch die Konfiarbeit in die Kirche eingegliedert werden sollten. Es widerspricht ihrem Drang, in die Welt hinauszustürmen.» (Vikarin, 50 Jahre, t2)

Man sollte aber diese Ergebnisse nicht so lesen, dass sich aus Sicht der Hauptamtlichen alles nach dem Gusto der Jugendlichen richten muss. Vielmehr lassen die genannten Zielpriorisierungen darauf schliessen, dass die Hauptamtlichen eine für alle Beteiligten angemessene und sachgemässe Verkoppelung lebensbezogener und glaubensbezogener Aspekte anstreben. Man könnte es so interpretieren: Dass der Aspekt der Gemeinschaft eine so erhebliche Wertschätzung erfährt, liegt nicht zuletzt darin begründet, dass sich die Hauptamtlichen durch positive Gemeinschaftserfahrungen der Jugendlichen eine starke Verbindung von Glaubens- und Lebensdimension erhoffen:

> «Die Konfirmationszeit ist sehr wichtig um Beziehungen zur Jugend zu schaffen.» (Pfarrer, 54 Jahre, t1)

Hier zeigt sich zwischen den Zeilen auch eine stark seelsorgerische Komponente, die zumindest die Pfarrpersonen hier für ihr Engagement mit einbeziehen möchten. Tatsächlich gewinnt man durch die nähere Betrachtung der Zielsetzungen den deutlichen Eindruck, dass die Dimension der Seelsorge für die pastoralen Hauptamtlichen das Gesamtangebot erheblich mitprägen soll und wohl faktisch auch mitprägt (Schlag 2012).

Von einer Pfarrperson wird allerdings auch angemerkt, dass diese persönliche Gesprächsebene gerade aufgrund bestimmter Gruppenkonstellationen und lokaler Gegebenheiten eine starke Herausforderung darstellt:

> «Viele Themen setzen eine Gesprächskultur voraus. Im kleinräumigen Engadinerdorf ist die Angst vor persönlichen Gesprächen aber sehr gross und verhindert Austausch. Gesprächsversuche werden gestört.» (Pfarrer, 52 Jahre, t1)

Die Bedeutung dieser persönlichen Ebene wird im Übrigen keineswegs nur von den Pfarrpersonen betont: So wünscht sich eine Jugendarbeiterin

> «mehr persönlichen Kontakt zu den Konfirmanden durch Lager oder andere ‹jugendangepasste› Angebote» (Jugendarbeiterin, 37 Jahre, t2).

Demgegenüber fällt insbesondere die katechetische Zielsetzung, zentrale Texte des christlichen Glaubens auswendig zu lernen (WC03), das Ziel, Spass am Singen oder Musikmachen zu bekommen (WC09), oder die Intention, mit dem Gesangbuch vertraut zu werden (WB27), deutlich ab. Dies ist sicherlich zum einen der Erfahrung geschuldet, dass diese Formen des Lernens für Jugendliche eher schwer zugänglich sind. Zum anderen wird diesen Vermittlungsformen christlicher Glau-

Abbildung 52: Wichtigkeit bestimmter Ziele in der Konf-Zeit aus der Sicht der Hauptamtlichen und Freiwilligen

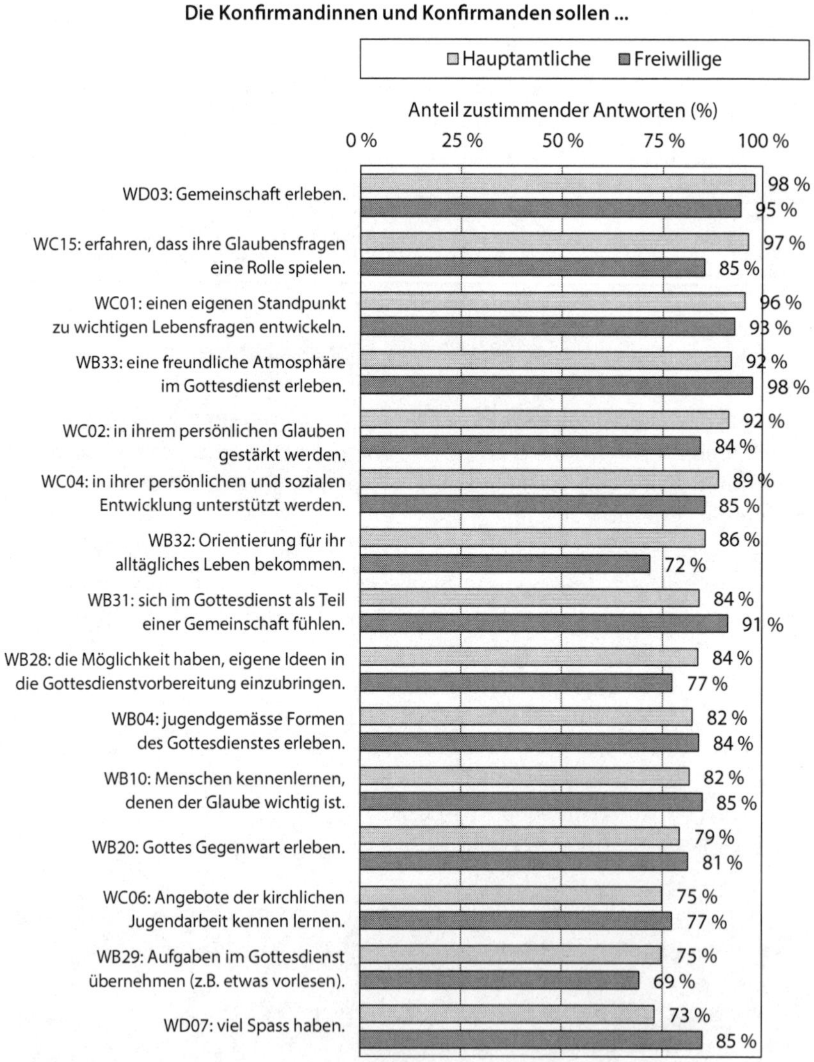

benspraxis offenkundig vonseiten vieler Hauptamtlicher zwar eine bestimmte inhaltliche Bedeutung beigemessen, aber für die Ebene gemeinschaftsorientierter Beziehungsprozesse treten sie eher in den Hintergrund.

Die Konfirmandinnen und Konfirmanden sollen ...

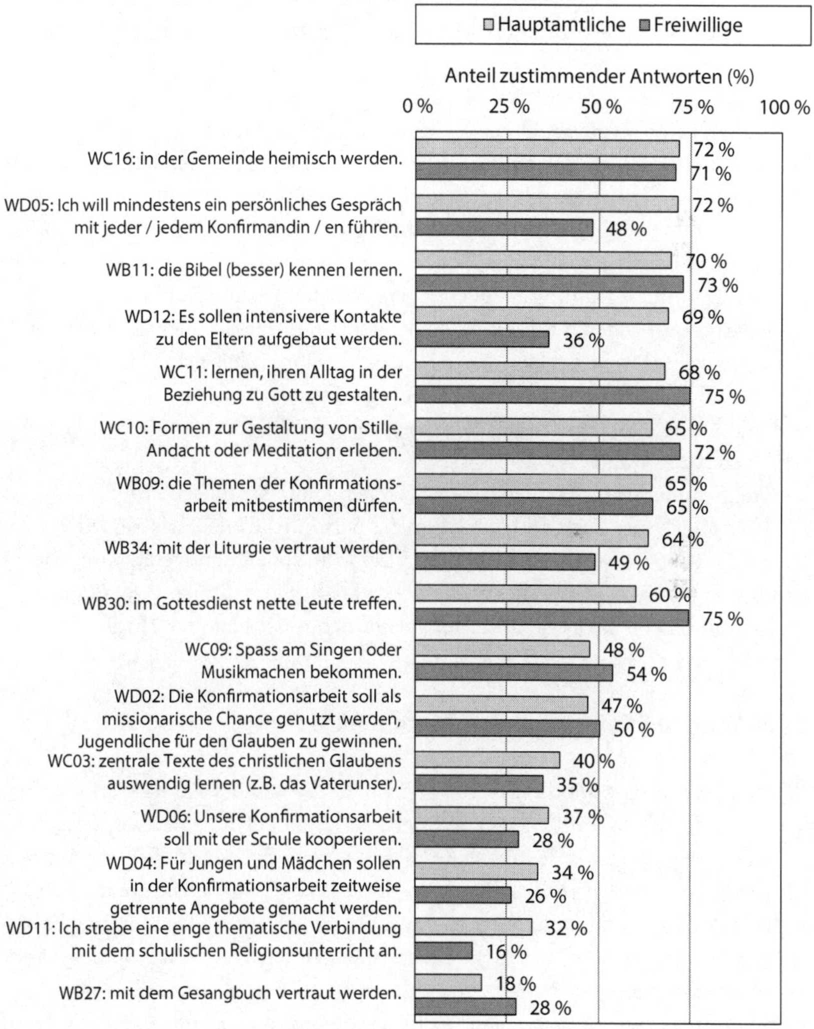

N = 380–639 Hauptamtliche; 87–136 Freiwillige. Skalen mit Wertebereich von 1 (nicht wichtig) bis 7 (sehr wichtig). Angegeben sind die Anteile der Antworten im zustimmenden Bereich (Skalenpunkte 5, 6 und 7). Lesehilfe: 98 % der Hauptamtlichen und 95 % der Freiwilligen halten es für ein wichtiges Ziel, dass die KonfirmandInnen «Gemeinschaft erleben».

Wie oben bereits angedeutet, bilden sich schon allein aufgrund des Alters, Ausbildungshintergrunds und der Erfahrung in der professionellen Praxis eine Reihe von Unterschieden zwischen Hauptamtlichen und Freiwilligen ab. Interessant ist der Vergleich im Blick auf die *Zielsetzungen* zwischen beiden Gruppen von Mitarbeitenden, weil sich hier natürlich mögliche Unterschiede und Diskrepanzen ganz konkret auf die Planung und Durchführung des jeweiligen Programms sowie die inhaltliche Zusammenarbeit auswirken dürften (siehe Abbildung 52, vorige Seite).

Auch wenn auf den ersten Blick hinsichtlich der Zielsetzungen für die Konfirmationsarbeit keine grösseren Unterschiede zwischen Hauptamtlichen und Freiwilligen bestehen und das Balkendiagramm weitgehend gleiche Tendenzen aufzeigt, sind doch bei genauerem Hinsehen einige interessante Unterschiede erkennbar. Man könnte davon sprechen, dass für die Freiwilligen überall dort leicht höhere Werte zu konstatieren sind, wo es zum einen um die Ebene der persönlichen Beziehung und Begegnungsmöglichkeiten zwischen den Jugendlichen und der Gemeinde, zum anderen um Aktivitäten vor allem im Bereich des Gottesdienstes, des eigenen liturgischen Handelns oder des Musikmachens geht. Hier zeigt sich zum Beispiel, dass 28 % der Freiwilligen gegenüber 18 % der Hauptamtlichen es wichtig finden, dass die Konfirmandinnen und Konfirmanden mit dem Gesangbuch vertraut werden (WB27).

Am grössten sind die Unterschiede zwischen Hauptamtlichen und Freiwilligen der Natur der Sache nach dort, wo es um das persönliche Gespräch mit jeder Konfirmandin bzw. jedem Konfirmanden (WD05) und die intensiveren Kontakte zu den Eltern (WD12) geht – diese beiden Aspekte liegen natürlich insbesondere im professionellen Erwartungs- und Aufgabenhorizont der Hauptamtlichen.

2.4.3 Themeninteressen und -schwerpunkte

Werden an dieser Stelle die Ergebnisse zu den *Themen* der Konfirmationsarbeit aus Sicht der Hauptamtlichen präsentiert, so ist darauf hinzuweisen, dass dezidiert danach gefragt wurde, inwiefern diese Themen für die Konfirmationsarbeit für wichtig gehalten werden. Es geht hier also in erster Linie nicht um die persönliche Präferenz der Hauptamtlichen im Sinn ihres eigenen Themeninteresses – auch wenn beides natürlich nicht strikt voneinander abgegrenzt werden kann. Wie bereits angedeutet, ist die Auswahl der Items hier ebenfalls analog zu den Items in den Fragebögen für die Konfirmandinnen und Konfirmanden erfolgt, um damit auch hier eine Vergleichbarkeit herstellen zu können:

Abbildung 53: Wichtigkeit der Themen für die Konfirmationsarbeit aus der Sicht der Hauptamtlichen

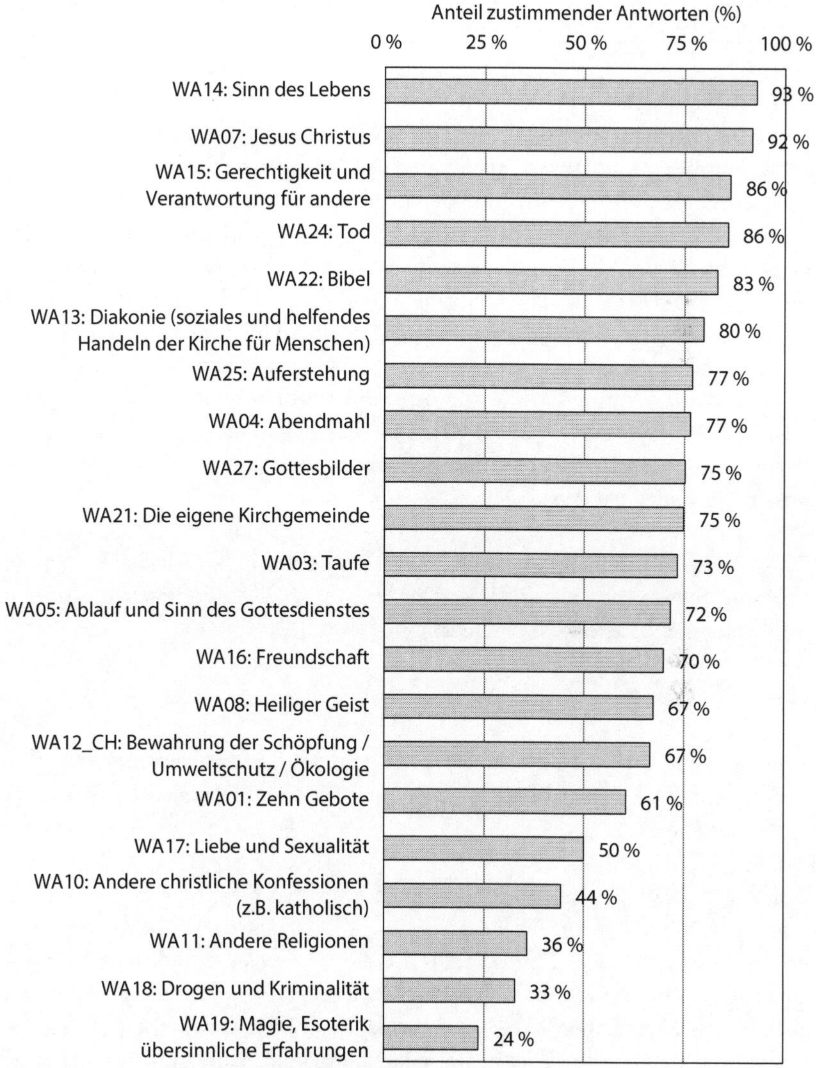

N = 627–638 Hauptamtliche. Skalen mit Wertebereich von 1 (nicht wichtig) bis 7 (sehr wichtig). Angegeben sind die Anteile der Antworten im zustimmenden Bereich (Skalenpunkte 5, 6 und 7). Lesehilfe: 93 % der Hauptamtlichen halten das Thema «Sinn des Lebens» für wichtig.

Unterscheidet man einmal grundsätzlich zwischen glaubens- und lebensbezogenen Themen – natürlich ohne dass damit eine prinzipielle Differenz zwischen Glauben und Leben angezeigt sein soll –, so fällt auf, dass die Hauptamtlichen eine deutliche thematische Schwerpunktsetzung zugunsten der klassisch theologischen Themen vornehmen: Jesus Christus (WA07), die Bibel (WA22), Diakonie (WA13), Auferstehung (WA25), Abendmahl (WA04), Gottesbilder (WA 27), die eigene Kirchgemeinde (WA21), die Taufe (WA03) und auch der Ablauf und Sinn des Gottesdienstes (WA05) werden von einem sehr grossen Teil der Hauptamtlichen als zentrale Themen benannt. Demgegenüber werden Themen, die aus Sicht des jugendlichen Lebensvollzugs möglicherweise als relevanter angesehen werden – Freundschaft (WA16), Liebe und Sexualität (WA17) oder Drogen und Kriminalität (WA18) –, für die Konfirmationsarbeit für nicht ganz so bedeutsam gehalten. Es ist in diesem Zusammenhang auch darauf hinzuweisen, dass eine ganze Reihe von Mitarbeitenden in ihren offenen Anmerkungen im Fragebogen t1 sagen, dass bestimmte Themen für den Konfirmationsunterricht nicht prioritär oder gar nicht behandelt werden, weil diese schon – wenn gegeben – im schulischen Religionsunterricht oder im kirchlichen Unterricht vor dem Konfirmationsjahr behandelt werden:

> «Themen wie Taufe und Abendmahl werden bei uns im kirchlichen Unterricht vorher behandelt (3./4. Klasse). Dann setze ich die Prioritäten in anderen Bereichen.» (Pfarrerin, 47 Jahre, t1)

Oder:

> «Ich erteile RuK an der Sekundarstufe, von daher sind Themen wie Andere Religionen, Ref-kath.-orth., Magie etc. behandelt worden.» (Pfarrerin, 60 Jahre, t1)

Auffällig sind zwei Ergebnisse: Zum einen zeigt sich eine hohe Bedeutungszuschreibung für das Thema Sinn des Lebens (WA14), das für 93 % der Hauptamtlichen ein sehr wichtiges Thema ist, für den Aspekt der Gerechtigkeit und Verantwortung für andere (WA15), den 86 % für wichtig oder sehr wichtig halten, und auch für das Thema Tod (WA24), das ebenfalls von 86 % der Hauptamtlichen für wesentlich gehalten wird. Dies verweist darauf, dass die Hauptamtlichen die Frage der Sinn- und Lebensorientierung, des damit sicherlich eng verbundenen Themas Tod sowie der ethischen Einstellungen für besonders bedeutsam halten. So erscheint es als angemessen, davon zu sprechen, dass aufgrund des Rankings dieser drei Items die Konfirmationsarbeit aus Sicht der Hauptamtlichen eine sehr starke Lebensführungskomponente beinhaltet bzw. diese geradezu zentral ist. Dass in dieser Hinsicht die Frage nach den Zehn Geboten (WA01) für vergleichsweise weniger wichtig gehalten wird, dürfte darauf zurückzuführen sein, dass die reformierte Konfirmationsarbeit eben nicht in erster Linie klassisch katechetisch ausgerichtet ist und insofern eine stark stoffbezogene thematische Behandlung hier in den Hintergrund rückt.

Zum anderen ist auffallend, dass der Behandlung anderer christlicher Konfessionen (WA10), anderer Religionen (WA11) oder der Thematik Magie, Esoterik, übersinnliche Erfahrungen (WA19) eine sehr viel geringere Bedeutung zugeschrieben wird – wohl auch unabhängig davon, ob es sich dabei bereits um ein im schulischen Religionsunterricht behandeltes Thema handelt oder nicht. Dies lässt sich so interpretieren, dass die Hauptamtlichen im Blick auf das konfessionelle Profil der Konfirmationsarbeit eine starke Gewichtung vornehmen und sich durch ihre thematische Schwerpunktsetzung von einem stärker überkonfessionellen oder interreligiösen schulischen Religionsunterricht eher abgrenzen.

Auch im Blick auf die Wichtigkeit einzelner Themen lohnt sich wieder der nähere Blick auf beide Gruppen der Mitarbeitenden, da auch hier eine möglichst hohe Übereinstimmung für die konkrete Durchführung der Konfirmationsarbeit natürlich ein wesentlicher Faktor ist (siehe Abbildung 54).

Vergleicht man die Ergebnisse zu beiden Personengruppen, so zeigt sich ein genereller Trend: Die beiden Gruppen unterscheiden sich im Blick auf die als wichtigste benannten Themen nur unwesentlich. Allerdings ist wohl dort, wo es um die Präferenz für manche lebensbezogenen Themen geht, das jüngere Alter der Freiwilligen von Bedeutung: Zu nennen sind hier insbesondere die Thematiken Freundschaft (WA16) mit 88 % im Vergleich zu 70 %, andere Religionen (WA11) mit 20 Prozentpunkten mehr und auch Drogen und Kriminalität (WA18) mit 42 % statt 33 % bei den Hauptamtlichen. Interessanterweise zeigt sich eine stärkere thematische Präferenz unter den Freiwilligen auch bei den Aspekten Taufe (WA03), die hier um 10 % höher als bei den Hauptamtlichen ausfällt, und beim Thema Heiliger Geist (WA08) mit 74 % gegenüber 67 %. Der Unterschied beim zuletzt genannten Item könnte darauf zurückzuführen sein, dass diejenigen, die sich freiwillig in der Konfirmationsarbeit engagieren, aus einem eher entschiedeneren religiösen Kontext kommen, wozu allerdings unsere Befragung nur eine zurückhaltende Aussage zulässt. Überhaupt ist an dieser Stelle darauf hinzuweisen, dass sich bei den offenen Antworten gelegentlich unter den jüngeren Freiwilligen eine solche Richtung zeigt, etwa wenn zum Fragebogen als ganzem notiert wird:

> «Die Fragen dürften noch klarer ‹gläubiger› (mehr mit christlichen Glauben zu tun haben) sein. So könnte man viel wichtigere Erkenntnisse gewinnen, z. B. soll der Konf evangelistisch sein. Wie stehen Sie zu Themen wie: Sexualität, Gottesdienstgestaltung, Mt 32, usw. Halt einfach konkreter. In diese

Abbildung 54: Wichtigkeit der Themen für die Konfirmationsarbeit aus der Sicht der Hauptamtlichen und Freiwilligen

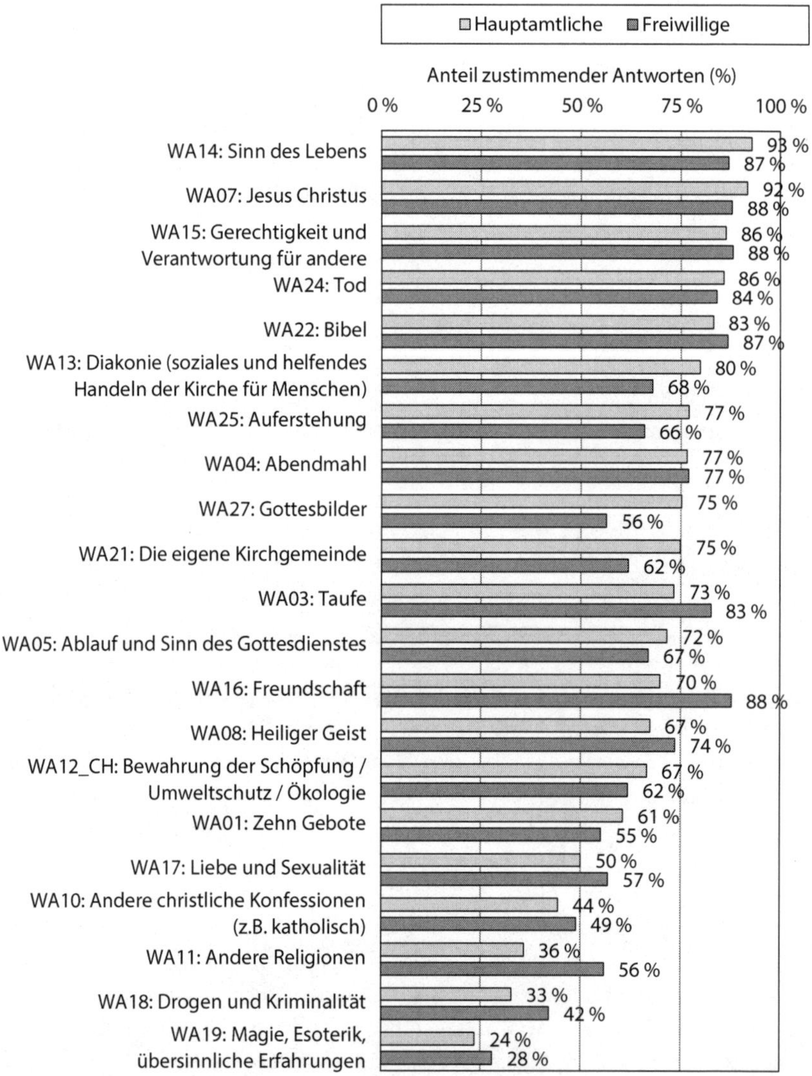

N = 627–638 Hauptamtliche; 131–136 Freiwillige. Skalen mit Wertebereich von 1 (nicht wichtig) bis 7 (sehr wichtig). Angegeben sind die Anteile der Antworten im zustimmenden Bereich (Skalenpunkte 5, 6 und 7). Lesehilfe: 93 % der Hauptamtlichen halten das Thema «Sinn des Lebens» für wichtig.

> Antworten kann man zuviel interpretieren!!! Bezieht Stellung!!!» (Jugendarbeiter, 25 Jahre, t1)

Damit sind wir beim Aspekt der persönlichen Glaubenshaltungen und religiösen Einstellungen der Mitarbeitenden angelangt. Es erschien uns für die Frage nach den Zielsetzungen und Themeninteressen wesentlich, diese Dimension nicht nur bei den Konfirmandinnen und Konfirmanden, sondern auch bei denen zu eruieren, die für die Ausgestaltung und Durchführung dieses Bildungsangebots verantwortlich zeichnen.

2.4.4 Glaube und Religiosität

Für die Frage der Religiosität wurde im Rahmen der vorliegenden Studie, wie schon betont (vgl. 2.3.4), auf den sogenannten Religionsmonitor der Bertelsmann-Stiftung zurückgegriffen. Dazu wurden die dort eingesetzten Fragen analog übernommen, um damit zum einen methodisch auf sicherem Boden zu sein, zum anderen auch eine Vergleichbarkeit zu den Ergebnissen des Religionsmonitors für die Schweiz herstellen zu können. Zudem ermöglichen die wortgleichen Fragen, die sowohl den Konfirmandinnen und Konfirmanden wie auch den Hauptamtlichen am Anfang des Konfirmationsjahres gestellt wurden, einen interessanten Vergleich zwischen beiden Gruppen. Übrigens ist hier zu erwähnen, dass für die Befragung t2 nicht mehr auf diese Fragen zurückgegriffen wurde. Vorneweg ist allerdings zu sagen, dass zu keinem anderen Thementeil der Fragebögen in den offenen Antworten der Mitarbeitenden (die dazu im Unterschied zu den Jugendlichen nur zum Zeitpunkt t1 befragt wurden) so viele kritische Rückmeldungen ergangen sind. Diese bezogen sich vor allem auf die – so die Kritik – ungeklärten Begriffe «religiös» und «spirituell», aber auch auf die Verwendung des Begriffs Gott oder Göttliches (vgl. wiederum 2.3.4). Eine Pfarrperson merkt kritisch an:

> «Die Frage zu Gott/Göttlichem und zur Spiritualität sind mir zu einengend formuliert. Spiritualität bzw. etwas Göttliches kann man nicht nur erleben, sondern ins Leben integrieren (gerade in Bezug auf Heilige Schriften und die Tradition der eigenen Religion), ohne sie mit einer ‹Wahrheitsfrage› bzw. einer ‹Zutreffensfrage› zu reflektieren.» (Pfarrer, 41 Jahre, t1)

Immer wieder wird auch dezidiert ein grundsätzlicher Unterschied zwischen Religion und Glaube markiert, zum Beispiel:

> «Religiös finde ich nicht so den tollen Ausdruck. Entweder ist man Christ oder nicht! Zwischendrin gibt es nichts finde ich. Aber ich kann euch schon verstehen, wie ihr es meint ☺» (Freiwillige, 21 Jahre, t1)

Und eine andere Freiwillige notiert:

> «Ich mag Religion nicht → Ich liebe Jesus!» (Freiwillige, 20 Jahre, t1)

Manche Mitarbeitende berichten übrigens auch, dass sich die Konfirmandinnen und Konfirmanden selbst gerade mit diesen Fragen ausgesprochen schwergetan haben. Insofern sind gerade die folgenden Ergebnisse mit erheblicher Vorsicht zu geniessen und nur sehr zurückhaltend zu interpretieren (siehe Abbildung 55).

Es kann kaum verwundern, dass der allergrösste Teil der Hauptamtlichen angibt, häufig über religiöse Fragen nachzudenken (WE15). Dies lässt darauf schliessen, dass sie sich tatsächlich intensiv mit der eigenen Religiosität auseinandersetzen. Es darf allerdings auch nicht übersehen werden, dass die Hauptamtlichen schon allein aus professionellen Gründen regelmässig mit Fragen zu Religion und Religiosität befasst sind. Insofern ist gewisse Vorsicht geboten, aus dieser Antwort sogleich automatisch eine hohe individuelle religiöse Einstellung abzuleiten. Etwas anders verhält es sich mit der Interpretation der Frage, wie stark die Hauptamtlichen daran glauben, dass es Gott oder etwas Göttliches gibt (WE16). Hier zeigt sich, dass nur ein kleiner Teil der Befragten die Existenz Gottes oder des Göttlichen negiert oder zumindest gewisse diesbezügliche Zweifel hegt – ein noch grösserer Anteil hätte angesichts der Herausforderungen der Konfirmationsarbeit mehr als erstaunt. Ebenfalls hoch ist mit 83 % der Anteil derjenigen, für die es wichtig ist, religiöse Themen von verschiedenen Seiten aus zu betrachten (WE23).

Für die anderen hier verwendeten Fragen des Religionsmonitors zeigen sich etwas geringere Werte: Es sind jeweils rund zwei Drittel der befragten Hauptamtlichen, für welche die religiösen Gebote im Alltag eine starke Rolle spielen (WE18), die erleben, dass Gott oder etwas Göttliches in ihr Leben eingreift (WE17), die sich kritisch mit religiösen Lehren auseinandersetzen, denen sie grundsätzlich zustimmen (WE21), oder die häufig beten (WE24). Auch der Anteil derer, die sich als religiös (WE19) oder als spirituell (WE20) bezeichnen, liegt mit 73 % bzw. 68 % in dieser Grössenordnung. Die beiden letztgenannten Ergebnisse sind insofern interessant, als sie sich sehr stark von den Prozentzahlen bei den befragten Konfirmandinnen und Konfirmanden unterscheiden. Ein wesentlicher Grund für diesen Unterschied dürfte darin liegen, dass zumindest für die erwachsenen Mitarbeitenden die Begriffe «religiös» und «spirituell» sozusagen unbelasteter sind und folglich auch positiver gedeutet und verstanden werden. Dass die Ergebnisse im Vergleich zwischen den Hauptamtlichen und den Freiwil-

Abbildung 55: Anteile der bestimmten religiösen Haltungen und Aktivitäten in stärkerem Masse zuneigenden Hauptamtlichen

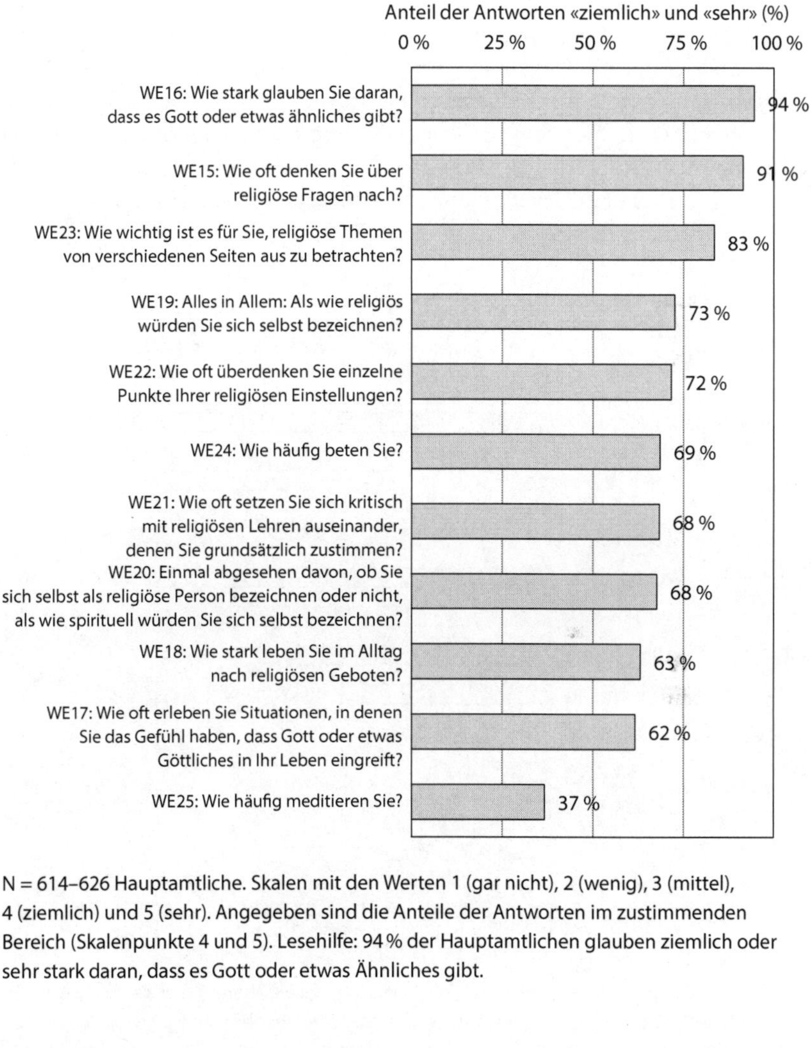

N = 614–626 Hauptamtliche. Skalen mit den Werten 1 (gar nicht), 2 (wenig), 3 (mittel), 4 (ziemlich) und 5 (sehr). Angegeben sind die Anteile der Antworten im zustimmenden Bereich (Skalenpunkte 4 und 5). Lesehilfe: 94 % der Hauptamtlichen glauben ziemlich oder sehr stark daran, dass es Gott oder etwas Ähnliches gibt.

ligen ihrerseits gewisse Unterschiede aufweisen, wird weiter unten im Vergleich aller drei Gruppen (vgl. 2.4.10) noch thematisiert werden.

Dies bedeutet im Umkehrschluss, dass man diese sehr unterschiedlichen Prozentzahlen jedenfalls nicht dahin gehend interpretieren sollte, dass die Jugendlichen grundsätzlich weniger religiös oder spirituell sind als die Erwachsenen – bei ihnen lösen vermutlich beide Begriffe lediglich ganz andere, tendenziell negative

Assoziationen aus. Deutlich wird an diesen Ergebnissen jedenfalls auch, dass eine meditative Praxis weder unter einem grösseren Teil der Hauptamtlichen noch der Jugendlichen gepflegt wird.

Die vorliegende Studie hat auch bewusst die Reihe unterschiedlicher *Gefühle* aufgenommen, die im Religionsmonitor als Antwortmöglichkeiten für den Bezug auf Gott oder etwas Göttliches angeboten wurden. Die Grundfrage lautete genau: «Wie oft erleben Sie Situationen, in denen Sie folgende Gefühle in Bezug auf Gott oder etwas Göttliches haben?» Diese Fragebatterie diente dazu, näher zu sondieren, ob die Hauptamtlichen die Gottesthematik eher mit positiven oder mit negativen Assoziationen besetzen:

Abbildung 56: Religiöse Gefühle bei den Hauptamtlichen

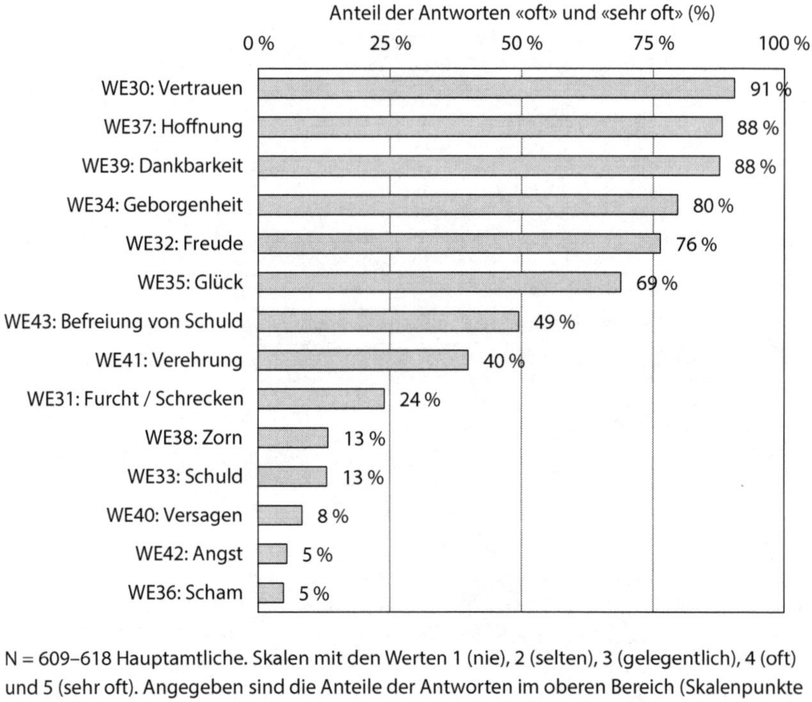

N = 609–618 Hauptamtliche. Skalen mit den Werten 1 (nie), 2 (selten), 3 (gelegentlich), 4 (oft) und 5 (sehr oft). Angegeben sind die Anteile der Antworten im oberen Bereich (Skalenpunkte 4 und 5). Lesehilfe: 91 % der Hauptamtlichen erleben oft oder sehr oft Situationen, in denen sie Vertrauen in Gott oder etwas Göttliches empfinden.

Hier zeigt sich sehr deutlich, dass Begriffe wie Schuld, Furcht/Schrecken, Scham, Zorn, Versagen oder Angst von nur einem sehr geringen Teil der Hauptamtlichen mit der Gottesthematik assoziiert werden. Demgegenüber sind Begriffe wie Vertrauen, Freude, Geborgenheit, Hoffnung und Dankbarkeit von den allermeisten Hauptamtlichen die entscheidenden Assoziationen. Von diesen Einstellungen aus ist sehr stark zu vermuten, dass in der konkreten Konfirmationsarbeit die Gottesfrage und die Thematik der Gottesbilder jedenfalls nicht in einem angstmachenden oder gleichsam dunklen Sinn zum Kommunikationsgegenstand gemacht werden. Es zeigt sich insofern sehr eindrücklich, dass jedenfalls die Zeiten einer schwarzen Pädagogik im Bereich der Konfirmationsarbeit längst überwunden sind. Offenkundig liegt den Hauptamtlichen sehr viel mehr daran, bei den Jugendlichen Gefühle im Blick auf die Gottesthematik zu befördern, die sie auch in ihrer regulären Lebenswelt und Alltagserfahrung als positiv erleben. Dass dies auf der anderen Seite natürlich auch die Frage auslöst, wie man mit tradierten Gottesbildern, etwa des Richters, des Herrschers, des zornigen oder eifersüchtigen Gottes, umgeht, ist damit natürlich in theologischer Hinsicht noch keineswegs abschliessend geklärt.

2.4.5 Methoden und Medien

Für die empirische Erhebung der gegenwärtigen Konfirmationsarbeit ist es besonders aufschlussreich, welche *Methoden und Medien* in der konkreten Arbeit zum Einsatz kommen. Denn zum einen kann dadurch erfasst werden, ob sich die Hauptamtlichen auf die aktuellen Wahrnehmungs- und Lernvoraussetzungen Jugendlicher eingestellt haben, und zum anderen, ob und inwiefern methodische Innovationen aus dem pädagogischen Bereich in die Konfirmationsarbeit einfliessen:

Für die Interpretation der hier gesammelten Ergebnisse ist vorauszuschicken, dass natürlich Items wie Diskussion (VH02), Gruppenarbeit (VH15) oder auch die Arbeit mit der Bibel (VI01) ihrerseits ein weites Spektrum von Arbeitsmöglichkeiten eröffnen bzw. bezeichnen können. Insofern erlauben die Angaben der Hauptamtlichen hier nur gewisse Grundeinschätzungen. Gleichwohl zeigt sich unter diesem Interpretationsvorbehalt ein recht klares Bild des gegenwärtigen Methoden- und Medieneinsatzes:

Abbildung 57: Einsatz von Arbeitsmethoden und Medien durch die hauptamtlichen Leitenden der Konfirmationsarbeit

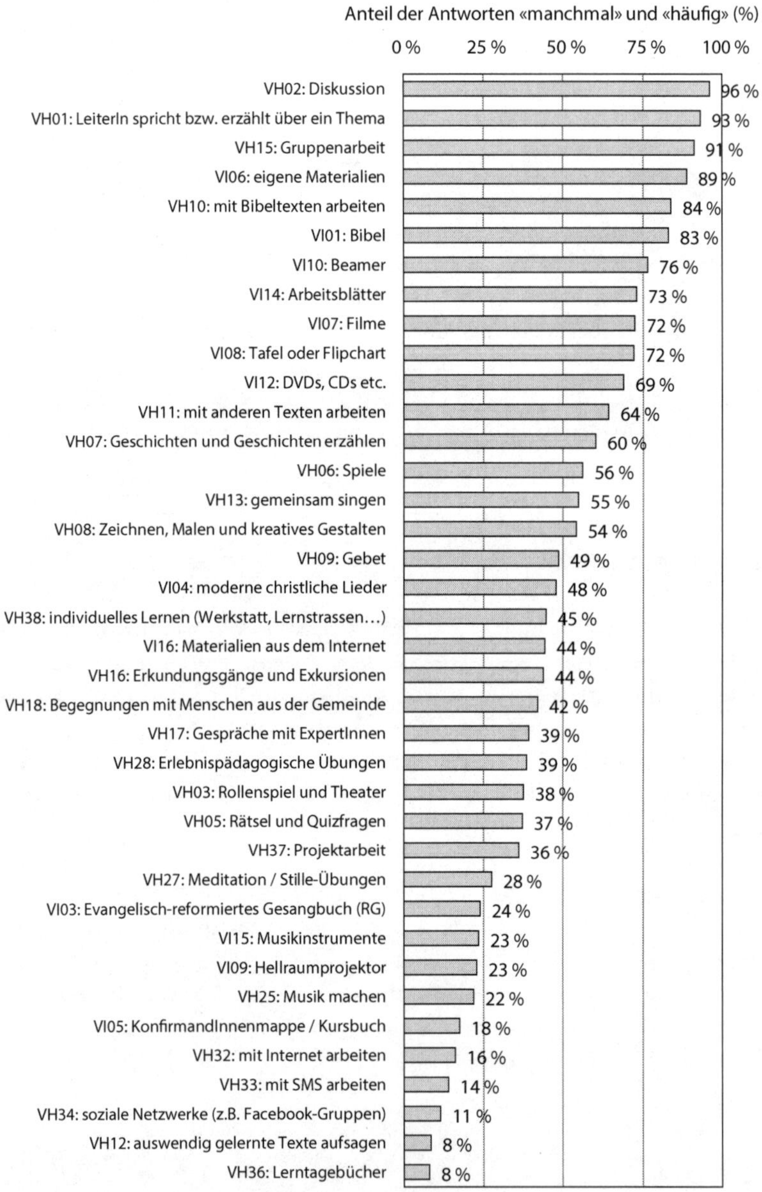

N = 326–388 Hauptamtliche. Skalen mit den Werten 1 (nie), 2 (selten), 3 (manchmal) und 4 (häufig). Angegeben sind die Anteile der Antworten im oberen Bereich (manchmal und oft). Lesehilfe: 96 % der hauptamtlichen Leiter setzten die Arbeitsmethode «Diskussion» manchmal oder oft ein.

Wie sich anschaulich zeigt, überwiegen Diskussionen, Gespräche und die Textarbeit in der Gruppe deutlich vor individuellen Lernformen (VH38) mit 45 %, Begegnungen mit Menschen aus der Gemeinde (VH18) mit 42 %, Gesprächen mit Expertinnen oder Experten (VH17) mit 39 %, Projektarbeit (VH37) mit 36 % oder Meditation/Stille-Übungen (VH 27) mit 28 %. Sehr auffallend ist insbesondere, dass, jedenfalls was den Stand des Konfirmationsjahres 2012/2013 angeht, nur 16 % der Hauptamtlichen mit dem Internet arbeiten (VH 32), nur 14 % mit SMS (VH33) und nur 11 % mit sozialen Netzwerken wie zum Beispiel Facebook-Gruppen (VH34). Der prozentuale Anteil der Arbeit mit diesen digitalen Medien dürfte sich in den vergangenen drei Jahren sicherlich erhöht haben. Gleichwohl bleibt die grundsätzliche Frage, ob die schon fast als klassisch zu bezeichnenden diskursiven Gruppenarbeitsformen, erst recht wenn sie stark auf Text- und Kreativarbeit setzen, wirklich den Jugendlichen zu entsprechen vermögen.

Um die eingesetzten Methoden etwas umfassender in den Blick zu bekommen, wurden aus thematisch eng miteinander verbundenen Items, die eher über die klassischen Formen hinausgehen, die Indizes «Aktivierend-partizipatorische Methoden» (iVH1), «Besuch von und Treffen mit Gemeindeangehörigen und Experten» (iVH2) sowie «Musizieren und Singen» (iVH3) gebildet (siehe Abbildung 58).

Wie die Grafik belegt, unterscheiden sich diese drei Methoden unter den Hauptamtlichen je nach Geschlecht, Alter und dem Umstand, ob ein Team besteht oder nicht. So fällt auf, dass die aktivierend-partizipatorischen Methoden stärker und häufiger von weiblichen als von männlichen und eher von jüngeren als von älteren Hauptamtlichen eingesetzt werden. Wenn Teams vorhanden sind, sind alle drei der hier genannten Methoden dort häufiger vertreten, als wenn nur ein Hauptamtlicher die jeweilige Gruppe leitet. Dies könnte einerseits auf vorhandene Ressourcen zurückzuführen sein, andererseits ist aber auch nicht ausgeschlossen, dass im Falle von allein unterrichtenden Personen eher die klassischen Methoden eingesetzt werden und dabei natürlich auch Begegnungen ausserhalb des üblichen Lernsettings eher selten initiiert werden. Fantasiert man einmal, welche Dynamiken des gemeinsamen Erlebens und auch des Lernens sich mit diesen drei Methoden verbinden könnten, so ist die Durchführung im Team sicherlich von grösserer Lebendigkeit, Abwechslung und auch Gemeinschaftserfahrung geprägt, als wenn kein Team vorhanden ist.

Abbildung 58: Der Zusammenhang zwischen verschiedenen Merkmalen der hauptamtlichen Leitenden und Indizes bezüglich der von ihnen eingesetzten Arbeitsmethoden

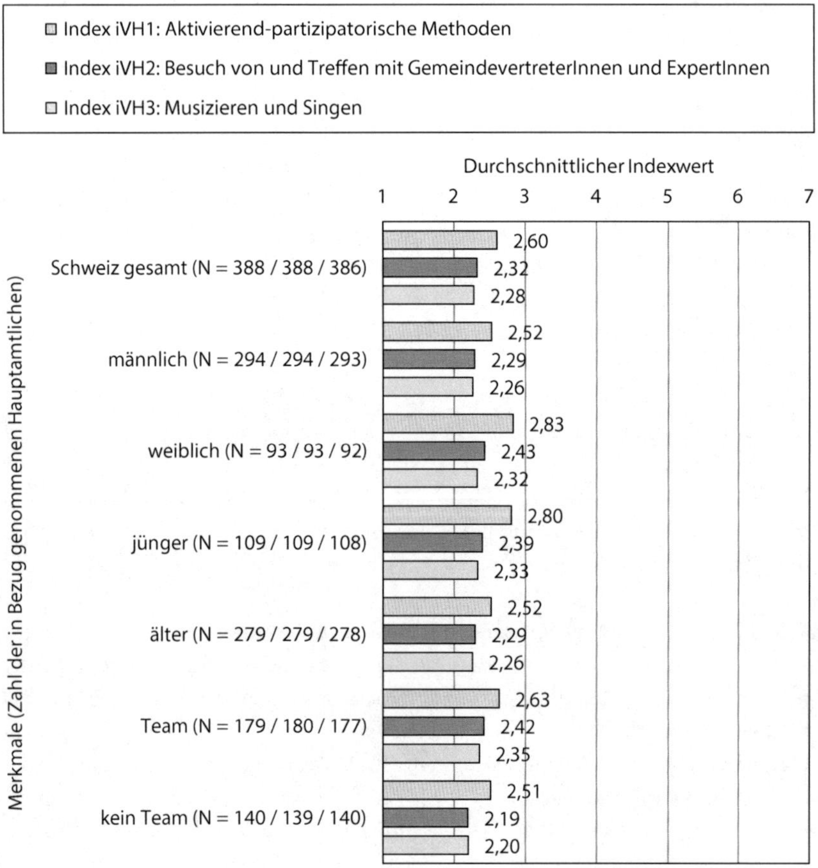

Wertbereich der Indizes: 1–7. Der Altersdurchschnitt bei den Befragten beträgt 43,45 Jahre. Unterdurchschnittlich alte Personen sind als «jünger» eingeordnet, überdurchschnittlich alte Personen als «älter». Als Kriterium für das Vorhandensein oder Nichtvorhandensein eines Teams wurde die Variable WE12 («Gibt es bei Ihnen ein Mitarbeitendenteam?») verwendet.

Interessanterweise finden sich in den offenen Antworten auf die Frage, was die Konfirmationsarbeit noch benötigen würde, zahlreiche Hinweise auf eine musikalische Unterstützung, sei es durch Kirchenmusiker, musikalisch geschulte Mitarbeitende oder schlichtweg durch Bands: Ein Mitwirkender wünscht sich

> «modernere Gottesdienstformen mit aktueller-populärer Musik unter Einbezug von begabten Jugendarbeitern und vor allem zusammen mit den jungen Leuten» (Diakon, Gemeindepädagoge, Jugendarbeiter, 48 Jahre, t2),

ein Pfarrer einfach einen

> «kompetenten musikalischen Mitarbeiter/Mitarbeiterin» (Pfarrer, 63 Jahre, t2).

Hier zeigt sich das Interesse der Verantwortlichen an musikalischer Arbeit, aber eben auch, dass sie häufig nicht über die notwendige Kompetenz verfügen, diese selbst durchzuführen (siehe Abbildung 59).

Vergleicht man alle eingesetzten Methoden im Blick auf weibliche und männliche Hauptamtliche, so entsteht ein durchaus frappierender Eindruck: Bei praktisch allen klassischen Methoden, so beim thematischen Sprechen oder Erzählen (VH01; VH07), der Textarbeit mit der Bibel (VH10; VI01) und auch bei den eher klassischen Medieneinsätzen wie Konfirmandenmappe/Kursbuch (VI05), Tafel oder Flipchart (VI08), Filmen (VI07), Hellraumprojektor (VI09) oder Arbeitsblättern (VI14), zeigt sich eine stärkere Präferenz bei den männlichen Hauptamtlichen.

Demgegenüber bevorzugen – allerdings nicht viel stärker – die weiblichen Hauptamtlichen Diskussion (VH02), Rollenspiel und Theater (VH03) und überhaupt Spiele (VH05; VH06). Alle Formen der kreativen Annäherung und Expression – bis hin zu Meditations- und Stilleübungen (VH27) sowie erlebnispädagogische Übungen (VH28) – werden um einen sehr viel höheren Prozentsatz von den weiblichen Hauptamtlichen präferiert: Mit am stärksten ist der Unterschied im Blick auf das Zeichnen, Malen und kreative Gestalten (VH08) mit 69 % zu 49 % und das individuelle Lernen anhand von Lernwerkstatt oder Lernstrassen (VH38) mit 62 % zu 40 %. Auch der Einsatz digitaler Medien findet interessanterweise bei den weiblichen Hauptamtlichen grösseren Anklang als bei ihren männlichen Kollegen – dies kann auch der bei den Männern stärker verbreitete Einsatz von Filmen (VI07), Beamer (VI10) und DVDs bzw. CDs (VI12) nicht retten.

Abbildung 59: Einsatz von Methoden und Medien differenziert nach Geschlecht der hauptamtlichen Leiterinnen und Leiter

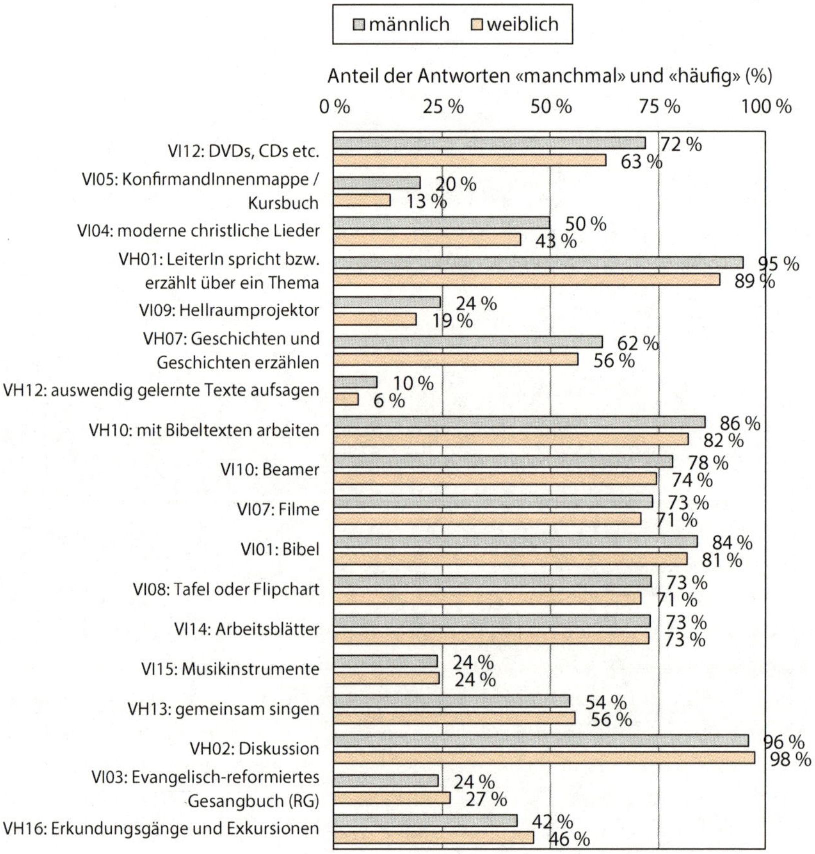

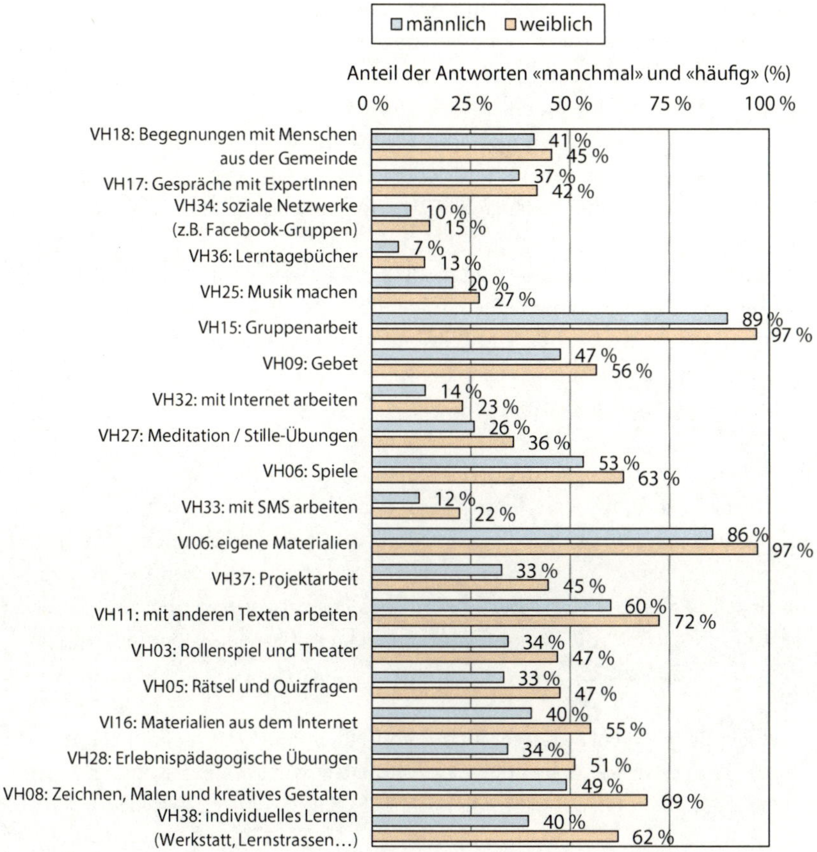

N = 251–295 männliche hauptamtliche Leiter; 75–93 hauptamtliche Leiterinnen.
Skalen mit den Werten 1 (nie), 2 (selten), 3 (manchmal) und 4 (oft). Angegeben sind die Anteile der Antworten im oberen Bereich (manchmal und oft). Lesehilfe: 95 % der männlichen hauptamtlichen Leiter setzen die Arbeitsmethode «Leiter/in spricht bzw. erzählt über ein Thema» manchmal oder oft ein; bei den hauptamtlichen Leiterinnen liegt der entsprechende Wert 6 % darunter.

2.4.6 Gottesdienste

Wie schon die früheren Studien zu Konfirmationsarbeit ergeben haben, stellt eine attraktive Gottesdienstpraxis eine besondere Herausforderung für die Mitarbeitenden und natürlich auch für die Jugendlichen selbst dar (Meyer 2012; Stemm/Meyer 2010). Von den Antworten der Konfirmandinnen und Konfirmanden her wissen wir, dass sie diese Gottesdienste oft für langweilig halten und auch nur in geringem Mass dazu bereit sind, an deren Gestaltung und Durchführung aktiv mitzuwirken – jedenfalls so lange, wie sie selbst diese Angebote als nicht oder nur wenig jugendgemäss empfinden (vgl. 2.3.6).

In der folgenden Grafik werden die Ergebnisse sowohl für die hauptamtlichen wie die freiwilligen Mitarbeitenden aufgeführt. Damit sollen zum einen die Zielsetzungen der Mitarbeitenden im Blick auf den Gottesdienst deutlich, zum anderen auch die Unterschiede zwischen beiden Gruppen hinsichtlich dieser Thematik transparent werden (siehe Abbildung 60).

Betrachtet man die Ergebnisse der Hauptamtlichen näher, so ist unverkennbar, dass versucht wird, mit dem Gottesdienstangebot während der Konfirmationszeit auf die Interessen, Bedürfnisse und Möglichkeiten der Jugendlichen so gut wie möglich einzugehen. Der überwiegende Teil der Hauptamtlichen ist bestrebt, bei den Jugendlichen positives gottesdienstliches Erleben zu bewirken und sie selbst aktiv zu integrieren. Allerdings scheitert manche Initiative – insbesondere jugendgemässe Gottesdienste – schlicht an den Verhältnissen, wenn etwa notiert wird:

> «Jugendgottesdienste wären auch schön, aber mit 3–10 Jugendlichen macht das keinem wirklich Freude. Daher arbeiten wir an einer Kooperation mit einer grösseren Gemeinde in der Nachbarschaft.» (Pfarrer, 38 Jahre, t2)

Dies korrespondiert mit der so schlichten wie klaren Forderung eines Kollegen:

> «Jugendgerechte Gottesdienste in der Nähe.» (Pfarrer, 51 Jahre, t2)

Und eine Kollegin sieht ebenfalls im Blick auf die Form der Gottesdienste für die Konfirmandinnen und Konfirmanden Handlungsbedarf:

> «Familiengottesdienste im Konfialter ausbauen; weniger Erwachsenengottesdienste besuchen in Konfizeit.» (Pfarrerin, 58 Jahre, t2)

Man gewinnt jedenfalls an keiner Stelle den Eindruck, als ob die Hauptamtlichen selbst beim Gottesdienst hier an eine lästige Pflicht für die Konfirmandinnen und Konfirmanden denken. Die im europäischen Vergleich übrigens deutlich gerin-

Abbildung 60: Ziele der Hauptamtlichen und Freiwilligen für die Gottesdienste im Vergleich

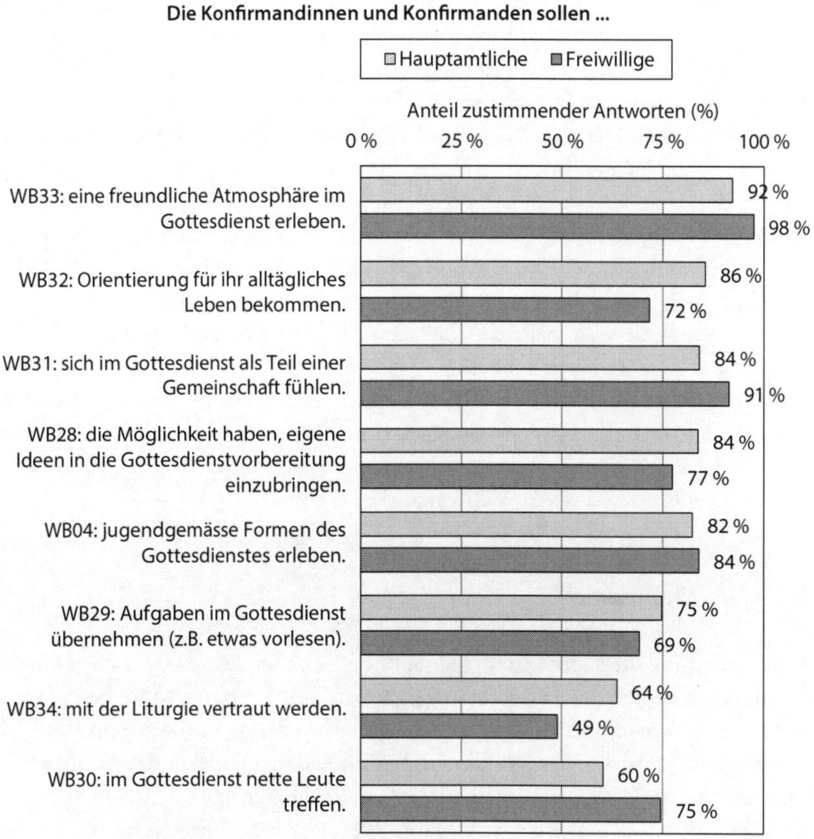

N = 629–636 Hauptamtliche; 127–135 Freiwillige. Skalen mit Wertebereich von 1 (nicht wichtig) bis 7 (sehr wichtig). Angegeben sind die Anteile der Antworten im zustimmenden Bereich (Skalenpunkte 5, 6 und 7). Lesehilfe: 92 % der Hauptamtlichen sind der Auffassung, dass die KonfirmandInnen eine freundliche Atmosphäre im Gottesdienst erleben sollen.

gere Anzahl von Pflichtbesuchen des Gottesdienstes (vgl. 5.2) während der Konfirmationszeit kann diesen Eindruck noch unterstützen: Die Hauptamtlichen scheinen jedenfalls im reformierten Kontext der Überzeugung zu sein, dass ein zu starker Pflichtcharakter des Besuches vieler Gottesdienste möglicherweise die Zielsetzungen gerade in sein Gegenteil verkehrt.

Wenn die Freiwilligen die Frage der freundlichen Atmosphäre im Gottesdienst (WB33), das Gemeinschaftsgefühl im Gottesdienst (WB31), jugendgemässe Formen des Gottesdienstes (WB04) oder auch das Treffen netter Leute im Gottesdienst (WB30) sogar stärker betonen als die Hauptamtlichen, so zeigen sie hier eine ebenfalls erhebliche, vielleicht sogar noch grössere Sensibilität speziell für die Frage der Attraktivität des Gottesdienstes und seine Herausforderungen. Dem widerspricht auch nicht, dass die Freiwilligen es im Vergleich zu den Hauptamtlichen weniger wichtig finden, dass die Konfirmandinnen und Konfirmanden eigene Ideen in die Gottesdienstvorbereitung einbringen (WB 28), Aufgaben im Gottesdienst übernehmen (WB 29) oder mit der Liturgie vertraut werden (WB 34). Man könnte dieses Ergebnis so lesen, dass die Freiwilligen hier selbst eine gewisse Scheu davor haben, Jugendliche zu stark in die Durchführung der Gottesdienste zu integrieren – vielleicht, weil sie sich um der besonderen Herausforderungen und Schwierigkeiten dieser Aufgabe im Einzelnen sehr wohl bewusst sind. Man geht jedenfalls im Blick auf diese vergleichenden Ergebnisse wohl kaum zu weit, wenn man sagt, dass die Freiwilligen sozusagen auch Seismografen und Indikatoren dafür sein können, wie Konfirmandinnen und Konfirmanden selbst Gottesdienste erleben und was sie sich von diesen erhoffen.

2.4.7 Werthaltungen

Ein Schwerpunkt der schweizerischen Studie gegenüber dem europäischen Fragebogendesign liegt in der Aufmerksamkeit auf die Frage der Werthaltungen sowohl bei den Konfirmandinnen und Konfirmanden wie bei den Mitarbeitenden. Mit den folgenden Ergebnissen soll über die unmittelbaren Aspekte der Konfirmationsarbeit hinaus ein Schlaglicht auf diese ethische Dimension und damit auch auf die Werthaltungspotenziale der Akteurinnen und Akteure geworfen werden. Es geht also um die Frage, welche Haltungen von gesellschaftspolitischer Relevanz – und auch im Blick auf die kirchliche Praxis – sich auf dieser Ebene der Konfirmationsarbeit und damit indirekt auch in einem Teil der schweizerischen Bevölkerung abbilden. Angesichts der gegenwärtig geführten öffentlichen Diskussionen zu einer helvetischen politischen Integrations- und Anerkennungskultur (bzw. über die entsprechenden Ab- und Ausgrenzungsdynamiken) sind diese Aspekte von besonderem Interesse:

Abbildung 61: Zustimmung der Hauptamtlichen und Freiwilligen zu gesellschaftlichen Aussagen

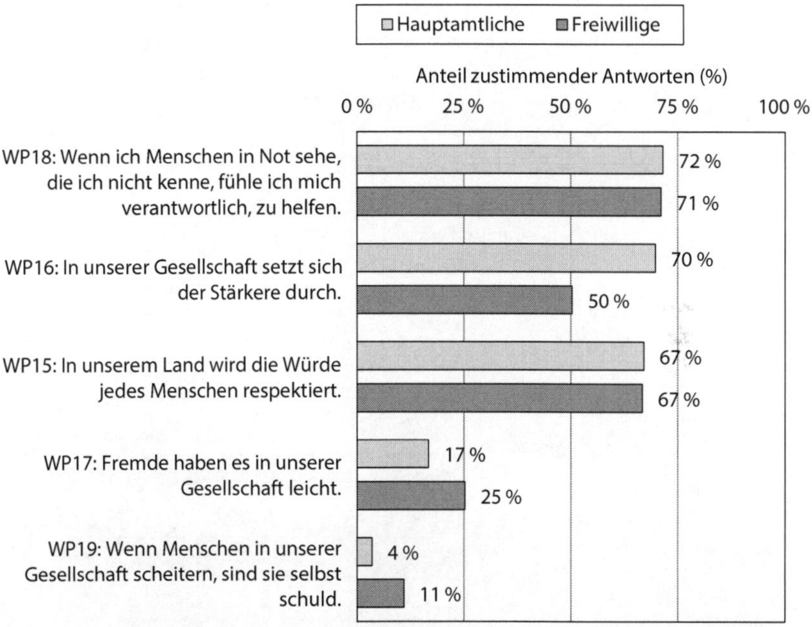

N = 627–628 Hauptamtliche; 133–136 Freiwillige. Skalen mit Wertebereich von 1 (trifft gar nicht zu) bis 7 (trifft voll zu). Angegeben sind die Anteile der Antworten im zustimmenden Bereich (Skalenpunkte 5, 6 und 7). Lesehilfe: 67 % der Hauptamtlichen können die Aussage, dass hierzulande die Würde jedes Menschen respektiert wird, unterschreiben.

Im Zusammenhang dieser ethischen Dimension sind insbesondere zwei Ergebnisse interessant: Rund zwei Drittel der Mitarbeitenden sind davon überzeugt, dass in der Schweiz die Würde jedes Menschen respektiert wird (WP15). Ob dieses Ergebnis als erfreulich oder weniger erfreulich zu lesen ist, ist abhängig vom Befund, dass lediglich 17 % der Hauptamtlichen und nur 25 % der Freiwilligen der Überzeugung sind, dass es Fremde in der schweizerischen Gesellschaft leicht haben. Ob diese beiden Resultate als eine Kritik an den gegenwärtigen Verhältnissen oder eine realistische Einschätzung der faktischen Gegebenheiten widerspiegeln, kann von dieser Datengrundlage aus nicht beantwortet werden. Allerdings geht man wohl kaum zu weit, wenn man hinter diesen Daten die deutliche gesellschaftspolitische Problemlage des Umgangs mit dem Fremden in der Schweiz identifiziert. Interessanterweise fallen die Ergebnisse hier für den frankofonen Teil der Schweiz sehr anders aus: Der Aussage, dass es Fremde in unserer

Gesellschaft leicht haben, stimmen hier jeweils 32 % der Hauptamtlichen und der Freiwilligen zu, in den deutschsprachigen Regionen nur 13 % der Hauptamtlichen und 21 % der Freiwilligen. Dies entspricht auch den generellen politischen Einstellungs- und Abstimmungsverhältnissen im deutschsprachigen und französischsprachigen Teil der Schweiz. Neben diesen allgemeinen Einstellungen ist interessant, wie der Zusammenhang von christlichem Glauben und ethischen Werthaltungen bestimmt wird:

Abbildung 62: Zustimmung der Hauptamtlichen und Freiwilligen zu Aussagen aus dem Bereich christlicher/religiöser Ethik

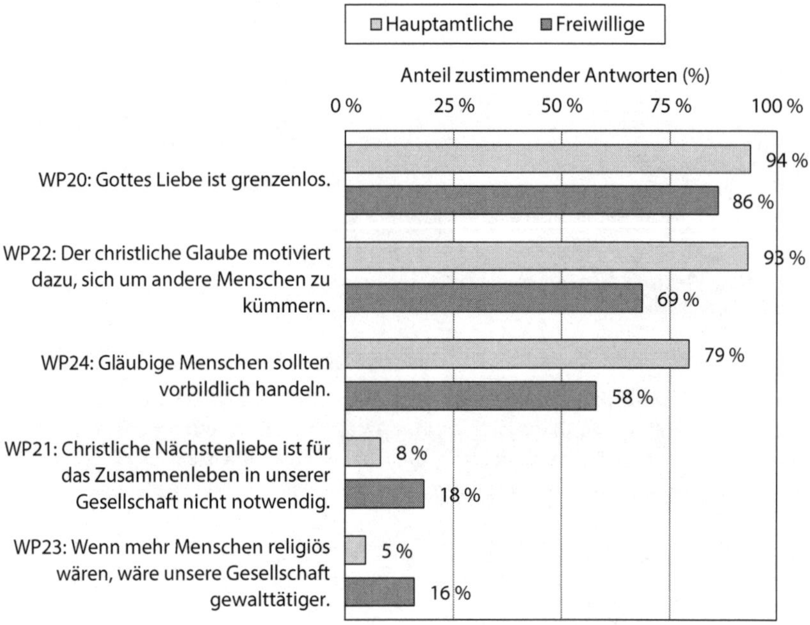

N = 614–627 Hauptamtliche; 132–134 Freiwillige. Skalen mit Wertebereich von 1 (trifft gar nicht zu) bis 7 (trifft voll zu). Angegeben sind die Anteile der Antworten im zustimmenden Bereich (Skalenpunkte 5, 6 und 7). Lesehilfe: 94 % der Hauptamtlichen stimmen der Aussage zu, dass Gottes Liebe grenzenlos sei.

Hier zeigt sich für die Gruppe der Mitarbeitenden eine hohe Sensibilität für den Zusammenhang von christlichem Glauben bzw. christlicher Nächstenliebe und dem helfenden Handeln in gesellschaftlichen Zusammenhängen. So bejahen 93 % der Hauptamtlichen, dass der christliche Glaube dazu motiviert, sich um andere Menschen zu kümmern (WP22). Für 79 % gilt, dass gläubige Menschen vorbildlich handeln sollten (WP24). Beide Werte fallen bei den Freiwilligen um einiges niedriger aus, was darauf schliessen lässt, dass hier die Relevanz christlicher Begründungen für ein mitmenschliches Zusammenleben geringer eingeschätzt wird. Dies zeigt sich umgekehrt auch an der Beantwortung der Frage, ob christliche Nächstenliebe für das Zusammenleben in unserer Gesellschaft notwendig ist (WP21): Dass dies nicht so sei, sagen nur 8 % der hauptamtlichen, hingegen 18 % der freiwilligen Mitarbeitenden. Nichtsdestotrotz gilt es hier festzuhalten, dass die Zustimmungsquote zum Zusammenhang von ethischen Werthaltungen und christlichen Begründungen unter den Mitarbeitenden insgesamt hoch ausfällt.

Im Anschluss an diese Items wurde im Fragebogen der Zusammenhang zur ethischen Verantwortung der Kirche hergestellt, indem nach der Notwendigkeit konkreter kirchlicher Praxis angesichts bestimmter gesellschaftlicher Probleme gefragt wurde:

Abbildung 63: Zustimmung der Hauptamtlichen und Freiwilligen zu Aussagen zur ethischen Verantwortung der Kirche

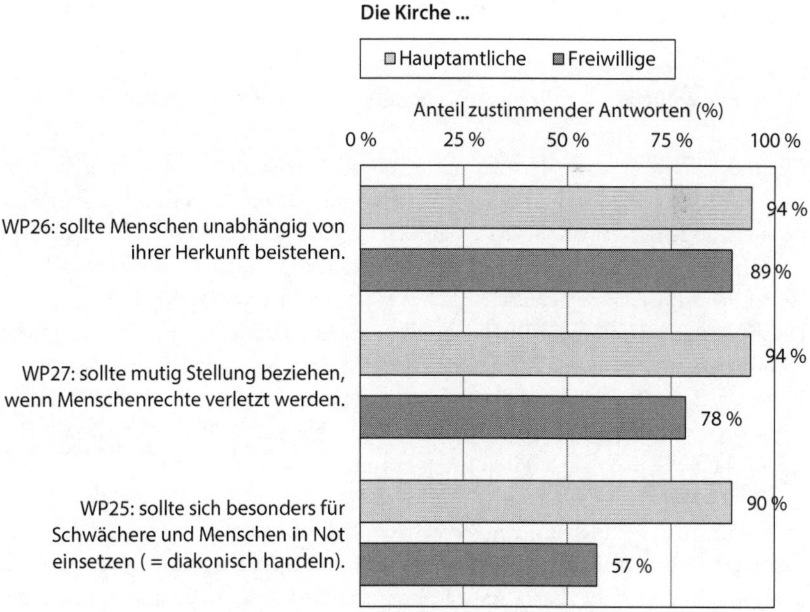

N = 625–626 Hauptamtliche; 134–136 Freiwillige. Skalen mit Wertebereich von 1 (trifft gar nicht zu) bis 7 (trifft voll zu). Angegeben sind die Anteile der Antworten im zustimmenden Bereich (Skalenpunkte 5, 6 und 7). Lesehilfe: 90 % der Hauptamtlichen stimmen in t1 der Aussage zu, dass die Kirche sich besonders für Schwächere und Menschen in Not einsetzen bzw. diakonisch handeln sollte.

Es ist auffallend, dass die Kirche für immerhin 90 % der Hauptamtlichen einen klaren gesellschaftlichen Auftrag hat, Menschen in konkreten Notlagen zu helfen bzw. ihnen beizustehen. Aber auch bei den Freiwilligen fällt dieser Wert hoch aus, wenngleich der Unterschied zwischen den beiden Gruppen hinsichtlich des diakonischen Handelns (WP25) doch stark ist. Diese Ergebnisse können dahin gehend interpretiert werden, dass der Kirche hier nicht nur hohe Verantwortung zugemessen wird, sondern dass sie auch etwa durch ein Schweigen bei Menschenrechtsverletzungen oder durch eine nur parteiliche Solidarität ihrem Grundauftrag nicht gerecht würde. Man kann diese Ergebnisse folglich durchaus so interpretieren, dass die Hauptamtlichen Kirche stark auch von ihrem gesellschaftspolitischen Auftrag her verstehen und es nicht für denkbar halten, dass diese sich aus aktuellen Debatten und konkretem Engagement heraushalten sollte. Es wäre zwar wohl verfehlt, von einer Politisierung der Mitarbeitenden zu sprechen, aber deren hohe politische Sensibilität ist gleichwohl unverkennbar. Und angesichts dieser Ergebnisse darf wohl davon ausgegangen oder zumindest erhofft werden, dass die Mitarbeitenden ihre Konfirmationsarbeit auch in eben jener Perspektive ausrichten.

2.4.8 Freiwilliges kirchliches und gesellschaftliches Engagement

Einen der Schwerpunkte der gesamtschweizerischen Studie wie auch der Zweiten Europäischen Studie stellt, wie bereits in der Einleitung erwähnt, die Thematik des freiwilligen Engagements dar. Denn tatsächlich stellt sich ja die Frage, ob und in welcher Weise dieses kirchliche Bildungsangebot auch nachhaltige positive Wirkungen für ein zivilgesellschaftliches Handeln in einem weiteren Sinn haben kann (Pettersson/Simojoki 2010; Porkka u. a. 2015). Neben der Befragung der Konfirmandinnen und Konfirmanden, was sie dazu bewegen könnte, sich in der Kirche, z. B. im Bereich kirchlicher Jugendarbeit, zu engagieren, wurden auch die Freiwilligen auf diesen Aspekt hin befragt. Dabei wurde bewusst sowohl nach kirchlichen wie nach ausserkirchlichen Formen freiwilliger Mitarbeit gefragt, um so beide möglichen Felder individuellen Engagements in den Blick zu bekommen. Für die folgenden Ergebnisse ist allerdings anzumerken, dass die Zahl der Befragten hier vergleichsweise gering ist. Insofern sind die einzelnen Ergebnisse zu den Gründen, Erfahrungen und Selbsteinschätzungen nicht als repräsentativ anzusehen. Gleichwohl spiegeln sie eindrücklich gewisse Tendenzen wider, die auch für eine zukünftige Gewinnung von Freiwilligen unbedingt mit in den Blick zu nehmen sind. Dies zeigt sich schon in Bezug auf die Gründe für eine solche freiwillige Mitarbeit:

Abbildung 64: Gründe für die freiwillige Mitarbeit in der Konfirmationsarbeit

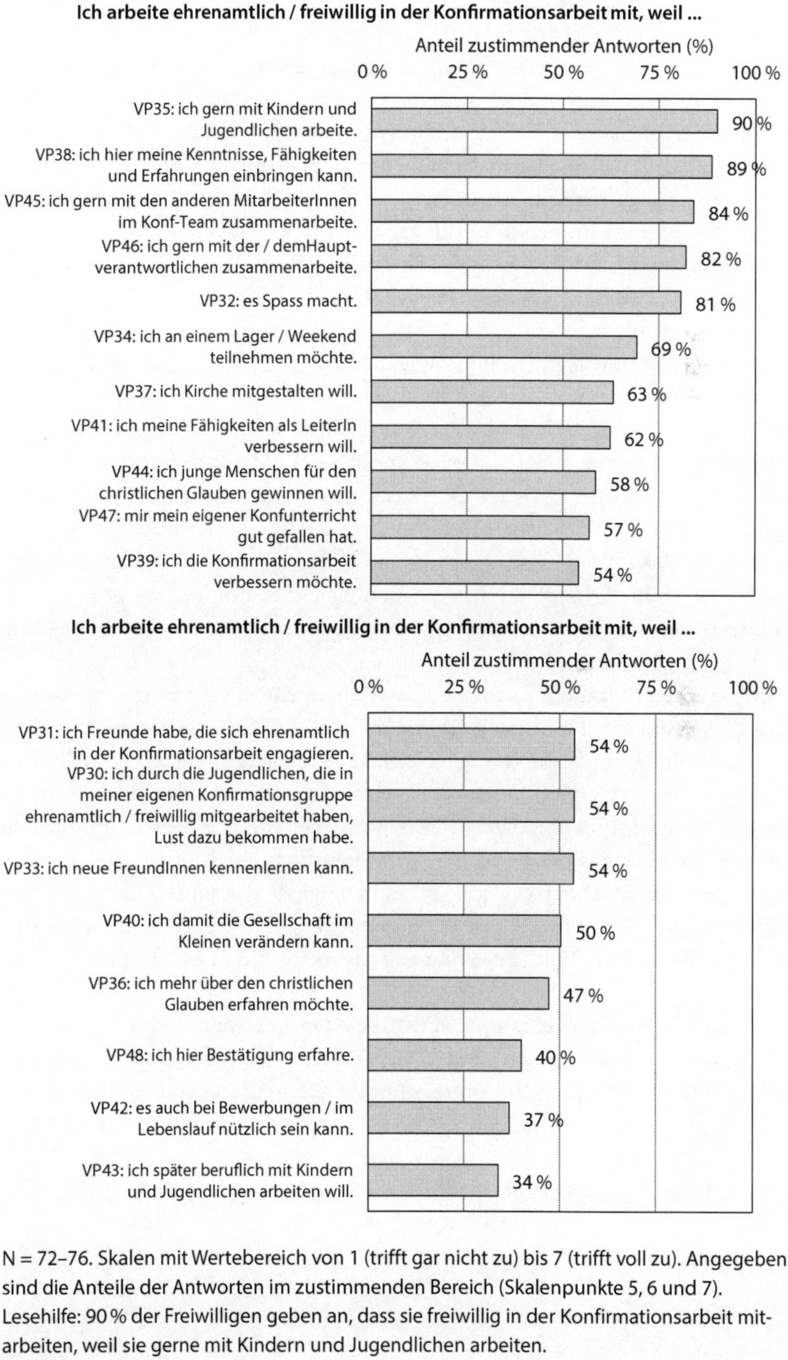

N = 72–76. Skalen mit Wertebereich von 1 (trifft gar nicht zu) bis 7 (trifft voll zu). Angegeben sind die Anteile der Antworten im zustimmenden Bereich (Skalenpunkte 5, 6 und 7). Lesehilfe: 90 % der Freiwilligen geben an, dass sie freiwillig in der Konfirmationsarbeit mitarbeiten, weil sie gerne mit Kindern und Jugendlichen arbeiten.

Erst einmal fällt auf, dass die allermeisten Antwortoptionen von den Freiwilligen ausgesprochen positiv und hoch bewertet werden. Daraus kann gefolgert werden, dass zum Ersten die Gründe für ein freiwilliges Engagement vielfältig sind, zum Zweiten vermutlich ein ganzes Bündel unterschiedlichster Motive zur Mitarbeit vorliegt und zum Dritten überhaupt von einer hohen Motivation der Mitarbeitenden ausgegangen werden kann. Schaut man die einzelnen Prozentzahlen genauer an, so lässt sich sagen, dass ein bestimmtes Motivbündel deutlich herausragt: Hierbei handelt es sich um Gründe, die einerseits stark mit der eigenen Person und den eigenen Interessen zu tun haben, so z. B. weil «ich hier meine Kenntnisse, Fähigkeiten und Erfahrungen einbringen kann» (VP38) und «es Spass macht» (VP32). Andererseits werden sehr stark solche Gründe ins Feld geführt, die schlichtweg mit der Freude an der Zusammenarbeit mit anderen zu tun haben, hier insbesondere mit Kindern und Jugendlichen (VP35), aber auch mit anderen Mitarbeitenden im Konf-Team (VP45) oder mit den Hauptverantwortlichen (VP46). Auffallend ist, dass Motive, die sich direkt auf die eigenen Erfahrungen in der Konfirmationszeit, auf Glaubensaspekte oder die Kirche beziehen, demgegenüber etwas niedriger ausfallen: Dass man «mehr über den christlichen Glauben erfahren möchte» (VP36) oder junge Menschen «für den christlichen Glauben gewinnen» will (VP44), ist nur für rund die Hälfte der Freiwilligen ein wesentliches Motiv für ihre Mitarbeit. Nicht zu übersehen ist allerdings auch, dass immerhin knapp zwei Drittel der Freiwilligen ihr Engagement auch in der Perspektive, Kirche mitzugestalten (VP 37), wahrnehmen.

Interessant ist, dass das in anderen Zusammenhängen immer wieder betonte Freiwilligkeitsmotiv, Bestätigung zu erfahren (VP48), mindestens bei den hier Befragten mit 40 % Zustimmung vergleichsweise niedrig ausfällt. Und offenkundig ist nur für etwa ein Drittel der Freiwilligen für ihre Mitwirkung bedeutsam, dass sich dies für eine spätere Bewerbung bzw. ihren Lebenslauf als nützlich erweisen kann (VP42) oder weil sie «später beruflich mit Kindern und Jugendlichen arbeiten» möchten (VP43). Es kann folglich von einer hohen intrinsischen Motivation der Freiwilligen gesprochen werden, der gegenüber bestimmte berufsqualifikatorische oder bewerbungsstrategische Momente deutlich zurücktreten.

Um die konkrete Beteiligung der Freiwilligen noch etwas genauer in den Blick zu bekommen, wurde danach gefragt, an welchen Aktivitäten bzw. in welchem Umfang sie bei dem aktuellen Konfirmationsjahrgang teilgenommen haben:

Abbildung 65: Rolle der Freiwilligen während der Konfirmationszeit des Konfirmandinnen- und Konfirmandenjahrgangs

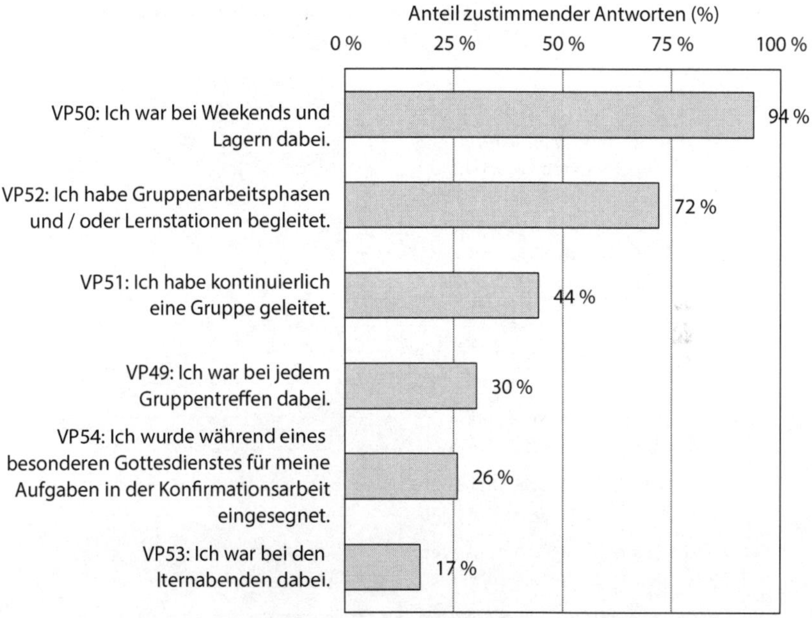

N = 68–71. Lesehilfe: 94 % der Freiwilligen waren bei Weekends und Lagern dabei.

Hier zeigt sich recht deutlich, dass die Freiwilligen nicht durchgehend am gesamten Angebot teilgenommen haben. Eine deutliche Schwerpunktsetzung liegt auf ihrer Teilnahme an Weekends und Lagern (VP50) und der Begleitung einzelner Lern- und Arbeitsphasen (VP52). Ein starkes Teamsignal wird darin erkennbar, dass immerhin 44 % der Freiwilligen angeben, «kontinuierlich eine Gruppe geleitet» zu haben (VP51). Im Blick auf die Wertschätzung der freiwilligen Mitarbeitenden verweist der Aspekt, für die Aufgaben in der Konfirmationsarbeit eingesegnet worden zu sein (VP54), darauf, dass offensichtlich nur für ein Viertel aller Freiwilligen ein besonderer ritueller bzw. gottesdienstlicher Akt und damit eine öffentlich sichtbare Anerkennung ihrer Tätigkeit stattgefunden hat.

Versucht man, genaueren Einblick in die tatsächlichen Wirkungen der freiwilligen Mitarbeit zu gewinnen, so lässt sich dies anhand der folgenden Grafik recht genau in Augenschein nehmen:

Abbildung 66: Erfahrungen der Freiwilligen während der Konfirmationszeit des aktuellen Konfirmandinnen- und Konfirmandenjahrgangs

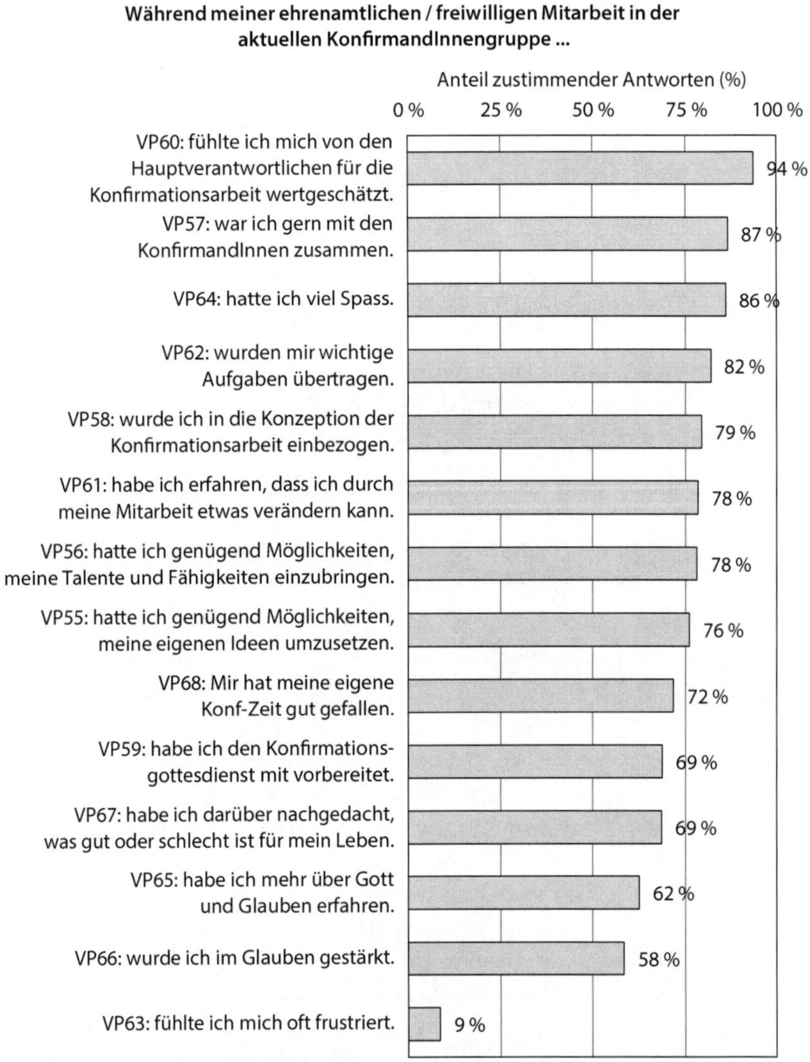

N = 73–78. Skalen mit Wertebereich von 1 (trifft gar nicht zu) bis 7 (trifft voll zu). Angegeben sind die Anteile der Antworten im zustimmenden Bereich (Skalenpunkte 5, 6 und 7). Lesehilfe: 94 % der Freiwilligen fühlten sich für die Konfirmationsarbeit von den Hauptverantwortlichen wertgeschätzt.

Ohne an dieser Stelle auf die einzelnen Antworten und Prozentzahlen näher einzugehen, ist doch auf die eindrückliche Tatsache hinzuweisen, dass die Befragten ihre Partizipation offenkundig in höchst positiver Weise erlebt haben: Hinsichtlich Wertschätzung, echter Integration in Planung, Durchführung und Aufgabenübertragung zeigt sich bei rund 80 % eine sehr positive Wahrnehmung. Auch in Hinsicht auf Glaubensfragen und das Nachdenken über das eigene Leben ist die freiwillige Mitarbeit ohne Frage von inspirierender Bedeutung. Eine geradezu zivilgesellschaftliche Wirkung mag man dort annehmen, wo die Freiwilligen zu immerhin 78 % positiv auf ihre Erfahrung verweisen, «dass ich durch meine Mitarbeit etwas verändern kann» (VP61). Gerade an den Ergebnissen zu dieser Fragestellung wird deutlich, dass die Motivation zur freiwilligen Mitarbeit in ihren möglichen positiven Wirkungen kaum zu überschätzen ist und offensichtlich die Hauptamtlichen sehr erfolgreich darin sind, dieses Engagement nach Kräften miteinzubeziehen, zu entwickeln und wertzuschätzen.

Die positiven Wirkungen zeigen sich zudem auch dort, wo die Freiwilligen danach gefragt wurden, welche Eigenschaften und Fähigkeiten sie aus ihrer Sicht durch diese Mitarbeit entwickelt haben. Natürlich sind hier die Ergebnisse höchst subjektiv, zugleich wird dadurch gleichwohl ein interessanter Mosaikstein der gesamten freiwilligen Mitwirkung an der Konfirmationsarbeit deutlich (siehe Abbildung 67).

Auch hier zeigt sich durchweg ein erheblicher Zuwachs an positiven Fähigkeiten, sowohl hinsichtlich der Kontaktaufnahme und Kommunikation mit den anderen AkteurInnen wie auch im Blick auf die persönlichen Kompetenzen, mit den pädagogischen und theologischen Herausforderungen der Konfirmationszeit umgehen zu können. Besonders eindrücklich und ebenfalls in seinen Wirkungen kaum zu überschätzen ist die Tatsache, dass für 87 % der Befragten die «Toleranz gegenüber anderen Meinungen» (VP81) entscheidend weiterentwickelt wurde. Zudem zeigt sich an diesen Antworten, dass die Beteiligung auch dazu geführt hat, sich bei Glaubensthemen und in Glaubensfragen kommunikative Kompetenz anzueignen.

Abbildung 67: Weiterentwicklung der Eigenschaften der Freiwilligen

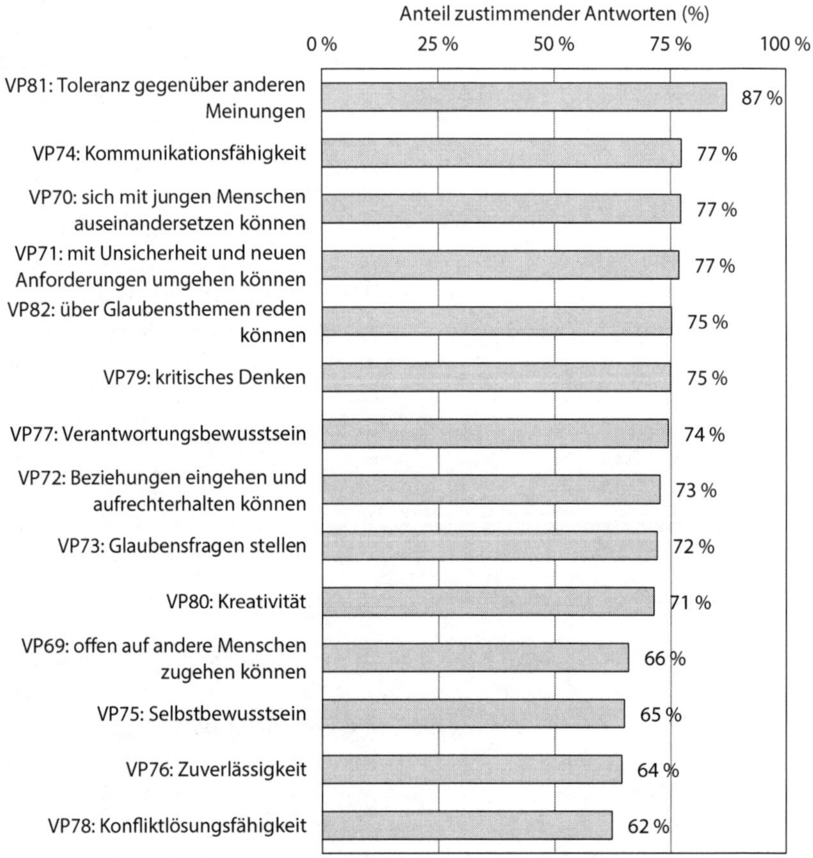

N = 75–77. Skalen mit Wertebereich von 1 (gar nicht) bis 7 (sehr stark). Angegeben sind die Anteile der Antworten im zustimmenden Bereich (Skalenpunkte 5, 6 und 7).
Lesehilfe: 87 % der Freiwilligen geben an, dass ihre Fähigkeit zur Toleranz gegenüber anderen Meinungen weiterentwickelt wurde.

2.4.9 Erfahrungen, Wirkungen und Zufriedenheit

Anschliessend an die bisherigen Ergebnisse aus der Umfrage t1, gilt es, nach den konkreten Erfahrungen, Wirkungen und der Zufriedenheit der Mitarbeitenden zu fragen. Dies bringt die Ergebnisse von t2 mit ins Spiel: Wie schon zu Beginn ausgeführt, hat die empirische Untersuchung der Konfirmationsarbeit in der

Schweiz neben vielem anderen auch das Ziel, zu überprüfen, ob denn die landläufige Meinung stimmt und gerechtfertigt ist, dass viele der verantwortlich Mitarbeitenden eher unter diesem Angebot leiden bzw. den Unterricht aus ihrer Sicht nur unter erschwerten Bedingungen durchzuführen vermögen. Insofern sollte der Fragebogen am Ende der Konfirmationszeit auch dazu dienen, diese Befindlichkeiten bzw. individuellen Erfahrungen der Mitarbeitenden mit abzufragen, um hier ein genaueres Bild zu gewinnen.

Abbildung 68: Erfahrungen der Hauptamtlichen und Freiwilligen mit den Konf-Gruppen und -Treffen

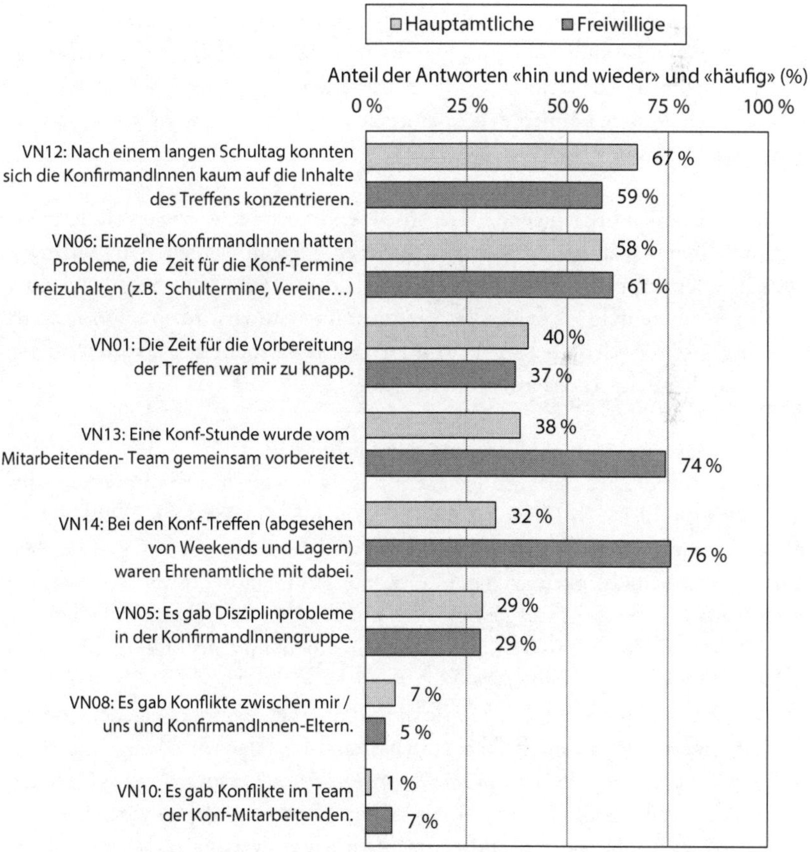

N = 519–539 Hauptamtliche; 68–78 Freiwillige. Skalen mit den Werten 1 (nie), 2 (selten), 3 (hin und wieder) und 4 (häufig). Angegeben sind die Anteile der Antworten im oberen Bereich (Skalenpunkte 3 und 4). Lesehilfe: Für 40 % der Hauptamtlichen war die Zeit für die Vorbereitung der Treffen zu knapp.

Ganz grundsätzlich – und dies ist an sich schon ein wichtiges Ergebnis – sind 82 % aller Mitarbeitenden mit der Konfirmationsarbeit zufrieden, und bei den Freiwilligen wird sogar ein Zufriedenheitswert von 88 % erkennbar. Auch wenn es schwierig ist, aus diesen quantitativen Daten so etwas wie ein eindeutiges Stimmungsbild zu erheben, so zeigen sich doch mindestens gewisse Tendenzen, was die Konflikterfahrungen der Mitarbeitenden während der Konfirmationszeit angeht (siehe Abbildung 68, vorige Seite).

Auffallend ist, dass es in etwa einem Drittel der Gruppen der Konfirmandinnen und Konfirmanden Disziplinprobleme gab (VN05), die möglicherweise auch mit der Problematik eines sehr langen Schultags (VN12) und der entsprechenden Teilnahmebereitschaft der Jugendlichen zu tun gehabt haben mögen. Dass 7 % der Freiwilligen Konflikte im Team namhaft machen (VN10), erscheint nicht als bedenklich hoch, übersteigt aber die Angabe der Hauptamtlichen (1 %) doch erkennbar. Konflikte können dabei natürlich auch auftreten, wenn zwei Pfarrpersonen im Team sind:

> «Eine für mich befriedigende Konfarbeit wird für mich erschwert wenn meine Anregungen allzu häufig vom Pfarrkollegen abgetan werden. Sein Mittragen wäre aber zentral, weil die Kirchenvorsteherschaft nichts gutheisst, was nicht von vornherein durch beide Pfarrpersonen unterstützt wird, v. a. wenn es sich um grössere Änderungen (z. B: von Lektion pro Woche zu Kurs zu Wochenenden) handelt.» (Pfarrerin, 36 Jahre, t1)

Diese Aussage steht im Einklang mit der Grundtendenz, dass die Mitarbeitenden insgesamt die Teamerfahrungen sehr positiv bewerten. Die oftmals erwähnten Terminprobleme im Blick auf die Planung spiegeln sich auch in obiger Grafik kaum wider, 58 % der Hauptamtlichen und 61 % der Freiwilligen bejahen, dass es hier Schwierigkeiten gab (VN06). Als durchaus positiv überraschend hingegen kann das Ergebnis gelten, dass nur für 7 % der Hauptamtlichen und für 5 % der Freiwilligen Konflikte zwischen ihnen und den Eltern bestanden haben (VN08).

Aufschlussreich für den Punkt, wie die Mitarbeitenden ihren eigenen pädagogischen Einsatz und ihren «Erfolg» einschätzen, ist es, danach zu fragen, wie sich ihre *Erfahrungen im Verhältnis zu ihren ursprünglichen Erwartungen* am Ende dieser Zeit darstellen: Konnten sie ihren eigenen Zielsetzungen entsprechen bzw. haben sie den Eindruck, am Ende erreicht zu haben, was sie zu Beginn für ihre Gruppe intendiert hatten?

Abbildung 69: Ziele, Erfahrungen und Zielerfüllung aus der Sicht der Mitarbeiterinnen und Mitarbeiter

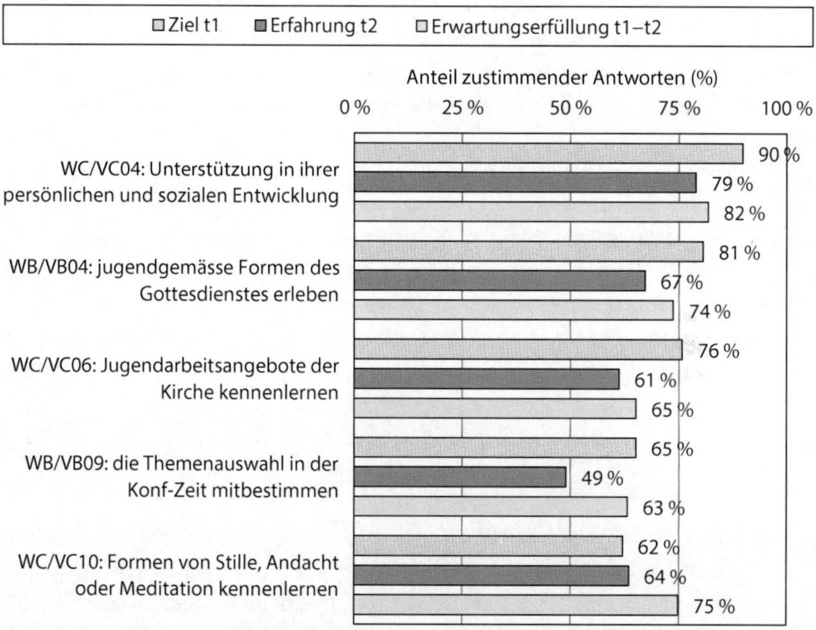

N = 499–509. Berücksichtigt sind nur MitarbeiterInnen, für die gültige Werte zu beiden Befragungszeitpunkten (t1 und t2) vorliegen. WB/WC-Skalen mit Wertebereich von 1 (nicht wichtig) bis 7 (sehr wichtig); VB/VC-Skalen mit Wertebereich von 1 (trifft gar nicht zu) bis 7 (trifft voll zu). Angegeben sind die Anteile der Antworten im zustimmenden Bereich (Skalenpunkte 5, 6 und 7). Lesehilfe: 90 % der 508 sich in t1 zu WC/VC04 äussernden MitarbeiterInnen, also 456 Personen, haben in t1 zum Ziel, dass die KonfirmandInnen in ihrer persönlichen und sozialen Entwicklung unterstützt werden; 79 % der 508 MitarbeiterInnen haben in t2 die Erfahrung, dass dieses Ziel erreicht worden ist. Von den 456 MitarbeiterInnen mit dem Ziel WC04 geben in t2 im Sinne einer Erwartungserfüllung 82 % an, dass dieses Ziel auch erreicht wurde (VC04).

Schaut man sich die entsprechenden Werte im Vergleich von t1 und t2 und hier vor allem den Aspekt der Erwartungserfüllung als den wesentlichen Indikator an, so wird augenfällig, dass die eigenen Zielsetzungen weitgehend erreicht wurden. Besonders erwähnenswert ist die hohe Erwartungserfüllung im Hinblick auf das Ziel, die Konfirmandinnen und Konfirmanden in ihrer persönlichen und sozialen Entwicklung zu fördern. Nahezu alle Mitarbeitende (90 %) verfolgten in t1 diese Zielsetzung und in t2 gaben 79 % von ihnen – unabhängig davon, ob sie dieses Ziel verfolgt hatten oder nicht – an, dass die Jugendlichen in ihrer persönlichen und sozialen Entwicklung gefördert wurden. Die Erwartungserfüllung beträgt hier 82 %. Dieser Indikator ergibt sich aus dem Verhältnis der Zahl der Mitarbeitenden, die eine Erwartungserfüllung mit Blick auf die eigene Zielsetzung feststellten, und der Zahl jener Mitarbeitenden, die auch tatsächlich dieses Ziel in t1 hatten. Die niedrigste Erwartungserfüllung bei den betrachteten Sachverhalten wird mit immer noch starken 63 % bei dem Ziel der thematischen Mitbestimmung erreicht.

Immerhin ist schon an dieser Stelle zu notieren, dass im Vergleich zu den anderen europäischen Ländern die Prozentzahl zur Mitbestimmung im schweizerischen Kontext signifikant höher ausfällt. Insgesamt ist zu sagen, dass offenbar die Realität der konkreten Konfirmationsarbeit nicht so problematisch war in dem Sinn, dass bestimmte Erwartungen und Ziele nur eine geringe Chance zur Umsetzung gefunden hätten. Er scheint das Gegenteil der Fall zu sein, weil die Hoffnungen und Ansprüche der Mitarbeitenden ganz offenkundig zu weiten Teilen erfüllt werden konnten.

Dass es für die Mitarbeitenden offenbar wenig Grund gab, sich eine *Beendigung dieser Arbeit* zu wünschen, legt die folgende Grafik nahe (siehe Abbildung 70).

Es sind insgesamt weniger als 10 % aller Mitarbeitenden, die froh wären, wenn sie die Konfirmationsarbeit nicht mehr machen müssten. Dieser Anteil ist bei den Mitarbeitenden, die eine Aus- und Weiterbildung erhalten haben, sogar noch um einiges geringer, zudem sinkt er erfreulicherweise von t1 zu t2 nochmals in fast allen Gruppen um einige Prozentpunkte – mit Ausnahme der Pfarrerinnen und Pfarrer und Vikarinnen und Vikare ohne Aus- und Weiterbildung. Diese Ergebnisse, die indirekt durchaus auch Auskunft über die Zufriedenheit der Mitarbeitenden geben, verweisen sehr deutlich auf die Notwendigkeit verstärkter Angebote im Bereich der Aus- und Weiterbildung.

An diese Stelle gehört aber auch der Hinweis auf einen markanten Grund dafür, weshalb die Zufriedenheit bei den Mitarbeitenden nicht noch höher ausgefallen ist, und dies ist das Problem des häufig mangelnden *Zeitbudgets*: Aus den offenen Antworten der Hauptamtlichen, v. a. im Fragebogen t2, wird deutlich, dass vor allem mehr Zeit für die Vorbereitung und Durchführung der konkreten Angebote gewünscht, ja geradezu sehnlichst erhofft wird. So notiert eine Pfarrperson auf die Frage, was noch gebraucht würde, kurz und prägnant:

> «Mehr Zeit, Entlastung von Beerdigungen.» (Pfarrerin, 51 Jahre, t2)

Ein Kollege schreibt schlicht:

> «Mehr Zeit mit den Kindern respektive Jugendlichen.» (Pfarrer, 34 Jahre, t2)

Abbildung 70: Neigung zur Beendigung der Konfirmationsarbeit im Zusammenhang mit Aus- und Weiterbildung bei allen Mitarbeitenden (Hauptamtliche und Freiwillige)

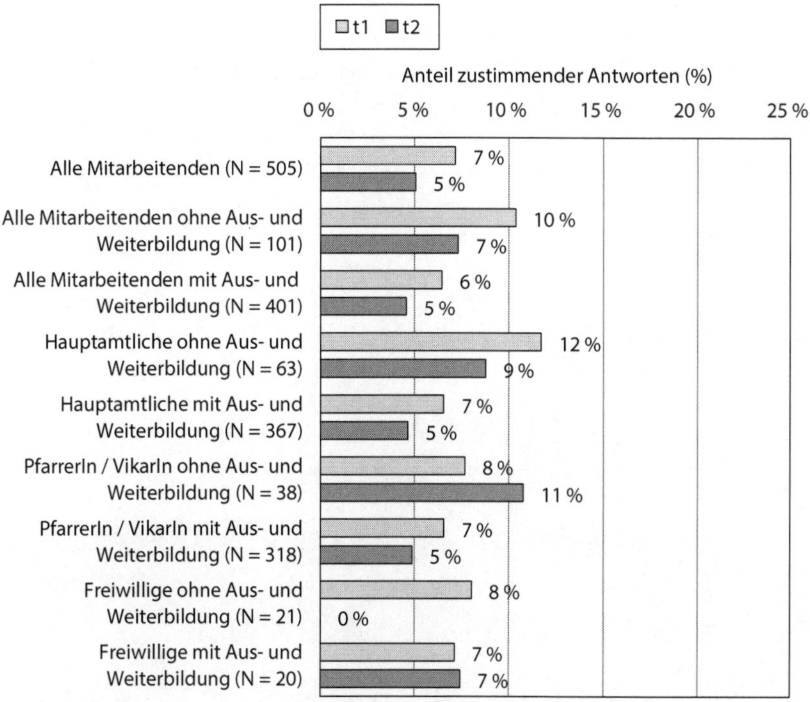

Items WE/VE06. Berücksichtigt sind nur Mitarbeitende, für die gültige Werte zu den beiden Befragungszeitpunkten (t1 und t2) vorliegen. Lesehilfe: Bei den Hauptamtlichen ohne Aus- und Weiterbildung geben 12 % an, froh zu sein, wenn sie die Konfirmationsarbeit nicht mehr machen müssten, in t2 liegt dieser Anteil bei 9 %.

Und etwas ausführlicher heisst es:

> «Manchmal hätte ich gerne mehr Zeit und Ruhe für den Unterricht. Je nach der weiteren pfarramtlichen Belastung ist es nicht einfach, die nötige Energie für den Konf.unterricht zu tanken.» (Pfarrerin, 50 Jahre, t2)

In Aussagen zu dieser Thematik wird übrigens häufig deutlich, dass man mehr Zeit nicht in erster Linie dafür bräuchte, mehr Stoff zu vermitteln, sondern vielmehr um durch

> «möglichst viele Einzelgespräche oder möglichst kleine Gruppen» (Pfarrer, 57 Jahre, t2)

die Beziehungsebene zu den Jugendlichen auszubauen. Dieser Wunsch nach mehr Beziehungs- und Kennenlernzeit ist keineswegs exklusiv nur bei den Hauptamtlichen vorhanden. So schreibt eine junge Freiwillige:

> «J'aimerais avoir plus de temps pour préparer des activitées qui correspondent plus aux envies et aux besoins des catéchumènes. J'aimerais pouvoir mieux les connaître.» (Freiwillige, 21 Jahre, t2)

Eine besondere Zeit-Problematik ergibt sich durch die ebenfalls vielfach angesprochenen Probleme mit dem schulischen Alltag bzw. auch den gegebenen Rahmenbedingungen. So wird immer wieder in ähnlicher Weise das Folgende erhofft:

> «bessere Vernetzung mit den Schulen, um zum Beispiel interdisziplinär an einem Projekt arbeiten zu können» (Pfarrer, 41 Jahre, t2),
>
> «bessere Rahmenbedingungen: Stundenplan (Schule – Kirche)» (Pfarrer, 47 Jahre, t2),
>
> «bessere Zusammenarbeit mit Schule» (Pfarrer, 56 Jahre, t2).

Eine Pfarrerin wünscht sich

> «ein Zeitfenster für den Konfi-Unti, das nicht durch Schule oder Vereinsaktivitäten beeinflusst/begrenzt wird», und «Jugendliche, die durch die Schule nicht in ein Korsett gezwungen werden, das nur Ja/Nein-Antworten zulässt, sondern Möglichkeiten bietet, eigene Antworten und Wege zu finden» (Pfarrerin, 35 Jahre, t2).

2.4.10 Vergleiche zwischen den drei Gruppen der Beteiligten (Hauptamtliche, Freiwillige, Konfirmandinnen und Konfirmanden)

Wie bereits verschiedentlich angedeutet, erschliesst sich über einen Vergleich der Ergebnisse der Konfirmandinnen und Konfirmanden einerseits und der Mitarbeitenden andererseits noch eine weiter reichende Perspektive: Geht man pädagogisch gesprochen davon aus, dass erfolgreiche Bildungsarbeit auf eine möglichst breite gemeinsame Grundlage von Lehrenden und Lernenden angewiesen ist, stellt sich die Frage, ob für die Konfirmationsarbeit in der Schweiz eine solche Grundlage tatsächlich gegeben ist. Zu fragen ist also, ob die Jugendlichen und Mitarbeitenden hinsichtlich ihrer Interessen, Prioritätensetzungen und Zielperspektiven wirklich von gemeinsamen Voraussetzungen her kommen und damit sozusagen im selben Boot sitzen:

Abbildung 71: Themenprioritäten bei Konfirmandinnen und Konfirmanden, Hauptamtlichen und Freiwilligen

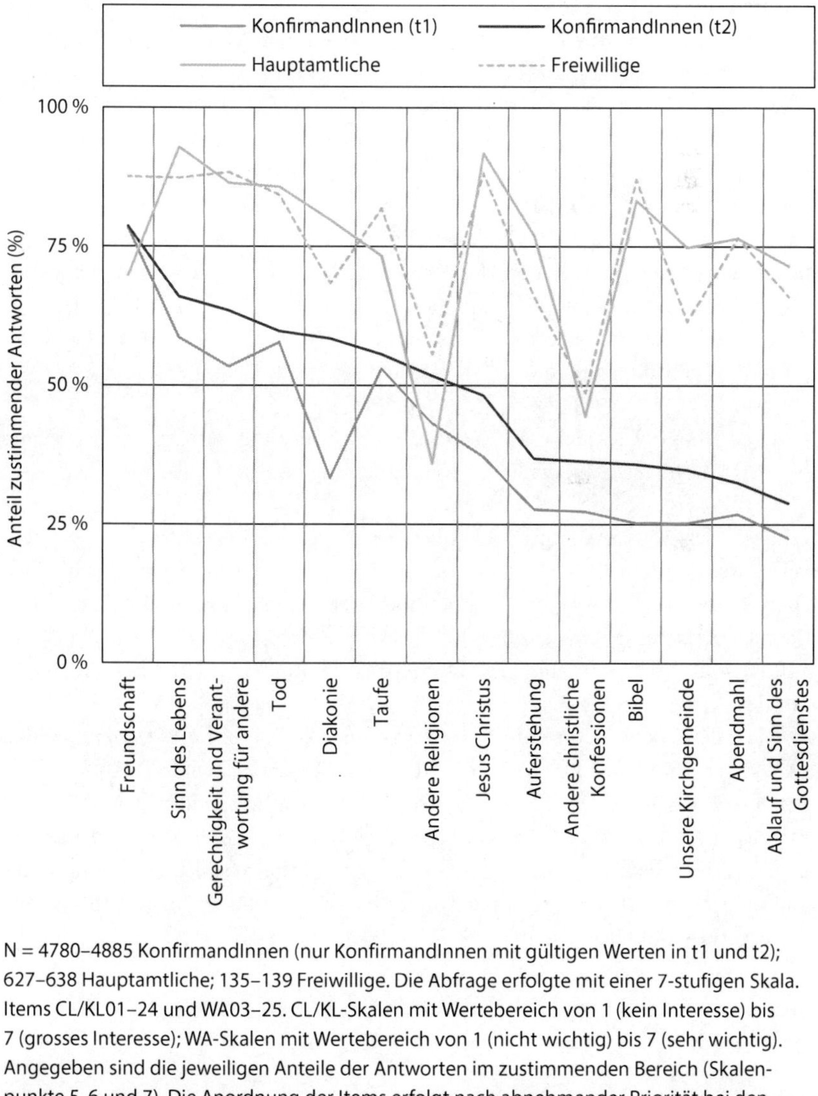

N = 4780–4885 KonfirmandInnen (nur KonfirmandInnen mit gültigen Werten in t1 und t2); 627–638 Hauptamtliche; 135–139 Freiwillige. Die Abfrage erfolgte mit einer 7-stufigen Skala. Items CL/KL01–24 und WA03–25. CL/KL-Skalen mit Wertebereich von 1 (kein Interesse) bis 7 (grosses Interesse); WA-Skalen mit Wertebereich von 1 (nicht wichtig) bis 7 (sehr wichtig). Angegeben sind die jeweiligen Anteile der Antworten im zustimmenden Bereich (Skalenpunkte 5, 6 und 7). Die Anordnung der Items erfolgt nach abnehmender Priorität bei den KonfirmandInnen t2.

Die Reihung der *Wichtigkeit von Themen* aus Sicht der Hauptamtlichen ist – gerade auch im Vergleich zu den Konfirmandinnen und Konfirmanden – aufschlussreich: Die Frage nach dem Sinn des Lebens (WA14) steht an der Spitze, gefolgt von den klassisch-theologischen Themen, angefangen bei Jesus Christus (WA07), über Tod (WA24), Bibel (WA22) bis Auferstehung (WA25). Interessant ist, dass ethischen Themen wie Gerechtigkeit und Verantwortung für andere (WA15) oder Diakonie (WA13) ebenfalls hohe Bedeutung beigemessen wird. Deutlich ist aber auch, dass Themen, die für die Jugendlichen von besonderem Interesse sind, wie etwa Freundschaft (WA16) oder auch andere Religionen (WA11), für die Hauptamtlichen weniger bedeutsam sind. Zusammenfassend gesagt geht die Interessenlage zwischen Konfirmandinnen und Konfirmanden einerseits und Hauptamtlichen andererseits vor allem in t1 umso weiter auseinander, je «klassischer» die Themen sind. Umgekehrt sind die Annäherungen besonders gross beim Thema Freundschaft. Wie schon erwähnt, fällt zudem auf, dass zu einzelnen Themen die Nähe der Freiwilligen zu den Konfirmandinnen und Konfirmanden grösser ist als zu den Hauptamtlichen, so etwa bei den Themen Freundschaft, Diakonie oder andere Religionen.

Dies schliesst aber nicht aus, dass junge Freiwillige etwa die Arbeit mit der Bibel für wesentlich halten:

> «J'aimerais que les jeunes puissent mieux exprimer leurs sentiments vis à vis des textes bibliques.» (Freiwillige, 16 Jahre, t2)

In diesen Ergebnissen zeichnet sich die Grundproblematik ab, dass die Interessenlage unter den beteiligten Akteurinnen und Akteuren erkennbar unterschiedlich ausgerichtet ist. Ein solches Ergebnis überrascht zwar nicht, erfährt aber durch diese Untersuchung seine empirische Grundlegung und wirft von da aus die Frage auf, wie mit der hier erkennbaren Diskrepanz im konkreten Unterricht angemessen umgegangen werden kann.

Nachdem oben schon die Ergebnisse zur *Religiosität der Hauptamtlichen* (2.4.4) aufgeführt worden sind, sollen diese nun in vergleichender Perspektive mit den Ergebnissen zu den Freiwilligen sowie den Konfirmandinnen und Konfirmanden (2.3.4) zusammengestellt werden. Auch hier ist der Vergleich insofern pädagogisch relevant, als sich beim Thema Religiosität ebenfalls die Grundfrage nach einer gemeinsamen Grundlage aller beteiligten Akteurinnen und Akteure der Konfirmationsarbeit stellt:

Abbildung 72: Anteile der bestimmten religiösen Haltungen und Aktivitäten in stärkerem Masse zuneigenden Konfirmandinnen und Konfirmanden, Hauptamtlichen und Freiwilligen

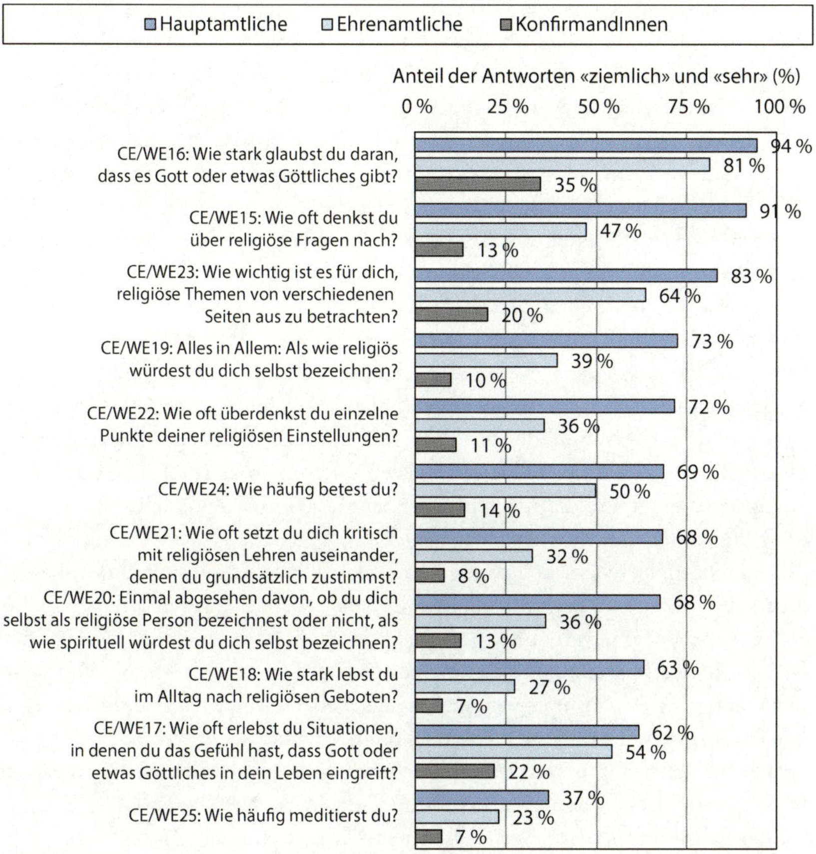

N = 614–626 Hauptamtliche; 129–134 Freiwillige; 6785–7135 KonfirmandInnen. Items CE/WE15–25. Skalen mit den Werten 1 (gar nicht), 2 (wenig), 3 (mittel), 4 (ziemlich) und 5 (sehr). Angegeben sind die Anteile der Antworten im oberen Bereich (Skalenpunkte 4 und 5). Lesehilfe: 91 % der Hauptamtlichen, 47 % der Freiwilligen und 13 % der KonfirmandInnen geben an, ziemlich oder sehr oft über religiöse Fragen nachzudenken.

Um es an dieser Stelle prägnant zusammenzufassen: Bei keiner anderen Thematik gehen die Antworten der Konfirmandinnen und Konfirmanden einerseits und der Mitarbeitenden andererseits so weit auseinander wie bei der Religiosität. Hier zeigen sich, wie bereits angedeutet, hohe Werte bei den Hauptamtlichen, die sicherlich einerseits mit den individuellen biografischen Voraussetzungen, andererseits aber auch mit den professionellen Notwendigkeiten verbunden sind. Demgegenüber fallen die Werte schon bei den Freiwilligen teilweise sehr deutlich ab, etwa wenn es um das Nachdenken über religiöse Fragen (CE/WE15), die Orientierung des Lebensalltags an religiösen Geboten (CE/WE18) oder das Überdenken der eigenen religiösen Einstellung (CE/WE22) geht. Da es sich bei den Freiwilligen – wie bereits mehrfach erwähnt – in der Regel eher um jüngere Personen handelt, erklärt sich dieser geringere Prozentsatz in praktisch allen Items eben auch durch das geringere Lebensalter gegenüber den hauptamtlich Mitarbeitenden. Die Freiwilligen befinden sich im Blick auf die Religiositätsthematik gleichsam zwischen den Stühlen der beiden anderen Gruppen – und dies mit allen Schwierigkeiten und Chancen, die eine solche Position mit sich bringt.

Diese starke Diskrepanz zeigt sich erst recht dort, wo man die Ergebnisse für die Konfirmandinnen und Konfirmanden vergleichend in den Blick nimmt: Hier sinkt der Prozentsatz geradezu dramatisch auf jeweils kaum mehr als 10 %. Allerdings wäre hier die Interpretation verfehlt, dass wir es im Blick auf die Akteure der Konfirmationsarbeit und deren Religiosität gleichsam mit einer Gruppe von Hochreligiösen einerseits und von Atheisten andererseits zu tun haben. Davon ist aus unserer Sicht für die hier vorliegenden Ergebnisse keinesfalls auszugehen: Dass Jugendliche hinsichtlich dieser religiösen Thematik sehr viel zurückhaltender ankreuzen, hat eben auch damit zu tun, dass für sie Religiosität und insbesondere Spiritualität zwei Begrifflichkeiten darstellen, die mit ihrer Lebenswelt nichts zu tun haben, eher negativ bestimmt sind oder schlichtweg auch nicht verstanden werden. Insofern ist diese Diskrepanz aus unserer Sicht eher nicht als eine komplett «andere Welt» zu interpretieren, sondern eher als eine altersspezifische Distanzierung gegenüber einer explizit religiösen Selbstbezeichnung.

Die Beobachtung einer wesentlich alters- und aufgabenspezifisch geprägten Diskrepanz zwischen den verschiedenen Gruppen der Beteiligten lässt sich auch bei der Frage der *religiösen Gefühle* machen (siehe Abbildung 73).

Hier fällt ebenfalls auf, dass die Werte der Konfirmandinnen und Konfirmanden etwa um die Hälfte niedriger ausfallen als diejenigen der Mitarbeitenden. Interessanterweise liegen in diesem Fall die Werte bei den freiwilligen und den hauptamtlichen Mitarbeitenden weniger stark auseinander, als dies im Blick auf die religiösen Haltungen und Aktivitäten der Fall war. Es kann also vermutet werden, dass sich die freiwilligen Mitarbeitenden – zum Beispiel aufgrund bestimmter Aus- und Weiterbildungen sowie des etwas höheren Lebensalters – schon intensiver mit ihren Gefühlslagen auseinandergesetzt haben und insbesondere die positiven Gefühle deshalb auch stärker mit ihrem Gottesverständnis in Verbindung bringen können.

Abbildung 73: Religiöse Gefühle bei den Hauptamtlichen, Freiwilligen sowie Konfirmandinnen und Konfirmanden

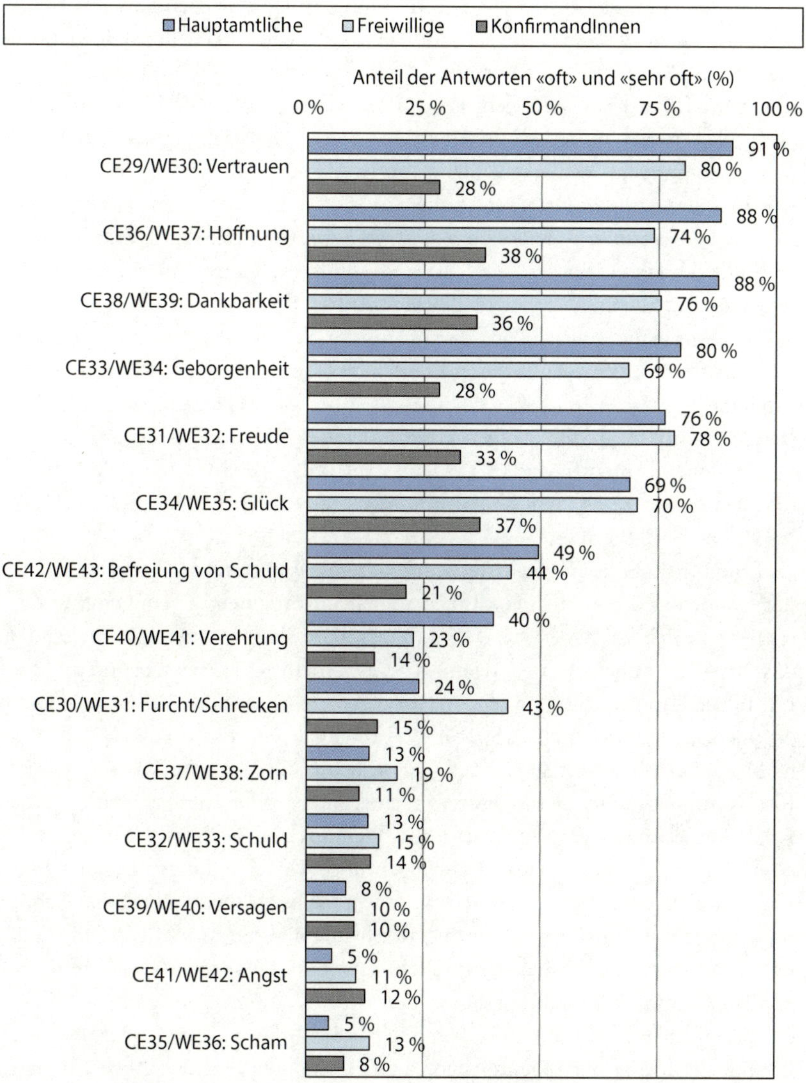

N = 609–618 Hauptamtliche; 129–134 Freiwillige; 6974–7086 KonfirmandInnen.
Items CE29–42 bzw. WE30–43. Skalen mit den Werten 1 (nie), 2 (selten), 3 (gelegentlich), 4 (oft) und 5 (sehr oft). Angegeben sind die Anteile der Antworten im oberen Bereich (Skalenpunkte 4 und 5). Lesehilfe: 91 % der Hauptamtlichen, 80 % der Freiwilligen und 28 % der KonfirmandInnen erleben oft oder sehr oft Situationen, in denen sie Vertrauen in Gott oder etwas Göttliches empfinden.

Dass die Konfirmandinnen und Konfirmanden nur zu etwa einem Drittel die Themen Vertrauen, Freude, Geborgenheit, Glück, Hoffnung oder Dankbarkeit mit Gott oder etwas Göttlichem in Verbindung bringen, erscheint als ein erstaunliches Ergebnis und wirft die Grundfrage auf, welche Erfahrungen Jugendliche hier vor der Konfirmationszeit gemacht oder eben nicht gemacht haben. Dass bei ihnen, wenn auch auf geringem Niveau, das Thema Angst (WE42) stärker mit Gott oder etwas Göttlichem assoziiert wird als in den beiden anderen Gruppen, wirft in besonderer Weise die Herausforderung einer intensiven theologischen Auseinandersetzung mit der Gottesthematik auf.

Für die Frage der *Erfahrungen und Wirkungen*, von denen die Mitarbeitenden am Ende des Jahres sprechen, ist es besonders interessant, ihre Antworten mit den Aussagen der Jugendlichen zu vergleichen. Aufschlussreich für diese Frage ist eine Korrelationsanalyse, welche auf der Ebene der Konf-Gruppen das Ausmass der Übereinstimmungen zwischen den Erfahrungen der Konfirmandinnen und Konfirmanden in Bezug auf die Befähigung, über den Glauben zu entscheiden (KB03), Mitbestimmung bei den zu behandelnden Themen (KK04), Berücksichtigung von Glaubensfragen (KK11) und jugendgemässe Gottesdienste (KS01) und den darauf bezogenen Wahrnehmungen der Mitarbeitenden (VC12, VB09, VB18 und VB04) eruiert:

Eine mittelstarke und sehr relevante Übereinstimmung ergibt sich zwischen der Erfahrung der Konfirmandinnen und Konfirmanden, jugendgemässe Gottesdienste erlebt zu haben (KS01), und der Wahrnehmung der Mitarbeitenden, dass die Jugendlichen jugendgemässe Gottesdienste erleben konnten. Diese Übereinstellung wird über die Korrelation zwischen den über Mittelwertbildung gruppenaggregierten Items KS01 und VB04 gemessen. Der diesbezügliche Korrelationskoeffizient beträgt $\beta = 0{,}47$ (signifikant auf dem 1 %-Niveau, $N = 397$ Konf-Gruppen). Hier kann also von einer mehr oder weniger gemeinsamen Erfahrungsebene ausgegangen werden, wobei durchaus noch etwas Spielraum für eine weitere Annährung von Erfahrungen und Wahrnehmungen besteht. Diese Erkenntnis hat eine hohe Praxisrelevanz, denn immerhin besteht ja eine wichtige Strategie, den Konfirmandinnen und Konfirmanden die gottesdienstliche Praxis nahezubringen, gerade darin, durch jugendgemässe Formen wenigstens eine gewisse Attraktivität erfahrbar zu machen.

Eine mittelstarke und sehr relevante Übereinstimmung kann ebenso in Bezug auf die Erfahrung der Jugendlichen, die behandelten Themen mitbestimmt zu haben (KK04), und die Wahrnehmung der Mitarbeitenden, dass die Konfirmandinnen und Konfirmanden die Themenauswahl der Konf-Zeit mitbestimmen konnten (VB09), festgestellt werden ($\beta = 0{,}43$, signifikant auf dem 1 %-Niveau, $N = 399$ Konf-Gruppen).

Hingegen ergeben sich zwar bedeutsame, aber schwache Übereinstimmungen zwischen den Erfahrungen der Jugendlichen und den Wahrnehmungen der Mitarbeitenden, wenn es um die Befähigung, über ihren Glauben entscheiden zu können (KB03 vs. VC12; β = 0,2, signifikant auf dem 1 %-Niveau, N = 401 Konf-Gruppen), und die Berücksichtigung ihrer Glaubensfragen (KK04 vs. VB09; β = 0,2, signifikant auf dem 1 %-Niveau, N = 399 Konf-Gruppen) geht. Die im Vergleich zu jugendgemässen Gottesdiensten und zur thematischen Mitbestimmung deutlich schwächeren Erfahrung-Wahrnehmungs-Kongruenzen könnten damit zu tun haben, dass es sich bei diesen in Einklang zu bringenden Einstellungen um innere Haltungen handelt, die einer Beobachtung schwerer zugänglich sind als doch relativ gut beobachtbare Vorgänge wie Themenaushandlung und Gottesdienstgestaltung.

Abbildung 74: Zufriedenheit der KonfirmandInnen und Konfirmanden sowie der Mitarbeitenden der Konfirmationsarbeit

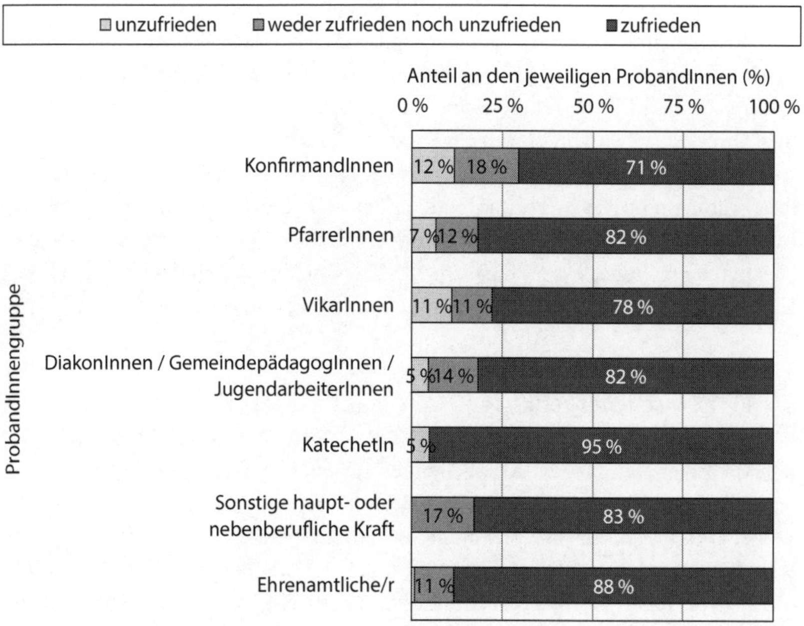

N = 6379 KonfirmandInnen; 410 PfarrerInnen; 18 VikarInnen; 60 DiakonInnen/GemeindepädagogInnen,/JugendarbeiterInnen; 25 KatechetInnen; 24 sonstige haupt- oder nebenberuflich Mitarbeitende. Items KN01 und VM01. KN01-Skala mit Wertebereich von 1 (ganz unzufrieden) bis 7 (total zufrieden); VM01-Skala mit Wertebereich von 1 (überhaupt nicht) bis 7 (voll und ganz). Die Anteile der unzufriedenen Probanden ergeben sich aus den Antworten im ablehnenden Bereich (Skalenpunkte 1, 2 und 3), die Anteile der weder zufriedenen noch unzufriedenen Probanden aus den Antworten im neutralen Bereich (Skalenpunkt 4) und die Anteile der zufriedenen Probanden aus den Antworten im zustimmenden Bereich (Skalenpunkte 5, 6 und 7). Lesehilfe: 71 % der KonfirmandInnen sind zufrieden mit ihrer Konf-Zeit.

Interessant ist es zu eruieren, wie die *Zufriedenheit* bei den verschiedenen Gruppen der Befragten ausfällt. Denn je nach Ergebnis lässt sich möglicherweise einschätzen, wie ähnlich oder aber wie unterschiedlich die beteiligten Akteurinnen und Akteure am Ende des Jahres das einschätzen und für sich bewerten, was sie in dieser Zeit erlebt haben. Hier zeigt sich im Vergleich, dass die Zufriedenheitswerte insgesamt relativ nahe beieinanderliegen und grundsätzlich als hoch bis sehr hoch bezeichnet werden können. Bei den Pfarrerinnen und Pfarrern kann man sagen, dass vier von fünf Befragten hier zufrieden sind. Allerdings weichen insbesondere die Werte der Katechetinnen und Katecheten nicht unerheblich von denen der Konfirmandinnen und Konfirmanden ab (siehe Abbildung 74, vorige Seite).

Natürlich löst die Frage nach der Zufriedenheit höchst unterschiedliche und sehr subjektive Assoziationen aus. Es ist beispielsweise durch diese Ergebnisse nicht feststellbar, worauf genau sich diese Zufriedenheit bezieht: Sie könnte etwa bei den Konfirmandinnen und Konfirmanden durch wesentlich andere Faktoren bestimmt sein als bei den Mitarbeitenden. Von daher ist sicherlich von gewissen Diskrepanzen im Blick auf die Kriterien für Zufriedenheit auszugehen. Man darf hier also nicht etwa von einer gemeinsamen Grundlage für hohe Zufriedenheit sprechen. Gleichwohl kann gesagt werden, dass in der Tendenz eben doch ein durchgängig positives Erfahrungsbild vorliegt. Das heisst, selbst wenn die Bewertungsgrundlage unterschiedlich sein dürfte, ist es doch ein positives Zeichen, dass alle Befragten hohe Werte angeben. Und deshalb kann mindestens aus diesen Ergebnissen kein Schreckensszenario zur Konfirmationsarbeit abgeleitet werden.

2.4.11 Zwischenergebnisse

Wie die Ergebnisse zu den Mitarbeitenden zeigen, ist der allergrösste Teil der hier verantwortlich Tätigen im wahrsten Sinne des Wortes mit viel Herzblut bei der Sache. Durch praktisch alle hier aufgeführten Thematiken hindurch zeigt sich ein erhebliches Engagement sowohl der hauptamtlich wie der freiwillig Tätigen. Für die Pfarrpersonen spielt die Konfirmationsarbeit eine gewichtige Rolle, die im Verhältnis zu ihren weiteren gemeindlichen Tätigkeiten oftmals eine überproportional starke Berücksichtigung und Aufmerksamkeit erfährt. In den allermeisten Gemeinden und Konf-Gruppen sind Teams etabliert und in vielen Fällen besteht eine erfreulich positive Kultur der Zusammenarbeit von Pfarrpersonen und Freiwilligen, trotz Heterogenität in der Zusammensetzung bezüglich Alter, Geschlecht und Bildung. Diese Teamarbeit kann als erhebliche Chance verstanden werden, eine intergenerationelle kirchliche Bildungsarbeit zu betreiben und zu befördern.

Ihrer eigenen Einschätzung nach verfügen die Mitarbeitenden über hohe pädagogische und theologische Kompetenz. Und im optimalen Fall profitieren tatsächlich alle Gruppen der Beteiligten von der Kompetenz und dem Erfahrungshorizont der je anderen. So können die Hauptamtlichen sehr stark von den Freiwilligen dadurch profitieren, dass diese in der überwiegenden Zahl der Fälle schon altersmässig sehr viel näher an den Konfirmandinnen und Konfirmanden sind als viele Hauptamtliche. Dies bedeutet, dass sie eine Art seismografische Funktion dafür übernehmen können, welche Themen im Jugendalter relevant und welche Kommunikationsformen hier besonders attraktiv und geeignet sind. Umgekehrt gilt für die Freiwilligen: Die Ergebnisse aus deren spezifischer Befragung machen besonders deutlich, dass ihre Mitarbeit im Bereich der Konfirmationsarbeit geradezu optimal ist für die Persönlichkeitsentwicklung sowohl im Blick auf Teamkompetenz wie auch für die eigenständige und kritische Auseinandersetzung mit wesentlichen Lebens- und Glaubensfragen. Zu denken gibt in diesem Zusammenhang allerdings, dass der gesamte Bereich der Aus- und Weiterbildung gerade für freiwillige Mitarbeitende offenkundig bisher nur wenig etabliert ist.

In Hinsicht auf die Zielsetzungen zeigt sich bei den Mitarbeitenden zum einen eine deutliche Orientierung an den Konfirmandinnen und Konfirmanden als mündigen Subjekten, zum anderen die unverkennbare Intention, die Konfirmationszeit in der Perspektive möglichst vielfältiger Erfahrungen gelingender Gemeinschaft zu konzipieren und entsprechend auszugestalten. In inhaltlichem Sinn wird dabei offenkundig, dass die Mitarbeitenden diese Subjektorientierung keineswegs in einseitiger Richtung lediglich auf diejenigen Themeninteressen hin fokussieren wollen, die sie bei den Jugendlichen vermuten oder von diesen als wichtig genannt bekommen. Zwar sind ihnen ebenso wie den Konfirmandinnen und Konfirmanden die Thematik «Sinn des Lebens» und überhaupt Aspekte der Lebensführung sowie das gemeinschaftliche Erleben zentral. Gleichwohl versuchen vor allem die hauptamtlich Tätigen, glaubensorientierte und theologische Themen mit der Dimension der Sinnorientierung zu verknüpfen. Dieser persönliche Zugang zur Lebenswelt der Jugendlichen lässt klar darauf schliessen, dass die seelsorgerische Dimension der Konfirmationsarbeit als ein zentrales Qualitätsmerkmal dieses Bildungsangebotes angesehen wird.

Für die Frage, in welchem Geist und vor welchem Horizont die Mitarbeitenden sich in diesem Feld engagieren, sind die Ergebnisse zur religiösen Orientierung und Einstellung höchst aufschlussreich. Denn hier wird sehr klar, dass die Mitarbeitenden vor allem in Fragen des Gottesbildes und der religiösen Toleranz einen dialogisch offenen und pluralitätssensiblen Umgang pflegen. In keiner Weise ist davon auszugehen, dass sie auf religiöse Indoktrination, Glaubensüberwältigung oder gar Abwertung anderer konfessioneller oder nichtchristlicher religiöser Überzeugungen abzielen.

Auch in ethischer Hinsicht übernehmen die Mitarbeitenden in verschiedener Weise eine orientierende Funktion: Zum einen zeigt sich bei ihnen eine sehr klare Verbindung von gesellschaftspolitischer Sensibilität und ethischer Werthaltung, zum anderen eine deutliche Verknüpfung von christlicher Ethik und gesellschaftspolitisch relevantem Engagement der Kirche. Es ist fest davon auszugehen, dass diese ethischen Grundeinstellungen die Durchführung der Konfirmationsarbeit und den Dialog mit den Konfirmandinnen und Konfirmanden wesentlich beeinflussen und mitbestimmen.

Bei den Methoden und Medien zeigt sich, dass die Konfirmationsarbeit nach wie vor eher auf den klassischen Zugangsweisen und Materialbeständen beruht – nochmals notiert sei hier der Befund, dass im Vergleich der Geschlechter weibliche Hauptamtliche einen offeneren und innovationsbereiteren Umgang mit neuen, kreativen Formen der Bildungsarbeit zeigen. Zudem sei nochmals darauf hingewiesen, dass die digitalen Medien, wenigstens was den Zeitraum 2012/2013 angeht, noch nicht so berücksichtigt sind, wie es vermutlich der kompetenten Verwendung der Jugendlichen und ihrem Interesse an der dialogischen und jederzeit verfügbaren Nutzung dieser Medien entspräche.

Mehr oder weniger kongruente Wahrnehmungen zeigen sich in der Frage der jugendgemässen Gottesdienste, was darauf schliessen lässt, dass bei den verschiedenen Gruppen der Beteiligten in grossen Teilen eine einheitliche Vorstellung darüber besteht, was denn nun einen Gottesdienst zu einem jugendgemässen Ereignis oder gar Erlebnis machen könnte. Freilich ist diese auf Gottesdienste bezogene Erfahrung-Wahrnehmungs-Kongruenz alles andere als perfekt, so dass auch zukünftig zu fragen ist, wie man sich hier auf gemeinsame Betrachtungsweisen und damit dann natürlich auch auf eine gemeinsame gottesdienstliche Praxis verständigen kann.

Insgesamt jedoch ist im Blick auf die Mitarbeitenden von einer hohen intrinsischen Motivation zur Konfirmationsarbeit auszugehen, die wesentlich von ihrem Interesse an den Jugendlichen selbst und von ihrer Überzeugung getragen ist, dass sich die zentralen Inhalte des reformierten Christseins und der kirchlichen Praxis tatsächlich als lebensförderliche Orientierungsmöglichkeiten in das Gespräch mit den Jugendlichen bringen lassen.

2.5 Wie nachhaltig ist die Konfirmationsarbeit? – Ergebnisse zur Befragung t3 zwei Jahre nach der Konfirmation

2.5.1 Generierung und Einordnung der Ergebnisse

Die Studie zur Konfirmationsarbeit hat mit den Befragungen zu den Zeitpunkten t1 und t2 das Ziel verfolgt, eine Bestandsaufnahme für die Schweiz und die weiteren beteiligten europäischen Länder zu machen. Neben den aufschlussreichen Einblicken zu Motiven, Themeninteressen, Religiosität und der Haltung gegenüber Glaube und Kirche sowie zu den Entwicklungspotenzialen dieses Angebots stellt auch die Frage der Nachhaltigkeit der Konfirmationsarbeit einen wichtigen Forschungsgegenstand dar. Deshalb wurden im Sommer 2015, also rund zwei Jahre nach der Konfirmation, diejenigen Jugendlichen, die sich zum Zeitpunkt t2 zur erneuten Mitwirkung bereit erklärt hatten, erneut kontaktiert. Sie erhielten entweder postalisch einen Fragebogen für ein Paper-Pencil-Verfahren oder ihnen wurde per E-Mail die Einladung zu einer Onlineumfrage zugestellt. Die Umfrage beinhaltete dieses Mal 29 Frage-Items, Anonymität wurde zugesichert. Als Anreiz zur Teilnahme wurde eine Verlosung von Gutscheinen (iTunes-Gutscheine im Gesamtwert von 1000 CHF) vorgenommen.

Erwartungsgemäss fiel der Rücklauf geringer aus, da die Jugendlichen im Vergleich zu den t1- und t2-Befragungen nun nicht mehr in einer Gruppe waren und deshalb von einer höheren Freiwilligkeit bei der Beantwortung auszugehen war. Für die longitudinale Perspektive wurden für die Auswertung nur diejenigen Antworten berücksichtigt, die von Jugendlichen stammten, die zu allen drei Fragezeitpunkten (t1–t3) Fragebögen ausgefüllt hatten. Da in t3 nicht nach der Postleitzahl der Gemeinden, in denen die Konfirmationszeit stattgefunden hatte, gefragt wurde, war die Zuordnung einiger Antworten resp. die Verknüpfung mit den dazugehörenden Bögen t1 und t2 erschwert, was zu einem geringeren Matching führte. Obwohl also von den rund 3700 angeschriebenen Konfirmandinnen und Konfirmanden insgesamt rund 1400 Bögen zurückkamen, beläuft sich die Fallzahl der für den Vergleich berücksichtigten Gesamtzahl somit nur noch auf rund 660 Jugendliche, die auch an den ersten beiden Umfragen teilgenommen haben.

Die Ergebnisse t1–t3 fallen innerhalb dieser Gruppe nicht immer entsprechend dem schweizerischen Durchschnitt aus, da die Bereitschaft zur Teilnahme und das tatsächliche Beantworten der t3-Fragen verschiedene Implikationen beinhalten. Es handelt sich, wie anzunehmen ist, um überdurchschnittlich motivierte Jugendliche, die möglicherweise einen positiveren Bezug zur erlebten Konfirmationszeit, zur Kirchgemeinde und/oder zum christlichen Glauben haben. Zudem kann auch von einem erhöhten Bildungsniveau ausgegangen werden, und es haben erheblich mehr Mädchen (64 %) als Jungen (36 %) an der Befragung t3 teilgenommen.

Tabelle 4: Bildungsziele im t1-Sample und im t1-t2-t3-Längsschnittsample

	Berufsausbildung	Matur	Sonstiges
t1	64 %	29 %	7 %
t1-t2-t3-Längsschnitt	51 %	44 %	5 %

N t1 = 6897; N t1-t2-t3-Längsschnitt = 640.

Als Beispiel für die Abweichungen soll hier die Zustimmung zur Aussage «Ich glaube an Gott» (CE09) dienen: In t2 haben 50 % dieses Item mit Ja beantwortet. Jugendliche, die bei t1, t2 und t3 mitgemacht und gültige Antworten zu CE/KE/QE09 gegeben haben, so dass deren Fragebögen gematched werden konnten, haben diese Frage zu 56 % mit Ja beantwortet:

Abbildung 75: Glaube an Gott im t1-t2- und im t1-t2-t3-Längsschnitt

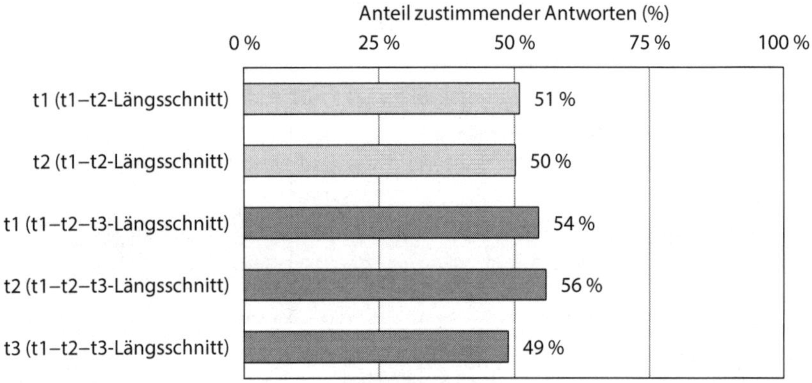

N t1-t2-Längsschnitt = 4795; N t1-t2-t3-Längsschnitt = 643. Im t1-t2-Längsschnitt sind alle KonfirmandInnen enthalten, die in t1 und t2 gültige Antworten zu CE/KE09 gegeben haben; im t1-t2-t3-Längsschnitt sind alle KonfirmandInnen enthalten, die in t1, t2 und t3 gültige Antworten zu CE/KE09 gegeben haben. Lesehilfe: 56 % der KonfirmandInnen im t1-t2-t3-Längsschnitt geben in t2 an, an Gott zu glauben.

2.5.2 Ergebnisse im Einzelnen

Die Jugendlichen wurden gebeten, auf ihre Konfirmation und auf die Konfirmationszeit zurückzublicken: Erfreuliche 83 % sind auch zum Zeitpunkt t3 noch zufrieden mit der ganzen Konf-Zeit (QN01), und 77 % würden diese auch anderen weiterempfehlen (QK21).

> «Die Konfirmationszeit und die Konfirmation selbst waren für mich eine sehr spannende und aufregende Zeit. Es war mein erster Schritt in Richtung Erwachsenenleben, da ich merkte, dass ich nun aus Sicht der Kirche schon fast erwachsen war. Ich würde es jedem empfehlen. Man muss nicht sehr gläubig sein, aber während dieser Zeit lernt man sich selber besser kennen.» (Mädchen, t3 – hier und im Folgenden können übrigens keine genauen Altersan-

gaben gemacht werden, da diese in t3 nicht mehr abgefragt wurden; allerdings ist aufgrund der Daten von t2 von einer Altersspanne von 16 bis 18 Jahren auszugehen)

Im Kontext verschiedener ausseralltäglicher Erfahrungen stellt die Konfirmation aber nur für 43 % etwas dar, das zu den wichtigsten Erlebnissen des Lebens gezählt werden kann (QK20). In Bezug auf die Feier bleibt für immerhin 67 % das Thema des Gottesdienstes (QK22) in guter Erinnerung – vielerorts kann das Thema durch die Konfirmandinnen und Konfirmanden selber bestimmt werden –, und auch mit dem zeitlichen Abstand von t3 sagen 65 % der Jugendlichen, dass ihnen das Familienfest im Anschluss an den Gottesdienst wichtig war (QB09).

In den Erinnerungen zum Zeitpunkt t3 sind einige Werte schwächer ausgeprägt, etwa bei der Frage nach den erhaltenen Geschenken (QB10), die mit 33 % weniger zentral sind als in t1 mit 52 % (CB10) und 64 % in t2 (KB10). Die Predigt im Gottesdienst zur Konfirmation (QK23) ist bei 33 % in positiver Erinnerung. Der geringe Wert kann auch auf den Umstand zurückzuführen sein, dass vielerorts die Predigt zugunsten der Beiträge der Jugendlichen im Gottesdienst recht kurz ausfällt. In Bezug auf den Glauben sagen 33 %, dass sie den Eindruck haben, durch oder während der Konf-Zeit gestärkt geworden zu sein (QB08).

Der erste Eindruck bezüglich der Wahrnehmung der Konf-Zeit mit zeitlichem Abstand von t3 ist also durchaus positiv:

> «Meine Konf-Zeit habe ich als extrem positiv in Erinnerung, ich habe sie sehr genossen! An meiner Einstellung zum christlichen Glauben hat die Konfirmation jedoch nichts geändert.» (Mädchen, t3)

Oder:

> «Die Konfzeit hat mir in vielen Bereichen des Lebens Möglichkeiten geboten, meinen Horizont zu erweitern. Manchmal sind auch interessante Diskussionen entstanden, die sehr anregend waren. Deshalb würde ich sagen, dass die Konfzeit nicht unbedingt meinen Glauben gestärkt hat, sondern viel mehr mein Allgemeinwissen vergrössert hat und mir das Interesse an Themen, wie z. B. Martin Luther King gebracht hat.» (Mädchen, t3)

Einzelne Entwicklungen werden aber im Folgenden noch differenzierter untersucht:

Abbildung 76: Erinnerungen an die Konfirmation

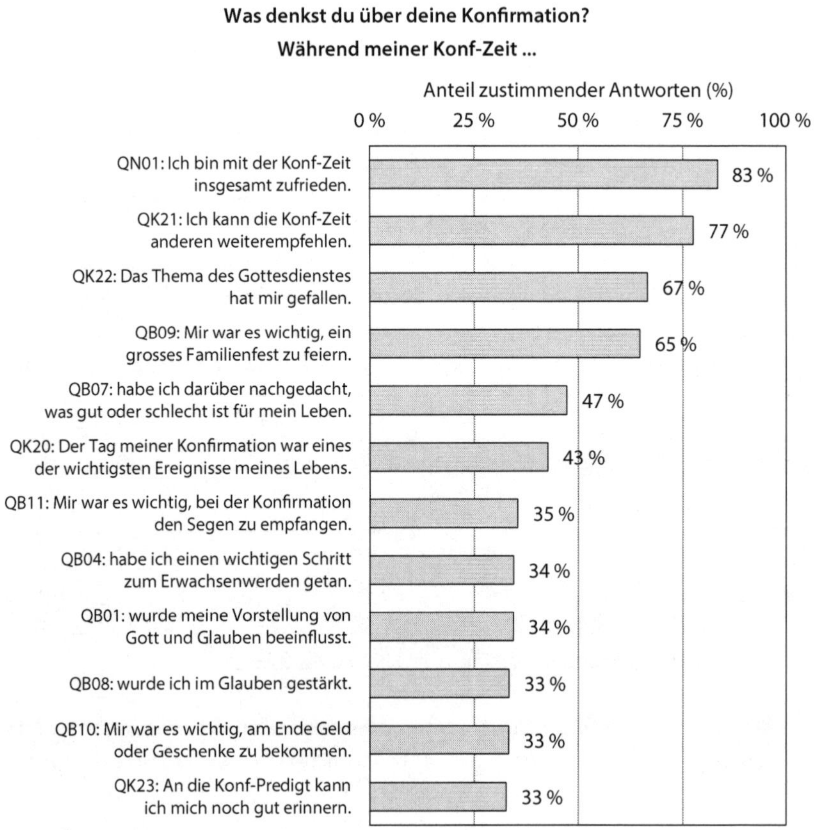

N = 644–662. Skalen mit Wertebereich von 1 (trifft gar nicht zu) bis 7 (trifft voll zu). Angegeben sind die Anteile der Antworten im zustimmenden Bereich (Skalenpunkte 5, 6 und 7). Lesehilfe: 83 % der Konfirmierten sind in t3 mit ihrer Konf-Zeit insgesamt zufrieden.

Longitudinal betrachtet gibt es zwischen dem Beginn des letzten Jahres der Konf-Zeit (t1) und zwei Jahre nach der Konfirmation (t3) drei Entwicklungen zu beobachten: Zuerst besteht prozentual gesehen eine stabile (Glaubens-)Gewissheit – insofern sich die Werte zwischen t1 und t3 kaum verändern (nebenbei bemerkt darf diese Stabilität aber nicht automatisch auch für die individuellen Einstellungen angenommen werden!). Dazu gehört z. B. das Item «Es gibt ein Leben nach dem Tod» (CE02), das in t2 und in t3 60 % Zustimmung erhält. Mit nur leichtem Rückgang von t2 zu t3 zählen dazu auch die Items: «In schwierigen Situationen hilft mir mein Glaube an Gott» (CE08) mit t1 41 %, t2 43 % und t3 40 %; und «Gott liebt jeden Menschen und kümmert sich um uns» (CE03) mit t1 57 %, t2 58 % und t3 55 %. Ähnlich verhält es sich bei «Die Welt ist von Gott erschaffen» (CE01) mit t1 33 %, t2 30 % und t3 28 %. Gewisse Glaubensaussagen geniessen also einen stabilen Stellenwert in der Wahrnehmung der Jugendlichen, auch über den Verlauf von drei Jahren hinweg. Es handelt sich dabei um christliche Glaubensaussagen (z. B. CE02: «Es gibt ein Leben nach dem Tod») und den persönlichen Ausdruck von Glauben (CE08).

> «In letzter Zeit hatte ich es nicht leicht, viel Stress und noch andere Sachen. Jedoch hat mir Gott geholfen durch diese Zeit zu kommen, ich habe viel gebetet.» (Junge, t3)

Auch bei der Frage nach einer Taufe eigener Kinder zeigt sich prozentual wiederum eine Stabilität in den Antworten der Jugendlichen: Das Item «Falls ich später einmal Kinder habe, will ich sie taufen lassen» (CG03) erhält in t1 84 % Zustimmung, in t2 87 % und in t3 wiederum 84 %. Von t3 her betrachtet sind es allerdings nur wenige Frage-Items, die kaum oder keine Veränderung im Verlauf der Zeit aufweisen.

Als Zweites gibt es diejenigen Bereiche, die aus der Sicht der Jugendlichen an Bedeutung verlieren und damit zum Zeitpunkt t3 deutlich geringere Zustimmung erfahren als in t1 und/oder t2. Interessanterweise fallen hier zwei Items auf, die auf eine intrinsische Motivation zur Teilnahme an der Konfirmationszeit abzielen: ein grosses Familienfest sowie Geld und Geschenke. Beide Items haben für die Jugendlichen rückblickend deutlich weniger Einfluss auf die Entscheidung als im Vorfeld. «Ich nehme an der Konfirmations-Zeit teil, um …«bei der Konfirmation ein grosses Familienfest zu feiern» (KB10) trifft in t2 für 83 % zu, in t3 nur noch für 65 %. Die Teilnahmemotivation, um «am Ende Geld oder Geschenke zu bekommen» (KB11), ist in t2 für 64 % wesentlich, in t3 nur noch für 33 %. Das kann zum einen damit zusammenhängen, dass sie die Geschenke und das Geld eben bereits erhalten haben und die Familie schon gefeiert hat, zum anderen aber auch darauf hinweisen, dass diese Anreize im Rückblick weniger nachhaltig sind als bestimmte Erfahrungen, die man in dieser Zeit gemacht hat und an die man sich – vielleicht intensiver – erinnert.

In Bezug auf die Erinnerung an Lernerfolge während der Konfirmationszeit zeigt sich das Bild ähnlich klar: Mehr über Gott und den Glauben erfahren (KB01) haben in t2 immerhin rund zwei Drittel, nämlich 65 %, in t3 sind es nur noch 34 %. Interessant ist dies, wenn – bei aller methodischen Zurückhaltung – ein vergleichender Blick auf die EKD-Daten geworfen wird: Während dort in t2 75 % angeben, mehr über Gott und den Glauben erfahren zu haben, sind es in t3 sogar 80 %. Nicht nur unterscheiden sich die Konfirmierten der beiden Länder, wenn es um die Tendenz geht, sondern es fällt auch auf, dass schweizerische Konfirmierte ihren Lernprozess während der Konf-Zeit als äusserst bescheiden einstufen – mit Distanz sogar noch mehr.

Als Drittes gibt es diejenigen Fragen und Themen, die einen deutlichen Interessen- oder Bedeutungszuwachs von t1/2 zu t3 hin aufweisen. Gerade im Anschluss an das Item «Ich habe mehr über Gott und den Glauben erfahren» (KB01), das wie gezeigt einen Bedeutungsverlust von t1 zu t3 aufweist, überrascht es, dass zwei Jahre nach der Konfirmation nun rund 15 % mehr Jugendliche von sich sagen können, dass sie wissen, was zum christlichen Glauben gehört (CE10): t1 50 %, t2 59 %, t3 65 %. Es scheint, dass die Jugendlichen zwischen Glaubenswissen, über das sie aus eigener Sicht nur bedingt verfügen, und ausreichend Orientierungswissen bezüglich der eigenen Religion resp. Konfession unterscheiden. Auf einen differenzierteren Reflexionsprozess zur eigenen Stellung im Kontext des christlichen Glaubens und der Kirche weist auch die Einstufung der Aussage «Auf die Fragen, die mich wirklich bewegen, hat die Kirche keine Antwort» (CG02) hin. Was die Kirche an Sinnangeboten bietet bzw. wie sie die Jugendlichen in ihren Deutungsprozessen unterstützt, wird von den Jugendlichen recht bescheiden bewertet: In t1 sind es schon 40 %, die diese – ja negativ zu verstehende – Aussage bejahen, in t3 steigt die Zahl auf 47 %.

Ein längeres Zitat aus den Freitextantworten zu t3 illustriert dies aus der Sicht einer Konfirmierten:

> «Der Konfunti müsste mehr auf die Fragen der Jugendlichen eingehen und nicht ein stures Programm durchziehen, über Dinge, die ich schon kannte. Mir fehlen die ‹christlichen› Werte. Ich muss leider immer wieder feststellen, dass Ungläubige die besseren ‹Christen› sind. ‹Nächstenliebe›? In meiner Kirche ein Fremdwort. Auch die Frage der ‹Schuld›, fand ich sehr falsch vermittelt. Wenn der Pfarrer in einem Suizidfall die Ehefrau als ‹schuldig› verurteilt (das war während des Besuchs des Pfarrers bei uns daheim, in Anwesenheit meiner Eltern), ohne die genaue Geschichte und unsere Beziehung zu dieser Familie zu kennen, würde ich am liebsten aus der Kirche austreten. Ich zahle doch keine Kirchensteuer, damit man die Bedürftigen zur Schnecke macht und von Nächstenliebe predigt. Ich hoffe, dass ich in einer anderen Gemeinde wieder zum Glauben finde, denn ich war nach meiner Konf nie so weit entfern von ihm, wie vorher …» (Mädchen, t3)

Interessenzuwachs auf der Ebene der Daten kann dann wieder im Bereich des ethischen Bewusstseins der Jugendlichen festgestellt werden. Aussagen wie «Der christliche Glaube motiviert dazu, sich um andere Menschen zu kümmern» (CP27) weisen von t1 bis t3 eine deutlich gesteigerte Zustimmung auf: t1 47 %, t2 54 %, t3 61 %. Das schlägt sich auch in moralischen Forderungen an den Einzelnen nieder: «Gläubige Menschen sollten vorbildlich handeln» (CP29) findet in t1 50 % Zustimmung, in t3 63 %. Offenbar hat sich das Weltverhältnis der Jugendlichen zwischen t1 und t3 verändert und kritische und besorgte Gedanken zur eigenen Existenz machen sich teilweise bemerkbar: «Ich mache mir oft Sorgen um meine Zukunft» (KP/QP39) trifft in t2 für 42 % zu, in t3 für 44 %, was statistisch gesehen eine irrelevante Veränderung darstellt. Bezüglich des Items «Ich mache mir oft Sorgen um die Zukunft der ganzen Welt» (KP/QP40) steigt die Zustimmung von 57 % in t2 auf 68 % in t3.

Gesonderte Beachtung verdienen die Themen Glaube und Kirchenbezug. In diesem Bereich zeigen sich sowohl positive wie auch negative Entwicklungen zwischen t1 und t3. Die grundsätzlich positive Einstellung gegenüber dem christlichen Glauben («Wie bewertest du den christlichen Glauben insgesamt?», CF01) steigert sich zwar in geringem Ausmass von t1 (67 %) zu t2 (70 %), fällt jedoch bis t3 wieder ab auf 56 % und verliert damit 14 %. Ähnlich, wenn auch deutlich weniger drastisch, verhält es sich beim Item «Wie bewertest du die evangelische Kirche insgesamt?» (CF02). Während in t1 63 % die Kirche positiv wahrnehmen, sind es in t2 70 %, in t3 jedoch nur noch 61 %. So heisst es etwa exemplarisch für die kritischen 39 %:

> «Der Glaube an Gott ist für mich etwas privates. Ich brauche keine Institutionen um an Gott zu glauben.» (Junge, t3)

Im ersten Fall, wenn es um die Bewertung des christlichen Glaubens geht, sinkt die positive Einstellung zwei Jahre nach der Konfirmationszeit deutlich (14 %) unter den Ausgangswert in t1. Gerade wenn berücksichtigt wird, dass diejenigen Jugendlichen, die sich für die Befragung t3 freiwillig noch einmal zur Verfügung gestellt haben, grundsätzlich leicht positivere Werte in Glaubensfragen aufweisen als das t1-t2-Längsschnittsample zeigt, muss dieser Bedeutungsverlust doch ernst genommen werden (siehe Abbildung 77).

Es ist natürlich zu vermuten, dass «der christliche Glaube» und «die evangelische Kirche» bei einigen der Jugendlichen seit der Konfirmation in deren Alltag weniger präsent sind. Ob nun der eben reduzierte, strukturell induzierte Kontakt (Konfirmationsarbeit, Gottesdienstbesuche, Begegnungen mit Gemeinde etc.) zu dieser Tendenz führt, oder ob eine kritische Re-Evaluation der institutionell verfassten Kirche bei den Jugendlichen stattgefunden hat, ist aus den Ergebnissen nicht abzuleiten. Hier können sich dann durchaus auch massive Einschätzungen finden:

> «Es sieht so aus, als würden immer weniger Jugendliche an Gott glauben. Was ich persönlich auch gut finde. Wir wachen langsam auf und merken, dass man mit Glauben nichts erreichen kann. Wir denken logischer und glauben nicht

Abbildung 77: Positive Bewertung von Glauben und Kirche im t1-t2-t3-Längsschnitt

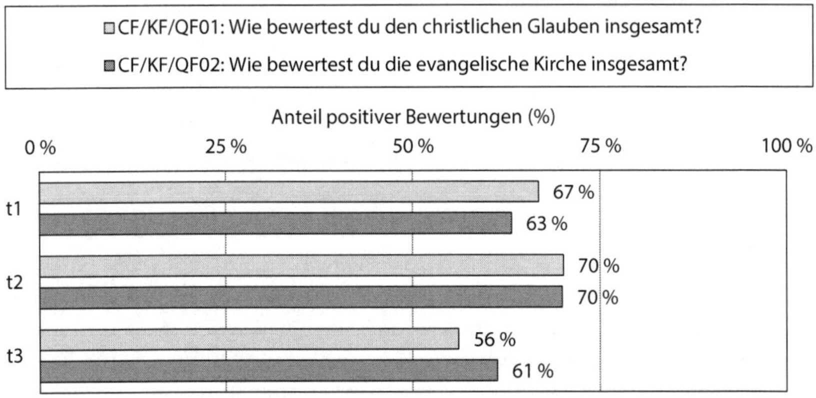

N (CF/KF/QF01) = 631; N (CF/KF/QF02) = 621. Grundlage der Resultate sind t1-t2-t3-Längsschnitte. Im t1-t2-t3-Längsschnitt sind alle KonfirmandInnen enthalten, die in t1, t2 und t3 gültige Antworten gegeben haben. Skalen mit Wertebereich von 1 (sehr negativ) bis 5 (sehr positiv). Angegeben sind die Anteile der Antworten im zustimmenden Bereich (Skalenpunkte 4 und 5). Lesehilfe: 70 % der KonfirmandInnen im t1-t2-t3-Längsschnitt bewerteten in t2 Glauben und Kirche positiv.

alles was uns vorgesetzt wird. Wer an Gott glaubt muss ziemlich naiv sein, ist etwa das gleiche wie wenn man eine Kinderbuchgeschichte liest und denkt es sei Realität. Die Bibel ist nichts anderes als erfundene Geschichten, die die Menschheit glauben soll damit eine neue Art um Geld zu verdienen entsteht. Die Kirche ist Teil des Systems und ich hoffe das sie bald den Bach runter geht. Wir lassen uns nicht verarschen☺» (Mädchen, t3)

Die Gottesdienstbesuche nach der Konfirmation fallen jedenfalls auch in der Gruppe derjenigen, die bei t1-t2-t3 teilgenommen haben, gering aus. Ein minimaler Anteil von 3 % besucht (noch) regelmässig Sonntagsgottesdienste, 45 % gehen ein bis vier Mal pro Jahr, 40 % «(fast) nie» und 9 % fünf bis elf Mal im Jahr (QG11) in einen Gottesdienst.

Eine zumindest institutionsskeptische Haltung lässt sich vermuten, wenn man das Item «Mein Glaube wird immer eine Rolle spielen in meinem Leben» (KP47) betrachtet. In t2 haben 43 % dies positiv beantwortet, in t3 sind es noch 38 %. Nochmals sei hier betont: Stabilität in sozialen Aggregaten bedeutet nicht zwingend individuelle Stabilität. Darum sind hier die Prozentzahlen nicht in Bezug auf Individuen, sondern auf die Kohorte zu verstehen. Der Rückgang um 5 % ist als gering, aber bedeutsam zu erachten und zeigt, dass von relativ stabilen Einstellungen im Blick auf die Rolle des Glaubens ausgegangen werden kann, was mit den längerfristigen Sozialisationsprozessen zu tun haben mag. Ähnlich stabil verhält sich die Antwortsituation bei der Aussage «In schwierigen Situationen hilft mir mein Glaube an Gott» (CE08), wo ein leichter Zuwachs von t1 (41 %) zu t2 (43 %) feststellbar ist, für die Antworten in t3 mit 40 % aber doch auch ein vergleichbarer Wert vorliegt. Bei aller Zurückhaltung der Deutung hinsichtlich individueller Entwicklungen: Es klingt doch an, dass die persönliche und innerliche Einstellung weniger variabel ist als diejenige in Bezug auf die Institution Kirche oder auf Glaubensaussagen. Als Beispiel für Letzteres kann hier das Item «Jesus ist auferstanden» (CE04) dienen, wo sich die Zustimmung von t1 bis t3 kontinuierlich reduziert: t1 40 %, t2 38 %, t3 31 %. Eine interessante Perspektive verschafft die Betrachtung zweier weiterer Items zur Glaubenseinstellung:

Abbildung 78: Wissen und Unsicherheiten im Hinblick auf den Glauben im t1-t2-t3-Längsschnitt

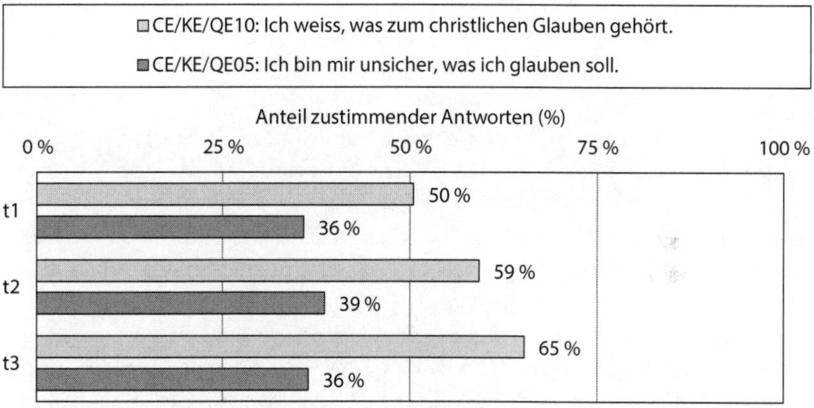

N (CE/KE/QE10) = 642; N (CE/KE/QE05) = 640. Grundlage der Resultate sind t1-t2-t3-Längsschnitte. Im t1-t2-t3-Längsschnitt sind alle KonfirmandInnen enthalten, die bei t1, t2 und t3 gültige Antworten gegeben haben. Lesehilfe: 65 % der KonfirmandInnen im t1-t2-t3-Längsschnitt geben in t3 an zu wissen, was zum christlichen Glauben gehört.

Wie oben gezeigt, erhöht sich das «Glaubenswissen» der Jugendlichen beim Item «Ich weiss, was zum christlichen Glauben gehört» (CE10) von t1 bis t3 um 15 %. Zugleich haben wir aber stabile Werte bei «Ich bin mir unsicher, was ich glauben soll» (CE05), wenn dies in t1 36 % bejahen, in t2 39 % und in t3 wiederum 36 %. Es besteht also bei den befragten Jugendlichen ein recht deutlicher Unterschied zwischen der *subjektiven Einschätzung gesteigerten Glaubenswissen* und der Unsicherheit in Bezug auf das, was Jugendliche *für sich* konkret glauben sollen.

Gesondert betrachtet werden kann die Beziehung der befragten Jugendlichen zur Kirche – in diesem Fall im Verständnis der Jugendlichen wohl die Ortsgemeinde – nach der Konfirmation. Mit 55 % sagen mehr als die Hälfte, dass sie nach der Konfirmation den Kontakt zur Kirche verloren haben (QG20):

> «Ich finde es schade, dass ich durch meine Konfzeit die Verbindung zur Reformierten Kirche verloren habe. Jedoch hat sie mich glücklicherweise nicht vom Glauben an Gott abgebracht. Verstärkt wurde der Glauben aber auch nicht.» (Mädchen, t3)

Die genannte Zahl von 55 % ist erheblich, gerade wenn man bedenkt, dass diese Jugendlichen doch die Offenheit an den Tag legten, noch einmal an einer Befragung (t3) teilzunehmen. Interessant ist nun aber, dass 41 % dieser Jugendlichen sagen, dass sie Freunde haben, die in der Kirche aktiv sind (QG22). Das ist ein nicht geringer Teil und zeigt, dass es in der Wahrnehmung der Jugendlichen zumindest die Möglichkeit gibt, sich auch nach der Konf-Zeit in der Kirche einzubringen, was sie aber für sich selbst nicht in Betracht ziehen – oder sie halten es für wichtiger, *dass* man sich engagiert, als *wo* man sich einsetzt:

> «Meiner Meinung nach ist es wichtig sich aktiv in der Gesellschaft zu engagieren, egal ob kirchlich, in der Pfadi oder sonst wo.» (Mädchen, t3)

Dazu passt, dass nur 24 % meinen, die Kirche mache Angebote, die sie interessieren (QK26). Ob zusätzlich eine Schwelle gegenüber kirchlicher ehrenamtlicher Mitarbeit besteht, welche die Jugendlichen bei der Partizipation zögern lässt, kann nicht ausgemacht werden, doch gibt die Aussage, dass nur 20 % persönlich um Mitarbeit angefragt wurden (QP50), möglicherweise Aufschluss in diese Richtung. In Zahlen sind es zum Zeitpunkt t3 14 % der Jugendlichen, die sich ehrenamtlich in der Kinder- und Jugendarbeit einbringen. Sie gehören zu den 20 %, die um ihre Partizipation gebeten wurden (QP50). Festzuhalten ist, dass 79 % der an t3 teilnehmenden Jugendlichen nicht in der christlichen Kinder- und Jugendarbeit tätig sind oder waren (QP51).

Die Vermutung, dass seitens der Kirchen Handlungsbedarf besteht, wenn es um die (Wieder-)Annäherung der Jugendlichen nach der Konf-Zeit geht, erhält mehr Gewicht, wenn nur 24 % der Jugendlichen sagen, dass es für sie in der Kirche nichts Neues zu lernen gibt (QG21). Grundsätzliches Interesse und ein Wissen um die Möglichkeit der Mitarbeit scheinen also bei den Jugendlichen vorhanden, doch findet diese Offenheit in der tatsächlichen Partizipation – sei es in Form von Jugendarbeit, sei es als aktives Gemeindemitglied in anderen Angeboten – wenig Niederschlag.

Die Jugendlichen wurden gebeten, ihre Gründe für die Nichtmitarbeit in der kirchlichen Kinder- und Jugendarbeit in ihrer Gemeinde darzulegen. Es sind immerhin 79 %, die angeben, keine Zeit (QP52) dafür zu haben. Vor dem Hintergrund des Alters der Jugendlichen, das in t3 mehrheitlich zwischen 16 und 18 Jahren liegt, kann angenommen werden, dass schulisch und in Bezug auf eine Berufslehre ein anderer Lebensrhythmus mit stärkerer Selektion von «Freizeitangeboten» stattgefunden hat. Weniger Zeit zu haben drängt die Jugendlichen dazu, sich genauer zu fragen, wo sie ihre Schwerpunkte im Privatleben setzen möchten. Dazu passt auch, dass den Jugendlichen andere Dinge sinnvoller erscheinen (QP53), was von 61 % zugestimmt wird, die höhere Bereitschaft, in schulischen oder anderen Gruppen mitzuarbeiten (QP43), die 51 % bekunden, und die Aussage, dass andere Dinge wichtiger sind als der Glaube (QP42), die 59 % bejahen.

Nach der Konfirmation nimmt – je nach Schulabschluss recht schlagartig, bspw. im Falle einer Berufslehre, die im Anschluss an die Konfirmation nach den Sommerferien beginnt – die Frage nach der verfügbaren (Frei-)Zeit einen deutlich höheren Stellenwert im Alltag und in der Wahrnehmung der Jugendlichen ein:

> «Ich würde gerne mehr machen für die Kirche aber leider habe ich neben meiner Lehre fast keine Zeit mehr.» (Junge, t3)

Ob die Kirche und ihr Angebot zur Mitarbeit in diesem strafferen Plan noch einen Platz haben, hängt von verschiedenen Faktoren ab, die aufgrund der vorliegenden Daten nicht näher identifiziert werden können. Dass sich die Kirche aber über diese Veränderung im Leben der Jugendlichen bewusst sein muss, ist kaum von der Hand zu weisen.

Die Mitarbeit in der Kirche stufen lediglich 11 % als negativ bzw. «uncool» (QP45) ein und es sind dann auch nur 9 %, welche die Mitarbeit ablehnen, weil «ich meine eigene Konf-Zeit nicht mochte» (QP44) (siehe Abbildung 79).

Gefragt nach der Einschätzung der Aufgaben der reformierten Kirche an sich, zeigt sich zwei Jahre nach der Konfirmation ein interessantes Bild: Der Konfirmationsunterricht bspw. zählt aus Sicht der Jugendlichen nicht zu den wichtigsten Aufgaben der Kirche, nur 10 % räumen ihm einen hohen Stellenwert ein (QG24) – und dieser kirchliche Unterricht bildet damit sogar das Schlusslicht bei allen kirchlichen Aufgaben. Die Gottesdienste (QG23) und die Seelsorge (QG25) erscheinen mit 23 % resp. 24 % schon zentraler. Mit 59 % stehen die Kasualien (QG27) an der Spitze und stellen in der Wahrnehmung der Jugendlichen wohl die Kernaufgabe der Kirche dar. Interessant ist, dass immerhin 38 % es wichtig finden, dass die Kirche unterschiedlichen Menschen Gemeinschaft bietet (QG29). Oder wie exemplarisch formuliert wird:

Abbildung 79: Gründe für die Nichtmitarbeit in der kirchlichen Kinder- und Jugendarbeit

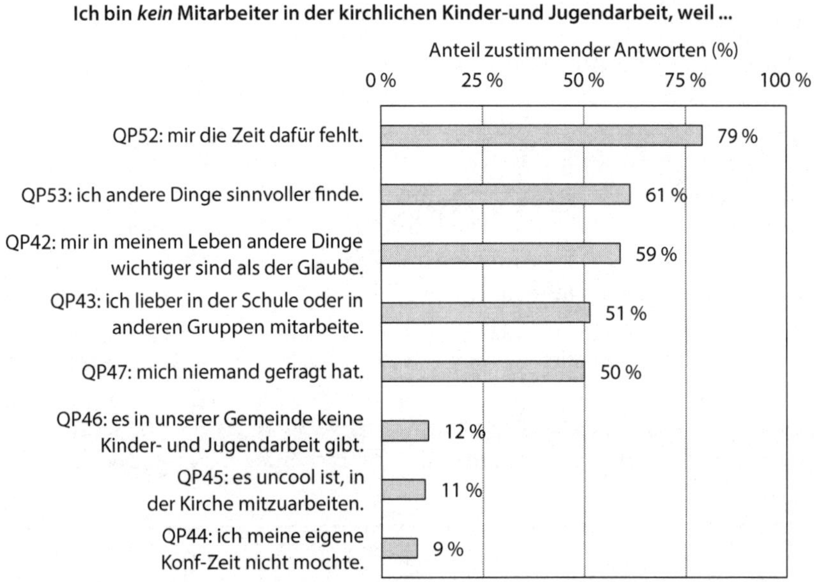

N = 552–561. Skalen mit Wertebereich von 1 (trifft gar nicht zu) bis 7 (trifft voll zu). Angegeben sind die Anteile der Antworten im zustimmenden Bereich (Skalenpunkte 5, 6 und 7). Lesehilfe: 79 % der Konfirmierten geben als Grund für die Nichtmitarbeit in der kirchlichen Kinder- und Jugendarbeit Zeitmangel an.

> «(…) Meiner Meinung nach hat die Kirche aber ihre Daseins-Berechtigung, wenn es darum geht soziale Werte zu vermitteln und gegen Ungleichberechtigung zu kämpfen.» (Junge, t3)

Es scheint, dass in der Wahrnehmung der Jugendlichen die klassische Aufgabe der Kasualienverwaltung sowie das soziale Engagement im zwischenmenschlichen Bereich das Profil der reformierten Kirche ausmachen. Die Bildungsarbeit in und ausserhalb der Konfirmationszeit hingegen geniesst deutlich geringere Relevanz:

> «Das Kennenlernen der Kirche war interessant, jedoch sehe ich keinen konkreten Grund wieso dass ich in der Kirche aktiv werden sollte. Die Kirchlichen Feste (Konf, Hochzeit, Taufe, etc.) sind sehr interessant. Aber weil an diesen die ganze Familie zusammen kommt und immer ein grosses Fest herrscht. Den jeweiligen Gottesdienst finde ich enorm langweilig und ich kann sehr gut darauf verzichten. Leider ist es so, dass ich das Gefühl habe, dass die meisten Pfar-

rer mich um jeden Preis von ihrem Denken, Handeln und Sein überzeugen wollen. Ich verstehe auch nicht wieso ich einen soooo langen Monolog anhören muss, In der Schule hat man genug zugehört. Zusammen sprechen ist viel interessanter!» (Junge, t3)

Abbildung 80: Wichtigste Aufgabe der reformierten Kirche nach Auffassung der Konfirmierten

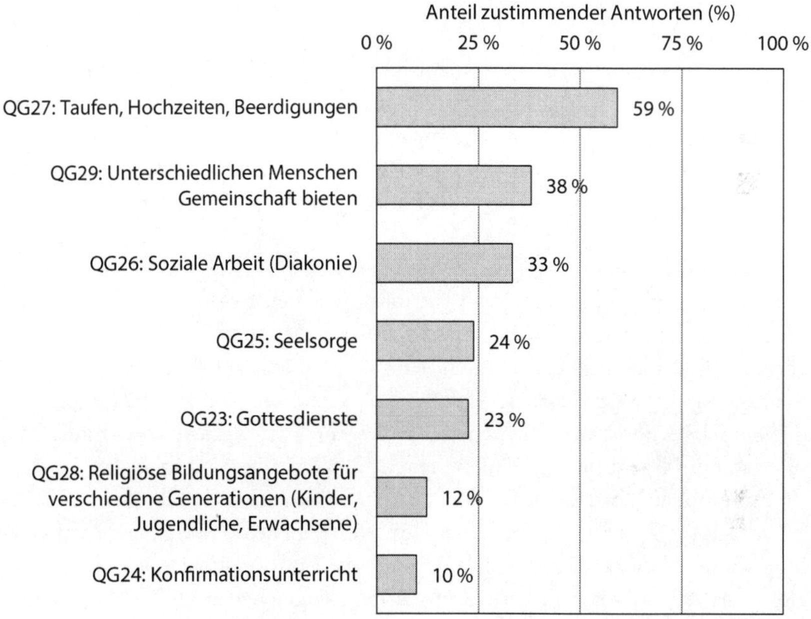

N = 656. Lesehilfe: 59 % der Konfirmierten halten in t3 Taufen, Hochzeiten und Beerdigungen für die wichtigste Aufgabe der reformierten Kirche.

2.5.3 Zwischenfazit

Insgesamt erlauben die t3-Daten zwar keinen vergleichbaren Einblick in die Situation aller schweizerischen Jugendlichen, die bei t1 und t2 mitgemacht haben, doch zeigen sich einige Tendenzen, die für weitere Überlegungen zur Konzeption zukünftiger Konfirmationsarbeit durchaus hilfreich sind. Einige Punkte sollen hier hervorgehoben werden:

Die Konfirmationszeit und auch der Konfirmationsgottesdienst sind nach wie vor insgesamt in positiver Erinnerung:

> «Die Konfzeit fand ich einfach super! Ich denke noch oft an meine Konfirmation zurück. Denn es war einfach so schön und unvergesslich. Ich habe dadurch auch viele neue Leute kennengelernt! Manchmal vermisse ich sogar auch den Konfunterricht.» (Mädchen, t3)

Offenbar verlieren die Institution Kirche und der christliche Glaube aber stark an Bedeutung bei den schweizerischen Konfirmierten – stärker als bspw. bei den Konfirmierten in Deutschland:

> «Wen die Kirche nicht immer mehr religiöse Kurse/Stunden einführen würde hätte ich heute vielleicht Interesse. 3. Klassunti – 4. Klassunti – Alles zu viel. Man wird überrollt damit, und hat dann keine Lust mehr nach der Konf nochmals in die Kirche zu gehen. Ich habe mir auch schon mehrmals überlegt aus der Kirche auszutreten, was ich auch mache mit 18.» (Junge, t3)

Die Jugendlichen haben, wie anzunehmen ist, bisher vorwiegend kirchliche und/oder religiöse Bildungsangebote erlebt und diese stellen somit den Kontext der meisten Erfahrungen im Rahmen der Kirche dar. Dennoch nehmen die Jugendlichen die Bildungsangebote nicht als zentrale Elemente der Aufgaben der reformierten Kirche wahr, das sind vielmehr die Kasualien und die Förderung von Gemeinschaft unter den Menschen. Der eigene Bildungsweg wird somit eher nicht mit der Institution reformierte Kirche in Verbindung gebracht.

Das ethische Bewusstsein für das Handeln der Kirche und auch das eigene Verhältnis zur sozialen und ökologischen Umwelt haben beide eine positive Entwicklung seit der Konfirmationszeit erfahren. Ob die Konfirmationsarbeit diese Reflexionsprozesse mit angeregt hat oder ob Alter, Zeitgeschehen und Bildung darauf einen massgeblichen Einfluss hatten, bleibt nur zu vermuten. Doch zeigen sich eine Anschlussmöglichkeit für Angebote für junge Erwachsene und daran geknüpft Erwartungen an die Kirche aus der Sicht zukünftiger Mitglieder.

Die Jugendlichen können sich rückblickend nur sehr bedingt an Gelerntes erinnern oder haben aus ihrer Sicht während der Konf-Zeit wenig oder kaum etwas Neues gelernt. Ob dies auch tatsächlich so ist oder ob z. B. erlebnisorientierte Pädagogik von Einfluss auf diese Wahrnehmungen ist, bleibt offen. Dennoch lässt sich feststellen, dass die Konfirmierten in Bezug auf das, was man glauben könnte – sei es, weil es «zum Glauben gehört», sei es, weil es an persönliche Sinnfragen anschliesst –, grosse Unsicherheit zeigen. Dennoch bejaht zumindest in t3 nur ein Viertel, dass es in der Kirche nichts mehr zu lernen gebe.

3. Prägekräfte der Konfirmationsarbeit: Wie religiöse Erfahrungen, Kontexte, Bildung und das Geschlecht die Einstellungen der Beteiligten und die Aktionsformen beeinflussen

3.1 Einleitung

Im Rahmen der hier präsentierten Studie eröffnet sich die bisher für die Schweiz erstmalige Gelegenheit, breit gefächertes Datenmaterial zu den kantonalkirchlichen und gemeindlichen Strukturbedingungen, den Einstellungen der Konfirmandinnen und Konfirmanden, den Einstellungen der Mitarbeitenden sowie zu den Organisations- und Aktionsformen von Konfirmationsgruppen und -teams zu veröffentlichen und zu diskutieren. Die wichtigsten Ergebnisse, die man dem Datenmaterial entnehmen konnte, wurden in den vorherigen Kapiteln dargestellt und beschrieben.

Diese weitgehend deskriptiven Kapitel beschränkten sich jedoch auf die Darstellung einzelner Sachverhalte und einfacher Zusammenhänge, ohne dass die Auswirkungen bestimmter einzelner Faktoren und Einflussmuster einer systematischen empirischen Überprüfung unterzogen und interpretiert wurden. Dort wurde der Schwerpunkt mehr auf die Beschreibung des Datenmaterials gelegt und weniger auf die Aufdeckung von Einflussfaktoren interessierender Sachverhalte. Auch wenn sich dabei bereits der eine oder andere Hinweis auf kausale Einflussmuster ergab, soll im Folgenden eine ausführlichere Kausalanalyse der Einstellungen und Aktionsformen der Akteure im Setting der schweizerischen Konfirmationsarbeit erfolgen.

Dafür seien an dieser Stelle einige methodische Ausführungen gemacht, die insbesondere für diejenigen Leser gedacht sind, die sich für den methodischen Zugang zur Ergebnisgenerierung interessieren (eine ausführlichere Beschreibung findet sich in Kapitel 7):

3.1.1 Hinweise zum methodischen Zugang der Ergebnisgenerierung

Zentraler Gegenstand dieses 3. Kapitels ist die Suche nach den sogenannten *Prädiktoren*, d. h. nach den *Einflussfaktoren* der bei den Akteurinnen und Akteuren der Konfirmationszeit vorherrschenden *Einstellungen* und *Aktionsformen*, und ebenso die interpretative Erklärung dieser Einflussmuster. Die erklärungsbedürftigen Einstellungen und Aktionsformen werden im Sinne von *bewirkten Sachverhalten* als *abhängige bzw. zu erklärende Variablen* behandelt. Die *Prädiktoren bzw. Einflussfaktoren* werden im Sinne von *bewirkenden Sachverhalten als unabhängige oder erklärende Variablen* analysiert. Dies bedeutet konkret: Als unabhängige Variablen bzw. mögliche Prädiktoren interessierender Einstellungen kommen *soziodemografische* oder *biografische Merkmale* der Konfirmandinnen und Konfirmanden sowie verschiedene *gruppen-, gemeinde- oder kantonsspezifische Bedingungen* in Betracht.

Im Hinblick auf die *Relevanz* der zu identifizierenden Einflussfaktoren wird zwischen «sehr relevanten» und «relevanten» (positiven oder negativen) Einflüssen unterschieden. Die Unterscheidung zwischen irrelevanten, relevanten und sehr relevanten Einflussfaktoren erfolgt in Anlehnung an Cohen (1988), der zwischen schwachen, mittleren und starken Effekten differenziert. In der quantitativ-sozialwissenschaftlichen Forschungspraxis werden überwiegend schwache Effekte gefunden, mittlere Effekte sind meist schwerer zu finden und gelten schon als «gut», starke Effekte werden selten gefunden. In dieser Studie ordnen wir die häufiger zu erwartenden *schwachen* Effekte als *relevante* Effekte ein und die seltener auftretenden *mittleren und starken Effekte* fassen wir zu *sehr relevanten Effekten* zusammen. Unterhalb der Schwelle der schwachen, aber relevanten Effekte sind nicht vorhandene, nicht messbare oder sehr schwache Effekte verortet, was der oben genannten dritten Kategorie der irrelevanten Einflüsse entspricht.

Von einem *positiven Einfluss* ist die Rede, wenn aufsteigende (bzw. absteigende) Werte einer einen Einflussfaktor bezeichnenden unabhängigen Variablen tendenziell mit aufsteigenden (bzw. absteigenden) Werten einer abhängigen Variable einhergehen. Umgekehrt liegt ein *negativer Einfluss* vor, wenn aufsteigende (bzw. absteigende) Werte einer unabhängigen Variablen tendenziell mit absteigenden (bzw. aufsteigenden) Werten einer abhängigen Variablen einhergehen.

Die in diesem Kapitel vorzunehmenden Analysen führen beispielsweise zu folgenden kausalanalytischen Aussagen:

- Das Ausmass familiärer religiöser Prägung im Elternhaus wirkt sich in sehr bedeutsamer Weise positiv auf die Religiosität der Jugendlichen in t1 aus.
- Je höher (bzw. geringer) die familiäre religiöse Prägung der Jugendlichen ausfällt, desto höher (bzw. geringer) stellt sich die Religiosität der Jugendlichen in t1 dar – diese Relation ist als sehr relevant anzusehen.

Näherer Beleuchtung bedürfen die in diesem Kapitel zu erklärenden bzw. als abhängige Variablen zu behandelnden *Einstellungen und Aktionsformen*:

3.1.2 Zur Verwendung der Begriffe «Einstellungen» und «Aktionsformen»

Unter *Einstellungen* sind nach gängiger sozialpsychologischer Definition bestimmte *Neigungen* zu verstehen, mit denen Menschen auf bestimmte Objekte (*Einstellungsobjekte*) in einer wertenden Weise reagieren (Zimbardo/Gerrig 2008, 642–646). Einstellungsobjekte können Personen, Dinge, Wahrnehmungen, Handlungen, soziale Realitäten oder Ideen sein, die einer Wertung zugänglich sind bzw. denen man mit Zustimmung, Neutralität oder Ablehnung begegnet. Beispielsweise ist in Item CF02 die Institution Kirche ein Einstellungsobjekt, das die Konfirmandinnen und Konfirmanden als Einstellungsträger positiv, neutral oder negativ bewerten können: «Wie bewertest du die evangelische Kirche insgesamt? (1) sehr negativ, (2) eher negativ, (3) weder positiv noch negativ, (4) eher positiv, (5) sehr positiv».

Um weitere Beispiele zu nennen: Bei dem Zufriedenheits-Item KN01 ist die gesamte Konfirmationszeit das Einstellungsobjekt, auf das man zufrieden oder unzufrieden reagieren kann. Bei dem Religiositäts-Item CE18 ist die Stärke des Lebens nach religiösen Geboten das Einstellungsobjekt, zu dem man sich mehr oder weniger ablehnend oder zustimmend verhalten kann. Bei dem Wahrnehmungs-Item VC04 konnten die Mitarbeitenden zustimmend, neutral oder ablehnend auf die mögliche Wahrnehmung reagieren, der zufolge die Jugendlichen Unterstützung in ihrer persönlichen und sozialen Entwicklung erfahren haben. Beim Item zum pädagogischen Ziel, WB10, ist die Zielvorgabe «Menschen kennenlernen, denen der Glaube wichtig ist» das zu bewertende Einstellungsobjekt.

Die in dieser Studie in Form von Items und teilweise in Form von Indizes gemessenen Einstellungen sind breit gefächert und umfassen *Motivationen, Erwartungen, Erfahrungen, Wahrnehmungen, Überzeugungen und Prägungen* der Konfirmandinnen und Konfirmanden. Hierbei handelt es sich ausnahmslos um *individuelle Sachverhalte*, deren Variation im Rahmen dieses Kapitels mit verschiedenen Einflussfaktoren in Verbindung gebracht werden soll.

Im Gegensatz zu Einstellungen verweisen *Aktionsformen* auf Handlungen, die insofern über die als Einstellungen zu verstehenden *Handlungsabsichten* hinausgehen, als sie nach Auskunft der Befragten auf Tätigkeiten/Handlungen verweisen, die tatsächlich stattgefunden haben. Folgende in t2 an die Hauptverantwortlichen der Konfirmationsarbeit gerichteten Fragen machen das deutlich: «Wie oft haben Sie die folgenden Methoden und Handlungsformen bei diesem Konfirmandenjahrgang eingesetzt? (1) nie, (2) selten, (3) manchmal, (4) häufig» (Batterie VH); «Welche Aktivitäten durchläuft eine Konfirmandin/ein Konfirmand des aktuellen Jahrgangs, wenn sie/er sich ‹ganz normal› bei der Konf-Zeit vom ersten Treffen bis zur Konfirmation 2013 beteiligt?» (Batterie VQ). So beschriebene Aktionsformen eignen sich in dieser Untersuchung sowohl als abhängige als auch als unabhängige

Variablen, das heisst, sie sind an sich erklärungsbedürftig und kommen zugleich als Erklärungsfaktoren in Betracht.

Die *Identifizierung der Prädiktoren* erfolgt unter Zuhilfenahme der statistischen Methode der *Mehrebenenanalyse* (zu den Einzelheiten siehe 7.9): In der mehrebenenanalytischen Perspektive wird ein Setting der Konfirmationsarbeit angenommen, in dem 1) die Einstellungen und soziodemografischen/persönlichen und auch familiär bedingten Merkmale der Jugendlichen und Hauptamtlichen auf der individuellen *Mikroebene* verortet werden, 2) die Ziele und Aktionsformen der Konf-Gruppenleitungen, Konf-Gruppenmerkmale sowie der Gemeindestrukturen auf der gruppenbezogenen und lokalen *Mesoebene* und 3) die kantonalen Strukturen auf der *Makroebene*. In diesem verschachtelten pädagogischen Setting sind also die Konfirmandinnen und Konfirmanden sowie die Hauptamtlichen als Individuen und Akteure der Mikroebene gleichzeitig Konf-Gruppen und Gemeinden auf der Mesoebene zugeordnet, während die Gruppen und Gemeinden wiederum den Kantonen bzw. Kantonalkirchen auf der Makroebene zugeordnet werden können. Im Gegensatz zur individuellen Mikroebene, welche die Einstellungen und Merkmale Einzelner in den Blick nimmt, verkörpern die Meso- und die Makroebene als Ebenen sozialer Interaktion und kollektiven Handelns eine über dem Einzelnen stehende soziale Realität, in die Menschen eingebettet sind und die ihre Art zu fühlen, zu denken und zu handeln höchstwahrscheinlich beeinflussen dürfte.

In dem soeben vorgestellten mehrebenenanalytischen Rahmen lassen sich nun Erklärungsmodelle aufstellen, wie sie nachfolgend in Abbildung 81 dargestellt sind und wie sie auch zur Ergebnisgewinnung für dieses Kapitel überprüft werden. Im Modell zur Erklärung der Einstellungen der Konfirmandinnen und Konfirmanden werden zunächst *vier Bündel von möglichen Einflussfaktoren* berücksichtigt:

- Soziodemografische oder biografische Merkmale der Jugendlichen (Geschlecht, Alter, Bildungsinteresse, familiäre und kirchliche religiöse Vorerfahrungen, zivilgesellschaftliches Engagement von Eltern und Bekannten) auf der *Mikroebene*;
- die pädagogischen Konzepte und Aktionsformen der von einem oder mehreren Hauptamtlichen repräsentierten Konf-Gruppenleitung auf der *Mesoebene* (z. B. Thematisierung der christlichen Tradition im Konf-Unterricht, Einsatz kreativ-partizipatorischer Methoden oder Ausrichtung von Camps);
- die in t0 erhobenen Merkmale von Gemeinden und Konf-Gruppen ebenfalls auf der *Mesoebene* (z. B. ländliche Lage der Gemeinde, wöchentliche Treffen der Konf-Gruppe) und
- das Ausmass der Einbindung der Jugendlichen in einen religiös geprägten Interaktionskontext, ein Phänomen dessen, was *sowohl auf der Meso- als auch auf der Makroebene* in Form der durchschnittlichen religiös-familiären Vorerfahrungen in der Konf-Gruppe und im kantonalkirchlichen Konfirmations-

Abbildung 81: Erklärungsmodelle in einem mehrebenenanalytischen Rahmen

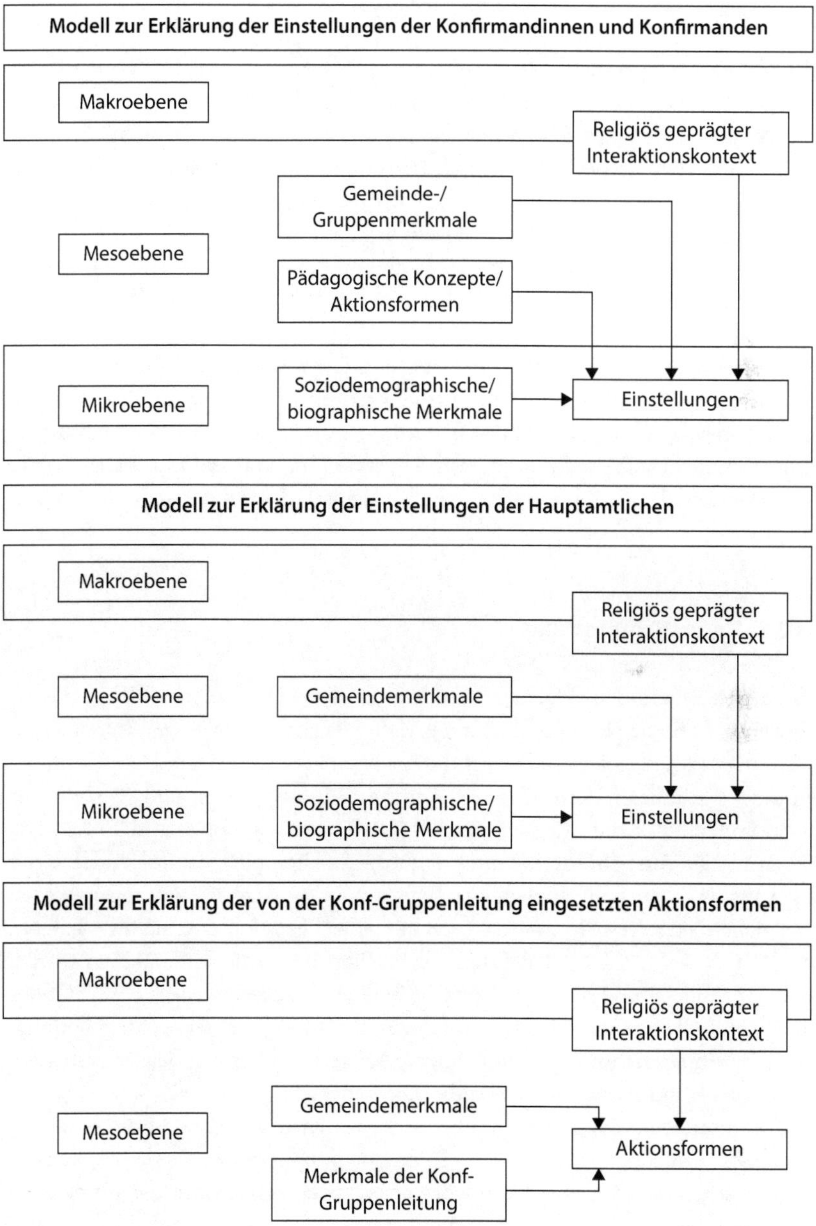

jahrgang gemessen werden kann und die Einbindung von Akteuren in ein soziales Netzwerk aus religiösen Menschen beschreibt.

Das Modell zur Erklärung der Hauptamtlichen geht sodann aus von einer kausalen Abhängigkeit der Hauptamtlichen-Einstellungen von

- ihren soziodemografischen und biografischen Merkmalen (Geschlecht, Alter, Bildung, beruflicher Hintergrund, Fort- und Weiterbildungen) auf der *Mikroebene*;
- Gemeindemerkmalen auf der *Mesoebene*;
- dem Ausmass der Einbindung der Hauptamtlichen in einen religiös geprägten Interaktionskontext (auf der *Makro- und der Mesoebene*).

Schliesslich sucht das Modell zur Erklärung der von der Konf-Gruppenleitung eingesetzten Aktionsformen Einflussfaktoren im Bereich der Merkmale der Konf-Gruppenleitung auf der *Mesoebene* (z. B. Anteil weiblicher Hauptamtlicher, durchschnittliches Alter, durchschnittlicher Bildungsgrad etc.) und auch wieder im Ausmass der Einbindung in einen religiösen Interaktionskontext auf der *Meso- und Makroebene.*

3.1.3 Untersuchungsfälle

Bevor wir uns in den folgenden Abschnitten den identifizierten Kausalmustern zuwenden, sei noch kurz auf die für die Mehrebenenanalysen ausgewählten Untersuchungsfälle eingegangen. Die für die Analysen herangezogenen Daten stammen von der Gesamtzahl der 687 hauptamtlichen Mitarbeitenden und 7132 Konfirmandinnen und Konfirmanden aus 464 Konfirmationsgruppen und 23 Kantonskirchen. Die Auswahl dieser Untersuchungseinheiten ging von folgenden Kriterien aus: 1) Es durften lediglich jene Befragten in die Analyse einbezogen werden, bei denen sichergestellt war, dass sie nur einen Datensatz repräsentierten und nicht in Form von Duplikat-Datensätzen doppelt erfasst wurden; 2) es wurden nur Jugendliche und Konf-Gruppen in Betracht gezogen, wenn sie mit mindestens einem Hauptamtlichen-Datensatz in Beziehung gesetzt werden konnten. Von der Einbeziehung der freiwilligen Mitarbeitenden in die Untersuchung wurde aufgrund zu geringer Fallzahlen abgesehen.

Ein problematisches Merkmal der untersuchten Datensätze ist der sehr hohe Anteil der fehlenden Werte in den t3-Variablen und -Items. Bei den t3-Sachverhalten ist daher mit gewissen Antwortverzerrungen zu rechnen, die auf den äusserst selektiven Rücklauf bei der t3-Befragung zurückgeführt werden kann. Unter Zuhilfenahme der statistischen Methode der multiplen Imputation wurden deshalb alle fehlenden Werte aus den Konfirmandinnen- und Konfirmanden-,

Hauptamtlichen- und Gemeinde-/Gruppen-Datenmatrizen jeweils fünfmal geschätzt und in gemittelter Form in die jeweilige Datenmatrize eingebaut (vgl. 7.8 und 7.9). Insbesondere bei den t3-Daten war es damit zwar möglich zu fragen, wie die Konfirmandinnen und Konfirmanden ohne t3-Teilnahme wohl geantwortet hätten, wenn sie tatsächlich an der t3-Befragung teilgenommen hätten. Allerdings ist vor allem im Umgang mit den t3-Daten eine gewisse Vorsicht angeraten, weil imputierte Werte nun einmal grobe Verhaltensschätzungen und keine tatsächlichen Verhaltensmuster darstellen.

3.2 Wovon die Einstellungen der Konfirmandinnen und Konfirmanden beeinflusst werden – und wovon nicht

3.2.1 Der Einfluss familiärer religiöser Prägung

Grundsätzlich liegt es auf der Hand und ist unumstritten, dass die elterliche und familiäre Sozialisation einen der wesentlichen Präge- und Einflussfaktoren kindlichen Aufwachsens und Erlebens darstellt. In entwicklungspsychologischer Hinsicht gilt, dass die frühkindlichen Erfahrungen mit den eigenen Eltern bzw. den ersten Bezugspersonen das Leben des Kindes von Beginn an intensiv beeinflussen, massgeblich zu seiner Identitätsentwicklung beitragen und zudem in vielfacher Hinsicht auf die späteren Haltungen und Einstellungen, Orientierungsmöglichkeiten und Interessen des Kindes einwirken. Aufgrund dieser starken Prägekraft familiärer Sozialisation ist anzunehmen, dass entsprechend von der im Prozess familiär-religiöser Sozialisation erworbenen Prägung sehr relevante positive Einflüsse auf die Einstellungen der Konfirmandinnen und Konfirmanden ausgehen können. Besonders stark dürfte sich dieser biografische Einflussfaktor auf Einstellungen auswirken, deren Einstellungsobjekte im Bereich Kirche, Glaube sowie christliche Tradition und Ethik angesiedelt sind.

Zur empirischen Erfassung des Ausmasses familiärer religiöser Prägung greifen wir auf zwei bei den Konfirmandinnen und Konfirmanden in t1 abgefragte Angaben zurück:

- CJ01: Welche Bedeutung hat die Religion in deinem Elternhaus? Ich komme aus einem … (1) sehr religiösen, (2) ziemlich religiösen, (3) weniger religiösen oder (4) überhaupt nicht religiösen Elternhaus.
- CJ02: Haben deine Mutter oder dein Vater in deiner Kindheit ein Abendgebet mit dir gesprochen? (1) ja, fast jeden Abend, (2) manchmal, (3) nie oder (4) weiss nicht.

Da beide Angaben einen Beitrag zur Erfassung des in Rede stehenden Sachverhalts leisten können, wurden sie zu einer kombinierten Variable mit fünf Skalenpunkten zusammengefasst. Der niedrigste Skalenpunkt (1) wurde jenen Jugendlichen zugewiesen, die angaben, aus einem überhaupt nicht religiösen Elternhaus zu kommen und zugleich angaben, in ihrer Kindheit nie ein Abendgebet mit den Eltern gesprochen zu haben. Hingegen erfasst der höchste Skalenpunkt (5) die Kombination aus der Einschätzung des Elternhauses als sehr religiös und der Angabe, dass in der Kindheit fast jeden Abend das Abendgebet mit den Eltern stattfand. Die Skalenpunkte dazwischen (2, 3, 4) wurden den übrigen, weniger eindeutigen Kombinationen von CJ01 und CJ02 zugeordnet (zur genauen Aufschlüsselung vgl. 7.4). Diese als Operationalisierung bzw. «Messbarmachung» des Ausmasses familiärer religiöser Prägung verwendete fünfstufige Skala wurde in den empirischen Analysen auf seine Rolle als *Einstellungs-Prädiktor* hin untersucht.

Die Präsentation der empirischen Befunde im Hinblick auf die die Einstellungen prägende Bedeutung der familiären religiösen Prägung erfolgt anhand von sechs Perspektiven: Zuerst werden die Einstellungen thematisiert, die einem sehr relevanten Einfluss unterliegen. Des Weiteren werden zweitens die Ergebnisse im Hinblick auf die Unterschiede bei der Beeinflussung der verschiedenen Einstellungsbereiche dargestellt. Drittens wird geschildert, bei welchen Einstellungen keine Einflüsse des familiären Sozialisationsfaktors gefunden werden konnten. Sodann werden viertens die Einflüsse auf die zwischen t1 und t2 zu verzeichnenden Erkenntnisfortschritte oder -rückschritte in den Blick genommen. In einem fünften Schritt wird untersucht, ob und inwieweit sich der religiöse Sozialisationsfaktor auf Erkenntnisfortschritte oder -rückschritte in der Entwicklungsphase der Adoleszenz auswirkt. Schliesslich und sechstens soll der Frage nachgegangen werden, ob der Einfluss auf die Einstellungen der familiär-religiösen Prägung zwischen t1 und t3 zunimmt, abnimmt oder stabil bleibt.

1) Sehr relevante Einflüsse

Eine besonders hohe Bedeutung als Prädiktor bzw. ein Status eines sehr relevanten Einflussfaktors kommt der familiären religiösen Prägung bei der Beeinflussung von Einstellungen zu: Je stärker (bzw. schwächer) die familiär-religiöse Prägung der Konfirmandinnen und Konfirmanden ausfällt, desto höher tendieren sie – in sehr relevanter Weise – zu zustimmenden (bzw. ablehnenden) Reaktionen auf die Sachverhalte. Hier seien nochmals die geprüften Einstellungen benannt:

- iCE/iKE/iQE1: Christliche Überzeugungen (t1/t2/t3)
- iCE2: Religiosität (t1)
- iCE4: Religiöse Zentralität (t1)
- iCE5: Positive religiöse Gefühle (t1)
- iCL/iKL2_CH: Interesse an Themen der christlichen Tradition (t1/t2)
- CF/KF01: Wie bewertest du den christlichen Glauben insgesamt? (t1/t2)
- CG01: Es ist mir wichtig, zur Kirche zu gehören (t1)

Alle diese Einstellungen – auch die Wichtigkeit der Kirchenzugehörigkeit in t1 (CG01) – beziehen sich auf Objekte im Bereich des christlichen Glaubens, christlicher Tradition sowie gelebter und gefühlter Religiosität. Dies bestätigt die Erwartung, dass vor allem die Einstellungen aus diesem Bereich einem besonders starken Einfluss unterliegen, weil sie am ehesten das repräsentieren, was im Zuge elterlicher religiöser Prägung tradiert worden sein müsste. Es kann also festgehalten werden: Von der familiären religiösen Prägung geht ein sehr relevanter Einfluss auf Einstellungen im Bereich christlicher Glaube, christliche Tradition und Religiosität aus. Im Einstellungsgeflecht der Jugendlichen nimmt die Herkunft aus einem religiös bzw. nicht religiös geprägten Elternhaus eine zentrale Rolle ein, zumindest wenn die Einstellungen sich auf christliche Überzeugungen und Traditionen sowie religiöses Denken, Handeln und Fühlen beziehen. Besonders wirkungsmächtige Effekte auf Einstellungen, die auf Kirche oder das Verhältnis zur Kirche bezogen sind, lassen sich – mit Ausnahme von CG01 – allerdings nicht feststellen.

2) Einfluss nach Einstellungsobjekten

Nachdem bereits deutlich wurde, dass die Bewertung von *Einstellungsobjekten* im Bereich Glaube und Religiosität in starker kausaler Abhängigkeit von der familiären religiösen Prägung steht, sollen nun die anderen in dieser Studie erhobenen Einflussbereiche daraufhin befragt werden, ob hier Unterschiede in der Wirkungsmächtigkeit dieses Erklärungsfaktors bestehen. Es geht hier jetzt aber nur noch um die Frage, ob die familiäre religiöse Prägung einen *relevanten* oder *irrelevanten* Einflussfaktor darstellt, da die *sehr relevanten* Einflüsse sich auf die glaubens- und religiositätsspezifischen Einstellungsobjekte beschränken.

Im Hinblick auf die *Teilnahmemotivation* der Konfirmandinnen und Konfirmanden, sich auf die Konf-Zeit einzulassen, kann man zwischen intrinsischen und extrinsischen Motivationen unterscheiden. Mit intrinsischer Motivation ist das Bestreben gemeint, eine Handlung um ihrer selbst willen auszuführen (z. B. weil es einfach Spass macht, die eigenen Bedürfnisse befriedigt oder eine Herausforderung darstellt). Bei der extrinsischen Motivation handelt es sich hingegen um ein Bestreben, durch Handlungen bestimmte Leistungen zu erbringen, um einen Vorteil oder eine Belohnung zu erlangen bzw. einen Nachteil oder eine Bestrafung zu vermeiden. Eher intrinsische Motivationen, sich einer Konf-Gruppe anzuschliessen, manifestieren sich in den Einstellungen iCA1_CH: Soziale Orientierung und Aktivität als Motivation zur Teilnahme an der Konf-Zeit (t1), und iCB1: Glaubensfragen als Motivation zur Teilnahme an der Konf-Zeit (t1), während iCA2: Belohnungen am Ende der Konf-Zeit als Motivation zur Teilnahme an der Konf-Zeit (t1), relativ deutlich auf extrinsische Motive hinweist.

Was den Einfluss des familiären Sozialisationsfaktors auf diese motivationalen Einstellungen angeht, ist zu vermuten, dass eine familiär-religiöse Prägung ein höheres intrinsisches Bedürfnis impliziert, sich mit Glaubensfragen auseinanderzusetzen (genauso wie eine fehlende Prägung ein niedrigeres Bedürfnis mit sich bringen dürfte), aber nicht unbedingt eine erhöhte soziale Orientierung und ein Bedürfnis nach sozialer Aktivität. Zudem ist zu vermuten, dass extrinsische Motivationen bei den Jugendlichen dominanter werden, wenn sie in geringerem Ausmass eine religiöse Prägung in ihrem Elternhaus erfahren haben. Diesen Vermutungen entsprechend fallen die empirischen Ergebnisse aus: Je höher die familiär-religiöse Prägung ausfällt, desto geringer ist die extrinsische Motivation, an der Konf-Zeit teilzunehmen, und desto höher gestaltet sich die intrinsisch-glaubensspezifische Motivation, während kein Einfluss des familiären Sozialisationsfaktors auf die intrinsisch-sozial-interaktive Motivation attestiert werden kann.

Von den *Einstellungen*, deren Bewertungsobjekt *die Kirche* ist, ist ein überwiegender Teil (70 % der 20 untersuchten kirchenspezifischen Einstellungen) von der familiär-religiösen Prägung in zumindest relevanter Weise beeinflusst. Je stärker (bzw. schwächer) die familiär-religiöse Prägung der Konfirmandinnen und Konfirmanden ausfällt, desto eher tendieren sie zu zustimmenden (bzw. ablehnenden) Reaktionen auf die Sachverhalte. Auch hier seien die geprüften Einstellungen nochmals aufgeführt:

- CF/KF/QF02: Wie bewertest du die evangelische Kirche insgesamt? (t1/t2/t3)
- CG/KG/QG01: Es ist mir wichtig, zur Kirche zu gehören (t1/t2/t3)
- CG/KG/QG05: Die Kirche tut viel Gutes für die Menschen (t1/t2/t3)
- CG/KG06: Wenn ich persönliche Probleme habe, würde ich mich an einen Pfarrer oder eine Pfarrerin wenden (t1/t2)

Eine umgekehrte Wirkungsrichtung ergibt sich erwartungsgemäss bei zwei negativ gepolten Einstellungen:

- QG02: Auf die Fragen, die mich wirklich bewegen, hat die Kirche keine Antwort (t3)
- CG/KG/QG04: Gottesdienste sind meistens langweilig (t1/t2/t3)

Diese Befunde stehen im Einklang mit der eingangs geäusserten Vermutung, dass die im Elternhaus erfahrenen religiösen Prägungen sich auch auf den kirchenrelevanten Bereich des Einstellungsgeflechts der Konfirmandinnen und Konfirmanden beziehen. Hinsichtlich der *Themeninteressen* in darauf Bezug nehmenden Einstellungen stellte sich bereits heraus, dass die familiäre religiöse Prägung als ein zentraler Prädiktor des Interesses an Themen der religiösen Tradition (iCL/iKL2_CH) anzusehen ist. Interessanterweise lässt sich auch für das Interesse an den eher «weltlich» anmutenden Themen der Lebensführung (iCL/iKL3) ein zumindest relevanter Einfluss nachweisen. Anscheinend erstreckt sich das im Rahmen familiär-religiöser Sozialisation geweckte Interesse an einer christlichen Lebensführung auch auf Fragen der Lebensführung im Allgemeinen.

Der Einstellungsbereich *ethische Orientierungen* stellt erwartungsgemäss einen Bereich dar, der aufgrund der Relevanz ethischer Aspekte im Prozess der familiär-religiösen Sozialisation in einer kausalen Abhängigkeit von der in diesem Prozess erworbenen Prägung stehen müsste. Das ist nach unseren empirischen Befunden der Fall bei den Einstellungen iCP/iKP2: Erwartungen an das ethische Handeln von Gläubigen und Kirche (t1/t2), und iKK4: Gestiegene soziale und ökologische Verantwortung (t2). Beide Einstellungen scheinen Ausfluss von christlich-ethischen Normen und Werten zu sein, die auch in der familiär-religiösen Sozialisation mit erworben sein dürften.

Zudem stellt sich heraus, dass die Neigung zu einer freiwilligen Mitarbeit in der Kirche nach der Konfirmation (CP/KP01), eine Einstellung also, welche die Bereitschaft zu *ethischem Handeln* widerspiegelt, sowohl in t1 als auch in t2 von der familiär-religiösen Prägung beeinflusst ist. Damit ist ebenso angedeutet, dass die Jugendlichen im Zuge der familiär-religiösen Sozialisation auch christlich-ethisch fundierte Rollenmodelle kirchlichen und diakonischen Engagements kennenlernen.

Schliesslich lässt sich ein Einfluss des familiären Sozialisationsfaktors auf alle Einstellungen konstatieren, deren Objekt der *Gottesdienst* ist: Je stärker die familiär-religiöse Prägung der Jugendlichen ausfällt, desto eher

- wird in t1 Interesse an den Gottesdiensten bekundet (iCS1_CH),
- werden in t2 interessengerechte Gottesdienste erfahren (iKS1_CH),
- wird in t2 ein Sicherheits- und Gemeinschaftsgefühl in den Gottesdiensten empfunden (iKS2) und
- werden in t2 Erwartungen an die normalen Gottesdienste gehegt (iKS3).

In diesen Einflussmustern wird deutlich, dass der Gottesdienst als ein nicht zu vernachlässigender Teil religiöser Sozialisation in der Familie einzuschätzen ist.

3) Nicht oder kaum beeinflusste Einstellungen

Nicht weniger interessant als die Frage nach den wirkungsmächtigen Einstellungs-Prädiktoren ist der Aspekt, auf welche Einstellungen die familiär-religiöse Prägung der Konfirmandinnen und Konfirmanden keinen oder jedenfalls keinen relevanten Einfluss ausübt. Besonders erwähnenswert in diesem Zusammenhang sind die Zufriedenheitseinstellungen bezüglich des Gesamtangebots und der Teilaspekte der Konfirmationsarbeit. Das kann dahin gehend interpretiert werden, dass sowohl religiös geprägte als auch nicht oder kaum religiös geprägte Konfirmandinnen und Konfirmanden am Angebot der Konfirmationsarbeit attraktive Aspekte wahrnehmen. Konkret konnte für die folgenden Einstellungen keine oder keine relevante Beeinflussung durch den familiären Sozialisationsfaktor nachgewiesen werden:

- iCA1_CH: Soziale Orientierung und Aktivität als Motivation zur Teilnahme an der Konf-Zeit (t1)
- iKK5: Praktische Erfahrung in Feldern kirchlicher Arbeit (t2)
- iKP5: Zukunftspessimismus (t2)
- CB02: Ich nehme an der Konf-Zeit teil, um die Gemeinschaft in der Konf-Gruppe zu erleben (t1)
- KB02: Während der Konf-Zeit habe ich gute Gemeinschaft in der Gruppe erlebt (t2)
- CG/KG02: Auf die Fragen, die mich wirklich bewegen, hat die Kirche keine Antwort (t1/t2)
- CG/KG/QG03: Falls ich später einmal Kinder habe, will ich sie taufen lassen (t1/t2/t3)
- KG05: Die Kirche tut viel Gutes für die Menschen (t2)
- CL/KL07: Interesse an anderen Religionen (t1/t2)
- KN01: Zufriedenheit mit der Konf-Zeit insgesamt (t2)
- QN01: Ich bin mit der Konf-Zeit insgesamt zufrieden (t3)
- KN03: Zufriedenheit mit den Themen in der Konf-Zeit (t2)
- KN07: Zufriedenheit mit der/dem Konf-Hauptverantwortlichen (t2)

Bei einem der untersuchten Zufriedenheits-Items konnte entgegen der allgemeinen Erwartung dann aber doch ein Einfluss der familiär-religiösen Prägung festgestellt werden: Je stärker (bzw. schwächer) die familiär-religiöse Prägung der Jugendlichen ist, desto eher tendieren sie dazu, die Methoden der Konfirmationszeit (KN20) als attraktiv (bzw. nicht attraktiv) einzustufen.

4) Einfluss auf die Erkenntnisfortschritte oder -rückschritte zwischen t1 und t2

Von wesentlichem Interesse der Studie ist die Frage, wie die familiär-religiöse Prägung der Konfirmandinnen und Konfirmanden sich im Zusammenwirken mit den Angebotsstrukturen der Konfirmationsarbeit auf die Erkenntnisfortschritte der Jugendlichen zwischen t1 und t2 auswirkt. Unser Interesse galt den zwischen t1 und t2 erzielten Erkenntnisfortschritten bzw. -rückschritten in Bezug auf:

- christliche Überzeugungen (iCE1–iKE1)
- Themeninteressen (iCL2_CH–iKL2_CH: christliche Tradition, iCL3–iKL3: Lebensführung, CL07–KL07: andere Religionen)
- ethische Erwartungen an Gläubige und Kirche (iCP2–iKP2)
- Haltungen zu Glaube und Kirche (CF01–KF01, CF02–KF02)
- Wichtigkeit der Kirchenzugehörigkeit (CG01–KG01)
- die Wahrnehmung fehlender Antworten der Kirche auf wichtige Fragen (CG02–KG02)
- die Präferenz für die Taufe der eigenen Kinder (CG03–KG03)
- die Wahrnehmung von Gottesdiensten als langweilig (CG04–KG04)

- die Wahrnehmung der Kirche als Wohltäterin (CG05–KG05)
- die Bereitschaft, sich bei persönlichen Problemen an eine/n Pfarrer/in zu wenden (CG06–KG06)
- die Neigung zu einer freiwilligen Mitarbeit in der Kirche nach der Konfirmation

Von diesen Einstellungsveränderungen im Rahmen der Konf-Zeit sind den empirischen Befunden gemäss sechs vom familiären Sozialisationsfaktor beeinflusst worden. Die empirische Analyse bringt diese Muster zutage: Je stärker (bzw. schwächer) die familiär-religiöse Prägung eines Jugendlichen ausfällt, desto eher tendiert er zu Erkenntnisfortschritten (bzw. Erkenntnisrückschritten) zwischen t1 und t2 im Hinblick auf:

- christliche Überzeugungen (iCE1–iKE1)
- das Interesse an Themen der christlichen Tradition (iCL2_CH–iKL2_CH)
- die allgemeine Haltung zum christlichen Glauben (CF01–KF01)
- die allgemeine Haltung zur Kirche (CF02–KF02)
- die Wichtigkeit der Zugehörigkeit zur Kirche (CG01–KG01)
- die Bereitschaft zum freiwilligen Engagement in der Kirche (CP01–KP01)

Von der allgemeinen Haltung zur Kirche und der Neigung zum freiwilligen Engagement in der Kirche abgesehen sind diejenigen Einstellungen, deren t1-t2-Veränderungen von der familiär-religiösen Prägung beeinflusst wurden, die glaubens- und religiositätsspezifischen Einstellungen, denen eine besonders relevante Prägung durch den familiär-religiösen Hintergrund nachgesagt werden konnte. Damit ist ein allgemeines Phänomen sozialpsychologisch-quantitativer Forschung angesprochen, nämlich dass Einstellungsveränderungen schwerer zu erklären sind als Einstellungsniveaus und dass deswegen nur besonders leistungsfähige Prädiktoren einen relevanten Beitrag zur Erklärung von Einstellungsveränderungen leisten können.

5) Einfluss auf die Erkenntnisfortschritte oder -rückschritte in der Entwicklungsphase der Adoleszenz

Nicht nur der Einfluss familiär-religiöser Prägung auf die Einstellungsveränderungen der Konfirmandinnen und Konfirmanden zwischen t1 und t2, sondern auch der Einfluss auf die Erkenntnisfortschritte und -rückschritte in der Entwicklungsphase der Adoleszenz (also von t1 bis t3) konnte einer empirischen Überprüfung unterzogen werden, konkret:

- christliche Überzeugungen (iCE1–iQE1)
- Haltungen zu Glaube und Kirche (CF01–QF01, CF02–QF02)
- Wichtigkeit der Kirchenzugehörigkeit (CG01–QG01)
- die Wahrnehmung fehlender Antworten der Kirche auf wichtige Fragen (CG02–QG02)

- die Präferenz für die Taufe der eigenen Kinder (CG03–QG03)
- die Wahrnehmung von Gottesdiensten als langweilig (CG04–QG04)
- die Wahrnehmung der Kirche als Wohltäterin (CG05–QG05)

Hier zeigt sich folgendes Bild: Je stärker (bzw. schwächer) die familiär-religiöse Prägung einer/eines Jugendlichen ausfällt, desto eher tendiert sie/er zu Erkenntnisfortschritten (bzw. Erkenntnisrückschritten) in der Entwicklung von t1 bis t3 mit Blick auf:

- christliche Überzeugungen (iCE1–iQE1)
- die allgemeine Haltung zum Glauben (CF01–QF01)
- die Wichtigkeit der Zugehörigkeit zur Kirche (CG01–QG01)

Ebenso kann in Bezug auf die negativ gepolten Wahrnehmungs-Items gesagt werden: Je schwächer (bzw. stärker) die familiär-religiöse Prägung einer/eines Jugendlichen ausfällt, desto eher tendiert sie/er zu Erkenntnisrückschritten (bzw. Erkenntnisfortschritten) in der Entwicklung von t1 bis t3 mit Blick auf:

- die Wahrnehmung fehlender Antworten der Kirche auf wichtige Fragen (CG02–QG02)
- die Wahrnehmung von Gottesdiensten als langweilig (CG04–QG04)

6) Schwindender oder steigender Einfluss familiärer religiöser Prägung im Übergang von Kindheit zur Adoleszenz?

Abschliessend soll noch untersucht werden, ob die Wirkungskraft der in familiärer Sozialisation erworbenen religiösen Prägung der Konfirmandinnen und Konfirmanden im Übergang von der Kindheit zur Adoleszenz in ihrer Bedeutung abnimmt, zunimmt oder mehr oder weniger stabil bleibt.

Wir werden uns bei dieser Untersuchung auf Einstellungen beschränken, die in besonderem Masse vom familiären Sozialisationsfaktor beeinflusst sind und die im Längsschnitt t1-t2-t3 abgefragt wurden. Aufgrund dieser Eingrenzung kommen hier lediglich die christlichen Überzeugungen (iCE/iKE/iQE1) als Untersuchungsgegenstand in Betracht.

Die hier nicht berichteten empirischen Analysen weisen darauf hin, dass ein leichter Rückgang der Prägekraft des familiären Sozialisationsfaktors zwischen t1 und t2 um 6 % vermutet werden kann, während die Einflussintensität zwischen t2 und t3 nur sehr leicht um 3 % zurückgeht. Der Rückgang der Prägekraft der familiär-religiösen Sozialisation t1–t2 könnte darin begründet sein, dass in t2 das Angebot der Konfirmationsarbeit einen gewissen Einfluss ausübt und den familiären Sozialisationsfaktor etwas überlagert bzw. ihm Erklärungskraft abzieht.

Im längerfristigen Vergleich zwischen den Effektstärken t1 und t3 zeigt sich ein leichter, aber im Vergleich zur Periode t1–t2 etwas stärker ausfallender Rückgang der Wirkungsmächtigkeit des familiären Sozialisationsfaktors um 9% – wohl auch wegen weiterer Überlagerungseffekte, wie sie etwa durch die zunehmenden beruflichen Herausforderungen auftreten können. Im Ergebnis kann festgehalten werden, dass es einen leichten Rückgang der Einflussintensität im Zeitabschnitt t1–t2 gibt, der mit der leichten Überlagerung des Effekts durch die Auswirkungen der Konfirmationszeit zu tun haben könnte, und dass es einen leichten, aber stärker als in der Periode t1–t2 ausfallenden Rückgang der Wirkungsmächtigkeit in der Periode t1–t3 gibt, der darauf verweist, dass die familiär-religiöse Prägung in der Adoleszenz der Jugendlichen zugunsten anderer, an Bedeutung gewinnender sozialer Prägungsinstanzen in ihrer Bedeutung etwas nachgibt, ohne ihre dominierende Rolle bei der Beeinflussung der christlichen Überzeugungen einzubüssen.

3.2.2 Der Einfluss kirchlicher religiöser Prägungen

Für die religiöse Sozialisation der Konfirmandinnen und Konfirmanden sind nicht nur der familiäre Hintergrund bedeutsam, sondern auch bestimmte kirchliche Vorerfahrungen. Daher verspricht auch eine Analyse des Einflusses kirchlicher religiöser Prägungen auf die Einstellungen der Jugendlichen gewinnbringend zu sein. Allerdings drängt sich die Erwartung auf, dass die Einstellungen prägende Kraft eines familiär-religiösen Erfahrungsschatzes weitaus stärker ausfallen müsste als Erfahrungen im sozialisierenden Rahmen der Kirche. Das müsste vor allem darin begründet sein, dass der familiäre Kontext eine wesentlich vertrautere und dichtere Interaktion (mit den eigenen Eltern bzw. mit den ersten Bezugspersonen des Lebens) als der kirchliche Kontext mit sich bringt, was eben mit wesentlich stabileren und intensiveren Erfahrungen und Prägungen einhergehen dürfte.

Um das Ausmass kirchlicher religiöser Prägung der Konfirmandinnen und Konfirmanden zu operationalisieren, also messbar zu machen, greifen wir auf zwei bei den Konfirmandinnen und Konfirmanden in t1 abgefragte biografische Angaben zu Kirchenkontakten und auf zwei bei den Hauptverantwortlichen in t0 abgefragte Angaben zu den Voraussetzungen zum Eintritt in die Konf-Gruppen zurück:

- CM11: Hast du schon (mehr als drei Mal) an einer christlichen Gruppe oder Veranstaltung der Kirche teilgenommen (Kindergottesdienst, Lager, Kindertreff, Sonntagsschule etc.) im Alter von 5–9 Jahren? (1) ja, (2) nein oder (3) weiss nicht mehr
- CM12: Hast du schon (mehr als drei Mal) an einer christlichen Gruppe oder Veranstaltung der Kirche teilgenommen (Kindergottesdienst, Lager, Kindertreff, Sonntagsschule etc.) im Alter von 10 Jahren bis heute? (1) ja, (2) nein oder (3) weiss nicht mehr

- Müssen Jugendliche bestimmte Voraussetzungen erfüllen, um in die Konfirmationszeit aufgenommen zu werden? Kirchliches Pflicht-Bildungsangebot (1) ja oder (2) nein
- Müssen Jugendliche bestimmte Voraussetzungen erfüllen, um in die Konfirmationszeit aufgenommen zu werden? Besuch/Mitgestaltung von Gottesdiensten oder Gemeindeanlässen (1) ja oder (2) nein

Ähnlich wie bei der religiös-familiären Prägung werden auch hier die genannten Aspekte einer kirchlich-religiösen Prägung zu einer kombinierten Variable mit fünf Skalenpunkten zusammengefasst (zur Skalenbildung vgl. 7.4).

Beim Vergleich der Skalen, die familiär- und kirchlich-religiöse Prägung messen (vgl. 7.4–7.9), wird deutlich, dass wesentlich mehr Konfirmandinnen und Konfirmanden eine religiöse Prägung im Rahmen der Kirche als im Rahmen der Familie erfahren haben, was aber nicht schon heisst, dass die Wirkungsstärke der kirchlichen Prägung im Hinblick auf die Beeinflussung von Einstellungen stärker ist als die familiäre Prägung. Immerhin verfügen unserer Messung gemäss 93 % der Jugendlichen über eine mehr oder weniger tiefe Erfahrung mit der Kirche (Werte 3/4/5 der 5-Punkte-Skala), über einen mehr oder weniger religiös-familiären Hintergrund (Werte 3/4/5 der 5-Punkte-Skala) dagegen nur die Hälfte der Jugendlichen.

Insgesamt ist der die Einstellungen der Jugendlichen prägende Einfluss kirchlich-religiöser Sozialisation wesentlich schwächer als der Einfluss der familiär-religiösen Prägung: Während 64 % der untersuchten Einstellungen und Einstellungsveränderungen mit dem familiären Hintergrund kausal in Verbindung stehen, ist das beim kirchlich-biografischen Hintergrund nur bei 33 % der Fall. Der Umfang der vom kirchlichen Faktor beeinflussten Einstellungen und Einstellungsveränderungen ist also deutlich geringer, was zudem auch für seine Einflussrelevanz gilt: Es konnte kein einziger sehr relevanter Einfluss gefunden werden, der eindeutig von der kirchlich-religiösen Prägung ausgeht.

Äusserst aufschlussreich ist des Weiteren, wenn man einen Blick auf die Einstellungen und Einstellungsveränderungen wirft, die *sowohl* von der familiär-religiösen *als auch* von der kirchlich-religiösen Prägung ausgehen. Dies deshalb, weil damit eruiert werden kann, worin die Gemeinsamkeiten familiärer und kirchlicher religiöser Tradition bestehen. Bei den folgenden Einstellungen (inkl. einer Einstellungs*veränderung*) lässt sich eine gemeinsame Beeinflussung feststellen:

- iCB1: Glaubensfragen als Motivation zur Teilnahme an der Konf-Zeit (t1)
- iCE/iQE1: Christliche Überzeugungen (t1/t3)
- iCE2: Religiosität (t1)
- iCE4: Religiöse Zentralität (t1)
- iCE5: Positive religiöse Gefühle (t1)

- iCE6: Negative religiöse Gefühle (t1)
- iCL2_CH: Interesse an Themen der christlichen Tradition (t1)
- iCL3: Interesse an Themen der Lebensführung (t1)
- iCP/iKP2: Erwartungen an das ethische Handeln von Gläubigen und Kirche (t1/t2)
- iCS1_CH: Interesse an den Gottesdiensten (t1)
- iKS2: Sicherheits- und Gemeinschaftsgefühl in den Gottesdiensten (t2)
- iKS3: Erwartung an normale Gottesdienste (t2)
- KF02: Wie bewertest du die evangelisch-reformierte Kirche insgesamt? (t2)
- CG/KG01: Es ist mir wichtig, zur Kirche zu gehören (t1/t2)
- Erkenntnisfortschritt CG02–QG02: Keine kirchlichen Antworten auf wichtige Fragen (t1–t3; zu beachten ist hier, dass ein Erkenntnisfortschritt aufgrund der negativen Polung einen Rückgang der Werte zwischen t1 und t3 impliziert)
- QG05: Die Kirche tut viel Gutes für die Menschen (t3)
- CP01: Ich kann mir vorstellen, mich nach der Konf-Zeit freiwillig/ehrenamtlich in der Kirche (z. B. in der Jugendarbeit) zu engagieren (t1)

Es zeigt sich, dass die sowohl in der familiären als auch in der kirchlichen religiösen Sozialisation vermittelten Orientierungen christliche Überzeugungen, Interessen im Bereich der christlichen Tradition und Lebensführung, Religiosität, Gottesdiensterwartungen und positive Gottesdiensterfahrungen, positive Wahrnehmungen und Bewertungen der Kirche und die Bereitschaft zu kirchlichem Engagement umfassen.

Weiter kann nun gefragt werden nach den Einstellungen, die *nicht* von der familiär-religiösen, sondern *nur* von der kirchlich-religiösen Prägung beeinflusst werden. Das sind diese Einstellungen:

- iCA1_CH: Soziale Orientierung und Aktivität als Motivation zur Teilnahme an der Konf-Zeit (t1)
- CG/QG03: Falls ich später einmal Kinder habe, will ich sie taufen lassen (t1/t3)
- KG05: Die Kirche tut viel Gutes für die Menschen (t2)
- Erkenntnisfortschritt CG05–QG05: Die Kirche tut viel Gutes für die Menschen (t1–t3)
- QN01: Ich bin mit der Konf-Zeit insgesamt zufrieden (t3)

Man kann auf Grundlage dieser Einflussmuster davon ausgehen, dass die in der kirchlichen Sozialisation vermittelten Orientierungen, die nicht oder nur in geringem Ausmass vom familiären Sozialisationsfaktor bedingt werden, sich auf die Kirche als attraktiven Ort für soziale Aktivität, Gemeinschaft und Lebensbegleitung und ein positives Image der Kirche beziehen.

3.2.3 Der Einfluss eines religiös geprägten Interaktionskontextes

In den vorherigen Abschnitten wurde die Relevanz elterlicher und kirchlicher religiöser Sozialisation als wichtige Prädiktoren für die Einstellungen der Konfirmandinnen und Konfirmanden aufgezeigt. Über diese Einflussfaktoren hinaus soll überprüft werden, ob es die Einstellungen der Jugendlichen beeinflusst, wenn diese in einen religiös geprägten Interaktionskontext eingebettet sind. Dieser Kontext stellt einen Teil der sozialen Umwelt der Jugendlichen dar und dürfte als Faktor des sozialen Klimas religiöse Bildungs- und Sozialisationsprozesse begünstigen. Ein sozialer Interaktionskontext ist dabei als überindividuelle Struktur bzw. Beziehungsgeflecht zu verstehen, die bzw. das über den Individuen mit ihren Prägungen und Erfahrungen steht. Im Gegensatz zur individuellen Ebene, wo biografische Merkmale und Erfahrungsschätze von Jugendlichen – z. B. die bereits in der Kindheit erworbenen Prägungen und Einstellungen – verortet sind, bezieht sich die Ebene sozialer Interaktionen auf zwischenmenschliche Netzwerke und Beziehungen und die darin ablaufenden Kommunikations- und Austauschprozesse. Je nach Stärke der Einbindung der Jugendlichen können diese Interaktionsprozesse bestimmte persönliche Entwicklungen und Identitäten verstärken oder abschwächen oder bestimmte Handlungen durch soziale Kontrolle wahrscheinlicher oder unwahrscheinlicher machen.

Ein religiös geprägter Interaktionskontext ist demnach ein soziales Geflecht, in dem religiös geprägte Menschen aus dem näheren sozialen Umfeld der Jugendlichen (Nachbarschaft, Freunde, Gemeindemitglieder, kirchlich Engagierte) mehr oder weniger häufig Kontakt haben. Die Einbindung von Jugendlichen in ein Interaktionsgeflecht von religiös geprägten und motivierten Akteuren dürfte sich ermöglichend und unterstützend auf Prozesse religiöser Bildung und Sozialisation auswirken. Denn der Erwerb religiöser Bildungs- und Sozialisationsinhalte in Familie, Kirche und Bekanntenkreis erfährt in diesem Fall mehr soziale Anerkennung und Unterstützung, als wenn die Jugendlichen in einen areligiösen Lebens- und Interaktionszusammenhang eingebunden wären, der soziale Normen, Werte und Identitäten hervorbringt, die mit religiösen Sozialisationsinhalten schwerer zu vereinbaren sind. Bei dieser Sicht darf nicht ausser Acht gelassen werden, dass Jugendliche in verschiedene soziale Netzwerke eingebunden sind und diese Netzwerke sich überlagern. Aus Gründen der Vereinfachung gilt hier das Augenmerk allein religiös oder areligiös geprägten Interaktionskontexten.

Dass es sich bei einem religiös geprägten Interaktionskontext um einen durchaus wichtigen Prädiktor der Einstellungen der Konfirmandinnen und Konfirmanden handelt, wird schon allein dadurch deutlich, dass bei 72 % der untersuchten Einstellungen und Einstellungsveränderungen ein Einfluss dieses religiösen Kontextes festgestellt werden kann. In Bezug auf die Einstellungsobjekte ist festzustellen, dass der religiöse Interaktionskontext dann seine Wirkung entfaltet, wenn es sich um solche Einstellungsobjekte handelt, denen der Bezug zu Glaubensfragen, christlichen Überzeugungen, Religiosität und ethischen Orientierungen inhärent ist.

Insbesondere bei den sich diesen Aspekten gegenüber eher neutral verhaltenden Sachverhalten der Zufriedenheit (KN01–20) kann keinerlei Einfluss festgestellt werden, wohingegen besonders starke Effekte bei der *Religiosität* und der *religiösen Zentralität* ins Auge springen. Insofern zeigen sich Parallelen zu den Auswirkungen der familiär-religiösen Prägung. Auch was den Umfang der von diesem Faktor beeinflussten Einstellungen und Einstellungsveränderungen betrifft, ist er in der Bedeutung vergleichbar mit der familiär-religiösen Prägung; was jedoch die Wirkungsrelevanz betrifft – also die Frage, ob ein Einflussfaktor relevant oder sehr relevant ist –, scheint die religiöse Sozialisations- und Bildungsprozesse unterstützende Wirkung eines religiös geprägten Interaktionskontexts über alle Einstellungen und Einstellungsveränderungen hinweg weniger relevant zu sein als die familiär-religiöse Prägung. In Reichweite und Intensität ist der religiös-soziale Kontextfaktor aber wichtiger als der kirchliche Sozialisationsfaktor.

Über den interessanten Befund von der religiöse Bildungs- und Sozialisationsprozesse unterstützenden Wirkung eines religiös geprägten Interaktionskontextes hinaus kann zudem gefragt werden, von welchen Umständen und Faktoren das Phänomen eines religiösen Interaktionskontextes selbst abhängt bzw. beeinflusst wird. Eine diesbezügliche Erklärung suchen wir im gesellschaftlichen Phänomen der Entkirchlichung: Wenn man unter Entkirchlichung Prozesse der Erosion traditioneller Kirchenbindung und -praxis versteht, die sich z. B. in Kirchenaustritten und dem Rückgang des Gottesdienstbesuchs und im Übrigen auch in der Abnahme der Konfirmationen im einschlägigen Altersbereich äussert, so hat sowohl die Schweiz als auch der gesamte westeuropäische Raum seit den 1960er Jahren tatsächlich solche Entwicklungen erlebt. Nun gibt es aber in der Schweiz lokale und regionale Unterschiede und Disparitäten im Ausmass der Entkirchlichung: So ist diese etwa gemessen an der Rate der Konfessionslosen in eher urbanen und frankofonen Räumen fortgeschrittener als in traditionell geprägten ländlichen und deutschschweizerischen Räumen. Welche Implikationen hat nun dieser Makroprozess für die Frage, wie sich die Bedeutung der Interaktionskontexte für religiöse Bildungs- und Sozialisationsprozesse interpretieren lässt?

Zur Klärung dieser Frage lohnt ein abstrahierender Blick auf Sozialräume mit weit fortgeschrittener Entkirchlichung einerseits und gewisser volkskirchlicher Stabilität andererseits. Es besteht Grund zur Annahme, dass in entkirchlichten Räumen eher jene Menschen als Glieder der Kirche verbleiben, die ausgeprägte religiöse und ethische Überzeugungen und Orientierungen aufweisen, während in volkskirchlich geprägten Sozialräumen verhältnismässig viele Menschen eher traditionell motiviert weiterhin Mitglieder der Kirche sind oder vor allem die Angebote der Kasualien (wie Taufe, Konfirmation, Hochzeit oder Beerdigung) nachfragen. Relativ kohärente oder gar homogene religiöse Netzwerke mit hoher sozialer Prägekraft bzw. mit hohem religiösen Sozialisationspotenzial könnten also in stärker säkularisierten Diasporaräumen auf günstigere Entstehungsbedingungen treffen als in immer noch stark volkskirchlich verfassten Sozialräumen.

Für diese These finden sich starke empirische Belege. Wie man anhand einer Regressionsanalyse zeigen kann, ist die frankofone Prägung der Kantonskirche ein ausserordentlich starker Prädiktor der Verbreitung eines religiösen Interaktionskontexts. Zweitwichtigster Prädiktor ist der Anteil der evangelisch-reformierten Bevölkerung im Raum der Kantonalkirche: Je geringer der Anteil, desto höher die Verbreitung eines bestimmten religiösen und sozialen Kontexts. Weiter erwähnenswerte Ergebnisse sind der negative Einfluss der Verhältnisse im Espace Mittelland, der positive Einfluss der Gegebenheiten in der Ostschweiz und der positive Einfluss der Verhältnisse in dem zur Ostschweiz gehörenden Kanton Thurgau. Während die frankofone Prägung und die Minderheitenposition der reformierten Kirchen sehr gut die räumlichen Unterschiede hinsichtlich der Entkirchlichung widerspiegeln, weisen die beiden letztgenannten regionalen Effekte auf in der Ostschweiz, insbesondere im Thurgau, offensichtlich bestehende besondere religiöse Traditionen hin. Ein möglicher weiterer Grund könnte auch sein, dass dieses Gebiet auch gerade solche Pfarrpersonen attraktiv finden, die ohnehin eher auf die aktive Pflege eines starken Gemeinde- und Mitgliederbewusstseins abzielen; sollte dies der Fall sein, dann verstärken sich bestehende Effekte möglicherweise noch. Der negative Einfluss der Grossregion Espace Mittelland reflektiert vermutlich nicht das Fehlen religiöser Traditionen, sondern spiegelt vielleicht eher den Umstand wider, dass dort der negative Effekt einer fehlenden Diasporasituation noch durch uns nicht bekannte Umstände verstärkt wird, möglicherweise im Sinn einer bestimmten volkskirchlichen Selbstverständlichkeit ohne hohe aktive oder bewusste Identifikation mit Kirche.

Der negative Einfluss des Anteils der protestantischen Bevölkerung auf die Einbettung der Konfirmandinnen und Konfirmanden lässt sich auch im Vergleich zu den an der internationalen Studie zur Konfirmationsarbeit teilnehmenden Kirchen nachweisen:

Abbildung 82: Der Zusammenhang zwischen dem Anteil der protestantischen Bevölkerung und dem Ausmass der Einbettung der Konfirmandinnen und Konfirmanden in einen religiösen Interaktionskontext im zwischenkirchlichen Vergleich

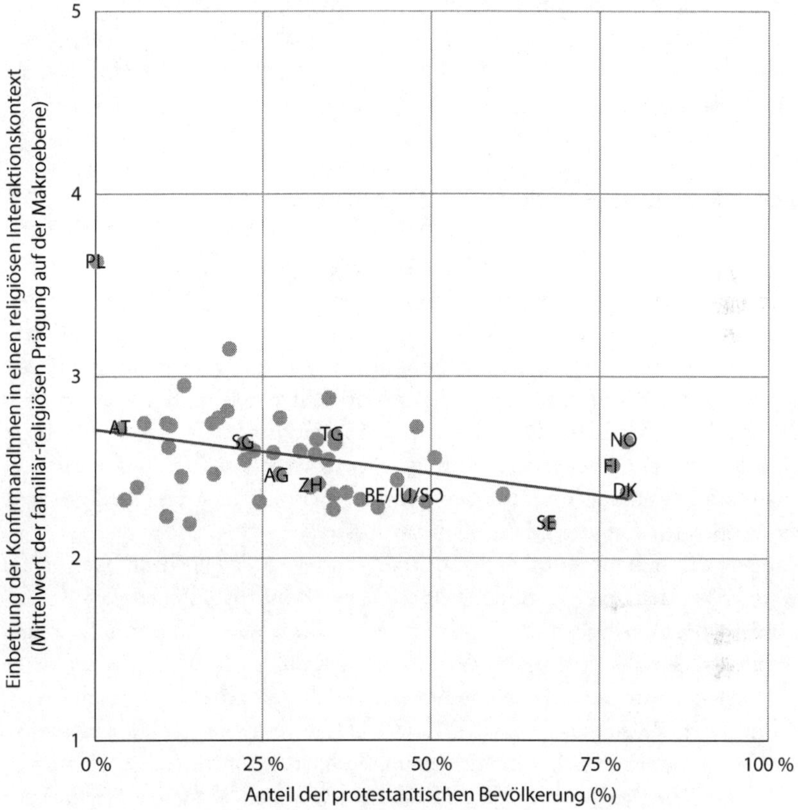

N = 48 an der internationalen Studie beteiligte Kantonal-, Landes- und Nationalkirchen. Jeder in dem Streudiagramm gezeigten 48 Punkte repräsentiert den Einzugsbereich der jeweiligen Kantonal-, Landes- oder Nationalkirche im Hinblick auf den dortigen Anteil der evangelischen Bevölkerung und der dortigen Einbettung der KonfirmandInnen in einen religiösen Interaktionskontext. Aus Gründen der Übersichtlichkeit wurden nur die Datenpunkte der fünf Kantonalkirchen mit den meisten teilnehmenden Konfirmandinnen und Konfirmanden (Zürich, Bern-Jura-Solothurn, Thurgau, St. Gallen und Aargau), der österreichischen und polnischen Kirchenverbände sowie der Nationalkirchen Dänemarks, Finnlands, Norwegens und Schwedens mit einem regionalen bzw. Länderkürzel gekennzeichnet. Die Linie in der Abbildung zeigt den linearen Trend, der das durchschnittliche Verhältnis zwischen dem Anteil der evangelischen Bevölkerung und der Einbettung in einen religiösen Interaktionskontext über die 48 Kantonal-, Landes- und Nationalkirchen hinweg widerspiegelt. Der hoch signifikante Trend sagt Folgendes aus: Je höher der Anteil der evangelischen Bevölkerung in den Kirche ausfällt, desto geringer fällt die Einbettung der Jugendlichen in einen religiösen Interaktionskontext aus.

Je höher (bzw. geringer) also der Anteil der protestantischen Bevölkerung im Einzugsgebiet einer Kirche ausfällt, desto schwächer (bzw. stärker) ist die dortige Einbindung der Konfirmandinnen und Konfirmanden in einen religiösen Interaktionskontext. Zusammenfassend kann man sagen: Entkirchlichung gibt der Herausbildung eines religiös geprägten Interaktionskontexts Raum und dieser Kontext wiederum erweist sich durchaus als wirkungsmächtiger Rahmen für religiöse Sozialisationsprozesse.

3.2.4 Der Einfluss von Bildung und Geschlecht

Bildung und Geschlecht sind auf den ersten Blick keine zu vereinenden Prädiktoren, wenn es darum geht, besser zu verstehen, wovon die Einstellungen der Konfirmandinnen und Konfirmanden geprägt sind. Dennoch haben einzelne Ergebnisse bereits darauf hingedeutet, dass Mädchen mit höherem Bildungsinteresse einigen Themenkomplexen gegenüber positiver eingestellt sind als Jungen. Für die Konzeption und Durchführung der Konfirmationszeit ist es jedenfalls nicht nur hilfreich, sondern geradezu notwendig, geschlechts- und bildungsspezifische Unterschiede wahrzunehmen, um von dort aus beispielsweise das jeweilige Angebot zu überprüfen und gegebenenfalls anzupassen.

Bevor wir in die entsprechenden Befunde einsteigen, soll noch ein Blick darauf geworfen werden, wie das Bildungsinteresse der Konfirmandinnen und Konfirmanden operationalisiert, also messbar gemacht wird: Wie bei der familiären und kirchlichen Sozialisation verwenden wir zur Messung des Bildungseffekts eine fünf Skalenpunkte umfassende kombinierte Variable namens «Bildungsinteresse», die mit der Bücherfrage (CM04) und dem angestrebten Bildungsabschluss (CM07_CH) zwei in t1 abgefragte Bildungsindikatoren miteinander verknüpft:

- CM04: Wie viele Bücher habt ihr zuhause? (Auf einen Meter Regalbrett passen ungefähr 40 Bücher). (1) keine, (2) 1–10, (3) 11–50, (4) 51–100, (5) 101–250, (6) 251–500 oder (7) mehr als 500.
- CM07_CH: Am Ende meiner Schulzeit plane ich: (1) Ausbildung, (2) Matur oder (3) Sonstiges.

Der höchste Skalenpunkt (5), der auf ein hohes Bildungsinteresse verweist, wird an Jugendliche vergeben, die mindestens 101 Bücher angaben und zugleich die Matur anstrebten. Wenn sie dagegen von weniger als 51 Büchern im Elternhaus ausgingen und zugleich eine Ausbildung als Bildungsziel nannten, erhielten sie den niedrigsten Skalenpunkt (1), was uns auf ein geringes Bildungsinteresse schliessen lässt (vgl. zur konkreten Skalenbildung 7.4).

Schauen wir nun zuerst auf Einstellungen beeinflussende Auswirkungen des *Geschlechts*. Im Hinblick auf den Genderfaktor gehen wir vom Prädiktor «weibliches Geschlecht» aus. Positiv von diesem Genderfaktor beeinflusst werden folgende Einstellungen und Einstellungsveränderungen:

- iKK4: Gestiegene soziale und ökologische Verantwortung (t2)
- iCL/iKL3: Interesse an Themen der Lebensführung (t1/t2)
- Erkenntnisfortschritt iCL3–iKL3: Interesse an Themen der Lebensführung (t1–t3)
- iKP5: Zukunftspessimismus (t2)
- CG/KG/QG03: Falls ich später einmal Kinder habe, will ich sie taufen lassen (t1/t2/t3)
- Erkenntnisfortschritt CG03–KG03: Falls ich später einmal Kinder habe, will ich sie taufen lassen. (t1–t2)
- CL/KL07: Interesse an anderen Religionen (t1/t2)
- Erkenntnisfortschritt CL07–KL07: Interesse an anderen Religionen (t1–t2)

Es hat den Anschein, dass Mädchen eine grundsätzlich grössere *Offenheit gegenüber ethischen und sozialen Themen* mitbringen als ihre männlichen Mitkonfirmanden. Man könnte von einem Blick auf die Welt und ihre Themen sprechen, der das Wohl der Anderen und auch das eigene im Blick hat und zwar durchaus nicht nur in optimistischer Weise, sondern auch im kritischen Bewusstsein möglicher existenzieller Nöte.

Einen negativen Effekt hat der Faktor «weiblich» geht auf die folgenden Einstellungen und Einstellungsveränderungen:

- QG05: Die Kirche tut viel Gutes für die Menschen (t3)
- Erkenntnisfortschritt CG05–QG05: Die Kirche tut viel Gutes für die Menschen (t1–t3)
- KG06: Wenn ich persönliche Probleme habe, würde ich mich an einen Pfarrer oder eine Pfarrerin wenden (t2)
- Erkenntnisfortschritt CG06–KG06: Wenn ich persönliche Probleme habe, würde ich mich an einen Pfarrer oder eine Pfarrerin wenden (t1–t2)

Eher überraschend ist der negative Einfluss auf die Bereitschaft, sich bei persönlichen Problemen an eine Pfarrerin oder an einen Pfarrer zu wenden. Offenbar haben Erfahrungen während des letzten Konf-Jahres dazu geführt, dass Mädchen es vorziehen, im Falle persönlicher Probleme deswegen keine Pfarrperson anzusprechen. Es muss allerdings zum einen daran erinnert werden, dass die Offenheit aller Konfirmandinnen und Konfirmanden diesbezüglich äusserst gering ausfällt (vgl. 2.3.5), zum anderen auch die Gesamtzahl der weiblichen Pfarrpersonen eben auch deutlich geringer ist als die ihrer männlichen Kollegen.

Von da gehen wir zu den *Bildungseffekten* weiter: Hier lautet die Frage konkret: Welche Einflüsse gehen vom Bildungsinteresse auf die Einstellungen und Einstellungsveränderungen der Konfirmandinnen und Konfirmanden aus?

Eine positive Beeinflussung erfahren folgende Einstellungen:

- iCE3: Religiöse Reflexivität (t1)
- iCP/iKP2: Erwartungen an das ethische Handeln von Gläubigen und Kirche (t1/t2)
- iCS1_CH: Interesse an den Gottesdiensten (t1)
- CL/KL07: Interesse an anderen Religionen (t1)

Negativ beeinflusst sind diese Einstellungen

- iQE1: Christliche Überzeugungen (t3)
- iCE6: Negative religiöse Gefühle (t1)
- QN01: Zufriedenheit mit der Konfirmation (t3)

Die Befunde könnten darin begründet sein, dass ein zunehmendes Bildungsinteresse der Jugendlichen in starker Weise einhergeht mit einer höheren kognitiven Kapazität zur Reflexion komplexerer Sachverhalte und damit verbunden einer höheren Kritikfähigkeit (sowie auch einem höheren Bedürfnis, Kritik zu üben), einer erhöhten Wissbegier und erhöhten Ansprüchen gegenüber Bildungsangeboten. Das heisst, die erhöhten kognitiven Fähigkeiten ermöglichen religiöse Reflexivität, aber auch skeptischere Haltungen, wie sie bei den erhöhten ethischen Erwartungen an Gläubige und Kirche und der tendenziellen Infragestellung christlicher Glaubensüberzeugungen zum Ausdruck kommen. Das Interesse an den Gottesdiensten und an anderen Religionen scheint der Wissbegier und dem Bedürfnis, «über den Tellerrand zu schauen», geschuldet zu sein. Dies zeigt sich vielleicht am pointiertesten in ihrer *Zufriedenheit mit der Konfirmation* (QN01), die mit zunehmendem Bildungsinteresse im Nachhinein als weniger zufriedenstellend wahrgenommen wurde.

Die Interpretation der empirischen Befunde zeigt, dass Geschlecht und Bildung auf unterschiedliche Mechanismen der Beeinflussung der Einstellungen der Konfirmandinnen und Konfirmanden hindeuten: Während das erhöhte Bildungsinteresse vor allem auf ein kritisches Reflexionsvermögen der Jugendlichen verweist, das sich auch mündig mit Glaubensinhalten auseinandersetzt, sind es die Mädchen, die sich durch ein differenziertes Interesse an der Wahrnehmung ihrer (menschlichen) Umwelt auszeichnen. Grundsätzlich kann jedenfalls gesagt werden, dass Mädchen sich verstärkt für soziale Themen interessieren und sich Jugendliche mit höherem Bildungsziel diskursiv, in kritischen Diskussionen und in differenzierter Betrachtung eigene und fremde Glaubensüberzeugungen erschliessen möchten.

3.2.5 Der Einfluss von pädagogischen Massnahmen

Eine der besonders intensiv diskutierten Fragen im Zusammenhang der bisherigen empirischen Studien zur Konfirmationsarbeit ist, ob und in welcher Weise konkrete pädagogische Massnahmen die Jugendlichen in ihren Einstellungen während der Konfirmationszeit beeinflussen. Hier wurde insbesondere in den letzten Jahren das Augenmerk auf den Aspekt und die positive Bedeutsamkeit von alternativen Unterrichts- und Gestaltungsformen gelegt. Mit anderen Worten: Verschiedene Indikatoren haben darauf hingewiesen, dass sowohl innovative pädagogische Methoden wie auch anders gestaltete Gemeinschaftserfahrungen entscheidend dazu beitragen können, dass Konfirmandinnen und Konfirmanden dann auch positive Bildungserfahrungen machen.

Wir haben im Rahmen unserer Studie ebenfalls genauer auf diesen Aspekt geachtet – und dies vor dem Hintergrund und mit der Intention, hier genauer solche Massnahmen zu identifizieren, die in besonderer Weise für positive Erfahrungen und Entwicklungen der Konfirmandinnen und Konfirmanden sorgen. Dabei waren wir natürlich auch von der Frage geleitet, ob und in welchem Ausmass möglicherweise auch ganz konkrete Änderungen in den bisherigen Gestaltungsformen notwendig sein könnten, um positive Entwicklungsprozesse bei den Jugendlichen anzustossen.

Wir nehmen an dieser Stelle eine vergleichsweise lange Hinführung zur Thematik vor, weil sich die Ergebnisse zu diesem Aspekt nun doch deutlich anders darstellen, als wir dies im Vorfeld vermutet hatten: Als mögliche Faktoren, die diesbezüglich die Einstellungen der Jugendlichen beeinflusst haben könnten, haben wir im Folgenden solche Indizes und Variablen als mögliche Prädiktoren überprüft, die eine deutliche pädagogische Komponente aufweisen.

In dieser Untersuchung wurde demnach gefragt, ob und inwieweit die pädagogischen Konzepte und Aktionsformen auf der Mesoebene sich auf die Einstellungen der Konfirmandinnen und Konfirmanden auswirken. Konkret gesprochen wurden folgende Indizes als mögliche Prädiktoren in den Blick genommen:

- die Wichtigkeit der Themen der christlichen Tradition (iWA1_CH)
- die Wichtigkeit ethischer Themen (iWA2)
- das Ziel der Gewinnung der Konfirmandinnen und Konfirmanden für den christlichen Glauben / Frömmigkeit des Hauptverantwortlichen (iWB3)
- der Aspekt der Gemeinschaft (iWB4) sowie die Einbindung und Partizipation der Konfirmandinnen und Konfirmanden als Ziel für die Gottesdienste (iWB5)
- die Zielsetzung Identitätsbildung (iWC1)
- das Ziel der Offenheit gegenüber allen Religionen (iWE7)
- die Zielsetzungen, die Jugendlichen für ein freiwilliges Engagement zu gewinnen (iWP1_CH)

Darüber hinaus wurden auch die Aktionsformen aktivierend-partizipativer Methoden (iVH1), Besuche von und Treffen mit Gemeindevertretern und Experten (iVH2) sowie Gesang und Musizieren (iVH3) auf ihre mögliche Rolle als Prädiktoren hin geprüft. Als mögliche Einflussfaktoren einbezogen wurden schliesslich auch die Zahl der Übernachtungen im Zusammenhang von Lagern bzw. Freizeiten (VQ05) und die Erfahrung der (erfolgreichen) Einbindung und Partizipation von ehrenamtlichen Mitarbeitenden in der Konfirmationsarbeit (iVU1).

Es ist nun festzustellen, dass von all den genannten Aspekten keine oder keine relevanten Einflüsse auf die Einstellungen der Konfirmandinnen und Konfirmanden, z. B. deren Wahrnehmungen, Glaubensentwicklungen oder Zufriedenheit, ausgehen. Dies bedeutet in der Konsequenz, dass jedenfalls diese einzelnen Aktivitäten und Massnahmen bzw. die Zielsetzungen der Mitarbeitenden zu diesen Fragen keinen relevanten Erklärungsbeitrag dafür leisten, wie sich die Jugendlichen zu dem jeweiligen Gesamtangebot der Konfirmationsarbeit verhalten. Man kann es sogar noch deutlicher formulieren: Es dürfte zwar nicht unerheblich, aber für die letztliche Einschätzung des Gesamtangebots vonseiten der Jugendlichen nicht von ausschlaggebender Bedeutung sein, wie die jeweiligen pädagogischen Angebote strukturiert und durchgeführt werden.

Weshalb von den pädagogischen Konzepten und Aktionsformen keinerlei relevanter Einfluss ausgeht, könnte darin begründet liegen, dass die Messungen der Konzepte und Massnahmen unter Umständen gewisse Qualitätsunterschiede bei der Anwendung der Konzepte und Aktionsformen verschleiern. Beispielsweise können prinzipiell jugendgemässe Massnahmen (z. B. aktivierend-partizipatorische Methoden) negative Bewertungen hervorrufen, wenn die Hauptamtlichen aus irgendwelchen Gründen nicht in der Lage sind, die Massnahmen in befriedigender und authentischer Weise durchzuführen.

Es sollte also von dem Befund eines ausbleibenden Einflusses pädagogischer Einstellungen und Aktionsformen auf die Einstellungen der Konfirmandinnen und Konfirmanden nicht abgeleitet werden, dass es letztlich völlig egal ist, mit welchen Zielsetzungen und pädagogischen Massnahmen das jeweilige Angebot durchgeführt wird. Und selbstverständlich wird man davon auszugehen haben, dass pädagogische Nachlässigkeiten oder eine bestimmte Unprofessionalität in diesem Bereich Auswirkungen auf die konkrete Gruppe, deren inhaltliche Entwicklung und deren Zufriedenheit haben. Man muss dieses Ergebnis wohl eher so lesen, dass andere Aspekte – wie eben die oben ausgeführten Erkenntnisse zur familiären und kirchlichen Sozialisation und zum allgemeinen sozialen Klima in religiös geprägten Interaktionskontexten – sehr viel grösseres Gewicht haben, als dies durch einen bestimmten pädagogischen Aufwand und höchste methodische Kreativität jemals erreicht werden könnte.

3.3 Wovon Hauptamtliche in der Ausrichtung ihrer Konfirmationsarbeit beeinflusst sind – und wovon nicht

Nachdem die Einflussfaktoren der Einstellungen der Konfirmandinnen und Konfirmanden präsentiert wurden, gilt das Augenmerk jetzt den Prädiktoren, die die Einstellungen und Aktionsformen der Hauptamtlichen und damit das Angebotsprofil der Konfirmationsarbeit beeinflussen. Zudem sei gesagt: Wurden die pädagogischen Konzepte und Massnahmen im vorherigen Abschnitt als *unabhängige bzw. erklärende Sachverhalte* behandelt, werden sie nun als *abhängige bzw. zu erklärende Variablen* in die Mehrebenenanalysen einbezogen.

Das heisst mit anderen Worten: Nun wird also nicht untersucht, wie sich pädagogische Massnahmen auf die Wahrnehmung der Konfirmationsarbeit durch die Jugendlichen auswirken, sondern wie sich pädagogische Massnahmen auf die Aktionsformen der Mitarbeitenden auswirken. Dabei werden diese Aktionsformen als Massnahmen der Konf-Gruppenleitung auf der gruppen- und gemeindespezifischen *Mesoebene* analysiert (siehe Abbildung 81), denn logischerweise sind die Aktionsformen Massnahmen, die nicht bloss von einzelnen Hauptamtlichen angewendet werden, sondern von einer Gruppenleitung bzw. einem Leitungsteam.

Konkret werden die Einflüsse auf die folgenden Einstellungen der Hauptamtlichen und auf die von ihnen bzw. ihrer Gruppe gewählten Aktionsformen untersucht:
- iWA1_CH: Wichtigkeit der Themen der christlichen Tradition (t1)
- iWA2: Wichtigkeit der Themen der Lebensführung (t1)
- iWB3: Ziel der Gewinnung der Konfirmandinnen und Konfirmanden für den christlichen Glauben / Frömmigkeit des Hauptverantwortlichen (t1)
- iWB4: Aspekte von Gemeinschaft als Ziele für die Gottesdienste (t1)
- iWB5: Einbindung und Partizipation der Konfirmandinnen und Konfirmanden als Ziel für die Gottesdienste (t1)
- iWC1: Identitätsbildung der Konfirmandinnen und Konfirmanden als Ziel für die Konfirmationsarbeit (t1)
- iWE1: Religiosität (t1)
- iWE2: Religiöse Reflexivität (t1)
- iWE3: Spirituelle Orientierung (t1)
- iWE5: Positive religiöse Gefühle (t1)
- iWE6: Religiöse Gefühle von Schuld, Scham und Versagen (t1)
- iWE7: Religiöse Offenheit (t1)
- iVN1: Wahrnehmung von Disziplin- und Konzentrationsproblemen unter den Konfirmandinnen und Konfirmanden (t2)
- iWP1_CH: Freiwilliges Engagement der Konfirmandinnen und Konfirmanden als Ziel für die Konfirmationsarbeit (t1)
- WE/VE06: Ich wäre froh, wenn ich die Konfirmationsarbeit nicht mehr machen müsste (t1/t2)

- Entwicklung WE06–VE06: Ich wäre froh, wenn ich die Konfirmationsarbeit nicht mehr machen müsste (t1–t2)
- WE09: Meine pädagogische Kompetenz für die Konfirmationsarbeit halte ich für gut (t1)
- WE10: Meine theologische Kompetenz für die Konfirmationsarbeit halte ich für gut (t2)
- WF05: Wie viele der jetzigen Konfirmandinnen und Konfirmanden kannten Sie schon vor deren Konfirmationszeit bzw. vor dem letzten Jahr vor der Konfirmation? (t1)
- WF13_CH: Bei wie vielen Konfirmandenjahrgängen vor dem jetzigen haben Sie schon mitgearbeitet?
- VM01: Wie zufrieden sind Sie mit der Konfirmationsarbeit in Ihrer Gemeinde insgesamt? (t2)
- iVH1: Aktivierend-partizipative Methoden (t2)
- iVH2: Besuche von und Treffen mit Gemeindevertretern und Experten (t2)
- iVH3: Gesang und Musizieren (t2)
- iVU1: (erfolgreiche) Einbindung und Partizipation ehrenamtlicher Mitarbeiter (t2)
- VQ05: Anzahl der Übernachtungen in Weekends und Lagern (t2)

Im Folgenden sollen nun insbesondere die Einflussfaktoren (individuelle Religiosität, Geschlecht, Alter und Bildung) näher betrachtet werden, die sich auf die soeben aufgelisteten Einstellungen und Aktionsformen auswirken.

3.3.1 Der Einfluss individueller Religiosität

Ein wesentlicher Faktor, der die Einstellungen und Aktionsformen der Hauptamtlichen beeinflusst, ist ihre individuelle Religiosität. Religiosität wird in diesem Zusammenhang anhand iWE1 definiert durch Items wie: «Wie stark glauben Sie daran, dass es Gott oder etwas Göttliches gibt?» (WE16), «Wie stark leben Sie im Alltag nach religiösen Geboten?» (WE18) oder «Wie häufig beten Sie?» (WE24).

Von der individuellen Religiosität werden die folgenden Einstellungen der Hauptamtlichen in durchgängig positiver Weise beeinflusst:

- iWA1_CH: Wichtigkeit der Themen der christlichen Tradition (t1)
- iWB3: Ziel der Gewinnung der Konfirmandinnen und Konfirmanden für den christlichen Glauben / Frömmigkeit des Hauptverantwortlichen (t1)
- iWE2: Religiöse Reflexivität (t1)
- iWE3: Spirituelle Orientierung (t1)
- iWE5: Positive religiöse Gefühle (t1)

Ihnen sind Themen der christlichen Tradition wichtig (t1) (iWA1_CH) und sie zeichnen sich in besonderer Weise durch das Ziel aus, die Konfirmandinnen und Konfirmanden für den christlichen Glauben gewinnen zu wollen (iWB3). Bei ihnen zeigt sich ein positiver Zusammenhang zwischen individueller Religiosität und religiöser Reflexivität (t1) (iWE2), spiritueller Orientierung (t1) (iWE3) sowie positiven religiösen Gefühlen (t1) (iWE5).

Die Wirkungen dieses Prädiktors weisen im Blick auf die Intentionen und auch die Ausrichtung der Konfirmationsarbeit als ganzer zwei Stossrichtungen auf: Zum einen sind die Konfirmandinnen und Konfirmanden in Bezug auf *religiöse und glaubensbezogene Inhalte* stärker gefordert, zum anderen weisen diese Hauptamtlichen auch in Bezug auf ihr *religiöses Selbst* eine höhere Frömmigkeit und damit auch deutlich erkennbare religiöse Ansprüche auf.

So ist zum Ersten festzustellen, dass Hauptamtliche *Themen der christlichen Tradition* (iWA1_CH) – bspw. also die Zehn Gebote (WA01), Abendmahl (WA04) und die Bibel (WA22) – als umso wichtiger einstufen, je religiöser sie sind. Und nicht nur auf der Ebene der Unterrichtsthemen, sondern auch in *konkreten Begegnungen* und der *Beziehungsarbeit* weisen religiöse Hauptamtliche ausgeprägtere Anliegen auf als weniger religiöse. Namentlich anhand von iWB3: «Ziel der Gewinnung der Konfirmandinnen und Konfirmanden für den christlichen Glauben / Frömmigkeit des Hauptverantwortlichen» (t1), zeigt sich, dass Hauptamtliche mit zunehmender Religiosität umso mehr für die Jugendlichen ganz bestimmte Ziele haben: Die Konfirmandinnen und Konfirmanden sollen «Menschen kennenlernen, denen der Glaube wichtig ist» (WB10), «Gottes Gegenwart erleben» (WB20), «lernen, ihren Alltag in der Beziehung zu Gott zu gestalten» (WC11) oder «in ihrem persönlichen Glauben gestärkt werden» (WC02). Nicht nur der Erwerb eines bestimmten Glaubenswissens durch einen themenorientierten Unterricht ist hier somit intendiert, sondern auch dass die Jugendlichen persönliche Erfahrungen mit dem Glauben machen.

Zum Zweiten lassen sich Effekte für die *persönliche religiöse Haltung* der Mitarbeitenden selbst feststellen: Religiösere Hauptamtliche weisen, wenig überraschend, höhere Werte bei weiteren religiöse Prägungen widerspiegelnden Indizes auf als weniger religiöse Hauptamtliche. So hat der Religiositäts-Prädiktor (repräsentiert durch iWE1) positiven Einfluss auf die «Religiöse Reflexivität» (iWE2) und begünstigt, dass Hauptamtliche sich kritische Gedanken zu eigenen und anderen religiösen Überzeugungen machen – bspw. zur Frage «Wie oft überdenken Sie einzelne Punkte Ihrer religiösen Einstellungen?» (WE22). Auch bezüglich der spirituellen Orientierung (iWE3) zeigen die Religiösen mehr Offenheit, sie meditieren häufiger (WE25) und bezeichnen sich selber, unabhängig davon, ob sie sich als religiös bezeichnen, als spirituell (WE20). Deutlich beeinflusst durch die Religiosität der Hauptamtlichen ist auch die Einstellung bezüglich der *Gefühle gegenüber Gott*: Positive Gefühle werden durch diesen Prädiktor begünstigt, so dass Freude (WE32), Geborgenheit (WE34) und Hoffnung (WE37) bei religiösen Hauptamtlichen häufiger das Bild prägen als bei weniger religiösen Hauptamtlichen.

Zusammenfassend gesagt: Eine bestimmte Frömmigkeit der Hauptamtlichen hat deutliche Auswirkungen auf die inhaltliche Ausrichtung des Angebots und auch die Aktionsformen: Je stärker also die Religiosität der Hauptamtlichen ausgeprägt ist, desto höher ist deren Anspruch auf eine religiöse Bildung und Erfahrungsmöglichkeiten der Jugendlichen einerseits sowie ihre eigene persönliche Glaubenshaltung, -praxis und -reflexion andererseits.

3.3.2 Der Einfluss eines religiös geprägten Interaktionskontextes

Wie bereits oben definiert, ist ein *religiös geprägter Interaktionskontext* ein soziales Geflecht, in dem religiös geprägte Menschen aus dem näheren sozialen Umfeld der Jugendlichen (Nachbarschaft, Freunde, Gemeindemitglieder, kirchlich Engagierte) mehr oder weniger häufig Kontakt zueinander haben. Dieser soziale Kontextfaktor erweist sich, wie wir oben bereits ausgeführt haben (vgl. 3.2.3), als relativ bedeutsamer Faktor bei der Erklärung vor allem der religiösen Einstellungen der Konfirmandinnen und Konfirmanden. Begründen lässt sich diese Einstellungen beeinflussende Kraft dadurch, dass sich ein solcher Kontext ermöglichend und unterstützend auf Prozesse religiöser Bildung und Sozialisation auswirkt.

Fraglich ist nun auch, ob sich die Einbindung (Nichteinbindung) der Hauptamtlichen in einen religiös geprägten Interaktionskontext auch auf deren Einstellungen und Aktionsformen auswirkt und wie sich eine entsprechende kausale Abhängigkeit begründen liesse.

Wenden wir uns zunächst der Frage zu, welche religionspädagogisch relevanten Einstellungen dieser soziale Kontextfaktor zu beeinflussen vermag. Durchgehend relevante positive Einflüsse des religiös geprägten Interaktionskontext betreffen die folgenden Einstellungen:

- iWA1_CH: Wichtigkeit der Themen der christlichen Tradition (t1)
- iWB3: Ziel der Gewinnung der Konfirmandinnen und Konfirmanden für den christlichen Glauben / Frömmigkeit des Hauptverantwortlichen (t1)
- iWB4: Aspekte von Gemeinschaft als Ziele für die Gottesdienste (t1)
- iWE1: Religiosität (t1)
- iWE3: Spirituelle Orientierung (t1)
- iWP1_CH: Freiwilliges Engagement der Konfirmandinnen und Konfirmanden als Ziel für die Konfirmationsarbeit (t1)
- WE09: Meine pädagogische Kompetenz für die Konfirmationsarbeit halte ich für gut (t1)

Je stärker also die Hauptamtlichen in einen religiös geprägten Interaktionskontext eingebunden sind, desto wichtiger erscheinen ihnen *Themen der christlichen Tradition*, desto mehr zielen sie auf die *Gewinnung der Jugendlichen für den christlichen Glauben* ab, desto wichtiger sind für sie *Gemeinschaftsaspekte in den Gottesdiensten*, desto *religiöser* sind sie, desto mehr wollen sie den Jugendlichen ein *freiwilliges Engagement nahelegen* und desto höher schätzen sie ihre *eigene pädagogische Kompetenz* ein.

Fraglich ist nun, wie sich diese Effekte im Einzelnen begründen lassen: Interessanterweise zeigt sich der religiöse Interaktionskontext als Wirkungsfaktor sogleich im Blick auf die *individuelle Religiosität* der Hauptamtlichen. Dies könnte erstens ein empirischer Hinweis darauf sein, dass selbst bei mit religiösen Themen stärker befassten Hauptamtlichen das soziale Umfeld durchaus einen religiös sozialisierenden Effekt haben kann. Zweitens könnte dieser Einfluss dadurch zustande kommen, dass die Hauptamtlichen zwar weniger in ihren religiösen Überzeugungen von ihrem sozialen Kontext beeinflusst werden, der religiös-soziale Kontext dafür aber die *Expression und Praxis von Religiosität* unterstützt: In einem religiös günstigen Klima dürfte es also eher zur *Manifestation* von religiösen Überzeugungen kommen als in einem weniger günstigen Klima. Deutlich wird des Weiteren, dass die Einbettung in einen religiös geprägten Interaktionskontext eine an *gelebter christlicher Religiosität orientierte Ausgestaltung der Konfirmationsarbeit* begünstigt, in der christlicher Tradition, Mission, Gemeinschaft und Diakonie der Schwerpunkt zukommt.

Ein Grund hierfür sind wohl die mit zunehmender (bzw. abnehmender) Einbettung in einen religiösen Kontext steigenden (bzw. geringer werdenden) sozialen Anreize und Spielräume bzw. Ressourcen für eine christlich-religiös geprägte Konfirmationsarbeit. Beispielsweise begünstigt ein religiös geprägter Interaktionskontext die Durchführung einer dezidiert christlich-religiös ausgerichteten Konfirmationsarbeit dadurch, dass die Hauptamtlichen für die Durchführung einer solchen Konfirmationsarbeit keinem oder nur einem geringem sozialen «Gegenwind» ausgesetzt sind und zugleich Ressourcen aus ihrem Umfeld, z. B. in Form von Unterstützungsleistungen freiwilliger Helfer, mobilisieren können.

Man könnte formulieren, dass in einem solchen religiös geprägten Kontext die Notwendigkeit, das eigene Angebot zu begründen, sozusagen weniger notwendig ist, weil noch starke Selbstverständlichkeit und das entsprechende Einverständnis aller beteiligten Akteure – möglicherweise bis hin zu den Eltern! – besteht. Man geht wohl sogar auch nicht zu weit, wenn man auch einen gemeinsamen Kommunikationscode in diesen Kontexten annimmt, der gleichsam das gemeinsame Sprechen und Verstehen leichter macht, als wenn hier keine solche gemeinsame sprachliche Verständigungsbasis vorausgesetzt werden kann. Und vielleicht gilt dasselbe auch für die Frage einer gemeinsamen gottesdienstlichen und rituellen

Praxis, die dann natürlich auch den gemeinsamen Vollzug und die Partizipation sehr viel leichter möglich macht.

Erklärungsbedürftig ist noch der positive Einfluss des religiös-sozialen Kontextfaktors auf die von den Hauptamtlichen wahrgenommene *subjektive pädagogische Kompetenz.* Anscheinend sehen die Hauptamtlichen ihre eigene pädagogische Kompetenz weniger kritisch, wenn sie in ein soziales Umfeld eingebettet sind, das religiösen Bildungs- und Sozialisationsprozessen gegenüber aufgeschlossen ist und das ihre Arbeit ideell und gegebenenfalls durch aktive Mithilfe unterstützt. Diese psychische und physische Entlastung scheint ihre *efficacy* (subjektiv wahrgenommene «Selbstwirksamkeit») zu erhöhen, was dann zu einer positiveren subjektiven Kompetenzwahrnehmung in pädagogischen Fragen führen müsste als in einem Kontext, der weniger Unterstützungspotenzial bereithält.

3.3.3 Der Einfluss des Geschlechts

Vom Faktor «weibliches Geschlecht» gehen ein negativer Einfluss und vier positive Einflüsse aus. Negativ beeinflusst davon ist:

- WF13_CH: Bei wie vielen Konfirmandenjahrgängen vor dem jetzigen haben Sie schon mitgearbeitet?

Dieses Ergebnis scheint dem Umstand geschuldet, dass zwar der Anteil weiblicher Hauptamtlicher in der Konfirmationsarbeit im Steigen begriffen ist, jedoch das Gros der langjährigen Mitarbeiter weiterhin männlich ist.

Positive Effekte auf folgende vier Einstellungen bringt das weibliche Geschlecht mit sich:

- iWB4: Aspekte von Gemeinschaft als Ziele für die Gottesdienste (t1)
- iWC1: Identitätsbildung der Konfirmandinnen und Konfirmanden als Ziel für die Konfirmationsarbeit (t1)
- iWE1: Religiosität (t1)
- iWP1_CH: Freiwilliges Engagement der Konfirmandinnen und Konfirmanden als Ziel für die Konfirmationsarbeit (t1)

Weibliche Hauptamtliche weisen in Bezug auf iWE1 «Religiosität» (t1) höhere Zustimmung zu *Aussagen über die eigene Religiosität* auf. So wird etwa die Frage «Wie stark glauben Sie daran, dass es Gott oder etwas Göttliches gibt?» (WE16) von mehr Frauen positiv beantwortet als von Männern, ebenso die Frage nach der Frequenz des persönlichen Gebets «Wie häufig beten Sie?» (WE24). Dieses Ergebnis steht im Einklang mit religionssoziologischen Befunden, denen zufolge die Religiosität von weiblichen Individuen stärker ausgeprägt ist als bei männlichen (Sullins 2006). Das Feld der möglichen Gründe für diesen Gender-Gap ist vielschichtig und kann hier nicht näher aufgerollt werden. Ein Grund könnte die im Vergleich zu Männern sozialisationsbedingte höhere Risikoaversion von Frauen sein, die sich auch auf transzendente Fragen bzw. die Hoffnung auf ein eigenes Seelenheil erstrecken könnte (Miller/Hoffmann 1995; vgl. auch Perrin 2007, 165).

Positive Einflüsse aufgrund des weiblichen Geschlechts zeigen sich im Weiteren in Bezug auf den Index iWB4 «Aspekte von Gemeinschaft als Ziele für die Gottesdienste» (t1), der sich aus den Antworten der Hauptverantwortlichen auf die Fragen zusammensetzt, ob es ihnen ein zentrales Anliegen ist, dass die Jugendlichen in den Gottesdiensten «nette Leute treffen» (WB30), «eine freundliche Atmosphäre im Gottesdienst erleben» (WB33) und «sich im Gottesdienst als Teil einer Gemeinschaft fühlen» (WB31). Weibliche Hauptamtliche weisen hier eine positive Offenheit gegenüber solchen *integrativen Aspekten bezüglich der Gottesdiensterfahrungen* der Jugendlichen auf und scheinen das *Wohlbefinden* derselben im Gottesdienst stärker im Blick zu haben.

Nicht nur die Frage nach dem Ort und der Befindlichkeit der Jugendlichen im Rahmen eines kirchlichen Kernangebotes, sondern generell die Frage nach der Möglichkeit eines *Identitätsbildungsprozesses* unter den Jugendlichen beschäftigt weibliche Hauptamtliche stärker als männliche. So zeigt sich in Bezug auf iWC1 «Identitätsbildung der Konfirmandinnen und Konfirmanden als Ziel für die Konfirmationsarbeit» (t1), dass es Frauen ein signifikant höheres Anliegen ist, dass Jugendliche «einen eigenen Standpunkt zu wichtigen Lebensfragen entwickeln» (WC01) und im Verlaufe der Konfirmationszeit «in ihrer persönlichen und sozialen Entwicklung unterstützt werden» (WC04). Das Geschlecht wirkt sich nur bei diesem Index als Einziges positiv aus und es ist daher tatsächlich anzunehmen, dass es weiblichen Hauptverantwortlichen besonders wichtig ist, dass die Jugendlichen in ihrer Identitätsentwicklung unterstützt werden – unabhängig davon, ob in religiöser oder anderer Hinsicht.

Zuletzt kann dem Prädiktor des weiblichen Geschlechts noch positive Wirkung beim Einsatz für *freiwilliges Engagement* als Ziel der Konfirmationsarbeit (iWP1_CH) zugeschrieben werden. Weibliche Hauptverantwortliche setzten sich stärker dafür ein, dass die Jugendlichen «kirchliche Bereiche, Angebote und Aufgaben kennen lernen, bei denen sie mitarbeiten können» (WP12), und «dafür gewonnen werden, nach der Konfirmation freiwillig/ehrenamtlich in der Kirche mitzuarbeiten» (WP13).

Es ist aufgrund der Datenanalyse anhand des Prädiktors weibliches Geschlecht also anzunehmen, dass weibliche Hauptamtliche in der Gestaltung und Durchführung der Konfirmationsarbeit stärkere Akzente auf *soziale und integrative – möglicherweise sogar inklusive? – Aspekte* im Rahmen der Gottesdiensterfahrungen der Jugendlichen und der Annäherung an Möglichkeiten des freiwilligen Engagements legen. Ebenso kann man von einer höheren Religiosität der weiblichen Hauptverantwortlichen ausgehen.

3.3.4 Der Einfluss des Alters und der Bildungserfahrungen der Hauptamtlichen

Als mögliche Prädiktoren für die Zielsetzungen und die konkrete Durchführung der Konfirmationsarbeit wurden hier die Erfahrungen der bzw. des Hauptamtlichen mit der Konfirmationsarbeit in Jahren, sein bzw. ihr Alter sowie die Teilnahme an Ausbildungs-/Fortbildungs-/Schulungsseminaren speziell für die Konfirmationsarbeit im Rahmen der regulären Ausbildung überprüft. Grundsätzlich ist an dieser Stelle zu sagen, dass die eben genannten Prädiktoren insgesamt nicht für viele Aspekte der Konfirmationszeit bedeutsam sind bzw. sich nicht als relevante Einflussgrössen messen lassen. Allerdings gibt es einige Zusammenhänge, in denen diese Prädiktoren doch einflussreich sind, wovon im Folgenden näher die Rede sein soll.

Positiv wirkt sich das Alter der Hauptamtlichen auf ihre folgenden Einstellungen aus:

- iWE1: Religiosität (t1)
- iWP1_CH: Freiwilliges Engagement der Konfirmandinnen und Konfirmanden als Ziel für die Konfirmationsarbeit (t1)
- WE09: Meine pädagogische Kompetenz für die Konfirmationsarbeit halte ich für gut (t1)
- VM01: Wie zufrieden sind Sie mit der Konfirmationsarbeit in Ihrer Gemeinde insgesamt? (t2)

Wie auch beim Einfluss des weiblichen Geschlechts auf die Religiosität steht der Befund, dass die Religiosität eines Menschen der Tendenz nach mit zunehmendem Alter ansteigt, im Einklang mit den Befunden der religionssoziologisch relevanten empirischen Werteforschung. Umstritten ist auch hier nicht, dass der genannte Effekt besteht, sondern wie er zu begründen ist. Bei der Erklärung dieses Zusammenhangs stehen sich eine Säkularisierungsthese und eine Lebenszyklus-These gegenüber. Der ersten These zufolge beruht der Zusammenhang auf dem Umstand, dass die jüngeren Alterskohorten aufgrund gesellschaftlicher Modernisierungsprozesse (v. a. gestiegene existenzielle Sicherheit) in geringerem Mass religiös sozialisiert werden oder wurden als die älteren Generationen (Norris/Inglehart 2004). Die zweite These betont dagegen die Sensibilisierung der älter werdenden Menschen für Fragen der Transzendenz, z. B. – wie schon im Zusammenhang mit dem Prädiktor des weiblichen Geschlechts erwähnt – in Form einer erhöhten Risikoaversion bezüglich des eigenen Seelenheils (Miller/Hoffmann 1995).

Der positive Einfluss des Alters auf die wahrgenommene eigene Kompetenz für die Konfirmationsarbeit dürfte auf den Aspekt zunehmender Erfahrungen zurückzuführen sein. Im Hinblick auf den die Zufriedenheit steigernden Effekt des Alters kann man die Vermutung anstellen, dass ältere Hauptamtliche im Gegensatz zu ihren jungen Kollegen eher dazu neigen, ihre Anspruchsniveaus bezüglich einer erfolgreichen Konfirmationszeit realistischer einzuschätzen, und somit auch in geringerem Masse frustriert werden.

Durchgehend negative Effekte werden deutlich, wenn es um die Beeinflussung der von den Hauptamtlichen angewendeten pädagogischen Aktionsformen durch das Alter geht:

- iVH1: Aktivierend-partizipative Methoden (t2)
- iVH2: Besuche von und Treffen mit Gemeindevertretern und Experten (t2)
- iVH3: Gesang und Musizieren (t2)
- iVU1: (erfolgreiche) Einbindung und Partizipation ehrenamtlicher Mitarbeiter (t2)
- VQ05: Anzahl der Übernachtungen in Weekends und Lagern (t2)

Diese Befunde legen nahe, dass die Hauptamtlichen mit zunehmendem Alter eher traditionelle, weniger auf informelles und kreatives Lernen setzende pädagogische Vorstellungen haben und zudem vielleicht auch Fortbildungen gegenüber, die innovativere Konzepte und Methoden der Konfirmationsarbeit zum Thema haben, weniger aufgeschlossen sind.

Von den doch recht eng mit dem Alter zusammenhängenden praktischen Erfahrungen in der Konfirmationsarbeit[1] geht noch ein negativer Effekt aus auf:

- iWA2: Wichtigkeit der Themen der Lebensführung (t1)

Dieser Einfluss lässt sich vielleicht damit erklären, dass es mit zunehmendem Alter zu einer gewissen Schwerpunktverschiebung weg von Themen der Lebensgestaltung, hin zu mehr von der eigenen (zunehmenden) Religiosität angeregten Fragen kommt.

Abschliessend seien noch Ausführungen zu den Wirkungen der Teilnahme an Ausbildungs-/Fortbildungs-/Schulungsseminaren speziell für die Konfirmationsarbeit gemacht:

Werden solche Bildungseinheiten im Rahmen der regulären Ausbildung besucht, hat das bei den Hauptamtlichen zur Folge, dass sie dazu neigen, ihre eigene pädagogische Kompetenz als gut einzuschätzen (vgl. 2.4.1). Zweifelsohne sind die Bildungseinheiten im Rahmen der Ausbildung zur Konfirmationsarbeit dem Vertrauen der Hauptamtlichen in ihre pädagogische Kompetenz zuträglich, weil hier offensichtlich entsprechende Motivationen und Kompetenzen gestiftet werden.

Wenn die Hauptamtlichen allgemeine JugendleiterInnenschulungen besucht haben, hat das positive Effekte auf:

---

1 Der den starken Zusammenhang zwischen Alter und der (in Jahren gemessenen) praktischen Erfahrung in der Konfirmationsarbeit (WF13_CH) ausdrückende Korrelationskoeffizient r beträgt $r = 0{,}65$; $N = 687$.

- iWP1_CH: Freiwilliges Engagement der Konfirmandinnen und Konfirmanden als Ziel für die Konfirmationsarbeit
- WE09: Meine pädagogische Kompetenz für die Konfirmationsarbeit halte ich für gut

Der Besuch allgemeiner JugendleiterInnenschulungen dient – neben dem Besuch von Ausbildungen zur Konfirmationsarbeit im Rahmen der eigenen Ausbildung – ebenfalls dem Zutrauen der Hauptamtlichen in die eigene pädagogische Kompetenz. Zudem scheint der Besuch von allgemeinen JugendleiterInnenschulungen die Hauptamtlichen tendenziell in die Lage und in die Bereitschaft zu versetzen, in der Konfirmationsarbeit das Ziel kirchlich-zivilgesellschaftlichen Engagements verstärkt in das Blickfeld zu nehmen.

4. Kantonalkirchliche Rahmenbedingungen, Ergebnisse und Vergleich

Zur Teilnahme an der Studie zur Konfirmationsarbeit 2012/13 wurden Gemeinden aus allen Kantonen mit Fragebögen in den Sprachen Deutsch, Französisch und Italienisch eingeladen. Die Kantonalkirchen haben weitgehend sowohl durch aktive Teilnahme als auch durch finanzielle Unterstützung massgeblich zur Sammlung der kantonalen Daten beigetragen. Mit Ausnahme der Kantone Jura und Uri liegen Ergebnisse aus allen Kantonen vor, wenn auch die Deutschschweiz zahlenmässig den grössten Anteil hat. Neben kantonalen Unterschieden in der Konzeption der Konfirmationsarbeit, auf die gleich im Anschluss eingegangen werden soll, ist ein zentrales Kriterium zur Differenzierung die Anzahl der Teilnehmenden.

Differenziert nach Konfirmandinnen/Konfirmanden und Mitarbeitenden zeigt sich in Zahlen und unterschieden zwischen t1, t2 und t3 ein disparates Bild:

Tabelle 5: Zahl der an der Studie teilnehmenden Konfirmandinnen und Konfirmanden

Kantonskirche	Zahl der KonfirmandInnen-Datensätze[2] insgesamt	Zahl der in t1 teilnehmenden KonfirmandInnen	Zahl der in t2 teilnehmenden Konfirmandlinnen	Zahl der in t1, t2 und t3 teilnehmenden KonfirmandInnen[3]
Aargau	576	498	416	55
Appenzell AI und AR	195	176	140	15
Baselland	448	386	308	41
Basel-Stadt	97	75	75	4

2 Die Zahl der Datensätze spiegelt nicht zwingend die Zahl der Teilnehmenden wider, sondern setzt sich aus allen eingegangenen Daten zusammen, die nicht in jedem Fall einer Person zugeordnet werden können. So kann es sein, dass durch fehlerhafte Angabe des persönlichen Codes ein Jugendlicher mit Teilnahme bei t1 und t2 in seltenen Fällen als 2 Datensätze geführt wird, weil die Zuordnung nicht möglich war.

3 Die Zahl der Rückläufe der für t3 rund 3700 angeschriebenen Konfirmandinnen und Konfirmanden lag insgesamt bei rund 1400 und damit deutlich höher als die hier angegebene Zahl von 662: Dies resultiert daraus, dass aufgrund der oftmals in den t3-Rückläufen nicht abgefragten Postleitzahlen bzw. Gemeindecodes ein Grossteil dieser Bögen nicht in diese vergleichende Auswertung (t1, t2, t3) integriert werden konnte.

Kantonskirche	Zahl der KonfirmandInnen-Datensätze[2] insgesamt	Zahl der in t1 teilnehmenden KonfirmandInnen	Zahl der in t2 teilnehmenden Konfirmandlinnen	Zahl der in t1, t2 und t3 teilnehmenden KonfirmandInnen[3]
Bern-Jura-Solothurn	1854	1529	1353	102
Freiburg	257	221	150	6
Genf	29	27	9	0
Glarus	25	21	23	1
Graubünden	525	435	378	31
Luzern	123	94	89	8
Neuenburg	31	27	27	0
Nidwalden	38	36	33	2
Obwalden	28	25	28	0
Schaffhausen	188	167	133	11
Schwyz	76	64	67	7
Solothurn	223	196	172	18
St. Gallen	745	624	560	62
Tessin	24	22	21	0
Thurgau	868	751	693	76
Uri	0	0	0	0
Waadt	179	140	115	6
Wallis	54	36	38	4
Zug	101	77	75	8
Zürich	2008	1590	1534	205
Total	8692	7271	6437	662

In Bezug auf den statistischen Grenzwert wurde definiert, dass nur für diejenigen Kantone, die hinsichtlich der Zahl der Teilnehmenden mindestens 5 % der gesamtschweizerischen Daten stellen, aussagekräftige Deutungen leistbar sind. Eingeschlossen sind dann die Kantone AG, BE, BL, GR, SG, TG und ZH. Zu den Ergebnissen in diesen Kantonen sind statistisch relevante Schlüsse zu ziehen, während die anderen Kantone zwar aufschlussreich sein können, nicht aber vergleichbar sind oder durch die besonders geringe Fallzahl lediglich Aufschluss über die Situation im kleinsten lokalen Kontext geben (z. B. TI).

Bezüglich der Mitarbeitenden wird zusätzlich zwischen den Hauptamtlichen und den Freiwilligen unterschieden:

Tabelle 6: Zahl der an der Studie teilnehmenden Mitarbeiterinnen und Mitarbeiter

Kantonskirche	Zahl der Mitarbeitenden-Datensätze insgesamt	Zahl der in t1 teilnehmenden Mitarbeitenden	Zahl der in t2 teilnehmenden Mitarbeitenden	Zahl der Hauptamtlichen-Datensätze	Zahl der Freiwilligen-Datensätze
Aargau	54	49	32	41	6
Appenzell AI und AR	20	18	12	16	1
Baselland	46	39	32	36	6
Basel-Stadt	9	5	7	7	1
Bern-Jura-Solothurn	168	139	120	137	13
Freiburg	30	25	12	19	4
Genf	6	6	1	5	1
Glarus	4	3	3	4	0
Graubünden	59	52	47	51	2
Luzern	17	15	9	10	1
Neuenburg	11	3	11	3	6
Nidwalden	3	3	3	3	0
Obwalden	3	3	3	2	0
Schaffhausen	25	22	15	17	4
Schwyz	10	10	8	7	3
Solothurn	25	21	16	16	5
St. Gallen	133	113	67	76	30
Tessin	3	2	2	1	0
Thurgau	110	97	69	72	22
Uri	0	0	0	0	0
Waadt	67	57	26	33	22
Wallis	12	9	9	8	2
Zug	18	11	14	11	4
Zürich	235	198	170	172	38
Total	1068	900	688	747	171

4.1 Die kantonalkirchlichen Ergebnisse im Einzelnen

Über die Sprachgrenzen hinweg unterscheiden sich die Kantonalkirchen und damit ihre Regelungen bezüglich der Konfirmationsarbeit in Einzelfall erheblich. Die jeweiligen kantonalen Rahmenbedingungen sind zugleich für die Deutung der kantonalen Ergebnisse wesentlich. Deshalb werden im Folgenden die Rahmenbedingungen zur Konfirmationsarbeit aller Kantone, die an der Studie teilgenommen haben, vorgestellt. Die Informationen zu den einzelnen Kantonen basieren stark auf Informationen, die uns durch die jeweilige kantonalkirchliche Kontaktperson zur Verfügung gestellt wurden.

Im Folgenden werden die Kantone alphabetisch anhand ihrer Rahmendaten zur Situation der reformierten Kirche, zur Zahl der Teilnehmenden an der Studie, zu den Rahmenbestimmungen von Konfirmationsarbeit und Religionsunterricht und anhand exemplarischer Ergebnisse vorgestellt. Konfirmationsarbeit und Religionsunterricht stehen je nach Kanton in enger Verbindung zueinander, weshalb auch die Rahmenbedingungen des schulischen Religionsunterrichts wenigstens in zusammengefasster Weise präsentiert werden. Die Angaben beziehen sich mehrheitlich auf den Stand des Zeitrahmens, in dem die Studie durchgeführt wurde, also 2012–2013, wobei im Einzelfall auch noch aktuellere Entwicklungen integriert sind.

4.1.1 Kanton Aargau (AG)

Rahmendaten (2013)

Einwohner total	636'362
Anteil Mitglieder der Reformierten Kirche	26,8 %
Anteil Mitglieder der Katholischen Kirche	34,2 %
Anteil Konfessionslose	23,5 %
Andere Religionen/Konfessionen	15,4 %

Rahmenbestimmungen für die Konfirmationsarbeit und den Religionsunterricht

Dauer der ganzen Konfirmationszeit	a) Sommerferien 2012 bis Frühjahr 2013 («einjährig»; selten) b) August 2011 bis Juni 2013 («zweijährig»; so in ca. 85 % aller Gemeinden) c) August 2010 bis Juni 2013 («dreijährig»; selten)
Anzahl Unterrichtsstunden für die ganze Konfirmationszeit	mindestens 30 h
Voraussetzungen für die Konfirmation aufseiten der Jugendlichen	Kirchenmitgliedschaft
Kirchenrechtliche Folgen der Konfirmation (Rechte und Pflichten der Konfirmierten)	Stimm- und Wahlrecht ab 16 Jahren sind unabhängig von der Konfirmation.
Zeitpunkt/Zeitraum der Konfirmation	frühestens drei Sonntage vor Palmsonntag bis spätestens Pfingsten
Art und Umfang des schulischen Religionsunterrichts in den Schuljahren 1–9	• religionskundlich: Ethik und Religionen • während 7 Jahren 1 Wochenlektion • 8./9. Klasse als Wahlfach 1 Wochenlektion • total 270 h
Festlegung der Rahmenbestimmungen in:	• Kirchliche Angebote und Handlungen für Nichtmitglieder. Leitlinien und Empfehlungen des Kirchenrates, Reformierte Landeskirche Aargau, 2011. • Kirchenordnung der Evangelisch-Reformierten Landeskirche des Kantons Aargau, 2010/2016, § 4.1.

Teilnahme an der Studie zur Konfirmationsarbeit

Zahl der beteiligten Gemeinden bei t1 und t2 und im Verhältnis zur Zahl aller reformierten Kirchgemeinden des Kantons	t1: 31 von insgesamt 75 t2: 25 von insgesamt 75
Anzahl beteiligter Hauptamtlicher (Hauptverantwortliche, Mitarbeitende und Freiwillige/Ehrenamtliche) in t1 und t2	t1: 49 t2: 33
Konfirmandinnen und Konfirmanden in t1 und t2	t1: 500 t2: 417
Sprache der Fragebögen	Deutsch

Ziele des religionspädagogischen Handelns

«Die Kirchgemeinde sucht ein Ort zu werden, da Kinder, Jugendliche und Erwachsene miteinander die Kraft des Glaubens erfahren und daran für ihr Leben lernen. Das Pädagogische Handeln sucht und stärkt seine Verbindung zum Leben der Gemeinde. Im Bewusstsein, dass Kinder und Jugendliche Teil der Kirche von heute sind und als Erwachsene Kirche von morgen sein werden, stellt die Kirchgemeinde für das Pädagogische Handeln genügend personelle, finanzielle und infrastrukturelle Mittel frei.»

Reglement über das Pädagogische Handeln, Synode der Evangelisch-Reformierten Landeskirche des Kantons Aargau, 1997, § 1.

Ziele der Konfirmationsarbeit in der Kantonalkirche

«Die Jugendlichen finden im Übergang zur religiösen Mündigkeit auf der Basis des christlichen Glaubens Orientierung für das Leben.»

A. a. O., § 24.

Mitarbeitende

In der Evangelisch-Reformierten Kirche des Kantons Aargau tragen die Pfarrpersonen die Hauptverantwortung für die Konfirmationsarbeit. Vereinzelt wird die Konfirmationsarbeit aber auch durch Sozialdiakoninnen und Sozialdiakone oder Katechetinnen und Katecheten geleitet. Die Konfirmation selbst darf durch diese beiden Berufsgruppen aber nur mit der Predigterlaubnis für Laienpredigerinnen und -prediger geleitet werden (vgl. Kirchenordnung der Evangelisch-Reformierten Landeskirche des Kantons Aargau, 2010/2016, §§ 17.2 und 17.3).

Darüber hinaus fördert die Evangelisch-Reformierte Landeskirche des Kantons Aargau den Einbezug ehrenamtlicher Mitarbeiterinnen und Mitarbeiter. Da aber ein gewisser Altersunterschied zu den Konfirmandinnen und Konfirmanden erwünscht ist, werden Jugendliche vorwiegend als freiwillige Mitarbeitende im Bereich der Kinderarbeit eingesetzt. Die Vergütung der Freiwilligen liegt in der Kompetenz der einzelnen Kirchgemeinden.

Aus- und Weiterbildung

Die Aus- und Weiterbildung der Hauptamtlichen erfolgt über die Fachstelle Kirchlicher Religionsunterricht der Evangelisch-Reformierten Landeskirche des Kantons Aargau sowie über die katechetische Aus- und Weiterbildung «ModulAar».

Jugendliche Freiwillige haben die Möglichkeit, Angebote des Programms PACE in Anspruch zu nehmen.

Lehrplan und -materialien

Die Fachstelle Katechese Medien fungiert als kantonale Materialstelle. Verwiesen wird auf die Unterrichtshilfen des Theologischen Verlags Zürich.

Innovationen und Projekte

Im Rahmen von PACE werden Jugendliche zur Mitarbeit in Kinderlagern ausgebildet. Dabei gibt es einen speziellen PACE-Kurs für Jugendliche aus kleinen Gemeinden.

Für junge Erwachsene sowie Konfirmandinnen und Konfirmanden gibt es zusätzliche kantonalkirchliche Angebote wie eine Taizé-Reise, die sog. «Open Night» und regionale Gottesdienstprojekte.

Auszug Daten Kanton Aargau

Im Folgenden werden auszugsweise und in verkürzter statistischer Form Datenergebnisse für den Kanton vorgestellt. Für die ausführlichen Datensets stehen die Materialien im Anhang (Kap. 8.2) zur Verfügung.

Legende:

N *Antwortende Personen*
M *Mittelwert*
SD *Standard-Abweichung*
Ø-CH *Durchschnittswert des Ergebnisses bezogen auf die Daten der ganzen Schweiz, jeweils die positivste Antwortmöglichkeit (Skala 1–5: Antwort 5; Skala 1–7: Antworten 5–7)*

Konfirmandinnen und Konfirmanden

Während der Konf-Zeit …	N	M	SD	Nein	Mitte	Ja	Ø-CH
KB18: hatte ich insgesamt eine gute Zeit.	414	5,2681	1,2918	8 %	15 %	76 %	79 %
KK05: hatte ich viel Spass.	412	5,0801	1,4214	14 %	17 %	69 %	73 %
KB02: habe ich gute Gemeinschaft in der Gruppe erlebt.	414	5,413	1,317	s8 %	13 %	79 %	79 %

Grundlegende Einschätzungen	N	sehr negativ	eher negativ	weder noch	eher positiv	sehr positiv	Ø-CH
CF01: Wie bewertest du den christlichen Glauben insgesamt?	486	1 %	2 %	41 %	46 %	10 %	10 %
CF02: Wie bewertest du die evangelische Kirche insgesamt?	471	0 %	3 %	47 %	41 %	9 %	10 %

Was meinst du zu folgenden Aussagen?	N	M	SD	Nein	Mitte	Ja	Ø-CH
CE05: Ich bin mir unsicher, was ich glauben soll.	491	3,721	2,0921	44 %	19 %	37 %	38 %
CE09: Ich glaube an Gott.	493	4,7201	1,8243	25 %	21 %	54 %	51 %
CE08: In schwierigen Situationen hilft mir mein Glaube an Gott.	493	3,6308	2,0085	47 %	17 %	35 %	34 %
CE10: Ich weiss, was zum christlichen Glauben gehört.	492	4,4045	1,5792	28 %	26 %	47 %	46 %

Mitarbeitende

Allgemeine Fragen	N	M	SD	Nein	Mitte	Ja	Ø-CH
VM01: Wie zufrieden sind Sie mit der Konfirmationsarbeit in Ihrer Gemeinde insgesamt?	32	4,9375	1,014	16 %	6 %	78 %	82 %
VM02: Machen Sie die Konfirmationsarbeit gerne?	32	5,7813	1,497	9 %	6 %	84 %	90 %

4.1.2 Kanton Appenzell Ausserrhoden (AR) und Appenzell Innerrhoden (AI)

Rahmendaten (2013)

Einwohner total	AR: 53'691 AI: 15'778
Anteil Mitglieder der Reformierten Kirche	AR: 38 % AI: 11,5 %
Anteil Mitglieder der Katholischen Kirche	AR: 31,3 % AI: 76,4 %
Anteil Konfessionslose	AR: 18,3 % AI: 6,4 %
Andere Religionen/Konfessionen	AR: 12,3 % AI: 5 %

Rahmenbestimmungen für die Konfirmationsarbeit und den Religionsunterricht

Dauer der ganzen Konfirmationszeit	Sommerferien 2012 bis Frühjahr 2013 («einjährig»)
Anzahl Unterrichtsstunden für die ganze Konfirmationszeit	mindestens 30 h
Voraussetzungen für die Konfirmation aufseiten der Jugendlichen	Die Taufe spielt keine Rolle: Konfirmation ist der Abschluss des Religionsunterrichts.
Kirchenrechtliche Folgen der Konfirmation (Rechte und Pflichten der Konfirmierten)	Stimm- und Wahlrecht ab 16 Jahren sind unabhängig von der Konfirmation.
Zeitpunkt/Zeitraum der Konfirmation	um Palmsonntag bis zu den Sommerferien
Art und Umfang des schulischen Religionsunterrichts in den Schuljahren 1–9	• konfessionell mit kirchlichem Personal • kein schulisches Fach • während 3 Schuljahren plus 3 Schuljahre je nach Gemeinde (konfessionell/ökumenisch) • total 90–180 h
Festlegung der Rahmenbedingungen in:	• Kirchenordnung der evangelisch-reformierten Kirche beider Appenzell, 2005, Art. 7, 18 und 24. • Reglement Kirchlicher Unterricht, Synode der evangelisch-reformierten Landeskirche beider Appenzell, 2004. • Lehrplan Kirchlicher Unterricht, evangelisch-reformierte Landeskirche beider Appenzell, 2006, 6–11.

Teilnahme an der Studie zur Konfirmationsarbeit

Zahl der beteiligten Gemeinden bei t1 und t2 und im Verhältnis zur Zahl aller reformierten Kirchgemeinden des Kantons	t1: 14 von insgesamt 20 t2: 10 von insgesamt 20
Anzahl beteiligter Hauptamtlicher (Hauptverantwortliche, Mitarbeitende und Freiwillige/Ehrenamtliche) in t1 und t2	t1: 18 t2: 11
Konfirmandinnen und Konfirmanden in t1 und t2	t1: 177 t2: 141
Sprache der Fragebögen	Deutsch

Ziele des religionspädagogischen Handelns

«Der Kirchliche Unterricht vermittelt eine religiöse, d. h. christliche Grundbildung und setzt sich gezielt mit Themen der Persönlichkeitsentwicklung, der Werteerziehung und der Ethik auseinander. Verantwortlicher Umgang mit Mensch, Natur (Schöpfung) und Technik sowie die Entfaltung von sozialer Kompetenz und das Erlernen von Toleranz und solidarischem Handeln gegenüber anderen Kulturen und Religionen sind ebenfalls wichtige Ziele des Kirchlichen Unterrichts.»

Lehrplan Kirchlicher Unterricht, evangelisch-reformierte Landeskirche beider Appenzell, 2006, S. 6.

Ziele der Konfirmationsarbeit in der Kantonalkirche

Vgl. Richtziele und Grobziele, in: Lehrplan Kirchlicher Unterricht, evangelisch-reformierte Landeskirche beider Appenzell, 2006, a. a. O., 11–42.

Mitarbeitende

In der evangelisch-reformierten Landeskirche beider Appenzell überträgt die Kirchenvorsteherschaft die Verantwortung über die Konfirmationsarbeit den Pfarrpersonen (vgl. Reglement Kirchlicher Unterricht, Synode der evangelisch-reformierten Landeskirche beider Appenzell, 2004, Art. 8 und 10.4). Darüber hinaus werden sowohl jugendliche Freiwillige wie auch ehrenamtliche Erwachsene eingesetzt. So wird in drei Kirchgemeinden spezifisch eine Zusammenarbeit aufgegleist, die jugendliche Leitende mit einbeziehen will. Freiwillige kommen hauptsächlich bei Lagern, Reisen und Projekten zum Einsatz. Vergütet werden hier die Spesen sowie die Mitarbeit bei Projekten.

Aus- und Weiterbildung

Die Aus- und Weiterbildung der Mitarbeitenden erfolgt über das Religionspädagogische Institut St. Gallen sowie über die Weiterbildungen durch die Fachstelle «Kinder und Jugend – VOLL DABEI» der evangelisch-reformierten Landeskirche beider Appenzell.

Lehrplan und -materialien

Keine Angabe.

Innovationen und Projekte

Unter der Mitwirkung der Leiterin der Fachstelle Kinder und Jugend – VOLL DABEI wird in den drei Kirchgemeinden Gais, Appenzell und Bühler der Einbezug jugendlicher Leitender gefördert.

Auszug Daten Kanton Appenzell Ausserrhoden und Appenzell Innerrhoden

Im Folgenden werden auszugsweise und in verkürzter statistischer Form Datenergebnisse für den Kanton vorgestellt. Für die ausführlichen Datensets stehen die Materialien im Anhang (Kap. 8.2) zur Verfügung.

Legende:

N *Antwortende Personen*

M *Mittelwert*

SD *Standard-Abweichung*

Ø-CH *Durchschnittswert des Ergebnisses bezogen auf die Daten der ganzen Schweiz, jeweils die positivste Antwortmöglichkeit (Skala 1–5: Antwort 5; Skala 1–7: Antworten 5–7)*

Konfirmandinnen und Konfirmanden

Während der Konf-Zeit …	N	M	SD	Nein	Mitte	Ja	Ø-CH
KB18: hatte ich insgesamt eine gute Zeit.	139	5,51	1,287	9 %	11 %	81 %	79 %
KK05: hatte ich viel Spass.	138	5,35	1,349	8 %	17 %	75 %	73 %
KB02: habe ich gute Gemeinschaft in der Gruppe erlebt.	138	5,41	1,339	12 %	13 %	75 %	79 %

Grundlegende Einschätzungen	N	sehr negativ	eher negativ	weder noch	eher positiv	sehr positiv	Ø-CH
CF01: Wie bewertest du den christlichen Glauben insgesamt?	171	1 %	1 %	36 %	49 %	13 %	10 %
CF02: Wie bewertest du die evangelische Kirche insgesamt?	168	1 %	1 %	35 %	51 %	13 %	10 %

Was meinst du zu folgenden Aussagen?	N	M	SD	Nein	Mitte	Ja	Ø-CH
CE05: Ich bin mir unsicher, was ich glauben soll.	172	3,85	2,046	44 %	16 %	40 %	38 %
CE09: Ich glaube an Gott.	172	4,87	1,847	23 %	16 %	61 %	51 %
CE08: In schwierigen Situationen hilft mir mein Glaube an Gott.	170	3,66	1,853	48 %	17 %	35 %	34 %
CE10: Ich weiss, was zum christlichen Glauben gehört.	172	4,22	1,589	28 %	30 %	41 %	46 %

Mitarbeitende

Allgemeine Fragen	N	M	SD	Nein	Mitte	Ja	Ø-CH
VM01: Wie zufrieden sind Sie mit der Konfirmationsarbeit in Ihrer Gemeinde insgesamt?	11	5,1818	0,603	0 %	9 %	91 %	82 %
VM02: Machen Sie die Konfirmationsarbeit gerne?	11	5,6364	0,9244	0 %	9 %	91 %	90 %

4.1.3 Kanton Bern (BE)

Rahmendaten (2013)

Einwohner total	1'001'281
Anteil Mitglieder der Reformierten Kirche	53,9 %
Anteil Mitglieder der Katholischen Kirche	16,3 %
Anteil Konfessionslose	16,9 %
Andere Religionen/Konfessionen	12,9 %

Rahmenbestimmungen für die Konfirmationszeit und den Religionsunterricht

Dauer der ganzen Konfirmationszeit	Sommerferien 2012 bis Frühjahr 2013 («einjährig»)
Anzahl Unterrichtsstunden für die ganze Konfirmationszeit	mindestens 50 ×45 min (= 37,5 h)
Voraussetzungen für die Konfirmation aufseiten der Jugendlichen	Taufe, Besuch der kirchlichen Bildungsangebote
Kirchenrechtliche Folgen der Konfirmation (Rechte und Pflichten der Konfirmierten)	• Berechtigung zur Patenschaft • Stimm- und Wahlrecht ab 16 Jahren sind unabhängig von der Konfirmation.
Zeitpunkt/Zeitraum der Konfirmation	um Pfingsten, d. h. im Mai/Juni
Art und Umfang des schulischen Religionsunterrichts in den Schuljahren 1–9	integriert in andere Fächer
Festlegung der Rahmenbedingungen in:	• Kirchenordnung des Evangelisch-reformierten Synodalverbandes des Bern-Jura, 1990/2015, Art. 12, 56–68, 70 und 203a. • Wegleitung KUW, Reformierte Kirchen Bern-Jura-Solothurn, Begleitkommission des Amtes für Kirchliche Unterweisung und Religionspädagogik (AKUR), 1994/2000.

Teilnahme an der Studie zur Konfirmationsarbeit

Zahl der beteiligten Gemeinden bei t1 und t2 und im Verhältnis zur Zahl aller reformierten Kirchgemeinden des Kantons	t1: 76 von insgesamt 168 (mit Jura/Solothurn 220) t2: 69 von insgesamt 168
Anzahl beteiligter Hauptamtlicher (Hauptverantwortliche, Mitarbeitende und Freiwillige/Ehrenamtliche) in t1 und t2	t1: 139 t2: 122
Konfirmandinnen und Konfirmanden in t1 und t2	t1: 1533 t2: 1358
Sprache der Fragebögen	Deutsch

Ziele des religionspädagogischen Handelns

«Aufgabe der kirchlichen Unterweisung ist es, Kinder und Jugendliche in das Leben ihrer Gemeinde einzuführen und sie mit den wichtigen Inhalten des christlichen Glaubens bekannt zu machen. [...] Die Kirchgemeinde unterstützt die Eltern in ihrer Aufgabe, ihre Kinder christlich zu erziehen. Die Unterweisenden laden Eltern und Gemeinde zum Mittragen der Unterweisung ein.»

Kirchenordnung des Evangelisch-reformierten Synodalverbandes Bern-Jura, 1990/2015, Art. 56.1 und 56.4.

Ziele der Konfirmationsarbeit in der Kantonalkirche

«Während der Pubertät (KUW III) gehen die Jugendlichen mit den Unterweisenden zusammen den wichtigen Glaubens- und Lebensfragen nach und suchen miteinander nach Lösungen. Praktisches Christsein in dieser Welt wird erprobt.»

Wegleitung KUW, Reformierte Kirchen Bern-Jura-Solothurn, Begleitkommission des Amtes für Kirchliche Unterweisung und Religionspädagogik (AKUR), 1994/2000, S. 3.

Mitarbeitende

In der Reformierten Kirche des Kantons Bern leiten die Pfarrpersonen zusammen mit den Katechetinnen und Katecheten den Konfirmationsunterricht sowie die Konfirmation. Ebenfalls werden Abendmahl und Taufen im Rahmen der KUW von den Pfarrpersonen und den Katechetinnen und Katecheten geleitet. Das Mit einbeziehen von jugendlichen oder erwachsenen Freiwilligen findet in seltenen Fällen statt.

Aus- und Weiterbildung

Die Aus- und Weiterbildung der haupt- und ehrenamtlichen Mitarbeitenden erfolgt über die Angebote von RefModula. Die ehrenamtlichen Mitarbeitenden können zudem Angebote von Accos sowie eigene Weiterbildungskurse der Reformierten Kirchen Bern-Jura-Solothurn in Anspruch nehmen.

Lehrplan und -materialien

Die Reformierten Kirchen Bern-Jura-Solothurn stellen für den Unterricht eigene Lehrmaterialien online zur Verfügung (http://www.kirchliche-bibliotheken.ch/pdf-downloads.html).

Innovationen und Projekte

Keine Angabe.

Auszug Daten Kanton Bern

Im Folgenden werden auszugsweise und in verkürzter statistischer Form Datenergebnisse für den Kanton vorgestellt. Für die ausführlichen Datensets stehen die Materialien im Anhang (Kap. 8.2) zur Verfügung.

Legende:

N *Antwortende Personen*
M *Mittelwert*
SD *Standard-Abweichung*
Ø-CH *Durchschnittswert des Ergebnisses bezogen auf die Daten der ganzen Schweiz, jeweils die positivste Antwortmöglichkeit (Skala 1–5: Antwort 5; Skala 1–7: Antworten 5–7)*

Konfirmandinnen und Konfirmanden

Während der Konf-Zeit …	**N**	**M**	**SD**	**Nein**	**Mitte**	**Ja**	**Ø-CH**
KB18: hatte ich insgesamt eine gute Zeit.	1341	5,44	1,331	9 %	12 %	79 %	79 %
KK05: hatte ich viel Spass.	1343	5,23	1,45	12 %	16 %	72 %	73 %
KB02: habe ich gute Gemeinschaft in der Gruppe erlebt.	1337	5,49	1,378	9 %	12 %	79 %	79 %

Grundlegende Einschätzungen	**N**	**sehr negativ**	**eher negativ**	**weder noch**	**eher positiv**	**sehr positiv**	**Ø-CH**
CF01: Wie bewertest du den christlichen Glauben insgesamt?	1461	1 %	3 %	44 %	42 %	9 %	10 %
CF02: Wie bewertest du die evangelische Kirche insgesamt?	1444	2 %	4 %	53 %	36 %	5 %	10 %

Was meinst du zu folgenden Aussagen?	**N**	**M**	**SD**	**Nein**	**Mitte**	**Ja**	**Ø-CH**
CE05: Ich bin mir unsicher, was ich glauben soll.	1507	3,7	2,087	45 %	20 %	35 %	38 %
CE09: Ich glaube an Gott.	1505	4,17	1,992	36 %	20 %	44 %	51 %
CE08: In schwierigen Situationen hilft mir mein Glaube an Gott.	1503	3,24	1,975	56 %	17 %	27 %	34 %
CE10: Ich weiss, was zum christlichen Glauben gehört.	1509	4,19	1,693	31 %	25 %	44 %	46 %

Mitarbeitende

Allgemeine Fragen	**N**	**M**	**SD**	**Nein**	**Mitte**	**Ja**	**Ø-CH**
VM01: Wie zufrieden sind Sie mit der Konfirmationsarbeit in Ihrer Gemeinde insgesamt?	115	5,37	1,063	5 %	12 %	83 %	82 %
VM02: Machen Sie die Konfirmationsarbeit gerne?	118	6,03	1,097	3 %	7 %	91 %	90 %

4.1.4 Kanton Baselland (BL)

Rahmendaten (2013)

Einwohner total	278'656
Anteil Mitglieder der Reformierten Kirche	33,2 %
Anteil Mitglieder der Katholischen Kirche	28,6 %
Anteil Konfessionslose	25,4 %
Andere Religionen/Konfessionen	12,9 %

Rahmenbestimmungen für die Konfirmationszeit und den Religionsunterricht:

Dauer der ganzen Konfirmationszeit	• Sommerferien 2012 bis Frühjahr 2013 («einjährig») • Gemeinden, die an Palmsonntag konfirmieren (nahezu alle im Oberbaselbiet), beginnen teilweise bereits nach Ostern
Anzahl Unterrichtsstunden für die ganze Konfirmationszeit	• mindestens 60 × 45 min (= 45 h) • Nahezu überall gehören Gottesdienstbesuche und/oder Sozialeinsätze zum Konfirmationsjahr.
Voraussetzungen für die Konfirmation aufseiten der Jugendlichen	• Taufe • Besuch der kirchlichen Bildungsangebote
Kirchenrechtliche Folgen der Konfirmation (Rechte und Pflichten der Konfirmierten)	Stimm- und Wahlrecht ab 16 Jahren sind unabhängig von der Konfirmation.
Zeitpunkt/Zeitraum der Konfirmation	gemäss Kirchenordnung am Palmsonntag, in der Praxis aber sehr verschieden
Art und Umfang des schulischen Religionsunterrichts in den Schuljahren 1–9	integriert in andere Fächer
Festlegung der Rahmenbedingungen in:	• Ordnung der Evangelisch-reformierten Kirche des Kantons Basel-Landschaft, 1956/2006, Art. 41, 45, 46, 48 und 52. • Verfassung der Evangelisch-reformierten Kirche des Kantons Basel-Landschaft, 1952/2001, Art. 6.

Teilnahme an der Studie zur Konfirmationsarbeit

Zahl der beteiligten Gemeinden bei t1 und t2 und im Verhältnis zur Zahl aller reformierten Kirchgemeinden des Kantons	t1: 28 von insgesamt 35 t2: 23 von insgesamt 35
Anzahl beteiligter Hauptamtlicher (Hauptverantwortliche, Mitarbeitende und Freiwillige/Ehrenamtliche) in t1 und t2	t1: 39 t2: 33
Konfirmandinnen und Konfirmanden in t1 und t2	t1: 386 t2: 308
Sprache der Fragebögen	Deutsch

Ziele des religionspädagogischen Handelns

«Die Kirchgemeinde weiss sich dazu verpflichtet, durch Jugendgottesdienst und kirchlichen Unterricht die Kinder und heranwachsenden Jugendlichen mit der Botschaft des Alten und des Neuen Testamentes vertraut zu machen und sie in der Erkenntnis christlichen Glaubens zu fördern.»

Ordnung der Evangelisch-reformierten Kirche des Kantons Basel-Landschaft, 1956/2006, Art. 41.

Ziele der Konfirmationsarbeit in der Kantonalkirche

«Der Konfirmationsunterricht hat die Aufgabe, den Konfirmandinnen und Konfirmanden die Grundwahrheiten des christlichen Glaubens zu erschliessen und die Jugendlichen damit zu verantwortlichem Denken und Handeln gegenüber Gott und ihren Nächsten anzuleiten.»

A. a. O., Art. 45.

Mitarbeitende

In der Evangelisch-reformierten Kirche des Kantons Baselland obliegt die Verantwortung für die Konfirmationsarbeit den Pfarrpersonen. Teilweise arbeiten auch Jugendarbeiterinnen und Jugendarbeiter sowie Sozialdiakoninnen und Sozialdiakone mit den Jugendlichen. Dann übernehmen die Pfarrpersonen die Rolle theologischer Experten (vgl. Ordnung der Evangelisch-reformierten Kirche des Kantons Basel-Landschaft, 1956/2006, Art. 44.5 und 52.2).

Als ehrenamtliche Mitarbeiterinnen und Mitarbeiter übernehmen frisch Konfirmierte häufig in offenen Formen der Konfirmationsarbeit wie z. B. Konfirmationslagern oder -weekends eine wichtige Rolle. Sie werden dabei meist in den Gemeinden selbst direkt in die Mitarbeit eingeführt. Über die Art und Weise einer Entlöhnung der Freiwilligen entscheiden die Kirchgemeinden selbst.

Aus- und Weiterbildung

Die Aus- und Weiterbildung der hauptamtlichen Mitarbeiterinnen und Mitarbeiter erfolgt über die Angebote von OekModula und teilweise auch gemeindeintern. Ebenso wie bei den Freiwilligen können sie aber auch am Religionspädagogischen Zentrum beider Basel Aus- und Weiterbildungsangebote wahrnehmen.

Lehrplan und -materialien

Als kantonale Medienstelle fungiert die Ökumenische Medienverleihstelle (http://www.oekumenischemedien.ch).

Die Unterrichtenden orientieren sich am ökumenischen Lehrplan der Kantone Basel-Stadt und Baselland und können auf verschiedene eigene Lehrmittel zurückgreifen:

- Lattner, Lorenz/Reformierte Kirche Baselland (Hg.), Titus – in den ersten Christengemeinden. Elf Geschichten zu Urchristentum. Für Unterrichtende auf der Mittelstufe. Ringbuch inklusive 20 Farb-Dias. Liestal 2004.
- Heinimann, Christen (Ill.)/Strübin, Elisabeth, Das Leben Jesu. Mappe mit 16 Colorbildern von Christine Heinimann (Liestal) im Format 46/34 cm. Inklusive Skript für Unterrichtende. Liestal 2004.
- Remy, Patricia/Reformierte Kirche Baselland (Hg.), Gewalt wahrnehmen und überwinden. Lehrmittel für den Religionsunterricht. Liestal 2006.

Innovationen und Projekte

Im Oberbaselbiet wird oft ein zweijähriger Konfirmationsunterricht durchgeführt. Dafür wird im 7. Schuljahr kein Unterricht an der Schule durchgeführt.

Auszug Daten Kanton Baselland

Im Folgenden werden auszugsweise und in verkürzter statistischer Form Datenergebnisse für den Kanton vorgestellt. Für die ausführlichen Datensets stehen die Materialien im Anhang (Kap. 8.2) zur Verfügung.

Legende:

N *Antwortende Personen*

M *Mittelwert*

SD *Standard-Abweichung*

Ø-CH *Durchschnittswert des Ergebnisses bezogen auf die Daten der ganzen Schweiz, jeweils die positivste Antwortmöglichkeit (Skala 1–5: Antwort 5; Skala 1–7: Antworten 5–7)*

Konfirmandinnen und Konfirmanden

Während der Konf-Zeit ...	N	M	SD	Nein	Mitte	Ja	Ø-CH
KB18: hatte ich insgesamt eine gute Zeit.	303	5,6238	1,3582	8 %	8 %	83 %	79 %
KK05: hatte ich viel Spass.	302	5,5563	1,3744	8 %	11 %	80 %	73 %
KB02: habe ich gute Gemeinschaft in der Gruppe erlebt.	296	5,5777	1,4453	8 %	11 %	81 %	79 %

Grundlegende Einschätzungen	N	sehr negativ	eher negativ	weder noch	eher positiv	sehr positiv	Ø-CH
CF01: Wie bewertest du den christlichen Glauben insgesamt?	366	0 %	3 %	33 %	54 %	9 %	10 %
CF02: Wie bewertest du die evangelische Kirche insgesamt?	366	0 %	2 %	45 %	42 %	10 %	10 %

Was meinst du zu folgenden Aussagen?	N	M	SD	Nein	Mitte	Ja	Ø-CH
CE05: Ich bin mir unsicher, was ich glauben soll.	383	3,9164	1,9357	41 %	22 %	37 %	38 %
CE09: Ich glaube an Gott.	380	4,5921	1,89	27 %	18 %	55 %	51 %
CE08: In schwierigen Situationen hilft mir mein Glaube an Gott.	380	3,7421	1,9402	44 %	20 %	36 %	34 %
CE10: Ich weiss, was zum christlichen Glauben gehört.	380	4,1842	1,6089	30 %	28 %	42 %	46 %

Mitarbeitende

Allgemeine Fragen	N	M	SD	Nein	Mitte	Ja	Ø-CH
VM01: Wie zufrieden sind Sie mit der Konfirmationsarbeit in Ihrer Gemeinde insgesamt?	32	5,375	1,0701	3 %	13 %	84 %	82 %
VM02: Machen Sie die Konfirmationsarbeit gerne?	32	6,375	0,8328	0 %	6 %	94 %	90 %

4.1.5 Kanton Basel-Stadt (BS)

Rahmendaten (2013)

Einwohner total	189'335
Anteil Mitglieder der Reformierten Kirche	17,1 %
Anteil Mitglieder der Katholischen Kirche	18,9 %
Anteil Konfessionslose	45,5 %
Andere Religionen/Konfessionen	18,5 %

Rahmenbestimmungen für die Konfirmationszeit und den Religionsunterricht

Dauer der ganzen Konfirmationszeit	August 2010 bis Juni 2013 («dreijährig»): 7. Klasse vier Projekthalbtage 8. Klasse Präparandenunterricht 9. Klasse Konfirmationsunterricht
Anzahl Unterrichtsstunden für die ganze Konfirmationszeit	insgesamt 136 h • 7. Klasse: vier Projekthalbtage • 8. Klasse: 60 h Präparandenunterricht • 9. Klasse: 60 h Konfirmationsunterricht • zusätzlich Lager/Weekends etc.

Voraussetzungen für die Konfirmation aufseiten der Jugendlichen	• Besuch des Präparanden- und Konfirmationsunterrichts • Kirchenmitgliedschaft • Taufe: Konfirmation als Bestätigung der Taufe, aber auch Ungetaufte nehmen an der Feier teil und empfangen den Segen (d. h. die Taufe wird nicht explizit als Voraussetzung genannt). • Besuch des schulischen RU wird nicht vorausgesetzt.
Kirchenrechtliche Folgen der Konfirmation (Rechte und Pflichten der Konfirmierten)	• Berechtigung zur Patenschaft (ab Konfirmation oder vollendetem 16. Altersjahr) • Stimm- und Wahlrecht ab 16 Jahren sind unabhängig von der Konfirmation – erfolgt die Konfirmation jedoch bereits vor dem Alter von 16 Jahren, wird auch das Stimm- und Wahlrecht schon früher erteilt.
Zeitpunkt/Zeitraum der Konfirmation	• um Pfingsten • spätestens Anfang Juni
Art und Umfang des schulischen Religionsunterrichts in den Schuljahren 1–9	• konfessionell-kooperativ • im 1. und 2. Schuljahr 1 Wochenlektion • im 3. bis 6. Schuljahr 2 Wochenlektionen • total 330 h
Festlegung der Rahmenbedingungen in:	• Verfassung der Evangelisch-reformierten Kirche des Kantons Basel-Stadt, 2010, § 11. • Ordnung für den Unterricht an den Schulen und in den Kirchgemeinden IV C 4, Synode der Evangelisch-reformierten Kirche Basel-Stadt, 1997. • Ordnung für die Gottesdienste und kirchlichen Handlungen IV C 1, Synode der Evangelisch-reformierten Kirche Basel-Stadt, 2006/2010, § 36. • Ordnung für den Religionsunterricht, Erziehungsrat des Kantons Basel-Stadt, 2009/2012, § 2. • Schulgesetz, Grosser Rat des Kantons Basel-Stadt, 1929/2013, § 77.

Teilnahme an der Studie zur Konfirmationsarbeit

Zahl der beteiligten Gemeinden bei t1 und t2 und im Verhältnis zur Zahl aller reformierten Kirchgemeinden des Kantons	t1: 5 von insgesamt 7 t2: 5 von insgesamt 7
Anzahl beteiligter Hauptamtlicher (Hauptverantwortliche, Mitarbeitende und Freiwillige/Ehrenamtliche) in t1 und t2	t1: 5 t2: 7
Konfirmandinnen und Konfirmanden in t1 und t2	t1: 75 t2: 75
Sprache der Fragebögen	Deutsch

Ziele des religionspädagogischen Handelns

«Der Unterricht macht vertraut mit dem Evangelium von Jesus Christus. Er vermittelt eine sach-, stufen- und jugendgerechte Kenntnis der biblischen Botschaft, der in ihr enthaltenen Geschichten und Gestalten und der Kirchengeschichte. Schüler und Schülerinnen erfahren Orientierungshilfe, indem sie lernen, ihren Glauben bewusst zu gestalten und zu leben. Der Unterricht strebt einen mündigen und kritischen Umgang mit religiösen und kulturell begründeten Haltungen und Traditionen an. Er soll die Bereitschaft wecken, den Dialog mit Angehörigen anderer Religionen und Kulturen zu pflegen und die Fähigkeit üben, Konflikte in Achtung vor den Mitmenschen gewaltfrei zu lösen.
Der Unterricht soll Gemeinde erlebbar machen, damit die Heranwachsenden Glaubensgemeinschaft als Zuhause entdecken können.»

Ordnung für den Unterricht an den Schulen und in den Kirchgemeinden IV C 4, Synode der Evangelisch-reformierten Kirche Basel-Stadt, 1997, § 1.

«Der konfessionell-kooperative Unterricht kann dazu dienen, die Einheit unter den Christen zu fördern; er ist wo immer möglich weiter auszubauen.»

A. a. O., § 5.

Ziele der Konfirmationsarbeit in der Kantonalkirche

«Der gemeindliche Unterricht vermittelt die Kenntnis und das Verständnis des christlichen Glaubens auf der Grundlage der biblischen Botschaft. Er setzt die Einführung ins Gemeindeleben fort. Er macht die jungen Gemeindeglieder vertraut mit den Lebensäusserungen der Kirche in Gottesdienst, Diakonie und Mission. Er bietet die Möglichkeit, das Leben vom Evangelium her zu bedenken und zu gestalten. Als Unterricht, der zur Konfirmation führt, hilft er den Schülern und Schülerinnen, ihre Taufe zu verstehen und zu bejahen.»

A. a. O., § 13.

Mitarbeitende

Im Kanton Basel-Stadt sind in der Regel die Pfarrpersonen hauptverantwortlich für die Konfirmationsarbeit zuständig (Ordnung für den Unterricht an den Schulen und in den Kirchgemeinden IV C 4, Synode der Evangelisch-reformierten Kirche Basel-Stadt, 1997, § 14). In einzelnen Fällen sind jugendliche Freiwillige – etwa als Lagerleiterinnen und Lagerleiter – integriert, sporadisch auch erwachsene Freiwillige. Für die Freiwilligen ist keine Entlöhnung vorgesehen oder üblich.

Aus- und Weiterbildung

Die Hauptverantwortlichen erhalten ihre Aus- und Weiterbildung über die Angebote des Konkordats (z. B. WeA) auf gesamtschweizerischer Ebene. Für Freiwillige wird keine Weiterbildung angeboten. Religionslehrpersonen absolvieren entweder im Rahmen der Pädagogischen Hochschule Nordwestschweiz das dreisemestrige Freiwahlfach oder die Basler Religionspädagogische Ausbildung (BRA), die aus einem dreijährigen Theologiekurs (verantwortet durch das Forum für Zeitfragen) und einem zweijährigen pädagogischen Kurs besteht.

Lehrplan und -materialien

Im Kanton Basel-Stadt wird kein spezielles Lehrmittel verwendet, jedoch steht allen Unterrichtenden die Ökumenische Medienverleihstelle (Lindenberg 12 in 4058 Basel, getragen von der RKK BS & BL und ERK BS & BL) zur Verfügung. Es gilt der obligatorische Lehrplan (vgl. http://www.rpz-basel.ch), der gegenwärtig (Anfang 2016) komplett überarbeitet wird.

Innovationen und Projekte

Der Lehrplan RU 1–6 wird 2016 komplett überarbeitet und möglicherweise auch auf die Schuljahre 7–9 ausgedehnt. Er basiert auf kompetenzorientierten und thematisch fokussierten Anteilen.

Auszug Daten Kanton Basel-Stadt

Im Folgenden werden auszugsweise und in verkürzter statistischer Form Datenergebnisse für den Kanton vorgestellt. Für die ausführlichen Datensets stehen die Materialien im Anhang (Kap. 8.2) zur Verfügung.

Legende:

N	*Antwortende Personen*
M	*Mittelwert*
SD	*Standard-Abweichung*
Ø-CH	*Durchschnittswert des Ergebnisses bezogen auf die Daten der ganzen Schweiz, jeweils die positivste Antwortmöglichkeit (Skala 1–5: Antwort 5; Skala 1–7: Antworten 5–7)*

Konfirmandinnen und Konfirmanden

Während der Konf-Zeit …	**N**	**M**	**SD**	**Nein**	**Mitte**	**Ja**	**Ø-CH**
KB18: hatte ich insgesamt eine gute Zeit.	75	5,87	1,245	8 %	8 %	84 %	79 %
KK05: hatte ich viel Spass.	75	5,69	1,294	8 %	12 %	80 %	73 %
KB02: habe ich gute Gemeinschaft in der Gruppe erlebt.	74	5,73	1,388	9 %	14 %	77 %	79 %

Grundlegende Einschätzungen	N	sehr negativ	eher negativ	weder noch	eher positiv	sehr positiv	Ø-CH
CF01: Wie bewertest du den christlichen Glauben insgesamt?	70	4 %	4 %	34 %	40 %	17 %	10 %
CF02: Wie bewertest du die evangelische Kirche insgesamt?	70	1 %	1 %	27 %	59 %	11 %	10 %

Was meinst du zu folgenden Aussagen?	N	M	SD	Nein	Mitte	Ja	Ø-CH
CE05: Ich bin mir unsicher, was ich glauben soll.	74	3,53	2,166	55 %	12 %	32 %	38 %
CE09: Ich glaube an Gott.	75	4,65	2,153	32 %	15 %	53 %	51 %
CE08: In schwierigen Situationen hilft mir mein Glaube an Gott.	74	3,84	2,152	46 %	8 %	46 %	34 %
CE10: Ich weiss, was zum christlichen Glauben gehört.	75	4,67	1,781	24 %	13 %	63 %	46 %

Mitarbeitende

Allgemeine Fragen	N	M	SD	Nein	Mitte	Ja	Ø-CH
VM01: Wie zufrieden sind Sie mit der Konfirmationsarbeit in Ihrer Gemeinde insgesamt?	7	6	0,816	0 %	0 %	100 %	90 %
VM02: Machen Sie die Konfirmationsarbeit gerne?	7	6,43	0,787	0 %	0 %	100 %	82 %

4.1.6 Kanton Freiburg (FR)

Rahmendaten (2013)

Einwohner total	297'622
Anteil Mitglieder der Reformierten Kirche	12,9 %
Anteil Mitglieder der Katholischen Kirche	62,5 %
Anteil Konfessionslose	14,9 %
Andere Religionen/Konfessionen	9,8 %

Rahmenbestimmungen für die Konfirmationszeit und den Religionsunterricht

Dauer der ganzen Konfirmationszeit	August 2010 bis Juni 2013 («dreijährig»)

Anzahl Unterrichtsstunden für die ganze Konfirmationszeit	• mindestens 160 Lektionen, wovon 114 Lektionen aus schulischem Unterricht bestehen
	• 46 Lektionen unterteilt in:
	• Erfahrungen der Gemeinschaft in von der Gemeinde organisierten Freizeiten, Wochenenden, Retraiten und ähnlichen Veranstaltungen
	  • Besuch und Mitgestaltung von Gottesdiensten in der Kirchgemeinde
	  • diakonische Erfahrungen in der Kirchgemeinde / Dienst am Nächsten (Mithilfe bei und Gestaltung von Fastensuppen, Kampagnen Brot für alle, HEKS-Aktionen, Besuche bei älteren Menschen etc.)

Voraussetzungen für die Konfirmation aufseiten der Jugendlichen	• Taufe • Besuch des Unterrichts • der geäusserte Wille der Konfirmandin oder des Konfirmanden
Kirchenrechtliche Folgen der Konfirmation (Rechte und Pflichten der Konfirmierten)	Stimm- und Wahlrecht ab 16 Jahren sind unabhängig von der Konfirmation.
Zeitpunkt/Zeitraum der Konfirmation	• Passion bis Pfingsten: zwischen Palmsonntag und Sommerferien, meist um Auffahrt oder Pfingsten • Schulischer RU dauert bis zu den Sommerferien.
Art und Umfang des schulischen Religionsunterrichts in den Schuljahren 1–9	• konfessionell als schulisches Fach mit kirchlichem Personal • während 6–8 Schuljahren jeweils 1 Wochenlektion • total 228 Lektionen à 50 min
Festlegung der Rahmenbedingungen in:	• Kirchenordnung der evangelisch-reformierten Kirche des Kantons Freiburg, 2012, Art. 4, 49 und 62.2. • Richtlinien zur Konfirmation, evangelisch-reformierte Kirche des Kantons Freiburg, 2009. • Lehrplan 1. bis 9. Klasse für den deutschsprachigen kirchlichen Unterricht Freiburg (KUF), 2009/2010, S. 3.

Teilnahme an der Studie zur Konfirmationsarbeit

Zahl der beteiligten Gemeinden bei t1 und t2 und im Verhältnis zur Zahl aller reformierten Kirchgemeinden des Kantons	t1: 12 von insgesamt 16 t2: 9 von insgesamt 16
Anzahl beteiligter Hauptamtlicher (Hauptverantwortliche, Mitarbeitende und Freiwillige/Ehrenamtliche) in t1 und t2	t1: 25 t2: 12
Konfirmandinnen und Konfirmanden in t1 und t2	t1: 221 t2: 150
Sprache der Fragebögen	Deutsch/Französisch

Ziele des religionspädagogischen Handelns

«1. Mit der Weitergabe des Glaubens hilft die Kirche Kindern, Jugendlichen und Erwachsenen, in der Zusage der Liebe Gottes zu sich selber und zur Gemeinschaft zu finden. Sie macht sie mit der biblischen Botschaft vertraut, fördert ihre Fähigkeit, auf die Grundfragen des Lebens hilfreiche Antworten zu suchen und zu finden und leitet sie zu verantwortlichem Handeln gegenüber Gott, der Schöpfung und den Menschen an.
2. Die Kirche fördert und unterstützt alle Bemühungen in Unterricht, Kinder- und Jugendarbeit und Erwachsenenbildung, die der Auseinandersetzung mit der befreienden Botschaft des Evangeliums dienen.»

Kirchenordnung der evangelisch-reformierten Kirche des Kantons Freiburg, 2012/2013, Art. 49.

Ziele der Konfirmationsarbeit in der Kantonalkirche

«Der Lehrplan zielt auf einen Unterricht ab, der den Schülern und Schülerinnen eine Möglichkeit gibt, sich mit Erwachsenen und Kindern mit der Tradition der evangelisch-reformierten Kirche des Kantons Freiburg auseinander zu setzen [sic]. Sie sollen durch diese Auseinandersetzung in die Lage versetzt werden, sich selber in ein Verhältnis zur evangelisch-reformierten Kirche zu bringen. Sie sollen die Kirche und ihre Aktivitäten kennenlernen und damit auch mit den weltanschaulichen und ethischen Überzeugungen der evangelischen Kirche vertraut gemacht werden. Sie sollen die Rolle, die diese Kirche der Gemeinschaft, dem Feiern in Gemeinschaft und der gegenseitigen Solidarität zumisst, verstehen und erfahren. Ob sie schliesslich dazu auch Ja sagen können, indem sie ihre Taufe bestätigen in der Konfirmation, bleibt trotzdem ihre Entscheidung. Die Aufgabe des kirchlichen Unterrichts ist es, den Kindern und Jugendlichen bis zur Konfirmation deutlich zu machen, wozu sie sich in der Konfirmation bekennend verhalten. Es entspricht evangelischem und christlichem Verständnis, dass Bekenntnisse und Überzeugungen auch individuelle Entscheide beinhalten und von den Kindern und Jugendlichen nur aufgrund eigener Erfahrungen – aufgrund davon, wie sie das Leben, die Welt, die Gemeinschaft mit all ihren Komplikationen erfahren und einschätzen – gefällt werden können und sollen.»

Lehrplan 1. bis 9. Klasse für den deutschsprachigen kirchlichen Unterricht Freiburg (KUF), 2009/2010, S. 3.

Mitarbeitende

In der evangelisch-reformierten Kirche des Kantons Fribourg tragen die Pfarrpersonen und Sozialdiakoninnen und Sozialdiakone die Hauptverantwortung für den Unterricht in der Oberstufe, während die Hauptverantwortung für den Unterricht in der Primarstufe den Katechetinnen und Katecheten zukommt. Jugendliche Freiwillige werden im Rahmen von Accos bei Lagern, Wochenendprogrammen und ausserschulischen Angeboten des Konfirmationssunterrichts eingesetzt. Eine Vergütung der Freiwilligen ist nicht vorgesehen.

Aus- und Weiterbildung

Die hauptamtlichen Katechetinnen und Katecheten werden über die kantonale Fachstelle Bildung ausgebildet. In der Romandie ist zudem eine kontinuierliche Weiterbildung (SPES-KT) für alle Hauptamtlichen im Gange. Die Ausbildung jugendlicher Freiwilliger erfolgt über das Programm Accos, das von der Fachstelle Jugend und Bildung angeboten wird und speziell auf die französischsprachigen

Freiwilligen ausgerichtet ist. Die deutschsprachigen Freiwilligen können dabei Angebote der Berner Kantonalkirche in Anspruch nehmen.

Lehrplan und -materialien

Die Lehrpläne für den deutschsprachigen kirchlichen Unterricht (KUF) und den französischsprachigen kirchlichen Unterricht der 1. bis 9. Klasse können über die Fachstelle Bildung, Prehlstrasse 11 in 3280 Murten bezogen werden. Eigene Lehrmittel sind nicht in Gebrauch.

Innovationen und Projekte

Keine Angabe.

Auszug Daten Kanton Freiburg

Im Folgenden werden auszugsweise und in verkürzter statistischer Form Datenergebnisse für den Kanton vorgestellt. Für die ausführlichen Datensets stehen die Materialien im Anhang (Kap. 8.2) zur Verfügung.

Legende:

N	*Antwortende Personen*
M	*Mittelwert*
SD	*Standard-Abweichung*
Ø-CH	*Durchschnittswert des Ergebnisses bezogen auf die Daten der ganzen Schweiz, jeweils die positivste Antwortmöglichkeit (Skala 1–5: Antwort 5; Skala 1–7: Antworten 5–7)*

Konfirmandinnen und Konfirmanden

Während der Konf-Zeit …	**N**	**M**	**SD**	**Nein**	**Mitte**	**Ja**	**Ø-CH**
KB18: hatte ich insgesamt eine gute Zeit.	148	5,3041	1,4126	9 %	20 %	72 %	79 %
KK05: hatte ich viel Spass.	147	5,0544	1,4795	15 %	18 %	67 %	73 %
KB02: habe ich gute Gemeinschaft in der Gruppe erlebt.	146	5,3356	1,4156	12 %	17 %	71 %	79 %

Grundlegende Einschätzungen	**N**	**sehr negativ**	**eher negativ**	**weder noch**	**eher positiv**	**sehr positiv**	**Ø-CH**
CF01: Wie bewertest du den christlichen Glauben insgesamt?	218	3 %	7 %	43 %	41 %	6 %	10 %
CF02: Wie bewertest du die evangelische Kirche insgesamt?	214	1 %	3 %	40 %	40 %	15 %	10 %

Was meinst du zu folgenden Aussagen?	N	M	SD	Nein	Mitte	Ja	Ø-CH
CE05: Ich bin mir unsicher, was ich glauben soll.	221	4,009	2,1341	39 %	22 %	39 %	38 %
CE09: Ich glaube an Gott.	220	4,5136	1,9666	30 %	24 %	46 %	51 %
CE08: In schwierigen Situationen hilft mir mein Glaube an Gott.	219	3,4247	2,0715	53 %	13 %	33 %	34 %
CE10: Ich weiss, was zum christlichen Glauben gehört.	220	4,4045	1,8518	30 %	22 %	48 %	46 %

Mitarbeitende

Allgemeine Fragen	N	M	SD	Nein	Mitte	Ja	Ø-CH
VM01: Wie zufrieden sind Sie mit der Konfirmationsarbeit in Ihrer Gemeinde insgesamt?	12	5,5	1,3817	17 %	0 %	83 %	82 %
VM02: Machen Sie die Konfirmationsarbeit gerne?	12	6,1667	1,0299	0 %	8 %	92 %	90 %

4.1.7 Kanton Genf (GE)

Rahmendaten (2013)

Einwohner total	469'433
Anteil Mitglieder der Reformierten Kirche	9,4 %
Anteil Mitglieder der Katholischen Kirche	35,4 %
Anteil Konfessionslose	37,5 %
Andere Religionen/Konfessionen	17,6 %

Rahmenbestimmungen für die Konfirmationszeit und den Religionsunterricht

Dauer der ganzen Konfirmationszeit	• August 2011 bis Juni 2013 («zweijährig») • Die Jugendlichen besuchen die Konfirmationszeit in der Regel nach Ende der obligatorischen Schulpflicht im Alter von 15 bis 17 Jahren
Anzahl Unterrichtsstunden für die ganze Konfirmationszeit	• Die Anzahl Unterrichtsstunden ist nicht kantonal festgelegt, sondern liegt in der Kompetenz der leitenden Pfarrpersonen. • Meistens gibt es wöchentliche Treffen und zusätzliche Weekends, Lager, Exkursionen und Einladungen zu Gottesdiensten (diese sind meist freiwillig).

Voraussetzungen für die Konfirmation aufseiten der Jugendlichen	• Die Jugendlichen formulieren eine Erklärung, in der sie ihre Teilnahme begründen. • Die Genfer Kirche (EPG) lädt Jugendliche, die getauft wurden und sich bereit erklären, aktiv am Gemeindeleben teilzunehmen, ein.
Kirchenrechtliche Folgen der Konfirmation (Rechte und Pflichten der Konfirmierten)	Keine Angabe
Zeitpunkt/Zeitraum der Konfirmation	von Mai bis Oktober, wobei etwa die Hälfte der Konfirmationen im September/Oktober stattfindet (oft kurz nach dem Bettag «Jeûne genevois»)

Art und Umfang des schulischen Religionsunterrichts in den Schuljahren 1–9	• 9. Schuljahr:
	  • Enseignement genevois des grands textes
	  • Comparer les systèmes de pensées et les réponses des sociétés aux questions existentielles
	  • Comparaison de récits d'origine du monde, cosmogonies
	  • Mise en évidence de la condition humaine dans son rapport au monde naturel, au monde humain et au monde animal
	  • Analyse et comparaison de diverses représentations de la mort et de l'au-delà
	  • Identifie et compare les réponses données par différentes civilisations aux questions existentielles
	• Choix de textes:
	  • Liste non exhaustive, cf. brochure élève 9e et brochure pour les maîtresses. Bible (Genèse); Coran; Inde ancienne, bouddhisme; Traditions mésopotamiennes; Egypte; Mythes amérindiens, tahitiens; Monde grec (Homère, Hésiode …) et Monde latin (Ovide …)
	  • Lien avec la géographie (Cosmographie) et avec la séquence d'histoire autour d'une exploitation de l'iconographie
	  • Quelle: Spécificité cantonale. Enseignement des grands textes, République et Canton de Genève, 2012 (https://www.ge.ch/co/doc/2012/programme_grands_textes.pdf).

Festlegung der Rahmenbedingungen in:	Règlements de l'Eglise Protestante de Genève, 2012, Art. 221.

Teilnahme an der Studie zur Konfirmationsarbeit

Zahl der beteiligten Gemeinden bei t1 und t2 und im Verhältnis zur Zahl aller reformierten Kirchgemeinden des Kantons	t1: 3 von insgesamt 31 t2: 1 von insgesamt 31
Anzahl beteiligter Hauptamtlicher (Hauptverantwortliche, Mitarbeitende und Freiwillige/Ehrenamtliche) in t1 und t2	t1: 6 t2: 1
Konfirmandinnen und Konfirmanden in t1 und t2	t1: 27 t2: 9
Sprache der Fragebögen	Französisch

Ziele des religionspädagogischen Handelns

2–6 Jahre:
«Les enfants posent, avec leurs parents, les premiers jalons de l'éveil spirituel à travers des histoires bibliques, des jeux, des bricolages des célébrations, sans oublié la dimension familiale de la foi.»

http://enfance.epg.ch/eveil/

6–12 Jahre:
«Les plus grands vivent de temps de découverte avec d'autres enfants du même âge ou du même quartier, apprennent à exprimer leurs convictions, leurs doutes, leurs questions, et à entrer dans une réflexion sur le sens de la foi.»

http://enfance.epg.ch/kt/

12–15 Jahre:
«Vivre des activités autour des grands thèmes de l'existence en lien avec la foi.»

http://jeunesse.epg.ch/home/

Ab 18 Jahren:
«Approfondir sa foi par des voyages, des cultes de jeunes, des groupes de partage, ou encore comme moniteurs.»

http://jeunesse.epg.ch/camps/

Ziele der Konfirmationsarbeit in der Kantonalkirche

«Le catéchuménat doit permettre au catéchumène de valider librement son appartenance chrétienne, de trouver sa place de membre adulte au sein de la communauté ecclésiale et d'y assumer des responsabilité.»

Règlements de l'Eglise Protestante de Genève, 2012, Art. 218.

Mitarbeitende

In der Eglise Protestante de Genève tragen die Pfarrpersonen oder spezialisierte Katechetinnen und Katecheten die Hauptverantwortung für die Konfirmationsarbeit (vgl. Règlements de l'Eglise Protestante de Genève, 2012, Art. 218). Erwachsene Freiwillige werden regelmässig in die Konfirmationsarbeit mit einbezogen. Jugendliche Freiwillige kommen vorwiegend in Lagern zum Einsatz.

Aus- und Weiterbildung

Die Aus- und Weiterbildung geschieht im Kontext des Centre Œcuménique de Catéchèse (COEC). Für hauptamtliche und ehrenamtliche Mitarbeitende wird in der Romandie zurzeit eine kontinuierliche Weiterbildung angeboten (SPES-KT).

Lehrplan und -materialien

Keine Angabe.

Innovationen und Projekte

Keine Angabe.

Auszug Daten Kanton Genf

Im Folgenden werden auszugsweise und in verkürzter statistischer Form Datenergebnisse für den Kanton vorgestellt. Für die ausführlichen Datensets stehen die Materialien im Anhang (Kap. 8.2) zur Verfügung.

Legende:

N	*Antwortende Personen*
M	*Mittelwert*
SD	*Standard-Abweichung*
Ø-CH	*Durchschnittswert des Ergebnisses bezogen auf die Daten der ganzen Schweiz, jeweils die positivste Antwortmöglichkeit (Skala 1–5: Antwort 5; Skala 1–7: Antworten 5–7)*

Konfirmandinnen und Konfirmanden

Zahl der beteiligten Gemeinden bei t1 und t2 und im Verhältnis zur Zahl aller reformierten Kirchgemeinden des Kantons	t1: 3 von insgesamt 31 t2: 1 von insgesamt 31
Anzahl beteiligter Hauptamtlicher (Hauptverantwortliche, Mitarbeitende und Freiwillige/Ehrenamtliche) in t1 und t2	t1: 6 t2: 1
Konfirmandinnen und Konfirmanden in t1 und t2	t1: 27 t2: 9
Sprache der Fragebögen	Französisch

Grundlegende Einschätzungen	N	sehr negativ	eher negativ	weder noch	eher positiv	sehr positiv	Ø-CH
CF01: Wie bewertest du den christlichen Glauben insgesamt?	26	0 %	0 %	46 %	50 %	4 %	10 %
CF02: Wie bewertest du die evangelische Kirche insgesamt?	26	0 %	0 %	8 %	73 %	19 %	10 %

Was meinst du zu folgenden Aussagen?	N	M	SD	Nein	Mitte	Ja	Ø-CH
CE05: Ich bin mir unsicher, was ich glauben soll.	27	4,3704	1,9245	22 %	26 %	52 %	38 %
CE09: Ich glaube an Gott.	27	5	1,8397	22 %	19 %	59 %	51 %
CE08: In schwierigen Situationen hilft mir mein Glaube an Gott.	27	4,1111	2,1897	41 %	11 %	48 %	34 %
CE10: Ich weiss, was zum christlichen Glauben gehört.	25	5	1,633	20 %	4 %	76 %	46 %

Mitarbeitende

Allgemeine Fragen	N	M	SD	Nein	Mitte	Ja	Ø-CH
VM01: Wie zufrieden sind Sie mit der Konfirmationsarbeit in Ihrer Gemeinde insgesamt?	1	6	0	0 %	0 %	100 %	82 %
VM02: Machen Sie die Konfirmationsarbeit gerne?	1	7	0	0 %	0 %	100 %	90 %

4.1.8 Kanton Glarus (GL)

Rahmendaten (2013)

Einwohner total	39'593
Anteil Mitglieder der Reformierten Kirche	34,7 %
Anteil Mitglieder der Katholischen Kirche	34,6 %
Anteil Konfessionslose	15,9 %
Andere Religionen/Konfessionen	14,9 %

Rahmenbestimmungen für die Konfirmationszeit und den Religionsunterricht

Dauer der ganzen Konfirmationszeit	• Ostern 2012 bis Ostern 2013 («einjährig») • Der Unterricht selbst beginnt oft aber erst nach den Sommerferien (vorher finden eher Lager, vereinzelt Module und Elternabende statt).
Anzahl Unterrichtsstunden für die ganze Konfirmationszeit	• 70 × 45 min (= 52,5 h) • 70 Punkte (entsprechen ungefähr der Anzahl Lektionen), wovon 50 als Unterricht und 20 als Wahlmodule abgelegt werden müssen • Einige Gemeinden organisieren auch zusammen einen «kantonalen» Konftag am 1. November.
Voraussetzungen für die Konfirmation aufseiten der Jugendlichen	• Besuch der kirchlichen Bildungsangebote (alle) • Was die Mitgliedschaft anbelangt, so ist diese durch die Eltern gegeben und bleibt bis zum Alter von 16 Jahren bestehen, auch wenn die Eltern vorher austreten sollten.
Kirchenrechtliche Folgen der Konfirmation (Rechte und Pflichten der Konfirmierten)	Stimm- und Wahlrecht ab 16 Jahren sind unabhängig von der Konfirmation.
Zeitpunkt/Zeitraum der Konfirmation	Palmsonntag
Art und Umfang des schulischen Religionsunterrichts in den Schuljahren 1–9	• integriert in andere Fächer • ab Schuljahr 2017/18 ein separater schulischer Unterricht im Rahmen des Lehrplans 21
Festlegung der Rahmenbedingungen in:	• Verfassung für die Evangelisch-Reformierte Landeskirche des Kantons Glarus, 1989, Art. 14. • Kirchenordnung für die Evangelisch-Reformierte Landeskirche des Kantons Glarus, 2010, Art. 80.

Teilnahme an der Studie zur Konfirmationsarbeit

Zahl der beteiligten Gemeinden bei t1 und t2 und im Verhältnis zur Zahl aller reformierten Kirchgemeinden des Kantons	t1: 2 von insgesamt 12 t2: 3 von insgesamt 12
Anzahl beteiligter Hauptamtlicher (Hauptverantwortliche, Mitarbeitende und Freiwillige/Ehrenamtliche) in t1 und t2	t1: 3 t2: 3
Konfirmandinnen und Konfirmanden in t1 und t2	t1: 21 t2: 23
Sprache der Fragebögen	Deutsch

Ziele des religionspädagogischen Handelns

«Der Unterricht soll das Kind mit dem kirchlichen Leben und den biblischen Geschichten vertraut machen und vermittelt Kenntnisse aus der Bibel, der Kirchen- und Religionsgeschichte. Er nimmt dabei auf Lebensfragen Bezug.»

Kirchenordnung für die Evangelisch-Reformierte Landeskirche des Kantons Glarus, 2010, Art. 69, in: Evangelisch-Reformierte Landeskirche des Kantons Glarus, Gesetzessammlung und Unterlagen zur Amtsführung, 2016, S. 27.

Ziele der Konfirmationsarbeit in der Kantonalkirche

«Der Konfirmandenunterricht führt in ein tieferes Verständnis des gelebten Glaubens ein. Er fördert den Sinn für Gemeinschaft, macht Mut zum Glauben und Beten und schafft Gelegenheit zu helfendem Handeln.»

Kirchenordnung, 2010, Art. 72, in: ebd.

«Die Konfirmation ist Aufruf zur verantwortlichen Mitarbeit in Gemeinde und Gesellschaft, Einladung in die Nachfolge Christi und zum eigenen Glauben sowie Ausdruck des Eintritts in die kirchliche Mündigkeit.»

Kirchenordnung, 2010, Art. 77, in: a. a. O., S. 28.

Mitarbeitende

In der Evangelisch-Reformierten Landeskirche des Kantons Glarus wird die Hauptverantwortung für die Konfirmationsarbeit von den Pfarrpersonen getragen, «vertretungsweise aber auch von einer anderen dazu ausgebildeten Person. […] Zur Gestaltung des Unterrichts können weitere Personen zugezogen werden» (Kirchenordnung für die Evangelisch-Reformierte Landeskirche des Kantons Glarus, 2010, Art. 74). Die Entlöhnung der Freiwilligen ist gemeindeweise geregelt.

Aus- und Weiterbildung

Die Aus- und Weiterbildung der Haupt- und Ehrenamtlichen erfolgt über die Angebote der Evangelisch-reformierten Landeskirche des Kantons Zürich. Dazu kommen zwei interkantonale Katechetenkonvente pro Jahr sowie ein bis zwei ökumenische Weiterbildungsveranstaltungen pro Jahr.

Lehrplan und -materialien

Als kantonale Materialstelle fungiert der Zürcher Medienladen Relimedia, da die eigene Materialstelle auf Ende 2015 aufgelöst wurde. Spezielle Lehrmittel werden für den Unterricht nicht verwendet.

Innovationen und Projekte

Keine Angabe.

Auszug Daten Kanton Glarus

Im Folgenden werden auszugsweise und in verkürzter statistischer Form Datenergebnisse für den Kanton vorgestellt. Für die ausführlichen Datensets stehen die Materialien im Anhang (Kap. 8.2) zur Verfügung.

Legende:

N	*Antwortende Personen*
M	*Mittelwert*
SD	*Standard-Abweichung*
Ø-CH	*Durchschnittswert des Ergebnisses bezogen auf die Daten der ganzen Schweiz, jeweils die positivste Antwortmöglichkeit (Skala 1–5: Antwort 5; Skala 1–7: Antworten 5–7)*

Konfirmandinnen und Konfirmanden

Während der Konf-Zeit …	**N**	**M**	**SD**	**Nein**	**Mitte**	**Ja**	**Ø-CH**
KB18: hatte ich insgesamt eine gute Zeit.	22	4,4091	1,6521	23 %	27 %	50 %	79 %
KK05: hatte ich viel Spass.	23	4,4348	1,6188	26 %	26 %	48 %	73 %
KB02: habe ich gute Gemeinschaft in der Gruppe erlebt.	22	4,8182	1,7898	27 %	5 %	68 %	79 %

Grundlegende Einschätzungen	**N**	**sehr negativ**	**eher negativ**	**weder noch**	**eher positiv**	**sehr positiv**	**Ø-CH**
CF01: Wie bewertest du den christlichen Glauben insgesamt?	21	5 %	10 %	29 %	57 %	0 %	10 %
CF02: Wie bewertest du die evangelische Kirche insgesamt?	21	5 %	10 %	33 %	38 %	14 %	10 %

Was meinst du zu folgenden Aussagen?	**N**	**M**	**SD**	**Nein**	**Mitte**	**Ja**	**Ø-CH**
CE05: Ich bin mir unsicher, was ich glauben soll.	21	3,2857	2,2835	48 %	24 %	29 %	38 %
CE09: Ich glaube an Gott.	21	4,5238	2,205	29 %	19 %	52 %	51 %
CE08: In schwierigen Situationen hilft mir mein Glaube an Gott.	21	3,2857	1,9272	48 %	24 %	29 %	34 %
CE10: Ich weiss, was zum christlichen Glauben gehört.	21	3,8095	1,721	43 %	24 %	33 %	46 %

Mitarbeitende

Allgemeine Fragen	N	M	SD	Nein	Mitte	Ja	Ø-CH
VM01: Wie zufrieden sind Sie mit der Konfirmationsarbeit in Ihrer Gemeinde insgesamt?	3	5,6667	1,5275	0 %	33 %	67 %	82 %
VM02: Machen Sie die Konfirmationsarbeit gerne?	3	5,3333	1,5275	0 %	33 %	67 %	90 %

4.1.9 Kanton Graubünden (GR)

Rahmendaten (2013)

Einwohner total	151'396
Anteil Mitglieder der Reformierten Kirche	34,7 %
Anteil Mitglieder der Katholischen Kirche	43,8 %
Anteil Konfessionslose	14 %
Andere Religionen/Konfessionen	7,5 %

Rahmenbestimmungen für die Konfirmationszeit und den Religionsunterricht

Dauer der ganzen Konfirmationszeit	nicht einheitlich definiert, von «einjährig» bis «dreijährig» (abhängig von kontextuellen Bedingungen)
Anzahl Unterrichtsstunden für die ganze Konfirmationszeit	mindestens 72 Lektionen
Voraussetzungen für die Konfirmation aufseiten der Jugendlichen	regelmässiger Besuch des Religions- und des Konfirmationsunterrichtes
Kirchenrechtliche Folgen der Konfirmation (Rechte und Pflichten der Konfirmierten)	Keine: Stimm- und Wahlrecht ab 16 Jahren sind unabhängig von der Konfirmation.
Zeitpunkt/Zeitraum der Konfirmation	von Palmsonntag bis Juni
Art und Umfang des schulischen Religionsunterrichts in den Schuljahren 1–9	• 2 Lektionen in der Primarstufe • 1 Lektion in der Oberstufe • (mit Modell 1+1, Lehrplan 21, zurzeit im Umbruch in Richtung einer Lektion für alle Klassen ab 2018/19)

Festlegung der Rahmenbedingungen in:	• Evangelischer Grosser Rat, Kirchliche Gesetzes-Sammlung der Evangelisch-reformierten Landeskirche des Kantons Graubünden, Verordnung 210 über Aufbau und Leben der Kirchgemeinde, 1980, Art. 17 (Revision vom 11.11.2015). • Kirchenrat, Kirchliche Gesetzes-Sammlung der Evangelisch-reformierten Landeskirche des Kantons Graubünden, Reglement 240 für die Organisation des Unterrichtswesens, 1999.

Teilnahme an der Studie zur Konfirmationsarbeit

Zahl der beteiligten Gemeinden bei t1 und t2 und im Verhältnis zur Zahl aller reformierten Kirchgemeinden des Kantons	t1: 40 von 107 t2: 37 von 107
Anzahl beteiligter Hauptamtlicher (Hauptverantwortliche, Mitarbeitende und Freiwillige/Ehrenamtliche) in t1 und t2	t1: 53 t2: 47
Konfirmandinnen und Konfirmanden in t1 und t2	t1: 435 t2: 378
Sprache der Fragebögen	Deutsch/Italienisch

Ziele des religionspädagogischen Handelns

«Der Religionsunterricht hat das Verstehen biblischer Texte und christlicher Lebensformen zu fördern.»

Evangelischer Grosser Rat, Kirchliche Gesetzes-Sammlung der Evangelisch-reformierten Landeskirche des Kantons Graubünden, Verordnung 210 über Aufbau und Leben der Kirchgemeinde, 1980, Art. 16.1.

Ziele der Konfirmationsarbeit in der Kantonalkirche

«Der Konfirmandenunterricht ist ein kirchlicher Unterricht und hat die Aufgabe, die Jugend im Glauben zu stärken und in das Leben der christlichen Gemeinde einzuführen.»

A. a. O., Art. 17.1.

Mitarbeitende

In der Evangelisch-reformierten Landeskirche des Kantons Graubünden tragen die Pfarrpersonen die Hauptverantwortung für die Konfirmationsarbeit. Der Einbezug Freiwilliger ist möglich, aber nicht kantonalkirchlich geregelt (dasselbe gilt für deren Vergütung).

Aus- und Weiterbildung

Die Aus- und Weiterbildung hauptamtlich Unterrichtender geschieht im Rahmen der Angebote des Konkordats (A+W) sowie der beiden Fachstellen Gemeindeentwicklung 2 und Religionsunterricht in der Schule der Evangelisch-reformierten Landeskirche des Kantons Graubünden.

Lehrplan und -materialien

Als kantonale Materialstelle fungiert die Kirchliche Mediothek Graubünden. Es werden keine eigenen Lehrmittel für den Unterricht verwendet.

Innovationen und Projekte

Seit 2012 ist unter der Bezeichnung «Modell Gemeinde*Bilden*» ein zehnjähriger Prozess zum Ausbau der gemeindepädagogischen Aktivitäten in der Evangelisch-Reformierten Kirche des Kantons Graubünden im Gange.

Auszug Daten Kanton Graubünden

Im Folgenden werden auszugsweise und in verkürzter statistischer Form Datenergebnisse für den Kanton vorgestellt. Für die ausführlichen Datensets stehen die Materialien im Anhang (Kap. 8.2) zur Verfügung.

Legende:

N *Antwortende Personen*

M *Mittelwert*

SD *Standard-Abweichung*

Ø-CH *Durchschnittswert des Ergebnisses bezogen auf die Daten der ganzen Schweiz, jeweils die positivste Antwortmöglichkeit (Skala 1–5: Antwort 5; Skala 1–7: Antworten 5–7)*

Konfirmandinnen und Konfirmanden

Während der Konf-Zeit …	N	M	SD	Nein	Mitte	Ja	Ø-CH
KB18: hatte ich insgesamt eine gute Zeit.	375	5,24	1,442	12 %	14 %	75 %	79 %
KK05: hatte ich viel Spass.	374	5,06	1,483	15 %	15 %	70 %	73 %
KB02: habe ich gute Gemeinschaft in der Gruppe erlebt.	371	5,34	1,473	11 %	14 %	75 %	79 %

Grundlegende Einschätzungen	N	sehr negativ	eher negativ	weder noch	eher positiv	sehr positiv	Ø-CH
CF01: Wie bewertest du den christlichen Glauben insgesamt?	425	1 %	5 %	40 %	45 %	8 %	10 %
CF02: Wie bewertest du die evangelische Kirche insgesamt?	421	3 %	4 %	40 %	44 %	9 %	10 %

Was meinst du zu folgenden Aussagen?	N	M	SD	Nein	Mitte	Ja	Ø-CH
CE05: Ich bin mir unsicher, was ich glauben soll.	430	4,01	2,144	42 %	18 %	40 %	38 %
CE09: Ich glaube an Gott.	429	4,38	2,016	31 %	18 %	50 %	51 %
CE08: In schwierigen Situationen hilft mir mein Glaube an Gott.	428	3,56	2,035	49 %	16 %	35 %	34 %
CE10: Ich weiss, was zum christlichen Glauben gehört.	426	4,01	1,649	32 %	26 %	42 %	46 %

Mitarbeitende

Allgemeine Fragen	N	M	SD	Nein	Mitte	Ja	Ø-CH
VM01: Wie zufrieden sind Sie mit der Konfirmationsarbeit in Ihrer Gemeinde insgesamt?	37	5,35	1,207	5 %	14 %	81 %	82 %
VM02: Machen Sie die Konfirmationsarbeit gerne?	37	6,03	1,118	5 %	5 %	89 %	90 %

4.1.10 Kanton Luzern (LU)

Rahmendaten (2013)

Einwohner total	390'349
Anteil Mitglieder der Reformierten Kirche	10,9 %
Anteil Mitglieder der Katholischen Kirche	63,2 %
Anteil Konfessionslose	15,5 %
Andere Religionen/Konfessionen	10,4 %

Rahmenbestimmungen für die Konfirmationszeit und den Religionsunterricht

Dauer der ganzen Konfirmationszeit	• Sommerferien 2012 bis Frühjahr 2013 («einjährig») • Teilweise wird der Religionsunterricht im letzten Jahr vor der Konfirmation «Konfirmationsunterricht» genannt – eigentlich gilt aber die ganze Oberstufe als eine Phase und einige Gemeinden weiten das Konf-Jahr auch auf einen Präparationsunterricht in der 8. Klasse aus.
Anzahl Unterrichtsstunden für die ganze Konfirmationszeit	50 h

Voraussetzungen für die Konfirmation aufseiten der Jugendlichen	• Taufe (Ausnahme möglich) • Besuch der Gottesdienste (von den Kirchgemeinden vorgegeben) • Besuch der kirchlichen Bildungsangebote (das religionspädagogische Konzept setzt ein Gesamtpensum von 240 Lektionen für die Konfirmation voraus) • Mitgliedschaft
Kirchenrechtliche Folgen der Konfirmation (Rechte und Pflichten der Konfirmierten)	Taufpatenschaft
Zeitpunkt/Zeitraum der Konfirmation	Gemäss Kirchenordnung am Palmsonntag, in der Praxis aber sehr verschieden
Art und Umfang des schulischen Religionsunterrichts in den Schuljahren 1–9	• Ethik und Religionen: interreligiös oder religionskundlich • in der Regel während 6 Jahren (Primarstufe) 1 Wochenlektion • Der Besuch des schulischen Fachs ist nicht Voraussetzung für die Konfirmation, es wird aber in der Regel besucht.
Festlegung der Rahmenbedingungen in:	• Kirchenordnung der Evangelisch-Reformierten Kirche des Kantons Luzern, 1996, §§ 46, 56, 59.2. • http://reflu.ch/wp-content/uploads/2015/08/Weisungen-über-die-Konfirmation-von-Nichtgetauften.pdf • http://reflu.ch/wp-content/uploads/2015/08/Das-religionspädagogische-Konzept.pdf

Teilnahme an der Studie zur Konfirmationsarbeit

Zahl der beteiligten Gemeinden bei t1 und t2 und im Verhältnis zur Zahl aller reformierten Kirchgemeinden des Kantons	t1: 9 von insgesamt 16 t2: 8 von insgesamt 16
Anzahl beteiligter Hauptamtlicher (Hauptverantwortliche, Mitarbeitende und Freiwillige/Ehrenamtliche) in t1 und t2	t1: 15 t2: 9
Konfirmandinnen und Konfirmanden in t1 und t2	t1: 94 t2: 89
Sprache der Fragebögen	Deutsch

Ziele des religionspädagogischen Handelns

«Ziel des Religionsunterrichts ist es, den Kindern und Jugendlichen zu helfen, in der Zusage der Liebe Gottes zu sich selber und zur Gemeinschaft zu finden, sie mit der Botschaft der Bibel vertraut zu machen und ihre Fähigkeit zu fördern, auf die Grundfragen unseres menschlichen Lebens hilfreiche Antworten zu suchen und zu finden.»

Kirchenordnung der Evangelisch-Reformierten Kirche des Kantons Luzern, 1996, § 46.

Ziele der Konfirmationsarbeit in der Kantonalkirche

«Der Konfirmationsunterricht wird in einem Gemeindegottesdienst mit der Konfirmation abgeschlossen. In dieser Feier soll zum Ausdruck kommen, dass Gott in Jesus Christus allen Menschen seine Gemeinschaft anbietet und sie zur verantwortlichen Mitarbeit in Kirche und Welt aufruft.
Wer konfirmiert ist, hat das Recht, eine Taufpatenschaft zu übernehmen.»

A. a. O., § 59.

Mitarbeitende

In der Evangelisch-Reformierten Kirche des Kantons Luzern tragen meistens die Pfarrpersonen die Hauptverantwortung für die Konfirmationsarbeit, es kommt aber durchaus vor, dass dies auch an andere Personen delegiert wird. Darüber hinaus arbeiten in einzelnen Gemeinden sowohl Jugendliche als auch Seniorinnen und Senioren ehrenamtlich mit. Eine Entlöhnung der Freiwilligen (z. B. bei Mitwirkung in einem Lager) ist nicht vorgesehen. Die unterstützende Mitarbeit im Konfirmationsunterricht wird aber durchaus entlöhnt. Die Regelung liegt hierbei in der Kompetenz der einzelnen Gemeinden.

Aus- und Weiterbildung

Die Ausbildung der Mitarbeitenden erfolgt über das «rpg» der Zürcher Kantonalkirche. Sowohl für die Hauptamtlichen wie auch für die Ehrenamtlichen sind zusätzlich ökumenische und eigene Weiterbildungsangebote vorhanden (vgl. http://www.lukath.ch/weiterbildung).

Lehrplan und -materialien

Als kantonale Medienstelle fungiert das Pädagogische Medienzentrum Luzern. Es werden die Unterrichtshilfen der Evangelisch-reformierten Landeskirche des Kantons Zürich verwendet.

Innovationen und Projekte

Keine Angabe.

Auszug Daten Kanton Luzern

Im Folgenden werden auszugsweise und in verkürzter statistischer Form Datenergebnisse für den Kanton vorgestellt. Für die ausführlichen Datensets stehen die Materialien im Anhang (Kap. 8.2) zur Verfügung.

Legende:

N *Antwortende Personen*

M *Mittelwert*

SD *Standard-Abweichung*

Ø-CH *Durchschnittswert des Ergebnisses bezogen auf die Daten der ganzen Schweiz, jeweils die positivste Antwortmöglichkeit (Skala 1–5: Antwort 5; Skala 1–7: Antworten 5–7)*

Konfirmandinnen und Konfirmanden

Während der Konf-Zeit …	**N**	**M**	**SD**	**Nein**	**Mitte**	**Ja**	**Ø-CH**
KB18: hatte ich insgesamt eine gute Zeit.	88	5,875	1,1726	3 %	8 %	89 %	79 %
KK05: hatte ich viel Spass.	88	5,5795	1,293	8 %	11 %	81 %	73 %
KB02: habe ich gute Gemeinschaft in der Gruppe erlebt.	88	5,8068	1,2673	6 %	5 %	90 %	79 %

Grundlegende Einschätzungen	**N**	**sehr negativ**	**eher negativ**	**weder noch**	**eher positiv**	**sehr positiv**	**Ø-CH**
CF01: Wie bewertest du den christlichen Glauben insgesamt?	91	1 %	7 %	38 %	48 %	5 %	10 %
CF02: Wie bewertest du die evangelische Kirche insgesamt?	91	1 %	2 %	34 %	56 %	7 %	10 %

Was meinst du zu folgenden Aussagen?	**N**	**M**	**SD**	**Nein**	**Mitte**	**Ja**	**Ø-CH**
CE05: Ich bin mir unsicher, was ich glauben soll.	93	4,0108	2,1794	44 %	13 %	43 %	38 %
CE09: Ich glaube an Gott.	92	4,5109	2,0137	33 %	17 %	50 %	51 %
CE08: In schwierigen Situationen hilft mir mein Glaube an Gott.	93	3,5484	1,981	46 %	22 %	32 %	34 %
CE10: Ich weiss, was zum christlichen Glauben gehört.	93	4,2043	1,791	28 %	30 %	42 %	46 %

Mitarbeitende

Allgemeine Fragen	**N**	**M**	**SD**	**Nein**	**Mitte**	**Ja**	**Ø-CH**
VM01: Wie zufrieden sind Sie mit der Konfirmationsarbeit in Ihrer Gemeinde insgesamt?	8	4,875	1,5526	13 %	25 %	63 %	82 %
VM02: Machen Sie die Konfirmationsarbeit gerne?	8	6	1,069	0 %	13 %	88 %	90 %

4.1.11 Kanton Neuenburg (NE)

Rahmendaten (2013)

Einwohner total	176'402
Anteil Mitglieder der Reformierten Kirche	22,4 %
Anteil Mitglieder der Katholischen Kirche	23,9 %
Anteil Konfessionslose	40,1 %
Andere Religionen/Konfessionen	13,6 %

Rahmenbestimmungen für die Konfirmationszeit und den Religionsunterricht

Dauer der ganzen Konfirmationszeit	mindestens 50 h, verteilt über unterschiedliche Zeiträume
Anzahl Unterrichtsstunden für die ganze Konfirmationszeit	in der Regel mindestens 50 h, die sich je nach Gemeinde auf wöchentlichen Unterricht während eines Schuljahres oder auf Lager und Weekends verteilen
Voraussetzungen für die Konfirmation aufseiten der Jugendlichen	Keine
Kirchenrechtliche Folgen der Konfirmation (Rechte und Pflichten der Konfirmierten)	In der EREN hat die Konfirmation keine direkten kirchenrechtlichen Folgen.
Zeitpunkt/Zeitraum der Konfirmation	Keine Angabe
Art und Umfang des schulischen Religionsunterrichts in den Schuljahren 1–9	• je nach Gemeinde unterschiedliche Handhabung • Hinsichtlich der Gesetzgebung und der konkreten (auch kirchlichen) Unterrichtspraxis ist das Konkordat zwischen Kirche und Staat relevant (Constitution, Eglise réformée évangélique du canton de Neuchâtel, 1980, Konkordat, Art. 13–14)
Festlegung der Rahmenbedingungen in:	• Constitution, Eglise réformée évangélique du canton de Neuchâtel, 1980, Konkordat, Art. 13–14. • Fil Rouge de la Catéchèse, Eglise réformée évangélique du canton de Neuchâtel, 2008, S. 17, 22–24. • Règlement général, Eglise réformée évangélique du canton de Neuchâtel, 1982, Art. 231r und 231t.

Teilnahme an der Studie zur Konfirmationsarbeit

Zahl der beteiligten Gemeinden bei t1 und t2 und im Verhältnis zur Zahl aller reformierten Kirchgemeinden des Kantons	t1: 1 von insgesamt 9 t2: 1 von insgesamt 9
Anzahl beteiligter Hauptamtlicher (Hauptverantwortliche, Mitarbeitende und Freiwillige/Ehrenamtliche) in t1 und t2	t1: 3 t2: 11
Konfirmandinnen und Konfirmanden in t1 und t2	t1: 27 t2: 27
Sprache der Fragebögen	Französisch

Ziele des religionspädagogischen Handelns

- «permettre à chaque individu de se construire une identité spirituelle par des choix, des réponse et de nouvelles question;
- faire découvrir et inventer différentes formes de vie de prière et d'expression de la confiance et s'ouvrir à la beauté de la vie;
- créer des occasions de se reconnaître aimés par le Dieu révélé en Jésus-Christ;
- préparer les enfants et adolescents à vivre pleinement leur vie d'hommes et des femmes dans notre société pour aller à la recontre de l'autre dans ses différences ;
- leur permettre, par une meilleure compréhension de soi, de sa tradition et de sa culture de respecter activement les autres convictions, confessions, traditions et cultures, et en retour d'enrichir leur propre existence ;
- leur permettre de découvrir et d'expérimenter la vie communautaire et la vie de groupe.»

Nach: Fil Rouge de la Catéchèse, Eglise réformée évangélique du canton de Neuchâtel, 2008, S. 2.

Ziele der Konfirmationsarbeit in der Kantonalkirche

Zielsetzungen und Vorschläge zum Konfirmationsunterricht sind im Fil Rouge de la Catéchèse (Eglise réformée évangélique du canton de Neuchâtel, 2008, S. 22–24, Punkte A-D) zu finden. Zu bemerken ist, dass die kirchenrechtlichen Dokumente der EREN den Begriff «Konfirmation» im Zusammenhang mit einer Abschlussfeier der Konfirmationszeit nicht benutzen: «Un culte paroissial marque la fin du catéchisme. Il est présidé par le pasteur qui en a assumé la responsabilité.»

Règlement général, Eglise réformée évangélique du canton de Neuchâtel, 1982, Art. 231t

Mitarbeitende

Die Pfarrpersonen tragen die Hauptverantwortung. Sie werden von jugendlichen Freiwilligen begleitet, die eine Ausbildung im Rahmen der EREN absolviert haben. Es handelt sich dabei um Jugendliche, die den Konfirmationsunterricht abgeschlossen haben und eine dreijährige Ausbildung zur «Animation» absolviert haben. Die Freiwilligen werden für ihr Engagement nicht entlöhnt.

Aus- und Weiterbildung

Das OPF (Office protestant de la formation) und die kantonale Fachstelle Bildung (Service de formation cantonal) der EREN bieten Aus- und Weiterbildungen an. Zusätzlich ist in der französischsprachigen Schweiz zurzeit eine spezialisierende Weiterbildung für Haupt- und Ehrenamtliche im Gange (SPES-KT).

Lehrplan und -materialien

Das COD (Centre oecuméenique de documentation) fungiert als kantonalkirchliche Materialstelle. Es gibt zwei Zentren im Kanton Neuchâtel.

Es gibt keine spezifischen Lehrmittel, die vom Kanton Neuenburg angeboten werden. Jede Kirchgemeinde hat die Freiheit, diejenigen Lehrmittel einzusetzen, die für ihren Kontext adäquat erscheinen. Es gibt aber Plattformen, über welche Unterrichtsmaterialien und -ideen ausgetauscht werden können.

Innovationen und Projekte

Eine Eigenheit innerhalb der EREN ist der Ansatz, dass der Religions- bzw. Konfirmationsunterricht nicht per Ende des elften Schuljahres abgeschlossen ist, sondern weitergeführt wird mit spezifischen Angeboten für Jugendliche zwischen 16 und 18 Jahren. Dieser Unterricht umfasst verschiedene Freizeitangebote und fokussiert u. a. auf die Förderung der Verantwortungsübernahme seitens der Jugendlichen wie auch auf die Vermittlung biblischer Inhalte.

Über die vergangenen Jahre hat die EREN auf der Ebene der hauptamtlichen Jugendmitarbeiterinnen und -mitarbeiter dazu ihre Zusammenarbeit mit verschiedenen zivilgesellschaftlichen Vereinigungen entwickelt. Aus dieser Zusammenarbeit resultieren Projekte wie «mira» (Prävention sexuellen Missbrauchs und Förderung eines gesunden körperlichen Umgangs, vgl. http://www.mira.ch) oder «Voilà» (Gesundheitsprävention und Abhängigkeitsprävention in der Arbeit mit Kindern und Jugendlichen, vgl. http://www.voila.ch).

Auszug Daten Kanton Neuenburg

Im Folgenden werden auszugsweise und in verkürzter statistischer Form Datenergebnisse für den Kanton vorgestellt. Für die ausführlichen Datensets stehen die Materialien im Anhang (Kap. 8.2) zur Verfügung.

Legende:

N *Antwortende Personen*
M *Mittelwert*
SD *Standard-Abweichung*
Ø-CH *Durchschnittswert des Ergebnisses bezogen auf die Daten der ganzen Schweiz, jeweils die positivste Antwortmöglichkeit (Skala 1–5: Antwort 5; Skala 1–7: Antworten 5–7)*

Konfirmandinnen und Konfirmanden

Während der Konf-Zeit …	**N**	**M**	**SD**	**Nein**	**Mitte**	**Ja**	**Ø-CH**
KB18: hatte ich insgesamt eine gute Zeit.	27	5,4815	1,1887	7 %	11 %	81 %	79 %
KK05: hatte ich viel Spass.	27	4,4444	1,4233	22 %	22 %	56 %	73 %
KB02: habe ich gute Gemeinschaft in der Gruppe erlebt.	26	5	1,5492	12 %	23 %	65 %	79 %

Grundlegende Einschätzungen	**N**	**sehr negativ**	**eher negativ**	**weder noch**	**eher positiv**	**sehr positiv**	**Ø-CH**
CF01: Wie bewertest du den christlichen Glauben insgesamt?	25	8 %	8 %	40 %	36 %	8 %	10 %
CF02: Wie bewertest du die evangelische Kirche insgesamt?	25	0 %	0 %	40 %	48 %	12 %	10 %

Was meinst du zu folgenden Aussagen?	**N**	**M**	**SD**	**Nein**	**Mitte**	**Ja**	**Ø-CH**
CE05: Ich bin mir unsicher, was ich glauben soll.	27	4,6296	2,2727	30 %	15 %	56 %	38 %
CE09: Ich glaube an Gott.	26	4,6538	1,9379	23 %	31 %	46 %	51 %
CE08: In schwierigen Situationen hilft mir mein Glaube an Gott.	25	3,68	1,9732	48 %	12 %	40 %	34 %
CE10: Ich weiss, was zum christlichen Glauben gehört.	26	3,8077	2,098	38 %	19 %	42 %	46 %

Mitarbeitende

Einige allgemeine Fragen	**N**	**M**	**SD**	**Nein**	**Mitte**	**Ja**	**Ø-CH**
VM01: Wie zufrieden sind Sie mit der Konfirmationsarbeit in Ihrer Gemeinde insgesamt?	10	5,1	0,8756	0 %	30 %	70 %	82 %
VM02: Machen Sie die Konfirmationsarbeit gerne?	10	5,7	1,4181	10 %	0 %	90 %	90 %

4.1.12 Kanton Nidwalden (NW)

Rahmendaten (2013)

Einwohner total	41'888
Anteil Mitglieder der Reformierten Kirche	11,7 %
Anteil Mitglieder der Katholischen Kirche	68,7 %
Anteil Konfessionslose	13,4 %
Andere Religionen/Konfessionen	6,1 %

Rahmenbestimmungen für die Konfirmationszeit und den Religionsunterricht

Dauer der ganzen Konfirmationszeit	• Sommerferien 2012 bis Frühjahr 2013 («einjährig») • Einschreibeabend im September • Oktober bis Mai monatliche Treffen
Anzahl Unterrichtsstunden für die ganze Konfirmationszeit	mindestens 30 h, zusätzlich: • Gottesdienste • Konf-Tag • Lager
Voraussetzungen für die Konfirmation aufseiten der Jugendlichen	• Gottesdienste • Stans: 1 Gemeindeveranstaltung
Kirchenrechtliche Folgen der Konfirmation (Rechte und Pflichten der Konfirmierten)	Stimm- und Wahlrecht ab 16 Jahren sind unabhängig von der Konfirmation.
Zeitpunkt/Zeitraum der Konfirmation	meist 14 Tage nach Pfingsten (mit Ausnahmen)
Art und Umfang des schulischen Religionsunterrichts in den Schuljahren 1–9	• konfessionell als schulisches Fach Religion mit kirchlichem Personal • während acht Schuljahren 1 Wochenlektion (ökumenisch oder konfessionell) • total 240 h
Festlegung der Rahmenbedingungen in:	Kirchenordnung, Evangelisch-Reformierte Kirche Nidwalden, 2012, Art. 7, 13 und 14.

Teilnahme an der Studie zur Konfirmationsarbeit

Zahl der beteiligten Gemeinden bei t1 und t2 und im Verhältnis zur Zahl aller reformierten Kirchgemeinden des Kantons	t1: 2 von insgesamt 3 t2: 2 von insgesamt 3
Anzahl beteiligter Hauptamtlicher (Hauptverantwortliche, Mitarbeitende und Freiwillige/Ehrenamtliche) in t1 und t2	t1: 3 t2: 3
Konfirmandinnen und Konfirmanden in t1 und t2	t1: 36 t2: 33
Sprache der Fragebögen	Deutsch

Ziele des religionspädagogischen Handelns

«Religionsunterricht ist nicht einfach Wissensvermittlung. Zentral geht es darum, Kinder und Jugendliche zu sensibilisieren, sich ihren religiösen Fragestellungen bewusst zu werden und darüber zu diskutieren. So finden Fragen nach dem WOHER und WOHIN des Lebens einen Ort des Gesprächs, eine Möglichkeit zum Philosophieren. Diese kontinuierliche Auseinandersetzung mit ethisch-religiösen Fragen gehört zu einer umfassenden humanistischen Bildung. Das braucht eine professionelle Begleitung, damit unsere christliche Jugend genügend Impulse für den Aufbau ihrer eigenen religiösen Identität und Kompetenz erhält. In seiner eigenen Religion und Kultur sicher verwurzelt zu sein macht dialogfähig. Wer religiös dialogfähig ist, übt sich in Toleranz und ist somit weniger anfällig gegenüber fundamentalistischem Gedankengut. Religionslehrpersonen begleiten unsere Kinder und Jugendliche auf ihrem religiösen Weg und in schwierigen Lebenssituationen. So gesehen sind Religionslehrer auch Seelsorger.
Kirchlicher Religionsunterricht hilft, Vertrauen in sich selber, in die Mitmenschen und in Gott aufzubauen. Er soll Kinder und Jugendliche zu einem vertieften Verständnis der Bibel, der eigenen Religion und Konfession begleiten. Er soll auch die Vergangenheit aufzeigen, damit die Gegenwart besser verstanden wird und eine tolerante religiöse und kulturelle Zukunft geplant werden kann.»

http://nw-ref.ch/fileadmin/user_upload/gesamt/Warum_macht_Religionsunterricht_Sinn_01.pdf

Ziele der Konfirmationsarbeit in der Kantonalkirche

Die Zielsetzungen zur Konfirmationsarbeit sind nicht kantonalkirchlich festgelegt. Angestrebt werden gute Kirchenerfahrungen für die Jugendlichen und besonders das Wohlbefinden der Jugendlichen in der Konf-Gruppe steht im Blick.

Mitarbeitende

In der Evangelisch-Reformierten Kirche des Kantons Nidwalden sind die Verantwortlichkeiten bezüglich der Konfirmationsarbeit nicht kirchenrechtlich festgehalten. In der Regel tragen die Pfarrpersonen die Hauptverantwortung, wobei in einzelnen Kirchgemeinden (Stans und Buochs) die Katechetinnen und Katecheten eine starke Mitverantwortung tragen. Freiwillige werden gelegentlich in die Konfirmationsarbeit mit einbezogen. Eine monetäre Vergütung der Mitarbeit Freiwilliger ist nicht vorgesehen.

Aus- und Weiterbildung

Die Aus- und Weiterbildung der Mitarbeitenden erfolgt über ein Katechetikinstitut sowie über regionale Weiterbildungen. Dabei gibt es Angebote sowohl für hauptamtliche wie auch für ehrenamtliche Mitarbeiterinnen und Mitarbeiter.

Lehrplan und -materialien

Eine kantonalkirchliche Materialstelle gibt es nicht. Es werden Materialien verwendet, die von der öffentlichen Schule bereitgestellt werden.

Innovationen und Projekte

Keine Angabe.

Auszug Daten Kanton Nidwalden

Im Folgenden werden auszugsweise und in verkürzter statistischer Form Datenergebnisse für den Kanton vorgestellt. Für die ausführlichen Datensets stehen die Materialien im Anhang (Kap. 8.2) zur Verfügung.

Legende:

N *Antwortende Personen*
M *Mittelwert*
SD *Standard-Abweichung*
Ø-CH *Durchschnittswert des Ergebnisses bezogen auf die Daten der ganzen Schweiz, jeweils die positivste Antwortmöglichkeit (Skala 1–5: Antwort 5; Skala 1–7: Antworten 5–7)*

Konfirmandinnen und Konfirmanden

Während der Konf-Zeit …	N	M	SD	Nein	Mitte	Ja	Ø-CH
KB18: hatte ich insgesamt eine gute Zeit.	33	5,8485	1,6031	9 %	6 %	85 %	79 %
KK05: hatte ich viel Spass.	33	5,9394	1,3214	6 %	3 %	91 %	73 %
KB02: habe ich gute Gemeinschaft in der Gruppe erlebt.	33	5,8182	1,4242	3 %	18 %	79 %	79 %

Grundlegende Einschätzungen	N	sehr negativ	eher negativ	weder noch	eher positiv	sehr positiv	Ø-CH
CF01: Wie bewertest du den christlichen Glauben insgesamt?	34	0 %	0 %	44 %	32 %	24 %	10 %
CF02: Wie bewertest du die evangelische Kirche insgesamt?	34	0 %	3 %	44 %	44 %	9 %	10 %

Was meinst du zu folgenden Aussagen?	N	M	SD	Nein	Mitte	Ja	Ø-CH
CE05: Ich bin mir unsicher, was ich glauben soll.	36	3,5833	2,285	50 %	11 %	39 %	38 %
CE09: Ich glaube an Gott.	36	4,9167	2,2345	25 %	8 %	67 %	51 %
CE08: In schwierigen Situationen hilft mir mein Glaube an Gott.	35	4,0571	2,3129	43 %	17 %	40 %	34 %
CE10: Ich weiss, was zum christlichen Glauben gehört.	36	3,6944	2,0258	47 %	11 %	42 %	46 %

Mitarbeitende

Allgemeine Fragen	N	M	SD	Nein	Mitte	Ja	Ø-CH
VM01: Wie zufrieden sind Sie mit der Konfirmationsarbeit in Ihrer Gemeinde insgesamt?	3	5,3333	1,1547	0 %	33 %	67 %	82 %
VM02: Machen Sie die Konfirmationsarbeit gerne?	3	6,6667	0,5774	0 %	0 %	100 %	90 %

4.1.13 Kanton Obwalden (OW)

Rahmendaten (2013)

Einwohner total	36'507
Anteil Mitglieder der Reformierten Kirche	7,8 %
Anteil Mitglieder der Katholischen Kirche	74,2 %
Anteil Konfessionslose	10,7 %
Andere Religionen/Konfessionen	7,3 %

Rahmenbestimmungen für die Konfirmationszeit und den Religionsunterricht

Dauer der ganzen Konfirmationszeit	August 2010 bis Juni 2013 («dreijährig»)
Anzahl Unterrichtsstunden für die ganze Konfirmationszeit	mindestens 30 h
Voraussetzungen für die Konfirmation aufseiten der Jugendlichen	Gottesdienstbesuche: 20 Kirchenbegegnungen in der Oberstufe, davon mindestens 15 reformierte Gottesdienste
Kirchenrechtliche Folgen der Konfirmation (Rechte und Pflichten der Konfirmierten)	Berechtigung zur Patenschaft (Kirchenordnung der Evangelisch-reformierten Kirchgemeinde Obwalden, 2003, Absatz I, Artikel 2)
Zeitpunkt/Zeitraum der Konfirmation	Um Pfingsten (zwischen Auffahrt und Sommerferien)

Art und Umfang des schulischen Religionsunterrichts in den Schuljahren 1–9	• reformierter Religionsunterricht • konfessionell als schulisches Fach mit kirchlichem Personal: während 8 Jahren ab der 2. Klasse 1 Wochenlektion • total 270 h
Festlegung der Rahmenbedingungen in:	Es existieren keine kantonalkirchlichen Bestimmungen zum Religions- und Konfirmandenunterricht.

Teilnahme an der Studie zur Konfirmationsarbeit

Zahl der beteiligten Gemeinden bei t1 und t2 und im Verhältnis zur Zahl aller reformierten Kirchgemeinden des Kantons	t1: 2 von insgesamt 2 t2: 2 von insgesamt 2
Anzahl beteiligter Hauptamtlicher (Hauptverantwortliche, Mitarbeitende und Freiwillige/Ehrenamtliche) in t1 und t2	t1: 3 t2: 3
Konfirmandinnen und Konfirmanden in t1 und t2	t1: 25 t2: 28
Sprache der Fragebögen	Deutsch

Ziele des religionspädagogischen Handelns

Keine Angabe.

Ziele der Konfirmationsarbeit in der Kantonalkirche

Keine Angabe.

Mitarbeitende

In der Evangelisch-reformierten Kirche des Kantons Obwalden tragen die Pfarrpersonen zusammen mit den Katechetinnen und Katecheten die Hauptverantwortung für die Konfirmationsarbeit (dies ist in der Kirchenordnung verankert). Freiwillige werden vorwiegend in Lagern eingesetzt und für ihre Mitarbeit entlöhnt.

Aus- und Weiterbildung

Die Ausbildung der hauptamtlichen Mitarbeiterinnen und Mitarbeiter wird von der Evangelisch-reformierten Kirche des Kantons Obwalden finanziert, wird aber ausserkantonal durchgeführt. Aus- oder Weiterbildungsmöglichkeiten für freiwillige Mitarbeitende gibt es nicht.

Lehrplan und -materialien

Als kantonale Materialstelle fungiert die Katechetische Arbeits- und Medienstelle in Sarnen (Dorfplatz 7 in 6060 Sarnen). Eigene Lehrmittel stehen nicht zur Verfügung.

Innovationen und Projekte

Keine Angabe.

Auszug Daten Kanton Obwalden

Im Folgenden werden auszugsweise und in verkürzter statistischer Form Datenergebnisse für den Kanton vorgestellt. Für die ausführlichen Datensets stehen die Materialien im Anhang (Kap. 8.2) zur Verfügung.

Legende:

N *Antwortende Personen*
M *Mittelwert*
SD *Standard-Abweichung*
Ø-CH *Durchschnittswert des Ergebnisses bezogen auf die Daten der ganzen Schweiz, jeweils die positivste Antwortmöglichkeit (Skala 1–5: Antwort 5; Skala 1–7: Antworten 5–7)*

Konfirmandinnen und Konfirmanden

Während der Konf-Zeit …	N	M	SD	Nein	Mitte	Ja	Ø-CH
KB18: hatte ich insgesamt eine gute Zeit.	28	4,75	1,2656	11 %	29 %	61 %	79 %
KK05: hatte ich viel Spass.	28	4,3929	1,37	18 %	32 %	50 %	73 %
KB02: habe ich gute Gemeinschaft in der Gruppe erlebt.	28	4,8571	1,4328	18 %	11 %	71 %	79 %

Grundlegende Einschätzungen	N	sehr negativ	eher negativ	weder noch	eher positiv	sehr positiv	Ø-CH
CF01: Wie bewertest du den christlichen Glauben insgesamt?	24	0 %	8 %	33 %	58 %	0 %	10 %
CF02: Wie bewertest du die evangelische Kirche insgesamt?	24	0 %	4 %	29 %	50 %	17 %	10 %

Was meinst du zu folgenden Aussagen?	N	M	SD	Nein	Mitte	Ja	Ø-CH
CE05: Ich bin mir unsicher, was ich glauben soll.	25	3,36	1,7292	48 %	24 %	28 %	38 %
CE09: Ich glaube an Gott.	25	4,4	1,7321	32 %	20 %	48 %	51 %
CE08: In schwierigen Situationen hilft mir mein Glaube an Gott.	24	3,4583	1,6146	50 %	29 %	21 %	34 %
CE10: Ich weiss, was zum christlichen Glauben gehört.	25	4,28	1,5416	24 %	40 %	36 %	46 %

Mitarbeitende

Allgemeine Fragen	N	M	SD	Nein	Mitte	Ja	Ø-CH
VM01: Wie zufrieden sind Sie mit der Konfirmationsarbeit in Ihrer Gemeinde insgesamt?	3	5,3333	0,5774	0 %	0 %	100 %	82 %
VM02: Machen Sie die Konfirmationsarbeit gerne?	3	6,6667	0,5774	0 %	0 %	100 %	90 %

4.1.14 Kanton St. Gallen (SG)

Rahmendaten (2013)

Einwohner total	495'824
Anteil Mitglieder der Reformierten Kirche	22,6 %
Anteil Mitglieder der Katholischen Kirche	46,7 %
Anteil Konfessionslose	15,4 %
Andere Religionen/Konfessionen	15,3 %

Rahmenbestimmungen für die Konfirmationszeit und den Religionsunterricht

Dauer der ganzen Konfirmationszeit	Sommerferien 2012 bis Frühjahr 2013 («einjährig»)
Anzahl Unterrichtsstunden für die ganze Konfirmationszeit	70 × 45 min (= 52,5 h)
Voraussetzungen für die Konfirmation aufseiten der Jugendlichen	• Besuch der kirchlichen Bildungsangebote • Erlebnisprogramme, wie sie von den Kirchgemeinden angeboten werden
Kirchenrechtliche Folgen der Konfirmation (Rechte und Pflichten der Konfirmierten)	• Stimm- und Wahlrecht ab 18 Jahren • Konfirmierte werden zur Kirchgemeindeversammlung eingeladen (beratende Stimme).

Zeitpunkt/Zeitraum der Konfirmation	um Pfingsten (zwischen Auffahrt und Sommerferien)
Art und Umfang des schulischen Religionsunterrichts in den Schuljahren 1–9	• während 8 Jahren 2 Wochenlektionen (Oberstufe 1–2) (konfessionell) • 420–480 h • «Mensch und Umwelt» – Religionsunterricht
Festlegung der Rahmenbedingungen in:	• Kirchenordnung der evangelisch-reformierten Kirche des Kantons St. Gallen, 1980/2012, Art. 72, 74 und 94. • Kirchenverfassung der evangelisch-reformierten Kirche des Kantons St. Gallen, 1974, Art. 15 Abs. 1 und 2.

Teilnahme an der Studie zur Konfirmationsarbeit

Zahl der beteiligten Gemeinden bei t1 und t2 und im Verhältnis zur Zahl aller reformierten Kirchgemeinden des Kantons	t1: 40 von insgesamt 48 t2: 37 von insgesamt 48
Anzahl beteiligter Hauptamtlicher (Hauptverantwortliche, Mitarbeitende und Freiwillige/Ehrenamtliche) in t1 und t2	t1: 113 t2: 67
Konfirmandinnen und Konfirmanden in t1 und t2	t1: 624 t2: 562
Sprache der Fragebögen	Deutsch

Ziele des religionspädagogischen Handelns

«Eine wichtige Verpflichtung der evangelisch-reformierten Kirche des Kantons St. Gallen ist die Mitarbeit in der Erziehung der Jugend. Dazu leistet der Religionsunterricht einen wesentlichen Beitrag.
Ziel des evangelisch-reformierten Religionsunterrichtes ist es, dem Schüler zu helfen, in der Zusage der Liebe Gottes zu sich selber und zur Gemeinschaft zu finden, ihn mit der Botschaft der Bibel vertraut zu machen und seine Fähigkeit zu fördern, auf die Grundfragen unseres menschlichen Lebens hilfreiche Antworten zu suchen und zu finden.»

Kirchenordnung der evangelisch-reformierten Kirche des Kantons St. Gallen, 1980/2012, Art. 64.

Ziele der Konfirmationsarbeit in der Kantonalkirche

«Aufgabe und Ziel des Konfirmationsunterrichts ist es, den Jugendlichen einen Überblick über die wesentlichen Inhalte des christlichen Glaubens zu vermitteln, sie mit dem Leben der Kirchgemeinde vertraut zu machen und die Fähigkeit zu fördern, bewusst als Christinnen und Christen zu glauben und zu leben.»

A. a. O., Art. 76.

Mitarbeitende

In der evangelisch-reformierten Kirche des Kantons St. Gallen sind in der Regel die Pfarrpersonen für die Konfirmationsarbeit verantwortlich (Kirchenordnung der evangelisch-reformierten Kirche St. Gallen, 1980/2012, Art. 125). Jugendliche Freiwillige werden u. a. über eine Ausbildung für Jugendleiterinnen und Jugendleiter in die Konfirmationsarbeit mit einbezogen. Eine Entlöhnung der Freiwilligen ist nicht vorgesehen.

Aus- und Weiterbildung

Religionslehrerinnen und -lehrer werden über das Religionspädagogische Institut RPI-SG ausgebildet. Jugendliche und junge Erwachsene können sich im Rahmen des Ausbildungsprogramms «first steps» in zweitägigen Leiterkursen zu (ehrenamtlichen) Mitarbeiterinnen und Mitarbeitern ausbilden lassen.

Lehrplan und -materialien

Das Religionspädagogische Institut RPI-SG (Oberer Graben 31 in 9000 St. Gallen) fungiert als kantonale Materialstelle.

Innovationen und Projekte

Das Projekt «Geistliche Begleitung» ist in allen Kirchgemeinden seit August 2014 umgesetzt und bietet Erlebnisprogramme sowie eine Erlebnisplattform für Jugendliche an, mittels derer eine Brücke zwischen dem Religionsunterricht und den Angeboten der Kirchgemeinden geschlagen werden soll (vgl. http://www.geistlichebegleitung.ch).

Auszug Daten Kanton St. Gallen

Im Folgenden werden auszugsweise und in verkürzter statistischer Form Datenergebnisse für den Kanton vorgestellt. Für die ausführlichen Datensets stehen die Materialien im Anhang (Kap. 8.2) zur Verfügung.

Legende:

N *Antwortende Personen*

M *Mittelwert*

SD *Standard-Abweichung*

Ø-CH *Durchschnittswert des Ergebnisses bezogen auf die Daten der ganzen Schweiz, jeweils die positivste Antwortmöglichkeit (Skala 1–5: Antwort 5; Skala 1–7: Antworten 5–7)*

Konfirmandinnen und Konfirmanden

Während der Konf-Zeit …	**N**	**M**	**SD**	**Nein**	**Mitte**	**Ja**	**Ø-CH**
KB18: hatte ich insgesamt eine gute Zeit.	556	5,46	1,209	6 %	13 %	81 %	79 %
KK05: hatte ich viel Spass.	559	5,38	1,271	8 %	12 %	81 %	73 %
KB02: habe ich gute Gemeinschaft in der Gruppe erlebt.	551	5,57	1,189	6 %	11 %	83 %	79 %

Grundlegende Einschätzungen	**N**	**sehr negativ**	**eher negativ**	**weder noch**	**eher positiv**	**sehr positiv**	**Ø-CH**
CF01: Wie bewertest du den christlichen Glauben insgesamt?	600	1 %	5 %	36 %	48 %	11 %	10 %
CF02: Wie bewertest du die evangelische Kirche insgesamt?	594	1 %	3 %	29 %	53 %	15 %	10 %

Was meinst du zu folgenden Aussagen?	**N**	**M**	**SD**	**Nein**	**Mitte**	**Ja**	**Ø-CH**
CE05: Ich bin mir unsicher, was ich glauben soll.	619	3,81	2,066	44 %	20 %	36 %	38 %
CE09: Ich glaube an Gott.	617	4,75	1,886	24 %	19 %	57 %	51 %
CE08: In schwierigen Situationen hilft mir mein Glaube an Gott.	619	3,81	1,892	42 %	20 %	38 %	34 %
CE10: Ich weiss, was zum christlichen Glauben gehört.	619	4,25	1,598	31 %	23 %	46 %	46 %

Mitarbeitende

Allgemeine Fragen	**N**	**M**	**SD**	**Nein**	**Mitte**	**Ja**	**Ø-CH**
VM01: Wie zufrieden sind Sie mit der Konfirmationsarbeit in Ihrer Gemeinde insgesamt?	63	5,67	1,092	5 %	5 %	90 %	82 %
VM02: Machen Sie die Konfirmationsarbeit gerne?	64	5,98	1,215	5 %	6 %	89 %	90 %

4.1.15 Kanton Schaffhausen (SH)

Rahmendaten (2013)

Einwohner total	78'783
Anteil Mitglieder der Reformierten Kirche	37,1 %
Anteil Mitglieder der Katholischen Kirche	23,1 %
Anteil Konfessionslose	22,5 %
Andere Religionen/Konfessionen	17,3 %

Rahmenbestimmungen für die Konfirmationszeit und den Religionsunterricht

Dauer der ganzen Konfirmationszeit	• Sommerferien 2012 bis Frühjahr 2013 («einjährig») • Während ein Grossteil nach den Sommerferien beginnt, starten einige Gemeinden schon vor den Sommerferien, da die Konfirmationen meist am Palmsonntag stattfinden.
Anzahl Unterrichtsstunden für die ganze Konfirmationszeit	80 Einheiten, insgesamt rund 60 h
Voraussetzungen für die Konfirmation aufseiten der Jugendlichen	• Taufe • Besuch der kirchlichen Bildungsangebote • Kirchenmitgliedschaft
Kirchenrechtliche Folgen der Konfirmation (Rechte und Pflichten der Konfirmierten)	Berechtigung zur Patenschaft
Zeitpunkt/Zeitraum der Konfirmation	auf dem Land generell am Palmsonntag, in der Stadt um Pfingsten bis zum Ende des Schuljahres
Art und Umfang des schulischen Religionsunterrichts in den Schuljahren 1–9	• integriert in andere Fächer • «Mensch und Mitwelt»
Festlegung der Rahmenbedingungen in:	• Kirchenordnung der Evangelisch-reformierten Kirche des Kantons Schaffhausen, 2006, Art. 33. • Dekret über die kirchliche Unterweisung (Unterweisungsdekret), Evangelisch-reformierte Kirche des Kantons Schaffhausen, 1997.

Teilnahme an der Studie zur Konfirmationsarbeit

Zahl der beteiligten Gemeinden bei t1 und t2 und im Verhältnis zur Zahl aller reformierten Kirchgemeinden des Kantons	t1: 16 von insgesamt 39 t2: 13 von insgesamt 39
Anzahl beteiligter Hauptamtlicher (Hauptverantwortliche, Mitarbeitende und Freiwillige/Ehrenamtliche) in t1 und t2	t1: 22 t2: 15
Konfirmandinnen und Konfirmanden in t1 und t2	t1: 167 t2: 133
Sprache der Fragebögen	Deutsch

Ziele des religionspädagogischen Handelns

«Die kirchliche Unterweisung will Kindern und Jugendlichen helfen, ihrem Alter entsprechend auf Grund der biblischen Überlieferung das Leben als Geschenk und Auftrag zu verstehen und Orientierung darin zu finden.
Die Hauptziele der Unterweisung sind:
das Vertrautwerden mit den grundlegenden Traditionen der christlichen Kirche,
das Kennen- und Verstehenlernen der biblischen Botschaft,
die Anleitung zur Suche einer eigenständigen Antwort auf die Botschaft Jesu vom Glauben und auf die Grundfragen unseres Lebens,
sowie die Ermöglichung von Gottesdiensterfahrung.»

Dekret über die kirchliche Unterweisung (Unterweisungsdekret), Evangelisch-reformierte Kirche des Kantons Schaffhausen, 1997, § 1.

Ziele der Konfirmationsarbeit in der Kantonalkirche

«Auf der Orientierungsstufe (7. bis 9. Schuljahr) geht es um das Nachdenken über Glaubens- und Lebenserfahrungen, Impulse zu eigenständiger Glaubensentwicklung aufgrund des Evangeliums, um die Begegnung mit anderen Glaubensrichtungen, Konfessionen und Religionen, um diakonische Einsätze, sowie um seelsorgliche Begleitung der Jugendlichen in dieser wichtigen Lebensphase.»

A. a. O., § 8.1.

Bedeutung der Konfirmation:
«Ein besonderer Segen wird jungen Menschen zugesprochen, die sich auf der Schwelle zum Erwachsenenleben befinden. Gleichzeitig wird im Konfirmationsgottesdienst die kirchliche Unterweisung abgeschlossen, die Taufe erinnert und sie bekräftigt.
Wer konfirmiert ist, ist eingeladen, das kirchliche Leben aktiv mitzugestalten.»

Kirchenordnung der Evangelisch-reformierten Kirche des Kantons Schaffhausen, 2006, Art. 31.

Mitarbeitende

In der Evangelisch-reformierten Kirche des Kantons Schaffhausen tragen die Pfarrpersonen die Hauptverantwortung für die Konfirmationsarbeit (Dekret über die kirchliche Unterweisung [Unterweisungsdekret], Evangelisch-reformierte Kirche des Kantons Schaffhausen, 1997, § 8.2). Freiwillige werden teilweise von einzelnen Pfarrpersonen in die Konfirmationsarbeit mit einbezogen, v. a. im Rahmen von Lagerprojekten. Die Entlöhnung von freiwilligen Mitarbeitenden liegt in der Kompetenz der einzelnen Kirchgemeinden.

Aus- und Weiterbildung

Für die Aus- und Weiterbildung der hauptamtlichen Mitarbeiterinnen und Mitarbeiter stehen kantonalkirchliche Angebote zur Verfügung. Für die Ausbildung von jugendlichen Freiwilligen gibt es einen kantonalkirchlichen Fonds, von welchem einzelne Gemeinden bisher Gebrauch gemacht haben, um jugendliche Mitarbeitende zu Lagerleiterinnen und Lagerleitern auszubilden zu lassen.

Lehrplan und -materialien

Als kantonale Medienstelle fungieren die Fachstelle Katechetik der Evangelisch-reformierten Kirche des Kantons Schaffhausen sowie die Materialstelle am Didaktischen Zentrum der Pädagogischen Hochschule Schaffhausen. Die Fachstelle Katechetik stellt zudem eine Sammlung eigener Unterrichtsmaterialien zur Verfügung (vgl. http://www.ref-sh.ch/download-recht).

Innovationen und Projekte

Die Fachstelle Kind und Jugend organisiert unter der Bezeichnung «Konftag» einen Thementag für interessierte Konf-Klassen.

Auszug Daten Kanton Schaffhausen

Im Folgenden werden auszugsweise und in verkürzter statistischer Form Datenergebnisse für den Kanton vorgestellt. Für die ausführlichen Datensets stehen die Materialien im Anhang (Kap. 8.2) zur Verfügung.

Legende:

N	*Antwortende Personen*
M	*Mittelwert*
SD	*Standard-Abweichung*
Ø-CH	*Durchschnittswert des Ergebnisses bezogen auf die Daten der ganzen Schweiz, jeweils die positivste Antwortmöglichkeit (Skala 1–5: Antwort 5; Skala 1–7: Antworten 5–7)*

Konfirmandinnen und Konfirmanden

Während der Konf-Zeit …	**N**	**M**	**SD**	**Nein**	**Mitte**	**Ja**	**Ø-CH**
KB18: hatte ich insgesamt eine gute Zeit.	132	5,0985	1,4871	14 %	13 %	73 %	79 %
KK05: hatte ich viel Spass.	133	5,1278	1,5831	19 %	10 %	71 %	73 %
KB02: habe ich gute Gemeinschaft in der Gruppe erlebt.	131	5,2824	1,5103	12 %	16 %	72 %	79 %

Grundlegende Einschätzungen	**N**	**sehr negativ**	**eher negativ**	**weder noch**	**eher positiv**	**sehr positiv**	**Ø-CH**
CF01: Wie bewertest du den christlichen Glauben insgesamt?	160	3 %	3 %	43 %	39 %	13 %	10 %
CF02: Wie bewertest du die evangelische Kirche insgesamt?	161	3 %	4 %	52 %	32 %	9 %	10 %

Was meinst du zu folgenden Aussagen?	N	M	SD	Nein	Mitte	Ja	Ø-CH
CE05: Ich bin mir unsicher, was ich glauben soll.	166	3,8253	2,1205	43 %	18 %	39 %	38 %
CE09: Ich glaube an Gott.	162	4,4877	2,0069	30 %	22 %	48 %	51 %
CE08: In schwierigen Situationen hilft mir mein Glaube an Gott.	165	3,5273	1,9617	48 %	21 %	31 %	34 %
CE10: Ich weiss, was zum christlichen Glauben gehört.	164	3,9634	1,5661	34 %	29 %	38 %	46 %

Mitarbeitende

Allgemeine Fragen	N	M	SD	Nein	Mitte	Ja	Ø-CH
VM01: Wie zufrieden sind Sie mit der Konfirmationsarbeit in Ihrer Gemeinde insgesamt?	14	5,4286	1,0163	0 %	21 %	79 %	82 %
VM02: Machen Sie die Konfirmationsarbeit gerne?	14	5,7857	1,1883	7 %	7 %	86 %	90 %

4.1.16 Kanton Solothurn (SO)

Rahmendaten (2013)

Einwohner total	261'437
Anteil Mitglieder der Reformierten Kirche	23,8 %
Anteil Mitglieder der Katholischen Kirche	35,3 %
Anteil Konfessionslose	27,3 %
Andere Religionen/Konfessionen	13,4 %

Rahmenbestimmungen für die Konfirmationszeit und den Religionsunterricht

Dauer der ganzen Konfirmationszeit	Sommerferien 2012 bis Frühjahr 2013 («einjährig»)
Anzahl Unterrichtsstunden für die ganze Konfirmationszeit	• ca. 60 h • plus 12 Gottesdienste
Voraussetzungen für die Konfirmation aufseiten der Jugendlichen	• Taufe • kirchliche Veranstaltungen (12 Gemeindeanlässe). • Besuch des Religionsunterrichts • Glaubensbekenntnis: Konfirmation wird in der Evangelisch-Reformierten Kirche des Kantons Solothurn als «Bekenntniskonfirmation» verstanden, mit starkem Bezug zur Taufe (Bestätigung der Taufe) und damit einem gewissen sakramentalen Charakter.

Kirchenrechtliche Folgen der Konfirmation (Rechte und Pflichten der Konfirmierten)	keine Angaben
Zeitpunkt/Zeitraum der Konfirmation	• Palmsonntag (im Falle mehrerer Konfirmationen auch am Sonntag davor) • Olten konfirmiert im Mai
Art und Umfang des schulischen Religionsunterrichts in den Schuljahren 1–9	• kirchlicher Unterricht am Lernort Schule • während 8 Schuljahren 1 Wochenlektion (ökumenisch oder konfessionell) • total 240 h
Festlegung der Rahmenbedingungen in:	Kirchenordnung, Evangelisch-reformierte Kirche Kanton Solothurn, 1977/1978/1996, Art. 62, 63 und 70.

Teilnahme an der Studie zur Konfirmationsarbeit

Zahl der beteiligten Gemeinden bei t1 und t2 und im Verhältnis zur Zahl aller reformierten Kirchgemeinden des Kantons	t1: 12 von insgesamt 14 t2: 10 von insgesamt 14
Anzahl beteiligter Hauptamtlicher (Hauptverantwortliche, Mitarbeitende und Freiwillige/Ehrenamtliche) in t1 und t2	t1: 21 t2: 16
Konfirmandinnen und Konfirmanden in t1 und t2	t1: 197 t2: 173
Sprache der Fragebögen	Deutsch

Ziele des religionspädagogischen Handelns

«Ziel des kirchlichen Unterrichts ist es, in Kindern und Jugendlichen den Glauben an Jesus zu wecken. Sie lernen die wichtigsten Inhalte der Bibel und des Glaubens kennen und werden in das Leben ihrer Kirchgemeinde eingeführt.

Bestandteil des kirchlichen Unterrichts sind Unterrichtsveranstaltungen, Gottesdienste verschiedener Art und andere Gemeindeanlässe, die möglichst von jungen Gemeindegliedern mitgestaltet werden. Sie sollen in die diakonische und seelsorgerische Arbeit der Gemeinde und der weltweiten Kirche einführen und zur praktischen Beteiligung daran anleiten. Die Kinder und Jugendlichen sollen Gelegenheit erhalten, ihre Kirchgemeinde als einen Ort der Geborgenheit zu erfahren.»

Kirchenordnung, Evangelisch-reformierte Kirche Kanton Solothurn, 1977/1978/1996, Art. 61 und 62.

Ziele der Konfirmationsarbeit in der Kantonalkirche

«Der Konfirmationsunterricht führt die Konfirmanden in den christlichen Glauben ein und schafft damit die christliche Grundlage für die Auseinandersetzung mit den Glaubens- und Lebensfragen der Zeit.
Die Konfirmation ist Bestätigung der Taufe. Den Konfirmanden wird das ihnen in der Taufe zugesprochene Ja Gottes bestätigt, und sie geben Antwort darauf durch ein Bekenntnis zu Jesus Christus.»

A. a. O., Art. 68.

«Zur Vorbereitung auf die Konfirmation lädt der Pfarrer die Angemeldeten zu einem Kurs ein, in dem sie sich mit der Bedeutung von Taufe, Konfirmation und kirchlicher Gemeinschaft für ihr Leben auseinandersetzen.»

A. a. O., Art. 69.3.

Mitarbeitende

In der Evangelisch-reformierten Kirche Kanton Solothurn tragen die Pfarrpersonen die Hauptverantwortung für die Konfirmationsarbeit, da die Konfirmation sakramentalen Charakter trägt (vgl. Kirchenordnung, Evangelisch-reformierte Kirche Kanton Solothurn, 1977/1978/1996). Frisch konfirmierte Jugendliche werden darüber hinaus oft als freiwillige Mitarbeiterinnen und Mitarbeiter in Konfirmandenlager mitgenommen.

Aus- und Weiterbildung

Die Ausbildung der Mitarbeitenden erfolgt über die Fachstelle Religionspädagogik des Kantons St. Gallen sowie über die Angebote von OekModula.

Die ökumenische Weiterbildungskommission empfiehlt für Unterrichtende jährlich drei bis vier Halbtage Weiterbildung. Während die Bischofskonferenz eine Pflicht zur Weiterbildung vorschreibt, regeln die reformierten Kirchgemeinden die Weiterbildungspflicht in der Dienst- und Gehaltsordnung oder im Arbeitsvertrag. In der Evangelisch-reformierten Kirche Kanton Solothurn gibt es auch für ehrenamtliche Mitarbeiterinnen und Mitarbeiter verschiedene Weiterbildungsmöglichkeiten.

Lehrplan und -materialien

Als kantonale Medienstelle fungiert die Fachstelle Religionspädagogik des Kantons Solothurn. Eigene Lehrmittel werden nicht verwendet.

Innovationen und Projekte

Eine Eigenheit der Evangelisch-reformierten Kirche im Kanton Solothurn sind die sog. KonfTage, die auf einen ursprünglich gesamtkantonalen Tag im Rahmen der Dekade zur Überwindung von Gewalt zurückgehen. Unterdessen haben sie sich als regionale Anlässe etabliert und werden durch das kantonalkirchliche Budget mitgetragen.

Auszug Daten Kanton Solothurn

Im Folgenden werden auszugsweise und in verkürzter statistischer Form Datenergebnisse für den Kanton vorgestellt. Für die ausführlichen Datensets stehen die Materialien im Anhang (Kap. 8.2) zur Verfügung.

Legende:

N *Antwortende Personen*

M *Mittelwert*

SD *Standard-Abweichung*

Ø-CH *Durchschnittswert des Ergebnisses bezogen auf die Daten der ganzen Schweiz, jeweils die positivste Antwortmöglichkeit (Skala 1–5: Antwort 5; Skala 1–7: Antworten 5–7)*

Konfirmandinnen und Konfirmanden

Während der Konf-Zeit …	N	M	SD	Nein	Mitte	Ja	Ø-CH
KB18: hatte ich insgesamt eine gute Zeit.	172	5,564	1,2479	8 %	6 %	85 %	79 %
KK05: hatte ich viel Spass.	172	5,3314	1,3936	11 %	10 %	78 %	73 %
KB02: habe ich gute Gemeinschaft in der Gruppe erlebt.	170	5,4882	1,251	6 %	11 %	82 %	79 %

Grundlegende Einschätzungen	N	sehr negativ	eher negativ	weder noch	eher positiv	sehr positiv	Ø-CH
CF01: Wie bewertest du den christlichen Glauben insgesamt?	189	2 %	4 %	35 %	50 %	9 %	10 %
CF02: Wie bewertest du die evangelische Kirche insgesamt?	188	1 %	4 %	38 %	46 %	11 %	10 %

Was meinst du zu folgenden Aussagen?	N	M	SD	Nein	Mitte	Ja	Ø-CH
CE05: Ich bin mir unsicher, was ich glauben soll.	195	3,6205	1,987	46 %	22 %	33 %	38 %
CE09: Ich glaube an Gott.	194	4,6495	1,995	27 %	19 %	54 %	51 %
CE08: In schwierigen Situationen hilft mir mein Glaube an Gott.	193	3,4093	1,9773	51 %	17 %	32 %	34 %
CE10: Ich weiss, was zum christlichen Glauben gehört.	193	4,0259	1,8011	37 %	23 %	40 %	46 %

Mitarbeitende

Allgemeine Fragen	N	M	SD	Nein	Mitte	Ja	Ø-CH
VM01: Wie zufrieden sind Sie mit der Konfirmationsarbeit in Ihrer Gemeinde insgesamt?	15	5,6667	1,6762	13 %	0 %	87 %	82 %
VM02: Machen Sie die Konfirmationsarbeit gerne?	14	5,8571	1,5619	14 %	0 %	86 %	90 %

4.1.17 Kanton Schwyz (SZ)

Rahmendaten (2013)

Einwohner total	151'396
Anteil Mitglieder der Reformierten Kirche	11,9 %
Anteil Mitglieder der Katholischen Kirche	62,8 %
Anteil Konfessionslose	14,2 %
Andere Religionen/Konfessionen	11,2 %

Rahmenbestimmungen für die Konfirmationszeit und den Religionsunterricht

Dauer der ganzen Konfirmationszeit	Sommerferien 2012 bis Frühjahr 2013 («einjährig»)
Anzahl Unterrichtsstunden für die ganze Konfirmationszeit	• mindestens 60 × 45 min (= 45 h) • höchstens die Hälfte in Lagern, Projekten, Weekends • plus 12 Gemeindebesuche
Voraussetzungen für die Konfirmation aufseiten der Jugendlichen	• Taufe • Besuch der kirchlichen Bildungsangebote • Besuch des Religionsunterrichts • Gottesdienstbesuche • Kirchenmitgliedschaft
Kirchenrechtliche Folgen der Konfirmation (Rechte und Pflichten der Konfirmierten)	Stimm- und Wahlrecht ab 16 Jahren sind unabhängig von der Konfirmation.
Zeitpunkt/Zeitraum der Konfirmation	• Gemeinden regeln Zeitpunkt und Rahmen der Konfirmation. • Gemäss der Aussage «Wir konfirmieren in der auferstandenen Kirche» findet die Konfirmation nach Ostern statt, meist an oder um Auffahrt.

Art und Umfang des schulischen Religionsunterrichts in den Schuljahren 1–9	• konfessionell als schulisches Fach mit kirchlichem Personal • während 8 Jahren 2 Wochenlektionen (in der Oberstufe 1–2 Lektionen) • total 420–480 h • Mindeststunden vonseiten der Kirche: 180 h
Festlegung der Rahmenbedingungen in:	• Kirchenordnung der Evangelisch-reformierten Kantonalkirche Schwyz, 2000/2012, Art. 41. • Religionsunterrichtsreglement der Evangelisch-reformierten Kantonalkirche Schwyz, 2001, 6.3 und 6.4. • Verfassung der Evangelisch-reformierten Kantonalkirche Schwyz, 1996/2012, § 14.1.

Teilnahme an der Studie zur Konfirmationsarbeit

Zahl der beteiligten Gemeinden bei t1 und t2 und im Verhältnis zur Zahl aller reformierten Kirchgemeinden des Kantons	t1: 3 von insgesamt 6 t2: 3 von insgesamt 6
Anzahl beteiligter Hauptamtlicher (Hauptverantwortliche, Mitarbeitende und Freiwillige/Ehrenamtliche) in t1 und t2	t1: 10 t2: 8
Konfirmandinnen und Konfirmanden in t1 und t2	t1: 64 t2: 67
Sprache der Fragebögen	Deutsch

Ziele des religionspädagogischen Handelns

«[...] Im Religionsunterricht werden ganzheitliche Lebensgestaltung, menschenwürdiges Zusammenleben und Gestaltung einer lebensfreundlichen Zukunft gefördert. Durch das Kennenlernen und Erfahren der christlichen Glaubens- und Wertvorstellungen möchten wir die Kinder und Jugendlichen zu einer verantwortungsvollen Lebenshaltung gegenüber sich selbst, den Mitmenschen, der Mitwelt und gegenüber Gott führen. [...]
Der Religionsunterricht hilft in den alltäglichen Erfahrungen die Tiefen des Lebens zu entdecken. Er weist Wege zu Sinn und Grund des Lebens und eröffnet Halt und Orientierung im Alltag und in Grenzsituationen.
Die Kinder und Jugendlichen lernen im Vertrauen auf Gott zu leben. Dabei geht es um christliche Grundhaltungen wie Glaube Hoffnung und Liebe [...].
Die Kinder und Jugendlichen lernen das Kirchenjahr, die beiden Sakramente Taufe und Abendmahl und, so weit als möglich, die Kirchgemeinde, in der sie aufwachsen, kennen.
Ausgehenden von dieser ‹Heimat› werden die Kinder und Jugendlichen zu einem toleranten und von Liebe geprägten Leben angeleitet. Dazu gehört auch ein Grundwissen über die anderen Konfessionen und Religionen. [...]
Die Kinder und Jugendlichen lernen kennen, was der Glaube mit dem alltäglichen Umgang mit den Mitmenschen, den Tieren und Pflanzen, der Schöpfung zu tun hat. In diesen Bereich gehören auch die christliche Ethik, die Selbstfindung, der verantwortliche Umgang mit der Mitwelt.»

Religionsunterrichtsreglement der Evangelisch-reformierten Kantonalkirche Schwyz, 2001, Art. 2.

Ziele der Konfirmationsarbeit in der Kantonalkirche

«Die Konfirmationsfeier ist ein Gottesdienst zum Abschluss des kirchlichen Unterrichts. Sie dient zur Einsetzung als mündiges Gemeindeglied.»

Kirchenordnung der Evangelisch-reformierten Kantonalkirche Schwyz, 2012, Art. 40.

Mitarbeitende

In der Evangelisch-reformierten Kantonalkirche Schwyz tragen die Pfarrpersonen die Hauptverantwortung für die Konfirmationsarbeit. In begründeten Fällen kann es vorkommen, dass eine andere Person die Konfirmationsarbeit leitet und die Konfirmation durchführt (vgl. Kirchenordnung der Evangelisch-reformierten Kantonalkirche Schwyz, 2012, Art. 88.3). In mehreren Gemeinden ist es zudem üblich, dass die Hauptverantwortlichen in Lagern durch jugendliche Freiwillige unterstützt werden. Die Entlöhnung der freiwilligen Mitarbeiterinnen und Mitarbeiter ist dabei im Entschädigungsreglement der einzelnen Kirchgemeinden geregelt.

Aus- und Weiterbildung

Offizielle Angebote von A+W. Jugendliche Freiwillige haben die Möglichkeit, sich über das Programm PACE weiterzubilden.

Lehrplan und -materialien

Die Evangelisch-reformierte Kantonalkirche Schwyz ist Mitglied von Relimedia und stellt keine eigenen Lehrmittel zur Verfügung.

Innovationen und Projekte

Junge Erwachsene werden vermehrt in Konflagern und Jugendtreffs als Mitarbeitende einbezogen und haben (vereinzelt) die Möglichkeit, sich über das Programm PACE weiterzubilden. In der Kirchgemeinde Brunnen wird der Schwerpunkt Konfirmationsarbeit zudem von einem Jugendarbeiter geleitet.

Auszug Daten Kanton Schwyz

Im Folgenden werden auszugsweise und in verkürzter statistischer Form Datenergebnisse für den Kanton vorgestellt. Für die ausführlichen Datensets stehen die Materialien im Anhang (Kap. 8.2) zur Verfügung.

Legende:

N *Antwortende Personen*

M *Mittelwert*

SD *Standard-Abweichung*

Ø-CH *Durchschnittswert des Ergebnisses bezogen auf die Daten der ganzen Schweiz, jeweils die positivste Antwortmöglichkeit (Skala 1–5: Antwort 5; Skala 1–7: Antworten 5–7)*

Konfirmandinnen und Konfirmanden

Während der Konf-Zeit …	**N**	**M**	**SD**	**Nein**	**Mitte**	**Ja**	**Ø-CH**
KB18: hatte ich insgesamt eine gute Zeit.	66	5,7273	1,3536	8 %	2 %	91 %	79 %
KK05: hatte ich viel Spass.	66	5,7273	1,2222	6 %	3 %	91 %	73 %
KB02: habe ich gute Gemeinschaft in der Gruppe erlebt.	65	5,9077	1,1822	5 %	5 %	91 %	79 %

Grundlegende Einschätzungen	**N**	**sehr negativ**	**eher negativ**	**weder noch**	**eher positiv**	**sehr positiv**	**Ø-CH**
CF01: Wie bewertest du den christlichen Glauben insgesamt?	64	0 %	5 %	34 %	52 %	9 %	10 %
CF02: Wie bewertest du die evangelische Kirche insgesamt?	64	2 %	3 %	27 %	50 %	19 %	10 %

Was meinst du zu folgenden Aussagen?	**N**	**M**	**SD**	**Nein**	**Mitte**	**Ja**	**Ø-CH**
CE05: Ich bin mir unsicher, was ich glauben soll.	63	3,9524	2,1585	43 %	14 %	43 %	38 %
CE09: Ich glaube an Gott.	64	5,1563	1,8014	17 %	17 %	66 %	51 %
CE08: In schwierigen Situationen hilft mir mein Glaube an Gott.	63	4,1746	1,9053	32 %	25 %	43 %	34 %
CE10: Ich weiss, was zum christlichen Glauben gehört.	64	4,5313	1,5632	19 %	34 %	47 %	46 %

Mitarbeitende

Allgemeine Fragen	**N**	**M**	**SD**	**Nein**	**Mitte**	**Ja**	**Ø-CH**
VM01: Wie zufrieden sind Sie mit der Konfirmationsarbeit in Ihrer Gemeinde insgesamt?	7	5	1,5275	14 %	14 %	71 %	82 %
VM02: Machen Sie die Konfirmationsarbeit gerne?	8	5,5	1,6903	13 %	13 %	75 %	90 %

4.1.18 Kanton Thurgau (TG)

Rahmendaten (2013)

Einwohner total	260'278
Anteil Mitglieder der Reformierten Kirche	34,9 %
Anteil Mitglieder der Katholischen Kirche	32,9 %
Anteil Konfessionslose	17,7 %
Andere Religionen/Konfessionen	14,4 %

Rahmenbestimmungen für die Konfirmationszeit und den Religionsunterricht

Dauer der ganzen Konfirmationszeit	Sommerferien 2012 bis Frühjahr 2013 («einjährig»)
Anzahl Unterrichtsstunden für die ganze Konfirmationszeit	• mindestens 40 × 45 min • zusätzlich Lager und Veranstaltungen

Voraussetzungen für die Konfirmation aufseiten der Jugendlichen	• Jugendliche, die den Religionsunterricht sowie die «Feiern und Anlässe» gemäss § 21 der Verordnung «Kirche, Kind und Jugend» vom 14. Juni 1999 ordnungsgemäss besucht haben, werden ins Konfirmationsjahr aufgenommen.
	• Feiern und Anlässe gemäss § 21:
	  • Für die Mittel- und Oberstufe und für das Konfirmationsjahr legt die Kirchenvorsteherschaft die Zahl der zu besuchenden kirchlichen Feiern und Anlässe im Rahmen der kantonalen Richtzahlen fest.
	  • Für die Mittelstufe beträgt die kantonale Richtzahl 24 Besuche, verteilt auf die 4. bis 6. oder 5. und 6. Klasse.
	  • Für die Oberstufe beträgt die kantonale Richtzahl 24 Besuche, verteilt auf die ersten beiden Klassen.
	  • Für das Konfirmationsjahr beträgt die kantonale Richtzahl 12 Besuche.
	• Der Besuch von Erwachsenen- und Familiengottesdiensten sowie weiteren kirchlichen Feiern ist dem Jugendgottesdienst gleichgestellt.

Kirchenrechtliche Folgen der Konfirmation (Rechte und Pflichten der Konfirmierten)	• Konfirmandinnen und Konfirmanden, die bis zur Konfirmation nicht der Evangelischen Landeskirche des Kantons Thurgau angehörten, werden durch die Konfirmation aufgenommen. • Stimm- und Wahlrecht ab 16 Jahren sind unabhängig von der Konfirmation.

Zeitpunkt/Zeitraum der Konfirmation	Die Konfirmation findet an einem von der Kirchenvorsteherschaft festgelegten Sonn- oder Feiertag statt, frühestens am 4. Sonntag nach Ostern und spätestens am Sonntag Trinitatis (am Sonntag nach Pfingsten).
Art und Umfang des schulischen Religionsunterrichts in den Schuljahren 1–9	• von der Landeskirche an den Schulen erteilter konfessioneller Religionsunterricht • Die Kirchgemeinde kann vom 1. bis 8. Schuljahr in allen Klassen Religionsunterricht anbieten: Die Unterrichtsinhalte sind mit jenen von Kindergottesdienst (Sonntagschule) und anderen Trägern von religiöser Unterweisung abzusprechen. • In der Primarstufe wird für die Kinder der 3. bis 6. oder 2. bis 5. Klasse jedes Jahr Religionsunterricht erteilt (dies geschieht vorwiegend in wöchentlichen Einzellektionen). • In der Sekundarstufe I werden im 7. und 8. Schuljahr insgesamt mindestens 2 Jahreslektionen erteilt (die Kirchenvorsteherschaft legt die Lektionenzahl pro Klasse fest). • Neben den regulären Wochenstunden sind vorwiegend auf der Sekundarstufe I Unterrichtsformen wie Blöcke, Halb- und Ganztage oder auch Lager möglich – diese können in Absprache mit dem katholischen Konfessionsteil und den Schulen die regulären Unterrichtsstunden ersetzen. • Titel des Unterrichtsfachs: Religion evangelisch; Religionsunterricht
Festlegung der Rahmenbedingungen in:	• Verordnung der Evangelischen Synode des Kantons Thurgau «Kirche, Kind und Jugend», 1999, §§ 9–16. • Kirchenordnung der Evangelischen Landeskirche des Kantons Thurgau, 2014, §§ 5.5, 90–98, 106–111, 117.

Teilnahme an der Studie zur Konfirmationsarbeit

Zahl der beteiligten Gemeinden bei t1 und t2 und im Verhältnis zur Zahl aller reformierten Kirchgemeinden des Kantons	t1: 50 von insgesamt 63 t2: 48 von insgesamt 63
Anzahl beteiligter Hauptamtlicher (Hauptverantwortliche, Mitarbeitende und Freiwillige/Ehrenamtliche) in t1 und t2	t1: 97 t2: 69
Konfirmandinnen und Konfirmanden in t1 und t2	t1: 752 t2: 693
Sprache der Fragebögen	Deutsch

Ziele des religionspädagogischen Handelns

«Im Religionsunterricht lernen Kinder und Jugendliche die Botschaft und den Gebrauch der Bibel, wichtige Personen und Ereignisse der Kirchengeschichte sowie kirchliches Liedgut kennen. Sie beschäftigen sich mit Lebens- und Glaubensfragen und werden in die Bedeutung von Taufe und Abendmahl eingeführt.»

Kirchenordnung der Evangelischen Landeskirche des Kantons Thurgau, 1999, § 90.

Ziele der Konfirmationsarbeit in der Kantonalkirche

«Bei der Konfirmation erhalten die Jugendlichen die Gelegenheit, zusammen mit der Gemeinde ihren Glauben zu bekennen und die mit der Taufe verbundene Einladung zu einem christlichen Leben zu bekräftigen. Ihnen wird das Ja Gottes bestätigt, das ihnen bei der Taufe zugesprochen worden ist. Die Konfirmation beinhaltet Segen und Fürbitte für die Jugendlichen und bestätigt den Abschluss des kirchlichen Unterrichts sowie die Mitgliedschaft in der Evangelischen Landeskirche. Den Konfirmanden und Konfirmandinnen wird ein Bibelwort persönlich zugesprochen.»

A. a. O., § 113.

Mitarbeitende

In der Evangelischen Landeskirche des Kantons Thurgau ist die Erteilung des Unterrichts und die weitere Gestaltung des Konfirmationsjahres Aufgabe der Pfarrperson. Der Kirchenrat kann auf Antrag der Kirchenvorsteherschaft auch andere Personen mit der Leitung beauftragen (vgl. Kirchenordnung der Evangelischen Landeskirche des Kantons Thurgau, 1999, § 107). Die hauptamtlichen Leiterinnen und Leiter werden in einzelnen Kirchgemeinden zuweilen durch jugendliche Freiwillige ergänzt. Die Entscheidungskompetenz über Art und Weise der Entlöhnung der Freiwilligen liegt bei den Kirchgemeinden.

Aus- und Weiterbildung

Die Ausbildung der hauptamtlichen Leitungspersonen erfolgt über die Fachstelle Religionsunterricht der Evangelischen Landeskirche des Kantons Thurgau. Weiterbildungsmöglichkeiten gibt es im Rahmen eines kantonalkirchlichen Wahlpflichtmoduls der PfarrerInnenweiterbildung, das im Jahr 2012 durchgeführt und seit Januar 2015 fortgesetzt wird. Darüber hinaus können die Verantwortlichen Angebote der Deutschschweizer PfarrerInnenweiterbildung A+W in Anspruch nehmen. Aus- und Weiterbildungsmöglichkeiten für jugendliche Freiwillige bietet das Programm «iMove».

Lehrplan und -materialien

Die Medienstelle Katechetik der Evangelischen Landeskirche des Kantons Thurgau fungiert als kantonale Materialstelle. Eigene Lehrmittel sind nicht in Gebrauch, es werden vorwiegend die Unterrichtshilfen des Theologischen Verlags Zürich verwendet.

Innovationen und Projekte

Keine Angabe.

Auszug Daten Kanton Thurgau

Im Folgenden werden auszugsweise und in verkürzter statistischer Form Datenergebnisse für den Kanton vorgestellt. Für die ausführlichen Datensets stehen die Materialien im Anhang (Kap. 8.2) zur Verfügung.

Legende:

N	*Antwortende Personen*
M	*Mittelwert*
SD	*Standard-Abweichung*
Ø-CH	*Durchschnittswert des Ergebnisses bezogen auf die Daten der ganzen Schweiz, jeweils die positivste Antwortmöglichkeit (Skala 1–5: Antwort 5; Skala 1–7: Antworten 5–7)*

Konfirmandinnen und Konfirmanden

Während der Konf-Zeit …	N	M	SD	Nein	Mitte	Ja	Ø-CH
KB18: hatte ich insgesamt eine gute Zeit.	688	5,44	1,32	8 %	12 %	80 %	79 %
KK05: hatte ich viel Spass.	690	5,32	1,396	10 %	14 %	76 %	73 %
KB02: habe ich gute Gemeinschaft in der Gruppe erlebt.	689	5,48	1,378	9 %	10 %	81 %	79 %

Grundlegende Einschätzungen	N	sehr negativ	eher negativ	weder noch	eher positiv	sehr positiv	Ø-CH
CF01: Wie bewertest du den christlichen Glauben insgesamt?	727	1 %	5 %	29 %	47 %	18 %	10 %
CF02: Wie bewertest du die evangelische Kirche insgesamt?	725	0 %	4 %	31 %	46 %	18 %	10 %

Was meinst du zu folgenden Aussagen?	N	M	SD	Nein	Mitte	Ja	Ø-CH
CE05: Ich bin mir unsicher, was ich glauben soll.	734	3,72	2,13	47 %	16 %	37 %	38 %
CE09: Ich glaube an Gott.	744	4,92	1,954	24 %	14 %	61 %	51 %
CE08: In schwierigen Situationen hilft mir mein Glaube an Gott.	739	4,08	1,993	37 %	17 %	45 %	34 %
CE10: Ich weiss, was zum christlichen Glauben gehört.	739	4,26	1,681	29 %	26 %	45 %	46 %

Mitarbeitende

Allgemeine Fragen	N	M	SD	Nein	Mitte	Ja	Ø-CH
VM01: Wie zufrieden sind Sie mit der Konfirmationsarbeit in Ihrer Gemeinde insgesamt?	65	5,5385	1,1869	6 %	11 %	83 %	82 %
VM02: Machen Sie die Konfirmationsarbeit gerne?	66	5,9697	1,0072	0 %	12 %	88 %	90 %

4.1.19 Kanton Tessin (TI)

Rahmendaten (2013)

Einwohner total	346'539
Anteil Mitglieder der Reformierten Kirche	4,6 %
Anteil Mitglieder der Katholischen Kirche	68,7 %
Anteil Konfessionslose	17,2 %
Andere Religionen/Konfessionen	9,5 %

Rahmenbestimmungen für die Konfirmationszeit und den Religionsunterricht

Dauer der ganzen Konfirmationszeit	Sommerferien 2012 bis Frühjahr 2013 («einjährig»), ab September oder August 2011 bis Juni 2013 («zweijährig»)
Anzahl Unterrichtsstunden für die ganze Konfirmationszeit	Die Anzahl Unterrichtsstunden ist nicht kantonal festgelegt, sondern liegt in der Kompetenz der leitenden Pfarrpersonen. Unter Berücksichtigung langer Anfahrtswege und schulischer Verpflichtungen werden die Treffen und weitere Aktivitäten mit den Jugendlichen geplant.
Voraussetzungen für die Konfirmation aufseiten der Jugendlichen	Teilnahme am schulischen Religionsunterricht

Kirchenrechtliche Folgen der Konfirmation (Rechte und Pflichten der Konfirmierten)	Stimm- und Wahlrecht ab 16 Jahren sind unabhängig von der Konfirmation (Mitgliedschaft muss aber schriftlich bestätigt werden).
Zeitpunkt/Zeitraum der Konfirmation	Unterschiedlich
Art und Umfang des schulischen Religionsunterrichts in den Schuljahren 1–9	• konfessionell als schulisches Fach mit kirchlichem Personal • während 9 Jahren 1 Wochenlektion • total 270 h
Festlegung der Rahmenbedingungen in:	Die Rahmenbedingungen der Konfirmationsarbeit werden von der Pfarrperson festgelegt.

Teilnahme an der Studie zur Konfirmationsarbeit

Zahl der beteiligten Gemeinden bei t1 und t2 und im Verhältnis zur Zahl aller reformierten Kirchgemeinden des Kantons	t1: 1 von insgesamt 3 t2: 1 von insgesamt 3
Anzahl beteiligter Hauptamtlicher (Hauptverantwortliche, Mitarbeitende und Freiwillige/Ehrenamtliche) in t1 und t2	t1: 2 t2: 2
Konfirmandinnen und Konfirmanden in t1 und t2	t1: 22 t2: 21
Sprache der Fragebögen	Deutsch/Italienisch

Ziele des religionspädagogischen Handelns

Keine Angabe.

Ziele der Konfirmationsarbeit in der Kantonalkirche

Die Definition und Ausformulierungen der Ziele der Konfirmationsarbeit liegen in der Kompetenz der Pfarrpersonen.

Mitarbeitende

In der Evangelisch-reformierten Kirche des Kantons Tessin trägt die Pfarrperson die Hauptverantwortung für die Konfirmationsarbeit. In Locarno wird die Pfarrperson bei Bedarf von einer Religionslehrerin unterstützt. Zudem ist üblicherweise ein Kirchenpflegemitglied (als Gast) dabei, dies aber auf freiwilliger Basis. Die Unterstützung durch die Religionslehrperson wird entsprechend entlöhnt.

Aus- und Weiterbildung

Für die Religionslehrpersonen wie auch für ehrenamtliche Mitarbeiterinnen und Mitarbeiter gibt es fortlaufend Weiterbildungsangebote.

Lehrplan und -materialien

Die Kantonalkirche ist für die Materialbeschaffung zuständig. Die Lehrerinnen und Lehrer arbeiten mit dem italienischen Lehrmittel «scuola domenicale» und den Vorgaben der Kantonalkirche.

Innovationen und Projekte

Das Leitthema der Konfirmationsarbeit und des Religionsunterrichts wechselt jährlich.

Auszug Daten Kanton Tessin

Im Folgenden werden auszugsweise und in verkürzter statistischer Form Datenergebnisse für den Kanton vorgestellt. Für die ausführlichen Datensets stehen die Materialien im Anhang (Kap. 8.2) zur Verfügung.

Legende:

N *Antwortende Personen*

M *Mittelwert*

SD *Standard-Abweichung*

Ø-CH *Durchschnittswert des Ergebnisses bezogen auf die Daten der ganzen Schweiz, jeweils die positivste Antwortmöglichkeit (Skala 1–5: Antwort 5; Skala 1–7: Antworten 5–7)*

Konfirmandinnen und Konfirmanden

Während der Konf-Zeit …	N	M	SD	Nein	Mitte	Ja	Ø-CH
KB18: hatte ich insgesamt eine gute Zeit.	21	5	1,4142	14 %	19 %	67 %	79 %
KK05: hatte ich viel Spass.	21	4,2857	1,4541	33 %	33 %	33 %	73 %
KB02: habe ich gute Gemeinschaft in der Gruppe erlebt.	21	4,9524	1,5645	24 %	14 %	62 %	79 %

Grundlegende Einschätzungen	N	sehr negativ	eher negativ	weder noch	eher positiv	sehr positiv	Ø-CH
CF01: Wie bewertest du den christlichen Glauben insgesamt?	19	0 %	5 %	89 %	0 %	5 %	10 %
CF02: Wie bewertest du die evangelische Kirche insgesamt?	19	0 %	0 %	53 %	42 %	5 %	10 %

Was meinst du zu folgenden Aussagen?	N	M	SD	Nein	Mitte	Ja	Ø-CH
CE05: Ich bin mir unsicher, was ich glauben soll.	93	4,0108	2,1794	44 %	13 %	43 %	38 %
CE09: Ich glaube an Gott.	92	4,5109	2,0137	33 %	17 %	50 %	51 %
CE08: In schwierigen Situationen hilft mir mein Glaube an Gott.	93	3,5484	1,981	46 %	22 %	32 %	34 %
CE10: Ich weiss, was zum christlichen Glauben gehört.	93	4,2043	1,791	28 %	30 %	42 %	46 %

Mitarbeitende

Allgemeine Fragen	N	M	SD	Nein	Mitte	Ja	Ø-CH
VM01: Wie zufrieden sind Sie mit der Konfirmationsarbeit in Ihrer Gemeinde insgesamt?	2	6	0	0 %	0 %	100 %	82 %
VM02: Machen Sie die Konfirmationsarbeit gerne?	2	6,5	0,7071	0 %	0 %	100 %	90 %

4.1.20 Kanton Waadt (VD)

Rahmendaten (2013)

Einwohner total	749'373
Anteil Mitglieder der Reformierten Kirche	25,6 %
Anteil Mitglieder der Katholischen Kirche	31,2 %
Anteil Konfessionslose	27,9 %
Andere Religionen/Konfessionen	15,3 %

Rahmenbestimmungen für die Konfirmationszeit und den Religionsunterricht

Dauer der ganzen Konfirmationszeit	Oktober 2012 bis Ostern 2013
Anzahl Unterrichtsstunden für die ganze Konfirmationszeit	nicht kantonal festgelegt
Voraussetzungen für die Konfirmation aufseiten der Jugendlichen	• Besuch der kirchlichen Bildungsangebote (v. a. während der letzten 2 Unterrichtsjahre) • Glaubensbekenntnis
Kirchenrechtliche Folgen der Konfirmation (Rechte und Pflichten der Konfirmierten)	Stimm- und Wahlrecht ab 16 Jahren sind unabhängig von der Konfirmation.

Zeitpunkt/Zeitraum der Konfirmation	Palmsonntag
Art und Umfang des schulischen Religionsunterrichts in den Schuljahren 1–9	• interreligiös: während 6 Schuljahren 1 Wochenlektion • rund 180 h • Das Unterrichtsfach steht unter dem Titel «Ethique et culture religieuse».
Festlegung der Rahmenbedingungen in:	• Directive du Conseil synodal sur les cultes, fêtes chrétiennes, sacrements et autres rites au sein de l'EERV, Eglise évangelique réformée du canton de Vaud, 2013, Abs. 2.2.2. • Règlement ecclésiastique de l'Eglise évangélique réformée du canton de Vaud, 2014, Art. 263–265.

Teilnahme an der Studie zur Konfirmationsarbeit

Zahl der beteiligten Gemeinden bei t1 und t2 und im Verhältnis zur Zahl aller reformierten Kirchgemeinden des Kantons	t1: 15 von insgesamt 87 t2: 11 von insgesamt 87
Anzahl beteiligter Hauptamtlicher (Hauptverantwortliche, Mitarbeitende und Freiwillige/Ehrenamtliche) in t1 und t2	t1: 57 t2: 26
Konfirmandinnen und Konfirmanden in t1 und t2	t1: 140 t2: 115
Sprache der Fragebögen	Französisch

Ziele des religionspädagogischen Handelns

«Pour répondre à sa mission de formation, l'Eglise Evangélique Réformée du canton de Vaud (ci après EERV) propose à des enfants mineurs des activités de formation entrant généralement dans le cadre de ‹Chemins de vie et de foi› (CVDF). La présente charte vise toutes ces activités, et notamment les camps, week-end, voyages, retraites, séjours, etc. Ces activités permettent aux enfants et aux jeunes de découvrir la foi chrétienne et ses valeurs en pratiquant des activités variées, dans un milieu adapté à leurs besoins et à leurs situations, encadrés par des adultes formés. L'EERV s'engage à ce que ces activités répondent à des besoins spirituels, pédagogiques, sociaux, éducatifs, préventifs et qu'ils offrent un cadre sécurisant aussi bien pour les participants que pour les parents qui y inscrivent leurs enfants.»

Charte de qualité pour les activités impliquant la prise en charge de mineurs, EERV, 2010.

Ziele der Konfirmationsarbeit in der Kantonalkirche

«Le culte de fin de catéchisme (Rameaux) est l'occasion de marquer une étape dans le parcours des catéchumènes (fin du catéchisme). Il est balisé par la bénédiction de tous les catéchumènes et la possibilité pour celles et ceux et qui le souhaitent de recevoir le baptême ou de le confirmer.»

Recommandation des services Formation et accompagnement et Vie communautaire et cultuelle pour le culte de fin de catéchisme (Rameaux). Déroulement et textes liturgiques, EERV, S. 1.

Mitarbeitende

In der Eglise évangelique réformée du canton de Vaud (EERV) tragen meistens die Pfarrpersonen, in einigen wenigen Fällen auch die Katechetinnen und Katecheten (catéchètes laïques professionnels) die Verantwortung für die Konfirmationszeit.

Jugendliche werden als Freiwillige v. a. in Lagerprojekten als sog. «Jacks» (Jeunes accompagnants de camp de catéchisme) oder «Jeffs» (Jeunes chefs de camp en formation) eingesetzt (Directive du Conseil synodal concernant la démarche qualité pour les activités impliquant la prise en charge de mineurs, EERV, Art. 8).

Aus- und Weiterbildung

Die Aus- und Weiterbildung der hauptamtlichen Mitarbeiterinnen und Mitarbeiter erfolgt über die Angebote des OPF (Office protestant de la formation). Jugendliche Freiwillige können sich über die Programme «JACK» und «JEFF» Kompetenzen für die Mitarbeit in Lagerprojekten aneignen.

Lehrplan und -materialien

Keine Angabe.

Innovationen und Projekte

Am Palmsonntag werden im Rahmen einer Gottesdienstfeier zum Abschluss der Konfirmationszeit alle Konfirmandinnen und Konfirmanden gesegnet, konfirmieren lassen sich hingegen nur einzelne.

Auszug Daten Kanton Waadt

Im Folgenden werden auszugsweise und in verkürzter statistischer Form Datenergebnisse für den Kanton vorgestellt. Für die ausführlichen Datensets stehen die Materialien im Anhang (Kap. 8.2) zur Verfügung.

Legende:

N	*Antwortende Personen*
M	*Mittelwert*
SD	*Standard-Abweichung*
Ø-CH	*Durchschnittswert des Ergebnisses bezogen auf die Daten der ganzen Schweiz, jeweils die positivste Antwortmöglichkeit (Skala 1–5: Antwort 5; Skala 1–7: Antworten 5–7)*

Konfirmandinnen und Konfirmanden

Während der Konf-Zeit …	N	M	SD	Nein	Mitte	Ja	Ø-CH
KB18: hatte ich insgesamt eine gute Zeit.	115	5,5739	1,5279	10 %	14 %	77 %	79 %
KK05: hatte ich viel Spass.	114	4,9737	1,6045	18 %	16 %	66 %	73 %
KB02: habe ich gute Gemeinschaft in der Gruppe erlebt.	113	5,6018	1,405	5 %	19 %	76 %	79 %

Grundlegende Einschätzungen	N	sehr negativ	eher negativ	weder noch	eher positiv	sehr positiv	Ø-CH
CF01: Wie bewertest du den christlichen Glauben insgesamt?	128	4 %	9 %	40 %	39 %	9 %	10 %
CF02: Wie bewertest du die evangelische Kirche insgesamt?	129	2 %	6 %	28 %	53 %	11 %	10 %

Was meinst du zu folgenden Aussagen?	N	M	SD	Nein	Mitte	Ja	Ø-CH
CE05: Ich bin mir unsicher, was ich glauben soll.	139	4,1871	2,1755	42 %	14 %	45 %	38 %
CE09: Ich glaube an Gott.	140	4,8143	1,9214	24 %	21 %	56 %	51 %
CE08: In schwierigen Situationen hilft mir mein Glaube an Gott.	139	4,1151	2,0468	40 %	15 %	45 %	34 %
CE10: Ich weiss, was zum christlichen Glauben gehört.	139	4,0432	2,0247	37 %	22 %	41 %	46 %

Mitarbeitende

Allgemeine Fragen	N	M	SD	Nein	Mitte	Ja	Ø-CH
VM01: Wie zufrieden sind Sie mit der Konfirmationsarbeit in Ihrer Gemeinde insgesamt?	24	5,6667	1,0495	4 %	13 %	83 %	82 %
VM02: Machen Sie die Konfirmationsarbeit gerne?	24	6,4167	0,7755	0 %	4 %	96 %	90 %

4.1.21 Kanton Wallis (VS)

Rahmendaten (2013)

Einwohner total	331'800
Anteil Mitglieder der Reformierten Kirche	6,3 %
Anteil Mitglieder der Katholischen Kirche	74,3 %
Anteil Konfessionslose	11,7 %
Andere Religionen/Konfessionen	8,2 %

Rahmenbestimmungen für die Konfirmationszeit und den Religionsunterricht

Dauer der ganzen Konfirmationszeit	• Oberwallis:
	  • 2 Jahre Präparandenunterricht, 1 Jahr Konf, immer alle zusammen
	  • Präparandenlager mit Unterricht in der 1. Sommerferienwoche (mindestens eine Teilnahme ist obligatorisch)
	  • monatliche Treffen bis März
	  • im 3. Jahr dann jeweils nur noch Konfirmanden
	  • dreieinhalbtägiges Lager über Auffahrt
	
	• Unterwallis:
	  • mit «Fenster» in der 6. Klasse als Einstieg
	  • In Ausnahmefällen kann in der 8. Klasse noch eingestiegen werden.

Anzahl Unterrichtsstunden für die ganze Konfirmationszeit	• Oberwallis:
	  • rund 120 h monatliche Treffen alternierend in Visp oder Brig à 3 h, doppelt geführt jeweils am Mittwochnachmittag und Sonntagvormittag (damit die Jugendlichen jeweils wählen können)
	  • rund 30 Präparanden, Konfirmandinnen und Konfirmanden, alle zusammen, zusätzlich Exkursionen, Jugendtag mit Jugendgottesdienst, Lager
	
	• Unterwallis:
	  • 370 h (siehe Dokument zur Konfirmationsarbeit in Monthey: 170 heures d'animation, 200 heures de conviviaté)

Voraussetzungen für die Konfirmation aufseiten der Jugendlichen	3 Jahre Unterricht

Kirchenrechtliche Folgen der Konfirmation (Rechte und Pflichten der Konfirmierten)	• Patenamt • Wahlrecht
Zeitpunkt/Zeitraum der Konfirmation	• Oberwallis: Sonntag nach Pfingsten • Unterwallis: Pfingsten

Art und Umfang des schulischen Religionsunterrichts in den Schuljahren 1–9	• Oberwallis:
	  • konfessionell als schulisches Fach mit kirchlichem Personal
	  • während 6 Jahren 1 Wochenlektion (konfessionell)
	  • total 270 h, zudem Katechetische Fenster (1. bis 3. Oberstufe)
	
	• Unterwallis:
	  • interreligiös oder religionskundlich
	  • während 6 Jahren 2 und während 3 Jahren 1 Wochenlektion
	  • total 450 h

Festlegung der Rahmenbedingungen in:	Constitution et Règlements, Eglise Réformée Évangélique du Valais EREV, 2006.

Teilnahme an der Studie zur Konfirmationsarbeit

Zahl der beteiligten Gemeinden bei t1 und t2 und im Verhältnis zur Zahl aller reformierten Kirchgemeinden des Kantons	t1: 5 von insgesamt 10 t2: 4 von insgesamt 10
Anzahl beteiligter Hauptamtlicher (Hauptverantwortliche, Mitarbeitende und Freiwillige/Ehrenamtliche) in t1 und t2	t1: 9 t2: 9
Konfirmandinnen und Konfirmanden in t1 und t2	t1: 36 t2: 38
Sprache der Fragebögen	Deutsch/Französisch

Ziele des religionspädagogischen Handelns

- Oberwallis:
  - Bibelunterricht ergänzend zum schulischen Bibelunterricht, «Herz für Bibel und Jesus»

- Unterwallis:
  - Enseignement biblique (ENBIRO) hat einen schulischen Lehrplan, aber mit von Kirchen vorformulierten «supléments».
  - Ziele von ENBIRO: «Connaissance de bases des religions présentes dans notre Société.»
  - Ziele für konfessionelle Fenster: «Visibilité et présence des Paroisses. Ces animation mettent l'accent sur les contacts et les relation entre les Paroisses et les enfants.»
  - Ziele der enfance: «Connaissances bibliques et liturgiques, initiation à la prière et à la vie communautaire.»

Ziele der Konfirmationsarbeit in der Kantonalkirche

- Oberwallis:
  - Bezug zum persönlichen Leben
  - Bezug zur Gemeinde
  - Diakonie
  - Mission
  - Glaube
  - Kirche
  - Auftrag (gemeinschaftliche Verantwortung)

- Unterwallis:
  - «Réflexion et préparation individuelle à une prise de position devant Dieu et la question de la Foi.»
  - Grundlage: M. Baumann, Jésus à 15 ans. Didactique du catéchisme des adolescents. Genève 1993.

Mitarbeitende

Oberwallis: Die Pfarrpersonen tragen die Hauptverantwortung für die Konfirmationsarbeit. Die Zusammenarbeit zweier Pfarrpersonen mit einer Pfarrfrau und einer Kirchenrätin hat sich bewährt.

Unterwallis: Auch hier tragen die Pfarrpersonen die Hauptverantwortung für die Konfirmationsarbeit und die Konfirmation, in diesem Fall aber unter Einbezug von Diakoninnen und Diakonen sowie Katechetinnen und Katecheten.

Aus- und Weiterbildung

Für hauptamtliche und ehrenamtliche Mitarbeiterinnen und Mitarbeiter wird in der Romandie zurzeit eine kontinuierliche Weiterbildung angeboten (SPES-KT).

Lehrplan und -materialien

Keine Angabe.

Innovationen und Projekte

Keine Angabe.

Auszug Daten Kanton Wallis

Im Folgenden werden auszugsweise und in verkürzter statistischer Form Datenergebnisse für den Kanton vorgestellt. Für die ausführlichen Datensets stehen die Materialien im Anhang (Kap. 8.2) zur Verfügung.

Legende:

N *Antwortende Personen*
M *Mittelwert*
SD *Standard-Abweichung*
Ø-CH *Durchschnittswert des Ergebnisses bezogen auf die Daten der ganzen Schweiz, jeweils die positivste Antwortmöglichkeit (Skala 1–5: Antwort 5; Skala 1–7: Antworten 5–7)*

Konfirmandinnen und Konfirmanden

Während der Konf-Zeit …	N	M	SD	Nein	Mitte	Ja	Ø-CH
KB18: hatte ich insgesamt eine gute Zeit.	38	5,8421	1,1277	5 %	3 %	92 %	79 %
KK05: hatte ich viel Spass.	38	5,5789	1,3076	5 %	8 %	87 %	73 %
KB02: habe ich gute Gemeinschaft in der Gruppe erlebt.	38	6,1842	1,036	3 %	0 %	97 %	79 %

Grundlegende Einschätzungen	N	sehr negativ	eher negativ	weder noch	eher positiv	sehr positiv	Ø-CH
CF01: Wie bewertest du den christlichen Glauben insgesamt?	35	0 %	0 %	37 %	51 %	11 %	10 %
CF02: Wie bewertest du die evangelische Kirche insgesamt?	35	0 %	3 %	20 %	46 %	31 %	10 %

Was meinst du zu folgenden Aussagen?	N	M	SD	Nein	Mitte	Ja	Ø-CH
CE05: Ich bin mir unsicher, was ich glauben soll.	36	4,1389	2,1667	36 %	17 %	47 %	38 %
CE09: Ich glaube an Gott.	36	4,9444	1,9849	22 %	25 %	53 %	51 %
CE08: In schwierigen Situationen hilft mir mein Glaube an Gott.	36	3,9167	2,0336	47 %	14 %	39 %	34 %
CE10: Ich weiss, was zum christlichen Glauben gehört.	36	4,8889	1,6523	17 %	31 %	53 %	46 %

Mitarbeitende

Allgemeine Fragen	N	M	SD	Nein	Mitte	Ja	Ø-CH
VM01: Wie zufrieden sind Sie mit der Konfirmationsarbeit in Ihrer Gemeinde insgesamt?	9	5,5556	1,1304	11 %	0 %	89 %	82 %
VM02: Machen Sie die Konfirmationsarbeit gerne?	9	5,6667	1,3229	0 %	33 %	67 %	90 %

4.1.22 Kanton Zug (ZG)

Rahmendaten (2013)

Einwohner total	118'118
Anteil Mitglieder der Reformierten Kirche	14,3 %
Anteil Mitglieder der Katholischen Kirche	52,9 %
Anteil Konfessionslose	20,1 %
Andere Religionen/Konfessionen	12,7 %

Rahmenbestimmungen für die Konfirmationszeit und den Religionsunterricht

Dauer der ganzen Konfirmationszeit	• in Kompetenz der Gemeinden • Teilweise: Sommerferien 2012 bis Frühjahr 2013 («einjährig») • Bezirk Ägeri: Februar 2013 bis Pfingsten 2013
Anzahl Unterrichtsstunden für die ganze Konfirmationszeit	mindestens 30 h: während eines verkürzten Schuljahres je eine Doppellektion pro Schulwoche
Voraussetzungen für die Konfirmation aufseiten der Jugendlichen	• Taufe • Besuch der kirchlichen Bildungsangebote
Kirchenrechtliche Folgen der Konfirmation (Rechte und Pflichten der Konfirmierten)	Stimm- und Wahlrecht Vgl. Gemeindeordnung, Reformierte Kirche Kanton Zug, 2010, § 44.
Zeitpunkt/Zeitraum der Konfirmation	um Pfingsten
Art und Umfang des schulischen Religionsunterrichts in den Schuljahren 1–9	• interreligiös oder religionskundlich • Während 8 Jahren 1–2 Wochenlektionen • konfessionell/ökumenisch • bis 300 h • Fach Religionsunterricht
Festlegung der Rahmenbedingungen in:	• Gemeindeordnung, Reformierte Kirche Kanton Zug, 2010, § 44. • Dienstordnung für Pfarrerinnen und Pfarrer, Reformierte Kirche Kanton Zug, 2002, Art. 2.3.

Teilnahme an der Studie zur Konfirmationsarbeit

Zahl der beteiligten Gemeinden bei t1 und t2 und im Verhältnis zur Zahl aller reformierten Kirchgemeinden des Kantons	t1: 5 von insgesamt 7 t2: 5 von insgesamt 7
Anzahl beteiligter Hauptamtlicher (Hauptverantwortliche, Mitarbeitende und Freiwillige/Ehrenamtliche) in t1 und t2	t1: 11 t2: 14
Konfirmandinnen und Konfirmanden in t1 und t2	t1: 79 t2: 77
Sprache der Fragebögen	Deutsch

Ziele des religionspädagogischen Handelns

«1. Mit kirchlicher Kinder- und Jugendarbeit sowie dem Konfirmandenunterricht fördert die Kirchgemeinde die religiöse Bildung.
2. Mit dem Evangelisch-reformierten Religionsunterricht trägt die Kirchgemeinde zur religiösen Bildung an den Schulen bei.»

Gemeindeordnung, Reformierte Kirche Kanton Zug, 2010, § 59.

Ziele der Konfirmationsarbeit in der Kantonalkirche

Die Konfirmation ist der Übergang in die Gemeinschaft der Erwachsenen der Evangelisch-reformierten Kirchgemeinde des Kantons Zug.
Ansonsten liegt die Kompetenz zur Zielsetzung bei den einzelnen Kirchgemeinden.

Ebd.

Mitarbeitende

In der Reformierten Kirche des Kantons Zug tragen die Pfarrpersonen die Hauptverantwortung für die Konfirmationsarbeit (vgl. Dienstordnung für Pfarrerinnen und Pfarrer, Reformierte Kirche Kanton Zug, 2002, Art. 2.3). In einzelnen Bezirken werden jugendliche Freiwillige als Jungleiterinnen und Jugendleiter in die Konfirmationsarbeit mit einbezogen. Eine Entlöhnung der Freiwilligen ist nicht vorgesehen.

Aus- und Weiterbildung

Die Ausbildung der hauptamtlichen Mitarbeiterinnen und Mitarbeiter erfolgt über die Angebote von A+W. Die Fachstelle Religionsunterricht Zug bietet Möglichkeiten zur Weiterbildung an. Die Aus- und Weiterbildung der ehrenamtlichen Mitarbeiterinnen und Mitarbeiter findet im Kontext der Programme PACE und Accos statt.

Lehrplan und -materialien

Die Kantonale Bibliothek und Mediathek, sowie der Medienladen Relimedia fungieren als Materialstelle der Reformierten Kirche des Kantons Zug. Eigene Lehrmittel werden nicht verwendet.

Innovationen und Projekte

Keine Angabe.

Auszug Daten Kanton Zug

Im Folgenden werden auszugsweise und in verkürzter statistischer Form Datenergebnisse für den Kanton vorgestellt. Für die ausführlichen Datensets stehen die Materialien im Anhang (Kap. 8.2) zur Verfügung.

Legende:

N *Antwortende Personen*

M *Mittelwert*

SD *Standard-Abweichung*

Ø-CH *Durchschnittswert des Ergebnisses bezogen auf die Daten der ganzen Schweiz, jeweils die positivste Antwortmöglichkeit (Skala 1–5: Antwort 5; Skala 1–7: Antworten 5–7)*

Konfirmandinnen und Konfirmanden

Während der Konf-Zeit …	**N**	**M**	**SD**	**Nein**	**Mitte**	**Ja**	**Ø-CH**
KB18: hatte ich insgesamt eine gute Zeit.	75	5,5867	1,1636	4 %	8 %	88 %	79 %
KK05: hatte ich viel Spass.	75	5,3333	1,339	9 %	15 %	76 %	73 %
KB02: habe ich gute Gemeinschaft in der Gruppe erlebt.	73	5,6164	1,2319	5 %	12 %	82 %	79 %

Grundlegende Einschätzungen	**N**	**sehr negativ**	**eher negativ**	**weder noch**	**eher positiv**	**sehr positiv**	**Ø-CH**
CF01: Wie bewertest du den christlichen Glauben insgesamt?	70	0 %	1 %	31 %	53 %	14 %	10 %
CF02: Wie bewertest du die evangelische Kirche insgesamt?	70	0 %	1 %	34 %	46 %	19 %	10 %

Was meinst du zu folgenden Aussagen?	**N**	**M**	**SD**	**Nein**	**Mitte**	**Ja**	**Ø-CH**
CE05: Ich bin mir unsicher, was ich glauben soll.	77	3,8831	2,0962	43 %	19 %	38 %	38 %
CE09: Ich glaube an Gott.	77	4,5844	1,8162	25 %	18 %	57 %	51 %
CE08: In schwierigen Situationen hilft mir mein Glaube an Gott.	77	3,4675	1,9774	53 %	13 %	34 %	34 %
CE10: Ich weiss, was zum christlichen Glauben gehört.	77	4,2597	1,6575	32 %	16 %	52 %	46 %

Mitarbeitende

Allgemeine Fragen	**N**	**M**	**SD**	**Nein**	**Mitte**	**Ja**	**Ø-CH**
VM01: Wie zufrieden sind Sie mit der Konfirmationsarbeit in Ihrer Gemeinde insgesamt?	14	5,3571	0,8419	0 %	21 %	79 %	82 %
VM02: Machen Sie die Konfirmationsarbeit gerne?	14	6,2143	0,5789	0 %	0 %	100 %	90 %

4.1.23 Kanton Zürich (ZH)

Rahmendaten (2013)

Einwohner total	1'425'538
Anteil Mitglieder der Reformierten Kirche	31,1 %
Anteil Mitglieder der Katholischen Kirche	27,7 %
Anteil Konfessionslose	25 %
Andere Religionen/Konfessionen	16,1 %

Rahmenbestimmungen für die Konfirmationszeit und den Religionsunterricht

Dauer der ganzen Konfirmationszeit	Sommerferien 2012 bis Frühjahr 2013 («einjährig»)
Anzahl Unterrichtsstunden für die ganze Konfirmationszeit	72 h
Voraussetzungen für die Konfirmation aufseiten der Jugendlichen	Taufe ist «die Regel» (Art. 78 Abs. 2 Kirchenordnung)
Kirchenrechtliche Folgen der Konfirmation (Rechte und Pflichten der Konfirmierten)	Keine
Zeitpunkt/Zeitraum der Konfirmation	in der Regel nach Pfingsten
Art und Umfang des schulischen Religionsunterrichts in den Schuljahren 1–9	• Schulfach «Religion und Kultur» in der Volksschule: 2 Wochenlektionen in 2.–6. Klasse (Primar- und Mittelstufe) sowie 2 Wochenlektionen in 7. Klasse und 1 Wochenlektion in 8. Klasse (Oberstufe) • Gymnasium: Freifach
Festlegung der Rahmenbedingungen in:	• Kirchenordnung der Evangelisch-reformierten Landeskirche des Kantons Zürich, 2009 (LS 181.10), Art. 72–80. • Verordnung über die religionspädagogischen Angebote (rpg-Verordnung), Kirchenrat der Evangelisch-reformierten Landeskirche des Kantons Zürich, 2008 (LS 181.17), §§ 14–27.

Teilnahme an der Studie zur Konfirmationsarbeit

Zahl der beteiligten Gemeinden bei t1 und t2 und im Verhältnis zur Zahl aller reformierten Kirchgemeinden des Kantons	t1: 40 von insgesamt 48 t2: 37 von insgesamt 48
Anzahl beteiligter Hauptamtlicher (Hauptverantwortliche, Mitarbeitende und Freiwillige/Ehrenamtliche) in t1 und t2	t1: 202 t2: 172
Konfirmandinnen und Konfirmanden in t1 und t2	t1: 1594 t2: 1538
Sprache der Fragebögen	Deutsch

Ziele des religionspädagogischen Handelns

1) Kinder bis acht Jahre werden in die Grundformen des Glaubens und ins Kirchenjahr eingeführt.
2) Kindern von acht bis zwölf Jahren wird ein vertieftes Grundwissen über den Glauben vermittelt. Sie werden angeleitet, für den Glauben Sprache und Ausdruck zu finden.

Kirchenordnung der Evangelisch-reformierten Landeskirche des Kantons Zürich, 2009 (LS 181.10), Art. 76.

rpg-Konzept Zürich:
«Die Kirchgemeinden führen durch ihr religionspädagogisches Handeln Kinder, Jugendliche, junge Erwachsene und deren Familien in den evangelischen Glauben und in die reformierte Kirche ein. Sie eröffnen ihnen Raum zur Mitgestaltung und ermutigen sie zum Bekenntnis des Glaubens durch ein verantwortliches Leben.»

Verordnung über die religionspädagogischen Angebote (rpg-Verordnung), Kirchenrat der Evangelisch-reformierten Landeskirche des Kantons Zürich, 2008 (LS 181.17), § 3.

Ziele der Konfirmationsarbeit in der Kantonalkirche

«Die Kirche begegnet Jugendlichen partnerschaftlich.
Hauptthema ist die Identitätsfindung im Leben und im Glauben unter den Aspekten von Schöpfung, Versöhnung und Befreiung.»

rpg-Gesamtkonzept, Kirchenrat der Evangelisch-reformierten Landeskirche des Kantons Zürich 2004/22010, S. 21.

Mitarbeitende

In der Evangelisch-reformierten Landeskirche des Kantons Zürich sind in der Regel die Pfarrpersonen für die Konfirmationsarbeit verantwortlich (vgl. Kirchenordnung der Evangelisch-reformierten Landeskirche des Kantons Zürich, 2009 [LS 181.10], Art. 113,1.a und Verordnung über die religionspädagogischen Angebote (rpg-Verordnung), Kirchenrat der Evangelisch-reformierten Landeskirche des Kantons Zürich, 2008 [LS 181.17], § 24). Der Einbezug jugendlicher Freiwilliger ist noch sehr wenig verbreitet, obwohl das Programm PACE dazu geeignet wäre. Eine monetäre Vergütung der Arbeit Ehrenamtlicher ist momentan nicht vorgesehen.

Aus- und Weiterbildung

Die Aus- und Weiterbildung von Freiwilligen erfolgt über PACE, das dreiteilige Kurssystem zur Befähigung und Motivation junger Leiterinnen und Leiter sowie über ein jährliches Kursangebot. Hauptamtliche werden über die W+A-Ausbildungskirche aus- und weitergebildet.

Lehrplan und -materialien

Als Materialstelle fungiert der Zürcher Medienladen Relimedia. Zwischen 2006 und 2014 entwickelte die Evangelisch-reformierte Landeskirche des Kantons Zürich zusammen mit dem Theologischen Verlag Zürich die Unterrichtshilfen zu den Angeboten des Religionspädagogischen Gesamtkonzepts rpg: «minichile» (2. Schuljahr), «3. Klass-Unti», «Club 4», «JuKi» (5.–7. Schuljahr) und die «Konf» (8.–9. Schuljahr).

Innovationen und Projekte

Keine Angabe.

Auszug Daten Kanton Zürich

Im Folgenden werden auszugsweise und in verkürzter statistischer Form Datenergebnisse für den Kanton vorgestellt. Für die ausführlichen Datensets stehen die Materialien im Anhang (Kap. 8.2) zur Verfügung.

Legende:

N	*Antwortende Personen*
M	*Mittelwert*
SD	*Standard-Abweichung*
Ø-CH	*Durchschnittswert des Ergebnisses bezogen auf die Daten der ganzen Schweiz, jeweils die positivste Antwortmöglichkeit (Skala 1–5: Antwort 5; Skala 1–7: Antworten 5–7)*

Konfirmandinnen und Konfirmanden

Während der Konf-Zeit …	**N**	**M**	**SD**	**Nein**	**Mitte**	**Ja**	**Ø-CH**
KB18: hatte ich insgesamt eine gute Zeit.	1523	5,46	1,251	7 %	11 %	81 %	79 %
KK05: hatte ich viel Spass.	1525	5,24	1,386	12 %	14 %	74 %	73 %
KB02: habe ich gute Gemeinschaft in der Gruppe erlebt.	1523	5,44	1,317	8 %	11 %	80 %	79 %

Grundlegende Einschätzungen	**N**	**sehr negativ**	**eher negativ**	**weder noch**	**eher positiv**	**sehr positiv**	**Ø-CH**
CF01: Wie bewertest du den christlichen Glauben insgesamt?	1545	1 %	4 %	34 %	49 %	12 %	10 %
CF02: Wie bewertest du die evangelische Kirche insgesamt?	1526	1 %	3 %	40 %	46 %	10 %	10 %

Was meinst du zu folgenden Aussagen?	N	M	SD	Nein	Mitte	Ja	Ø-CH
CE05: Ich bin mir unsicher, was ich glauben soll.	1565	3,86	2,058	43 %	17 %	40 %	38 %
CE09: Ich glaube an Gott.	1565	4,49	1,987	31 %	16 %	53 %	51 %
CE08: In schwierigen Situationen hilft mir mein Glaube an Gott.	1569	3,58	1,991	50 %	15 %	35 %	34 %
CE10: Ich weiss, was zum christlichen Glauben gehört.	1572	4,47	1,586	25 %	23 %	52 %	46 %

Mitarbeitende

Allgemeine Fragen	N	M	SD	Nein	Mitte	Ja	Ø-CH
VM01: Wie zufrieden sind Sie mit der Konfirmationsarbeit in Ihrer Gemeinde insgesamt?	164	5,5	1,088	4 %	11 %	85 %	82 %
VM02: Machen Sie die Konfirmationsarbeit gerne?	163	6,04	0,99	1 %	9 %	90 %	90 %

4.2 Vergleiche anhand der Kantone und Grossregionen

Die vorangehend vorgestellten Informationen aus den einzelnen Kantonalkirchen erlauben einen genaueren Einblick in die je spezifischen kantonalen Rahmendaten und -bestimmungen, Durchführungsbedingungen, Konzeptionen und Ziele der Konfirmationsarbeit. Indem der Hintergrund der kantonalen Situationen näher beleuchtet wird, treten auch mögliche Faktoren für unterschiedliche Ergebnisse der Studie in das Blickfeld.

Grundsätzlich ist festzustellen, dass sich schon bezüglich der *Aktualität der kirchenrechtlich relevanten Bestimmungen* erhebliche Unterschiede zeigen: So stammt etwa die kirchliche Gesetzessammlung für den Kanton Graubünden aus dem Jahr 1980, eine ganze Reihe von neuen Regelungen in einzelnen Kantonen sind erst in den letzten Jahren entwickelt worden oder befinden sich gegenwärtig in Ausarbeitung. Die zum Teil sehr umfangreichen Gesetzesrevisionen der letzten Jahre in vielen Kantonalkirchen sind vor allem auf die grundsätzliche Tendenz der Neufassung des Verhältnisses von Kirche und Staat in vielen Kantonen mit einer nun sehr viel stärkeren Autonomie und Unabhängigkeit der Kirchen zurückzuführen. Dort, wo sich in einzelnen Ordnungen auch Bestimmungen zur Konfirmationsarbeit geändert haben, ist dies häufig auf umfangreiche Revisionen des gesamten katechetischen und religionspädagogischen Konzepts in der jeweiligen Kantonalkirche zurückzuführen.

Die jeweiligen kantonalen Ordnungen, in denen die *Zielsetzungen* des religionspädagogischen Handelns sowie der Konfirmationsarbeit festgelegt sind, legen ihre Vorstellungen und Visionen in ganz unterschiedlicher Ausführlichkeit fest. Vergleicht man die entsprechenden Formulierungen, so fallen hier sehr unterschiedliche Schwerpunktsetzungen auf: So kann etwa ein starkes Gewicht auf Glaubensstärkung und die Einführung in die christliche Gemeinde (GR) bzw. die Entdeckung der gemeindlichen Glaubensgemeinschaft (BS) gelegt werden, eine Identitätsfindung im Leben und im Glauben unter den Aspekten von Schöpfung, Versöhnung und Befreiung (ZH) oder religiöse Mündigkeit als Orientierung für das Leben (AG) intendiert sein oder auf religiöse, d. h. christliche Grundbildung und Persönlichkeitsentwicklung sowie Werteerziehung und Ethik abgezielt werden (AI/AR).

Im Anschluss an die religionspädagogische Grundfrage, inwiefern Konfirmationsarbeit bildend, orientierend und/oder erfahrungsorientiert sein soll (Klie 2007), spiegeln die kantonalen Ordnungen somit den vielschichtigen Diskurs zur Frage nach dem Verhältnis von Wissen und Erleben wider, in diesem Sinne auch nach dem Einleben in die Gemeinde und nach der Rolle als Konfirmierte.

Ein zentraler Unterschied zeigt sich bei der Frage nach den *Voraussetzungen* für die Konfirmation seitens der Konfirmandinnen und Konfirmanden: Das Spektrum reicht von überhaupt keinen Voraussetzungen über die Taufe bis hin zum kontinuierlichen Besuch religionspädagogischer Angebote über mehrere Jahre hinweg. Bemerkenswerte Unterschiede zeigen sich sodann auch bei der Frage nach der *Dauer und Stundenanzahl* der eigentlichen Konfirmationszeit. BS hat hier mit 136 Stunden verteilt auf drei Jahre die höchste Stundenzahl, zahlreiche Kantone praktizieren mit rund 50 Stunden das einjährige Modell und in weiteren Kantonen liegen sowohl Dauer als auch Stundenanzahl in der Verantwortung der einzelnen Pfarrpersonen.

Ein wesentlicher Faktor für die kantonal sich profilierende Konfirmationsarbeit ist auch die jeweilige Situation des *schulischen Religionsunterrichts* bzw. die damit zusammenhängende Verhältnisbestimmung von Religionsunterricht und Konfirmationsarbeit. Hier bildet der kantonale Vergleich nochmals die gegenwärtig breit diskutierte Veränderung in der Landschaft des schulischen Religionsunterrichts wider (Helbling u. a. 2013), die natürlich auch für die kirchliche Angebotsstruktur und die möglichen Räumlichkeiten sowie zur Verfügung stehenden Zeitgefässe eine wesentliche Rolle spielt.

Schliesslich darf für den Vergleich auch die Tatsache nicht unterschätzt werden, dass in den Kantonalkirchen selbst das Alter der Konfirmandinnen und Konfirmanden unterschiedlich ist, was aus entwicklungspsychologischen Gründen durchaus relevant ist. Dies stellt sich konkret wie folgt dar:

Abbildung 83: Alter der Konfirmandinnen und Konfirmanden in t1

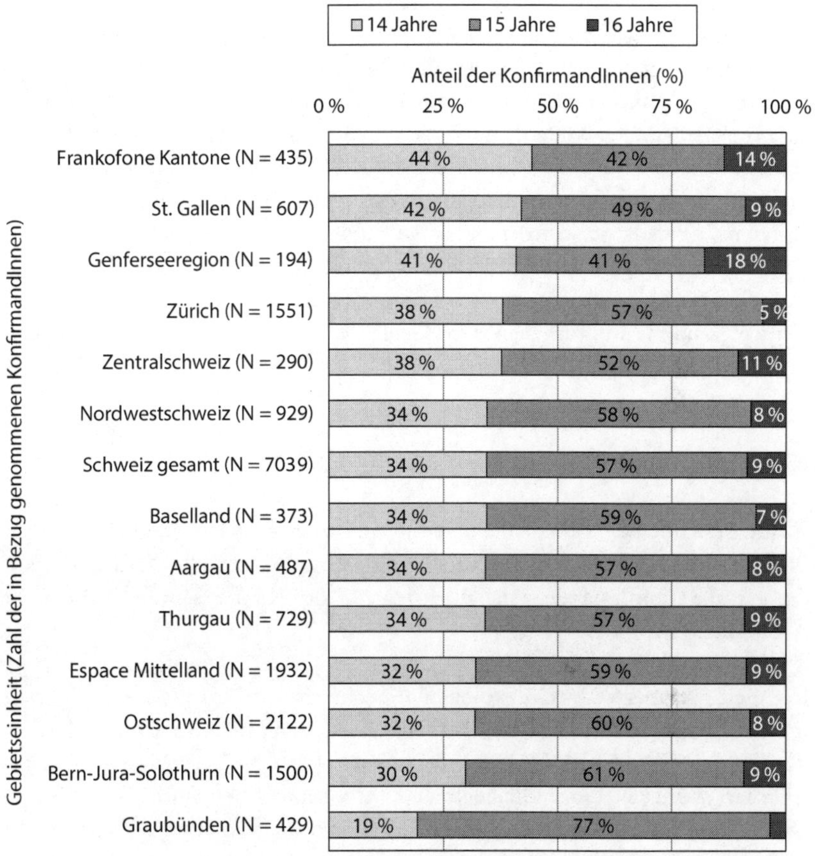

Frankofon sind die Kantone Freiburg, Genf, Neuenburg, Waadt und Wallis. Kantonale/kantonskirchliche Ergebnisse werden berichtet, wenn der kantonale/kantonskirchliche Anteil an den KonfirmandInnen-Datensätzen mindestens 5 % beträgt. Lesehilfe: 57 % der KonfirmandInnen in der Gesamtschweiz sind in t1 15 Jahre alt.

Dieses Ergebnis ist insofern interessant, als man bisher immer davon ausgegangen ist, dass das Alter der Konfirmandinnen und Konfirmanden in der Schweiz höher ist als in anderen Ländern. Bei genauerer Betrachtung zeigt sich aber nun eine interne Differenzierung mit teilweise sehr deutlichen Unterschieden, v. a. was das Alter in den frankofonen Kantonen und insbesondere im Kanton Graubünden angeht, in dem das Anfangsalter deutlich höher ist als in den meisten anderen Kantonalkirchen.

Nach den schlaglichtartigen Impressionen aus der Durchsicht der kantonalkirchlichen Informationen und dieser Altersstatistik sollen statistisch aussagekräftige Erkenntnisse im kantonalen Vergleich vorgestellt werden: Im Folgenden werden sowohl Grossregionen als auch einzelne Kantone mit hoher Beteiligung vorgestellt. Dieses Vorgehen kann in einzelnen Fällen dazu führen, dass aufgrund der hohen Beteiligung etwa der Kanton Bern sowohl als einzelner Kanton als auch zusammengefasst im Espace Mittelland aufgeführt wird. Eine Ausnahme bilden die frankofonen Kantone, die üblicherweise gemäss der Verteilung des Bundesamtes für Statistik verschiedenen Grossregionen angehören, aufgrund der vergleichsweise geringeren Datenfälle hier aber auch als sprachliche Gruppe Beachtung finden sollen und deshalb anhand des Sprachindikators zusammengefasst werden. Einzelne Kantone, wie z. B. Genf, treten in der folgenden Darstellung deshalb mehrfach auf.

4.2.1 Zufriedenheit

Zunächst wird die Zufriedenheit der Jugendlichen mit der Konfirmationszeit untersucht. Der schweizerische Durchschnittswert umfasst 71 % aller Konfirmandinnen und Konfirmanden, die zufrieden mit der Konf-Zeit waren (t2) (siehe Abbildung 84).

Deutlich über dem schweizerischen Durchschnittswert liegt die Zentralschweiz mit ihren Jugendlichen, von denen 81 % zufrieden mit dem Angebot sind. Auch Baselland (77 %), Zürich (75 %) und St. Gallen (73 %) können sich über ausgesprochen zufriedene Jugendliche freuen. Am deutlichsten unter dem Durchschnitt liegen die Kantone Aargau mit 65 % und die frankofonen Kantone mit 64 %, zu denen die Genferseeregion mit 63 % gerechnet wurde.

Abbildung 84: Zufriedenheit der Konfirmandinnen und Konfirmanden mit der gesamten Konf-Zeit differenziert nach Kantonen und Grossregionen

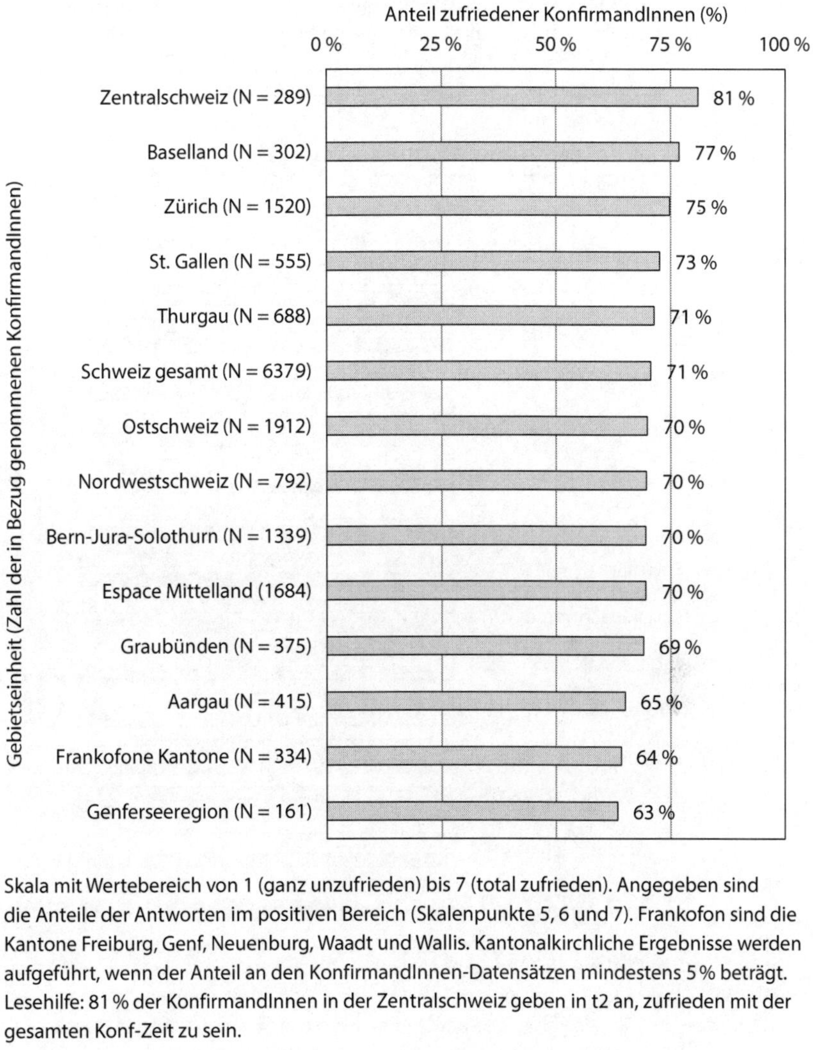

Skala mit Wertebereich von 1 (ganz unzufrieden) bis 7 (total zufrieden). Angegeben sind die Anteile der Antworten im positiven Bereich (Skalenpunkte 5, 6 und 7). Frankofon sind die Kantone Freiburg, Genf, Neuenburg, Waadt und Wallis. Kantonalkirchliche Ergebnisse werden aufgeführt, wenn der Anteil an den KonfirmandInnen-Datensätzen mindestens 5 % beträgt. Lesehilfe: 81 % der KonfirmandInnen in der Zentralschweiz geben in t2 an, zufrieden mit der gesamten Konf-Zeit zu sein.

Bezogen auf die Zufriedenheit der Mitarbeitenden (t2) zeigt sich folgendes Bild:

Abbildung 85: Zufriedenheit der Mitarbeiterinnen und Mitarbeiter mit der Konfirmationsarbeit vor Ort und allgemein, differenziert nach Kantonen und Grossregionen

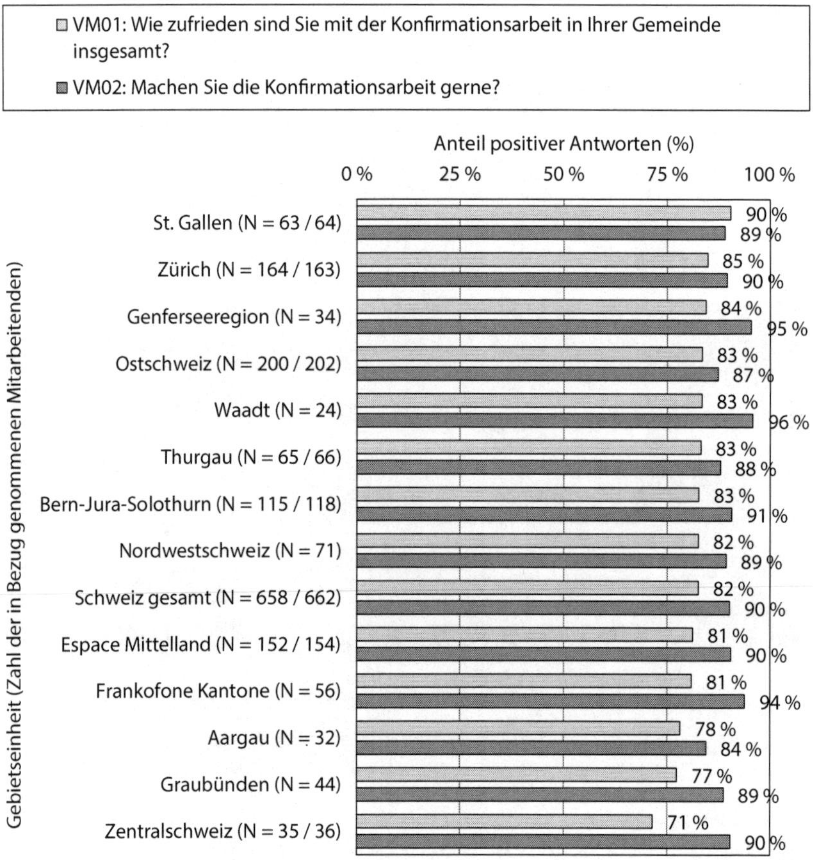

Frankofon sind die Kantone Freiburg, Genf, Neuenburg, Waadt und Wallis. Kantonalkirchliche Ergebnisse werden aufgeführt, wenn der Anteil an den KonfirmandInnen-Datensätzen mindestens 5 % beträgt. Lesehilfe: 90 % der Mitarbeitenden in St. Gallen geben in t2 an, insgesamt zufrieden mit der Konfirmationsarbeit in ihrer Gemeinde zu sein.

Die Konfirmandinnen und Konfirmanden in der Zentralschweiz sind nicht nur besonders zufrieden mit der Konf-Zeit, sondern auch die dort Mitarbeitenden machen ausserordentlich gerne Konfirmationsarbeit (VM02 90 %). Jedoch ist gerade bei diesem Beispiel die Zufriedenheit mit der Konfirmationsarbeit in der

Gemeinde (VM01) besonders gering (71 %), was vermutlich mit strukturellen, formalen, finanziellen und/oder personellen Voraussetzungen zu tun hat. Im Kanton St. Gallen deckt sich die hohe Zufriedenheit der Jugendlichen mit derjenigen der Mitarbeitenden. Zugleich ist dies interessanterweise der einzige Kanton, in dem die Konfirmationsarbeit in der eigenen Gemeinde (90 %) sogar als etwas zufriedenstellender angesehen wird als Konfirmationsarbeit überhaupt (89 %). Am liebsten, und zwar mit 96 %, machen die Waadtländer Mitarbeitenden ihre Arbeit. Diese werden auch noch einmal unter den frankofonen Kantonen aufgeführt, die mit 94 % eine ebenfalls ausserordentlich hohe Zufriedenheit bei VM02 aufweisen. Nun ist es aber so, dass die Konfirmandinnen und Konfirmanden dieser Region mit 64 % eine geringe Zufriedenheit aufweisen. Es kann also daraus nicht automatisch geschlossen werden, dass Mitarbeitende, die mit den Rahmenbedingungen und der konkreten Konfirmationsarbeit zufrieden sind, die Zufriedenheit der Jugendlichen beeinflussen.

Gesamtschweizerisch kann gemäss dem Durchschnitt – und in der Tendenz für die meisten Kantone – davon ausgegangen werden, dass 90 % der Mitarbeitenden ihre Arbeit gerne machen und 82 % mit den Rahmenbedingungen der Konfirmationsarbeit in ihrer Gemeinde zufrieden sind. Die allgemeine Zufriedenheit unter den Mitarbeitenden ist also hoch, in den meisten Fällen ist die Angebotskonzeption auf der Gemeindeebene aber noch optimierbar.

4.2.2 Glaube und Religiosität

Die Schweizer Konfirmandinnen und Konfirmanden glauben zum Zeitpunkt t1 zu 51 % an Gott (CE09), zum Zeitpunkt t2 sind es 50 % (KE09). Gesamtschweizerisch kann man von einer stabilen Glaubensgewissheit ausgehen, die allerdings unter Berücksichtigung des Umstands, dass ja nur solche Jugendliche geantwortet haben, die sich einst auch zur Teilnahme an der Konfirmationszeit bereit erklärt hatten, nicht besonders hoch ausfällt.

Blickt man auf die einzelnen Kantone und Grossregionen, zeigen sich erhebliche Unterschiede. Hohe Werte und hohe Stabilität zeigen sich beispielsweise im Kanton Thurgau, wo je 62 % in t1 und t2 aussagen, an Gott zu glauben. Zusammen mit St. Gallen (57 %) und der Grossregion Ostschweiz scheinen diejenigen Jugendlichen, die von sich sagen, dass sie an Gott glauben, am häufigsten in den genannten östlichen Regionen der Schweiz zu leben:

Abbildung 86: Glaube an Gott in t1 und t2 (CE09/KE09) differenziert nach Kantonen und Grossregionen

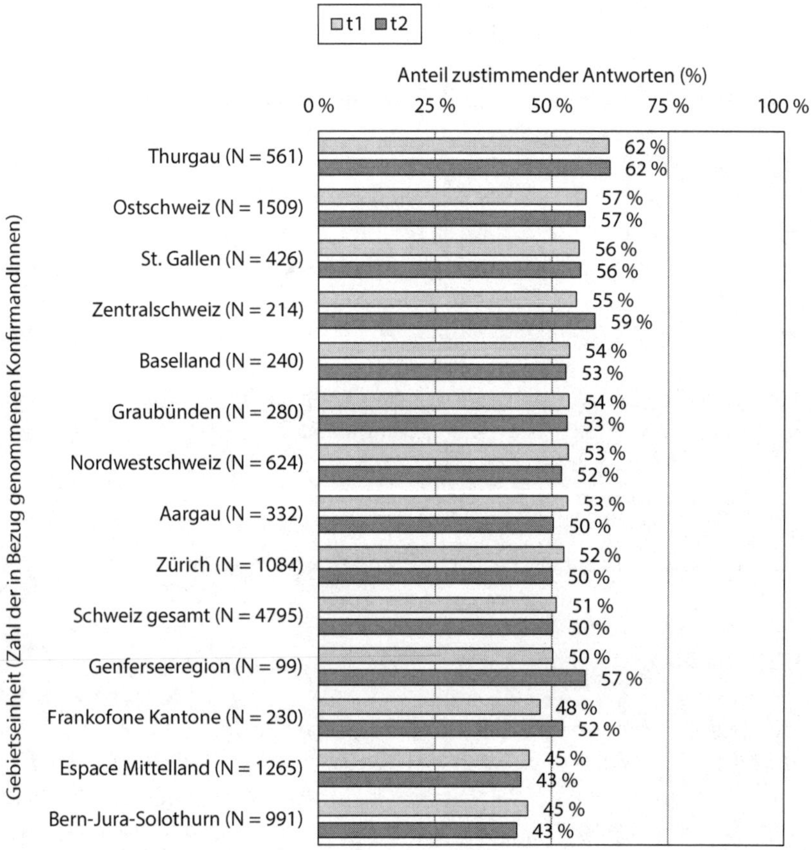

Frankofon sind die Kantone Freiburg, Genf, Neuenburg, Waadt und Wallis. Kantonskirchliche Ergebnisse werden aufgeführt, wenn der Anteil an den KonfirmandInnen-Datensätzen mindestens 5 % beträgt. Lesehilfe: 62 % der KonfirmandInnen im Thurgau gaben in t1 und t2 an, an Gott zu glauben.

Zunehmenden Glauben an Gott drücken die Jugendlichen in der Zentralschweiz aus, die mit 55 % in t1 und 59 % in t2 überhaupt hohe Werte aufweist, doch den stärksten Einfluss auf Glaubensüberzeugungen während der Konf-Zeit scheint die Verortung in der Genferseeregion auszuüben: Von t1 50 % auf t2 57 % ist dort ein erheblicher Anstieg zu verzeichnen.

Untersucht man die Religiosität der Jugendlichen und der Mitarbeitenden, wird der Index iCE4 zur religiösen Zentralität eingesetzt, der sich aus den Indizes iCE2 (Religiosität, t1) und iCE3 (religiöse Reflexivität, t1) zusammensetzt. Der Durchschnittswert bezüglich der Religiosität der Jugendlichen für die Schweiz liegt bei 2,36. Deutlich darüber liegen die Genferseeregion mit 2,74, gefolgt von der diese einschliessenden Gruppe der frankofonen Kantone sowie dem Thurgau und der Zentralschweiz:

Abbildung 87: Religiöse Zentralität der Konfirmandinnen und Konfirmanden (iCE4) differenziert nach Kantonen und Grossregionen

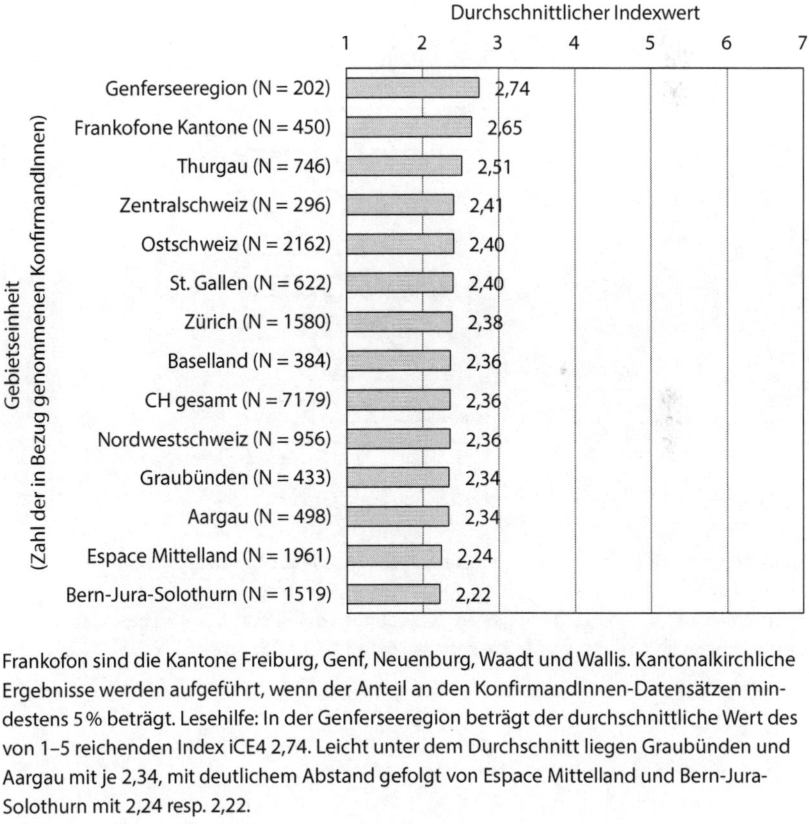

Frankofon sind die Kantone Freiburg, Genf, Neuenburg, Waadt und Wallis. Kantonalkirchliche Ergebnisse werden aufgeführt, wenn der Anteil an den KonfirmandInnen-Datensätzen mindestens 5 % beträgt. Lesehilfe: In der Genferseeregion beträgt der durchschnittliche Wert des von 1–5 reichenden Index iCE4 2,74. Leicht unter dem Durchschnitt liegen Graubünden und Aargau mit je 2,34, mit deutlichem Abstand gefolgt von Espace Mittelland und Bern-Jura-Solothurn mit 2,24 resp. 2,22.

In Bezug auf die Mitarbeitenden verändert sich die bisher feststellbare Tendenz einer religiöseren frankofonen, Ost- und Zentralschweiz. Die Mitarbeitenden im Thurgau, in Graubünden und im Aargau weisen eine überdurchschnittlich hohe Religiosität auf.

Abbildung 88: Die Religiosität der Hauptamtlichen (Index iWE1) differenziert nach Kantonen und Grossregionen

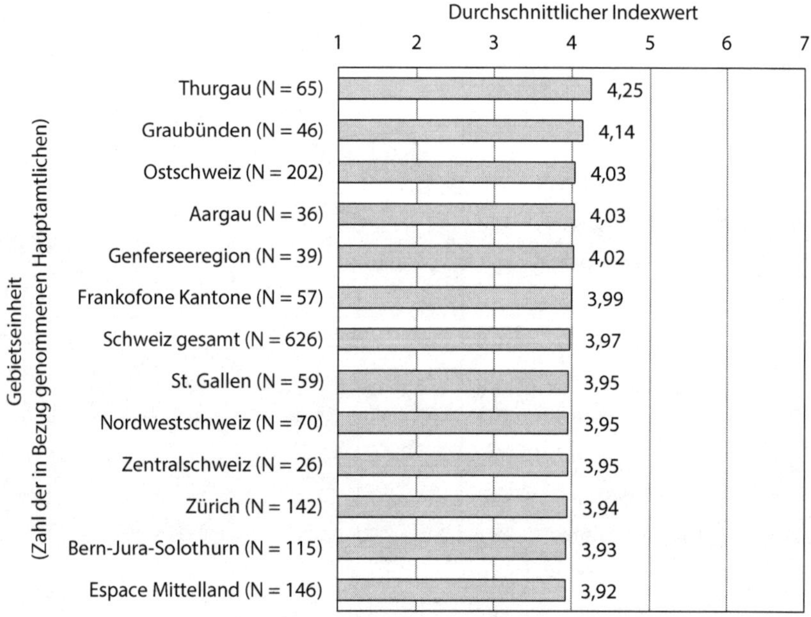

Frankofon sind die Kantone Freiburg, Genf, Neuenburg, Waadt und Wallis. Kantonale/kantonskirchliche Ergebnisse werden aufgeführt, wenn der kantonalkirchliche Anteil an den Hauptamtlichen-Datensätzen mindestens 5 % beträgt. Lesehilfe: Im Thurgau beträgt der durchschnittliche Wert des von 1–5 reichenden Index iWE1 4,25.

Anders als bei den Konfirmandinnen und Konfirmanden, wo sich die Werte doch um ein Spektrum von gut 0,5 Punkten unterscheiden, sind es bei den Mitarbeitenden nur gut 0,3. So sind auch die in diesem Falle tiefsten Werte aus dem Espace Mittelland mit 3,92 noch immer recht hoch. Die Religiosität gemäss dem Index iCE4 liegt bei den Mitarbeitenden aller Kantone deutlich höher als bei den Jugendlichen, worauf wir schon an früherer Stelle (vgl. 2.4.4) hingewiesen haben. In der zentralen, östlichen und frankofonen Schweiz zeigt sich eine erhöhte Zustimmung bei Fragen zur eigenen Religiosität, während bspw. das Mittelland eher zurückhaltende Antworten aufweist.

4.2.3 Religiöse Sozialisierung

Wie schon mehrfach gezeigt, spielt die religiöse Sozialisation durch die Familie der Jugendlichen eine wesentliche Rolle in Bezug auf die Teilnahme und die Erfahrungen während der Konf-Zeit sowie für die Identifikation mit Glaube und Kirche. Untersucht man den religiösen familiären Hintergrund der Jugendlichen, sind auch einige vorangehend gedeutete kantonale Ergebnisse besser verständlich (siehe Abbildung 89).

Besonders religiöse Elternhäuser oder Sozialisation finden sich gemäss der Aussagen der Konfirmandinnen und Konfirmanden in den Kantonen Thurgau und St. Gallen sowie in den frankofonen Kantonen. Auf der anderen Seite sind es Espace Mittelland, Bern-Jura-Solothurn, Zürich und Baselland, wo die Jugendlichen zu mehr als der Hälfte angeben, aus einem kaum religiösen Elternhaus zu stammen. Die (familiäre) Präsenz des christlichen Glaubens und letztlich auch der Kirche hängt je nach Region sicher stark von den Rahmenbedingungen ab, bspw. ob sich die reformierte Kirche in einer Diasporasituation befindet oder wie Schule und Kirchen zusammenarbeiten. Ebenfalls ist es möglich, dass in ländlichen Gebieten ein familiärer Bezug zur Kirche häufiger auftritt als in urbanen Gegenden. Solche groben Zuordnungen lassen sich jedoch nur bedingt auf die Kantone und ihre Ergebnisse anwenden, da auch immer wieder überraschende Ergebnisse wie z. B. aus der Genferseeregion oder aus der Stadt Zürich auftreten.

Abbildung 89: Familiär-religiöse Prägung der Konfirmandinnen und Konfirmanden differenziert nach Kantonen und Grossregionen

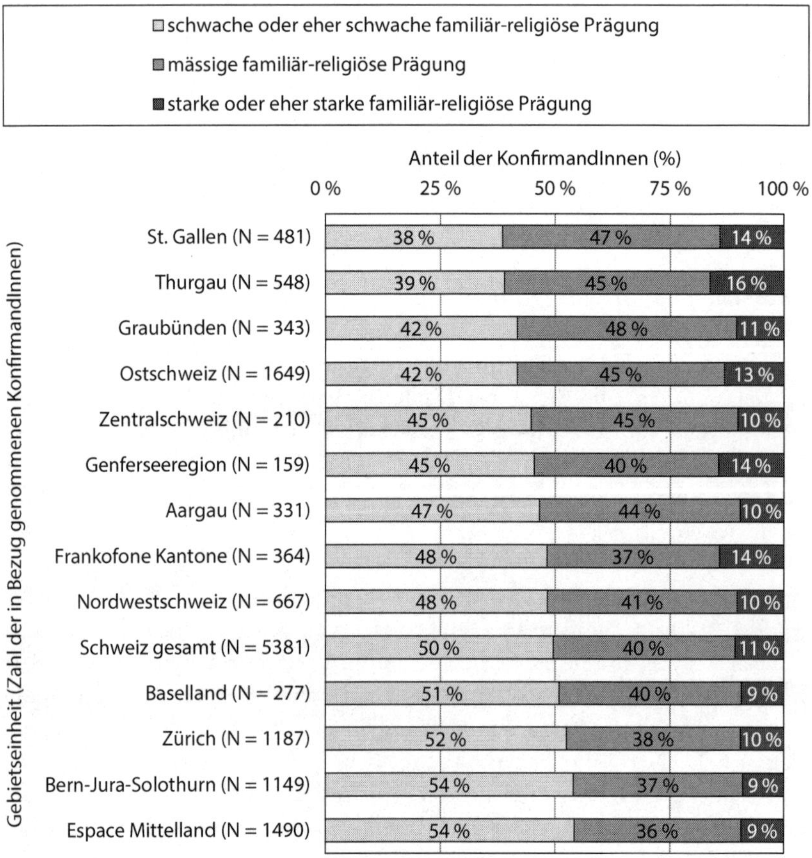

Frankofon sind die Kantone Freiburg, Genf, Neuenburg, Waadt und Wallis. Kantonalkirchliche Ergebnisse werden aufgeführt, wenn der Anteil an den KonfirmandInnen-Datensätzen mindestens 5 % beträgt. Eine schwache oder eher schwache familiär-religiöse Prägung liegt vor, wenn die Merkmale von CJ01 (Einschätzung der Religiosität des Elternhauses) und CJ02 (Abendgebet mit den Eltern) folgendermassen kombiniert sind: 1) nicht religiös & kein Abendgebet; 2) weniger religiös & kein Abendgebet; 3) nicht religiös & Abendgebet manchmal. Eine starke oder eher starke familiär-religiöse Prägung geht mit folgenden Merkmalskombinationen einher: 1) sehr religiöses Elternhaus & Abendgebet (fast) täglich; 2) ziemlich religiöses Elternhaus & Abendgebet (fast) täglich; 3) sehr religiöses Elternhaus und Abendgebet manchmal. Alle sonstigen Merkmalskombinationen spiegeln eine mässige familiär-religiöse Prägung wider. Lesehilfe: 16 % der KonfirmandInnen im Thurgau verfügen über eine starke oder eher starke familiär-religiöse Prägung.

4.3 Zwischenfazit

Erwartungsgemäss unterscheiden sich die kantonalen Ergebnisse der Studie zur Konfirmationsarbeit voneinander – und das nicht bloss über die Sprachgrenzen hinweg oder bezüglich ländlicher oder urbaner Prägung der Kantone. In den erhobenen Daten zeigt sich eine Tendenz dahin gehend, dass in der Ost- und Zentralschweiz Zufriedenheit und Religiosität sowohl bei den Jugendlichen wie auch bei den Mitarbeitenden überdurchschnittlich hoch ausfallen. Dass hingegen etwa in der Genferseeregion einzelne Werte unterdurchschnittlich ausfallen, sagt nicht direkt etwas über das Angebot und dessen Qualität aus, sondern lässt vielmehr vermuten, dass die in den kantonalen Ordnungen definierten Voraussetzungen, die von den Jugendlichen ein höheres Commitment erwarten als anderenorts, auch zu unterschiedlichen Erwartungshaltungen seitens der Jugendlichen und der Mitarbeitenden führen.

Es sei an dieser Stelle deshalb noch einmal auf die erheblichen Differenzen bezüglich der Situation der reformierten Kirche in den einzelnen Kantonen hingewiesen. Während Genf und Basel-Stadt bezüglich der Situation der Kirche im Kanton durchaus als säkular bezeichnet werden können, ist bspw. im Thurgau oder in Graubünden die Position der Kirche eine deutlich stärkere und nach wie etablierte. Konkretisiert auf die Konfirmationsarbeit unterscheiden sich die Kantone bspw. in der Frage, in wessen Kompetenz die Konfirmationsarbeit liegt: Im Kanton Bern sind es häufig Katechetinnen und Katecheten, in zahlreichen anderen Kantonen haben die Pfarrpersonen die Hauptverantwortung. Auch die Aus- und Weiterbildung unterscheidet sich, da nicht alle Kantone auf Angebote des Konkordats zurückgreifen, sondern etwa eigene Weiterbildungsmodelle für Ehrenamtliche anbieten.

Die Voraussetzungen für die Konfirmation können strikt geregelt bis niederschwellig sein, die Zielformulierungen unterscheiden sich in Ausführlichkeit und religionspädagogischer Ausrichtung und auch die Konsequenzen der Konfirmation sind different. Betrachtet man die kirchenrechtlichen Folgen in den Kantonen, so verändert sich für Konfirmierte je nach Ort entweder nichts, einiges oder sie erhalten unabhängig von ihrer Konfirmation und aufgrund des Erreichens des sechzehnten Lebensjahrs sämtliche Rechte als Kirchenmitglieder.

Die kantonale Bandbreite zeigt vor allem, dass die Konfirmation und die Konfirmationsarbeit auf kantonaler Ebene in grosser reformierter Freiheit ihre je spezifischen Regelungen findet und dementsprechend die Jugendlichen wie auch die Mitarbeitenden ihre Konfirmationszeit je nach Ort völlig unterschiedlich erleben und wahrnehmen. Dass damit auch die Frage nach möglichen einheitlichen Standards, sei es hinsichtlich rechtlicher Rahmenbedingungen, der Durchführung oder auch der Aus- und Weiterbildung, von vorneherein mit besonderen Herausforderungen verbunden ist, sei schon an dieser Stelle wenigstens angedeutet.

5. Vergleich mit den Ländern der Zweiten Europäischen Studie

5.1 Einleitung

Während die bisherigen Kapitel und Abschnitte der Untersuchung primär auf die schweizerischen Ergebnisse konzentriert waren, soll im Folgenden in vergleichender Weise der Blick auf den europäischen Ergebniszusammenhang gerichtet werden (für die europäischen Ergebnisse der Ersten und der Zweiten Europäischen Studie im Überblick vgl. Schweitzer u. a. 2010; Schweitzer u. a. 2015). Denn der Vergleich kann deutlich machen, wie sich die Antworten der schweizerischen Konfirmandinnen und Konfirmanden im Verhältnis zu den Jugendlichen in den anderen europäischen Ländern darstellen, wie sich einzelne Ergebnisse unterscheiden oder diesen ähnlich sind. Eine solche Gegenüberstellung erlaubt neben dem internationalen Vergleich ausserdem eine bessere Einschätzung der schweizerischen Ergebnisse gerade auch im Blick auf deren spezifisches Profil und Niveau.

Vorausgeschickt sei an dieser Stelle, dass die Interpretation im Anschluss an einen solchen Vergleich natürlich nicht ohne seine kontextuellen Bedingungsfaktoren anzustellen ist: Zu diesen zählen in erster Linie das im Vergleich zu den anderen europäischen Ländern meist höhere Lebensalter der schweizerischen Konfirmandinnen und Konfirmanden, andererseits aber auch die in dieser Studie bereits mehrfach aufgezeigten spezifisch reformierten Traditionen und Zielvorstellungen der Konfirmationszeit inklusive des Konfirmationsgottesdienstes, der in seiner Prägewirkung für die übergeordnete Zielsetzung und Ausgestaltung des kirchlichen Bildungsangebots ebenfalls nicht zu unterschätzen ist: Im Sinn einer Vorbemerkung sei hier auf das unterschiedliche Alter der Konfirmandinnen und Konfirmanden im europäischen Vergleich hingewiesen, da dies natürlich für die Frage der Wahrnehmung der Konfirmationszeit als Ganzes aus entwicklungspsychologischen Gründen erheblich ist. In anderen Worten: Natürlich macht es einen Unterschied, ob die Jugendlichen zu Beginn dieser Zeit 14 oder etwa schon 16 Jahre alt sind – denn sowohl die kritische Wahrnehmung als auch die mündige Beteiligung an diesem kirchlichen Bildungsangebot dürfte mit höherem Lebensalter fraglos ansteigen. Hier zeigt sich für den internationalen Vergleich nun sehr deutlich, dass die schweizerischen Konfirmandinnen und Konfirmanden mit Eintritt in das letzte Jahr vor der Konfirmation doch um einiges älter sind als die Jugendlichen in den meisten anderen europäischen Ländern:

Abbildung 90: Alter der Konfirmandinnen und Konfirmanden in t1

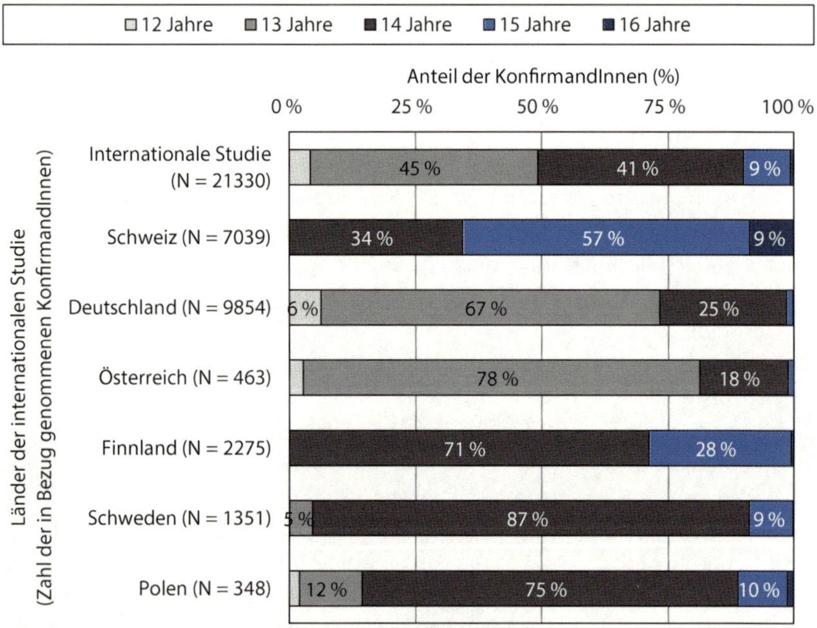

Lesehilfe: 57 % der schweizerischen KonfirmandInnen sind in t1 15 Jahre alt.

Für die folgende vergleichende Darstellung wurden die Ergebnisse für diejenigen Items herausgegriffen, für die die Differenz zwischen dem schweizerischen und dem internationalen Mittelwert besonders hoch ausfällt. Insofern mag die Auswahl einzelner Aspekte den Gesamteindruck des insgesamt europaweit gar nicht so grundsätzlich unterschiedlichen Bildes etwas verzerren. Allerdings eröffnen sich gerade bei der Markierung der Unterschiede besonders interessante Vergleichsmöglichkeiten.

Es sei hier ausdrücklich wie auch schon für die kantonalkirchlichen und regionalen Ergebnisse gesagt, dass es bei dem nun folgenden europäischen Vergleich nicht um eine Art Ranking geht, selbst wenn dies manche Daten nahezulegen scheinen. Auch die Formulierung eines «besser» oder «schlechter» seien hier ausdrücklich vermieden, und wenn von «niedriger» oder «höher» die Rede ist, so ist dies eben der Notwendigkeit der vergleichenden Beschreibung geschuldet. Aber natürlich ist auch zu betonen, dass die Tatsache unterschiedlicher Werte natürlich insbesondere dort zu denken geben sollte, wo diese deutlich niedriger als in den anderen Ländern ausfallen.

5.2 Einzelne Ergebnisse zu den Konfirmandinnen und Konfirmanden

Begonnen sei hier mit einem Überblick über die Teilnahmequote in den einzelnen Ländern in den letzten rund 45 Jahren, genauer seit 1970: Hier zeigt sich über die Länder hinweg ein fraglos mit den grundsätzlichen Entwicklungstendenzen von Kirchenzugehörigkeit und Kirchenaustritten verbundenes Phänomen, nämlich die teilweise sehr starke Entkirchlichung und die geringer werdende kirchliche Mitgliedschaft in den einzelnen an der Studie beteiligten Ländern. Dass sich dies auch auf die Zahlen der an der Konfirmationszeit Teilnehmenden auswirkt, vermag kaum zu überraschen:

Abbildung 91: Anteil der Konfirmierten an der Altersgruppe der 15-Jährigen im jeweiligen Land

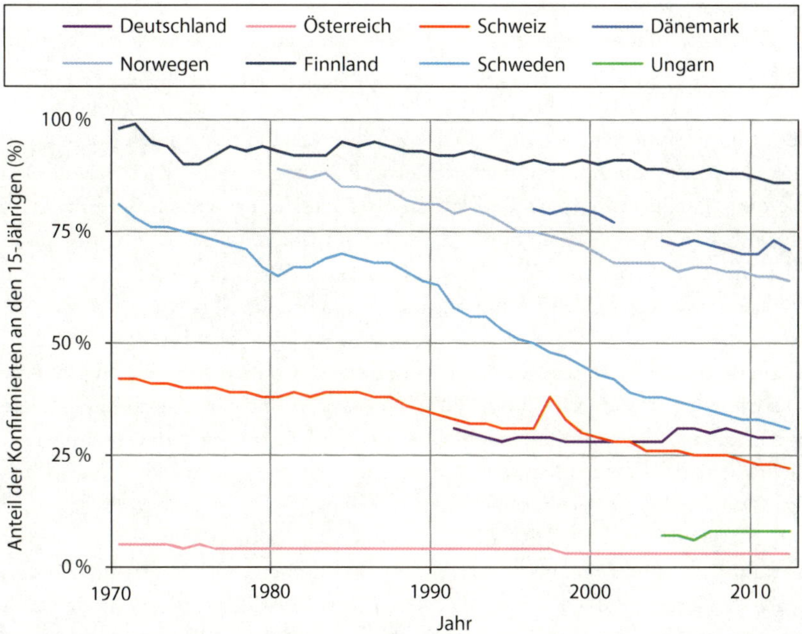

Keine Angaben für Polen verfügbar. Daten teilweise von Niemelä (2008, 7) und Schweitzer u. a. (2015, 307). Angaben zur absoluten Zahl der Konfirmationen in der Schweiz 1950–2014 vom Schweizerischen Evangelischen Kirchenbund (SEK), Angaben zur absoluten Zahl der 15-jährigen Jugendlichen in der Schweiz 1950–2014 vom Bundesamt für Statistik (BFS). Dargestellt ist das Verhältnis zwischen der Zahl der Konfirmierten und der Zahl aller Jugendlichen in der Alterskohorte der 15-Jährigen in der Zeitspanne 1970–2012 differenziert nach Ländern. Lesehilfe: 1970 lassen sich 42 % der schweizerischen Jugendlichen konfirmieren, der entsprechende Anteil liegt 2012 nur noch bei 22 %.

Die hohen Ausgangszahlen in den skandinavischen Ländern rühren natürlich von deren über lange Zeit hinweg religiös homogenen Gesellschaften her, die bis weit in das 20. Jahrhundert hinein z.T. bis zu fast 100 % Kirchenmitgliedschaft in der protestantischen Kirche verzeichnet haben. Dass sich diese religionsdemografischen Verhältnisse mit dem Ende des Jahrhunderts massiv zu ändern begonnen haben, wird auch an dieser Statistik deutlich: Am stärksten ist über den betrachteten Zeitraum hinweg der Anteil schwedischer Jugendlicher, die sich noch konfirmieren lassen, gesunken: nämlich von über 80 % auf 30 %. Deutliche Absenkungen, wenn auch nicht ganz so dramatisch, finden sich in Norwegen und Dänemark. In Deutschland, aber auch in Österreich und selbst in Finnland ist der Anteil der Konfirmandinnen und Konfirmanden an der Gesamtbevölkerung vergleichsweise stabil geblieben, wobei allerdings für die kommenden Jahre angesichts der starken Kirchenaustrittstendenz und der teilweise erheblich nachlassenden Taufquoten zu beobachten sein wird, wie sich diese Zahl in den einzelnen Ländern weiterentwickelt.

Die Entwicklungen für die Schweiz erscheinen auf den ersten Blick eher unspektakulär. Dies liegt optisch daran, dass das Ausgangsniveau aufgrund der konfessionellen Gesamtverteilung in der Schweiz im Vergleich zu den anderen Ländern mit 40 % im Jahr 1970 deutlich niedriger war. Dies entsprach durchaus in etwa der Anzahl der reformierten Gesamtbevölkerung zu dieser Zeit. Schaut man allerdings genauer hin, so ist festzustellen, dass auch in der Schweiz der Anteil von Jugendlichen dieser Alterskohorte, die sich konfirmieren lassen wollen, ebenfalls durchaus dramatisch um die Hälfte gesunken ist. Während also, um es einmal prägnant auszudrücken, in Finnland immer noch neun von zehn Jugendlichen konfirmiert werden, ist es in der Schweiz nur noch etwa jeder fünfte! Schon diese elementare Zahl weist deutlich darauf hin, dass die Konfirmation im Blick auf die faktisch teilnehmenden Jugendlichen zu einem eher randständigen Bildungsangebot in dieser Altersgruppe zu werden droht und damit vermutlich schon jetzt nicht mehr die breite öffentliche Aufmerksamkeit geniesst, wie dies v. a. in den skandinavischen Ländern nach wie vor der Fall ist. Diese, wenn man es so nennen will, Marginalisierungstendenz dürfte schon jetzt auch mindestens für das nächste hier anzuführende Ergebnis von gewissem Einfluss sein. Der internationale Vergleich macht nämlich deutlich, dass das Motiv der Teilnahme «von sich aus» offenkundig für die schweizerischen Konfirmandinnen und Konfirmanden deutlich weniger bedeutsam ist als im europäischen Gesamtdurchschnitt und auch in allen anderen untersuchten Ländern:

Abbildung 92: Teilnahmemotivation «weil ich von mir aus teilnehmen wollte» (CA11)

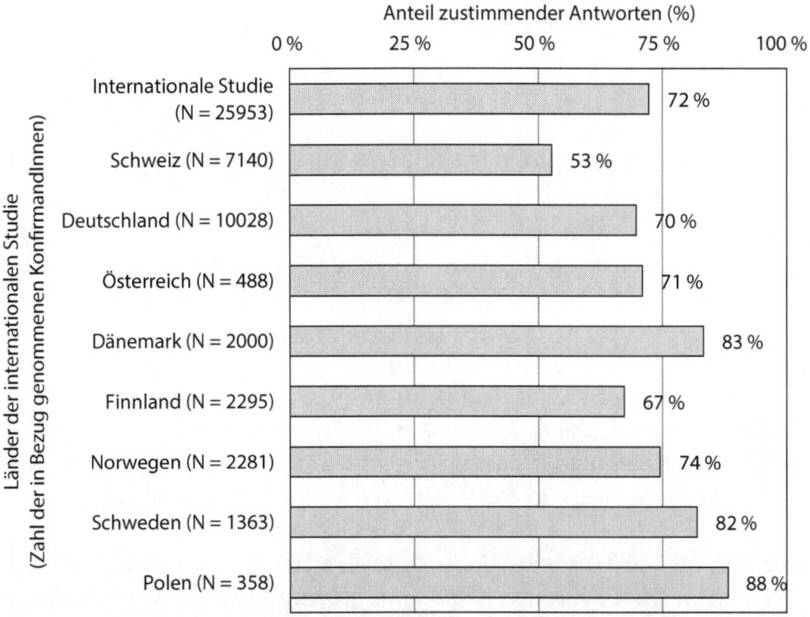

Lesehilfe: 53 % der schweizerischen KonfirmandInnen geben in t1 an, an der Konf-Zeit teilzunehmen, weil sie von sich aus teilnehmen wollen.

Dieses Ergebnis überrascht insofern, als man aufgrund des höheren Lebensalters der schweizerischen Konfirmandinnen und Konfirmanden davon ausgehen könnte, dass sich hier eine Art adoleszenter Autonomie zeigt und deshalb diese Frage eigentlich sehr positiv beantwortet werden müsste. Dies ist nun aber, wie die Grafik zeigt, keineswegs der Fall. Eine auf den ersten Blick naheliegende Lesart wäre, dass in der Schweiz die Teilnahme aus Traditionsgründen eine doch noch stärkere Bedeutung spielen könnte und eben die kulturelle Verankerung dieses kirchlichen Angebots immer noch sehr hoch ist. Einem solchen Erklärungsversuch widerspricht allerdings, dass die Ergebnisse in den stark von der Tradition geprägten Ländern Dänemark und Polen hier wesentlich höher sind. Andere Ergebnisse im europäischen Vergleich zeigen ausserdem, dass die kulturelle Verankerung etwa in Deutschland und Österreich ebenfalls nach wie vor sehr hoch ist und eben, wie im Blick auf die Teilnahmequote bereits angedeutet, eher von einer zunehmend randständigen Existenz der Konfirmationsarbeit in der Schweiz auszugehen ist. Insofern muss dieses Ergebnis wohl anders gelesen werden:

Eine denkbare Erklärung ist, dass die innere Beteiligung der Jugendlichen im Blick auf den Umgang mit dieser Frage deutlich geringer ist als in den anderen Ländern, dass also die Teilnahme zwar nicht aus traditionellen Gründen erfolgt, aber auch nicht sehr stark aus persönlichen oder gar emotionalen Gründen. Möglicherweise ist die innere Haltung einer wirklich überzeugten Teilnahme bei den reformierten Jugendlichen deshalb geringer als in allen anderen Ländern, weil man sich hier beispielsweise im Vergleich zu den eigenen Peers bereits in einer Aussenseiterposition befindet.

Eine solche Interpretation im Sinne der vergleichsweise wenig leidenschaftlichen Teilnahmebereitschaft kann auch für die nähere Betrachtung der unmittelbar glaubensbezogenen Aspekte als denkbar gelten. Kurz und bündig formuliert zeigt sich: Abgesehen von Finnland fällt in keinem Land das Teilnahmemotiv der Festigung des Glaubens zu Beginn des Konfirmationsjahres so gering aus wie in der Schweiz. Und auch am Ende des Jahres ist bei den schweizerischen Jugendlichen die Erfahrung der Festigung des Glaubens so gering wie in keinem anderen europäischen Land – sie liegt auf einer Skala von 1 bis 7 mit 4,52 um knapp 0,5 Punkte niedriger als der europäische Durchschnitt (4,99) (siehe Abbildung 93).

Man mag nun die Formulierung des Items als solche für recht stark und möglicherweise aus Sicht der Jugendlichen für so «religiös» halten, dass sie darauf eben nur in einer gewissen distanzierten Weise antworten. Es könnte also sein, dass sie mit diesem Item ein Missioniertwerden assoziieren, von dem sie sich bewusst abgrenzen wollen. Denkbar ist auch, dass sich eben aufgrund der spezifisch reformierten Tradition eines vergleichsweise offenen Glaubensbegriffs bei gleichzeitigem Verzicht auf die liturgische Verwendung des Glaubensbekenntnisses zu dieser Frage eben eine prinzipiell kritische Einstellung zeigt.

Andererseits scheint es jedenfalls in der Schweiz im Verlauf der Konfirmationszeit nicht zu gelingen, starke positive Assoziationen zur Frage der Festigung des Glaubens auszulösen. Markiert sei an dieser Stelle insofern die Problematik, dass damit die immer wieder beschworene Zielsetzung einer Stärkung des reformierten Profils und seiner Glaubenstraditionen offenbar jedenfalls im schweizerischen Kontext durch die Konfirmationszeit hindurch kaum erfolgt. Von diesen Beobachtungen aus verwundert es kaum, dass auch das Teilnahmemotiv einer Stärkung im Glauben gerade bei schweizerischen Jugendlichen auf eine deutliche Reserviertheit trifft.

Abbildung 93: Festigung des Glaubens als Teilnahmemotivation und Erfahrung

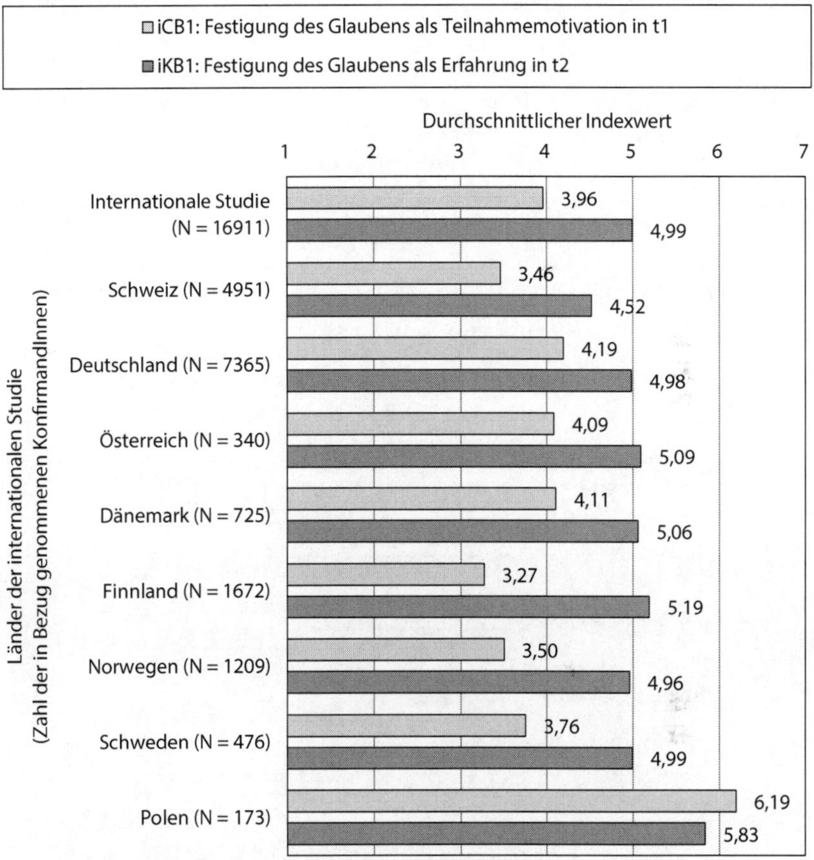

Berücksichtigt sind nur KonfirmandInnen, für die gültige Werte zu den beiden Befragungszeitpunkten (t1 und t2) vorliegen. Lesehilfe: Die schweizerischen KonfirmandInnen weisen bei t1 einen durchschnittlichen Wert von 3,46 auf dem von 1–7 reichenden Index iCB1 auf; der entsprechende Wert auf dem Index iKB1 liegt bei 4,52.

Eine ähnliche Tendenz zeigt sich auch hinsichtlich der Frage, ob sich denn Jugendliche zur Konfirmation anmelden, um mehr über Gott und den Glauben zu erfahren. Hier geht es zwar weniger um Glaubensfestigung als vielmehr um ein bestimmtes Wissen im Blick auf diese Aspekte. Auch zu dieser Frage zeigen sich im Vergleich der schweizerischen mit den anderen europäischen Jugendlichen markante Unterschiede:

Abbildung 94: Mehr Wissen über Gott und den Glauben als Teilnahmemotivation und Erfahrung

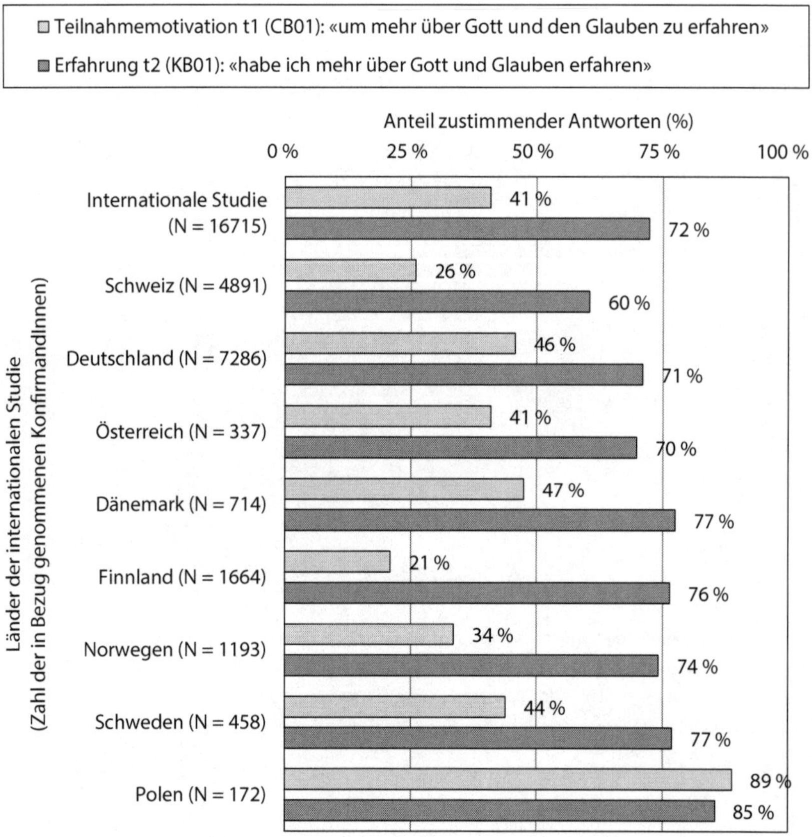

Berücksichtigt sind nur KonfirmandInnen, für die gültige Werte zu den beiden Befragungszeitpunkten (t1 und t2) vorliegen. Lesehilfe: 26 % der schweizerischen KonfirmandInnen geben in t1 an, an der Konf-Zeit teilzunehmen, um mehr über Gott und den Glauben zu erfahren; in t2 geben 60 % von ihnen an, mehr über Gott und den Glauben erfahren zu haben.

Zwar ist die hier aufgeführte Teilnahmemotivation mit 21 % bei den finnischen Jugendlichen noch etwas geringer, allerdings folgt darauf dann doch sogleich mit 26 % die Zahl für die Schweiz, die sich sehr deutlich vom europäischen Durchschnitt und dann auch von einzelnen Ländern unterscheidet. In diesem Zusammenhang zeigt sich das Phänomen, dass die Ergebnisse am Ende des Jahres zwar erfreulicherweise deutlich höher ausfallen als zu Beginn, allerdings im europäischen Vergleich die schweizerischen Jugendlichen zu 60 % aussagen, mehr über Gott und den Glauben erfahren zu haben, während dies im europäischen Durchschnitt 72 % sind. Um es im Umkehrschluss zu sagen: 40 % der schweizerischen Jugendlichen stimmen am Ende des Jahres dieser Aussage gerade nicht zu, was als ein erstaunliches und durchaus auch irritierendes Ergebnis angesehen werden kann.

Man könnte dieses Resultat darauf zurückführen, dass die Verantwortlichen der Konfirmationsarbeit eben auf diese Aspekte nicht den zentralen Wert gelegt haben oder, wie es in manchen qualitativen Rückmeldungen der Hauptverantwortlichen hiess, mit dieser Frage der eigentliche Sinn und Zweck des Angebots aus ihrer Sicht nur unzureichend erfasst werden kann. Andererseits ergibt hier eben doch auch der europäische Vergleich in aufschlussreicher Weise Sinn. Denn dass dort die Ergebnisse deutlich positiver ausfallen, wird wohl kaum daran gelegen haben, dass sich die dortigen Verantwortlichen ganz andere Zielsetzungen zu eigen gemacht haben. Es ist vielmehr davon auszugehen, dass in der schweizerischen Konfirmationsarbeit eine kommunikative und diskursive Praxis vorherrschend ist, die jedenfalls explizit auf die Fragen des Glaubens und auf die Rede von Gott zwar wohl nicht verzichtet, aber diese nur ausgesprochen zurückhaltend zur Sprache bringt.

In engem Zusammenhang zur Frage der Teilnahmemotive steht übrigens auch der Aspekt des Glaubens an Gott überhaupt: Hier zeigt sich recht deutlich, dass jedenfalls die schweizerischen Jugendlichen hier im europäischen Vergleich vergleichsweise geringe Werte aufweisen – wobei gerade bei diesem Punkt das höhere Alter der Jugendlichen von massgeblichem Einfluss sein dürfte und insofern nicht automatisch von einer stärker säkularen Situation in der Schweiz ausgegangen werden sollte:

Abbildung 95: Glaube an Gott (CE/KE09)

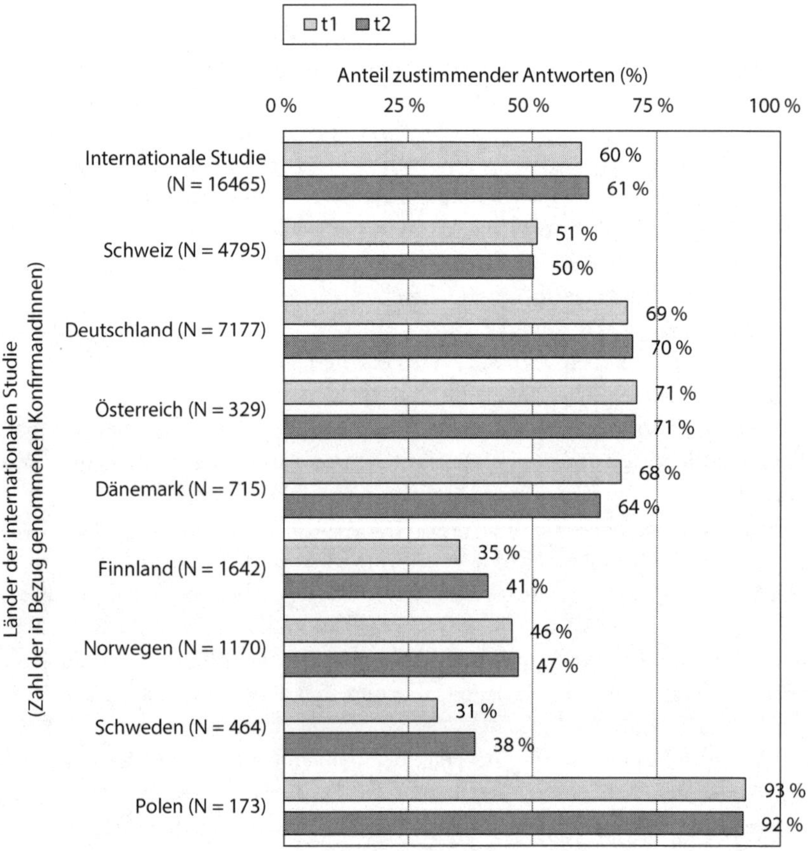

Berücksichtigt sind nur KonfirmandInnen, für die gültige Werte zu den beiden Befragungszeitpunkten (t1 und t2) vorliegen. Lesehilfe: 51 % der schweizerischen Konfirmandinnen und Konfirmanden geben in t1 an, an Gott zu glauben; in t2 beträgt der entsprechende Anteil 50 %.

Angesichts dieser Ergebnisse stellt sich die Frage, wie es eigentlich um die Erwartungen der Jugendlichen an normale Gottesdienste steht. Dass positive Gottesdiensterfahrungen im Rahmen der gesamten Konfirmationszeit relevant sind, sollte ja nicht nur aus Gründen zukünftiger Mitgliederbindung, sondern auch in bildungstheoretischer Hinsicht anerkannt werden. Denn die Bedeutung und Relevanz von Kirche erschliesst sich natürlich in ihrem Kern sehr wesentlich gerade über den Aspekt gottesdienstlicher Praxis und des gemeinschaftlichen Vollzugs. Da es hier stark um eine Frage der Wirkungen des Konfirmationsangebots geht, sind im Folgenden nur die Ergebnisse aus t2 für den Vergleich aufgenommen:

Abbildung 96: Erwartungen an normale Sonntagsgottesdienste

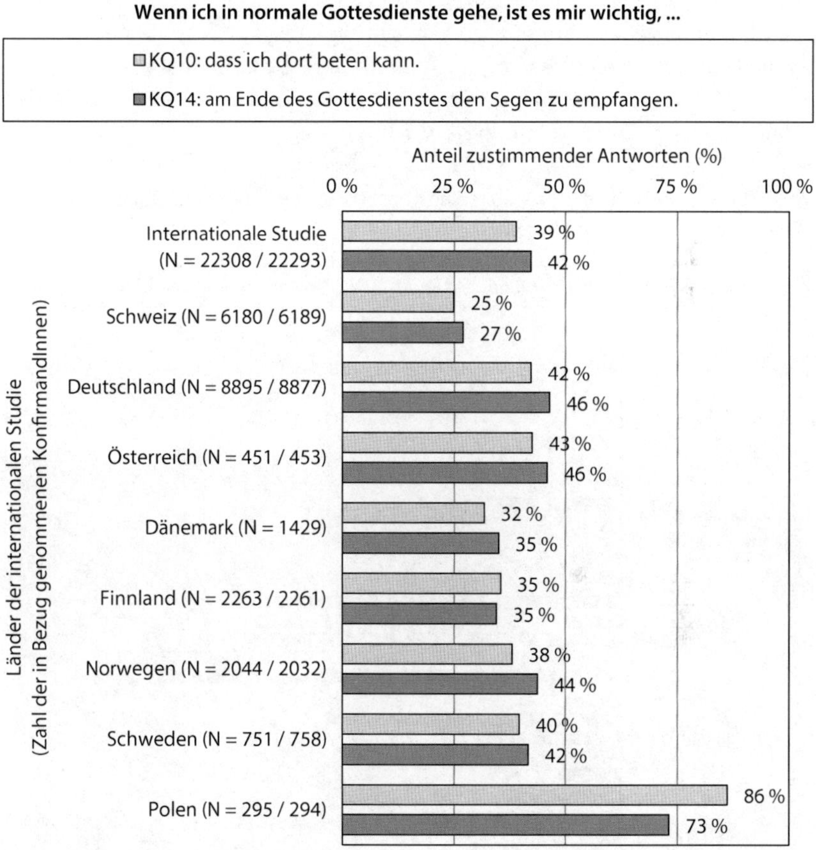

Lesehilfe: 25 % der schweizerischen KonfirmandInnen erwarteten in t2 von normalen Sonntagsgottesdiensten, dass sie dort beten können.

Hier zeigt sich eine vergleichsweise geringe Bedeutung gottesdienstlichen und liturgischen Handelns für das Selbstverständnis der Konfirmandinnen und Konfirmanden. Sowohl die Erwartung, «dass ich dort beten kann» (KQ10), wie auch die Erwartung, «am Ende des Gottesdienstes den Segen zu empfangen» (KQ14), ist bei den schweizerischen Jugendlichen sehr viel weniger gegeben als in allen anderen untersuchten europäischen Ländern. Hinzuweisen ist allerdings auch darauf, dass der Segen für schweizerische Jugendliche oftmals in seiner Bedeutung und seiner liturgischen Verwendung gar nicht vertraut ist. Und möglicherweise spielt auch für die reservierte Haltung hinsichtlich der Frage des Betens das im Schnitt höhere Lebensalter der schweizerischen Konfirmandinnen und Konfirmanden wieder eine nicht unerhebliche Rolle.

Über die Frage der liturgischen Gewichtung hinaus ist hier als ein möglicher Hintergrund für diese Resultate anzuführen, dass eben die Anzahl Pflichtgottesdienste für die schweizerischen Konfirmandinnen und Konfirmanden ebenfalls deutlich geringer ist als im europäischen Vergleich:

Abbildung 97: Zahl der Pflicht-Gottesdienstbesuche in der Schweiz, in Deutschland, Österreich, Norwegen und Schweden

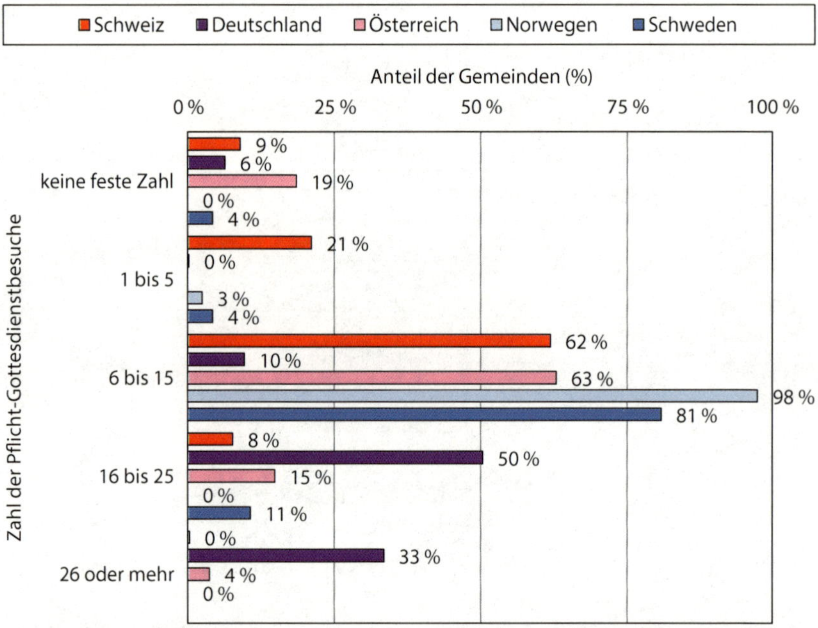

N Schweiz = 405 Gemeinden; N EKD = 486; N Österreich = 27; N Norwegen = 40; N Schweden = 47. Lesehilfe: In 62 % der schweizerischen Gemeinden sind 6 bis 15 Pflicht-Gottesdienstbesuche für die KonfirmandInnen vorgesehen.

Es zeigt sich, dass die Zahl der zu besuchenden Gottesdienste in der Schweiz deutlich niedriger ausfällt als in den anderen verglichenen Ländern. Sehr deutlich unterschieden ist die Zahl vor allem von den Kirchen der EKD, die praktisch doppelt so viele Gottesdienste einfordern als in der Schweiz. Dieses Ergebnis kann so interpretiert werden, dass der Gottesdienst und ein bestimmtes kirchliches Gemeinschaftsleben nach reformiertem Verständnis als ein weniger zentraler Ausdruck für kirchliche Zugehörigkeit angesehen wird, als dies im Bereich der lutherischen Kirchen der Fall ist. Dies entspricht zwar keineswegs der reformierten Tradition und Theologie als solcher, aber möglicherweise einem bestimmten längst etablierten Verständnis reformierter Mündigkeit, für welche die gemeinsame gottesdienstliche Praxis eben nicht unbedingt der Kern des individuellen Glaubensbewusstseins und -vollzugs darstellt. Eine sehr viel weniger «aufgeladene» Interpretation ist aber auch noch zu nennen: Da es inzwischen in einer Reihe von Kantonalkirchen, wie schon erwähnt, intensive katechetische Angebote vor der eigentlichen Konfirmationszeit gibt, zu denen auch bereits Pflicht-Gottesdienstbesuche gehören, ist dann die Zahl der pflichtig zu besuchenden Gottesdienste in diesem Zeitraum bewusst reduziert. Auch dies mag insofern die im europäischen Vergleich geringere Zahl erklären.

Es mag also durchaus so sein, dass aufgrund der geringeren Gottesdiensterfahrungen dann eben auch die Erwartungen an einen persönlich bedeutsamen gottesdienstlichen Akt, in dem gebetet und der Segen empfangen wird, deutlich niedriger ausfallen. Oder um es in einfachen Worten zu sagen: Wird von schweizerischen Jugendlichen der Besuch des Gottesdienstes eher als eine Ausnahmesituation während der Konfirmationszeit angesehen, ist auch nicht damit zu rechnen, dass sie das Gebet oder den Segen für etwas im besten Sinne des Wortes Alltägliches bzw. etwas ganz Normales oder gar für ein notwendiges Wesensmerkmal von Kirche überhaupt halten. Im Gegenteil ist eher davon auszugehen, dass der Gottesdienst als Erfahrung einer Sondersituation eben auch die darin stattfindende Praxis, wenn nicht sogar die gesamte Existenz der Kirche, als sonderbar empfinden lässt.

Nun könnte man in Anschauung der bisher aufgeführten Ergebnisse zu dem Urteil gelangen, dass die schweizerische Bildungsarbeit mit Konfirmandinnen und Konfirmanden im europäischen Vergleich mehr oder weniger deutlich abfällt. Geht man einmal davon aus, dass die Konfirmationsarbeit eben dazu dienen soll, eine persönliche Nähe zu den Themen und Praktiken der evangelischen Kirche herzustellen, so scheint dies in den anderen untersuchten Ländern sehr viel besser zu gelingen als in der Schweiz. Allerdings sollte eine solche Folgerung schon aus den erwähnten Gründen des sehr spezifischen reformierten Kontextes und des höheren Lebensalters der schweizerischen Jugendlichen ausgesprochen vorsichtig vorgenommen werden. Zudem zeigt sich zumindest in einigen Punkten, dass sich manche Vergleichsergebnisse durchaus auch anders darstellen. Dies gilt insbesondere für den Aspekt der thematischen Mitbestimmung, und zwar sowohl zu Beginn als auch am Ende des Jahres:

Abbildung 98: Erwartung von und Erfahrung mit der thematischen Mitbestimmung

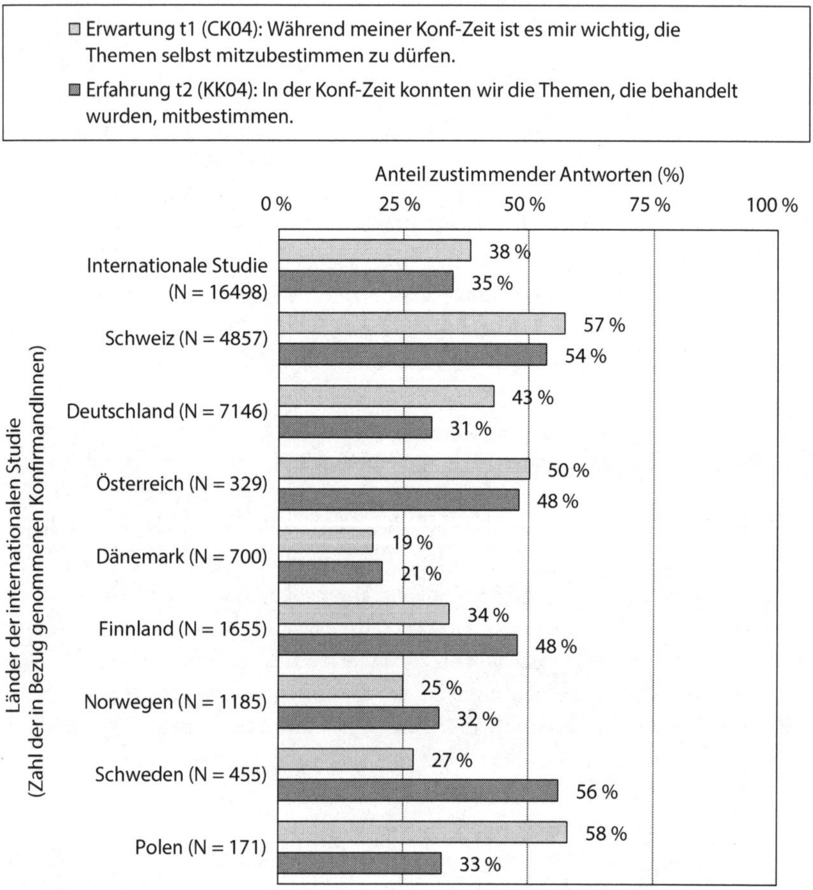

Berücksichtigt sind nur KonfirmandInnen, für die gültige Werte zu den beiden Befragungszeitpunkten (t1 und t2) vorliegen. Lesehilfe: 57 % der schweizerischen KonfirmandInnen geben in t1 an, die Themen selbst mitbestimmen zu wollen; in t2 geben 54 % von ihnen an, dass sie die Themen, die behandelt wurden, auch tatsächlich mitbestimmen konnten.

An den Ergebnissen dieser Grafik spiegelt sich vermutlich wider, was bereits in den einleitenden Ausführungen unserer Studie notiert worden ist: Es gehört zum reformierten Selbstverständnis, in allen Angelegenheiten, welche die persönliche Frömmigkeitspraxis und insbesondere die institutionelle Zugehörigkeit zur Kirche betreffen, über eine möglichst grosse Mitbestimmungs- und Entscheidungsfreiheit verfügen zu können. Hier zeigt sich nun, dass die schweizerischen Jugendlichen – neben den polnischen – mit Abstand am häufigsten die Erwartung hegen, «die Themen selbst mitbestimmen zu dürfen» (CK04), und am Ende des Jahres – neben Schweden – auch am häufigsten über die Erfahrungen verfügen, tatsächlich über die Themen mitbestimmt zu haben (KK04). Der entsprechende Wert liegt sowohl bei t1 wie bei t2 fast 20 % über dem europäischen Durchschnitt, was hier eigens festzuhalten ist. Insofern kann hier von einer hohen Partizipationskultur der Konfirmationsarbeit ausgegangen werden. Allerdings zeigt sich auch, dass in vielen allen anderen Ländern der Niveauanstieg von der Anfangserwartung zur Schlusserfahrung deutlich höher ausfällt als in der Schweiz. Dies kann so interpretiert werden, dass offenbar das hohe Ausgangsniveau jedenfalls im Lauf des Jahres und zum Ende hin nicht weiter gesteigert wurde und damit das möglicherweise noch höhere Mitbestimmungspotenzial unter den schweizerischen Jugendlichen nicht in dem Masse genutzt wurde, wie dies denkbar gewesen wäre. Ausserdem sei schon an dieser Stelle die Problemanzeige markiert, dass eine starke thematische Mitbestimmung der Jugendlichen ja möglicherweise auch die Bildungsverantwortung der Mitarbeitenden nicht in dem Mass zur Geltung hat kommen lassen, wie es deren eigener Kompetenzeinschätzung vielleicht entsprochen hätte. Hier stellt sich wiederum das theologische Problem, durch wen und für wen die Konfirmationsarbeit eigentlich gedacht ist und wer letztlich darüber entscheiden soll, welche Inhalte im Lauf dieser Zeit sinnvollerweise zu thematisieren sind.

Im Blick auf die Mitbestimmung bzw. Partizipation rückt nochmals der Aspekt des Gottesdienstes in den Aufmerksamkeitshorizont. Denn wenn es richtig ist, dass erst konkrete und positive Erfahrungen mit Gottesdiensten überhaupt ein positives Bild dieses Rituals erzeugen und diese Erfahrungen wesentlich von der Frage eigener aktiver Mitgestaltung geprägt sind (Schlag 2010), dann ist zu klären, wie sich im europäischen Vergleich die gottesdienstliche Aufgabenübernahme darstellt. Nach dem bisher Ausgeführten vermag nun das Ergebnis zu dieser Thematik kaum zu überraschen:

Abbildung 99: Erwartung von und Erfahrung mit der Übernahme von Aufgaben in den Gottesdiensten

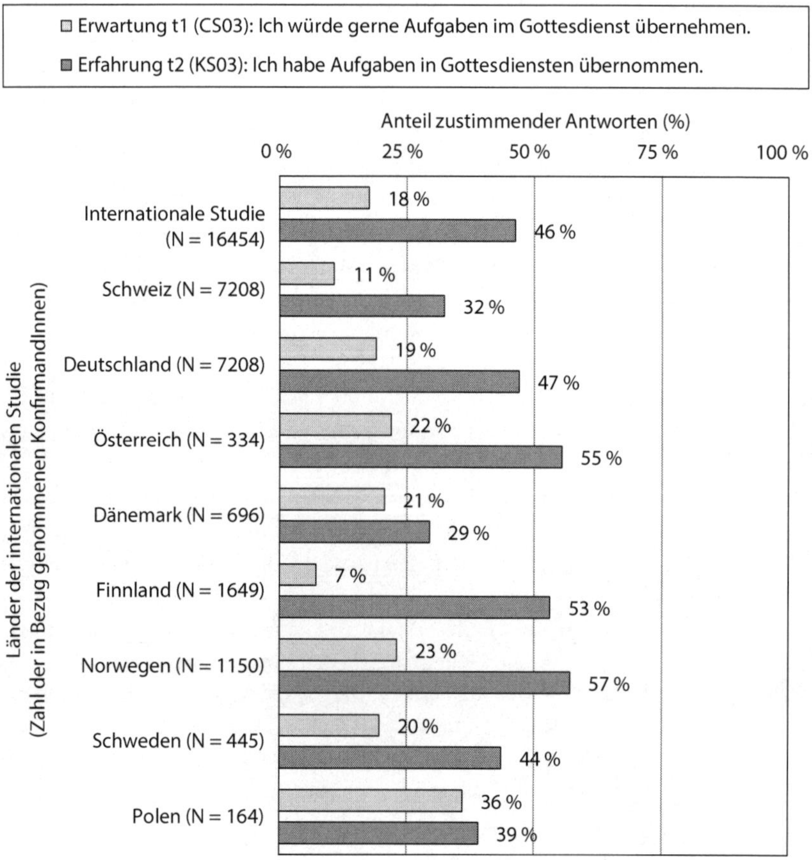

Berücksichtigt sind nur KonfirmandInnen, für die gültige Werte zu den beiden Befragungszeitpunkten (t1 und t2) vorliegen. Lesehilfe: 11 % der schweizerischen KonfirmandInnen geben in t1 an, gerne Aufgaben im Gottesdienst zu übernehmen; 32 % von ihnen geben in t2 an, in der Konf-Zeit Aufgaben in Gottesdiensten übernommen zu haben.

Tatsächlich ist nur etwa jeder zehnte schweizerische Konfirmand am Anfang des Jahres gern dazu bereit, Aufgaben im Gottesdienst zu übernehmen (CS03). Dies entspricht – ähnlich wie in Finnland – in etwa der Hälfte der in den allermeisten anderen Ländern zu findenden Prozentzahl, abgesehen von den polnischen evangelischen Jugendlichen, bei denen diese Bereitschaft dreimal so hoch ist. Bedeutsam und gewissermassen etwas entlastend ist dabei das Ergebnis, dass hier doch eine gewisse Entwicklung von t1 zu t2 zu verzeichnen ist und am Ende des Jahres immerhin ein Drittel der schweizerischen Jugendlichen dann auch tatsächlich Aufgaben in Gottesdiensten übernommen hat (KS03) – ohne dass allerdings von der jetzigen Itemformulierung aus gesagt werden kann, welche Aufgaben dies beinhaltet hat und ob diese Aufgaben gerne übernommen wurden (in der Klammer des Items wurde lediglich die Option «z. B. etwas vorlesen» angeboten). Aber immerhin ist zu betonen, dass die Partizipation der Jugendlichen im Lauf des Jahres angeregt wurde, und dies auch bei denjenigen, die dies zu Beginn jedenfalls nicht oder nur ungern als Erwartung benannt haben. Im europäischen Vergleich sind die Prozentzahlen der Schweiz doch wieder erheblich niedriger als in allen anderen Ländern (einmal abgesehen von Dänemark). Dies bedeutet dann aber nicht weniger, als dass praktisch nirgendwo weniger gottesdienstliche Mitgestaltung durch die Konfirmandinnen und Konfirmanden stattfindet als eben gerade in der Schweiz. Dass damit natürlich die bei nicht wenigen Jugendlichen bestehende Distanz zur gottesdienstlichen Praxis nicht gerade verringert wird, liegt von da aus auf der Hand.

Auch in einer letzten Hinsicht zeigt sich diese vergleichsweise dann doch geringe Kultur der Mitwirkung an der kirchlichen Praxis: nämlich dann, wenn es um die Frage der Mitwirkung in einer kirchlichen Jugendgruppe nach der Konfirmation geht. Gerade wenn man von der vorgenommenen Mehrebenenanalyse her weiss, dass die kirchliche Sozialisation eine entscheidende Einflussgrösse für die kirchliche Bindung und auch für eigene Glaubensfragen ist, kann die Relevanz der Teilhabe an einer solchen kirchlichen Jugendgruppe für erheblich gehalten werden. Insofern stellt sich die Ausgangsfrage, ob die Konfirmationsarbeit dazu beigetragen hat, dass sich Jugendliche zu einer solchen Teilhabe bereit erklären und wie sich diese Ergebnisse hier vor allem im europäischen Vergleich darstellen:

Abbildung 100: Interesse am Eintritt in eine kirchliche Jugendgruppe nach der Konfirmation

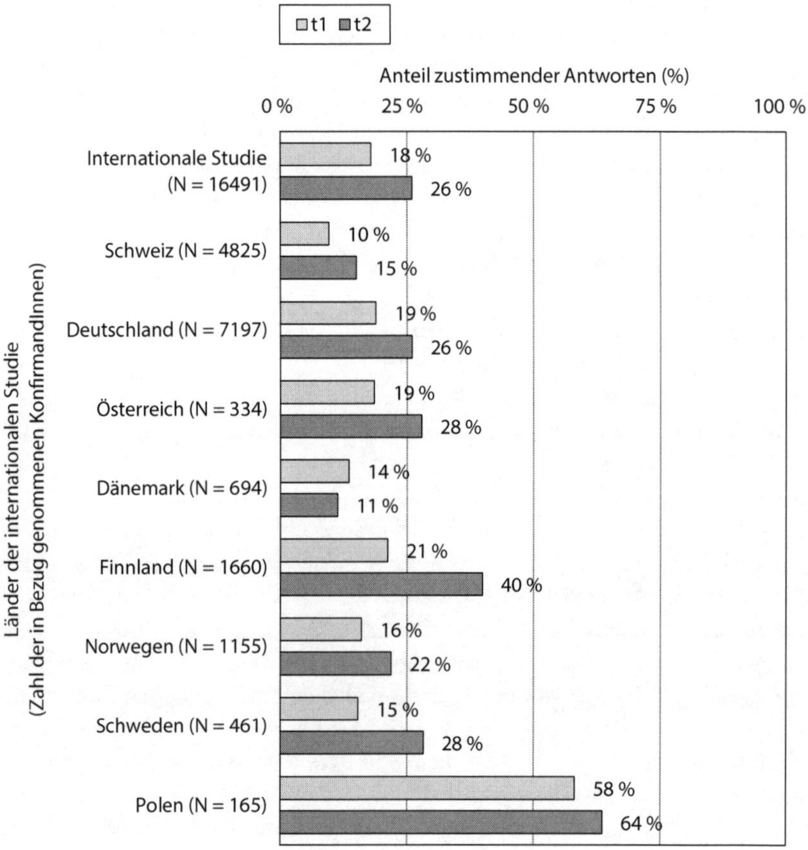

Berücksichtigt sind nur KonfirmandInnen, für die gültige Werte zu den beiden Befragungszeitpunkten (t1 und t2) vorliegen. Lesehilfe: 10 % der schweizerischen KonfirmandInnen haben in t1 Interesse, nach der Konfirmation in eine kirchliche Jugendgruppe zu gehen; der entsprechende Anteil liegt in t2 bei 15 %.

Auch hier wird wieder deutlich, dass die Ausgangserwartung einer solchen Teilhabe in der Schweiz besonders niedrig ausfällt. Man sollte hier nun aus verschiedenen Gründen nicht unbedingt die Ergebnisse Polens zum unmittelbaren Massstab machen, da die dortigen kirchlichen und gesellschaftlichen Verhältnisse schlechterdings nicht vergleichbar sind. Allerdings sind auch schon die Unterschiede zu den im wahrsten Sinne des Wortes nahe liegenden Ländern frappierend. So ist die Bereitschaft zur Mitwirkung in einer kirchlichen Jugendgruppe etwa in Deutschland oder Österreich sowohl im ersten wie im zweiten Befragungszeitraum praktisch doppelt so hoch – für den europäischen Durchschnitt zeigt sich fast dasselbe Ergebnis. Verkannt werden darf allerdings hier wiederum nicht das höhere Lebensalter bei den schweizerischen Jugendlichen. Es ist davon auszugehen, dass diese nach der Konfirmationszeit sehr viel häufiger bereits in eine Berufseintrittsphase kommen, in der sich eben das Engagement in einer Gruppe sehr viel weniger nahelegt, als dies etwa bei 14-jährigen frisch Konfirmierten der Fall ist. Gleichwohl müssen die ausgesprochen niedrigen Prozentzahlen zu dieser Frage zu denken geben, weil bekanntermassen die entscheidende Herausforderung der Konfirmationsarbeit darin besteht, geeignete Anschlussstellen für kirchliche Erfahrungen Jugendlicher bereitzuhalten, um diese auch mittel- und langfristig nicht für die Kirche zu verlieren.

5.3 Einzelne Ergebnisse zu den Hauptamtlichen

Es stellt sich natürlich die Frage, ob und wie sich diese Ergebnisse auf der Ebene der Mitarbeitenden im europäischen Vergleich abbilden, ob also auch aus den Zielen und Erfahrungen der Hauptamtlichen ein spezifisch schweizerisch-reformiertes Profil abgelesen werden kann oder manches darauf hindeutet, dass der hiesige Kontext auf die einzelnen Themen doch von erheblichem Einfluss ist. Auch für diesen Abschnitt sind wieder diejenigen Ergebnisse herangezogen werden, die im Vergleich zum europäischen Durchschnittswert die grössten Abweichungen zeigen, bzw. Items, bei denen die Differenz zwischen dem schweizerischen und dem internationalen Mittelwert besonders hoch ausfällt. Im Einzelnen wird in der Darstellung aber auch auf besonders starke Abweichungen zu den Ergebnissen anderer Länder aufmerksam gemacht:

Wie schon bei den Konfirmandinnen und Konfirmanden zeigt sich auch in der Zielperspektive der Mitarbeitenden eine hohe Kultur der Mitbestimmung. Im Vergleich zum europäischen Durchschnitt und zu jedem anderen Land ist die Erfahrung (bei t2), dass die Jugendlichen an der Themenauswahl mitgewirkt haben, nirgendwo höher als in der Schweiz:

Abbildung 101: Ziel und Erfahrung der Hauptamtlichen bezüglich der Mitbestimmung der Themenauswahl durch die Konfirmandinnen und Konfirmanden

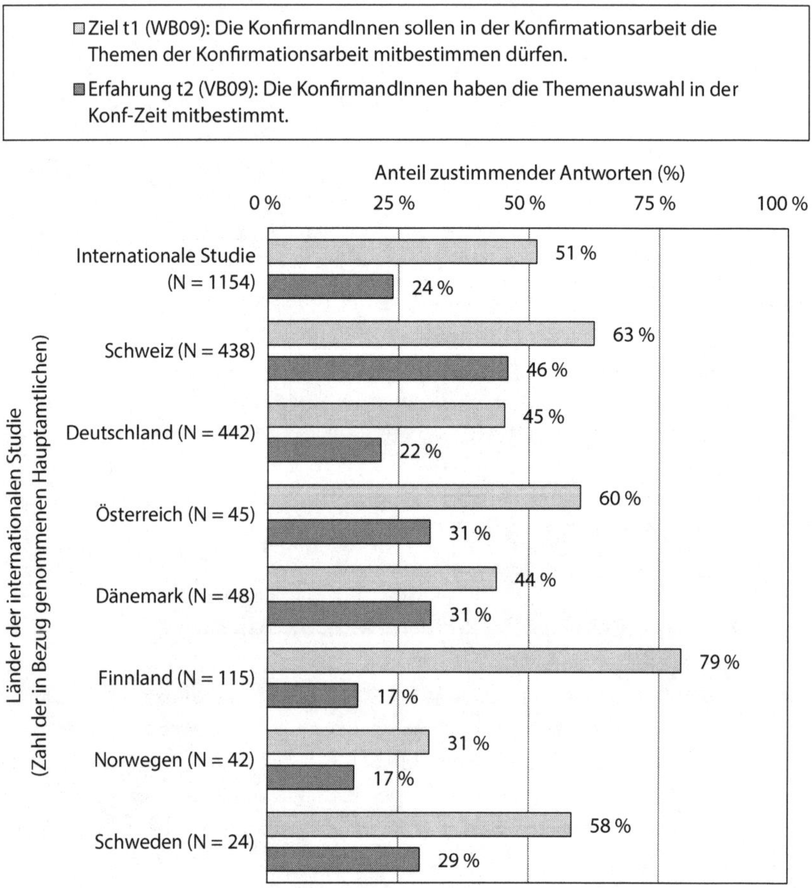

Berücksichtigt sind nur Hauptamtliche, für die gültige Werte zu den beiden Befragungszeitpunkten (t1 und t2) vorliegen. Lesehilfe: 63 % der schweizerischen Hauptamtlichen geben in t1 als Ziel an, dass die KonfirmandInnen die Themenauswahl der Konfirmationsarbeit mitbestimmen dürfen; 46 % derselben geben in t2 an, dass die KonfirmandInnen die Themenauswahl in der Konf-Zeit mitbestimmt haben.

Besonders auffällig ist, dass zwar etwa in Finnland zu Beginn des Jahres erhebliche Hoffnungen und Intentionen auf eine jugendliche Mitwirkung geäussert werden, diese aber offensichtlich in der Schlussbilanzierung so nicht eingelöst ist: Der Wert von t1 mit 79 % sinkt auf frappierende 17 %. Auch in der Schweiz sinkt dieser Wert um etwa ein Viertel, ist damit aber immer noch doppelt so hoch wie der europäische Durchschnitt. Auch hier mag wieder das vergleichsweise höhere Lebensalter der Jugendlichen eine gewisse Rolle spielen, allerdings ist tatsächlich die thematische Mitbestimmung von programmatischem Charakter. Eine nicht unerhebliche Frage ist allerdings auch, was dies über die Wichtigkeit des hauptamtlichen Agendasettings aussagt: Könnte es am Ende sein, dass die Mitarbeitenden der jugendlichen Mitbestimmung so viel Raum geben, weil ihnen die eigene thematische Schwerpunktsetzung nicht besonders wichtig ist?

Diese Frage lässt sich anhand des Aspekts thematischer Schwerpunktsetzungen ebenfalls nochmals nachzeichnen: Wie bereits erwähnt, ist die sakramentale Dimension für das reformierte Verständnis christlicher Glaubenspraxis nur von vergleichsweise begrenztem Stellenwert. Dies zeigt sich nun auch im europäischen Vergleich am Abendmahlsthema. Aus Sicht der Mitarbeitenden ist hier die Wichtigkeit der Thematisierung deutlich geringer als im europäischen Durchschnitt und wiederum in allen anderen Ländern:

Abbildung 102: Wichtigkeit des Themas Abendmahl (WA04) nach Auffassung der Hauptamtlichen

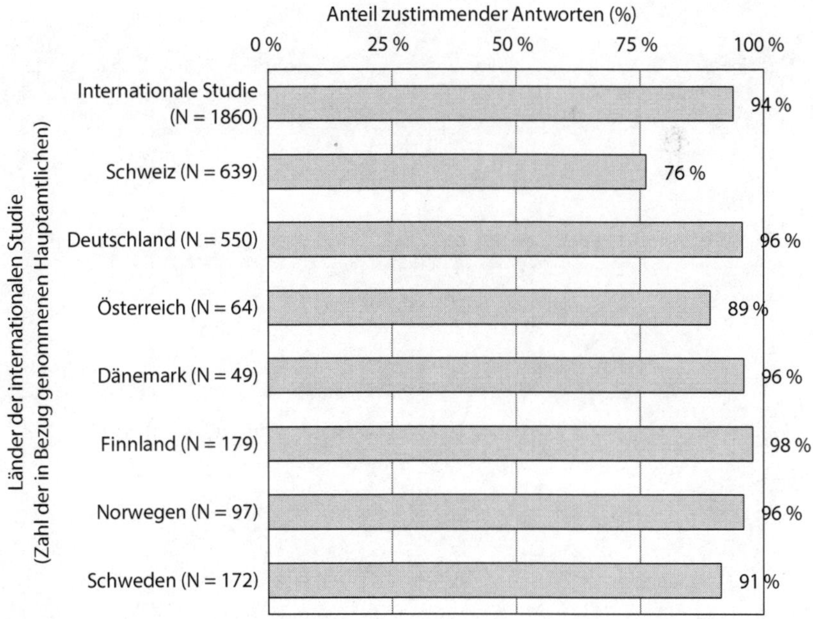

Lesehilfe: 76 % der schweizerischen Hauptamtlichen halten das Abendmahl für ein wichtiges Thema in der Konfirmationsarbeit.

Dies mag, wie bereits notiert, daran liegen, dass für manche Mitarbeitende diese Thematik bereits im schulischen Religionsunterricht verhandelt wurde. Aber wie ebenfalls schon bemerkt wurde, kann eine kognitive Thematisierung die Auseinandersetzung mit dem tieferen theologischen und liturgischen Charakter des Abendmahls ja keinesfalls ersetzen. Insofern mag dieses Ergebnis, um es schon hier vorwegzunehmen, die Verantwortlichen der Konfirmationsarbeit in der Schweiz zum ernsthaften Nachdenken über die eigenen Schwerpunktsetzungen anregen.

Gleiches mag für die beiden weiteren Ergebnisse gelten, wonach im europäischen Vergleich sowohl das «Auswendiglernen zentraler Texte des christlichen Glaubens» (WC03) wie auch das «Vertrautwerden mit dem Gesangbuch» als Ziel der Konfirmationsarbeit sehr viel höher ausfällt als in der Schweiz. Für das Auswendiglernen zeigt sich für die Schweiz ein Vergleichswert von 40 % gegenüber 61 % im europäischen Durchschnitt, in Hinsicht auf das Gesangbuch stellt sich der schweizerische Wert mit 18 % sehr viel niedriger dar als der europäische Wert mit 48 %:

Abbildung 103: Auswendiglernen zentraler Texte des christlichen Glaubens als Ziel der Konfirmationsarbeit (WC03)

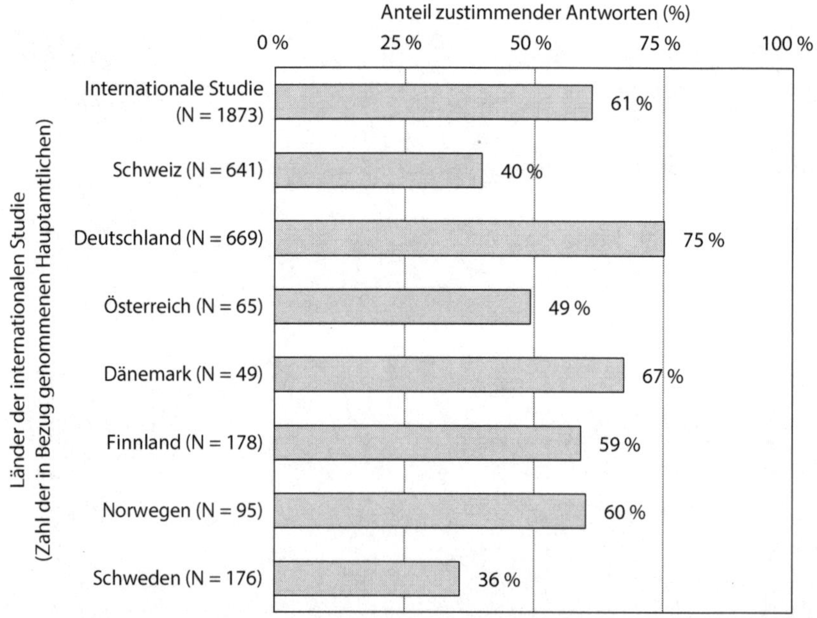

Lesehilfe: 40 % der schweizerischen Hauptamtlichen geben als Ziel für die Konfirmationsarbeit an, dass die KonfirmandInnen zentrale Texte des christlichen Glaubens auswendig lernen sollten.

Abbildung 104: Vertrautwerden mit dem Gesangbuch als Ziel für die Konfirmationsarbeit

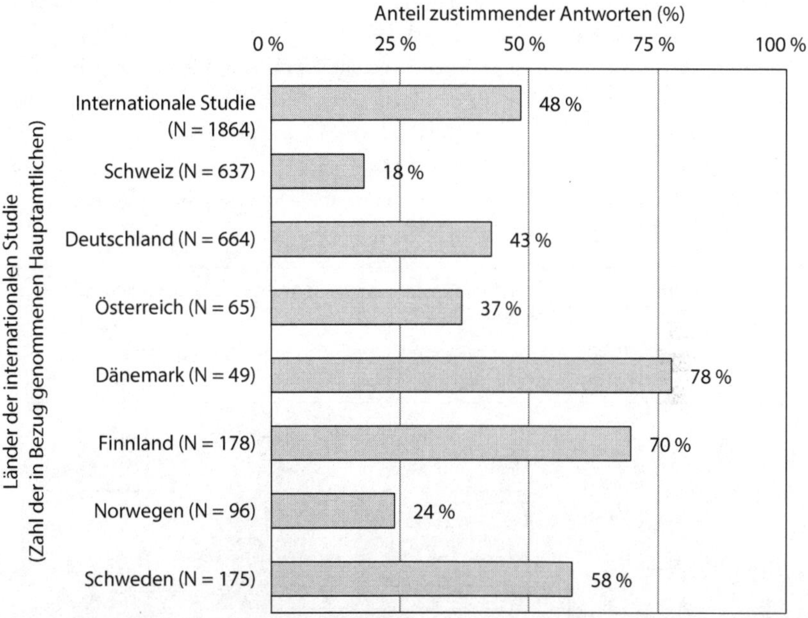

Lesehilfe: 18 % der schweizerischen Hauptamtlichen geben das Vertrautwerden der KonfirmandInnen mit dem Gesangbuch als Ziel für die Konfirmationsarbeit an.

Man mag für diese Ergebnisse wiederum eine nicht untypische reformierte Scheu vor zentralen Vorgaben, standardisierten Bekenntnissen und weiteren liturgischen Elementen annehmen. In anderen Worten: Die anfangs erwähnte Gemeindeautonomie und die starke Betonung reformierter Eigenständigkeit und Mündigkeit wirkt sich unter Umständen bis dorthin aus, wo es um die Frage einer gemeinsamen Orientierung an bestimmten Kommunikationsinhalten und den entsprechenden Grundlegungen «in Bild, Schrift und Ton» geht. Ob damit allerdings tatsächlich neben der programmatischen Freiheitszusage den Jugendlichen auch die notwendige gemeinsame Basis in ausreichender Weise vor Augen geführt wird, muss doch mindestens gefragt werden.

Ein aus unserer Sicht geradezu spektakuläres Ergebnis zeigt sich nun in der Frage, inwiefern die Mitarbeitenden willens sind, mit jeder Konfirmandin und jedem Konfirmanden ein persönliches Gespräch zu führen. Auf den ersten Blick erstaunt schon diese Fragestellung, weil man sich ja schlechterdings nicht vorstellen kann, dass über den gesamten Konfirmationszeitraum hinweg keine solche persönliche Gesprächskultur etabliert werden kann. Führt man sich darüber hinaus vor Augen, dass die Konfirmationsarbeit in höchstem Masse Begegnungs- und Beziehungsarbeit ist, so müsste eigentlich das Gesamtergebnis bei 100 % liegen! Wir gehen im Übrigen auch davon aus, dass die Mitarbeitenden solche persönlichen Gespräche nicht aufgrund irgendwelcher Konflikte mit den Jugendlichen führen mussten, sondern diese für eine dialogische Form der Konfirmationsarbeit genutzt haben:

Abbildung 105: Erwartung und Erfahrung eines persönlichen Gesprächs mit jeder Konfirmandin und mit jedem Konfirmanden

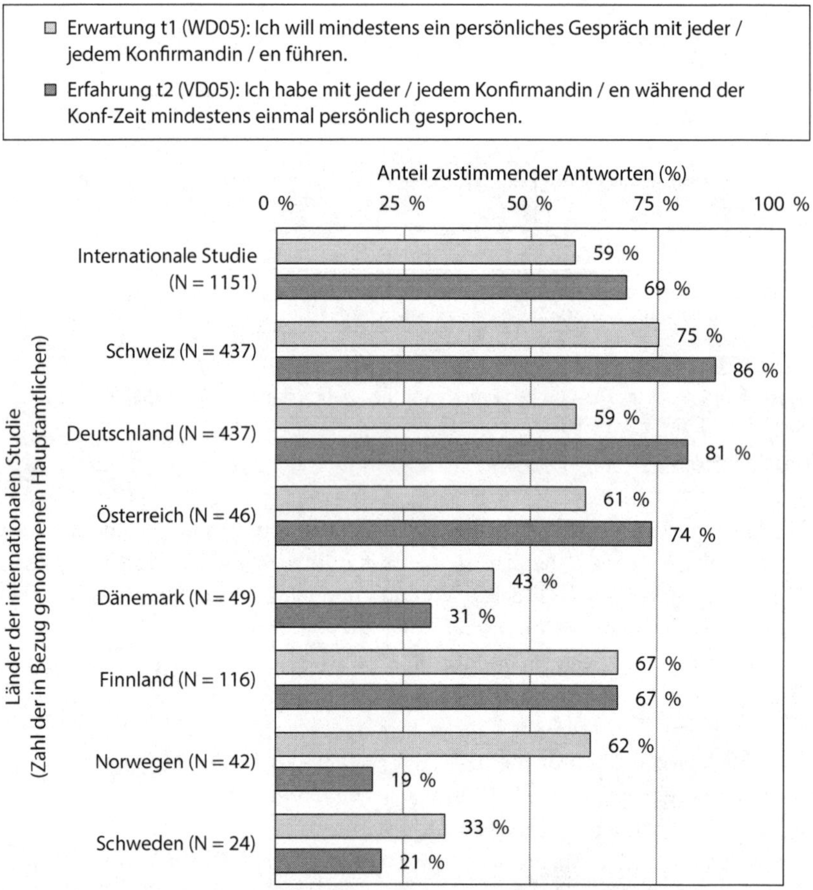

Berücksichtigt sind nur Hauptamtliche, für die gültige Werte zu den beiden Befragungszeitpunkten (t1 und t2) vorliegen. Lesehilfe: 75 % der schweizerischen Hauptamtlichen wollen in t1 mindestens ein persönliches Gespräch mit jeder Konfirmandin und jedem Konfirmanden führen; von ihnen geben 86 % an, solch ein Gespräch geführt zu haben.

Die Ergebnisse im europäischen Vergleich unterscheiden sich in erstaunlicher Weise – wobei hier die schweizerischen Daten ebensolche Aufmerksamkeit für sich beanspruchen dürfen wie die der anderen europäischen Länder: Sowohl zum Beginn des Befragungszeitraums wie auch am Ende betont der überwiegende Teil der schweizerischen Mitarbeitenden, ein solches persönliches Gespräch führen zu wollen oder geführt zu haben – am Ende sogar sage und schreibe 86 %! Dieses Ergebnis erscheint uns ebenso bedeutungsvoll wie die Tatsache, dass offenbar in einer Reihe von Ländern, Dänemark, Norwegen und Schweden, eine solche Gesprächskultur offenkundig nur wenig ausgeprägt ist. Da kann tatsächlich von dieser helvetischen Kommunikationsbereitschaft gelernt werden.

Zu einer anderen Thematik geben nun allerdings die vorliegenden Daten wieder in umgekehrter Weise zu denken: Abgesehen von Dänemark ist die Verfügbarkeit von Jugendgruppen, die für Konfirmierte attraktiv sein könnten, nirgendwo weniger gegeben als im schweizerischen Gemeindezusammenhang:

Abbildung 106: Verfügbarkeit von für Konfirmierte geeigneten Jugendgruppen (VL01)

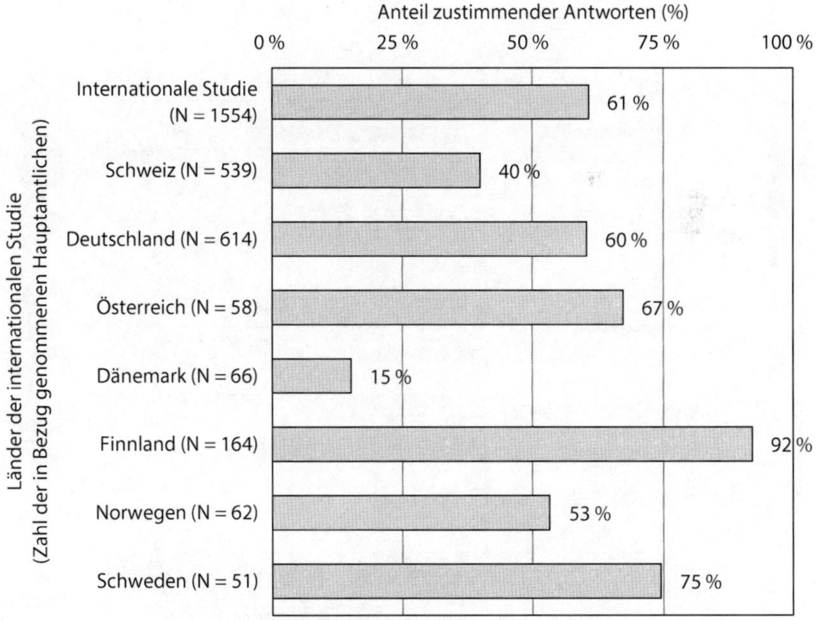

Lesehilfe: 40 % der schweizerischen Hauptamtlichen geben an, dass es in ihrer Gemeinde für Konfirmierte geeignete Jugendgruppen gebe.

Stellt man etwa fest, dass in weniger als der Hälfte der befragten Gruppen und Gemeinden solche Angebote bestehen, so ist unverkennbar hier noch sehr viel «Luft nach oben». Führt man sich vor Augen, dass im Blick auf die notwendige Nachhaltigkeit der Konfirmationsarbeit gerade solche Angebote von entscheidender Bedeutung sind, müssen diese Zahlen doch mit nicht geringer Sorge zur Kenntnis genommen werden.

Dass überhaupt weitere Verbesserungsmöglichkeiten des Angebots bestehen, weil eine bestimmte Freiwilligkeitskultur eigentlich im schweizerischen Kontext

Abbildung 107: Bedeutung der Freiwilligen in der Konfirmationsarbeit der Gemeinde aus der Sicht der hauptamtlichen GruppenleiterInnen

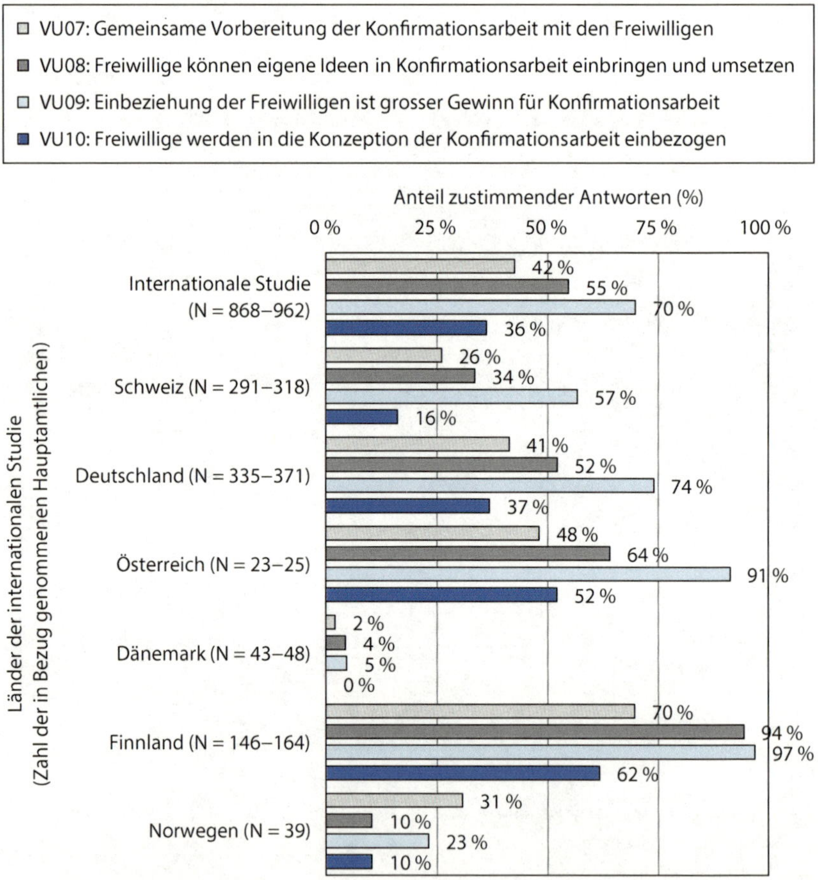

Lesehilfe: 57 % der schweizerischen hauptamtlichen GruppenleiterInnen halten die Einbeziehung von Freiwilligen für einen grossen Gewinn für die Konfirmationsarbeit.

selbstverständlich sein sollte, vermag das folgende Ergebnis zu verdeutlichen. Die hauptamtlichen Gruppenleiterinnen und Gruppenleiter wurden hier danach gefragt, welche Bedeutung sie den Freiwilligen für die Konfirmationsarbeit beimessen. Es erstaunt durchaus, dass die Integration der Freiwilligen im europäischen Vergleich für den schweizerischen Zusammenhang keine besonders positiven Ergebnisse zeigt: Abgesehen von nur wenigen Ländern wird von den hauptamtlichen Gruppenleitern vergleichsweise wenig Gewicht auf die Beteiligung der Freiwilligen gelegt, sowohl was die Vorbereitung, die Integration von Ideen als auch die Beteiligung an der Konzeption der Konfirmationsarbeit angeht. Dass auch nur 57 % – im Vergleich zu immerhin 70 % im europäischen Durchschnitt – die Einbeziehung der Freiwilligen als einen grossen Gewinn für die Konfirmationsarbeit bezeichnen, hinterlässt einen einigermassen überraschenden Eindruck (siehe Abbildung 107).

In den Horizont der inzwischen schon mehrfach angesprochenen Mitbestimmungskultur gehört fraglos auch die Thematik des Konfirmationsgottesdienstes bzw. der entsprechenden Vorbereitung: Auch hier unterscheiden sich die schweizerischen Ergebnisse sehr deutlich sowohl vom europäischen Durchschnitt wie von allen anderen Ländern. Der entscheidende Wert von 96 % erscheint dabei schlechterdings unglaublich hoch und kann als ein herausstechendes Ergebnis der reformierten Konfirmationsarbeit angesehen werden! Man kann es so zusammenfassen, dass praktisch kein Konfirmationsgottesdienst stattfindet, der nicht auch mit den Jugendlichen selbst vorbereitet worden wäre (siehe Abbildung 108).

Natürlich stellt sich auch hier wieder die Frage, was von den Mitarbeitenden konkret unter «Vorbereitung» assoziiert wurde. Es ist allerdings davon auszugehen, dass dies eben nicht nur die schlichte Übernahme einzelner liturgischer Teile meint, sondern sowohl die verantwortliche Planung, die Themensetzung wie auch die konkrete Durchführung des Gottesdienstes selbst. Diese verantwortliche Teilhabe bildet sich auch im überaus positiven Ergebnis von t3 ab, dass 67 % das Thema des Gottesdienstes gefallen hat (QK22).

Man kann dieses starke Gewicht auf die Vorbereitung des Konfirmationsgottesdienstes nun in einer zweifachen Weise interpretieren: Zum einen mag dieses Ergebnis erstaunen, weil ja doch, wie bereits erwähnt, das gottesdienstlich-liturgische Handeln nach reformiertem Verständnis jedenfalls nicht dieselbe Dignität hat wie in lutherischer Perspektive. In diesem Sinne mag die Betonung jugendlicher Mitbestimmung eigentlich sogar überraschen. Eine zweite Interpretation liegt allerdings sehr viel näher: Gerade weil es sich hier nicht in erster Linie um einen primär sakramental konnotierten Akt handelt, wird den Jugendlichen programma-

Abbildung 108: Vorbereitung des Konfirmationsgottesdienstes gemeinsam mit den Konfirmandinnen und Konfirmanden aus Sicht der Hauptamtlichen (VD01)

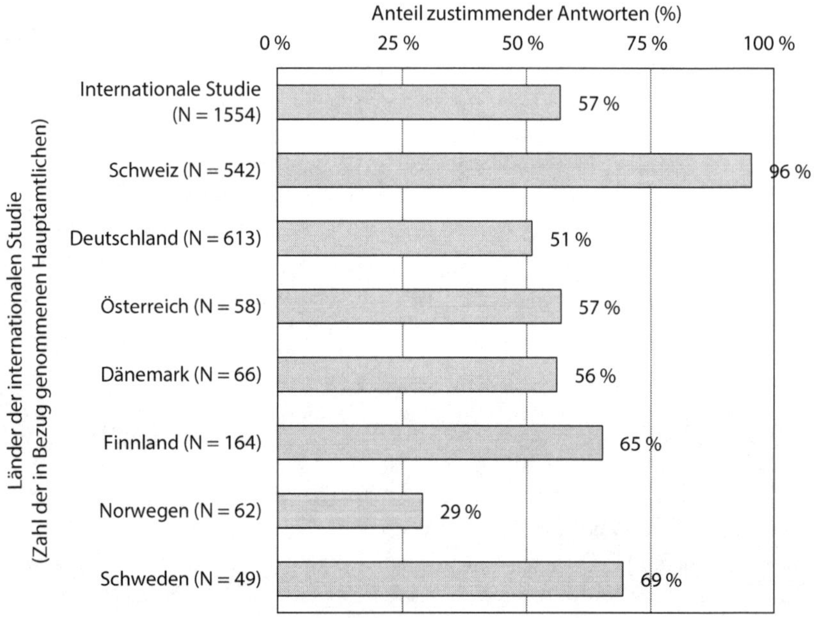

Lesehilfe: 96 % der schweizerischen Hauptamtlichen geben in t2 an, dass der Konfirmationsgottesdienst gemeinsam mit den KonfirmandInnen vorbereitet worden sei.

tische Freiheit zur wirklich freien Gestaltung dieses Aktes gegeben. Kurz gesagt: Die programmatisch zugesagte Mündigkeit erlaubt gerade die verantwortliche Gestaltung dieses gottesdienstlichen Geschehens bei gleichzeitig deutlicher Zurücknahme der pastoralen Verantwortung im und für den Gottesdienst. Ob diese programmatische Freiheitszusage allerdings auch zu einer Überforderung der Jugendlichen und zugleich zu einer nicht unproblematischen Entlastung pastoraler Verantwortlichkeit führt, ist noch eigens im Schlusskapitel zu diskutieren.

Um es an dieser Stelle schon einmal kurz sowohl im Blick auf die Ergebnisse zu den Konfirmandinnen und Konfirmanden wie zu den Mitarbeitenden zusammenzufassen: Auch in den anderen europäischen Ländern zeigen sich ähnliche Probleme und Herausforderungen für dieses Arbeitsfeld, selbst wenn viele Zahlen einen stabileren und «positiveren» Eindruck vermitteln. Die hier aufgeführten Ergebnisse dürfen jedenfalls nicht den Eindruck erwecken, als ob es um die Lage der Konfirmationsarbeit in allen anderen Ländern grundsätzlich besser bestellt wäre als gerade in der Schweiz. Allerdings ist doch auch die Frage aufzuwerfen, ob man sich nicht gerade angesichts mancher vergleichender Ergebnisse hier noch deutlich damit befassen sollte, was eigentlich in anderen Ländern möglicherweise «anders läuft» und auch kreativer geschieht und welche Konsequenzen dies sowohl für die Verantwortlichen wie auch für die Aus- und Umgestaltung der konkreten Programme haben sollte.

6. Ergebnisse, Interpretationen und Konsequenzen

6.1 Einleitung

Die Konfirmationsarbeit stellt eines der profiliertesten ausserschulischen Bildungsangebote in der Schweiz dar. An ihr partizipiert der grösste Teil reformierter Jugendlicher der entsprechenden Altersgruppe. Indem Jugendlichen für ihre Entwicklung und Identitätsfindung eine spezifische Perspektive auf Fragen zu Glaube und Kirche eröffnet wird, die über die schulische Bildung «in Sachen Religion» erkennbar hinausgeht, ergeben sich für sie in diesem Rahmen umfangreiche religiöse Orientierungsmöglichkeiten. Darüber hinaus wird dieses kirchliche Bildungsangebot von einer breiteren familiären und gesellschaftlichen Öffentlichkeit interessiert wahrgenommen, vor allem in Bezug auf all das, was sich um den Konfirmationsgottesdienst herum rankt. Die Konfirmationsarbeit gilt insofern zu Recht innerkirchlich als bedeutsamer Prüfstein für die Relevanz und Zukunftsfähigkeit der reformierten Kirche und erfährt bei den verantwortlichen Akteurinnen und Akteuren dementsprechend grosse Aufmerksamkeit.

Wie sich die Konfirmationsarbeit und deren Wirkungen im Einzelnen darstellen und welche Folgerungen daraus abzuleiten sind, bildet den Hauptgegenstand der hier vorgelegten Studie. Die für die Schweiz erstmals gewonnenen empirischen Daten zur Konfirmationsarbeit ermöglichen einen wesentlichen Erkenntnisgewinn:

Dieser resultiert zum Ersten aus der Erhebung *lebens-, religions- und glaubensbezogener Aspekte* der Konfirmationsarbeit bei den beteiligten Jugendlichen und Mitarbeitenden sowie aus der Sondierung ihrer auf Kirche und Glauben bezogenen Identifikations-, Bindungs- und Engagementbereitschaft.

Zum Zweiten erschliessen sich durch die *Berücksichtigung relevanter Einflüsse auf jugendliche und erwachsene Wahrnehmungen und Gestaltungen der Konfirmationsarbeit* wesentliche Hintergrundfaktoren dieses Bildungsangebots – etwa in Bezug auf die urbanen oder ländlichen bzw. regionalen und kantonalen Kontexte, aber auch hinsichtlich der Religiosität, Bildung und des Geschlechts der jeweiligen Akteurinnen und Akteure.

Indem die Studie zum Dritten das Verhältnis zwischen *inhaltlicher Zielsetzung, Zielerreichung und Selbsteinschätzung* in den Blick nimmt, werden die Selbstwahrnehmungen, Einschätzungen und notwendigen Weiterentwicklungen der theologischen und pädagogischen Kompetenzen der Mitarbeitenden zum Thema. Die Ergebnisse der Studie zeigen insofern Möglichkeiten zur innovativen *Neuorientie-*

rung der Aus- und Weiterbildungen in der Perspektive individueller Kompetenzförderung sowohl der hauptamtlichen wie der ehrenamtlichen Mitarbeitenden auf.

Zum Vierten kann durch die Integration der *ethischen Dimension* der Konfirmationsarbeit genauer erfasst werden, welchen Beitrag dieses Bildungsangebot zum zivilgesellschaftlichen Engagement und hoffnungsvollerweise zum toleranten und friedlichen Zusammenleben der Religionen in der Schweiz zu leisten vermag.

Schliesslich und zum Fünften ermöglicht die erstmals vorgenommene Längsschnittstudie eine Annäherung an die Frage, welche *nachhaltige Wirkung konfessionelle Bildung* in Bezug auf die religiösen Kompetenzen und Einstellungen der Konfirmandinnen und Konfirmanden zu Glaube und Kirche haben kann.

Für all dies ist der *interkantonale und internationale Vergleich* der Ergebnisse so hilfreich wie weiterführend. Denn er ermöglicht es den verantwortlichen Akteurinnen und Akteuren sowie den Kirchenleitungen, von anderen Kontexten zu lernen, sich des eigenen Angebotsprofils sowie dessen Stärken und Schwächen bewusst zu werden, um sodann im Kontext der schweizerischen reformierten Kirchen Überlegungen zu möglichen gemeinsamen Entwicklungsstandards der Konfirmationsarbeit anzustellen. Denn nicht jede lokale, kantonale oder nationale Sonderform kann schon per se deshalb als charmant oder unantastbar gelten, weil sie bestimmte, vermeintlich unveränderbare und bewährte Eigenheiten für sich namhaft macht.

Durch die hier vorgelegten Ergebnisse und Interpretationen soll jedenfalls ein differenzierter Blick auf das Profil reformierter Konfirmationsarbeit möglich werden; und dies im Sinn der Frage, ob hier – bei allen Verschiedenheiten – von einer übergreifenden *kulturprägenden Formation evangelischer Bildung* über die sprachlichen, kulturellen und konfessionellen Grenzen hinweg gesprochen werden kann oder eine solche angestrebt werden sollte. Dafür liefert die Zusammenstellung und Beschreibung landeskirchlicher Bildungsprofile eine Grundlage, um so die jeweiligen Gemeinsamkeiten und Unterschiede bzw. die sprachlich und kulturell bedingten Eigenheiten besser zu erfassen.

Eine weitere Vorbemerkung sei an dieser Stelle angebracht: Im Lauf der Untersuchung und auch im Rahmen einzelner Ergebnispräsentationen in den Kantonalkirchen hat sich manche kritische Stimme erhoben. Hier wurde insbesondere die Frage aufgeworfen, ob denn durch einen solchen *empirischen Zugang* etwas ans Tageslicht gebracht werde, was man nicht auch ohnehin schon wisse oder vorher gewusst habe.

Nun ist es tatsächlich so, dass nur wenige Einzelergebnisse völlig überraschen. Vieles hat man intuitiv geahnt, befürchtet oder erhofft. Aber vieles kann durch die Zahlen jetzt erstmals wirklich bestätigt oder eben auch eindeutig verneint werden. Man befindet sich aufgrund dieser empirischen Basis tatsächlich auf einem gesicherten Boden, der so bisher schlichtweg nicht vorhanden war. Darüber hinaus lassen sich aus den Erhebungen erstmals Einsichten gewinnen, die in ihrer Eindeutigkeit überraschen – man denke etwa an den engen Zusammenhang zwischen familiärer Sozialisation und den jugendlichen Wahrnehmungen der Konfirmationszeit oder auch an den Zusammenhang der religiösen Einstellungen der Mitarbeitenden mit deren konkreten Zielsetzungen sowie den von ihnen angebotenen Gestaltungsformen.

Wie die Entwicklungen nach der Ersten Europäischen Studie aus den Jahren 2007/2008 zeigen, hat schon allein die Tatsache einer solchen Umfrage mitsamt der bewussten Integration der einzelnen kantonalkirchlichen Verantwortlichen zu einer erheblich verstärkten *Sensibilisierung* für die Chancen und Herausforderungen dieses Arbeitsfeldes geführt. Indem die Konfirmationsarbeit insofern sozusagen in aller Munde ist, hat die Aufmerksamkeit für mögliche und notwendige Entwicklungs- und Veränderungsprozesse vor Ort erkennbar zugenommen, was auch für den Outcome der hier vorgelegten Studie wiederum zu erhoffen ist.

Insgesamt liefern die Erkenntnisse somit gute Grundlagen für einen interpretativen Zugang zum Profil der gegenwärtigen Konfirmationsarbeit in der Schweiz. Zugleich können diese dazu verhelfen, die kirchlich und gesellschaftlich bedeutsamen Implikationen dieses reformierten, persönlichkeitsorientierten Bildungsangebots genauer als bisher in den Blick zu nehmen und diese in der Konsequenz für eine *religionspädagogisch fundierte, kirchlich und zivilgesellschaftlich relevante Bildungspraxis* fruchtbar zu machen.

6.2 Zusammenfassender Blick auf die Ergebnisse

Die Zusammenfassung der einzelnen Ergebnisse fällt an dieser Stelle bewusst knapp aus, weil die Leserin und der Leser nicht davon entlastet werden sollen, sich einzelne Erkenntnisse und Interpretationen, wie wir sie in den Kapiteln 2 und 3 vorgenommen haben, selbst mit der notwendigen Geduld und auch in kritischem Sinn und Geist vor Augen zu führen. Zudem haben wir für einen besseren Überblick jeweils an den Schluss der Bereichsdarstellungen Zwischenzusammenfassungen gestellt, so dass nun für diesen zusammenfassenden Blick keine detaillierten Zahlen mehr präsentiert werden.

Hinsichtlich der Interpretation der Ergebnisse ist, wie wir bereits im einleitenden Kapitel betont haben, eine gewisse Vorsicht angebracht. Das hier gewählte gleichsam bildgebende Verfahren der Präsentation von Schaubildern, Grafiken und Tabellen sollte nicht dazu verführen, *Plausibilität* mit *absoluter Wahrheit* zu verwechseln. Die hier versammelten Ergebnisse bekämen, würde man sie gewissermassen eins zu eins lesen, zwar kein tragisches, aber möglicherweise doch ein trügerisches Potenzial. Insofern fallen nicht wenige Formulierungen unserer Präsentation und Interpretation zugegebenermassen etwas vage, aber eben programmatisch uneindeutig aus. Wir sind bewusst überall dort zurückhaltend, wo man einzelne Daten tatsächlich in sehr unterschiedlicher Weise deuten kann – nicht zuletzt, weil schon manche Itemformulierungen einen interpretationsbedürftigen und in vielen Fällen nicht eindeutigen Bedeutungsgehalt aufweisen, was folglich auch für die Auswertung zu berücksichtigen ist. Zudem gilt grundsätzlich für die Studie in ihrer Gesamtheit, dass hier ein Bild der Konfirmationsarbeit aufscheint, das aus vielen einzelnen Mosaiksteinen besteht, die jedoch keineswegs ein ganz eindeutiges Gesamtbild ergeben.

Diese *Deutungsoffenheit* hat schon mit den Bedingungen vor Ort zu tun: Die jeweiligen Ausgangssituationen und Durchführungsarten zeichnen sich durch erhebliche Vielfalt und überaus flexible Angebotsformen aus. Und dies stellt sich im Einzelfall einer Gemeinde, einer Gruppe und natürlich auch in der Wahrnehmung jeder einzelnen Akteurin, jedes einzelnen Akteurs dann nochmals auf ganz eigene Weise dar. Allerdings zeigen sich im Blick auf die Gesamtbefragung *deutliche Tendenzen*, die zwar keine Generalisierungen, aber doch bestimmte *Grundeinschätzungen* und daraus abzuleitende *Konsequenzen* erlauben.

6.2.1 Konfirmandinnen und Konfirmanden

Betrachtet man die Wahrnehmung der Konfirmandinnen und Konfirmanden im Blick auf die *Zufriedenheit* mit dem Gesamtangebot, so fällt diese in sehr überwiegendem Mass positiv aus. Wohlwollen und Bereitschaft zur aktiven Teilnahme sind gross und eine prinzipielle Widerständigkeit ist jedenfalls unter den befragten Konfirmandinnen und Konfirmanden nicht zu verzeichnen. Insgesamt ist die *Erfüllung* der zu Beginn der Konfirmationszeit gehegten *Erwartungen* erstaunlich hoch, wenn man die konkreten Herausforderungen bedenkt, vor der die Konfirmationsarbeit angesichts der Wahrnehmungen, Einstellungen und Präferenzen des Jugendalters steht.

Für diese positive Gesamteinschätzung der Jugendlichen sind zum einen gelingende *Gemeinschaftserfahrungen* und *Spass* sehr zentrale Kategorien. Interessanterweise fällt zum anderen aber auch das, was sie an den Mitarbeitenden schätzen, erheblich ins Gewicht. Die Wahrnehmung des Gesamtangebots und auch des kirchlichen Personals durch die Jugendlichen ist jedenfalls deutlich positiver, als dies landläufig angenommen wird.

Dass für die Jugendlichen *lebensbezogene Themen* wie Gemeinschaft, Freundschaft oder auch die Frage nach dem Sinn des Lebens im Vordergrund ihres Interesses stehen, kann kaum überraschen. Dass sie allerdings zugleich auch auf *glaubensbezogene Themen oder. Inhalte der christlichen Tradition* ansprechbar sind, erscheint doch bemerkenswert. Unbedingt zu betonen ist jedenfalls, dass bei der Mehrheit der schweizerischen Konfirmandinnen und Konfirmanden eine keineswegs geringe Basis eigener Glaubensüberzeugungen vorhanden ist und sie bei entsprechender Motivation auch durchaus dazu bereit sind, sich mit Inhalten und Traditionen des reformierten Glaubens zu beschäftigen bzw. auch den brennenden religiösen Fragen ernsthaft auf den Grund gehen zu wollen.

Hinsichtlich der Grundfrage nach dem *Glauben und der Religiosität* der Jugendlichen, die auch in verschiedenen Jugendstudien von zentralem Interesse sind (Shell-Studie 2015; Kropač/Meier/König 2012), zeigen sich bei einem nicht geringen Anteil der Konfirmandinnen und Konfirmanden eine familiär geprägte Religiosität und damit verbundene religiöse Grundüberzeugungen. Im Blick auf Gott oder Göttliches überwiegen positive Gefühle wie Vertrauen, Freude, Dankbarkeit oder Glück. Dass sie selbst sich nicht unter dem Label «religiös» oder «spirituell» einordnen lassen wollen, ist keineswegs als jugendlicher Atheismus zu interpretieren. Vielmehr kann dies als eine durchaus gesunde Distanz gegenüber möglichen Vereinnahmungen durch bestimmte religiös indoktrinierende Institutionen verstanden werden (Bucher 2016).

Die Wahrnehmung der *gottesdienstlichen Praxis* fällt zwar insgesamt recht zurückhaltend positiv aus, allerdings ist zu betonen, dass die Erwartungen der Jugendlichen an ansprechende Gottesdienste und Predigten keineswegs gering ist; vertiefte Berührung und konkrete Erfahrung des Erwarteten mögen zuweilen zu kurz kommen. Es zeigt sich zudem, dass der immer wieder beschworene Graben zwischen «believing» und *«belonging»* – also die positive Wertschätzung individueller Religiosität bei gleichzeitiger Distanznahme gegenüber der Institution Kirche – jedenfalls bei den schweizerischen Konfirmandinnen und Konfirmanden so nicht in grösserem Ausmass nachgewiesen werden kann (Schlag/Koch 2015).

Die hier vorliegenden Erkenntnisse liefern somit keinen Beleg für eine flächenwirksame Säkularisierung, massive religiöse Traditionsabbrüche oder gar eine komplette Entinstitutionalisierung oder Fluidisierung von Religion in der Schweiz (mit Huber 2016 gegen Bochinger 2012). Natürlich ist an dieser Stelle für die weitere Einordnung der Ergebnisse nichtsdestotrotz darauf hinzuweisen, dass die unbestreitbaren grossflächigeren Säkularisierungs- und Entkirchlichungstendenzen (Stolz/Ballif 2010) sowie die für das Jugendalter typischen kritischen und manchmal distanzierten Haltungen gegenüber Kirche und Glaubensfragen ihren ganz eigenen Einfluss auf die jugendlichen Wahrnehmungen der Konfirmationszeit ausüben. Um es hier gleich in entlastendem Sinn zu betonen: Die entscheidenden Einflussfaktoren für die Frage der Zufriedenheit und Nachhaltigkeit der Konfirmationsarbeit gehen jedenfalls weit über das hinaus, was von den verantwortlichen Akteurinnen und Akteuren selbst entscheidend bewirkt werden kann.

Nimmt man die *Gründe für die Einstellungen und Haltungen* der Jugendlichen zu Fragen von Glaube und Kirche sowie deren *Wahrnehmungen* des Angebots näher in Augenschein, so fällt auf, dass nicht in erster Linie der Bildungsgrad oder das Geschlecht entscheidend für die Gesamtzufriedenheit sind oder das inhaltliche Interesse an religiösen Fragen bestimmen. Auch sind die verwendeten Arbeitsmethoden und Medien für die Attraktivität des Gesamtangebots und die Zufriedenheit der Konfirmandinnen und Konfirmanden nicht entscheidend, auch wenn sie für den konkreten Erkenntniszuwachs im Lauf des Jahres natürlich relevant sind.

Viel eher ist es so, dass der Mix aus möglichst *passgenauem Eingehen auf die individuellen Interessen* der Jugendlichen, *Stimmigkeit des Gesamtprogramms* sowie positiven Erfahrungen mit der *Persönlichkeit der Hauptamtlichen* die Frage der pädagogischen Massnahmen und Arbeitsmethoden deutlich überlagert. Vor allem aber stellen die jeweiligen *Interaktionskontexte* und insbesondere die *religiöse Sozialisation in der Familie*, genauer gesagt die jugendliche Selbsteinschätzung des eigenen Elternhauses und die Erinnerung an das Abendgebet, sowie *kirchliche Vorerfahrungen*, konkret v. a. die Teilnahme an Gottesdiensten und kirchlichen Veranstaltungen, zentrale Einflussfaktoren dar. Insbesondere eine starke familiäre Sozialisation wirkt sich deutlich auf die Identifikation mit Kirche und auch mit Glaubenssätzen und -praxen bzw. dem Interesse daran aus. Positive Erfahrungen mit Religion und Kirche sowie die Vertrautheit mit deren inhaltlicher Botschaft und ritueller Praxis beeinflussen dabei sowohl die *Zufriedenheit* wie auch die *Bereitschaft zur aktiven kirchlichen Mitarbeit* der Jugendlichen in entscheidender Weise.

Zu betonen ist zudem, dass die Konfirmandinnen und Konfirmanden der Kirche selbst auch eine hohe *gesellschaftliche Bedeutung* beimessen, insbesondere was den Schutz Schwächerer oder die Wahrung der Menschenrechte angeht. Wie sowohl die Antworten zu den glaubensbezogenen als auch den ethischen Fragen sehr deutlich machen, ist das Potenzial der Jugendlichen, selbst in empathischem Sinn zum gelingenden Zusammenleben in Kirche und Gesellschaft beitragen zu wollen und auch zu können, als überaus hoch einzuschätzen.

Auf der anderen Seite ist bei den Konfirmandinnen und Konfirmanden, die nicht oder nur sehr gering über solche positiven Erfahrungen religiöser Sozialisation verfügen, ein positiver Zugang zum Sinn und den Inhalten der Konfirmationszeit sehr viel schwieriger zu erzielen. Insbesondere die zwei Jahre nach der Konfirmation (t3) vorliegenden Ergebnisse lassen hier bei einem nicht geringen Anteil der konfirmierten Jugendlichen eine deutliche *Entfremdungsdynamik* erkennen. Die unterschiedlichen Ausgangsniveaus und Entwicklungspotenziale der Jugendlichen scheinen zwar in der konkreten Ausgestaltung teilweise ihre Berücksichtigung zu erfahren und sehr offensichtlich gelingt es auch, Jugendliche in die Angebotsstruktur zu involvieren, die bis anhin mit Kirche und Religion nur wenig im Sinn hatten. Was allerdings die *nachhaltigen Effekte* dieser Bildungsprozesse angeht, kommen diese Versuche kaum gegen die längerfristig wirksamen Prägungen an.

Zugleich ist die *fraglose Teilnahme* längst keine Selbstverständlichkeit mehr – ein bestimmter Anteil von Jugendlichen, die zur Konfirmationszeit eingeladen werden, folgt ebendieser Einladung nicht. Auch bei den Ergebnissen selbst verbleibt rund ein Drittel der Jugendlichen doch deutlich im negativen Bereich der

Antworten, was die Hoffnung auf eine bruchlose Fortsetzung der Konfirmationsarbeit in den kommenden Jahrzehnten doch etwas infrage stellt. Man sollte sich jedenfalls nicht von der Tatsache beruhigen lassen, dass der überwiegende Teil der befragten Jugendlichen etwa später einmal die eigenen Kinder taufen lassen will und sie zudem der Kirche – auch in der t3-Umfrage – eine wichtige Funktion insbesondere hinsichtlich der Kasualien beimessen. Denn hier könnten sich unter Umständen bestimmte gewohnte Traditionen abbilden, die nur so lange tragfähig bleiben, bis die Befragten möglicherweise attraktivere Lebensbegleitungsrituale für sich entdecken. Unprofessionelle Nachlässigkeit oder nachlassendes Engagement vonseiten der Verantwortlichen und Kirchgemeinden dürften hingegen wohl eher früher als später ernste negative Konsequenzen mit sich bringen.

6.2.2 Mitarbeitende

Aufseiten der Mitarbeitenden zeigen sich ein *erheblicher investiver Aufwand* sowie ein *engagiertes Bemühen* um die Jugendlichen. Sie bringen sich – und dies oftmals verbunden mit einer deutlichen Prioritätensetzung – intensiv in die Gestaltung der Konfirmationsarbeit ein und widmen sich dieser oftmals deutlich über den notwendigen Pflichtanteil ihrer Gemeindearbeit hinaus. Erkennbar wird ihr Interesse, mit den Jugendlichen eine echte, gemeinsame Beziehungsebene zu finden und sie in der Entwicklung eigener Glaubens- und Lebensfragen zu begleiten. Ihrer Selbsteinschätzung nach verfügen sie für die Planung und Durchführung sowohl in theologischer wie in pädagogischer Hinsicht über die notwendigen Erfahrungen und *Kompetenzen.*

Im Blick auf die eigene *Glaubenshaltung* und die eigene *Religiosität* werden bei vielen Mitarbeitenden starke Überzeugungen erkennbar, ohne dass die Mehrheit dies allerdings mit missionarischen Zielsetzungen im engeren Sinn verbindet. Vielmehr zeigen sie eine dialogisch-offene religiöse Grundhaltung sowie ein helles, positiv geprägtes Gottesbild, das von Gefühlen wie Vertrauen, Geborgenheit, Hoffnung, Dankbarkeit oder Befreiung von Schuld geprägt ist. Zugleich kann aus den Ergebnissen positiv geschlossen werden, dass sie in Hinsicht auf *ethische Fragen* ihre eigenen Werthaltungen und Wahrnehmung der gesellschaftlichen Verhältnisse deutlich in die einzelnen Unterrichts- und Bildungsprozesse einbringen. Zugleich wird allerdings auch offenkundig, dass es Mitarbeitenden oftmals an der notwendigen Zeit zu intensiverer Vorbereitung und hier insbesondere an unterstützenden personellen Ressourcen mangelt.

Auffallend ist der besondere Beitrag, den die *ehrenamtlichen Mitarbeiterinnen und Mitarbeiter* in die Konfirmationsarbeit einzubringen vermögen – und der von den Jugendlichen auch in seiner ganz eigenen Bedeutung intensiv wahrgenommen wird: Sowohl im Blick auf die Zielsetzungen, Themeninteressen und etwa auch auf die Gottesdienste stellen sie die eher «weichen» Faktoren wie das gemeinschaftliche Erleben oder das Sichwohlfühlen in der Gruppe in den Vordergrund – ohne dass dabei dezidiert glaubensbezogene Aspekte zu kurz kommen sollen. So ist es interessant, dass diese Mitarbeitenden den Themen Bibel und Heiliger Geist eine höhere Bedeutung beimessen als die Hauptamtlichen.

Eindrücklich ist in diesem Zusammenhang, dass die ehrenamtlichen Mitarbeiterinnen und Mitarbeiternicht nur eine hohe intrinsische Motivation zeigen, sondern auch von ihrem Engagement offenkundig erheblich für sich selbst profitieren: Dies zeigt sich daran, dass sie einen deutlichen Anstieg von Eigenschaften und Fähigkeiten wie Kreativität, Selbstbewusstsein, Verantwortungsbewusstsein oder auch Toleranz notieren. Die Integration Freiwilliger in die Konfirmationsarbeit kann folglich auch als ein wesentlicher kirchlicher Beitrag zu einer *persönlichkeitsfördernden* und *gesellschaftlich relevanten Jugendbildungsarbeit* überhaupt angesehen werden.

Aber nicht nur das Engagement der Mitarbeitenden – seien es nun Hauptamtliche oder Freiwillige – ist erheblich, sondern auch die Unterstützung in vielen Gemeinden ist gross. Die ressourcenbezogene Investition in diese Arbeit ist auch von dieser Seite her unübersehbar und erlaubt den Schluss, dass die Konfirmationsarbeit vonseiten der kirchlichen Verantwortunsträgerinnen und -träger auf einer breiten und wohlwollenden Grundlage steht.

Kann man angesichts der vorliegenden Ergebnisse von einer erfolgreichen und wirksamen Konfirmationsarbeit in den reformierten Kirchen der Schweiz sprechen?

Um dies auch nur annähernd beantworten zu können, stellt sich zuallererst die Frage nach dem Massstab und der Beurteilung der einzelnen Daten: Nach welchen Kriterien kann ein bestimmter Wert als hoch oder als niedrig angesehen werden? Ist es erfreulich, wenn am Ende des Jahres die positiven Einstellungen gegenüber Glaube und Kirche mehr oder weniger genau so ausfallen wie am Anfang oder hätten diese nicht ansteigen müssen? Wie würden diese Werte ausfallen, wenn es die Konfirmationszeit nicht gegeben hätte? Ist es schon als ein negatives Zeichen zu werten, wenn bestimmte glaubensbezogene Fragen oder auch die Wahrnehmung der Gottesdienste am Ende dieser Zeit bestenfalls unverändert, manchmal sogar negativer als zu Beginn ausfallen? Handelt es sich womöglich doch um ein echtes Alarmzeichen, wenn zwei Jahre nach der Konfirmation selbst unter den vermutlich gutwilligeren Konfirmierten schon bestimmte Distanzierungstendenzen gegenüber der Kirche unverkennbar sind? Kommt also die Konfirmationsarbeit – bei allem Bemühen – am Ende dann doch nicht gegen die immer wieder beschworenen Megatrends der Individualisierung und Säkularisierung an?

Ob man von der Konfirmationsarbeit im schweizerischen Kontext als von einem Erfolgsmodell sprechen kann, wie dies für Deutschland gesagt wird (Schweitzer u. a. 2015, 223 f.), sollte grundsätzlich eher zurückhaltend beantwortet werden, da ja wiederum die Kriterien für eine solche Beurteilung ganz eindeutig sein müssten. So sagt eine hohe Zufriedenheit der Jugendlichen mit der gesamten Konfirmationszeit nicht schon automatisch etwas darüber aus, welche Relevanz sie diesen Erfahrungen für ihr eigenes Leben und ihre religiöse Orientierung beimessen (Maaß/Simojoki 2015). Eine wirklich sichere Antwort auf diese Fragen würde sich wohl erst auf der Grundlage des umfassenden Vergleichs durch eine noch detailliertere Längsschnittstudie anstellen lassen. Jedenfalls kann sich der tiefere Sinn des Aspekts der Zufriedenheit und damit die Relevanz dieses kirchlichen Bildungsangebots erst «in the long run» herausstellen.

Angesichts der nun vorliegenden Daten kann festgehalten werden: Mit massiven Abbrüchen oder schleichenden Aushöhlungstendenzen der Konfirmationsarbeit ist einstweilen nicht zu rechnen. Gleichzeitig ist aber auch zu fragen, ob das – in der Schweiz wie in Europa – angenommen *volkskirchliche Grundparadigma,* wonach die Konfirmationsarbeit immer noch ein exklusiv-monopolhaftes Orientierungsangebot für das Jugendalter darstellt und von einer mehr oder weniger selbstverständlichen Teilnahmebereitschaft ausgegangen werden kann, ihr auf Dauer wirklich Stabilität verheisst. Ein auf Kontinuität setzendes «Weiter wie bisher!» in den gewohnten Bahnen könnte sich jedenfalls angesichts der angedeuteten Entfremdungs- und Abwanderungstendenzen lediglich als kurzfristige und kurzsichtige Beruhigungsmassnahme erweisen. Eine wie auch immer geartete selbstimmunisierende Abgeschlossenheit oder ein unerschütterliches Vertrauen in die Zukunftsfähigkeit der Konfirmationsarbeit dürften sich auf Dauer als wenig verheissungsvoll und zukunftsfähig erweisen. So stellt sich die Frage nach den notwendigen Folgerungen aus diesen Tendenzen und Ergebnissen um so dringlicher. Insofern ist die für den folgenden Abschnitt gewählte Überschrift «Konsequenzen» tatsächlich ernst gemeint, weil sich an der Konfirmationsarbeit durchaus die Zukunftsfähigkeit von Kirche überhaupt erweisen könnte.

6.3 Konsequenzen

Im Folgenden sollen einige der wesentlichen Konsequenzen benannt werden, die sich recht deutlich von den Ergebnissen dieser Studie ableiten lassen. Diesem Abschnitt sei vorausgeschickt, dass alle im Einzelnen genannten Dimensionen natürlich eng miteinander verbunden sind und insofern nicht für sich alleine stehen. Gleichwohl sei den Verantwortlichen dazu geraten, den im Folgenden angezeigten Veränderungsbedarf eher auf den Einzelfall fokussiert anzugehen, als nun zu meinen, dass alle genannten Aspekte sogleich und in Gänze umgesetzt werden könnten oder müssten. Denn diese liegen, wie gleich erkennbar werden wird, auf sehr unterschiedlichen Gestaltungs- und Verantwortungsebenen, so dass deren Auflistung an dieser Stelle insbesondere dazu dienen soll, dass sich verantwortliche Akteurinnen und Akteure, Kirchgemeinden und Kirchenleitungen über den hier angezeigten Reformbedarf eigenständige Gedanken machen und von da aus entsprechende passgenaue Strategien entwickeln.

6.3.1 Dimensionen einer profilierten Konfirmationsarbeit

6.3.1.1 Religiöse Sozialisationserfahrungen etablieren und ausbauen

Wie die Bedeutung des Einflussfaktors der religiösen Sozialisation überdeutlich zeigt, können Angebote kirchlicher Bildung nicht früh genug beginnen und gar nicht intensiv genug ausfallen. Will man in irgendeinem Sinn Nachhaltigkeit erzeugen, kommt es also darauf an, den werdenden Jugendlichen – schon als Kindern – möglichst früh *positive Erfahrungen mit eigenen Glaubensfragen und -erfahrungen, Religion und Kirche* zu vermitteln (Voirol-Sturzenegger 2014; Schlag 2012). Gerade weil die traditionellen religiösen Interaktionskontexte aufgrund starker gesellschaftlicher Mobilität und Pluralisierung kaum mehr existieren, sollte das je kirchliche Orientierungsangebot in seiner Bedeutung für den individuellen und familiären Lebensvollzug möglichst früh anschaulich werden. Zu dieser inhaltlichen Dimension gehört, dass positive Gruppenerlebnisse gemacht werden können und eine bestimmte religiöse Praxis, privat wie gottesdienstlich, eben nicht als fremd, sondern als etwas Vertrautes und selbstverständlich Dazugehörendes erfahren werden kann. Dass sich in diesem Zusammenhang der Aspekt religiöser familiärer Sozialisation vonseiten der Kirche mit einer verstärkten *Aufmerksamkeit auf die Eltern* und die *weiteren Bezugspersonen* verbinden muss, kann von da her kaum überraschen. Tatsächlich ist aus den Ergebnissen der schweizerischen Studie deutlich die zentrale Zukunftsherausforderung herauszulesen, die für die kindliche und jugendliche Erziehung verantwortlichen Bezugspersonen selbst zur Übernahme dieser religiösen Bildungs- und Orientierungsaufgabe zu befähigen.

Natürlich befinden sich die Kirchen bei einem solchen *Lifelong-Bildungsanspruch* in einer intensiven *Konkurrenzsituation* und bestimmte schulische Verpflichtungen oder auch musikalische und sportliche Aktivitäten haben in der Regel für die Jugendlichen und deren Eltern eine sehr viel höhere Bedeutung. Allerdings sollten die Kirchen und Kirchgemeinden hier ihr eigenes Angebot so selbstbewusst wie nur möglich vertreten, weil es nur dann wirklich ernst genommen werden wird. Dies schliesst im Einzelfall eine gewisse Kompromissfähigkeit – bestenfalls von beiden Seiten – keineswegs aus. Von kirchlicher Seite aus sollte man sich in jedem Fall für eine selbstverständliche Positionierung im Jahreskalender der Jugendlichen einsetzen. Um dies zu konkretisieren: Angesichts eines offenkundig pädagogisch nur begrenzt sinnvollen einstündigen wöchentlichen Angebots sollte hier bewusst auf Blockzeiten zugegangen werden (Beile 2012), auch wenn dies zu mancher familiären, musikalischen oder sportlichen Planung in bewusste Konkurrenz tritt.

Vielleicht wäre es ohnehin angezeigt, die *Schwelle zur Teilnahme* nicht zu niedrig anzusetzen, denn bekanntlich ist das, was augenscheinlich niederschwellig daherkommt, in Gefahr, alsbald als wenig bedeutsam wahrgenommen zu werden. Insofern dürfen sich unserer Ansicht nach die Anbieter der Konfirmationsarbeit vor Ort gleichsam nicht unter Wert verkaufen, da sie ansonsten über kurz oder lang damit rechnen müssten, mit ihrem Angebot tatsächlich gering geschätzt zu werden. Die Konfirmation mag theologisch gesprochen «gratis» sein, man sollte als Kirchgemeinde allerdings überlegen, ob man dieses Angebot um jeden Preis – also faktisch ohne grössere Bedingungen und quasi umsonst – vorhalten will. Zwar sollten die Zugangsvoraussetzungen zum Angebot selbst nicht zu hoch sein. Allerdings sollte für die Zeit der Teilnahme deutlich werden, dass von den Konfirmandinnen und Konfirmanden aus guten Gründen erwartet werden darf, dass sie sich auch im Blick auf ihre Prioritätensetzung auf dieses Angebot einzulassen bereit sind. Dass die erhoffte Wertschätzung natürlich erheblich mit dem erkennbaren Profil und der notwendigen Professionalität des Angebots verknüpft ist, sei an dieser Stelle einmal mehr betont.

6.3.1.2 Für Inhalte sensibilisieren und Themen nahebringen

Gerade weil die Studie bei den Jugendlichen und Mitarbeitenden ein grosses Interesse an den Inhalten der Konfirmationsarbeit festgestellt hat, zugleich aber die *inhaltliche Dimension dieses Bildungsangebots* häufig nur unscharf erkennbar ist, ist hier Entwicklungsbedarf angezeigt. Zum einen gilt es, das *Wissen* über zentrale Aspekte biblischer Überlieferung, kirchlicher Praxis und des reformierten Glaubens deutlich zu verstärken. Zum anderen muss gerade die Bereitschaft Jugendlicher zur *persönlichen Auseinandersetzung* mit solchen religiösen Fragen und Themen immer wieder neu geweckt werden. Wenn insofern die Hauptamtlichen deutliche Akzente in Richtung Lebensorientierung und persönlicher Entwicklung setzen und offenkundig dabei die Auseinandersetzung mit Fragen des Glaubens demgegenüber zurücktritt, erscheint hier eine Überprüfung solcher Gewichtungen unbedingt angezeigt.

Dies gilt besonders angesichts der *Situation des schulischen Religionsunterrichts* in der Schweiz: Während in anderen Ländern nach wie vor selbstverständlich eine enge inhaltliche wie institutionelle Zusammenarbeit zwischen kirchgemeindlicher und schulischer Bildungsarbeit besteht, sind in der Schweiz aufgrund der spezifischen Situation des schulischen Religionsunterrichts die Ausgangsbedingungen folgenreich ganz anders. Eine Kooperation zwischen schulischen Lehrkräften und kirchlichen Mitarbeitenden funktioniert hier eigentlich nur in den Fällen gut, in denen eine gute persönliche Bekanntschaft und wechselseitige Vertrauensbasis existiert. Gerade deshalb muss es den kirchlich Verantwortlichen zu denken geben, wenn die Verbindungsmöglichkeiten zwischen Kirche und Schule offenkundig immer geringer werden – ganz zu schweigen von dem damit verbundenen Komplettverlust von Schulseelsorge, Schulgottesdiensten oder weiteren Kontaktflächen zwischen Gemeinde und dem schulischen Bildungskontext.

Damit kommen zukünftig auf die Konfirmationsarbeit in weit stärkerem Mass auch *thematische Herausforderungen* zu: Ganz konkret stellt sich die Aufgabe der Vermittlung bestimmter Inhalte, die man bisher dem schulischen Religionsunterricht zuweisen konnte, so etwa unterschiedliche Traditionen von Gottesvorstellungen und Gottesbildern, die Überlieferungen zu Person, Leben und Werk Jesu Christi, entscheidende Etappen der Reformationsgeschichte – für die in der Regel inzwischen der schulische Geschichtsunterricht verantwortlich zeichnet! – oder die Bedeutung von Kirchenraum, Gottesdienst, Gebet und sakramentalem Handeln.

Aber selbst in denjenigen Fällen, in denen ein solcher schulischer Religionsunterricht noch vorhanden ist, kann etwa die Thematisierung von Taufe oder Abendmahl mit Jugendlichen damit nicht für erledigt erklärt werden. Und ob nicht doch auch eine intensivere Beschäftigung mit zentralen Texten christlicher Tradition und Liturgie – man denke hier nur etwa an das Unservater, das Apostolische Glaubensbekenntnis oder auch die Einsetzungsworte zum Abendmahl – und diesbezüglich auch ein kreatives Auswendiglernen ratsam sein könnten, sei hier wenigstens als offene Problemanzeige formuliert. Dass die Beschäftigung mit der Bibel und dem Gesangbuch bzw. dem christlichen Liedgut ohnehin «Luft nach oben» hat, sei in diesem Zusammenhang ebenfalls wenigstens angemerkt.

Um auch dies zu sagen: Wir argumentieren hier keineswegs im Sinn der immer wieder herangezogenen Unterscheidung eines «teaching in» und «teaching about», wonach kirchliche Bildung für Ersteres, schulische Bildung für Letzteres zuständig wäre. Eine solche schroffe Unterscheidung, die ja insinuiert, dass kirchliche Beheimatung gleichsam voraufklärerisch sei, erscheint uns schon allein aus pädagogischen Gründen wenig hilfreich und jedenfalls kaum weiterführend. Vielmehr geht es auch im Kontext der kirchlich-katechetischen und gemeindepädagogischen Bildungsarbeit darum, persönliche Orientierung mit möglichst intensiver thematischer Beschäftigung sowie präziser und aufklärender Wissensvermittlung zu verbinden (Bubmann u. a. 2012; Kumlehn 2014; Altmeyer/Bitter/Boschki 2016) und somit ein echtes Lernen in Freiheit anzustossen (Kessler/Noth 2015).

Notwendig ist es folglich im Fall jeglicher inhaltlicher Thematisierung, auf die *lebensweltlichen Erfahrungen* der Jugendlichen in *altersspezifischer Weise* einzugehen und die Annäherung an einzelne Themen auf möglichst vernunftgemässe, reflexionsoffene und selbstkritische Weise vorzunehmen. Gefragt ist insofern, wenn man es so nennen will, die inhaltsbezogene Sensibilisierung für die je eigene reformierte und kirchgemeindliche Selbstverortung. Dass schon allein das Vertrauen in die Mündigkeit der Jugendlichen und eine entsprechende pädagogische Angebotsstruktur zu höchst intensiven thematischen Beschäftigungen führen können, wurde für den schweizerischen Kontext schon an anderer Stelle eindrücklich aufgezeigt (Demont/Schenker 2009).

Angesichts des Ergebnisses, dass Mädchen und Jungen hinsichtlich ihrer Teilhabebereitschaft eine gewisse Varianzbreite aufzeigen, sollten zudem *gendergerechte Lernarrangements* (Schlag/Christensen 2010) die Qualität der Konfirmationsarbeit optimieren und dadurch die Unterschiede zwischen Jungen und Mädchen als je passgenaue Bildungschance für beide Geschlechter zum Ausdruck bringen.

6.3.1.3 Erfahrungen eröffnen

Wenn hier dafür plädiert wird, dass eine um Attraktivität bemühte inhaltsbezogene Konfirmationsarbeit eine möglichst grosse thematische Anschaulichkeit unbedingt notwendig macht, so bringt dies die Herausforderung einer stark *erfahrungsbezogenen Gestaltung* dieses Bildungsangebots mit sich. Zum einen bezieht sich die Erfahrungsebene dabei konsequenterweise in personaler Hinsicht zunächst auf *gelingende Begegnungen* mit den anderen Jugendlichen der Gruppe, dann auf die Mitarbeitenden und schliesslich auch auf diejenigen Personen, die z. B. ehrenamtlich oder freiwillig tätig sind und dadurch die Gemeinde repräsentieren. Zudem könnten solche personalen Beziehungserfahrungen beispielsweise auch durch bestimmte Mentorin-/Mentormodelle deutlich gestärkt werden, d. h. durch den näheren Kontakt und die Begleitung der Konfirmandinnen und Konfirmanden durch Personen der Kirchgemeinde. Die positive Erfahrung, Teil einer guten und vertrauenswürdigen Gruppe zu sein, kann insofern dann auch dazu motivieren, die infrage stehenden Inhalte miteinander zu bedenken und zu besprechen. Dadurch können Jugendliche die Kirche und deren Angebote in personaler Hinsicht als möglichen Ausgangspunkt für die eigene Identifikation mit ihr wahrnehmen und schätzen lernen.

Zum anderen bezieht sich die Erfahrungsebene auf möglichst *attraktive Formen der Annäherung an thematische Aspekte*: Hier kann sich sowohl im konkreten Unterricht wie in der Teilhabe an jugendgemässen Gottesdiensten, aber auch an Projekten der Kirchgemeinde veranschaulichen, was den spezifischen Tiefensinn dieses Angebots ausmacht. Dann wird deutlich, dass Glauben nicht nur auf individuellem Bekennen beruht, sondern von seiner Gemeinschaftserfahrung lebt und auf gemeinsame Artikulationsweisen angewiesen ist.

Von da her ist übrigens auch die immer wieder aufgeworfene Frage nach den *Formen* – also wöchentlicher Unterricht, Block- oder Lagergestaltung – zu bedenken, nämlich welche Erfahrungen hier für die Jugendlichen möglich werden können und welche eben nicht. Je nach Wochentag und Tageszeit sind sowohl die inhaltliche Arbeit wie auch die Arbeitsfähigkeit der Konfirmandinnen und Konfirmanden unterschiedlichen, durchaus auch als Störfaktoren wirkenden Einflüssen ausgesetzt, was in der Konzeption des Angebots berücksichtigt werden muss.

Deswegen das gesamte Angebot in erlebnisorientierter Blockform abzuhalten, stellt hingegen nicht unbedingt die einzig mögliche Konsequenz dar, auch wenn es sich zeigt, dass zumindest der Unterbruch des «courant normal» durch gemeinschaftsorientierte Angebote – wie Lager oder Weekends – die Motivation der Jugendlichen positiv beeinflusst. Gefragt ist also in jedem Fall, die Zeit- und Wahrnehmungsrhythmen der Jugendlichen sowie deren spezifische Ausdrucks- und Kommunikationsformen möglichst genau und geduldig wahrzunehmen.

In jedem Fall ist dieser Erfahrungsbezug nur in seinem *Gemeinschaftsbezug* zu denken: Gerade weil «Gemeinschaft» eines der zentralen Motive und Kriterien für die individuelle Zufriedenheit ist, sind solche Erfahrungen – sei es in der Gruppe, mit dem Team der Mitarbeitenden oder mit Menschen der Gemeinde – unverzichtbar. Diese Erfahrungen können zugleich den *theologischen Sinn gelingender kirchlicher Gemeinschaft* anschaulich werden lassen. Es ist zudem davon auszugehen, dass nur im positiven Fall solcher Gemeinschaftserfahrungen Jugendliche dazu motiviert werden, nach ihrer Konfirmation selbst einen verantwortlichen Part in ihrer Gemeinde zu übernehmen.

Zu diesem Gemeinschaftsaspekt gehört im Übrigen unbedingt auch, überall dort in der Gruppe integrativ zu wirken, wo bestimmte Jugendliche aus der Gruppe zu fallen drohen, sei es aus Gründen der Bildung, ihrer Sprachfähigkeit, ihres sozialen und ökonomischen oder auch Migrationshintergrundes sowie aufgrund anderer Aspekte, die eine Aussenseiterposition befördern könnten. Hier befindet sich die klassische Konfirmationsarbeit, wie auch die Ergebnisse dieser Studie zeigen, in der permanenten Gefahr einer bildungsbürgerlich verengten Veranstaltungs- und Bildungsform, wodurch dann – vermutlich mehr unbewusst als bewusst – ein bestimmter Teil der Jugendlichen (und deren Familien!) von vorneherein ausgeschlossen zu werden droht. Indem die Mitarbeitenden ihre jeweilige Gruppe in diesem Sinn auch intern für mögliche Ausgrenzungsdynamiken sensibilisieren sowie zu alternativen Umgangsformen ermutigen und auffordern, können sie dabei wiederum wesentlich auf den theologischen Tiefensinn der Konfirmationszeit aufmerksam machen. In diesem Sinn stellt die Konfirmationsarbeit auch eine wichtige kirchliche Chance dar, die gegenwärtigen Herausforderungen gelingender Inklusion (Kunz/Liedke 2013; Nord 2015) aktiv anzugehen.

6.3.1.4 Partizipation ermöglichen

Die Ergebnisse der schweizerischen Studie machen deutlich, dass die positive Wahrnehmung und Bereitschaft zur Mitwirkung der Jugendlichen wesentlich dadurch mitbedingt ist, dass diese im Lauf der Konfirmationszeit selbst aktiv einzelne Formen von *Mitgestaltung ausprobieren* und damit echte *Mitverantwortung übernehmen* können. Die systematischen Erkenntnisse zu den unterschiedlichen Formen, in denen die Befragten Gemeinschaft in der Konfirmationszeit erleben und aktiv mitgestalten, verhelfen ihnen dazu, dass sich ihnen die Vielfalt kirchlicher Praxis erschliesst sowie ihre Bereitschaft zu individueller Mitbestimmung und Mitgestaltung gefördert wird.

Dies zeigt sich zum einen im Blick auf die *Gestaltung von Themen und Themenschwerpunkten*, zum anderen an der *aktiven Teilnahme an Gottesdiensten* (Schlag 2010; Hochuli-Wegmüller 2016), der Integration in einzelne *Projekten* der Kirchgemeinde und schliesslich auch an der Bereitschaft, in einer *kirchlichen Jugendgruppe* mitzuwirken. Gerade im Blick auf die liturgische Praxis ist aufgrund mangelnder religiöser Sozialisation in vielen Fällen geradezu elementare Aufbauarbeit zu betreiben. Gefragt sind folglich überhaupt erst einmal positive Grunderfahrungen mit gottesdienstlichem Handeln. Von da her erscheint es sinnvoll, über die Frage der Mitgestaltung von Gottesdiensten ganz neu nachzudenken: Da es hier vor allem um die Vermittlung der zentralen Kompetenz des Feierns, Betens, Singens und Lobens geht, der klassische Sonntagmorgen aber nur sehr bedingt für Jugendliche attraktiv ist, sollten auch ganz neue liturgische Ausdrucksformen für den kleinen Kreis und die vertraute Gruppe eingeübt werden – sei dies nun die spirituelle Praxis der Andacht, der Meditation oder der wirklich selbst ausformulierten und ausgedrückten Fürbitte und Anbetung.

Zugleich sei aber auch gesagt, dass die starke Beteiligung der Jugendlichen an der thematischen Auswahl und *Gestaltung ihres Konfirmationsschlussgottesdienstes* nicht ohne ambivalenten Charakter ist. Denn zum einen ist es zwar sicherlich richtig, dass ihre Erfahrungen, Fragen und Ausdrucksformen gerade am Ende des Konfirmationsjahres den ihnen angemessenen Raum erhalten. Zum anderen allerdings erscheint es als verpasste Chance, wenn sich die Mitarbeitenden, und hier insbesondere die Pfarrpersonen, gerade in diesem entscheidenden Schritt mit einer eigenen theologischen Deutung mehr oder weniger stark zurückhalten, beispielsweise dadurch, dass sie auf eine ausführlichere Predigt im Konfirmationsgottesdienst überhaupt verzichten (Beile 2016). Zudem stellt sich die Frage, ob man theologisch wie liturgisch gesehen die Konfirmandinnen und Konfirmanden nicht auch damit überfordert, ihnen für diesen Schlussakt ihrer Konfirmation gleichsam die gesamte eigene Deutungsmacht zuzutrauen oder eben zuzumuten. Auch wenn dies in reformierten Ohren seltsam paradox klingen mag: Es gibt vermutlich auch ein Zuviel an zugesprochener Freiheit und Eigenverantwortung.

6.3.1.5 Freiwilliges und ehrenamtliches Engagement fördern

In sachlicher Nähe zur Frage der Partizipation steht der Aspekt der *freiwilligen und ehrenamtlichen Tätigkeit* der Jugendlichen sowohl während als auch nach der Konfirmationszeit. Wie schon angedeutet, ist die positive Erfahrung mit *Teams* von zentraler Bedeutung für die Wahrnehmung und Gesamteinschätzung der Jugendlichen ebenso wie für deren Bereitschaft, nach dieser Zeit selbst eine solche Tätigkeit zu übernehmen. Wenn innerhalb der Konfirmationsarbeit Erfahrungen teamgestalteter Arbeit eröffnet werden, kann dies die Konfirmandinnen und Konfirmanden dazu motivieren, selbst eine stärkere eigene Beteiligung in diesem Bereich nach der eigenen Konfirmation zu erwägen.

Von den Erkenntnissen der Studie aus ergibt sich eine weitere Dimension möglichen Engagements: Wie erwähnt, zeigen die Befragungen, dass die *ethische Sensibilität* und *Empathie* sowie die *Bereitschaft zum Einsatz für andere* bei den Jugendlichen gross ist. Im überwiegenden Teil spiegelt sich eine deutlich kritische Wahrnehmung der äusseren gesellschaftlichen Verhältnisse wider, die gegenüber dem Befragungszeitraum 2012/2013 sogar stärker zugenommen hat. Insofern sollte man die Befähigung zum Engagement als Zielsetzung der Konfirmationsarbeit keineswegs nur auf innerkirchliche Belange begrenzen, sondern ganz bewusst auch auf die *gesellschaftliche Dimension* dieses Bildungsangebots ausweiten. Selbst wenn die schweizerischen Jugendlichen, wie die Studie feststellt, für ihre persönliche Zukunft eine überwiegend positive Perspektive einnehmen, ist deren Sensibilisierung für die gesellschaftlichen Nöte dringlicher denn je.

Ein höchst bedeutsames und auch bildungsrelevantes Schnittfeld christlich motivierten und gesellschaftlichen Engagements im schweizerischen Kontext stellt die *diakonische Arbeit* dar (Furler 2012). Denn hier können Jugendliche auf eindrückliche Weise erfahren und mitgestalten, wie sich tätiges Christentum inmitten der gegenwärtigen gesellschaftlichen Verhältnisse und überhaupt im öffentlichen Raum (Rüegger/Sigrist 2011) zu manifestieren vermag und dass hier ihr eigenes Engagement Früchte zu tragen verheisst. Insofern stehen die Verantwortlichen für die Konfirmationsarbeit vor der unbedingten Herausforderung, diakonische und bildungsorientierte Praxis noch sehr viel enger miteinander zu verbinden.

Ein solches Empowerment zur freiwilligen Tätigkeit setzt aufseiten der Hauptamtlichen allerdings eine echte Bereitschaft voraus, Jugendliche wirklich *mit eigenen Ideen mitgestalten* zu lassen und ihnen auch die entsprechende Verantwortung zu übertragen. Natürlich gilt aus Sicht der Mitarbeitenden, dass der Aufwand teamgestalteter und projektorientierter Arbeit zweifellos höher ist, als wenn all dies ausschliesslich alleine organisiert und durchgeführt wird. Auf der anderen Seite steigen damit tatsächlich die Chance eines passgenaueren Angebots sowie die Möglichkeit für die Etablierung bzw. Einübung in eine *echte Beteiligungskultur*. Zudem ist zu betonen: Auch wenn, wie die Studie zeigt, familiäre oder frühe kirchliche Sozialisation die Bereitschaft zum freiwilligen Engagement deutlich erhöhen, sollte nichts unversucht bleiben, auch solche Jugendliche durch möglichst attraktive Projekte und Angebote im Sinn einer Ersterfahrung zu gewinnen, die bisher mit Kirche nichts zu tun oder keine Berührungspunkte mit ihr hatten.

6.3.1.6 Jugendtheologische Perspektiven einnehmen und die seelsorgerische Dimension berücksichtigen

Von den bisher genannten Konsequenzen aus stellt sich mehr denn je die Frage der (jugend)theologischen Dimension der Konfirmationsarbeit: Sie geht von der Überzeugung aus, dass Jugendlichen die Lebensrelevanz theologischer Fragen deutlich werden kann, wenn Glaubens- und Wahrheitsfragen zum Gegenstand des *gemeinsamen, produktiven Diskurses* gemacht werden. Wichtig ist somit ein von Jugendlichen und Mitarbeitenden *gemeinsam gegangener Weg der Erschliessung* möglicher zentraler Einsichten des reformierten Glaubens (Schlag/Schweitzer 2011; 2012). Die Ergebnisse unserer Studie legen es unbedingt nahe, darauf zu vertrauen, dass die Jugendlichen sich mit ihren Glaubensfragen in einen solchen Ermöglichungsraum entschieden einzubringen bereit sind und dass deren eigene theologische Deutungspotenziale bei weitem nicht ausgeschöpft sind. Die genannten erfahrungs- und beziehungsorientierten, thematischen und partizipatorischen Dimensionen gelingender Konfirmationsarbeit erfahren jedenfalls durch eine solche jugendtheologische Dimension ihren *theologischen Tiefensinn*, insofern diese Erfahrungen für die weitergehende *gemeinsame Deutung* und damit für die *reflexive Auseinandersetzung* geöffnet werden. Zugleich verbindet sich dies mit dem Anspruch, eine solche gemeinschaftliche Auslegungspraxis ihrerseits als eminent *seelsorgerische Dimension* der Konfirmationsarbeit zu verstehen. Mit anderen Worten: Eine entsprechend jugendtheologisch sensible Bildungsarbeit ist wiederum nur in konstitutivem Bezug auf die seelsorgerische Beziehungsarbeit zu denken, zu initiieren und durchzuführen

6.3.1.7 Pädagogische Kompetenzen erweitern

Die bisher angestellten Überlegungen haben ihre unmittelbaren Konsequenzen auch für die notwendigen *Kompetenzen der Mitarbeitenden* selbst. Wie betont, macht die Vielfalt der Herausforderungen, die ansatzweise durch die Ergebnisse der Studie ans Tageslicht getreten sind, weiter reichende Überlegungen zur Entwicklung und Gestaltung möglichst passgenauer, erfahrungsorientierter Gestaltungs- und Lernformen unbedingt notwendig. Hier hat es aber den Anschein, als ob viele Mitarbeitende letztlich in den schnellen digitalen Lebenswelten der Jugendlichen noch nicht so recht angekommen sind, was dann alle inhaltlichen Anknüpfungsmöglichkeiten natürlich erheblich erschwert. Ein solches Bemühen um Anknüpfung setzt zuallererst eine möglichst hohe *Wahrnehmungskompetenz* der Verantwortlichen voraus, die Ausgangsbasis für alle Planungen des jeweiligen konkreten Angebots sein muss.

Diese *Wahrnehmungskompetenz* kann sich nun allerdings nicht nur auf die Jugendlichen beziehen, sondern beginnt ganz im Sinn unseres Verständnisses von Konfirmationsarbeit damit, dass sich die Mitarbeitenden selbst fragen, was denn Kern und Sinn *ihres eigenen Verständnisses von Konfirmiertsein und Konfirmiertwer-*

den ausmacht. Insofern sollten sie die gemeinsame Zeit mit den Jugendlichen als wichtige Chance begreifen und ergreifen, sich über ihre *Selbstpositionierung in Sachen reformierten Christseins* klar zu werden. Dass dies beinhaltet, sich von den kritischen Fragen der Jugendlichen selbst intensiv herausgefordert zu fühlen, versteht sich hier ja geradezu von selbst. Oder um es ganz lapidar zu sagen: Mitarbeitende müssen in der Lage und auch willens sein, zu verdeutlichen und auszusprechen, wofür sie selbst stehen, wenn sie Jugendliche wirklich begeistern und gewinnen wollen. Hier liegt ihre theologische wie pädagogische Verantwortung zentral darin, eine plausible Verbindung von individueller Freiheit und überindividueller Verbindlichkeit als wesentliches Kennzeichen der evangelischen Glaubenshaltung zu verdeutlichen – und dies auf möglichst authentische Weise zu thematisieren.

Eine besondere Aufgabe kommt den Hauptamtlichen sicherlich in der *Begleitung und Unterstützung der jugendlichen Freiwilligen* zu. Denn diese können eben nicht nur einfach als dienstbare und engagierte Helferinnen und Helfer angesehen werden, sondern sind mit ihren persönlichen Ressourcen und Funktionen als Brückenbauer ein erheblicher Reichtum für die kirchliche Jugendarbeit, den es entsprechend zu pflegen gilt (Müller 2016; zum Hintergrund Huber/Rieker 2013; für den katholischen Bereich jetzt auch Schenker 2016). Damit ist aber offenkundig, dass sich alle Aus- und Weiterbildungen nicht alleine auf den Erwerb methodischer Kompetenz konzentrieren dürfen, sondern genau diese Fähigkeit, die Jugendlichen in ihren Bedürfnissen wahrzunehmen und ernst zu nehmen, bei den Mitarbeitenden stärken und pflegen müssen.

In Hinsicht auf die von den Mitarbeitenden immer wieder angesprochenen *Ressourcenfragen* kommen dafür mehrere Aspekte ins Spiel: Zum einen hat es den Anschein, als ob die *Ressource des kollegialen Austausches* vergleichsweise wenig genutzt wird. Eine zentrale Informationsplattform für den Austausch und die Präsentation von «best practices» ist deshalb ebenso notwendig wie der verstärkte Austausch über Fragen und Probleme, etwa bei einer schwierigen Gruppe oder einzelnen problematischen Jugendlichen. Es kann im Übrigen durchaus auch einmal sinnvoll sein, erfahrene Lehrpersonen aus dem schulischen Bereich für die pädagogische und kollegiale Beratung mit einzubeziehen. Zum anderen ist offenkundig, dass die *Ressource Zeit* einen zentralen Mangelfaktor für die Mitarbeitenden darstellt. Hier sind insbesondere die kantonalkirchlichen Kirchenleitungen und kirchenleitenden Gremien vor Ort dazu aufgerufen, über echte Entlastungen und die entsprechenden Schwerpunktverteilungen in der kirchgemeindlichen Arbeit nachzudenken.

Zugleich sei kritisch angemerkt, dass eine *pastorale Konzentration auf die Konfirmationsarbeit* im Sinn einer gleichsam einzigen Kontaktfläche zu dieser Generation nicht unproblematisch ist. Sollte jedenfalls die kirchgemeindliche Ausdifferenzierung verschiedener Handlungsfelder dazu führen, dass Pfarrpersonen sich mehr und mehr aus der intergenerationellen Bildungsarbeit zurückziehen, um sich auf die vermeintlich wesentlichen Arbeitsbereiche Gottesdienst und Seelsorge zu konzentrieren, würde dies auch der Konfirmationsarbeit als längerfristiger Beziehungsarbeit die Grundlage entziehen. Ganz im Gegenteil ist zu sagen, dass eine solche *intergenerationelle, milieusensible und kommunikationsbereite Bildungsarbeit* auch die Qualität pastoraler Arbeit in ganz anderen Feldern erheblich befördert und damit tatsächlich für die Zukunftsfähigkeit der Kirche von grösster Bedeutung ist.

6.3.2 Kirchentheoretische Konsequenzen

Was in den bisherigen Konsequenzen schon angedeutet wurde, kann nun auch auf den kirchentheoretischen Punkt gebracht werden: Die Konfirmationsarbeit ist für das Selbstverständnis von Kirche und die Praxis der Kirchgemeinden sowohl ein wesentlicher Aspekt ihrer öffentlichen Sichtbarkeit wie auch ihres *theologisch fundierten Bildungsauftrags*. Die entscheidende Herausforderung dieses Bildungsangebots liegt dabei darin, es als eine Vollzugsform des reformierten Glaubens, an der die *ganze Gemeinde* möglichst intensiv beteiligt ist, zu verstehen und zu konzipieren. Insofern gibt die Konfirmationsarbeit erhebliche Anregungen für die Einsicht, dass die genannten Aspekte des Erfahrungs-, Gemeinschafts- und Partizipationscharakters die gesamte kirchliche Praxis auszeichnen sollten.

In diesem Sinn wäre es auch kurzschlüssig, die Konfirmationsarbeit einfach als einen in sich und für sich abgeschlossenen thematischen Aspekt gemeindlichen Lebens zu verstehen, der ansonsten mit den weiteren Praxisfeldern in keinem näheren Zusammenhang stünde. Vielmehr ist sie als wesentlicher Bestandteil eines viel umfassenderen religiösen Bildungs- und Sozialisierungsangebots kirchlichen und gemeindlichen Lebens anzusehen, in den deshalb möglichst auch viele weitere Personen der Gemeinde zu integrieren oder wenigstens punktuell zu involvieren sind.

Die Frage nach den möglichen Anknüpfungspunkten der Konfirmationsarbeit stellt sich von da aus sowohl in personeller, zeitlicher wie auch in inhaltlicher Hinsicht: Die hier vorgelegten Ergebnisse verweisen zum einen darauf, dass und wie *religiöse Bildung* Kinder und Jugendliche in ihrer Entwicklung auch vor und nach dem Konfirmationsjahr bestmöglich unterstützen kann. Zum anderen machen sie deutlich, dass die *Identifikation jedes einzelnen Gemeindemitglieds* mit seiner bzw. ihrer Kirche einer möglichst breiten Erfahrungsdimension bedarf. Wie insbesondere die kantonalkirchliche Übersicht erwiesen hat, ist man sich auf dieser Ebene inzwischen sehr wohl darüber im Klaren, dass erhebliche Investitionen im Bildungsbereich notwendig sind, wenn man die bisherige Basis für die Identifikation mit und Zugehörigkeit zur reformierten Kirche aufrechterhalten oder gar stärken will.

Nicht wirklich überzeugt sind wir von manchen gegenwärtigen Versuchen, angesichts *geplanter Gemeindezusammenlegungen* und *Fusionen* die Konfirmationsarbeit immer stärker übergemeindlich zu organisieren. Auch wenn es im Einzelfall sehr kleiner Gruppen und knapper werdender Ressourcen als notwendig und ratsam erscheint, hier über Synergien nachzudenken und natürlich bestimmte Projektangebote sinnvollerweise auch übergemeindlich erfolgen, sind doch auch die möglichen problematischen Folgen zu bedenken: Gerade weil wir in unserer Studie auf die wesentliche Bedeutung von *erfahrbaren Nahraumstrukturen* und *personal geprägten Interaktionskontexten* hingewiesen haben, können hier grenzüberschreitende Organisationsformen dazu führen, dass sich Jugendliche mit den Personen und Verhältnissen vor Ort nicht mehr intensiv verbinden können, was ihre Bereitschaft zur Identifikation mit der lokalen Kirchgemeinde zumindest nicht erhöhen dürfte.

Stärker notwendig ist dabei zum einen im Sinn der Netzwerkbildung eine *Verknüpfung* der unterschiedlichen gemeindlichen Angebote im Bildungsbereich und zum anderen ein erheblich auszubauender *interkantonaler Austausch* über die jeweiligen Erfahrungen und Strategien zu diesem kirchlichen Angebotsfeld. In diesem Zusammenhang kann im Übrigen von den Erfahrungen einer Kirche in der Minderheitssituation gelernt werden, insofern gerade dort – so jedenfalls unsere Studie – eine stärkere und eindeutigere Positionierung der Befragten und deren Identifikation mit ihrer Kirche und Gemeinde offenkundig wird.

Von den angestellten Überlegungen aus ist schliesslich in kirchentheoretischer Hinsicht zu fragen, ob es sich bei der Konfirmationsarbeit um eine *missionarische Gelegenheit par excellence* handelt. Natürlich hängt die Beantwortung dieser Frage entscheidend davon ab, was man selbst unter dem Aspekt des Missionarischen versteht. In einem weiteren Sinne verstanden, kann man fraglos dafür plädieren, dass Konfirmandinnen und Konfirmanden in aller Freiheit und Offenheit, aber auch mit aller Überzeugungskraft mit den Überlieferungen und Traditionen des reformierten Glaubens und der kirchlichen Praxis vertraut gemacht werden. Es sind ja, wie aus einzelnen Aussagen erkennbar wird, nicht zuletzt jugendliche «Teamerinnen» und «Teamer», die sich eine bestimmte Erkennbarkeit und Klarheit vom durchgeführten Angebot wünschen und dieses im Einzelfall sogar einfordern. Dass reformierte Bildungsarbeit sich der theologischen und pädagogischen Herausforderung einer aufgeklärten und profilierten Eindeutigkeit immer wieder neu zu stellen hat, kann unserer Ansicht nach nicht stark genug betont werden.

Allerdings ist unbedingt davor zu warnen, die Konfirmationsarbeit in einem engeren missionarischen Sinne dahin gehend zu funktionalisieren, dass sie unter der Hand und durch eine Art von geheimem Lehrplan für die zukünftige Mitgliederbindung oder die Stabilisierung der Mitgliederbasis verzweckt wird. Es wäre unserer Ansicht nach auch deutlich überzogen, wollte man sich von der

Konfirmationsarbeit ein «Wachsen gegen den Trend» (EKD 2006) erhoffen. Denn damit wäre der kategoriale Unterschied zwischen einer möglichen Einflussnahme vor Ort und dem Einfluss der makroskopischen Trends schlichtweg ignoriert. Aus allerbesten theologischen, pädagogischen und altersbezogenen Gründen bleibt eine solche Zielorientierung insofern so problematisch wie unverfügbar.

Dazu kommt ein Weiteres: Als konfessionelles Bildungsangebot wendet sich die Konfirmationsarbeit zwar an einen bestimmten, eben den reformierten Teil der Bevölkerung. Sie zeichnet sich aber zugleich durch eine ausserordentlich grosse Reichweite aus, indem sie die Möglichkeit von Erfahrungen in *stark heterogenen Gruppen* bietet, wie sie – bezogen auf soziale Herkunft und intellektuelle Leistungsfähigkeit in dieser Altersklasse – sonst kaum vorkommt. Das heisst, dass dieses Angebot evangelischer Provenienz aus christlich-theologischer Perspektive gerade nicht Abgrenzungen im Sinn eines religiösen Exklusivismus befördern darf. Vielmehr ist danach zu streben, dass die Beschäftigung mit christlicher Überlieferung und Kultur Jugendlichen die notwendigen Kompetenzen vermittelt, um gerade das friedliche und sinnvolle Zusammenleben in der pluralistischen Gesellschaft der Schweiz mit ihrer erheblichen Religionsvielfalt (Baumann/Stolz 2007) persönlich zu bereichern. In diesem Zusammenhang kann und muss die Konfirmationsarbeit in einem weiteren Sinn auch ihren Auftrag des friedensstiftenden Dialogs zwischen den Anhängerinnen und Anhängern der unterschiedlichen Religionen unbedingt nach Kräften befördern. Hoffnung macht hier übrigens nicht zuletzt, dass die Konfirmandinnen und Konfirmanden selbst sowohl ein *Interesse an anderen Religionen* zeigen wie auch *erhebliche Toleranz* gegenüber anderen religiösen Meinungen und Einstellungen mitbringen.

6.3.3 Perspektiven für die zukünftige Forschung und grenzüberschreitende Weiterentwicklung

Die vorgelegte Studie hat von Beginn an keine abschliessende Auswertung des erhobenen Datenmaterials angestrebt, sondern will zusätzlich zur Thematisierung ausgewählter inhaltlicher Fragestellungen eine *breitere Datenbasis für die weitere Forschungsarbeit* bieten. Die vorwiegend quantitativ ausgerichteten Forschungsergebnisse vermögen vergleichsweise wenig über die je individuellen Haltungen und Wahrnehmungen der einzelnen Akteure auszusagen; die nun vorliegenden Erkenntnisse erweitern vor allem den Problemhorizont, womit daran anschliessend qualitative Studien einzelne Aspekte vertiefend bearbeiten können. Im Blick auf die hauptamtlichen und ehrenamtlichen Mitarbeiterinnen und Mitarbeiter wäre beispielsweise genauer nach deren Motiven und Motivationen, gerade auch im Blick auf ihre pädagogischen und theologischen Intentionen, zu fragen. Zukünftig sollte zudem auch die *Dimension elterlicher Sozialisation* stärker in diese Forschungen einbezogen werden. Dies dürfte die Erkenntnisse über familiäre und milieubedingte Einflüsse (Krieg/Diethelm/Schlag 2012), über das Verhältnis der Generationen und über intergenerationelles Lernen vertiefen und damit auch Perspektiven zur Förderung der Bildungsgerechtigkeit (Grümme/Schlag 2016) wesentlich erweitern.

Aus den Forschungsresultaten der Zürcher Studie von 2007/2008 sind im Lauf der vergangenen Jahre bereits eine ganze Reihe von konkreten *Weiterentwicklungen* im Bereich des Unterrichts und der *Aus- und Weiterbildung sowie auch neue Konzepte und Lehrmaterialien* (Meyer-Liedholz u.a. 2014) entstanden. Insofern lässt sich an diesem Beispiel praktisch-theologischer Forschung eindrücklich aufzeigen, dass eine enge Verbindung von Theorie und kirchlicher Bildungspraxis für alle Seiten von erheblicher Bereicherung sein kann. Durch die jetzt vorgenommene aktuelle Zusammenstellung der einzelnen kantonalkirchlichen Rahmenbedingungen und Ausprägungen eröffnet sich nun das Feld für die weitere Ausarbeitung didaktischer Leitlinien unter Berücksichtigung der je eigenen kantonalkirchlichen Prägungen, die Entwicklung von neuen Lehrmitteln und Materialien sowie Aus- und Weiterbildungsangeboten.

Abschliessend sei gesagt: Weil von *der* bzw. *einer einheitlichen* reformierten Konfirmationsarbeit in der Schweiz kaum gesprochen werden kann, sind mögliche Konsequenzen aus dieser Studie jeweils für die konkreten Kontexte zu prüfen und umzusetzen. Ein bestimmter kleinräumiger «Kantönligeist» muss angesichts der aktuellen Herausforderungen und der knapper werdenden Ressourcen aber als fatal bezeichnet werden: Natürlich haben die schweizerischen und kantonalkirchlichen Eigenheiten ihr gutes Recht, was die spezifisch reformierte Tradition in Sachen Bekenntnisfreiheit, der liturgischen Traditionen oder auch des Amts- und Gemeindeverständnisses angeht. Und ob sich eine *Profilierung der reformierten Idee der Konfirmationsarbeit auf gesamtschweizerischer Ebene* nahelegt, kann einstweilen nicht abschliessend bestimmt werden. Angesichts der in Europa herrschenden weitgehend sehr ähnlichen jugendkulturellen Trends in Sachen Religion sowie der damit verbundenen erheblichen Herausforderungen für die europäischen Volkskirchen sollte aber die Mentalität einer helvetischen Insellage auch in diesem Zusammenhang unbedingt aufgegeben werden.

So erschiene es uns im besten Sinn als visionär, sollten sich die einzelnen Kantonalkirchen durch eben diese schweizweite sowie auch durch die jüngste Europäische Studie dazu ermutigt und herausgefordert fühlen, stärker als bisher an einem gemeinsamen Strang zu ziehen, d.h. konkret die *wechselseitige Wahrnehmung* und den *Austausch* über die jeweiligen Kontexte und Rahmenbedingungen zu intensivieren und zugleich miteinander an der *Verbesserung* der konkreten Angebotsstrukturen zu arbeiten.

Damit die Konfirmationsarbeit ihre Sichtbarkeit und Präsenz in der Lebenswelt der Jugendlichen beibehält und immer wieder neu erhält, ist sicherlich an jedem einzelnen Bildungsort die Relevanz dieses Angebots deutlicher, offensiver und auch mutiger als bisher herauszustellen. Ist dies der Fall, dann darf darauf vertraut werden, dass ein solches profiliertes und professionelles Angebot als *individuell bedeutsame* und *gemeinsame* Kommunikations-, Verstehens- und Verständigungspraxis der reformierten Kirchen der Schweiz tatsächlich in seiner Relevanz für Glaube und Leben erkennbar wird.

7. Forschungsdesign, Datenmanagement und Datenanalyse

In den vorherigen Kapiteln wurden die empirischen Befunde im Setting der schweizerischen Konfirmationsarbeit so verständlich wie möglich vorgetragen. Die schwerer verständlichen und den Lesefluss störenden Tatbestände und Fragestellungen wurde vorerst ausgeblendet, da sie fortgeschrittene Kenntnisse im Bereich der empirischen Sozialforschung voraussetzen. Dieses Kapitel bietet nun auch den an diesen Tatbeständen und Fragestellungen interessierten Leserinnen und Lesern tiefere Einblicke in das Forschungsdesign der Studie sowie in die Erfassung, das Material, das Management und die Analyse der im Rahmen dieser Studie erhobenen Daten.

7.1 System der Item- und Variablencodierung im Kontext des Forschungsdesigns

Das Design einer empirischen Studie richtet sich im engeren Sinne auf die Frage, welche *Einheit* wie oft im Hinblick auf welche *Frage* zum *Untersuchungsgegenstand* gemacht wird. Den in dieser Studie vor allem in Form von Einstellungs-Items erhobenen Sachverhalten lassen sich bestimmte Itemcodes zuordnen, die durch ihren einzigartigen Aufbau einerseits gewährleisten, dass jeder Sachverhalt eine gänzlich eigene Bezeichnung – einen unverwechselbaren Namen also – erhält, andererseits eine orientierende Funktion haben.

Das in diesem Forschungsprojekt verwendete System zur Codierung von Items und Variablen stammt aus den ersten Publikationen der mit empirischen Fragen zur Konfirmationsarbeit befassten Studien (Ilg u. a. 2009; Schweitzer et al. 2010).

Die aus solch einem System ableitbaren Itemcodes sind aus zwei Buchstaben und einer zweistelligen Zahl zusammengesetzt, also z. B. CA01 oder WA03.

Die Nomenklatur zeichnet sich durch folgende Merkmale aus:

- Der erste Buchstabe zeigt an, auf welchem Fragebogen das Item abgefragt wird:
  C = KonfirmandInnen-Fragebogen t1 W = Mitarbeitenden-Fragebogen t1
  K = KonfirmandInnen-Fragebogen t2 V = Mitarbeitenden-Fragebogen t2
  Q = KonfirmandInnen-Fragebogen t3
- Der zweite Buchstabe zeigt den thematischen Bereich innerhalb eines Fragebogens an. Die Bereiche korrespondieren mit t1, t2 und t3, hier bspw. mittels des Buchstabens E bzw. B:
  CE01 korrespondiert mit KE01 und QE01.

WB04 korrespondiert mit VB04.

- die Nummerierung der Items innerhalb von nach Themenbereichen geordneten Fragebogenbatterien.

Die folgende Tabelle bietet einen Überblick über alle von den Item- und Variablencodes bezeichneten Akteurinnen und Akteure, Befragungszeitpunkte und thematischen Bereiche. Wenn auch indirekt, so werden hier doch bereits wichtige Fragen hinsichtlich des Forschungsdesigns beantwortet, nämlich welches die beteiligten Gruppen sind, dass sowohl Querschnitt- als auch Längsschnittdaten erhoben werden und welche Fragestellungen dieses Forschungsprojekt in den Fokus genommen hat (siehe Tabelle 7).

Neben den Items finden sich in der Darstellung auch sogenannte Indizes, denen in ähnlicher Logik Indexcodes zugeteilt wurden. Die aus einzelnen Items zusammengefügten Indizes sind jeweils durch ein kleines «i» am Anfang sowie dann wiederum C, K, W oder V und einen entsprechenden thematisch verankerten Buchstaben gekennzeichnet: So haben wir z. B. aus den vier Items Gerechtigkeit und Verantwortung für andere (CL08), Freundschaft (CL09), Sinn des Lebens (CL11) und Tod (CL23) den Index iCL3 «Interesse an Themen der Lebensführung (t1)» zusammengestellt (vgl. zu Zweck und Gewinnung von Indizes Abschnitt 7.5). Um Indizes aus demselben Themenbereich unterscheiden zu können, wurde jeweils noch eine Nummer an den Indexcode angehängt. So lässt sich zum Beispiel Index iCL3 «Interesse an Themen der Lebensführung (t1)» vom Index iCL2 «Interesse an Themen der christlichen Tradition (t1)» durch die Nummer unterscheiden.

Anzumerken ist an dieser Stelle noch, dass die Nummern in den Fragebögen, die im Anhang der Studie abgedruckt sind, in der Regel nicht den Itemcodes entsprechen. Dies liegt insbesondere daran, dass für die gemeinsame europäische Studie eine einheitliche Nummerierung gefunden wurde, die in den jeweiligen Länderfragebögen so nicht automatisch übernommen werden konnte. Will man als Leser und Leserin die Kodierungen des Textes im Anhang überprüfen, so ist auf die dokumentierten Excel-Listen, die die Itemcodes anführen, zurückzugreifen.

Auch wenn die schweizerische Studie sich nahezu vollständig in die Nomenklatur der europäisch-internationalen Konfirmationsforschung fügt, so gibt es doch in der schweizerischen Studie einige Variablen, die zwar ähnliche Sachverhalte wie in den anderen Studien erfassen, jedoch in Bezug auf Zusammensetzung, Fragebogenformulierung oder Schweiz-spezifische Gegebenheiten von der internationalen Nomenklatur abweichen. Um diese Abweichungen kenntlich zu machen, wurde an die betreffenden Variablen-, Item- und Indexcodes das Suffix «_CH» angehängt. So muss beispielsweise an Index iCL2 «Interesse an Themen der christlichen Tradition (t1)» dieses Suffix angehängt werden, weil in die schwei-

Tabelle 7: Zusammenhang zwischen Itemcodierung und Forschungsdesign

	KonfirmandInnen t1	**KonfirmandInnen t2**	**KonfirmandInnen t3**	**MitarbeiterInnen t1**	**MitarbeiterInnen t2**	**Hauptverantwortliche t2**
Teilnahmemotivation	CA, CB					
Ziele und Erwartungen für die Konf-Zeit	CB	KB	QB	WB, WC, WD	VB, VC, VD, VE	VB, VC, VD, VE
Erwartungen und Erfahrungen für die Konf-Zeit	CK	KK	QK	WB, WC, WD	VB, VC, VD, VE	VB, VC, VD, VE
Zufriedenheit		KN	QN			
Glaube und Religiosität	CE	KE	QE			
Haltung zur Kirche	CG	KG	QG			
Allgemeine Haltungen zu Glaube und Kirche	CF	KF	QF			
Familiäre religiöse Prägung	CJ					
Themen der Konf-Zeit	CL	KL		WA		
Gottesdienstteilnahme vor der Konf-Zeit	CQ					
Wichtigkeit verschiedener Aspekte der Gottesdienste		KQ				
Erwartungen und Erfahrungen bezüglich Gottesdienste	CS	KS				
Soziodemografische und biografische Daten	CM	KM	QM	WF	VF	VF
Methoden und Material						VH, VI
Einfluss auf die Aktivitäten der Konfirmationszeit					VJ	VJ
Allgemeine Fragen an die MitarbeiterInnen					VL, VM	VL, VM
Häufigkeit bestimmter Vorkommnisse in Konf-Gruppe und Team					VN	VN
Organisatorische Fragen und allgemeine Bedingungen der Konfirmationsarbeit				WG	VR	VQ, VR, VU, VV, VW, VX
Beurteilung des Fragebogens		KV				
Freiwillige Arbeit	CP	KP	QP	WP	VP	

zerische Variante des Index nicht die Items «CL01: Taufe» und «CL02: Gott» eingeflossen sind wie bei der Konstruktion der internationalen Variante des Index. Beide Indizes messen prinzipiell denselben Sachverhalt, aber die verwendeten Messinstrumente bzw. Items sind nicht identisch. Daher muss das Interesse an Themen der christlichen Tradition in dieser Studie mit iCL2_CH gekennzeichnet werden. Ein weiterer Sachverhalt, dessen Code mit «_CH» ergänzt werden muss, ist beispielsweise das Bildungsziel CM07, das für alle der an der Konfirmationsforschung partizipierenden Länder und Kirchen an die nationalen Gegebenheiten angepasst werden muss. Im Kontext der Schweiz führt dies entsprechend zur Kennzeichnung CM07_CH.

7.2 Der Weg zu analysefähigen Datensamples – Datenerhebung und Datenerfassung

Der Prozess der im Rahmen der vorliegenden Studie erfolgten Datenerhebung und -erfassung ist vielschichtig: Er beinhaltete bei dem t1-t2-Teil des Projekts zunächst einmal die Erfassung des ausgefüllten, von den Hauptverantwortlichen zurückgeschickten Umfragematerials. Die dazu beauftragte Firma «Computer nach Maß» (Freiburg i. B.) las die Fragebogenantworten per Scannerverfahren mit manuellem Korrekturlauf ein und exportierte sie als Rohwerte, die uns in Form von Excel-Dateien jeweils getrennt nach Gruppen von Probandinnen und Probanden (Konfirmandinnen und Konfirmanden sowie Mitarbeitende) geliefert wurden. Nach ausführlichen Plausibilitätstests wurden die Rohdaten in Dateien der von uns verwendeten Analysesoftware SPSS abgelegt. Für jeden Typus von Probandinnen und Probanden und jeden Befragungszeitraum existierte zunächst einmal eine Datei (z. B. Konfirmandinnen und Konfirmanden t1). Im Anschluss daran galt das Bemühen der Zusammenführung («matching») der separaten t1- und t2-Datenmatrizen aus SPSS, wobei jede Probandin und jeder Proband, die bzw. der an der Befragung teilgenommen hatte, anhand ihrer bzw. seiner persönlichen Angaben möglichst in einem Datensatz zusammengeführt werden sollte. Immerhin konnten 77 % der KonfirmandInnen-Datensätze und 76 % der Mitarbeitenden-Datensätze aus t2 dem entsprechenden Datensatz aus t1 zugeordnet werden. Als Ergebnis standen nun eine gematchte t1-t2-KonfirmandInnen-Datei und eine gematchte t1-t2-Mitarbeitenden-Datei zur Verfügung. Erstellen liess sich damit auch eine Gemeinde- oder Konf-Gruppendatei, welche die manuell erfassten Gemeindestrukturdaten aus der t0-Befragung und die auf der Gemeinde- oder Gruppenebene ermittelten Daten aus den KonfirmandInnen- und Mitarbeitenden-Dateien enthalten.

Die Datenerhebung und -erfassung im t3-Teil der Studie erfolgte zweigleisig: Einerseits wurde anhand von den in t2 gesammelten Adressen der Konfirmandinnen und Konfirmanden eine Paper-Pencil-Befragung durchgeführt, deren Rohdaten manuell erfasst wurden. Andererseits wurde zugleich anhand von den in t2 ebenfalls gesammelten E-Mail-Adressen eine Onlineumfrage gestartet, die in einer automatisierten Lieferung von Rohdaten mündete. Auch hier wurden die Rohdaten «SPSS-ifiziert» und dann wurde die daraus hervorgehende t3-Datei mit der t1-t2-KonfirmandInnen-Datei gematcht, wodurch wiederum eine Datei entstand, die alle Datensätze aus den Befragungen t1, t2 und t3 umfasst. Zum Zwecke von t1-t2-t3-Längsschittanalysen wurden aus dieser Datei jene Datensätze in eine neue Datei überführt, in denen nur noch diejenigen Jugendlichen enthalten sind, welche die Fragebögen aller Befragungszeitpunkte ausgefüllt hatten.

Insgesamt konnten für diese Studie folgende Datensamples genutzt werden:

- 8692 t1/t2-KonfirmandInnen-Datensätze,
- 1068 t1/t2-Mitarbeitenden-Datensätze,
- 493 Gemeinde- bzw. Konf-Gruppen-Datensätze und
- 662 t1-t2-t3-KonfirmandInnen-Längsschnitt-Datensätze.

Abbildung 109: Prozentuale Verteilung der Teilsamples im t1-t2-t3-Konfirmandinnen- und Konfirmanden-Gesamtsample (N = 9162)

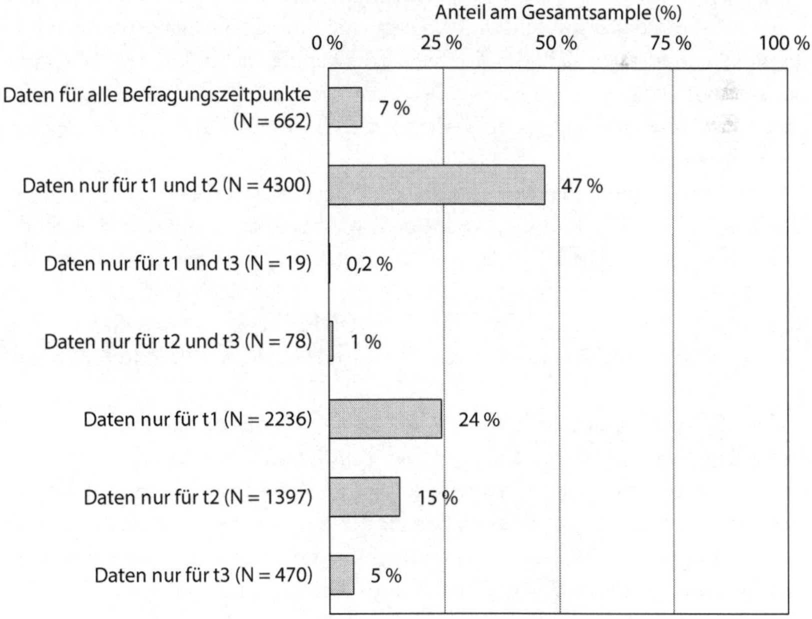

Lesehilfe: 47 % der Datensätze des t1-t2-t3-KonfirmandInnen-Gesamtsamples (N = 9162) enthalten nur Daten aus der t1- und der t2-Befragung.

Erwähnenswert sind auch die 470 t3-KonfirmandInnen-Datensätze, die nicht mit den t1- und t2-Datensätzen zu einem t1-t2-t3-Längsschnittsample gematcht werden konnten. Sie wurden in dieser Studie nicht verwendet, weil der Fokus des Interesses hier weniger t3-Querschnittsfragen, sondern eher t1-t2-t3-Längsschnittfragen galt. Lässt man diese 470 Fälle aber nicht unter den Tisch fallen, kann man sagen, dass bei den Befragungen (t1, t2, t3) insgesamt stolze *9162 KonfirmandInnen-Datensätze* zusammengetragen worden sind.

Interessant und aufschlussreich ist hier freilich die Frage, in welche Teilsamples sich die 9162 KonfirmandInnen-Datensätze aufschlüsseln lassen (siehe Abbildung 109, vorige Seite).

7.3 Berechnung und Funktion eines kantonalkirchlichen Gewichtungsfaktors

Ein gängiges Problem bei mehrere Regionen umfassenden Erhebungen ist, dass in manchen Regionen die Umfragesamples grösser oder kleiner ausfallen, als man unter Zugrundelegung z. B. der Populationsgrösse der jeweiligen Region erwarten würde. So stellt sich auch die Lage in dieser Untersuchung dar: In manchen Kantonalkirchen haben z. T. erheblich weniger oder mehr Gemeinden, Jugendliche und Mitarbeiter an den Umfragen teilgenommen, als man unter Zugrundelegung der dortigen Zahl der Konfirmierten hätte erwarten können. Mit anderen Worten: Die Umfragesamples einiger Kantonalkirchen sind teilweise deutlich unter- bzw. überrepräsentiert im Verhältnis zu den Konfirmierten in den jeweiligen Kantonen.

Um diese Asymmetrien auszugleichen und bei den statistischen Auswertungen regional verzerrte Ergebnisse zu vermeiden, wird bei den Analysen dieser Studie analog zu den bisherigen Studien zur Konfirmationsarbeit ein «population size weight» (European Social Survey 2014) angewendet. Dadurch wird gewährleistet, dass das Missverhältnis zwischen den kantonalkirchlichen Sample-Grössen und den kantonalkirchlichen Konfirmierten bei den statistischen Berechnungen ausgeglichen wird.

Der Gewichtungsfaktor ergibt sich aus dem Verhältnis des kantonalen Anteils an den schweizweit im Jahre 2011 erfolgten Konfirmationen und dem kantonalen Anteil an den schweizweit in t2 teilnehmenden Konfirmandinnen und Konfirmanden. Beispiel: Für die Kantonalkirche des Aargaus beträgt dieses Verhältnis 0,094:0,065 = 1,455, wobei sich die beiden kantonalen Anteile folgendermassen errechnen lassen: 1838:19'548 = 0,094 und 416:6437 = 0,065.

Tabelle 8: Berechnung des kantonalkirchlichen Gewichtungsfaktors

Kantonskirche	Konfirmationen 2011	Zahl der in t2 teilnehmenden Konfirmandinnen und Konfirmanden	Kantonaler Anteil an allen Konfirmationen 2011	Kantonaler Anteil an allen in t2 teilnehmenden Jugendlichen	Kantonaler Gewichtungsfaktor
Schweiz gesamt	19'548	6437			
Aargau	1838	416	0,094	0,065	1,455
Appenzell AI und AR	301	140	0,015	0,022	0,708
Baselland	934	308	0,048	0,048	0,999
Basel-Stadt	262	75	0,013	0,012	1,150
Bern-Jura-Solothurn	6140	1353	0,314	0,210	1,494
Freiburg	360	150	0,018	0,023	0,790
Genf	117	9	0,006	0,001	4,281
Glarus	161	23	0,008	0,004	2,305
Graubünden	754	378	0,039	0,059	0,657
Luzern	338	89	0,017	0,014	1,251
Neuenburg	239	27	0,012	0,004	2,915
Nidwalden	35	33	0,002	0,005	0,349
Obwalden	20	28	0,001	0,004	0,235
Schaffhausen	341	133	0,017	0,021	0,844
Schwyz	149	67	0,008	0,010	0,732
Solothurn	315	172	0,016	0,027	0,603
St. Gallen	1143	560	0,058	0,087	0,672
Tessin	37	21	0,002	0,003	0,580
Thurgau	1095	693	0,056	0,108	0,520
Waadt	1141	115	0,058	0,018	3,267
Wallis	23	38	0,001	0,006	0,199
Zug	168	75	0,009	0,012	0,738
Zürich	3637	1534	0,186	0,238	0,781

7.4 Kombinierte Variablen

In Kapitel 3 wurden das Bildungsinteresse, die familiär-religiöse und die kirchlich-religiöse Prägung der Konfirmandinnen und Konfirmanden als mögliche Prädiktoren ihrer Einstellungen analysiert. Eine Besonderheit dieser Variablen ist, dass sie selbst aus zwei oder mehreren Variablen bzw. Indikatoren zusammengesetzt sind.

Indikatoren des Bildungsinteresses:

- CM04: Wie viele Bücher habt ihr zuhause? (Auf einen Meter Regalbrett passen ungefähr 40 Bücher.) 1) keine, 2) 1–10, 3) 11–50, 4) 51–100, 5) 101–250, 6) 251–500 oder 7) mehr als 500.
- CM07_CH: Am Ende meiner Schulzeit plane ich: 1) Ausbildung, 2) Matur oder 3) Sonstiges.

Indikatoren der familiär-religiösen Prägung:

- CJ01: Welche Bedeutung hat die Religion in deinem Elternhaus? Ich komme aus einem … 1) sehr religiösen, 2) ziemlich religiösen, 3) weniger religiösen oder 4) überhaupt nicht religiösen Elternhaus.
- CJ02: Haben deine Mutter oder dein Vater in deiner Kindheit ein Abendgebet mit dir gesprochen? 1) ja, fast jeden Abend, 2) manchmal, 3) nie oder 4) weiss nicht.

Indikatoren der kirchlich-religiösen Prägung:

- CM11: Hast du schon (mehr als drei Mal) an einer christlichen Gruppe oder Veranstaltung der Kirche teilgenommen (Kindergottesdienst, Lager, Kindertreff, Sonntagsschule etc.) im Alter von 5 bis 9 Jahren? 1) ja, 2) nein oder () weiss nicht mehr.
- CM12: Hast du schon (mehr als drei Mal) an einer christlichen Gruppe oder Veranstaltung der Kirche teilgenommen (Kindergottesdienst, Lager, Kindertreff, Sonntagsschule etc.) im Alter von 10 Jahren bis heute? 1) ja, 2) nein oder 3) weiss nicht mehr.
- Müssen Jugendliche bestimmte Voraussetzungen erfüllen, um in die Konfirmandenzeit aufgenommen zu werden? Verpflichtendes kirchliches Bildungsangebot 1) ja oder 2) nein.
- Müssen Jugendliche bestimmte Voraussetzungen erfüllen, um in die Konfirmandenzeit aufgenommen zu werden? Besuch/Mitgestaltung von Gottesdiensten oder Gemeindeanlässen 1) ja oder 2) nein.

Die für die drei Sachverhalte massgeblichen Indikatoren werden jeweils in Punkteskalen von 1 bis 5 (1 = schwach, 2 = eher schwach, 3 = mässig, 4 = eher stark, 5 = stark) kombiniert. Die Kombinationslogiken zur Konstruktion der Bildungsvariable und der beiden Prägungsvariablen sind in den Tabellen 9–11 dargestellt. Allgemein bestehen die Konstruktionslogiken darin, die Extremwerte (1 und 5) den Konfirmandinnen und Konfirmanden zuzuteilen, wenn die jeweiligen Indikatoren klar und widerspruchsfrei auf die Abwesenheit oder Anwesenheit des zu messenden Sachverhalts (z. B. kein Abendgebet in Kombination mit: überhaupt nicht religiöses Elternhaus; oder Abendgebet [fast] jeden Abend in Kombination

Tabelle 9: Kombinationslogik des Bildungsinteresses

Anzahl Bücher (CM04)	Bildungsziel (CM07_CH)	Merkmale des Bildungsinteresses
weniger als 51 Bücher	Berufsausbildung	1 (schwaches Interesse)
weniger als 51 Bücher	Fachhochschule	2 (eher schwaches Interesse)
weniger als 51 Bücher	Matur	3 (mässiges Interesse)
51 bis 100 Bücher	Berufsausbildung	2 (eher schwaches Interesse)
51 bis 100 Bücher	Fachhochschule	3 (mässiges Interesse)
51 bis 100 Bücher	Matur	4 (eher starkes Interesse)
mehr als 100 Bücher	Berufsausbildung	3 (mässiges Interesse)
mehr als 100 Bücher	Fachhochschule	4 (eher starkes Interesse)
mehr als 100 Bücher	Matur	5 (starkes Interesse)

Tabelle 10: Kombinationslogik der familiär-religiösen Prägung

Religiosität des Elternhauses (CJ01)	Abendgebet (CJ02)	Merkmale der familiär-religiösen Prägung
überhaupt nicht religiös	nie	1 (schwache Prägung)
überhaupt nicht religiös	manchmal	2 (eher schwache Prägung)
überhaupt nicht religiös	(fast) jeden Abend	3 (mässige Prägung)
weniger religiös	nie	2 (eher schwache Prägung)
weniger religiös	manchmal	3 (mässige Prägung)
weniger religiös	(fast) jeden Abend	3 (mässige Prägung)
ziemlich religiös	nie	3 (mässige Prägung)
ziemlich religiös	manchmal	3 (mässige Prägung)
ziemlich religiös	(fast) jeden Abend	4 (eher starke Prägung)
sehr religiös	nie	3 (mässige Prägung)
sehr religiös	manchmal	4 (eher starke Prägung)
sehr religiös	(fast) jeden Abend	5 (starke Prägung)

mit: sehr religiöses Elternhaus) hinweisen, während die Werte dazwischen (2–4) weniger eindeutigen oder gegebenenfalls widersprüchlichen Indikatorkonstellationen zugespielt werden.

Tabelle 11: Kombinationslogik der kirchlich-religiöse Prägung

Kirchenkontakt (CM11/12)	Verlangte Voraussetzungen für Konfirmation	Merkmale der kirchlich-religiösen Prägung
nein	keine	1 (schwache Prägung)
nein	entweder obligatorisches kirchliches Bildungsangebot oder oblig. Besuch/Mitgestaltung von Gottesdiensten oder Ge-meindeanlässen	2 (eher schwache Prägung)
nein	sowohl obligatorisches kirchliches Bildungsangebot als auch oblig. Besuch/Mitgestaltung von Gottesdiensten oder Ge-meindeanlässen	3 (mässige Prägung)
entweder im Alter von 5 bis 9 Jahren oder im Alter von 10 Jahren bis heute	keine	2 (eher schwache Prägung)
entweder im Alter von 5 bis 9 Jahren oder im Alter von 10 Jahren bis heute	entweder obligatorisches kirchliches Bildungsangebot oder oblig. Besuch/Mitgestaltung von Gottesdiensten oder Ge-meindeanlässen	3 (mässige Prägung)
entweder im Alter von 5 bis 9 Jahren oder im Alter von 10 Jahren bis heute	sowohl obligatorisches kirchliches Bildungsangebot als auch oblig. Besuch/Mitgestaltung von Gottesdiensten oder Ge-meindeanlässen	4 (eher starke Prägung)
sowohl im Alter von 5 bis 9 Jahren als auch im Alter von 10 Jahren bis heute	keine	3 (mässige Prägung)
sowohl im Alter von 5 bis 9 Jahren als auch im Alter von 10 Jahren bis heute	entweder obligatorisches kirchliches Bildungsangebot oder oblig. Besuch/Mitgestaltung von Gottesdiensten oder Ge-meindeanlässen	4 (eher starke Prägung)
sowohl im Alter von 5 bis 9 Jahren als auch im Alter von 10 Jahren bis heute	sowohl obligatorisches kirchliches Bildungsangebot als auch oblig. Besuch/Mitgestaltung von Gottesdiensten oder Ge-meindeanlässen	5 (starke Prägung)

Abbildung 110: Verteilung der fünf Merkmale des Bildungsinteresses sowie familiärer und kirchlicher religiöser Prägung

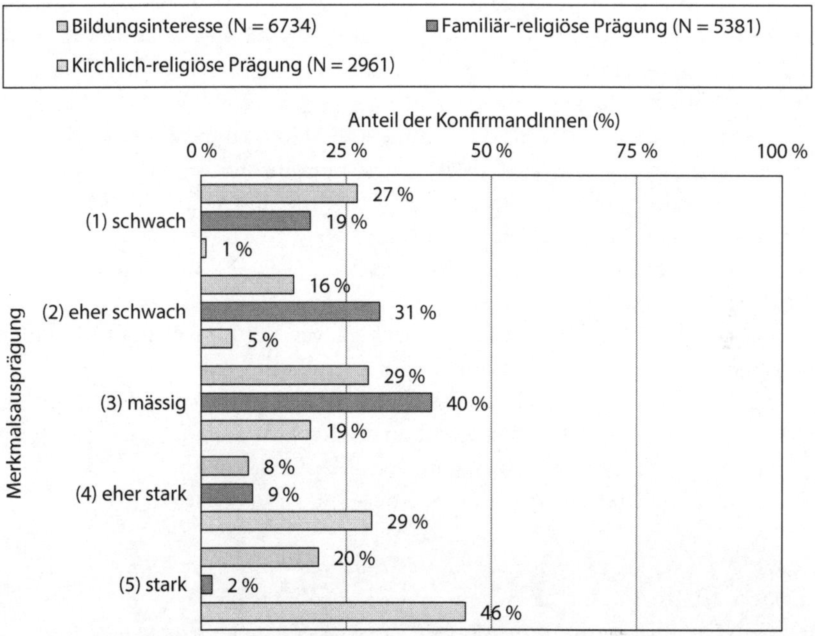

Lesehilfe: 27 % der KonfirmandInnen haben ein schwaches, 16 % ein eher schwaches, 29 % ein mässiges, 8 % ein eher starkes und 20 % ein starkes Bildungsinteresse.

7.5 Zweck und Gewinnung von Indizes

Die Konstruktion von Indizes dient der zusammenfassenden und abstrahierenden Reduktion einer unübersichtlichen Zahl von Items. Indizes sind hochwertige Messinstrumente und latente Konstrukte, die zur Messung nicht direkt beobachtbarer (sozial)wissenschaftlicher Sachverhalte (z. B. Einstellungen) fungieren und die durch die in der Regel additive Kombination von beobachtbaren – d. h. in Fragebögen tatsächlich auch abfragbaren – Sachverhalten (Items) gebildet werden.

Mit *Eindimensionalität* und *Reliabilität* sind zwei Voraussetzungen genannt, die in dieser Studie erfüllt sein müssen, damit ein Set von Items zu einem Index kombiniert werden kann. Ein Index ist eindimensional, wenn sich ein statistischer Faktor finden lässt, mit dem Items stark korrelieren bzw. der diese Items gewissermassen erklärt. Um eindimensionale Faktoren aufzuspüren, die auf einen Index hinweisen, verwenden wir die faktorenanalytische Methode der Hauptkomponentenanalyse in Verbindung mit dem Varimax-Rotationsverfahren. Als potenziell Index konstituierend werden Items eingestuft, die eine Korrelation mit dem jeweiligen Faktor von mindestens 0,5 aufweisen, was nach Cohen (1988) einer starken Korrelation gleichkommt. Ein Test auf Reliabilität stellt darauf ab zu überprüfen, inwieweit die für die Index-Konstruktion infrage kommenden Items eine interne Konsistenz aufweisen. Vereinfacht gesagt geht es hierbei darum, die Genauigkeit des durch den Index verkörperten Messinstruments einzuschätzen, indem untersucht wird, wie stark die Items untereinander verbunden sind. Als Beurteilungskriterium für die interne Konsistenz wird die statistische Masseinheit Cronbachs Alpha (C's α) herangezogen, deren Wertbereich von 0 bis 1 reicht. Für die in dieser Studie konstruierten Indizes wurde ein Schwellenwert von C's $\alpha = 0,65$ festgelegt.

Bei Erfüllung der oben genannten Bedingungen der Eindimensionalität und internen Konsistenz konnten folgende Indizes ermittelt werden:

iCA1_CH: *Soziale Orientierung und Aktivität als Motivation zur Teilnahme an der Konf-Zeit* (C's $\alpha = 0,68$). Ich nehme an der Konf-Zeit teil, …

- CA08: weil ich gehört habe, dass die Konfi-Zeit Spass macht.
- CB02: um die Gemeinschaft in der Konf-Gruppe zu erleben.

iCA2: *Belohnungen am Ende der Konf-Zeit als Motivation zur Teilnahme an der Konf-Zeit* (C's $\alpha = 0,71$). Ich nehme an der Konf-Zeit teil, …

- CB09: um bei der Konfirmation ein grosses Familienfest feiern zu können.
- CB10: um am Ende Geld oder Geschenke zu bekommen.

iCB1: *Festigung des Glaubens als Motivation zur Teilnahme an der Konf-Zeit* (C's $\alpha = 0,79$). Ich nehme an der Konf-Zeit teil, …

- CB01: um mehr über Gott und den Glauben zu erfahren.
- CB03: um selbst über meinen Glauben entscheiden zu können.
- CB08: um im Glauben an Gott gestärkt zu werden.

iKB1: *Erfahrung der Festigung des Glaubens* (C's $\alpha = 0,80$). Während der Konf-Zeit …

- KB01: habe ich mehr über Gott und den Glauben erfahren.
- KB03: wurde ich befähigt, über meinen Glauben entscheiden zu können.
- KB08: wurde ich im Glauben gestärkt.

iCE1: *Christliche Überzeugungen* (C's $\alpha = 0,87$)

- CE01: Die Welt ist von Gott erschaffen.
- CE02: Es gibt ein Leben nach dem Tod.
- CE03: Gott liebt jeden Menschen und kümmert sich um uns.
- CE04: Jesus ist auferstanden.

- CE08: In schwierigen Situationen hilft mir mein Glaube an Gott.
- CE09: Ich glaube an Gott.

iKE1: *Christliche Überzeugungen* (C's α = 0,90)
- KE01: Die Welt ist von Gott erschaffen.
- KE02: Es gibt ein Leben nach dem Tod.
- KE03: Gott liebt jeden Menschen und kümmert sich um uns.
- KE04: Jesus ist auferstanden.
- KE08: In schwierigen Situationen hilft mir mein Glaube an Gott.
- KE09: Ich glaube an Gott.

iCE2: *Religiosität* (C's α = 0,86)
- CE16: Wie stark glaubst du daran, dass es Gott oder etwas Göttliches gibt?
- CE17: Wie oft erlebst du Situationen, in denen du das Gefühl hast, dass Gott oder etwas Göttliches in dein Leben eingreift?
- CE18: Wie stark lebst du im Alltag nach religiösen Geboten?
- CE19: Alles in Allem: Als wie religiös würdest du Dich selbst bezeichnen?
- CE24: Wie häufig betest du?

iCE3: *Religiöse Reflexivität* (C's α = 0,83)
- CE15: Wie oft denkst du über religiöse Fragen nach?
- CE21: Wie oft setzt du Dich kritisch mit religiösen Lehren auseinander, denen du grundsätzlich zustimmst?
- CE22: Wie oft überdenkst du einzelne Punkte deiner religiösen Einstellungen?
- CE23: Wie wichtig ist es für Dich, religiöse Themen von verschiedenen Seiten aus zu betrachten?

iCE4: *Religiöse Zentralität* (C's α = 0,76)
- iCE2: Religiosität
- iCE3: Religiöse Reflexivität

iCE5: *Positive religiöse Gefühle* (C's α = 0,94). Wie oft erlebst du Situationen, in denen du folgende Gefühle in Bezug auf Gott oder etwas Göttliches hast?
- CE29: Vertrauen
- CE31: Freude
- CE33: Geborgenheit
- CE34: Glück
- CE36: Hoffnung
- CE38: Dankbarkeit
- CE40: Verehrung
- CE42: Befreiung von Schuld

iCE6: *Negative religiöse Gefühle* (C's α = 0,88). Wie oft erlebst du Situationen, in denen du folgende Gefühle in Bezug auf Gott oder etwas Göttliches hast?
- CE30: Furcht/Schrecken
- CE32: Schuld
- CE35: Scham
- CE37: Zorn
- CE39: Versagen
- CE41: Angst

iKK4: *Gestiegene soziale und ökologische Verantwortung in der Konf-Zeit* (C's α = 0,77)
- KK44: Ich habe erfahren, dass mein Einsatz für andere Menschen wichtig ist.
- KK45: Mir wurde meine Verantwortung für die Umwelt (stärker) bewusst.
- KK46: Ich habe erfahren, dass mein Einsatz für den Frieden wichtig ist.
- KP23: Wenn ich Menschen in Not sehe, die ich nicht kenne, fühle ich mich verantwortlich zu helfen.

iKK5: *Praktische Erfahrung in Feldern kirchlicher Arbeit* (C's α = 0,75). In der Konf-Zeit …
- KK26: habe ich zeitweise bei Angeboten der Kirchgemeinde (z. B. in einem Praktikum) mitgearbeitet.
- KK57: konnte ich ehrenamtliche Mitarbeit ausprobieren.
  iCL2_CH: *Interesse an Themen der christlichen Tradition* (C's α = 0,88)
- CL02: Abendmahl
- CL03: Ablauf und Sinn des Gottesdienstes
- CL04: Unsere Kirchgemeinde
- CL05: Jesus Christus
- CL06: Bibel
- CL24: Auferstehung

iKL2_CH: *Interesse an Themen der christlichen Tradition* (C's α = 0,88)
- KL02: Abendmahl
- KL03: Ablauf und Sinn des Gottesdienstes
- KL04: Unsere Kirchgemeinde
- KL05: Jesus Christus
- KL06: Bibel
- KL24: Auferstehung

iCL3: *Interesse an Themen der Lebensführung* (C's α = 0,76)
- CL08: Gerechtigkeit und Verantwortung für andere
- CL09: Freundschaft

- CL11: Sinn des Lebens
- CL23: Tod

iKL3: *Interesse an Themen der Lebensführung* (C's α = 0,79)
- KL08: Gerechtigkeit und Verantwortung für andere
- KL09: Freundschaft
- KL11: Sinn des Lebens
- KL23: Tod

iCP2: *Erwartungen an das ethische Handeln von Gläubigen und Kirche* (C's α = 0,77)
- CP27: Der christliche Glaube motiviert dazu, sich um andere Menschen zu kümmern.
- CP29: Gläubige Menschen sollten vorbildlich handeln.
- CP30: Die Kirche sollte sich besonders für Schwächere und Menschen in Not einsetzen (= diakonisch handeln).
- CP31: Die Kirche sollte Menschen unabhängig von ihrer Herkunft beistehen.
- CP32: Die Kirche sollte mutig Stellung beziehen, wenn Menschenrechte verletzt werden.

iKP2: *Erwartungen an das ethische Handeln von Gläubigen und Kirche* (C's α = 0,75)
- KP27: Der christliche Glaube motiviert dazu, sich um andere Menschen zu kümmern.
- KP29: Gläubige Menschen sollten vorbildlich handeln.
- KP30: Die Kirche sollte sich besonders für Schwächere und Menschen in Not einsetzen (= diakonisch handeln).
- KP31: Die Kirche sollte Menschen unabhängig von ihrer Herkunft beistehen.
- KP32: Die Kirche sollte mutig Stellung beziehen, wenn Menschenrechte verletzt werden.

iKP5: *Zukunftspessimismus* (C's α = 0,74)
- KP39: Ich mache mir oft Sorgen um meine Zukunft.
- KP40: Ich mache mir oft Sorgen um die Zukunft der ganzen Welt.
- KP41: Ich hätte gerne mehr Sicherheit in meinem Leben.

iCS1_CH: *Interesse an den Gottesdiensten* (C's α = 0,72)
- CS01: Ich würde gerne jugendgemässe Gottesdienste erleben.
- CS02: Ich würde gerne mit meinen eigenen Ideen zu den Gottesdiensten beitragen.

- CS03: Ich würde gerne Aufgaben im Gottesdienst übernehmen (z. B. etwas vorlesen).
- CS04: Im Gottesdienst möchte ich gerne nette Leute treffen.
- CS05: Ich würde gerne interessante Predigten hören.

iKS1_CH: *Erfahrung interessengerechter Gottesdienste* (C's α = 0,72)
- KS01: Ich habe jugendgemässe Gottesdienste erlebt (z. B. Jugendgottesdienste).
- KS02: Ich hatte die Möglichkeit, mit eigenen Ideen zu den Gottesdiensten beizutragen.
- KS03: Ich habe Aufgaben in Gottesdiensten übernommen (z. B. etwas vorgelesen).
- KS04: Ich habe nette Leute getroffen.
- KS05: Ich habe interessante Predigten gehört.

iKS2: *Erfahrung mit den Gottesdiensten in der Konf-Zeit* (C's α = 0,70)
- KS04: Ich habe nette Leute getroffen.
- KS15: Ich habe mich in der Gruppe sicher gefühlt.
- KS16: Mir hat es gefallen, Teil der Gemeinschaft im Gottesdienst zu sein.

iKQ1: *Erwartung an normale Sonntagsgottesdienste* (C's α = 0,79). Wenn ich in normale Sonntagsgottesdienste gehe, ist es mir wichtig, …
- KQ06: dass ich nette Leute treffe.
- KQ12: dass ich mich in der Gruppe sicher fühle.
- KQ13: dass ich mich als Teil der Gemeinschaft im Gottesdienst fühle.

iWA1_CH: *Wichtigkeit der Themen der christlichen Tradition* (C's α = 0,84)
- WA01: Zehn Gebote
- WA03: Taufe
- WA04: Abendmahl
- WA07: Jesus Christus
- WA08: Heiliger Geist
- WA22: Bibel
- WA25: Auferstehung

iWA2: *Wichtigkeit ethischer Themen* (C's α = 0,78)
- WA12_CH: Bewahrung der Schöpfung/Umweltschutz/Ökologie
- WA13: Diakonie (soziales und helfendes Handeln der Kirche für Menschen)
- WA15: Gerechtigkeit und Verantwortung für andere

iWB3: *Ziel der Gewinnung der Konfirmandinnen und Konfirmanden für den christlichen Glauben / Frömmigkeit der Hauptverantwortlichen* (C's α = 0,75). Die Konfirmandinnen und Konfirmanden sollen in der Konfirmationsarbeit …
- WB10: Menschen kennenlernen, denen der Glaube wichtig ist.
- WB20: Gottes Gegenwart erleben.
- WC02: in ihrem persönlichen Glauben gestärkt werden.
- WC11: lernen, ihren Alltag in der Beziehung zu Gott zu gestalten.
- WD02: Die Konfirmationsarbeit soll als missionarische Chance genutzt werden, Jugendliche für den Glauben zu gewinnen.

iWB4: *Aspekte von Gemeinschaft als Ziele für die Gottesdienste* (C's α = 0,69). Was denken Sie im Blick auf die Gottesdienste? Die Konfirmandinnen und Konfirmanden sollen während der Konfirmationszeit …
- WB30: im Gottesdienst nette Leute treffen.
- WB31: sich im Gottesdienst als Teil einer Gemeinschaft fühlen.
- WB33: eine freundliche Atmosphäre im Gottesdienst erleben.

iWB5: *Einbindung und Partizipation der Konfirmandinnen und Konfirmanden als Ziel für die Gottesdienste* (C's α = 0,71). Was denken Sie im Blick auf die Gottesdienste? Die Konfirmandinnen und Konfirmanden sollen während der Konfirmationszeit …
- WB28: die Möglichkeit haben, eigene Ideen in die Gottesdienstvorbereitung einzubringen.
- WB29: Aufgaben im Gottesdienst übernehmen (z. B. etwas vorlesen).

iWC1: *Identitätsbildung der Konfirmandinnen und Konfirmanden als Ziel für die Konfirmationsarbeit* (C's α = 0,68). Die Konfirmandinnen und Konfirmanden sollen in der Konfirmationszeit …
- WC01: einen eigenen Standpunkt zu wichtigen Lebensfragen entwickeln.
- WC04: in ihrer persönlichen und sozialen Entwicklung unterstützt werden.

iWE1: *Religiosität* (C's α = 0,78)
- WE16: Wie stark glauben Sie daran, dass es Gott oder etwas Göttliches gibt?
- WE17: Wie oft erleben Sie Situationen, in denen Sie das Gefühl haben, dass Gott oder etwas Göttliches in Ihr Leben eingreift?
- WE18: Wie stark leben Sie im Alltag nach religiösen Geboten?
- WE19: Alles in Allem: Als wie religiös würden Sie sich selbst bezeichnen?
- WE24: Wie häufig beten Sie?

iWE2: *Religiöse Reflexivität* (C's α = 0,76)
- WE15: Wie oft denken Sie über religiöse Fragen nach?
- WE21: Wie oft setzen Sie sich kritisch mit religiösen Lehren auseinander, denen Sie grundsätzlich zustimmen?
- WE22: Wie oft überdenken Sie einzelne Punkte Ihrer religiösen Einstellungen?
- WE23: Wie wichtig ist es für Sie, religiöse Themen von verschiedenen Seiten aus zu betrachten?

iWE3: *Spirituelle Orientierung* (C's α = 0,66)
- WE20: Einmal abgesehen davon, ob Sie sich selbst als religiöse Person bezeichnen oder nicht, als wie spirituell würden Sie sich selbst bezeichnen?
- WE25: Wie häufig meditieren Sie?

iWE5: *Positive religiöse Gefühle* (C's α = 0,89)
- WE30: Vertrauen
- WE32: Freude
- WE34: Geborgenheit
- WE35: Glück
- WE37: Hoffnung
- WE39: Dankbarkeit

iWE6: *Religiöse Gefühle von Schuld, Scham und Versagen* (C's α = 0,71)
- WE33: Schuld
- WE36: Scham
- WE40: Versagen

iWE7: *Offenheit gegenüber allen Religionen* (C's α = 0,72)
- WE26: Für mich hat jede Religion einen wahren Kern.
- WE27: Ich finde, man sollte gegenüber allen Religionen offen sein.
- WE28: Ich greife für mich selbst auf Lehren verschiedener religiöser Traditionen zurück.

iVH1: *Aktivierend-partizipative Methoden* (C's α = 0,70)
- VH03: Rollenspiel und Theater
- VH06: Spiele
- VH08: Zeichnen, Malen und kreatives Gestalten
- VH15: Gruppenarbeit
- VH28: Erlebnispädagogische Übungen

iVH2: *Besuche von und Treffen mit Gemeindeangehörigen und Experten* (C's α = 0,65)
- VH16: Erkundungsgänge und Exkursionen
- VH17: Gespräche mit Expertinnen/Experten
- VH18: Begegnungen mit Menschen aus der Gemeinde

iVH3: *Gesang und Musizieren* (C's α = 0,69)
- VH13: gemeinsam singen
- VH25: Musik machen

iVN1: *Wahrnehmung von Disziplin- und Konzentrationsproblemen unter den Konfirmandinnen und Konfirmanden* (C's α = 0,70)
- VN05: Es gab Disziplinprobleme in der Konfirmandengruppe.
- VN12: Nach einem langen Schultag konnten sich die Konfirmandinnen und Konfirmanden kaum auf die Inhalte des Treffens konzentrieren.

iWP1_CH: *Freiwilliges Engagement der Konfirmandinnen und Konfirmanden als Ziel für die Konfirmationsarbeit* (C's α = 0,71). Die Konfirmandinnen und Konfirmanden sollen in ihrer Konfirmationszeit …
- WP12: kirchliche Bereiche, Angebote und Aufgaben kennen lernen, bei denen sie mitarbeiten können.
- WP13: dafür gewonnen werden, nach der Konfirmation freiwillig/ehrenamtlich in der Kirche mitzuarbeiten.

iVU1: *(Erfolgreiche) Einbindung und Partizipation ehrenamtlicher MitarbeiterInnen* (C's α = 0,89)
- VU07: In unserer Gemeinde wird die Konfirmationsarbeit gemeinsam mit den ehrenamtlich/freiwillig Mitarbeitenden organisiert und vorbereitet.
- VU08: In unserer Gemeinde können die ehrenamtlich/freiwillig Mitarbeitenden ihre eigenen Ideen in die Konfirmationsarbeit einbringen und umsetzen.
- VU09: Die Einbeziehung der ehrenamtlich/freiwillig Mitarbeitenden ist ein grosser Gewinn für die Konfirmationsarbeit in unserer Gemeinde.
- VU10: In unserer Gemeinde werden die ehrenamtlich/freiwillig Mitarbeitenden in die Konzeption der Konfirmationsarbeit einbezogen.

7.6 Abhängige und unabhängige Variablen

Zu einem empirisch-analytischen Forschungsdesign gehört die präzise Benennung der in der Studie untersuchten *zu erklärenden* Sachverhalte (= abhängige Variablen) sowie der *diese Sachverhalte als Prädiktoren erklärenden Sachverhalte*

(= unabhängige Variablen). Die nun folgende Auflistung bezieht sich auf Variablen, die Eingang in die Mehrebenenanalysen fanden und deren Zweck in der Ermittlung der in Kapitel 3 präsentierten Wirkungsmuster bestand.

Die Mehrebenenanalysen verorten die zu erklärenden Einstellungen der Probandinnen und Probanden auf der individuellen Mikroebene und die ebenfalls zu erklärenden Aktionsformen der Hauptamtlichen, Hauptamtlichen-Teams oder Konf-Gruppenleitungen auf der Mesoebene. Als zu erklärende Einstellungen und Aktionsformen kommen für diese Untersuchung alle im vorherigen Abschnitt aufgelisteten Indizes in Betracht. Diese sollen hier nicht mehr wiederholt werden. Zu nennen sind noch die als Einstellungsveränderungen verstandenen Veränderungen der Indexwerte zwischen den Befragungszeitpunkten t1 und t2 bzw. t1 und t3:

- Erkenntnisfortschritte Index iCE1–iKE1 und iCE1–QE1: Christliche Überzeugungen
- Erkenntnisfortschritt Index iCL2_CH–iKL2_CH: Interesse an Themen der christlichen Tradition (t1-t2)
- Erkenntnisfortschritt Index iCL3–iKL3: Interesse an Themen der Lebensführung
- Erkenntnisfortschritt Index iCP2–iKP2: Erwartungen an das ethische Handeln von Gläubigen und Kirche

Über Indizes und Indexwertveränderungen hinaus wurden auch noch weitere interessante Einzelitems als abhängige Variablen einer Mehrebenenanalyse zugeführt. Es sind dies:

- CB02: Ich nehme an der Konf-Zeit teil, um die Gemeinschaft in der Konf-Gruppe zu erleben.
- KB02: Während der Konf-Zeit habe ich gute Gemeinschaft in der Gruppe erlebt.
- CF/KF/QF01: Wie bewertest du den christlichen Glauben insgesamt?
- Erkenntnisfortschritte CF01–KF01 und CF01–QF01: Wie bewertest du den christlichen Glauben insgesamt?
- CF/KF/QF02: Wie bewertest du die evangelische Kirche insgesamt?
- Erkenntnisfortschritte CF02–KF02 und CF02–QF02: Wie bewertest du die evangelische Kirche insgesamt?
- CG/KG/QG01: Es ist mir wichtig, zur Kirche zu gehören.
- Erkenntnisfortschritte CG01–KG01 und CG01–QG01: Es ist mir wichtig, zur Kirche zu gehören.
- CG/KG/QG02: Auf die Fragen, die mich wirklich bewegen, hat die Kirche keine Antwort.
- Erkenntnisfortschritte CG02–KG02 und CG02–QG02: Auf die Fragen, die mich wirklich bewegen, hat die Kirche keine Antwort.

- CG/KG/QG03: Falls ich später einmal Kinder habe, will ich sie taufen lassen.
- Erkenntnisfortschritte CG03–KG03 und CG03–QG03: Falls ich später einmal Kinder habe, will ich sie taufen lassen.
- CG/KG/QG04: Gottesdienste sind meistens langweilig.
- Erkenntnisfortschritte CG04–KG04 und CG04–QG04: Gottesdienste sind meistens langweilig.
- CG/KG/QG05: Kirche als Wohltäterin für die Menschen
- Erkenntnisfortschritte CG05–KG05 und CG05–QG05: Die Kirche tut viel Gutes für die Menschen.
- CG/KG06: Wenn ich persönliche Probleme habe, würde ich mich an einen Pfarrer oder eine Pfarrerin wenden.
- Erkenntnisfortschritt CG06–KG06: Wenn ich persönliche Probleme habe, würde ich mich an einen Pfarrer oder eine Pfarrerin wenden.
- CL/KL07: Interesse an anderen Religionen
- Erkenntnisfortschritt CL07-KL07: Interesse an anderen Religionen
- KN01: Wie zufrieden bist du mit der Konf-Zeit insgesamt?
- QN01: Ich bin mit der Konf-Zeit insgesamt zufrieden.
- KN03: Wie zufrieden bist du mit den Themen in der Konf-Zeit?
- KN07: Wie zufrieden bist du mit der/dem Konf-Hauptverantwortlichen (z. B. Pfarrer/in, Katechet/in, Jugendarbeiter/in)?
- KN20: Wie zufrieden bist du mit den Arbeitsformen (z. B. Arbeiten mit biblischen Texten, Gruppenarbeit usw.)?
- CP01: Ich kann mir vorstellen, mich nach der Konf-Zeit freiwillig/ehrenamtlich in der Kirche (z. B. in der Jugendarbeit) zu engagieren.
- KP01: Ich kann mir vorstellen, nach der Konf-Zeit ehrenamtlich oder freiwillig in der Kirche mitzuarbeiten (z. B. Jugendarbeit, Konfirmationsarbeit ...).
- Erkenntnisfortschritt CP01–KP01: Neigung zu einer freiwilligen Mitarbeit nach der Konfirmation
- WE/VE06: Ich wäre froh, wenn ich die Konfirmationsarbeit nicht mehr machen müsste.
- Erkenntnisfortschritt WE06–VE06: Ich wäre froh, wenn ich die Konfirmationsarbeit nicht mehr machen müsste.
- WE09: Meine pädagogische Kompetenz für die Konfirmationsarbeit halte ich für gut.
- WE10: Meine theologische Kompetenz für die Konfirmationsarbeit halte ich für gut.
- VM01: Wie zufrieden sind Sie mit der Konfirmationsarbeit in Ihrer Gemeinde insgesamt?

In systematischer Weise sind in der folgenden Tabelle die unabhängigen Variablen, also die als mögliche Prädiktoren der oben aufgelisteten abhängigen Variablen infrage kommenden Sachverhalte, dargestellt. Zudem gibt die Tabelle Auskunft darüber, welche unabhängigen Variablen zur Erklärung welcher abhängigen Variablen in Betracht gezogen wurden. «X» bedeutet, dass die jeweilige unabhängige Variable als möglicher Prädiktor der jeweiligen anhängigen Variablen analysiert wurde, «O» bedeutet, dass die jeweilige unabhängige Variable nicht als Prädiktor überprüft wurde. Zum Beispiel wird das (weibliche) Geschlecht der Konfirmandinnen und Konfirmanden als Prädiktor ihrer Einstellungen analysiert. Dagegen wird der Einfluss des Geschlechts der Konfirmandinnen und Konfirmanden auf die Einstellungen und Aktionsformen der Hauptamtlichen nicht untersucht. Um ein weiteres Beispiel zu nennen: Das (weibliche) Geschlecht wird als Prädiktor der Einstellungen der Konfirmandinnen und Konfirmanden in Betracht gezogen. Da der Einfluss des Hauptamtlichen-Geschlechts logischerweise nur auf der Mesoebene wirksam sein kann, wird er als Einfluss des Anteils weiblicher Hauptamtlicher in der Konf-Gruppenleitung analysiert, was durch die Ergänzung «Durchschnitt auf der Mesoebene» kenntlich gemacht wird (wenn z. B. die Konf-Gruppenleitung aus zwei männlichen Personen und einer weiblichen Person besteht, ist der Mesoebenen-Durchschnitt des Hauptamtlichen-Geschlechts 0,33, was 33 % Frauenanteil entspricht).

Tabelle 12: Die in den Mehrebenenanalysen analysierten Beziehungen

Unabhängige Variablen	**Abhängige Variablen**		
Soziodemografische und biografische Angaben	**Einstellungen der Konfirmandinnen und Konfirmanden auf der Mikroebene**	**Einstellungen der Hauptamtlichen**	**Aktionsformen der Hauptamtlichen oder Hauptamtlichen-Teams auf der Mesoebene**
(Weibliches) Geschlecht der Konfirmandinnen und Konfirmanden (männlich = 0, weiblich = 1)	X	0	0
(Weibliches) Geschlecht der Hauptamtlichen (männlich = 0, weiblich = 1)	X (Durchschnitt auf der Mesoebene)	X	X (Durchschnitt auf der Mesoebene)
Alter der Konfirmandinnen und Konfirmanden (in Jahren)	X	0	0
Alter der Hauptamtlichen (in Jahren)	X (Durchschnitt auf der Mesoebene)	X	X (Durchschnitt auf der Mesoebene)

Unabhängige Variablen	Abhängige Variablen		
Soziodemografische und biografische Angaben	**Einstellungen der Konfirmandinnen und Konfirmanden auf der Mikroebene**	**Einstellungen der Haupt-amtlichen**	**Aktionsformen der Hauptamtlichen oder Hauptamtlichen-Teams auf der Mesoebene**
Bildungsinteresse der Konfirmandinnen und Konfirmanden (Skala 1–5: 1 = gering, 5 = stark)	X	0	0
Formale Bildung der Hauptamtlichen (Skala 1–3: 1 = gering, 3 = hoch)	X (Durchschnitt auf der Mesoebene)	X	X (Durchschnitt auf der Mesoebene)
Beruflicher Status der Hauptamtlichen ist PfarrerIn (nein = 0, ja = 1)	X (Durchschnitt auf der Mesoebene)	X	X (Durchschnitt auf der Mesoebene)
Beruflicher Status der Hauptamtlichen ist VikarIn (nein = 0, ja = 1)	X (Durchschnitt auf der Mesoebene)	X	X (Durchschnitt auf der Mesoebene)
Beruflicher Status der Hauptamtlichen ist DiakonIn, GemeindepädagogeIn oder JugendarbeiterIn (nein = 0, ja = 1)	X (Durchschnitt auf der Mesoebene)	X	X (Durchschnitt auf der Mesoebene)
Beruflicher Status der Hauptamtlichen ist KatechetIn (nein = 0, ja = 1)	X (Durchschnitt auf der Mesoebene)	X	X (Durchschnitt auf der Mesoebene)
Beruflicher Status der Hauptamtlichen ist sonstige Kraft (nein = 0, ja = 1)	X (Durchschnitt auf der Mesoebene)	X	X (Durchschnitt auf der Mesoebene)
Teilnahme der Hauptamtlichen an Bildungs-/Schulungsseminaren speziell für die Konfirmationsarbeit im Rahmen der eigenen Ausbildung (WF/VF19) (nein = 0, ja = 1)	X (Durchschnitt auf der Mesoebene)	X	X (Durchschnitt auf der Mesoebene)
Teilnahme der Hauptamtlichen an Bildungs-/Schulungsseminaren speziell für die Konfirmationsarbeit im Rahmen einer speziellen Ausbildung (WF/VF20) (nein = 0, ja = 1)	X (Durchschnitt auf der Mesoebene)	X	X (Durchschnitt auf der Mesoebene)

Unabhängige Variablen	**Abhängige Variablen**		
Soziodemografische und biografische Angaben	**Einstellungen der Konfirmandinnen und Konfirmanden auf der Mikroebene**	**Einstellungen der Haupt- amtlichen**	**Aktionsformen der Hauptamtlichen oder Hauptamtlichen-Teams auf der Mesoebene**
Teilnahme der Hauptamtlichen an Bildungs-/ Schulungsseminaren speziell für die Konfirmationsarbeit im Rahmen allgemeiner JugendleiterInnenschulungen (WF/VF21) (nein = 0, ja = 1)	X (Durchschnitt aufder Mesoebene)	X	X (Durchschnitt auf der Mesoebene)
Pädagogische Eigenkompetenzeinschätzung (WE09) (Skala 1–7)	X	0	0
Theologische Eigenkompetenzeinschätzung (WE10) (Skala 1–7)	X	0	0
Wunsch nach Beendigung der Konfirmationsarbeit (WE06) (Skala 1–7)	X	0	0
Familiär-religiöse Prägung der Konfirmandinnen und Konfirmanden (Skala 1–5: 1 = schwach, 5 = stark)	X	0	0
Kirchlich-religiöse Prägung der Konfirmandinnen und Konfirmanden (Skala 1–5: 1 = schwach, 5 = stark)	X	0	0
Religiosität der Hauptamtlichen (iWE1) (Skala 1–7)	X (Durchschnitt auf der Mesoebene)	X	X (Durchschnitt auf der Mesoebene)
	Einstellungen der Konfirmandinnen und Konfirmanden auf der Mikroebene	**Einstellungen der Haupt- amtlichen**	**Aktionsformen der Hauptamtlichen oder Hauptamtlichen-Teams auf der Mesoebene**
Religiös geprägter Interaktionskontext: Durchschnitt der familiär-religiösen Prägungen der KonfirmandInnen auf der Makroebene	X	X	X
Religiös geprägter Interaktionskontext: Durchschnitt der familiär-religiösen Prägungen der KonfirmandInnen auf der Mesoebene	X	X	X

Unabhängige Variablen	Abhängige Variablen		
Soziodemografische und biografische Angaben	**Einstellungen der Konfirmandinnen und Konfirmanden auf der Mikroebene**	**Einstellungen der Hauptamtlichen**	**Aktionsformen der Hauptamtlichen oder Hauptamtlichen-Teams auf der Mesoebene**
Pädagogische Konzepte und Aktionsformen	X (Durchschnitt auf der Mesoebene)	0	X (Durchschnitt auf der Mesoebene)
iWA1_CH: Wichtigkeit der Themen der christlichen Tradition (Skala 1–7)	X (Durchschnitt auf der Mesoebene)	0	X (Durchschnitt auf der Mesoebene)
iWA2: Wichtigkeit ethischer Themen (Skala 1–7)	X (Durchschnitt auf der Mesoebene)	0	X (Durchschnitt auf der Mesoebene)
iWB3: Ziel der Gewinnung der Konfirmandinnen und Konfirmanden für den christlichen Glauben / Frömmigkeit der/des Hauptverantwortlichen (Skala 1–7)	X (Durchschnitt auf der Mesoebene)	0	X (Durchschnitt auf der Mesoebene)
iWB4: Aspekte von Gemeinschaft als Ziele für die Gottesdienste (Skala 1–7)	X (Durchschnitt auf der Mesoebene)	0	X (Durchschnitt auf der Mesoebene)
iWB5: Einbindung und Partizipation der Konfirmandinnen und Konfirmanden als Ziel für die Gottesdienste (Skala 1–7)	X (Durchschnitt auf der Mesoebene)	0	X (Durchschnitt auf der Mesoebene)
iWC1: Identitätsbildung der Konfirmandinnen und Konfirmanden als Ziel für die Konfirmationsarbeit (Skala 1–7)	X (Durchschnitt auf der Mesoebene)	0	X (Durchschnitt auf der Mesoebene)
iVH1: Aktivierend-partizipative Methoden (Skala 1–4)	X (Durchschnitt auf der Mesoebene)	0	0
iVH2: Besuche von und Treffen mit Gemeindeangehörigen und Experten (Skala 1–4)	X (Durchschnitt auf der Mesoebene)	0	0

Unabhängige Variablen	Abhängige Variablen		
Soziodemografische und biografische Angaben	**Einstellungen der Konfirmandinnen und Konfirmanden auf der Mikroebene**	**Einstellungen der Hauptamtlichen**	**Aktionsformen der Hauptamtlichen oder Hauptamtlichen-Teams auf der Mesoebene**
iVH3: Gesang und Musizieren (Skala 1–4)	X (Durchschnitt auf der Mesoebene)	0	0
iVU1: (Erfolgreiche) Einbindung und Partizipation ehrenamtlicher MitarbeiterInnen (Skala 1–7)	X (Durchschnitt auf der Mesoebene)	0	0
Merkmale der Gemeinde			
Ländliche vs. städtische Prägung (Skala 1–3: 1 = ländlich, 2 = Übergangstypus, 3 = städtisch)	X	X	X
Frankofone Gemeinde (nein = 0, ja = 1)	X	X	X
Diasporagemeinde (nein = 0, ja = 1)	X	X	X
VR38: Jugendarbeit als offizieller Schwerpunkt in der Gemeindearbeit (nein = 0, ja = 1)	X	0	0
Merkmale der Konf-Gruppe, -Zeit oder -Gruppenleitung			
Dauer der Konf-Zeit (1 = einjährig, 2 = zweijährig, 3 = dreijährig)	X	0	0
Rhythmus der Gruppentreffen (1 = wöchentlich, 2 = 14-täglich, 3 = monatlich)	X	0	0
Konf-Gruppengrösse (Anzahl der KonfirmandInnen)	X	0	0
Schulischer Religionsunterricht als Voraussetzung für Aufnahme in die Konf-Zeit (nein = 0, ja = 1)	X	0	0

Unabhängige Variablen	Abhängige Variablen		
Soziodemografische und biografische Angaben	**Einstellungen der Konfirmandinnen und Konfirmanden auf der Mikroebene**	**Einstellungen der Haupt-amtlichen**	**Aktionsformen der Hauptamtlichen oder Hauptamtlichen-Teams auf der Mesoebene**
VR28: Relevanz der Konfirmationsarbeit für die tägliche Arbeit der/des Hauptverant-wortlichen (Skala 1–7)	X	0	0
VU01 und VU02: Anzahl der Hauptamtlichen	X	0	0
VU04 und VU05: Anzahl der freiwilligen Mitarbeiter	X	0	0
VW07/08: Reguläre Gruppentreffen am Samstag und/oder Sonntag	X	0	0

7.7 Antwortausfälle und fehlende Werte

Ein bedeutendes Problem von mit quantitativen Befragungen arbeitenden Studien ist das Auftreten und vor allem der Umfang von Antwortausfällen, die zu fehlenden Werten in den quantitativen Daten führen. Bei der vorliegenden Untersuchung sind Antwortausfälle bzw. fehlende Werte aus diesen Gründen entstanden:

- Es waren *einzelne Antwortausfälle in ansonsten ausgefüllten Befragungsbögen* zu verzeichnen. Solche Antwortausfälle kamen dadurch zustande, dass die Konfirmandinnen und Konfirmanden erstens zwar die Fragebögen (t1/t2/t3) als Ganzes ausfüllten, jedoch aus bestimmten Gründen bei einzelnen Fragen kein Kreuz setzten, z. B. weil sie die Frage nicht verstanden haben oder keine diesbezügliche Meinung haben, und dass sie *zweitens* mehr Kreuze setzten, als es die Fragelogik zuliess, mit der Folge, dass sich kein gültiger Wert zuweisen liess.
- *Personenbezogene Antwortausfälle* entstanden des Weiteren dadurch, dass einzelne Jugendliche nicht an allen Befragungszeitpunkten teilgenommen haben, weil sie z. B. aufgrund von Krankheit verhindert waren.
- Zudem kam es zu *gruppenbezogenen Antwortausfällen*: Die Ausgabe der Umfragematerialien entweder in t1 oder t2 durch den Hauptverantwortlichen unterblieb z. B. aufgrund von Überlastung, Zeitmangel oder Krankheit vollständig, was zum Ausfall ganzer Konf-Gruppen zu einem der beiden Befragungszeitpunkte führte. Der einzige vollständigeAusfall in t2 war zudem folgenreich insoweit, als dann für die betroffene Gruppe die Teilnahme an der

t3-Befragung ausgeschlossen war, weil in t2 die für die t3-Befragung notwendigen Kontaktdaten mit erhoben wurden.
- Ferner erzeugten nicht matchbare t1- und t2-Datensätze fehlende Werte: Die Konfirmandinnen und Konfirmanden haben zwar an mehr als einer Befragung teilgenommen, jedoch konnten die Datensätze aufgrund von fehlenden oder falschen Angaben zu Geschlecht und persönlichem Code nicht gematcht bzw. zusammengeführt werden, so dass in diesem Fall dieselbe Person dann in der t1-t2-Datei zwangsläufig durch zwei Datensätze repräsentiert wird. die nicht in einem einzigen Datensatz gebündelt werden können. Zwangsläufig bestehen in diesen Duplikat-Datensätzen aber fehlende Werte, da ja jeder Datensatz nur für einen Befragungszeitpunkt gültige Werte enthält.

Die massiven Antwortausfälle bei der t3-Befragung waren folgenden Ursachen geschuldet:
- Nur die an t2 teilnehmenden Konfirmandinnen und Konfirmanden konnten bei der t3-Befragung berücksichtigt werden, weil nur in t2 Kontaktdaten abgefragt wurden, die für den Versand der t3-Befragungsunterlagen unabdingbar waren (s. o.). Bei den Jugendlichen, die lediglich in t1 teilgenommen hatten, entstanden damit automatisch im Datensatz fehlende Werte für t3.
- Ein weiterer Teil der Antwortausfälle in der t3-Befragung wurde bereits in t2 verursacht, als die Jugendlichen entweder ihre Kontaktdaten nicht herausgaben oder fehlerhafte Angaben hierzu machten.
- Ein besonders gewichtiger Grund für die t3-Antwortausfälle dürfte sein, dass die günstigen Befragungsbedingungen der t1/t2-Befragungen entfielen. Der relativ hohe Verpflichtungscharakter dieser im Rahmen der Konf-Gruppen und von den Hauptverantwortlichen durchgeführten Befragungen war bei der t3-Befragung, wo die Teilnahme nur noch auf den individuellen Entscheidungen der Jugendlichen beruhte, nicht mehr gegeben.

Antwortausfälle können zu dem Problem führen, das mit dem Begriff der *Schweigeverzerrung* (englisch «non-response bias») umrissen ist: Dies wird dadurch verursacht, dass die bei Befragungen tatsächlich antwortenden Probandinnen und Probanden andere Antworten gegeben haben, als jene Personen geben würden bzw. gegeben hätten, die auf eine Antwort verzichtet haben. Dadurch entsteht ein systematischer Antwortausfall. Tritt die Verzerrung – wie im Falle der t3-Befragung – bei der Erhebung auf (englisch «unit non-response») spricht man auch von «Selektivität der Stichprobe» bzw. «Stichprobenselektivität».

In Abbildung 111 sind die soziodemografischen, biografischen und geografischen Merkmale des t1-t2-Samples einerseits und des t1-t2-t3-Längsschnittsamples andererseits dargestellt. Wie aus der Darstellung hervorgeht, lassen sich die Antwortausfälle bei der t3-Befragung zumindest teilweise auf bestimmte soziodemografische, biografische und geografische Merkmale der Konfirmandinnen und Konfirmanden zurückführen. Insbesondere weibliche Jugendliche und Jugendliche mit (eher) starkem Bildungsinteresse waren in höherem Masse bereit, an der t3-Befragung teilzunehmen:

Abbildung 111: Unterschiede zwischen dem t1-t2-Sample und dem t1-t2-t3-Längsschnittsample im Hinblick auf soziodemografische, biografische und geografische Merkmale

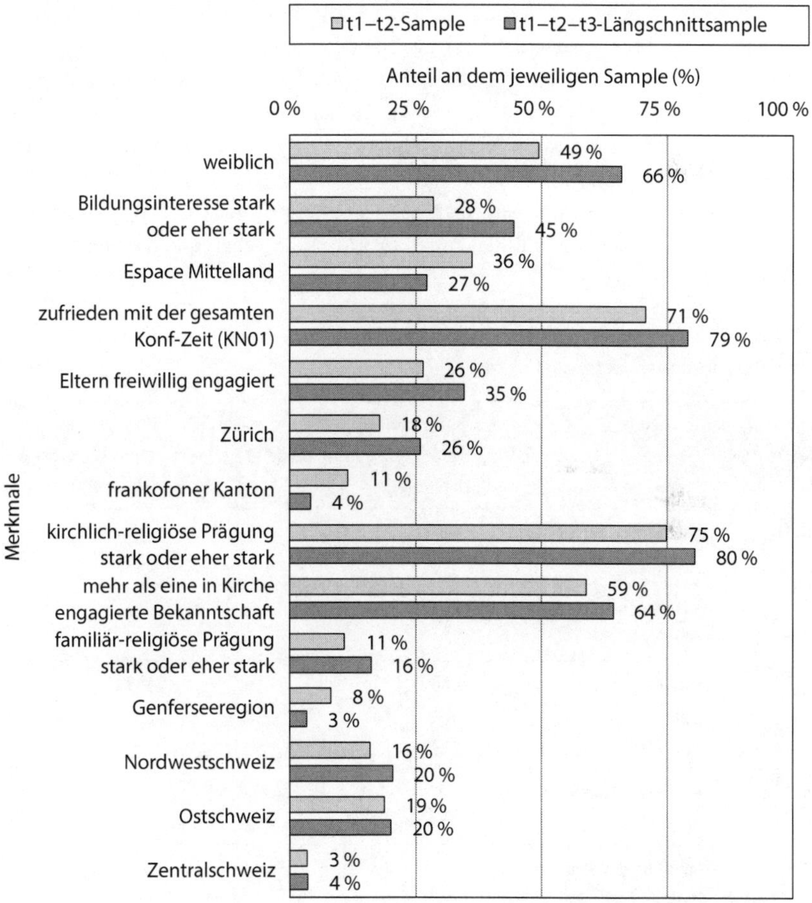

N t1-t2-Sample = 2961/8692; N t1-t2-t3-Längsschnittsample = 313–662. Lesehilfe: 49 % der KonfirmandInnen im t1-t2-Sample sind weiblich; 66 % der Jugendlichen im t1-t2-t3-Sample sind weiblich.

7.8 Management der zu den Mehrebenenanalysen herangezogenen Daten

Die für die Mehrebenenanalysen herangezogenen Daten stammen von der Gesamtheit der 687 hauptamtlichen Mitarbeitenden und 7132 Konfirmandinnen und Konfirmanden aus insgesamt 464 Konfirmationsgruppen und 23 Kantonalkirchen. Diese Datenauswahl umfasst nur einen Teil der möglichen Datensätze und ging von folgenden Kriterien aus: Erstens durften lediglich jene Befragten in die Analyse einbezogen werden, bei denen sichergestellt war, dass sie nur einen Datensatz repräsentierten und nicht in Form von Duplikat-Datensätzen doppelt erfasst wurden. Zweitens wurden nur Jugendliche und Konf-Gruppen berücksichtigt, die mit mindestens einem Hauptamtlichen-Datensatz in Beziehung gesetzt werden konnten.

Über den relativ komplexen Vorgang der Unterteilung des t1-t2-Samples in Teilsamples und die Auswahl der Untersuchungsfälle geben die Tabellen 13 und 14 Auskunft:

Tabelle 13: Unterteilung des t1/t2-KonfirmandInnen-Samples in Teilsamples und Auswahl der 7132 KonfirmandInnen-Datensätze

Alle KonfirmandInnen-Datensätze (N = 8692)		**KonfirmandIn nur in t1 befragt (N = 2255)**	**KonfirmandIn nur in t2 befragt (N = 1475)**	**KonfirmandIn in t1 und t2 befragt (N = 4962)**
Hauptamtlichen-Datensatz liegt vor (N = 8343)	Konf-Gruppe nur in t1 befragt (N = 687)	**687**		
	Konf-Gruppe nur in t2 befragt (N = 206)		**206**	
	Konf-Gruppe in t1 und t2 befragt (N = 7450)	**1380**	1211	**4859**
Hauptamtlichen-Datensatz liegt nicht vor (N = 349)	Konf-Gruppe nur in t1 befragt (N = 163)	163		
	Konf-Gruppe nur in t2 befragt (N = 33)		33	
	Konf-Gruppe in t1 und t2 befragt (N = 153)	25	25	103

Lesehilfe: Die Zahl der zu untersuchenden KonfirmandInnen-Datensätze ergibt sich aus der Summe der fett gedruckten Ns (687 + 206 + 1380 + 4859 = 7132).

Tabelle 14: Unterteilung des t1/t2-Mitarbeitenden-Samples in Teilsamples und Auswahl der 687 Hauptamtlichen-Datensätze

Alle Mitarbeitenden-Datensätze (N = 1068)			**MitarbeiterIn nur in t1 befragt (N = 195)**	**MitarbeiterIn nur in t2 befragt (N = 107)**	**MitarbeiterIn in t1 und t2 befragt (N = 445)**
Funktion der Mitarbeitenden bekannt (N = 918)	Mitarbeitende sind Hauptamtliche (N = 747)	Hauptamtlichen-Team nur in t1 befragt (N = 86)	**86**		
		Hauptamtlichen-Team nur in t2 befragt (N = 47)		**47**	
		Hauptamtlichen-Team in t1 und t2 befragt (N = 614)	**109**	60	**445**
	Mitarbeitende sind Freiwillige (N = 171)		93	35	43
Funktion der Mitarbeitenden unbekannt (N = 150)			92	26	32

Lesehilfe: Die Zahl der zu untersuchenden Hauptamtlichen-Datensätze ergibt sich aus der Summe der fett gedruckten Ns (86 + 47 + 109 + 445 = 687).

Ein problematisches Merkmal der untersuchten Datensätze ist der sehr hohe Anteil der fehlenden Werte in den t3-Variablen und -Items (s. o.). Bei den t3-Sachverhalten ist daher mit gewissen Antwortverzerrungen zu rechnen, die auf den äusserst selektiven Rücklauf bei der t3-Befragung zurückgeführt werden kann. Unter Zuhilfenahme der statistischen Methode der *multiplen Imputation* wurden deshalb bei allen interessierenden Variablen die fehlenden Werte aus den Konfirmandinnen- und Konfirmanden-, Hauptamtlichen- und Gemeinde/Gruppen-Datenmatrizen jeweils fünfmal geschätzt und in gemittelter Form in die jeweilige Datenmatrize eingebaut. «Imputation» bezeichnet hier Verfahren, mit deren Hilfe bei quantitativen Erhebungen sogenannte Antwortausfälle und daraus resultierende fehlende Daten in der Datenmatrix vervollständigt werden. Ziel des Verfahrens ist es, insbesondere die Schweigeverzerrung, die durch die Antwortausfälle entsteht, zu verringern.

Im Prinzip geht es bei Imputation darum, auf der Grundlage vorhandener Werte zu schätzen, wie die Probandinnen und Probanden mit Antwortausfällen geantwortet hätten. Für die Imputation der fehlenden Werte in dieser Studie wählen wir die Methode «predictive mean matching» (PMM).

Ihr Ausgangspunkt ist die Regressionsmethode, im Rahmen derer die Werte der Variable, deren Werte imputiert werden sollen, auf der Grundlage eines Sets von anderen Variablen aus der Datenmatrize vorhergesagt werden, wobei die fehlenden Werte entsprechend mit den vorhergesagten Werten aufgefüllt werden. «PMM ist eine Variante der linearen Regression, die imputierte Werte, die durch das Regressionsmodell berechnet wurden, mit dem nächsten beobachteten Wert abgleicht.» (IBM 2014, 15)

Die Imputation wird für alle in Abschnitt 7.6 aufgeführten abhängigen und unabhängigen Variablen durchgeführt. Diese Variablen dienen damit im Imputationsverfahren sowohl als Variablen, deren fehlende Werte imputiert werden, als auch als Variablen, auf deren Grundlage die Werte vorhergesagt werden, die dann mit dem nächsten beobachtbaren Wert abgeglichen werden. Zudem finden noch weitere nur für die Vorhersage genutzte Variablen Eingang in das Verfahren: 0–1-codierte Stellvertretervariablen für drei Grossregionen (Espace Mittelland, Nordwestschweiz, Ostschweiz) und sechs Kantone/Kantonalkirchen (Aargau, Bern/Jura/Solothurn, Graubünden, St. Gallen, Thurgau und Zürich) sowie die grundlegenden Merkmale der Kantone/Kantonalkirchen (Urbanisierungsgrad, Anteile der frankofonen, evangelisch-reformierten und konfessionslosen Bevölkerung an der Gesamtbevölkerung). Durch Einbeziehung dieser regionalen Größen soll den Einstellungen prägenden regionalen Eigenheiten und Traditionen Rechnung getragen werden.

7.9 Beispiel für die Durchführung einer Mehrebenenanalyse

In Kapitel 3 wurden die Prädiktoren der Einstellungen der Konfirmandinnen und Konfirmanden, der Hauptamtlichen-Einstellungen und -Aktionsformen präsentiert und interpretiert. Diese Prädiktoren wurden in einer Untersuchung des empirischen Datenmaterials mittels der statistischen Methode der *Mehrebenenanalyse* (Albright/Marinova 2013; Baltes-Götz 2013; Leyland 2014) identifiziert.

An dieser Stelle sollen nun anhand eines Beispiels tiefer gehende Einblicke in die Berechnung einer Mehrebenenanalyse gegeben werden. In dem Beispiel werden die Prädiktoren individueller christlicher Glaubensüberzeugungen der Konfirmandinnen und Konfirmanden in t1 auf kirchlicher Makroebene, gemeindlicher Mesoebene und individueller Mikroebene im Einzugsbereich der europäischen Studie untersucht und die Schritte von der Auswahl der zu analysierenden Datensätze bis zur Interpretation der statistischen Ergebnisausgaben skizziert. Als mögliche Prädiktoren ziehen wir die Indikatoren eines religiös geprägten Interaktionskontextes auf der Makro- und Mesoebene sowie das Geschlecht, das Alter, das Bildungsinteresse (hier lediglich mit der Bücherfrage CM04 gemessen), die familiär-religiöse Prägung und die kirchlich-religiöse Prägung der Konfirmandinnen und Konfirmanden auf der Mikroebene in Betracht.

In einem *ersten Schritt* wurden die internationalen *Datensätze* als empirische Basis der Mehrebenenanalyse *ausgewählt*. Diese Datenauswahl umfasst hier wie bei den Analysen im schweizerischen Einzugsbereich nur einen Teil der möglichen Datensätze und ging von dem einen Kriterium aus, dass nur jene Befragten in die Analyse einbezogen werden, bei denen sichergestellt war, dass sie nur einen Datensatz repräsentierten und nicht in Form von Duplikat-Datensätzen doppelt erfasst wurden. Allerdings entfällt hier das auf die Auswahl der schweizerischen Daten angewendete Auswahlkriterium, dass nur Jugendliche und Konf-Gruppen in Betracht gezogen werden, die mit mindestens einem Hauptamtlichen-Datensatz in Beziehung gesetzt werden konnten, weil wir in dem hier besprochenen Beispiel von der Analyse der Hauptamtlichen-Einstellungen und -Aktionsformen als Einstellungsprädiktoren absehen. 27'195 Datensätze aus der internationalen Studie rücken somit in den Blickpunkt des Interesses.

In einem *zweiten Schritt* werden die *fehlenden Werte* der interessierenden Variablen in den ausgesuchten Datensätzen imputiert. Wir wählen zur Imputation – wie bei der Imputation der fehlenden Werte in den schweizerischen Daten (vgl. Abschnitt 7.8) – wieder das PMM-Verfahren. Eingang in dieses Verfahren finden alle in der internationalen Studie verwendeten Indizes (Ilg/Maaß/Schweitzer 2015, 345 ff.) – ansonsten dieselben Sachverhalte wie in den schweizerischen Daten zu den Mehrebenenanalysen, soweit sie im internationalen Kontext erhoben oder konstruiert wurden (vgl. Abschnitt 7.6). Von den drei kombinierten Variablen (vgl. Abschnitt 7.4) kann nur die familiär-religiöse Prägung verwendet werden. Das Bildungsinteresse wird hier mit der Bücherfrage (CM04) und die kirchlich-religiöse Prägung mit einer die Antworten aus CM11 und CM12 kombinierenden 3-Punkte-Skala erfasst. Um länder- oder kirchenspezifischen Gegebenheiten Rechnung zu tragen, werden noch 0–1-codierte Länder-Stellvertretervariablen und der länder- oder kirchenbezogene Anteil der protestantischen Bevölkerung an der Gesamtbevölkerung hinzugezogen.

Als Ergebnis des Imputationsverfahrens erhalten wir eine Datenmatrize mit 27 195 × 5 = 135 975 Datensätzen, in der jeder Datensatz fünfmal enthalten ist und in der für jeden fehlenden Wert jeweils fünf geschätzte Werte enthalten sind (nicht fehlende Werte kommen dagegen fünfmal mit derselben Zahl vor). Um zu der ursprünglichen Zahl an Datensätzen zurückzukommen, wird die fünfmal gestapelte Datenmatrize aggregiert und dabei werden die fünffach vorkommenden Werte gemittelt. Nach der Aggregation steht eine Datenmatrize mit 27 195 Datensätzen und 51 Variablen ohne fehlende Werte bereit. Die Untersuchungseinheiten sind konkret 27 195 Konfirmandinnen und Konfirmanden auf der Mikroebene, 1442 Konf-Gruppen oder Gemeinden auf der Mesoebene und 48 an der europäischen Studie partizipierende Kantonal-, Landes- und Nationalkirchen auf der Makroebene.

In einem *dritten* Schritt werden die unabhängigen Variablen der Meso- und der Mikroebene *zentriert* (vgl. zu dem Vorgang des Zentrierens: Baltes-Götz 2013, 27 ff.; Enders/Tofighi 2007). Bei der Mesoebenen-Zentrierung zieht man hinsichtlich der jeweiligen Variablen von dem Wert der Jugendlichen den Mesoebenen-Mittelwert ab. Bei der Zentrierung auf der Makroebene zieht man von dem Mesoebenen-Mittelwert den Makroebenen-Mittelwert ab. Aus der Zentrierung ergeben sich statistische Vorteile vor allem in Bezug auf die Vermeidung des Problems der Multikollinearität, die Schätzungen verzerrende hohe Korrelation zwischen den Prädiktoren.

In einem *vierten* Schritt werden die abhängigen und unabhängigen *Variablen z-transformiert.* Die z-Transformation bewirkt im Sinne einer Standardisierung, dass die Variablen einen Mittelwert von 0 und eine Standardabweichung von 1 haben, und ermöglicht die bessere Vergleichbarkeit der Prädiktoren im Hinblick auf ihre relative Stärke und Relevanz. Sind unabhängige Prädiktorvariablen und die abhängige Variable z-transformiert, kann man angeben, um wie viele Standardeinheiten sich die abhängige Variable verändert, wenn man die Prädiktorvariablen um eine Standardeinheit erhöht oder reduziert. Solche standardisierten Effekte können auf einer von –1 bis +1 reichenden Skala gemessen werden. In Kapitel 3 dieser Studie wird von «sehr relevanten» (positiven oder negativen) Einflüssen ausgegangen, wenn der standardisierte Effekt mindestens -0,3 bzw. +0,3 beträgt. Als *relevante (positive oder negative) Einflüsse* werden dort jene Effekte angesehen, die mindestens -0,1 bzw. +0,1 und höchstens -0,3 bzw. +0,3 betragen.

Nach der z-Transformation der relevanten Variablen steht nun die Datenmatrize bereit, welche die empirische Basis für die Mehrebenenanalyse bietet. In einem *fünften Schritt* kann dann die Berechnung von Mehrebenenmodellen mit Blick auf unser Beispiel durchgeführt werden, wie es in Tabelle 15 erfolgt ist.

Drei Varianten von Mehrebenenmodellen können hier unterschieden werden:

Zunächst einmal kann das *Ausgangsmodell* der Mehrebenenanalyse, das sogenannte *Random Intercept-Only-Modell,* geschätzt werden. Es erhält noch keine Prädiktoren und dient vor allem der Messung der Varianzen auf der Makro-, Meso- und Mikroebene. Von besonderem Interesse bei diesem Modell sind die sogenannten Intraklassenkorrelationen, die angeben, wie viel Prozent der Varianz von den unterschiedlichen Ebenen «erklärt» werden. Diese Korrelationen können aus den «Schätzungen von Kovarianzparametern» im Modell ermittelt werden. Die Gesamtvarianz der abhängigen Variablen, also die Streubreite des Glaubensüberzeugungen in t1 messenden Index iCE1, ergibt sich aus der Summe der *Residualvarianz* von iCE1 auf der Mikroebene und den Varianzen von iCE1 auf der

Tabelle 15: Prädiktoren christlicher Glaubensüberzeugungen (t1) in einem Makro-Meso-Mikro-Ebenen-Modell im Einzugsbereich der europäischen Studie

Abhängige Variable: iCE1: Christliche Überzeugungen (t1) Schätzungen fester Effekte	**1) Random-Intercept-Only-Modell**	**2) Random-Intercept-Modell mit Prädiktoren**	**3) Finales Random-Intercept-Modell mit Prädiktoren**
Konstanter Term	0,075092	0,045901	0,045909
Prädiktoren auf der Makroebene			
Makro-Durchschnitt der familiär-religiösen Prägung		0,215798	0,2158
Prädiktoren auf der Mesoebene			
Meso-Durchschnitt der familiär-religiösen Prägung		0,226427	0,226485
Prädiktoren auf der Mikroebene			
Weibliches Geschlecht		0,025615	
Alter		−0,01467	
Bildungsinteresse		−0,03262	
Familiär-religiöse Prägung		0,377784	0,400632
Kirchlich-religiöse Prägung		0,074393	
Schätzungen von Kovarianzparametern			
Residualvarianz auf der Mikroebene	0,806547	0,638874	0,64579
Varianz der abhängigen Variablen auf der Makroebene	0,095468	0,020627	0,020627
Varianz der abhängigen Variablen auf der Mesoebene	0,151046	0,092416	0,092312
Informationskriterien			
Eingeschränkte −2 Log Likelihood	2311541,709	2106336,882	2115741,059
Akaike-Informationskriterium (AIC)	2311547,709	2106342,882	2115747,059
Hurvich und Tsai (IC)	2311547,709	2106342,882	2115747,059
Bozdogan-Kriterium (CAIC)	2311585,769	2106380,942	2115785,119
Bayes-Kriterium von Schwarz (BIC)	2311582,769	2106377,942	2115782,119

N = 27'195.

Makro- und Mesoebene. Der Anteil der Residualvarianz an der Gesamtvarianz weist darauf hin, wie viel Prozent der Gesamtvarianz von iCE1 die Mikroebene erklärt, der Anteil der Makroebenen-Varianz, wie viel Prozent die Makroebene erklärt, und der Anteil der Mesoebenen-Varianz, wie viel Prozent die Mesoebene erklärt. Dem Ausgangsmodell und seinen Varianzschätzungen gemäss gehen 77 % der Varianz der christlichen Glaubensüberzeugungen in t1 auf die Unterschiede zwischen den Konfirmandinnen und Konfirmanden zurück, 14 % der Varianz werden durch die Unterschiede der lokalen Gegebenheiten auf der Mesoebene erklärt und immerhin 9 % der Varianz resultieren aus Unterschieden zwischen den 48 europäischen Kantonal-, Landes- und Nationalkirchen, also zwischen den Einheiten der Makroebene. Die Intraklassenkorrelationen weisen darauf hin, dass bei der Erklärung der abhängigen Variablen vor allem Prädiktoren auf der Mikroebene herangezogen werden müssen, in deutlich geringerem Masse Prädiktoren auf den anderen beiden Ebenen. Allerdings ist die eigene Varianz der abhängigen Variablen auf der Meso- und Makroebene nicht so geringfügig, um Prädiktoren auf diesen Ebenen unter den Tisch fallen zu lassen.

Im Anschluss an das Random-Intercept-Only-Modell kann nun ein sogenanntes *Random-Intercept-Modell mit Prädiktoren* berechnet werden. Dieses enthält nun alle in Betracht gezogenen Prädiktoren auf allen drei Ebenen, deren Einflussmächtigkeit sich an den standardisierten Effekten in der Tabelle ablesen lässt. Alle Effekte sind hoch signifikant und lassen sich folgendermassen zusammenfassen: Die christlichen Glaubensüberzeugungen der europäischen Konfirmandinnen und Konfirmanden sind umso höher (geringer),

- je mehr (weniger) sie in einen religiös geprägten Interaktionskontext (gemessen durch den Makro-Durchschnitt sowie den Meso-Durchschnitt der familiär-religiösen Prägung) eingebettet sind (Effektstärke 0,22 auf der Makroebene und 0,23 auf der Mesoebene),
- je eher (weniger) bei ihnen weibliches Geschlecht vorliegt (Effektstärke 0,03),
- je jünger (älter) sie sind (Effektstärke -0,01),
- je geringer (höher) ihr Bildungsinteresse ausfällt (Effektstärke -0,03),
- je stärker (schwächer) ihre familiär-religiöse Prägung ausfällt (Effektstärke 0,38) und
- je stärker (schwächer) ihre kirchlich-religiöse Prägung ausfällt (Effektstärke 0,07).

Einschränkend muss festgestellt werden, dass die Einflüsse des Genderfaktors, des Alters, des Bildungsinteresses und des kirchlichen Sozialisationsfaktors trotz ihrer statistischen Signifikanz mit Effektstärken unter -0,1 bzw. 0,1 zu schwach sind, als dass sie als relevante Einflussfaktoren eingestuft werden könnten. Dagegen geht von dem familiär-religiösen Faktor ein sehr bedeutsamer Einfluss auf die Tendenz zu christlichen Überzeugungen aus. Die Einflüsse der beiden Indikatoren eines religiös geprägten Interaktionskontextes sind als immerhin relevant einzustufen.

Die Feststellung von einigen Prädiktoren, die in ihrer Bedeutung als irrelevant eingestuft werden müssen, führt uns weiter zu dem sogenannten *finalen Ran-*

dom-Intercept-Modell mit Prädiktoren, in dem die irrelevanten Faktoren herausgenommen worden sind und nur noch die Prädiktoren von relevanter oder sehr relevanter Bedeutung enthalten sind. In diesem Modell lohnt sich ein Blick auf die Erklärungskraft der drei verbleibenden Einflussfaktoren im Hinblick auf die von ihnen *erklärte Varianz* auf jeder der drei untersuchten Ebenen und auf die *Güte des Gesamtmodells*.

Hinsichtlich der Erklärungskraft lässt sich zeigen, dass der Indikator des religiös-sozialen Kontextfaktors auf der Makroebene (Makro-Durschnitt der familiär-religiösen Prägung) beachtliche 78 % der Varianz auf der Makroebene erklären kann. Immer noch stattliche 39 % der Mesoebenen-Varianz wird von dem Indikator eines religiös geprägten Interaktionskontextes auf der Mesoebene (Meso-Durschnitt der familiär-religiösen Prägung) erklärt. Der Anteil der von der familiär-religiösen Prägung erklärten Varianz auf der Mikroebene fällt mit 20 % schon bescheidener aus, verweist aber immer noch auf eine beachtliche Erklärungskraft. Man muss hier berücksichtigen, dass die Erklärungskraft des religiös-sozialen Kontextes zwar sehr hoch ist, jedoch die zu erklärenden Varianzen auf der Makro- und der Mesoebene wesentlich geringer ausfallen als die Varianz auf der Mikroebene, die – wie oben gesehen – 77 % der Gesamtvarianz der abhängigen Variablen ausmacht. Der familiäre Sozialisationsfaktor ist daher, wenn man die dominierende Rolle der Mikroebenen-Varianz berücksichtigt, der bedeutsamste Faktor bei der Erklärung christlicher Überzeugungen, wie der Vergleich der Effektstärken schliessen lässt.

Hinsichtlich der *Güte des Gesamtmodells* sei noch auf die fünf *Informationskriterien* hingewiesen, die in den Mehrebenenmodellen in der Tabelle 15 ausgewiesen sind. Die in Bezug auf das Ausgangsmodell 1 zu interpretierenden Informationskriterien fallen als Devianz-Masse umso kleiner aus, je besser ein Modell zu den Daten passt. Die Modelle 2 und 3 zeigen im Vergleich zu Modell 1 einen recht deutlichen Rückgang der fünf Masszahlen, was eine akzeptable Passgüte der hier angebotenen Mehrebenenanalysen verdeutlicht. Der Rückgang ist im Modell 2 etwas deutlicher als im Modell 3, was dem Umstand geschuldet ist, dass Modell 2 mehr Prädiktoren enthält, die wegen Irrelevanz nicht in Modell 3 übernommen wurden.

Zum Abschluss dieses Kapitels lässt sich feststellen, dass die mit Blick auf die Kenntnis der Methoden der empirischen Sozialforschung teilweise sehr voraussetzungsvolle Behandlung der komplexeren Fragen des Forschungsdesigns, des Datenmanagements und der Datenanalyse interessante Einblicke in den Ablauf einer quantitativen Studie wie der hier vorliegenden bieten kann und zudem auch das in solchen Studien schlummernde wissenschaftliche Potenzial vor Augen führt.

8. Anhang

8.1 Fragebogen (exemplarisch)

Universität Zürich[UZH]

Fragebogen für Konfirmandinnen und Konfirmanden (t1)
Erste Befragung

International research on confirmation
www.confirmation-research.eu

Wenn du das orangefarbene Info-Blatt gelesen hast, beginne bitte hier mit dem Ankreuzen:

DENKE EINMAL AN DEN BEGINN DEINER KONF-ZEIT ZURÜCK ...

Ich nehme an der Konf-Zeit teil, ...
Setze in jeder Zeile ein Kreuz

		trifft gar nicht zu						trifft voll zu
01	weil sich Freunde von mir konfirmieren lassen.	☐	☐	☐	☐	☐	☐	☐
02	weil das in meiner Familie schon immer so war.	☐	☐	☐	☐	☐	☐	☐
03	weil ich als Kind getauft worden bin.	☐	☐	☐	☐	☐	☐	☐
04	weil ich mich zur Teilnahme gezwungen fühlte.	☐	☐	☐	☐	☐	☐	☐
05	weil es meine Familie wollte.	☐	☐	☐	☐	☐	☐	☐
06	weil ich gehört habe, dass die Konf-Zeit Spass macht.	☐	☐	☐	☐	☐	☐	☐
07	weil ich von mir aus teilnehmen wollte.	☐	☐	☐	☐	☐	☐	☐
08	um mehr über Gott und den Glauben zu erfahren.	☐	☐	☐	☐	☐	☐	☐
09	um die Gemeinschaft in der Konf-Gruppe zu erleben.	☐	☐	☐	☐	☐	☐	☐
10	um selbst über meinen Glauben entscheiden zu können.	☐	☐	☐	☐	☐	☐	☐
11	um einen wichtigen Schritt zum Erwachsenwerden zu tun.	☐	☐	☐	☐	☐	☐	☐
12	um darüber nachzudenken, was gut oder schlecht ist für mein Leben.	☐	☐	☐	☐	☐	☐	☐
13	weil ich einen guten persönlichen Bezug zur Kirchgemeinde habe.	☐	☐	☐	☐	☐	☐	☐
14	um im Glauben an Gott gestärkt zu werden.	☐	☐	☐	☐	☐	☐	☐
15	um bei der Konfirmation ein grosses Familienfest feiern zu können.	☐	☐	☐	☐	☐	☐	☐
16	um am Ende Geld oder Geschenke zu bekommen.	☐	☐	☐	☐	☐	☐	☐
17	um bei der Konfirmation den Segen zu empfangen.	☐	☐	☐	☐	☐	☐	☐
18	um später Gotti / Götti zu werden.	☐	☐	☐	☐	☐	☐	☐

WAS KONFIRMANDINNEN UND KONFIRMANDEN GLAUBEN UND DENKEN ...

Was meinst du zu folgenden Aussagen?
Setze in jeder Zeile ein Kreuz

		trifft gar nicht zu						trifft voll zu
19	Die Welt ist von Gott erschaffen.	☐	☐	☐	☐	☐	☐	☐
20	Es gibt ein Leben nach dem Tod.	☐	☐	☐	☐	☐	☐	☐
21	Gott liebt jeden Menschen und kümmert sich um uns.	☐	☐	☐	☐	☐	☐	☐
22	Jesus ist auferstanden.	☐	☐	☐	☐	☐	☐	☐
23	Ich bin mir unsicher, was ich glauben soll.	☐	☐	☐	☐	☐	☐	☐
24	Ich glaube an Gott.	☐	☐	☐	☐	☐	☐	☐
25	In schwierigen Situationen hilft mir mein Glaube an Gott.	☐	☐	☐	☐	☐	☐	☐
26	Ich weiss, was zum christlichen Glauben gehört.	☐	☐	☐	☐	☐	☐	☐

Wie bewertest du den **christlichen Glauben** insgesamt?

☐ sehr negativ ☐ eher negativ ☐ weder negativ noch positiv ☐ eher positiv ☐ sehr positiv

Wie bewertest du die **evangelische Kirche** insgesamt?

☐ sehr negativ ☐ eher negativ ☐ weder negativ noch positiv ☐ eher positiv ☐ sehr positiv

16741

K-CH-1 1

Was denkst du über die Kirche?
Setze in jeder Zeile ein Kreuz

Nr.		trifft gar nicht zu						trifft voll zu
29	Es ist mir wichtig, zur Kirche zu gehören.	☐	☐	☐	☐	☐	☐	☐
30	Auf die Fragen, die mich wirklich bewegen, hat die Kirche keine Antwort.	☐	☐	☐	☐	☐	☐	☐
31	Falls ich später einmal Kinder habe, will ich sie taufen lassen.	☐	☐	☐	☐	☐	☐	☐
32	Gottesdienste sind meistens langweilig.	☐	☐	☐	☐	☐	☐	☐
33	Die Kirche tut viel Gutes für die Menschen.	☐	☐	☐	☐	☐	☐	☐
34	Wenn ich persönliche Probleme habe, würde ich mich an einen Pfarrer oder eine Pfarrerin wenden.	☐	☐	☐	☐	☐	☐	☐
35	Ich habe Interesse daran, nach der Konfirmation in eine kirchliche Jugendgruppe zu gehen.	☐	☐	☐	☐	☐	☐	☐
36	Die Kirche ist ein Ort, wo ich mit meinen Begabungen mitwirken kann.	☐	☐	☐	☐	☐	☐	☐

Deine Gottesdienstbesuche vor der Konf-Zeit:
Setze in jeder Zeile ein Kreuz

37	Ich habe Weihnachtsgottesdienste besucht.	☐ nie	☐ ein Mal	☐ mehrmals
38	Ich habe Schulgottesdienste besucht.	☐ nie	☐ ein Mal	☐ mehrmals
39	Ich habe Hochzeits-, Tauf- oder Beerdigungsgottesdienste besucht.	☐ nie	☐ ein Mal	☐ mehrmals
40	Ich habe Kinder-/Jugendgottesdienste besucht.	☐ nie	☐ ein Mal	☐ mehrmals
41	Ich habe normale Gottesdienste am Sonntag besucht.	☐ nie	☐ ein Mal	☐ mehrmals

Was wünschst du dir für die Gottesdienste in der Konf-Zeit?
Setze in jeder Zeile ein Kreuz

Nr.		trifft gar nicht zu						trifft voll zu
42	Ich würde gerne jugendgemässe Gottesdienste erleben.	☐	☐	☐	☐	☐	☐	☐
43	Ich würde gerne mit meinen eigenen Ideen zu den Gottesdiensten beitragen.	☐	☐	☐	☐	☐	☐	☐
44	Ich würde gerne Aufgaben im Gottesdienst übernehmen (z.B. etwas vorlesen).	☐	☐	☐	☐	☐	☐	☐
45	Im Gottesdienst möchte ich gerne nette Leute treffen.	☐	☐	☐	☐	☐	☐	☐
46	Ich würde gerne interessante Predigten hören.	☐	☐	☐	☐	☐	☐	☐
47	Mir ist unklar, was man von einem Gottesdienst erwarten kann.	☐	☐	☐	☐	☐	☐	☐

Folgende Formen in der Konf-Zeit finde ich attraktiv...
Setze in jeder Zeile ein Kreuz

Nr.		trifft gar nicht zu						trifft voll zu
48	Wöchentliche Lektionen	☐	☐	☐	☐	☐	☐	☐
49	Konf-Wochenenden	☐	☐	☐	☐	☐	☐	☐
50	Lager	☐	☐	☐	☐	☐	☐	☐
51	Projekte und Praktika (z.B. in einem sozialen Projekt der Kirchgemeinde)	☐	☐	☐	☐	☐	☐	☐
52	Blockkurse/Module	☐	☐	☐	☐	☐	☐	☐

Welche Bedeutung hat die Religion in deinem **Elternhaus**?
Ich komme aus einem ...

☐ sehr religiösen Elternhaus. ☐ ziemlich religiösen Elternhaus. ☐ weniger religiösen Elternhaus. ☐ überhaupt nicht religiösen Elternhaus.

Haben deine Mutter oder dein Vater in deiner Kindheit ein **Abendgebet** mit dir gesprochen?

☐ Ja, jeden oder fast jeden Abend. ☐ Manchmal.
☐ Nie. ☐ Weiss nicht.

Wie oft liest du für dich allein in der **Bibel**?

☐ (fast) nie ☐ mindestens einmal im Jahr ☐ mindestens einmal im Monat ☐ mindestens einmal pro Woche ☐ jeden Tag

16741

K-CH-2

2

IN DEN FOLGENDEN FRAGEN GEHT ES UM EHRENAMTLICHE MITARBEIT IN DER KIRCHE UND IN ANDEREN BEREICHEN:

Manche Menschen helfen verantwortlich - man sagt auch "freiwillig" oder "ehrenamtlich" (also in der Regel ohne Bezahlung). Das kann z. B. in der Kirche oder im Sportverein, im Chor, bei Amnesty International, im Tierschutz sein. Uns interessiert, was du zu einer solchen Tätigkeit denkst.

Bist oder warst du selbst schon als Freiwillige/r bzw. Ehrenamtliche/r engagiert?

☐ Nein. ☐ Ja. Falls "Ja", in welchem Bereich (mehrere Kreuze möglich):

☐ Sportverein ☐ Musik
☐ Schule (z.B. Klassensprecher/-in) ☐ Jugendverband/Jugendorganisation
☐ Kirchgemeinde ☐ andere, nämlich: ____________

Wie viele Personen, **die in der Kirche ehrenamtlich** (z.B. in der Jugendarbeit oder in der Gemeinde) mitarbeiten, kennst du?

☐ keinen ☐ einen ☐ zwei bis fünf ☐ mehr als fünf

Sind deine **Eltern ehrenamtlich tätig**?

☐ Ja, beide. ☐ Ja, meine Mutter. ☐ Ja, mein Vater. ☐ Weder Mutter noch Vater. ☐ Weiss nicht.

Wie denkst du über die folgenden Aussagen?
Setze in jeder Zeile ein Kreuz

		trifft gar nicht zu						trifft voll zu
59	In der Konf-Zeit möchte ich erfahren, wie sich Kirche für Menschen in Not einsetzt.	☐	☐	☐	☐	☐	☐	☐
60	In der Konf-Zeit möchte ich gerne in einem sozialen Projekt meiner Kirche z.B. für benachteiligte Menschen (= Diakonie) mitmachen.	☐	☐	☐	☐	☐	☐	☐
61	Ich kann mir vorstellen, mich nach der Konf-Zeit freiwillig/ehrenamtlich in der Kirche (z.B. in der Jugendarbeit) zu engagieren.	☐	☐	☐	☐	☐	☐	☐
62	Ich kann mir vorstellen, mich nach der Konf-Zeit ausserhalb der Kirche freiwillig/ehrenamtlich zu engagieren.	☐	☐	☐	☐	☐	☐	☐

DEINE WÜNSCHE FÜR DIE KONF-ZEIT:

Während meiner Konf-Zeit ist es mir wichtig, ...
Setze in jeder Zeile ein Kreuz

		trifft gar nicht zu						trifft voll zu
63	die Themen selbst mitbestimmen zu dürfen.	☐	☐	☐	☐	☐	☐	☐
64	viel Spass zu haben.	☐	☐	☐	☐	☐	☐	☐
65	dass meine Glaubensfragen vorkommen.	☐	☐	☐	☐	☐	☐	☐
66	Menschen kennenzulernen, denen ihr Glaube wichtig ist.	☐	☐	☐	☐	☐	☐	☐

Wie gross ist dein Interesse an folgenden Themen in der Konf-Zeit?
Setze in jeder Zeile ein Kreuz

		kein Interesse						grosses Interesse
67	Taufe	☐	☐	☐	☐	☐	☐	☐
68	Abendmahl	☐	☐	☐	☐	☐	☐	☐
69	Ablauf und Sinn des Gottesdienstes	☐	☐	☐	☐	☐	☐	☐
70	Unsere Kirchgemeinde	☐	☐	☐	☐	☐	☐	☐
71	Jesus Christus	☐	☐	☐	☐	☐	☐	☐
72	Bibel	☐	☐	☐	☐	☐	☐	☐
73	Heiliger Geist	☐	☐	☐	☐	☐	☐	☐
74	Andere christliche Konfessionen (z.B. katholisch)	☐	☐	☐	☐	☐	☐	☐
75	Andere Religionen	☐	☐	☐	☐	☐	☐	☐
76	Gerechtigkeit und Verantwortung für andere	☐	☐	☐	☐	☐	☐	☐
77	Freundschaft	☐	☐	☐	☐	☐	☐	☐
78	Drogen und Kriminalität	☐	☐	☐	☐	☐	☐	☐

... und wie gross ist dein Interesse an folgenden Themen in der Konf-Zeit?
Setze in jeder Zeile ein Kreuz

		kein Interesse						grosses Interesse
79	Sinn des Lebens	☐	☐	☐	☐	☐	☐	☐
80	Tod	☐	☐	☐	☐	☐	☐	☐
81	Auferstehung	☐	☐	☐	☐	☐	☐	☐
82	Magie, Esoterik, übernatürliche Erfahrungen	☐	☐	☐	☐	☐	☐	☐
83	Liebe und Sexualität	☐	☐	☐	☐	☐	☐	☐
84	Bewahrung der Schöpfung/Umweltschutz/Ökologie	☐	☐	☐	☐	☐	☐	☐
85	Diakonie (soziales und helfendes Handeln der Kirche für Menschen in Not)	☐	☐	☐	☐	☐	☐	☐
86	Zehn Gebote	☐	☐	☐	☐	☐	☐	☐
87	Gottesbilder	☐	☐	☐	☐	☐	☐	☐

**KONFIRMATIONSARBEIT HAT AUCH EINE ETHISCHE DIMENSION.
DESHALB INTERESSIERT UNS DEINE MEINUNG ZU FOLGENDEN ASPEKTEN:**

Setze in jeder Zeile ein Kreuz

		trifft gar nicht zu						trifft voll zu
88	In unserem Land wird die Würde jedes Menschen respektiert.	☐	☐	☐	☐	☐	☐	☐
89	In unserer Gesellschaft setzt sich der Stärkere durch.	☐	☐	☐	☐	☐	☐	☐
90	Fremde haben es in unserer Gesellschaft leicht.	☐	☐	☐	☐	☐	☐	☐
91	Wenn ich Menschen in Not sehe, die ich nicht kenne, fühle ich mich verantwortlich, zu helfen.	☐	☐	☐	☐	☐	☐	☐
92	Wenn Menschen in unserer Gesellschaft scheitern, sind sie selbst schuld.	☐	☐	☐	☐	☐	☐	☐

UND WAS DENKST DU DARÜBER?

Setze in jeder Zeile ein Kreuz

		trifft gar nicht zu						trifft voll zu
93	Gottes Liebe ist grenzenlos.	☐	☐	☐	☐	☐	☐	☐
94	Christliche Nächstenliebe ist für das Zusammenleben in unserer Gesellschaft nicht notwendig.	☐	☐	☐	☐	☐	☐	☐
95	Der christliche Glaube motiviert dazu, sich um andere Menschen zu kümmern.	☐	☐	☐	☐	☐	☐	☐
96	Wenn mehr Menschen religiös wären, wäre unsere Gesellschaft gewalttätiger.	☐	☐	☐	☐	☐	☐	☐
97	Gläubige Menschen sollten vorbildlich handeln.	☐	☐	☐	☐	☐	☐	☐

Die Kirche...
Setze in jeder Zeile ein Kreuz

		trifft gar nicht zu						trifft voll zu
98	sollte sich besonders für Schwächere und Menschen in Not einsetzen (=diakonisch handeln).	☐	☐	☐	☐	☐	☐	☐
99	sollte Menschen unabhängig von ihrer Herkunft beistehen.	☐	☐	☐	☐	☐	☐	☐
100	sollte mutig Stellung beziehen, wenn Menschenrechte verletzt werden.	☐	☐	☐	☐	☐	☐	☐

K-CH-4

4

16741

DEINE EIGENE EINSTELLUNG ZUR RELIGION: DAS FOLGENDE WÜRDE UNS INTERESSIEREN:

	Setze in jeder Zeile ein Kreuz	gar nicht	wenig	mittel	ziemlich	sehr
101	Wie oft denkst du über religiöse Fragen nach?	☐	☐	☐	☐	☐
102	Wie stark glaubst du daran, dass es Gott oder etwas Göttliches gibt?	☐	☐	☐	☐	☐
103	Wie oft erlebst du Situationen, in denen du das Gefühl hast, dass Gott oder etwas Göttliches in dein Leben eingreift?	☐	☐	☐	☐	☐
104	Wie stark lebst du in deinem Alltag nach religiösen Geboten?	☐	☐	☐	☐	☐
105	Alles in Allem: Als wie religiös würdest du dich selbst bezeichnen?	☐	☐	☐	☐	☐
106	Einmal abgesehen davon, ob du dich selbst als religiöse Person bezeichnest oder nicht, als wie spirituell würdest du dich selbst bezeichnen?	☐	☐	☐	☐	☐

	Setze in jeder Zeile ein Kreuz	nie	selten	gelegent-lich	oft	sehr oft
107	Wie oft setzt du dich kritisch mit religiösen Lehren auseinander, denen du grundsätzlich zustimmst?	☐	☐	☐	☐	☐
108	Wie oft überdenkst du einzelne Punkte deiner religiösen Einstellungen?	☐	☐	☐	☐	☐
109	Wie wichtig ist es für dich, religiöse Themen von verschiedenen Seiten aus zu betrachten?	☐	☐	☐	☐	☐
110	Wie häufig betest du?	☐	☐	☐	☐	☐
111	Wie häufig meditierst du?	☐	☐	☐	☐	☐

UND AUCH DAS WÜRDE UNS INTERESSIEREN:

	Setze in jeder Zeile ein Kreuz	**trifft gar nicht zu**						**trifft voll zu**
112	Für mich hat jede Religion einen wahren Kern.	☐	☐	☐	☐	☐	☐	☐
113	Ich finde, man sollte gegenüber allen Religionen offen sein.	☐	☐	☐	☐	☐	☐	☐
114	Ich greife für mich selbst auf Lehren verschiedener religiöser Traditionen zurück.	☐	☐	☐	☐	☐	☐	☐

	Wie oft erlebst du Situationen, in denen du folgende Gefühle in Bezug auf Gott oder etwas Göttliches hast? *Setze in jeder Zeile ein Kreuz*	nie	selten	gelegent-lich	oft	sehr oft
115	Vertrauen	☐	☐	☐	☐	☐
116	Furcht/Schrecken	☐	☐	☐	☐	☐
117	Freude	☐	☐	☐	☐	☐
118	Schuld	☐	☐	☐	☐	☐
119	Geborgenheit	☐	☐	☐	☐	☐
120	Glück	☐	☐	☐	☐	☐
121	Scham	☐	☐	☐	☐	☐
122	Hoffnung	☐	☐	☐	☐	☐
123	Zorn	☐	☐	☐	☐	☐
124	Dankbarkeit	☐	☐	☐	☐	☐
125	Versagen	☐	☐	☐	☐	☐
126	Verehrung	☐	☐	☐	☐	☐
127	Angst	☐	☐	☐	☐	☐
128	Befreiung von Schuld	☐	☐	☐	☐	☐

JETZT NOCH EIN PAAR INFORMATIONEN ZU DIR:

Geschlecht: ☐ männlich ☐ weiblich

Alter: ☐ 14 ☐ 15 ☐ 16 ☐ anderes Alter, nämlich: ___

Bist du **getauft?** ☐ Ja. ☐ Nein. ☐ Weiss nicht.

Staatsangehörigkeit:

☐ schweiz. ☐ andere, nämlich: ____________________

Am **Ende meiner Schulzeit** plane ich:

☐ Ausbildung ☐ Matura ☐ Sonstiges (bitte eintragen): ____________

In welchem Land bist du / sind deine Eltern **geboren**?

	Schweiz	**anderes Land, nämlich:**	**weiss nicht**
Ich selbst	☐	____________	☐
Meine Mutter	☐	____________	☐
Mein Vater	☐	____________	☐

Wie viele gute Freundinnen/Freunde hast du?

Mit "guten Freundinnen/Freunden" meinen wir Menschen, mit denen du dich wohlfühlst, über private Dinge reden und die du um Hilfe bitten kannst.

☐ keine/n ☐ eine/n ☐ zwei bis fünf ☐ mehr als fünf

Wie viele **Bücher** habt ihr zuhause? (Auf einen Meter Regalbrett passen ungefähr 40 Bücher)

☐ keine ☐ 1-10 ☐ 11-50

☐ 51-100 ☐ 101-250 ☐ 251-500 ☐ mehr als 500 Bücher

Hast du schon (mehr als drei Mal) an einer **christlichen Gruppe oder Veranstaltung der Kirche** teilgenommen (Kindergottesdienst, Lager, Kindertreff, Sonntagsschule etc.) ...

... im Alter von 5-9 Jahren?	☐ Ja.	☐ Nein.	☐ weiss nicht mehr.
... im Alter von 10 Jahren bis heute?	☐ Ja.	☐ Nein.	☐ weiss nicht mehr.

Anonymer persönlicher Code

Wozu ist dieser Code wichtig? Einige Wochen vor der Konfirmation werdet ihr noch einmal einen Fragebogen bekommen, der uns bei der Gesamtauswertung helfen soll. Mit diesem Code können wir dann deine beiden Bögen einander zuordnen, ohne dass wir wissen, welcher Fragebogen von wem stammt.

*Beispiel: Retos Mutter heisst Andrea; er hat am 12. **Februar** Geburtstag.* ⟶ *Sein Code:* **T D 0 2**

Trage hier bitte deinen Code in GROSSBUCHSTABEN ein:

Dritter Buchstabe Deines Vornamens

Dritter Buchstabe des Vornamens Deiner Mutter

Dein Geburts**monat** als Zahl (z.B. Februar = 02)

Was ich sonst noch sagen wollte:

- Herzlichen Dank für das Ausfüllen des Fragebogens! -

16741

K-CH-6 6

8.2 Items und Kennwerte/Ergebnisse

8.2.1 t1-Ergebnisse Konfirmandinnen und Konfirmanden

Ich nehme an der Konf-Zeit teil, …						Häufigkeit in %						
(1 = trifft gar nicht zu; 7 = trifft voll zu)			N	M	SD	1	2	3	4	5	6	7
CA01	weil sich Freundinnen/Freunde von mir konfirmieren lassen.		7148	3,35	1,97	27	14	11	16	14	10	7
CA03	weil das in meiner Familie schon immer so war.		7143	4,64	2,07	13	8	8	14	15	17	26
CA04	weil ich als Kind getauft worden bin.		7073	4,66	2,15	15	6	7	14	14	15	29
CA05	weil ich mich zur Teilnahme gezwungen fühlte.		7140	2,33	1,78	51	16	10	9	6	4	4
CA06	weil es meine Familie wollte.		7117	3,47	2,12	27	14	11	15	10	10	13
CA08	weil ich gehört habe, dass die Konf-Zeit Spass macht.		7147	3,38	1,89	24	14	15	18	14	10	6
CA11	weil ich von mir aus teilnehmen wollte.		7140	4,46	2,04	13	8	10	15	14	17	21
CB01	um mehr über Gott und den Glauben zu erfahren.	Nur Jugendliche mit gültigen Antworten bei CB01 & KB01	4891	3,28	1,77	21	18	17	18	13	8	5
		Alle Antworten	7149	3,25	1,80	23	17	16	18	13	8	5
CB02	um die Gemeinschaft in der Konf-Gruppe zu erleben.	Nur Jugendliche mit gültigen Antworten bei CB02 & KB02	4874	4,07	1,80	12	11	14	21	18	16	9
		Alle Antworten	7152	4,02	1,83	13	11	14	20	18	15	9
CB03	um selbst über meinen Glauben entscheiden zu können.	Nur Jugendliche mit gültigen Antworten bei CB03 & KB03	4841	4,04	1,92	15	10	13	20	17	14	12
		Alle Antworten	7138	4,01	1,94	16	10	12	20	16	14	12

Ich nehme an der Konf-Zeit teil, … (1 = trifft gar nicht zu; 7 = trifft voll zu)			N	M	SD	Häufigkeit in % 1	2	3	4	5	6	7
CB04	um einen wichtigen Schritt zum Erwachsenwerden zu tun.	Nur Jugendliche mit gültigen Antworten bei CB04 & KB04	4881	3,69	1,89	19	13	13	19	16	13	7
		Alle Antworten	7159	3,61	1,91	20	13	13	19	15	12	8
CB07	um darüber nachzudenken, was gut oder schlecht ist für mein Leben.	Nur Jugendliche mit gültigen Antworten bei CB07 & KB07	4878	3,21	1,73	23	16	17	19	14	7	3
		Alle Antworten	7140	3,19	1,75	24	16	17	19	14	7	4
CB16	weil ich einen guten persönlichen Bezug zur Kirchgemeinde habe.		7124	2,67	1,60	31	22	18	15	7	4	2
CB08	um im Glauben an Gott gestärkt zu werden.	Nur Jugendliche mit gültigen Antworten bei CB08 & KB08	4862	3,07	1,75	25	18	18	17	12	6	4
		Alle Antworten	7130	3,04	1,77	27	18	17	16	11	6	5
CB09	um bei der Konfirmation ein grosses Familienfest feiern zu können.	Nur Jugendliche mit gültigen Antworten bei CB09 & KB09	4773	4,86	1,91	9	6	8	13	18	20	26
		Alle Antworten	7147	4,83	1,96	10	7	8	13	17	19	27
CB10	um am Ende Geld oder Geschenke zu bekommen.	Nur Jugendliche mit gültigen Antworten bei CB10 & KB10	4756	4,70	2,06	12	9	8	13	15	16	28
		Alle Antworten	7168	4,72	2,11	12	8	8	13	14	15	30
CB11	um bei der Konfirmation den Segen zu empfangen.	Nur Jugendliche mit gültigen Antworten bei CB11 & KB11	4760	3,66	1,77	16	13	15	23	16	10	6
		Alle Antworten	7136	3,62	1,81	17	13	15	22	16	10	7
CB05	um später Gotti/Götti zu werden.		7150	4,82	2,06	12	6	6	14	14	18	29

Was meinst du zu folgenden Aussagen? (1 = trifft gar nicht zu; 7 = trifft voll zu)		N	M	SD	1	2	3	4	5	6	7
CE01	Die Welt ist von Gott erschaffen.	4839	3,61	2,06	23	14	10	20	11	9	13
CE02	Es gibt ein Leben nach dem Tod.	4803	4,57	1,91	10	8	9	21	16	16	21
CE03	Gott liebt jeden Menschen und kümmert sich um uns.	4804	4,61	1,94	9	9	10	18	15	15	24
CE04	Jesus ist auferstanden.	4768	3,84	2,00	18	12	13	21	13	10	14
CE05	Ich bin mir unsicher, was ich glauben soll.	4818	3,79	2,09	20	15	10	19	11	12	15
CE09	Ich glaube an Gott.	4795	4,49	1,96	10	10	10	19	14	15	21
CE08	In schwierigen Situationen hilft mir mein Glaube an Gott.	4793	3,56	2,00	23	14	13	16	14	10	10
CE10	Ich weiss, was zum christlichen Glauben gehört.	4816	4,26	1,66	8	9	13	25	20	17	8

Was meinst du zu folgenden Aussagen? (1 = sehr negativ; 5 = sehr positiv)		N	M	SD	1	2	3	4	5
CF01	Wie bewertest du den christlichen Glauben insgesamt?	4632	3,62	0,76	1	4	39	47	10
CF02	Wie bewertest du die evangelische Kirche insgesamt?	4567	3,58	0,76	1	4	41	44	10

Was denkst du über die Kirche? (1 = trifft gar nicht zu; 7 = trifft voll zu)		N	M	SD	1	2	3	4	5	6	7
CG01	Es ist mir wichtig, zur Kirche zu gehören.	4862	3,48	1,63	15	15	18	25	16	8	3
CG02	Auf die Fragen, die mich wirklich bewegen, hat die Kirche keine Antwort.	4738	4,05	1,76	9	11	16	26	14	11	12
CG03	Falls ich später einmal Kinder habe, will ich sie taufen lassen.	4797	5,92	1,52	3	2	3	11	9	19	53
CG04	Gottesdienste sind meistens langweilig.	4812	4,69	1,69	4	9	12	21	19	18	18
CG05	Die Kirche tut viel Gutes für die Menschen.	4788	5,00	1,44	2	3	8	23	23	25	16
CG06	Wenn ich persönliche Probleme habe, würde ich mich an einen Pfarrer oder eine Pfarrerin wenden.	4842	1,98	1,39	54	20	10	8	4	2	1

Was denkst du über die Kirche? (1 = trifft gar nicht zu; 7 = trifft voll zu)		N	M	SD	1	2	3	4	5	6	7
CG08	Ich habe Interesse daran, nach der Konfirmation in eine kirchliche Jugendgruppe zu gehen.	4825	2,22	1,59	48	21	13	9	4	2	3
CG17	Die Kirche ist ein Ort, wo ich mit meinen Begabungen mitwirken kann.	7101	2,53	1,57	36	22	15	15	6	3	2

Deine Gottesdienstbesuche vor der Konf-Zeit:		N	M	SD	nie	ein Mal	mehrmals
CQ01	Ich habe Weihnachtsgottesdienste besucht.	7115	2,11	0,85	31	27	42
CQ02	Ich habe Schulgottesdienste besucht.	6926	2,06	0,90	38	18	44
CQ03	Ich habe Hochzeits-, Tauf- oder Abdankungsgottesdienste besucht.	7121	2,67	0,59	6	20	74
CQ04	Ich habe Kinder-/Jugendgottesdienste besucht.	7079	2,29	0,84	25	21	54
CQ05	Ich habe normale Gottesdienste am Sonntag besucht.	7123	2,38	0,81	21	20	59

Was wünschst du dir für die Gottesdienste in der Konf-Zeit? (1 = trifft gar nicht zu; 7 = trifft voll zu)		N	M	SD	1	2	3	4	5	6	7
CS01	Ich würde gerne jugendgemässe Gottesdienste erleben.	4784	4,77	1,92	10	6	7	18	17	16	25
CS02	Ich würde gerne mit meinen eigenen Ideen zu den Gottesdiensten beitragen.	4790	3,23	1,82	24	18	14	21	11	7	6
CS03	Ich würde gerne Aufgaben im Gottesdienst übernehmen (z.B. etwas vorlesen).	4808	2,24	1,59	48	19	11	10	5	3	2
CS04	Im Gottesdienst möchte ich gerne nette Leute treffen.	4815	4,33	1,92	11	11	10	20	16	16	17
CS05	Ich würde gerne interessante Predigten hören.	4810	3,89	2,08	20	12	10	17	14	13	14
CS06	Mir ist unklar, was man von einem Gottesdienst erwarten kann.	7061	3,60	1,81	16	15	14	27	11	8	9

Folgende Formen in der Konf-Zeit finde ich attraktiv…												
(1 = trifft gar nicht zu; 7 = trifft voll zu)			**N**	**M**	**SD**	**1**	**2**	**3**	**4**	**5**	**6**	**7**
CS07	Wöchentliche Lektionen		7110	3,16	1,89	28	15	15	18	10	7	7
CS08	Konf-Wochenenden		6976	3,87	2,17	23	10	10	15	12	12	17
CS09	Lager		7075	5,53	1,96	9	3	4	9	9	17	49
CS10	Projekte und Praktika (z.B. in einem sozialen Projekt der Kirchgemeinde)		6999	3,66	1,90	20	12	13	22	15	10	9
CS11	Blockkurse/Module		6782	2,82	1,73	33	16	14	21	8	5	3
Wie denkst du über die folgenden Aussagen?												
(1 = trifft gar nicht zu; 7 = trifft voll zu)			**N**	**M**	**SD**	**1**	**2**	**3**	**4**	**5**	**6**	**7**
CP05	In der Konf-Zeit möchte ich erfahren, wie sich Kirche für Menschen in Not einsetzt.		7142	3,79	1,74	13	13	15	25	17	10	7
CP06	In der Konf-Zeit möchte ich gerne in einem sozialen Projekt meiner Kirche z.B. für benachteiligte Menschen (= Diakonie) mitmachen.		7106	3,43	1,79	19	16	15	21	14	9	5
CP01	Ich kann mir vorstellen, mich nach der Konf-Zeit freiwillig/ehrenamtlich in der Kirche (z.B. in der Jugendarbeit) zu engagieren.		4725	2,58	1,68	37	22	14	14	7	4	4
CP02	Ich kann mir vorstellen, mich nach der Konf-Zeit ausserhalb der Kirche freiwillig/ehrenamtlich zu engagieren.		7099	3,53	2,00	23	16	12	17	12	11	10
Während meiner Konf-Zeit ist es mir wichtig, …												
(1 = trifft gar nicht zu; 7 = trifft voll zu)			**N**	**M**	**SD**	**1**	**2**	**3**	**4**	**5**	**6**	**7**
CK04	die Themen selbst mitzubestimmen zu dürfen.	Nur Jugendliche mit gültigen Antworten bei CK04 & KK04	4857	4,69	1,78	7	7	10	19	21	16	20
		Alle Antworten	7118	4,65	1,81	7	7	10	19	20	15	20
CK05	viel Spass zu haben.	Nur Jugendliche mit gültigen Antworten bei CK05 & KK05	4892	6,17	1,26	1	1	2	6	11	21	58
		Alle Antworten	7139	6,14	1,30	2	1	2	6	11	20	57

Während meiner Konf-Zeit ist es mir wichtig, …												
(1 = trifft gar nicht zu; 7 = trifft voll zu)			**N**	**M**	**SD**	**1**	**2**	**3**	**4**	**5**	**6**	**7**
CK11	dass meine Glaubensfragen vorkommen.	Nur Jugendliche mit gültigen Antworten bei CK11 & KK11	4813	3,76	1,77	14	12	15	24	16	11	7
		Alle Antworten	7103	3,74	1,80	15	13	14	24	16	11	7
CK15	Menschen kennenzulernen, denen ihr Glaube wichtig ist		7111	3,43	1,86	21	16	14	21	12	9	7
Wie gross ist dein Interesse an folgenden Themen in der Konf-Zeit?												
(1 = kein Interesse; 7 = grosses Interesse)			**N**	**M**	**SD**	**1**	**2**	**3**	**4**	**5**	**6**	**7**
CL01	Taufe		4885	4,52	1,71	7	7	10	23	22	16	14
CL02	Abendmahl		4854	3,48	1,68	16	15	17	25	15	7	5
CL03	Ablauf und Sinn des Gottesdienstes		4871	3,29	1,64	18	16	19	24	13	6	4
CL04	Unsere Kirchgemeinde		4834	3,40	1,64	17	15	19	24	15	7	4
CL05	Jesus Christus		4877	3,82	1,85	16	12	13	22	16	12	9
CL06	Bibel		4858	3,25	1,79	23	16	16	20	13	8	5
CL19	Heiliger Geist		7104	3,47	1,85	20	15	15	20	13	9	7
CL15	Andere christliche Konfessionen (z.B. katholisch)		4851	3,37	1,81	22	15	15	21	13	9	5
CL07	Andere Religionen		4851	4,03	2,00	16	11	12	18	15	14	14
CL08	Gerechtigkeit und Verantwortung für andere		4820	4,48	1,79	9	7	10	20	21	19	14
CL09	Freundschaft		4836	5,60	1,61	4	3	4	11	15	24	39
CL10	Drogen und Kriminalität		7117	4,56	2,10	15	6	7	15	16	17	24
CL11	Sinn des Lebens		4840	4,71	1,78	8	5	9	19	22	18	19
CL23	Tod		4828	4,64	1,88	10	7	9	17	20	18	20
CL24	Auferstehung		4813	3,43	1,80	21	14	15	22	14	7	6
CL14	Magie, Esoterik, übernatürliche Erfahrungen		7041	3,82	2,04	20	11	12	19	13	12	13
CL12	Liebe und Sexualität		7021	4,43	1,93	11	8	10	21	16	14	19
CL16_CH	Bewahrung der Schöpfung/ Umweltschutz/Ökologie		7035	3,86	1,85	15	11	15	22	16	12	10

Wie gross ist dein Interesse an folgenden Themen in der Konf-Zeit? (1 = kein Interesse; 7 = grosses Interesse)		N	M	SD	1	2	3	4	5	6	7
CL21	Diakonie (soziales und helfendes Handeln der Kirche für Menschen in Not)	4780	3,73	1,75	15	12	15	25	16	12	6
CL17	Zehn Gebote	7073	3,15	1,77	25	16	16	20	11	7	4
CL26	Gottesbilder	7055	2,96	1,76	30	16	15	19	10	6	4
Konfirmationsarbeit hat auch eine ethische Dimension: Deshalb interessiert uns deine Meinung zu folgenden Aspekten.											
(1 = trifft gar nicht zu; 7 = trifft voll zu)		**N**	**M**	**SD**	**1**	**2**	**3**	**4**	**5**	**6**	**7**
(1 = nie; 2 = selten; 3 = gelegentlich; 4 = oft; 5 = sehr oft)		**N**	**M**	**SD**	**1**	**2**	**3**	**4**	**5**		
CP20	In unserem Land wird die Würde des Menschen respektiert.	4836	4,87	1,65	5	4	9	19	22	23	18
CP21	In unserer Gesellschaft setzt sich der Stärkere durch.	4799	4,36	1,67	7	9	13	23	23	15	11
CP22	Fremde haben es in unserer Gesellschaft leicht.	4778	3,88	1,61	8	13	19	27	16	10	7
CP23	Wenn ich Menschen in Not sehe, die ich nicht kenne, fühle ich mich verantwortlich zu helfen.	4807	4,53	1,69	7	7	12	22	21	18	14
CP24	Wenn Menschen in unserer Gesellschaft scheitern, sind sie selbst schuld.	4770	3,39	1,59	13	18	21	27	10	5	5
Und was denkst du darüber? (1 = trifft gar nicht zu; 7 = trifft voll zu)		**N**	**M**	**SD**	**1**	**2**	**3**	**4**	**5**	**6**	**7**
CP25	Gottes Liebe ist grenzenlos.	4765	4,47	1,97	11	8	10	21	15	13	22
CP26	Christliche Nächstenliebe ist für das Zusammenleben in unserer Gesellschaft nicht notwendig.	4679	3,50	1,65	14	15	18	29	12	6	6
CP27	Der christliche Glaube motiviert dazu, sich um andere Menschen zu kümmern.	4775	3,98	1,71	12	10	14	24	22	12	7
CP28	Wenn mehr Menschen religiös wären, wäre unsere Gesellschaft gewalttätiger.	4723	2,90	1,72	28	20	15	20	7	4	5
CP29	Gläubige Menschen sollten vorbildlich handeln.	4726	4,23	1,78	10	8	11	26	18	13	13

Die Kirche… (1 = trifft gar nicht zu; 7 = trifft voll zu)		N	M	SD	1	2	3	4	5	6	7
CP30	sollte sich besonders für Schwächere und Menschen in Not einsetzen (= diakonisch handeln).	4777	5,14	1,56	3	3	6	18	24	21	24
CP31	sollte Menschen unabhängig von ihrer Herkunft beistehen.	4765	5,33	1,67	4	3	6	17	17	19	34
CP32	sollte mutig Stellung beziehen, wenn Menschenrechte verletzt werden.	4769	5,41	1,54	3	3	4	18	18	22	33

Deine eigene Einstellung zur Religion: Das Folgende würde uns interessieren: (1 = gar nicht; 2 = wenig; 3 = mittel; 4 = ziemlich; 5 = sehr)		N	M	SD	1	2	3	4	5
CE15	Wie oft denkst du über religiöse Fragen nach?	7136	2,39	1,01	20	38	29	10	3
CE16	Wie stark glaubst du daran, dass es Gott oder etwas Göttliches gibt?	7100	3,01	1,20	12	23	31	22	13
CE17	Wie oft erlebst du Situationen, in denen du das Gefühl hast, dass Gott oder etwas Göttliches in dein Leben eingreift?	7090	2,55	1,16	21	30	27	16	6
CE18	Wie stark lebst du im Alltag nach religiösen Geboten?	7073	1,94	0,97	40	35	18	6	1
CE19	Alles in Allem: Als wie religiös würdest du dich selbst bezeichnen?	7018	2,30	0,94	21	40	30	8	2
CE20	Einmal abgesehen davon, ob du dich selbst als religiöse Person bezeichnest oder nicht, als wie spirituell würdest du dich selbst bezeichnen?	6785	2,41	1,01	21	33	34	10	2
CE21	Wie oft setzt du dich kritisch mit religiösen Lehren auseinander, denen du grundsätzlich zustimmst?	6993	2,13	0,95	28	42	22	6	2
CE22	Wie oft überdenkst du einzelne Punkte deiner religiösen Einstellungen?	7053	2,26	0,99	23	41	25	9	3
CE23	Wie wichtig ist es für dich, religiöse Themen von verschiedenen Seiten aus zu betrachten?	7017	2,52	1,14	21	33	26	14	6

Deine eigene Einstellung zur Religion: Das Folgende würde uns interessieren: (1 = gar nicht; 2 = wenig; 3 = mittel; 4 = ziemlich; 5 = sehr)		N	M	SD	1	2	3	4	5
CE24	Wie häufig betest du?	7073	2,15	1,12	34	35	18	9	4
CE25	Wie häufig meditierst du?	7074	1,60	1,01	67	17	9	5	2

Und auch das würde uns interessieren: (1 = trifft gar nicht zu; 7 = trifft voll zu)		N	M	SD	1	2	3	4	5	6	7
CE26	Für mich hat jede Religion einen wahren Kern	7085	4,08	1,91	12	13	13	21	14	11	15
CE27	Ich finde, man sollte gegenüber allen Religionen offen sein.	7113	4,90	1,86	6	7	9	18	16	16	28
CE28	Ich greife für mich selbst auf Lehren verschiedener religiöser Traditionen zurück.	6966	2,78	1,67	31	21	14	20	7	4	4

Wie oft erlebst du Situationen, in denen du folgende Gefühle in Bezug auf Gott oder etwas Göttliches hast? (1 = nie; 2 = selten; 3 = gelegentlich; 4 = oft; 5 = sehr oft)		N	M	SD	1	2	3	4	5
CE29	Vertrauen	7086	2,73	1,21	19	25	28	20	8
CE30	Furcht/Schrecken	7051	2,29	1,12	29	32	24	11	4
CE31	Freude	7047	2,83	1,26	20	20	27	23	10
CE32	Schuld	7019	2,31	1,08	27	32	28	11	3
CE33	Geborgenheit	7043	2,71	1,25	22	23	27	19	9
CE34	Glück	7040	2,94	1,28	18	19	26	25	12
CE35	Scham	6987	2,02	1,01	37	33	21	6	2
CE36	Hoffnung	7044	2,97	1,29	18	18	26	25	13
CE37	Zorn	7008	2,11	1,08	36	32	21	8	3
CE38	Dankbarkeit	7026	2,93	1,29	18	19	26	24	13
CE39	Versagen	7008	2,12	1,05	34	32	23	8	3
CE40	Verehrung	6974	2,25	1,13	32	29	25	11	4
CE41	Angst	7022	2,15	1,12	36	30	22	9	4
CE42	Befreiung von Schuld	6988	2,47	1,23	28	25	26	14	7

8.2.2 t2-Ergebnisse Konfirmandinnen und Konfirmanden

Rückblick auf die Konf-Zeit: Wie zufrieden bist du mit … (1 = ganz unzufrieden mit; 7 = total zufrieden mit; x = gab es bei uns nicht)		N	M	SD	Häufigkeit in % 1	2	3	4	5	6	7	x
KN01	der Konf-Zeit insgesamt.	6379/ 6382	5,08	1,32	1	4	7	18	26	33	11	0
KN03	den Themen in der Konf-Zeit.	6368/ 6373	4,69	1,27	1	4	11	24	32	22	6	0
KN20	den Arbeitsformen (z.B. Arbeiten mit biblischen Texten, Gruppenarbeit usw.)	6354/ 6361	4,61	1,37	2	5	12	25	28	21	7	0
KN07	der/dem Konf-Hauptverantwortlichen (z.B. Pfarrer/in, Katechet/in, Jugendarbeiter/in).	6371	5,38	1,55	2	4	5	13	18	29	28	
KN08	anderen Mitarbeiterinnen und Mitarbeitern.	5624/ 6300	5,24	1,47	2	4	7	15	22	30	21	11
KN10	den Gottesdiensten.	6115/ 6323	4,49	1,39	3	6	12	26	29	18	6	4
KN14	Musik/Lieder/Singen.	5708/ 6330	4,58	1,56	4	6	12	22	24	21	10	9
KN11	Lager/Weekend.	5593/ 6097	5,76	1,61	3	3	4	8	11	23	47	9

Während der Konf-Zeit … (1 = trifft gar nicht zu; 7 = trifft voll zu)			N	M	SD	1	2	3	4	5	6	7
KB18	hatte ich insgesamt eine gute Zeit.		6388	5,45	1,33	1	2	5	12	24	33	23
KK05	hatte ich viel Spass.	Nur Jugendliche mit gültigen Antworten bei CK05 & KK05	4892	5,24	1,40	1	3	7	15	25	28	20
		Alle Antworten	6392	5,23	1,43	2	3	7	15	25	27	21
KB02	habe ich gute Gemeinschaft in der Gruppe erlebt.	Nur Jugendliche mit gültigen Antworten bei CB02 & KB02	4874	5,48	1,35	1	2	5	12	23	31	25
		Alle Antworten	6356	5,48	1,36	1	2	5	12	22	31	26

Während der Konf-Zeit ... (1 = trifft gar nicht zu; 7 = trifft voll zu)			N	M	SD	1	2	3	4	5	6	7
KB01	habe ich mehr über Gott und Glauben erfahren.	Nur Jugendliche mit gültigen Antworten bei CB01 & KB01	4891	4,73	1,47	3	5	11	21	27	23	10
		Alle Antworten	6381	4,72	1,49	4	5	11	21	26	24	10
KB03	wurde ich ermutigt, über meinen Glauben entscheiden zu können.	Nur Jugendliche mit gültigen Antworten bei CB03 & KB03	4841	4,81	1,53	3	5	10	21	25	23	14
		Alle Antworten	6318	4,80	1,54	4	5	10	21	24	22	14
KB04	habe ich einen wichtigen Schritt zum Erwachsenwerden getan.	Nur Jugendliche mit gültigen Antworten bei CB04 & KB04	4881	4,27	1,59	7	8	13	23	24	18	6
		Alle Antworten	6353	4,28	1,61	8	8	13	23	24	18	7
KB08	wurde ich im Glauben gestärkt.	Nur Jugendliche mit gültigen Antworten bei CB08 & KB08	4862	4,03	1,63	10	9	14	26	22	14	5
		Alle Antworten	6363	4,04	1,64	10	9	14	26	22	14	5
KB07	habe ich darüber nachgedacht, was gut oder schlecht ist für mein Leben.	Nur Jugendliche mit gültigen Antworten bei CB07 & KB07	4878	4,44	1,60	6	7	13	21	25	19	8
		Alle Antworten	6376	4,42	1,61	6	7	13	22	24	19	9
KB15	habe ich mehr über andere Religionen erfahren.		6358	4,03	1,71	11	10	15	22	20	16	6
KB19	habe ich die reformierte Kirche besser kennen gelernt.		6366	4,53	1,47	4	6	12	23	26	21	7
KB20	ist mir mein Glaube im Alltag wichtiger geworden.		6362	3,48	1,71	18	14	17	23	16	9	4
KB21	habe ich engagierte Gemeindemitglieder kennen gelernt.		6322	4,11	1,78	11	10	14	22	18	15	10

In der Konf-Zeit … (1 = trifft gar nicht zu; 7 = trifft voll zu)			N	M	SD	1	2	3	4	5	6	7
KK03	habe ich guten persönlichen Kontakt zu den Leitenden und Mitarbeitenden bekommen.		6350	4,70	1,61	5	6	11	20	24	21	14
KK04	konnten wir die Themen, die behandelt wurden, mitbestimmen.	Nur Jugendliche mit gültigen Antworten bei CK04 & KK04	4857	4,48	1,80	8	9	11	18	20	19	14
		Alle Antworten	6354	4,48	1,80	8	9	11	18	20	19	15
KK10	habe ich die Aktivitäten insgesamt als stressig empfunden.		6334	3,08	1,64	20	24	18	18	11	6	3
KK11	kamen auch meine Glaubensfragen zur Sprache.	Nur Jugendliche mit gültigen Antworten bei CK11 & KK11	4813	4,08	1,57	8	9	16	29	19	13	6
		Alle Antworten	6301	4,08	1,58	8	9	16	28	20	13	6
KK32	sind mir Menschen begegnet, die ihr Christsein überzeugend leben.		6332	4,47	1,85	9	9	11	19	17	18	17
KK55	habe ich gelernt, andere Religionen zu respektieren.		6343	4,71	1,71	7	5	8	23	21	18	18
KK26	habe ich zeitweise bei Angeboten der Kirchgemeinde (z.B. in einem Praktikum) mitgearbeitet.		6316	2,91	1,98	40	11	11	14	10	7	6
KK56	habe ich neue Freundinnen/Freunde bekommen.		6345	3,93	2,10	21	9	10	17	15	13	15
KK57	konnte ich ehrenamtliche Mitarbeit ausprobieren.		6271	3,18	1,92	31	12	12	19	13	8	6
KK61	war der Konf-Unterricht für mich eine gute Abwechslung zur Schule.		6354	3,86	1,85	15	12	14	20	17	13	9
KK25	habe ich unsere Kirchgemeinde besser kennen gelernt.		6349	4,16	1,67	9	10	14	23	22	16	7

Inwiefern würdest du diesen Aussagen zustimmen? (1 = trifft gar nicht zu; 7 = trifft voll zu)		N	M	SD	1	2	3	4	5	6	7
KK35	Was ich in der Konf-Zeit gelernt habe, hat mit meinem Alltag wenig zu tun.	6369	4,62	1,70	4	8	13	22	18	18	17
KK44	Ich habe erfahren, dass mein Einsatz für andere Menschen wichtig ist.	6339	4,65	1,52	5	5	9	24	27	19	11
KK46	Ich habe erfahren, dass mein Einsatz für den Frieden wichtig ist.	6331	4,40	1,61	7	7	11	25	24	17	9
KK45	Mir wurde meine Verantwortung für die Umwelt (stärker) bewusst.	6330	4,16	1,66	9	9	12	25	22	15	8
Und was denkst du dazu? (1 = trifft gar nicht zu; 7 = trifft voll zu)		**N**	**M**	**SD**	**1**	**2**	**3**	**4**	**5**	**6**	**7**
KK59_CH	Ich finde es sinnvoll, zentrale Texte des christlichen Glaubens kennen zu lernen. (z.B. das Unservater, die 10 Gebote, die Bergpredigt…)	6343	3,90	1,80	13	12	14	22	19	12	9
KK63	Ich finde es wichtig, einzelne zentrale Texte des christlichen Glaubens auswendig zu lernen (z.B. das Unservater).	6335	3,33	1,90	25	14	13	18	13	9	6
KK41	Wenn es möglich wäre, würde ich mich am liebsten konfirmieren lassen ohne vorher die Konf-Zeit mitzumachen.	6327	3,93	2,03	16	14	14	18	13	10	16
KK37	Ich habe den Eindruck, dass ich in unserer Kirchgemeinde willkommen und anerkannt bin.	6328	5,10	1,49	2	3	7	21	22	24	20
Wie gross ist dein Interesse an folgenden Themen in der Konf-Zeit? (1 = kein Interesse; 7 = grosses Interesse)		**N**	**M**	**SD**	**1**	**2**	**3**	**4**	**5**	**6**	**7**
KL01	Taufe	4885	4,61	1,68	7	6	9	22	23	17	15
KL02	Abendmahl	4854	3,75	1,65	12	11	18	26	18	9	6
KL03	Ablauf und Sinn des Gottesdienstes	4871	3,60	1,60	13	13	18	27	17	8	4
KL04	Unsere Kirchgemeinde	4834	3,85	1,59	11	11	16	28	19	11	4
KL05	Jesus Christus	4877	4,30	1,75	9	9	13	22	21	16	12
KL06	Bibel	4858	3,82	1,76	13	12	16	23	17	12	7
KL22	Gott	6339	4,60	1,83	9	7	10	19	18	19	18

Wie gross ist dein Interesse an folgenden Themen in der Konf-Zeit? (1 = kein Interesse; 7 = grosses Interesse)		N	M	SD	1	2	3	4	5	6	7
KL15	Andere christliche Konfessionen (z.B. katholisch)	4851	3,87	1,71	12	11	17	24	18	12	7
KL09	Freundschaft	4836	5,59	1,50	3	2	4	12	17	27	35
KL07	Andere Religionen	4851	4,47	1,76	8	7	12	21	20	18	14
KL08	Gerechtigkeit und Verantwortung für andere	4820	4,92	1,57	4	4	8	21	23	23	17
KL11	Sinn des Lebens	4840	5,07	1,68	5	4	7	18	19	23	24
KL23	Tod	4828	4,76	1,79	8	5	8	18	19	21	19
KL24	Auferstehung	4813	3,89	1,81	14	11	14	24	16	12	9
KL21	Diakonie (= Hilfe für Menschen in Not)	4780	4,71	1,67	7	4	9	21	23	20	15

Was meinst du zu den folgenden Aussagen? (1 = trifft gar nicht zu; 7 = trifft voll zu)		N	M	SD	1	2	3	4	5	6	7
KE01	Die Welt ist von Gott erschaffen.	4839	3,46	2,02	26	13	11	19	12	8	11
KE02	Es gibt ein Leben nach dem Tod.	4803	4,54	1,88	10	7	8	22	17	16	19
KE03	Gott liebt jeden Menschen und kümmert sich um uns.	4804	4,61	1,89	9	8	10	20	16	16	21
KE04	Jesus ist auferstanden.	4768	3,87	1,96	18	10	12	23	14	10	13
KE05	Ich bin mir unsicher, was ich glauben soll.	4818	3,85	2,05	19	13	10	19	12	13	14
KE09	Ich glaube an Gott.	4795	4,46	1,95	11	9	10	20	14	16	20
KE08	In schwierigen Situationen hilft mir mein Glaube an Gott.	4793	3,80	2,00	20	11	13	18	14	12	12
KE10	Ich weiss, was zum christlichen Glauben gehört.	4816	4,48	1,57	6	7	11	25	24	19	9
KE43	Beten ist mir wichtig geworden.	6295	3,13	1,93	31	14	13	16	12	7	7

Was meinst du zu den folgenden Aussagen? (1 = sehr negativ; 5 = sehr positiv)		N	M	SD	1	2	3	4	5
KF01	Wie bewertest du den christlichen Glauben insgesamt?	4632	3,67	0,80	1	4	34	48	13
KF02	Wie bewertest du die evangelische Kirche insgesamt?	4567	3,61	0,78	1	3	39	46	11

Wie denkst du über die Kirche? (1 = trifft gar nicht zu; 7 = trifft voll zu)		N	M	SD	1	2	3	4	5	6	7
KG01	Es ist für mich wichtig, zur Kirche zu gehören.	4862	3,67	1,63	13	14	17	26	17	10	4
KG02	Auf die Fragen, die mich wirklich bewegen, hat die Kirche keine Antwort.	4738	4,05	1,70	8	11	17	27	14	12	10
KG03	Falls ich später einmal Kinder habe, will ich sie taufen lassen.	4797	5,85	1,54	3	2	4	12	10	18	51
KG04	Gottesdienste sind meistens langweilig.	4812	4,76	1,63	3	7	12	23	18	19	18
KG05	Die Kirche tut viel Gutes für die Menschen.	4788	5,14	1,42	2	3	7	20	23	28	18
KG06	Wenn ich persönliche Probleme habe, würde ich mich an einen Pfarrer oder eine Pfarrerin wenden.	4842	2,38	1,62	44	19	12	13	6	4	2
KG08	Ich hätte Interesse daran, nach der Konfirmation in eine kirchliche Jugendgruppe zu gehen.	4825	2,53	1,76	42	18	12	13	6	4	4

Was denkst du über die Gottesdienste in deiner Konf-Zeit? (1 = trifft gar nicht zu; 7 = trifft voll zu)		N	M	SD	1	2	3	4	5	6	7
KS04	Ich habe nette Leute getroffen.	4815	4,89	1,75	6	6	9	19	20	18	23
KS05	Ich habe interessante Predigten gehört.	4810	3,71	1,66	13	13	17	24	18	10	5
KS12	Es hat mir gefallen, alte Kirchenlieder zu singen.	6265	3,09	1,77	25	18	17	17	11	7	5
KS13	Es hat mir gefallen, moderne Kirchenlieder (z.B. englische) zu singen.	6226	4,08	1,88	14	10	12	20	19	15	11
KS01	Ich habe jugendgemässe Gottesdienste erlebt (z.B. Jugendgottesdienste).	4784	4,34	1,96	13	8	11	18	17	15	18
KS14	In den Gottesdiensten ging es meistens um Themen, die für mich und mein Leben wichtig sind.	6240	3,64	1,63	12	14	18	25	16	9	4
KS02	Ich hatte die Möglichkeit, mit eigenen Ideen zu den Gottesdiensten beizutragen.	4790	3,28	1,80	23	16	15	20	13	8	5
KS03	Ich habe Aufgaben in Gottesdiensten übernommen (z.B. etwas vorgelesen).	4808	3,34	2,12	32	11	10	14	12	9	11
KS15	Ich habe mich sicher in der Gruppe gefühlt.	6244	4,96	1,66	5	4	8	20	20	23	21

Was denkst du über die Gottesdienste in deiner Konf-Zeit? (1 = trifft gar nicht zu; 7 = trifft voll zu)		N	M	SD	1	2	3	4	5	6	7
KS16	Mir hat es gefallen, Teil der Gemeinschaft im Gottesdienst zu sein.	6256	4,06	1,67	10	9	14	28	19	13	8
KS17	Ich habe mich unwohl gefühlt.	6259	2,65	1,76	38	19	11	16	8	5	4
Wenn ich in normale Sonntagsgottesdienste gehe, ist es mir wichtig. … (1 = gar nicht wichtig; 7 = sehr wichtig)		**N**	**M**	**SD**	**1**	**2**	**3**	**4**	**5**	**6**	**7**
KQ06	dass ich nette Leute treffe.	6217	4,36	1,90	12	8	9	21	18	15	17
KQ07	die Predigt zu hören.	6191	3,39	1,70	19	15	17	24	14	8	4
KQ15	den Gottesdienst möglichst schnell hinter mich zu bringen.	6174	4,73	1,76	5	8	10	20	19	17	21
KQ08	dass mir die Musik gefällt.	6193	4,48	1,82	10	6	10	22	19	18	15
KQ09	dass mir die Stimmung gefällt.	6181	4,66	1,79	9	5	8	20	20	21	17
KQ10	dass ich dort beten kann.	6180	3,30	1,78	22	16	16	22	12	8	5
KQ11	dass ich dabei zur Ruhe komme.	6166	3,88	1,83	15	12	12	23	17	13	9
KQ12	dass ich mich sicher in der Gruppe fühle.	6169	4,21	1,81	12	8	10	24	19	15	11
KQ13	dass ich mich als Teil der Gemeinschaft im Gottesdienst fühle.	6168	3,86	1,75	14	10	13	26	18	12	7
KQ16	dass ich dort Menschen erlebe, die von ihrem Leben und Glauben erzählen.	6179	3,71	1,78	16	12	14	24	17	10	7
KQ17	dass ich dort mit anderen Menschen gemeinsam beten kann.	6179	3,06	1,73	26	17	14	21	11	7	3
KQ14	am Ende des Gottesdienstes den Segen zu empfangen.	6189	3,35	1,82	23	15	14	22	13	9	6
Was denkst du über die folgenden Aussagen? (1 = trifft gar nicht zu; 7 = trifft voll zu)		**N**	**M**	**SD**	**1**	**2**	**3**	**4**	**5**	**6**	**7**
KP03	Die Kirche gibt Jugendlichen die Möglichkeit, ehrenamtlich oder freiwillig mitzuarbeiten.	6177	4,95	1,68	5	5	8	21	20	18	23
KP01	Ich kann mir vorstellen, nach der Konf-Zeit ehrenamtlich oder freiwillig in der Kirche mitzuarbeiten. (z.B. Jugendarbeit, Konfirmationsarbeit…)	4725	2,97	1,85	30	19	13	17	8	6	6

Wenn du an die Konfirmation denkst: Was ist dir wichtig? Mir ist es wichtig, …												
(1 = trifft gar nicht zu; 7 = trifft voll zu)			**N**	**M**	**SD**	**1**	**2**	**3**	**4**	**5**	**6**	**7**
KB17	einen festlichen Konfirmationsgottesdienst zu feiern.		6202	5,31	1,66	4	4	6	16	17	21	32
KB09	bei der Konfirmation ein grosses Familienfest zu feiern.	Nur Jugendliche mit gültigen Antworten bei CB09 & KB09	4773	5,73	1,47	2	2	4	10	16	24	42
		Alle Antworten	6205	5,66	1,54	3	2	5	11	16	23	41
KB11	bei der Konfirmation den Segen zu empfangen.	Nur Jugendliche mit gültigen Antworten bei CB11 & KB11	4760	4,44	1,83	9	9	11	21	19	16	16
		Alle Antworten	6197	4,43	1,84	10	8	11	21	18	17	16
KB10	am Ende Geld oder Geschenke zu bekommen.	Nur Jugendliche mit gültigen Antworten bei CB10 & KB10	4756	5,16	1,78	5	6	7	15	17	18	32
		Alle Antworten	6170	5,15	1,79	5	6	7	16	17	17	32

Konfirmationsarbeit hat auch eine ethische Dimension. Deshalb interessiert uns deine Meinung zu folgenden Aspekten:											
(1 = trifft gar nicht zu; 7 = trifft voll zu)		**N**	**M**	**SD**	**1**	**2**	**3**	**4**	**5**	**6**	**7**
KP20	In unserem Land wird die Würde jedes Menschen respektiert.	4836	5,02	1,52	3	3	9	18	23	25	18
KP21	In unserer Gesellschaft setzt sich der Stärkere durch.	4799	4,65	1,54	3	7	11	22	26	18	13
KP22	Fremde haben es in unserer Gesellschaft leicht.	4778	4,06	1,54	5	11	19	27	19	12	7
KP23	Wenn ich Menschen in Not sehe, die ich nicht kenne, fühle ich mich verantwortlich, zu helfen.	4807	4,72	1,55	4	5	10	24	23	20	14
KP24	Wenn Menschen in unserer Gesellschaft scheitern, sind sie selbst schuld.	4770	3,73	1,55	8	15	20	31	13	7	6

Und was denkst du darüber? (1 = trifft gar nicht zu; 7 = trifft voll zu)		N	M	SD	1	2	3	4	5	6	7
KP25	Gottes Liebe ist grenzenlos.	4765	4,68	1,94	10	6	9	20	15	15	25
KP26	Christliche Nächstenliebe ist für das Zusammenleben in unserer Gesellschaft unnötig.	4679	3,58	1,68	14	15	18	27	13	8	6
KP27	Der christliche Glaube motiviert dazu, sich um andere Menschen zu kümmern.	4775	4,37	1,60	7	7	12	26	23	17	9
KP28	Religion trägt zu mehr Gewalt in der Welt bei.	4723	4,16	1,81	11	10	12	24	17	14	12
KP29	Gläubige Menschen sollten vorbildlich handeln.	4726	4,72	1,58	5	4	9	27	21	19	15
KP32	Die Kirche sollte mutig Stellung beziehen, wenn Menschenrechte verletzt werden.	4769	5,12	1,51	3	2	6	24	21	21	23
Unsere Kirchgemeinde … (1 = trifft gar nicht zu; 7 = trifft voll zu)		**N**	**M**	**SD**	**1**	**2**	**3**	**4**	**5**	**6**	**7**
KP35	sollte sich mehr für generationenübergreifende Zusammenarbeit (Kinder, Familien, Jugendliche, Senioren) einsetzen.	6325	4,24	1,51	6	7	11	36	21	11	8
KP36	sollte sich mehr für den Schutz der Umwelt einsetzen.	6320	4,55	1,56	5	6	11	28	23	16	13
KP30	sollte sich mehr für Schwächere und Menschen in Not einsetzen (= diakonisch Handeln).	4777	4,72	1,49	3	4	9	26	25	18	13
KP31	sollte Menschen unabhängig von ihrer Herkunft beistehen.	4765	5,02	1,60	4	3	7	23	21	18	23
KP37	sollte sich für die Integration von AusländerInnen stärker einsetzen.	6296	4,26	1,72	10	7	11	29	19	13	12
KP38	sollte sich für das friedvolle Zusammenleben von Menschen verschiedener Religionen einsetzen.	6299	4,87	1,59	4	4	8	27	20	17	20

Und was meinst du dazu? … (1 = trifft gar nicht zu; 7 = trifft voll zu)		N	M	SD	1	2	3	4	5	6	7
KP39	Ich mache mir oft Sorgen um meine Zukunft.	6332	3,89	1,82	13	13	14	21	18	12	9
KP40	Ich mache mir oft Sorgen um die Zukunft der ganzen Welt.	6306	4,40	1,73	8	8	12	22	22	15	13
KP41	Ich hätte gerne mehr Sicherheit in meinem Leben.	6276	4,02	1,69	10	11	14	26	18	12	8
KP42	Ich bin zuversichtlich, dass ich später einen sicheren Arbeitsplatz haben werde.	6309	5,34	1,49	3	2	6	16	20	27	26
KP43	Ich hätte später einmal gerne ein geregeltes Leben mit Beruf und Familie.	6310	5,77	1,47	2	2	4	12	13	23	44
KP44	Wenn ich auf andere Rücksicht nehmen soll, fühle ich mich in meiner Freiheit eingeschränkt.	6290	3,60	1,68	13	16	16	25	16	9	5
KP45	Wenn ich Probleme habe, gibt es niemanden, dem ich davon erzählen kann.	6184	2,21	1,68	52	18	8	10	5	3	4
KP46	Das Leben ist da, um es zu geniessen.	6167	6,09	1,33	1	1	3	9	10	20	56
KP47	Mein Glaube wird immer eine Rolle spielen in meinem Leben.	6166	3,91	1,84	13	13	13	24	15	11	11

8.2.3 t3-Ergebnisse Konfirmandinnen und Konfirmanden

Wenn Du auf die Konf-Zeit zurück blickst: Was denkst du über deine Konfirmation? (1 = trifft gar nicht zu; 7 = trifft voll zu)		N	M	SD	Häufigkeit in % 1	2	3	4	5	6	7
QK20	Der Tag meiner Konfirmation war eines der wichtigsten Ereignisse meines Lebens.	662	3,98	1,62	8	15	15	20	24	15	4
QB09	Mir war es wichtig, ein grosses Familienfest zu feiern.	647	4,87	1,63	4	6	10	15	24	24	16
QB10	Mir war es wichtig, am Ende Geld oder Geschenke zu bekommen.	645	3,65	1,71	10	21	16	19	19	7	7

Wenn Du auf die Konf-Zeit zurück blickst: Was denkst Du über deine Konfirmation? (1 = trifft gar nicht zu; 7 = trifft voll zu)		N	M	SD	Häufigkeit in % 1	2	3	4	5	6	7
QB11	Mir war es wichtig, bei der Konfirmation den Segen zu empfangen.	644	3,71	1,83	14	16	16	18	16	11	8
QK22	Das Thema des Gottesdienstes hat mir gefallen.	660	4,93	1,64	4	6	9	14	23	27	17
QK23	An die Konf-Predigt kann ich mich noch gut erinnern.	662	3,61	1,87	16	19	16	18	13	12	8
Während meiner Konf-Zeit … (1 = trifft gar nicht zu; 7 = trifft voll zu)		**N**	**M**	**SD**	**1**	**2**	**3**	**4**	**5**	**6**	**7**
QB04	habe ich einen wichtigen Schritt zum Erwachsenwerden getan.	655	3,66	1,62	12	15	17	22	22	9	3
QB07	habe ich darüber nachgedacht, was gut oder schlecht ist für mein Leben.	655	4,07	1,65	9	11	17	16	27	15	5
QB08	wurde ich im Glauben gestärkt.	658	3,51	1,80	18	17	14	17	17	11	5
QB01	wurde meine Vorstellung von Gott und Glauben beeinflusst.	656	3,45	1,79	19	18	15	14	21	9	4
QN01	Ich bin mit der Konf-Zeit insgesamt zufrieden.	657	5,66	1,38	2	3	4	8	19	32	32
QK21	Ich kann die Konf-Zeit anderen weiterempfehlen.	662	5,50	1,47	2	3	5	13	19	29	30
Nach der Konfirmation: Was meinst Du zu den folgenden Aussagen? (1 = trifft gar nicht zu; 7 = trifft voll zu)		**N**	**M**	**SD**	**1**	**2**	**3**	**4**	**5**	**6**	**7**
QG20	Nach der Konfirmation habe ich den Kontakt zur Kirche verloren.	661	4,47	1,91	11	8	11	15	18	22	15
QK26	Es gab Angebote in der Kirche, die mich interessiert haben (z.B. in der Jugendarbeit).	662	2,98	1,94	29	23	14	9	10	6	8
QP50	Ich wurde gefragt, ob ich eine Aufgabe in der Kirche übernehmen möchte.	661	2,30	2,04	62	11	4	4	6	5	8
QG21	Es gibt für mich in der Kirche nichts Neues mehr zu lernen.	662	3,42	1,81	18	18	17	23	8	9	8
QG22	Ich habe Freunde, die in der Kirche aktiv sind.	661	3,77	2,28	25	16	8	10	11	10	20

Was meinst Du zu den folgenden Aussagen? (1 = trifft gar nicht zu; 7 = trifft voll zu)		N	M	SD	1	2	3	4	5	6	7
QE01	Die Welt ist von Gott erschaffen.	645	3,21	2,16	34	14	9	15	8	6	14
QE02	Es gibt ein Leben nach dem Tod.	638	4,92	1,91	9	5	5	21	13	18	29
QE03	Gott liebt jeden Menschen und kümmert sich um uns.	639	4,59	2,03	12	9	8	17	15	15	25
QE04	Jesus ist auferstanden.	632	3,66	2,01	20	14	13	23	9	8	14
QE05	Ich bin mir unsicher, was ich glauben soll.	640	3,62	2,13	23	17	9	14	13	8	15
QE09	Ich glaube an Gott.	641	4,36	2,14	15	10	11	15	10	14	25
QE08	In schwierigen Situationen hilft mir mein Glaube an Gott.	643	3,71	2,20	25	14	10	11	12	13	15
QE10	Ich weiss, was zum christlichen Glauben gehört.	642	4,99	1,50	2	4	10	18	22	27	16
QE14	Ich bin zufrieden mit meinem Leben.	656	5,90	1,28	1	2	3	6	15	33	40
QE27	Ich finde, man sollte gegenüber allen Religionen offen sein.	657	6,13	1,41	2	1	4	7	8	17	61

Was meinst Du zu den folgenden Aussagen? (1 = gar nicht; 2 = wenig; 3 = mittel; 4 = ziemlich; 5 = sehr) (1 = nie; 2 = selten; 3 = gelegentlich; 4 = oft; 5 = sehr oft)		N	M	SD	1	2	3	4	5
QE19	Als wie religiös würdest du dich selbst bezeichnen?	640	2,38	1,02	24	29	34	12	1
QE20	Einmal abgesehen davon, ob du dich selbst als religiöse Person bezeichnest oder nicht, als wie spirituell würdest du dich selbst bezeichnen?	620	2,71	1,01	12	29	38	17	4
QE24	Wie häufig betest du?	651	2,17	1,11	33	35	19	9	4

Was meinst Du zu den folgenden Aussagen? (1 = sehr negativ; 5 = sehr positiv)		N	M	SD	1	2	3	4	5
QF01	Wie bewertest du den christlichen Glauben insgesamt?	631	3,63	0,77	1	4	39	44	12
QF02	Wie bewertest du die evangelische Kirche insgesamt?	621	3,68	0,75	1	4	34	49	12

Wie denkst Du über die Kirche? (1 = trifft gar nicht zu; 7 = trifft voll zu)		N	M	SD	1	2	3	4	5	6	7
QG01	Es ist für mich wichtig, zur Kirche zu gehören.	644	3,41	1,78	18	20	14	18	16	9	5
QG02	Auf die Fragen, die mich wirklich bewegen, hat die Kirche keine Antwort.	633	4,45	1,68	3	12	15	24	17	15	15
QG03	Falls ich später einmal Kinder habe, will ich sie taufen lassen.	643	6,01	1,47	2	2	3	8	9	19	56
QG04	Gottesdienste sind meistens langweilig.	643	4,35	1,61	4	9	18	23	20	15	11
QG05	Die Kirche tut viel Gutes für die Menschen.	635	5,30	1,27	1	2	3	19	25	32	17
QP27	Der christliche Glaube motiviert dazu, sich um andere Menschen zu kümmern.	639	4,74	1,46	3	5	9	22	29	21	10
QP32a	Die Kirche sollte mutig Stellung beziehen, wenn Menschenrechte verletzt werden.	634	5,73	1,42	2	2	3	13	16	24	40
QP36	Die Kirche sollte sich mehr für Schwächere und Menschen in Not einsetzen (= diakonisch Handeln).	654	5,48	1,36	1	1	5	17	23	22	30
QP29	Gläubige Menschen sollten vorbildlich handeln.	632	5,08	1,56	3	3	7	24	19	20	24
Und was meinst Du dazu? (1 = trifft gar nicht zu; 7 = trifft voll zu)		**N**	**M**	**SD**	**1**	**2**	**3**	**4**	**5**	**6**	**7**
QP39	Ich mache mir oft Sorgen um meine Zukunft.	655	4,05	1,83	8	19	14	15	19	15	11
QP40	Ich mache mir oft Sorgen um die Zukunft der ganzen Welt.	655	5,02	1,57	3	6	8	15	26	23	19
QP47a	Mein Glaube wird immer eine Rolle spielen in meinem Leben.	647	3,85	1,97	15	16	12	18	14	11	13
Ich bin *kein* Mitarbeiter in der kirchlichen Kinder- und Jugendarbeit, weil … (1 = trifft gar nicht zu; 7 = trifft voll zu)		**N**	**M**	**SD**	**1**	**2**	**3**	**4**	**5**	**6**	**7**
QP52	mir die Zeit dafür fehlt.	558	5,54	1,79	7	3	3	7	14	24	41
QP53	ich andere Dinge sinnvoller finde.	559	4,82	1,79	6	7	10	16	19	21	21
QP44	ich meine eigene Konf-Zeit nicht mochte.	558	2,17	1,55	47	24	12	8	3	3	3

Ich bin *kein* Mitarbeiter in der kirchlichen Kinder- und Jugendarbeit, weil …											
(1 = trifft gar nicht zu; 7 = trifft voll zu)		N	M	SD	1	2	3	4	5	6	7
QP43	ich lieber in der Schule oder in anderen Gruppen mitarbeite.	557	4,44	1,92	11	8	10	20	17	16	18
QP45	es uncool ist, in der Kirche mitzuarbeiten.	559	2,38	1,50	39	23	14	13	7	2	2
QP42	mir in meinem Leben andere Dinge wichtiger sind als der Glaube.	561	4,73	1,88	7	9	12	14	18	18	23
QP46	es in unserer Gemeinde keine Kinder- und Jugendarbeit gibt.	552	2,42	1,74	47	16	6	18	4	3	4
QP47	mich niemand gefragt hat.	556	4,31	2,19	17	10	8	14	12	14	24

Wie kam es, dass Du Mitarbeiterin oder Mitarbeiter wurdest? Von wem hing Deine Entscheidung, Mitarbeiterin oder Mitarbeiter zu werden, ab?					Häufigkeit in %						
(1 = überhaupt nicht; 7 = sehr stark)		N	M	SD	1	2	3	4	5	6	7
QP60	Von meinem Pfarrer/meiner Pfarrerin.	88	2,82	1,99	44	9	10	10	13	10	3
QP61	Von anderen jungen Leuten.	88	5,27	1,76	7	3	3	14	18	24	31
QP62	Von meiner Familie.	88	4,06	2,08	17	14	10	8	22	16	14
QP63	Von mir selbst.	91	5,88	1,37	2	0	4	5	23	19	46

Gründe für mein Engagement: Ich engagiere mich ehrenamtlich, weil …											
(1 = trifft gar nicht zu; 7 = trifft voll zu)		N	M	SD	1	2	3	4	5	6	7
QP66	ich gerne mit anderen Leuten zusammenarbeite.	91	6,19	0,87	0	0	0	3	20	32	45
QP67	ich mich für eine bessere Gesellschaft einsetzen will.	91	5,33	1,27	1	0	5	20	27	24	22
QP68	ich jungen Leuten helfen will, im Glauben zu wachsen.	90	4,32	1,91	11	11	8	22	14	19	14
QP69	ich etwas lernen möchte, das mir später im Leben nützt.	90	5,66	1,16	0	1	3	10	29	28	29
QP32	es Spass macht.	91	6,45	0,78	0	0	0	3	8	30	59
QP70	im Team gute Stimmung ist.	91	6,26	1,01	0	1	3	0	10	35	51
QP65	ich mehr über Gott und den Glauben erfahren will.	90	4,46	2,01	13	9	6	17	23	11	21
QP71	ich mit ins Konf-Lager möchte.	91	3,00	2,06	37	12	14	12	5	11	8

Gründe für mein Engagement: Ich engagiere mich ehrenamtlich, weil …											
(1 = trifft gar nicht zu; 7 = trifft voll zu)		N	M	SD	1	2	3	4	5	6	7
QP72	ich noch mehr von den Erfahrungen machen will, die ich als Konfirmandin/Konfirmand gemacht habe.	91	3,65	2,08	23	15	9	14	13	15	10
QP73	der Einsatz für andere eine Folge meines Glaubens ist.	91	3,81	1,88	16	13	10	21	22	8	10
QP42	es gut im Lebenslauf aussieht.	88	2,82	1,99	7	9	12	14	18	18	23

8.2.4 t1-Ergebnisse Mitarbeitende

Dieses Thema halte ich in der Konfirmationsarbeit für...					Häufigkeit in %						
(1 = nicht wichtig; 7 = sehr wichtig)		N	M	SD	1	2	3	4	5	6	7
WA03	Taufe	829	5,38	1,54	2	4	7	12	20	26	29
WA04	Abendmahl	826	5,39	1,45	1	4	5	14	22	28	26
WA05	Ablauf und Sinn des Gottesdienstes	821	5,08	1,37	1	5	6	17	30	27	15
WA21	Die eigene Kirchgemeinde	820	5,27	1,37	1	3	8	15	24	29	21
WA07	Jesus Christus	827	6,21	1,12	1	0	1	6	12	23	56
WA22	Bibel	826	5,79	1,30	0	2	4	9	18	28	38
WA08	Heiliger Geist	820	5,16	1,51	1	5	8	17	23	23	23
WA10	Andere christliche Konfessionen (z.B. katholisch)	826	4,26	1,48	5	8	12	29	25	15	5
WA11	Andere Religionen	819	3,94	1,66	8	14	16	22	20	13	6
WA15	Gerechtigkeit und Verantwortung für andere	828	5,80	1,14	0	1	2	9	22	33	32
WA16	Freundschaft	828	5,45	1,40	1	2	6	16	19	26	29
WA18	Drogen und Kriminalität	825	3,82	1,68	10	14	17	23	17	13	5
WA14	Sinn des Lebens	833	6,14	1,08	0	1	2	5	14	30	48
WA24	Tod	828	5,59	1,19	1	2	3	9	27	34	24
WA25	Auferstehung	823	5,35	1,43	1	3	5	15	22	28	25
WA19	Magie, Esoterik, übersinnliche Erfahrungen	825	3,31	1,56	14	22	19	21	15	8	1
WA17	Liebe und Sexualität	829	4,39	1,57	4	10	14	21	25	18	8

Dieses Thema halte ich in der Konfirmationsarbeit für...					Häufigkeit in %						
(1 = nicht wichtig; 7 = sehr wichtig)		N	M	SD	1	2	3	4	5	6	7
WA12_CH	Bewahrung der Schöpfung/Umweltschutz/Ökologie	832	4,95	1,49	3	4	9	19	24	26	15
WA13	Diakonie (soziales und helfendes Handeln der Kirche für Menschen)	831	5,40	1,24	1	1	5	15	27	32	20
WA01	Zehn Gebote	825	4,77	1,51	2	7	11	21	26	21	14
WA27	Gottesbilder	823	5,26	1,52	3	4	5	18	20	27	24
Die Konfirmandinnen und Konfirmanden sollen in der Konfirmationsarbeit ...											
(1 = nicht wichtig; 7 = sehr wichtig)		**N**	**M**	**SD**	**1**	**2**	**3**	**4**	**5**	**6**	**7**
WB10	Menschen kennenlernen, denen der Glaube wichtig ist.	829	5,70	1,32	1	1	4	11	19	30	34
WD03	Gemeinschaft erleben	830	6,35	0,86	0	0	0	2	13	30	55
WB20	Gottes Gegenwart erleben	819	5,58	1,42	2	3	4	12	19	29	32
WB27	mit dem Gesangbuch vertraut werden	821	3,19	1,57	17	22	17	24	12	6	2
WB11	die Bibel (besser) kennen lernen.	829	5,15	1,45	1	4	8	16	25	27	19
WC16	in der Gemeinde heimisch werden.	828	5,22	1,31	0	3	7	18	28	24	20
WC01	einen eigenen Standpunkt zu wichtigen Lebensfragen entwickeln.	829	6,31	0,93	0	0	1	3	12	30	54
WC02	in ihrem persönlichen Glauben gestärkt werden.	833	6,09	1,11	0	1	2	7	15	29	47
WC03	zentrale Texte des christlichen Glaubens auswendig lernen (z.B. das Vaterunser).	824	3,77	1,85	13	18	14	16	19	11	8
WC04	in ihrer persönlichen und sozialen Entwicklung unterstützt werden. – Nur Mitarbeitende mit gültigen Antworten bei WC04 & VC04	508	5,91	1,09	0	0	3	7	21	32	37
	Alle Antworten	828	5,93	1,09	0	0	2	9	20	31	38
WC06	Angebote der kirchlichen Jugendarbeit kennen lernen. – Nur Mitarbeitende mit gültigen Antworten bei WC06 & VC06	499	5,24	1,33	1	4	6	14	29	29	18
	Alle Antworten	823	5,32	1,29	0	3	6	16	27	29	20

Die Konfirmandinnen und Konfirmanden sollen in der Konfirmationsarbeit ... (1 = nicht wichtig; 7 = sehr wichtig)			N	M	SD	1	2	3	4	5	6	7
WC09	Spass am Singen oder Musikmachen bekommen.		829	4,32	1,57	5	9	14	22	26	14	8
WC10	Formen zur Gestaltung von Stille, Andacht oder Meditation erleben.	Nur Mitarbeitende mit gültigen Antworten bei WC10 & VC10	509	4,78	1,43	2	6	10	20	28	23	10
		Alle Antworten	829	4,98	1,46	2	5	9	18	26	24	16
WC11	lernen, ihren Alltag in der Beziehung zu Gott zu gestalten.		821	5,10	1,41	1	4	8	17	25	28	16
WB09	die Themen der Konfirmationsarbeit mitbestimmen dürfen.	Nur Mitarbeitende mit gültigen Antworten bei WB09 & VB09	506	5,00	1,63	3	7	8	17	20	25	20
		Alle Antworten	828	5,02	1,59	4	5	7	19	22	23	21
WD07	viel Spass haben.		827	5,46	1,34	1	3	4	16	21	29	26
WC15	erfahren, dass ihre Glaubensfragen eine Rolle spielen.		828	6,29	0,89	0	0	0	5	11	33	51

Was denken Sie im Blick auf die Gottesdienste? Die Konfirmandinnen und Konfirmanden sollen während der Konfirmandenzeit ... (1 = nicht wichtig; 7 = sehr wichtig)			N	M	SD	1	2	3	4	5	6	7
WB04	jugendgemässe Formen des Gottesdienstes erleben.	Nur Mitarbeitende mit gültigen Antworten bei WB04 & VB04	509	5,57	1,35	1	3	4	12	20	32	29
		Alle Antworten	827	5,69	1,33	1	3	4	10	18	31	33
WB28	die Möglichkeit haben, eigene Ideen in die Gottesdienstvorbereitung einzubringen.		828	5,64	1,25	1	2	3	11	25	29	30
WB29	Aufgaben im Gottesdienst übernehmen (z.B. etwas vorlesen).		827	5,23	1,44	3	3	6	14	25	31	19
WB30	im Gottesdienst nette Leute treffen.		819	4,97	1,49	2	4	10	20	24	23	17
WB31	sich im Gottesdienst als Teil einer Gemeinschaft fühlen.		819	5,74	1,10	0	0	2	12	24	33	29
WB32	Orientierung für ihr alltägliches Leben bekommen.		824	5,68	1,21	0	1	5	11	22	31	30

Was denken Sie im Blick auf die Gottesdienste? Die Konfirmandinnen und Konfirmanden sollen während der Konfirmandenzeit … (1 = nicht wichtig; 7 = sehr wichtig)			N	M	SD	1	2	3	4	5	6	7
WB33	eine freundliche Atmosphäre im Gottesdienst erleben.		824	6,01	0,95	0	1	1	5	19	40	34
WB34	mit der Liturgie vertraut werden.		820	4,70	1,45	3	5	11	21	28	24	8
Und für wie wichtig halten Sie die folgenden Ziele? (1 = nicht wichtig; 7 = sehr wichtig)			**N**	**M**	**SD**	**1**	**2**	**3**	**4**	**5**	**6**	**7**
WD02	Die Konfirmationsarbeit soll als missionarische Chance genutzt werden, Jugendliche für den Glauben zu gewinnen.		825	4,14	1,99	15	12	9	17	19	14	15
WD04	Für Jungen und Mädchen sollen in der Konfirmationsarbeit zeitweise getrennte Angebote gemacht werden.		824	3,37	1,92	25	15	9	19	16	10	6
WD05	Ich will mindestens ein persönliches Gespräch mit jeder Konfirmandin/jedem Konfirmanden führen.	Nur Mitarbeitende mit gültigen Antworten bei WD05 & VD05	506	5,47	1,55	2	4	6	13	17	24	34
		Alle Antworten	822	5,14	1,70	4	5	9	16	18	19	29
WD06	Unsere Konfirmationsarbeit soll mit der Schule kooperieren.		824	3,69	1,90	17	17	12	19	15	12	9
WD11	Ich strebe eine enge thematische Verbindung mit dem schulischen Religionsunterricht an. *(nur ausfüllen, falls dieser bei Ihnen – kirchlich oder staatlich verantwortet – existiert)*		502	3,23	1,89	24	20	14	13	14	9	6
WD12	Es sollen intensivere Kontakte zu den Eltern aufgebaut werden.		821	4,75	1,49	3	7	9	20	26	27	9
Die Konfirmationsarbeit hat auch eine ethische Dimension: Deshalb interessiert uns Ihre Meinung zu den folgenden Aspekten: (1 = trifft gar nicht zu; 7 = trifft voll zu)			**N**	**M**	**SD**	**1**	**2**	**3**	**4**	**5**	**6**	**7**
WP15	In unserem Land wird die Würde jedes Menschen respektiert.		820	4,86	1,39	2	5	11	16	32	25	10
WP16	In unserer Gesellschaft setzt sich der Stärkere durch.		823	4,74	1,46	3	7	8	17	31	26	7

Die Konfirmationsarbeit hat auch eine ethische Dimension: Deshalb interessiert uns Ihre Meinung zu den folgenden Aspekten: (1 = trifft gar nicht zu; 7 = trifft voll zu)		N	M	SD	1	2	3	4	5	6	7
WP17	Fremde haben es in unserer Gesellschaft leicht.	820	3,17	1,54	11	30	21	20	7	8	3
WP18	Wenn ich Menschen in Not sehe, die ich nicht kenne, fühle ich mich verantwortlich, zu helfen.	819	5,16	1,22	0	3	6	19	27	32	12
WP19	Wenn Menschen in unserer Gesellschaft scheitern, sind sie selbst schuld.	820	2,38	1,24	27	38	14	17	3	1	0
Und was denken Sie darüber? (1 = trifft gar nicht zu; 7 = trifft voll zu)		**N**	**M**	**SD**	**1**	**2**	**3**	**4**	**5**	**6**	**7**
WP20	Gottes Liebe ist grenzenlos.	812	6,47	1,10	1	0	2	4	6	14	73
WP21	Christliche Nächstenliebe ist für das Zusammenleben in unserer Gesellschaft nicht notwendig.	816	2,03	1,61	57	20	7	6	3	4	3
WP22	Der christliche Glaube motiviert dazu, sich um andere Menschen zu kümmern.	820	5,96	1,30	2	2	1	7	14	31	43
WP23	Wenn mehr Menschen religiös wären, wäre unsere Gesellschaft gewalttätiger.	804	2,10	1,47	48	27	7	11	3	1	3
WP24	Gläubige Menschen sollten vorbildlich handeln.	816	5,32	1,56	4	3	5	14	20	28	26
Die Kirche … (1 = trifft gar nicht zu; 7 = trifft voll zu)		**N**	**M**	**SD**	**1**	**2**	**3**	**4**	**5**	**6**	**7**
WP25	sollte sich besonders für Schwächere und Menschen in Not einsetzen (= diakonisch handeln).	819	5,71	1,39	2	2	2	11	19	28	36
WP26	sollte Menschen unabhängig von ihrer Herkunft beistehen.	818	6,29	1,09	1	1	1	4	10	25	58
WP27	sollte mutig Stellung beziehen, wenn Menschenrechte verletzt werden.	821	6,21	1,17	1	1	1	7	10	25	56

Die Konfirmandinnen und Konfirmanden sollen in ihrer Konfirmandenzeit …											
(1 = nicht wichtig; 7 = sehr wichtig)		**N**	**M**	**SD**	**1**	**2**	**3**	**4**	**5**	**6**	**7**
WP11_CH	Menschen kennen lernen, die sich in der Kirche engagieren.	820	5,50	1,35	1	3	4	13	22	31	26
WP12	kirchliche Bereiche, Angebote und Aufgaben kennen lernen, bei denen sie mitarbeiten können.	820	5,41	1,31	1	3	4	14	25	31	22
WP13	dafür gewonnen werden, nach der Konfirmation freiwillig/ehrenamtlich in der Kirche mitzuarbeiten.	819	4,79	1,45	2	6	8	22	27	22	11
WP14	dafür gewonnen werden, sich nach der Konfirmation in der Zivilgesellschaft zu engagieren.	818	5,16	1,45	2	4	6	15	25	29	18

Hier interessieren uns die folgenden Aspekte:									
(1 = gar nicht; 2 = wenig; 3 = mittel; 4 = ziemlich; 5 = viel)		**N**	**M**	**SD**	**1**	**2**	**3**	**4**	**5**
WE15	Wie oft denken Sie über religiöse Fragen nach?	814	4,26	0,90	1	4	13	33	50
WE16	Wie stark glauben Sie daran, dass es Gott oder etwas Göttliches gibt?	814	4,63	0,75	1	2	5	18	74
WE17	Wie oft erleben Sie Situationen, in denen Sie das Gefühl haben, dass Gott oder etwas Göttliches in Ihr Leben eingreift?	808	3,72	1,07	3	10	27	33	28
WE18	Wie stark leben Sie im Alltag nach religiösen Geboten?	808	3,45	1,03	6	11	27	44	12
WE19	Alles in Allem: Als wie religiös würden Sie sich selbst bezeichnen?	804	3,75	1,04	4	7	23	42	25
WE20	Einmal abgesehen davon, ob Sie sich selbst als religiöse Person bezeichnen oder nicht, als wie spirituell würden Sie sich selbst bezeichnen?	798	3,68	1,03	3	10	25	39	22
WE21	Wie oft setzen Sie sich kritisch mit religiösen Lehren auseinander, denen Sie grundsätzlich zustimmen?	814	3,63	1,09	4	12	24	37	23

Hier interessieren uns die folgenden Aspekte: (1 = gar nicht; 2 = wenig; 3 = mittel; 4 = ziemlich; 5 = viel)		N	M	SD	1	2	3	4	5
WE22	Wie oft überdenken Sie einzelne Punkte Ihrer religiösen Einstellungen?	815	3,77	0,90	1	7	28	42	22
WE23	Wie wichtig ist es für Sie, religiöse Themen von verschiedenen Seiten aus zu betrachten?	808	4,13	0,88	0	5	17	38	40
WE24	Wie häufig beten Sie?	812	3,76	0,98	2	9	24	41	24
WE25	Wie häufig meditieren Sie?	811	2,89	1,20	15	23	28	24	9

Und auch das würde uns zum Thema „Religion" interessieren: (1 = gar nicht; 2 = wenig; 3 = mittel; 4 = ziemlich; 5 = viel)		N	M	SD	1	2	3	4	5	6	7
WE26	Für mich hat jede Religion einen wahren Kern	807	5,10	1,90	6	8	7	13	13	20	32
WE27	Ich finde, man sollte gegenüber allen Religionen offen sein.	811	5,14	1,80	6	6	7	13	17	22	30
WE28	Ich greife für mich selbst auf Lehren verschiedener religiöser Traditionen zurück.	806	3,01	1,84	25	26	14	11	10	9	5
WE29	Ich nehme regelmässig an Angeboten anderer Kirchen (katholisch, orthodox, Freikirchen) teil.	815	3,15	1,90	25	21	13	15	9	9	6

Wie oft erleben Sie Situationen, in denen Sie folgende Gefühle in Bezug auf Gott oder etwas Göttliches haben? (1 = nie; 2 = selten; 3 = gelegentlich; 4 = oft; 5 = sehr oft)		N	M	SD	1	2	3	4	5
WE30	Vertrauen	806	4,21	0,82	2	2	8	50	39
WE31	Furcht/Schrecken	800	2,63	1,33	22	34	16	14	13
WE32	Freude	801	3,94	0,89	2	4	18	50	26
WE33	Schuld	796	2,52	0,93	14	36	37	12	2
WE34	Geborgenheit	801	4,01	0,91	2	5	16	46	32

Wie oft erleben Sie Situationen, in denen Sie folgende Gefühle in Bezug auf Gott oder etwas Göttliches haben? (1 = nie; 2 = selten; 3 = gelegentlich; 4 = oft; 5 = sehr oft)		N	M	SD	1	2	3	4	5
WE35	Glück	801	3,81	0,91	3	4	24	48	22
WE36	Scham	798	2,05	0,94	31	41	21	5	2
WE37	Hoffnung	801	4,20	0,85	2	3	10	45	41
WE38	Zorn	804	2,33	1,03	23	39	24	12	2
WE39	Dankbarkeit	801	4,23	0,91	2	3	10	38	46
WE40	Versagen	797	2,17	1,00	29	37	26	6	2
WE41	Verehrung	798	2,99	1,20	14	21	28	27	10
WE42	Angst	803	1,89	0,93	40	39	15	5	1
WE43	Befreiung von Schuld	803	3,29	1,14	8	15	28	34	13

Inwiefern treffen die folgenden Aussagen zu? (1 = trifft gar nicht zu; 7 = trifft voll zu)			N	M	SD	1	2	3	4	5	6	7
WE01	Ich kenne die verbindlichen Vorgaben für die Konfirmationsarbeit (kirchliche Ordnungen).		816	5,27	1,86	7	5	7	8	13	27	33
WE06	Ich wäre froh, wenn ich die Konfirmationsarbeit nicht mehr machen müsste.	Nur Mitarbeitende mit gültigen Antworten bei WE06 & VE06	505	1,84	1,36	60	21	4	7	4	2	1
		Alle Antworten	820	1,84	1,36	60	21	4	8	4	2	1
WE07	Als Mitarbeiter/in möchte ich für Jüngere ein Vorbild sein.		819	5,61	1,35	1	3	3	14	17	33	30
WE08	Mir persönlich ist der Glaube an Gott wichtig.		819	6,25	1,32	2	1	2	4	7	20	63
WE09	Meine pädagogische Kompetenz für die Konfirmationsarbeit halte ich für gut.		819	5,34	1,33	1	3	5	15	21	35	19
WE10	Meine theologische Kompetenz für die Konfirmationsarbeit halte ich für gut.		815	5,50	1,30	1	2	5	11	20	39	21

8.2.5 t2-Ergebnisse Mitarbeitende

Wenn Sie auf die Konf-Zeit zurückblicken / wenn Du auf die Konf-Zeit zurück blickst: Was haben die Konfirmandinnen und Konfirmanden dabei Ihrer / Deiner Meinung nach erlebt, gelernt und gemacht? Die Konfirmandinnen und Konfirmanden … (1 = trifft gar nicht zu; 7 = trifft voll zu)			N	M	SD	Häufigkeit in % 1	2	3	4	5	6	7
VC04	haben Unterstützung in ihrer persönlichen und sozialen Entwicklung erfahren.	Nur Mitarbeitende mit gültigen Antworten bei WC04 & VC04	508	5,20	1,00	0	1	4	16	38	34	7
		Alle Antworten	677	5,23	1,02	0	1	4	15	36	36	7
VC05	haben unsere Kirchgemeinde besser kennen gelernt.		682	5,26	1,21	0	2	7	14	29	35	13
VC06	haben Jugendarbeitsangebote der Kirche kennen gelernt.	Nur Mitarbeitende mit gültigen Antworten bei WC06 & VC06	499	4,75	1,65	5	7	8	19	23	25	14
		Alle Antworten	670	4,87	1,64	5	6	7	17	23	26	16
VC17	wurden zu freiwilliger oder ehrenamtlicher Mitarbeit in der Kirchgemeinde motiviert. (z.B. Jugendarbeit, Konfirmationsarbeit…)		676	4,47	1,60	4	9	14	21	22	19	11
VC18	wurden freiwilliger oder ehrenamtlicher Mitarbeit ausserhalb der Kirchgemeinde ermutigt (z.B. Sportverein, Pfadi...)		670	2,95	1,52	21	24	19	19	12	4	1
VC10	haben Formen von Stille, Andacht oder Meditation kennen gelernt.	Nur Mitarbeitende mit gültigen Antworten bei WC10 & VC10	509	4,80	1,60	2	9	12	13	23	27	13
		Alle Antworten	675	4,88	1,59	2	8	12	13	23	28	15
VC12	wurden dazu befähigt, über ihren Glauben entscheiden zu können.		677	5,48	1,10	0	1	3	12	30	36	17
VC20	haben in Angeboten der Gemeinde mitgearbeitet.		677	4,86	1,68	4	7	9	15	24	21	19
VB16	haben einen Überblick über christliche Traditionen – Symbole, Feste, Kunst usw. – bekommen.		677	5,14	1,35	1	4	7	13	29	32	13

Wenn Sie auf die Konf-Zeit zurückblicken / wenn Du auf die Konf-Zeit zurück blickst: Was haben die Konfirmandinnen und Konfirmanden dabei Ihrer / Deiner Meinung nach erlebt, gelernt und gemacht? Die Konfirmandinnen und Konfirmanden ... (1 = trifft gar nicht zu; 7 = trifft voll zu)			N	M	SD	Häufigkeit in % 1	2	3	4	5	6	7
VB09	haben die Themenauswahl in der Konf-Zeit mitbestimmt.	Nur Mitarbeitende mit gültigen Antworten bei WB09 & VB09	506	4,23	1,96	11	15	11	14	16	18	14
		Alle Antworten	670	4,31	1,96	9	15	13	13	15	18	16
VB04	konnten jugendgemässe Formen des Gottesdienstes erleben (z.B. Jugendgottesdienste).	Nur Mitarbeitende mit gültigen Antworten bei WB04 & VB04	509	5,05	1,81	5	9	7	12	17	24	26
		Alle Antworten	672	5,17	1,77	4	8	7	11	18	23	30
VB06	waren bei der Vorbereitung von Gottesdiensten beteiligt.		675	5,20	1,77	5	6	7	11	17	25	29
VB18	wurden mit ihren Glaubensfragen berücksichtigt.		676	5,68	1,13	1	1	3	9	22	42	23
VC03	lernten zentrale Texte des christlichen Glaubens kennen (z.B. das Unservater, die 10 Gebote, die Bergpredigt…).		678	5,12	1,54	2	6	7	14	21	32	18
VC19	lernten engagierte Gemeindemitglieder kennen.		270	5,34	1,51	2	4	7	12	20	29	26

Welche Themen und Aktivitäten in der Konf-Zeit vorkommen, hängt von verschiedenen Faktoren ab. Wie stark ist bei der Entscheidung darüber der Einfluss von … ? (1 = kein Einfluss; 2 = geringer Einfluss; 3 = starker Einfluss; 4 = sehr starker Einfluss)		N	M	SD	1	2	3	4
VJ01	Hauptverantwortliche/r (Pfarrer/in, Katechet/in, etc.)	681	3,55	0,56	0	3	38	59
VJ02	Ehrenamtliche / Mitarbeitenden-Team	636	2,33	0,86	18	39	35	8
VJ03	Konfirmandinnen und Konfirmanden	671	2,65	0,73	4	40	45	12
VJ04	Eltern der Konfirmandinnen und Konfirmanden	671	1,74	0,69	38	52	8	2
VJ05	Kirchgemeinderat / Kirchenvorstand	668	1,73	0,65	38	51	11	0
VJ11	Finanzielle Ressourcen für die Konfirmationsarbeit	674	2,14	0,78	20	50	26	4

Welche Themen und Aktivitäten in der Konf-Zeit vorkommen, hängt von verschiedenen Faktoren ab. Wie stark ist bei der Entscheidung darüber der Einfluss von … ? (1 = kein Einfluss; 2 = geringer Einfluss; 3 = starker Einfluss; 4 = sehr starker Einfluss)		N	M	SD	1	2	3	4
VJ06	Offizielle Regelungen / Rahmenordnung Konfirmationsarbeit	667	2,38	0,75	11	44	40	5
VJ09	die örtliche Tradition, „wie es immer schon war"	671	2,16	0,78	20	49	27	4
VJ10	lokale Rahmenbedingungen	671	2,42	0,73	10	44	42	5

Inwiefern stimmen Sie diesen Aussagen zu? (1 = trifft gar nicht zu; 7 = trifft voll zu)			N	M	SD	1	2	3	4	5	6	7
VD05	Ich habe mit jeder Konfirmandin/jedem Konfirmanden während der Konf-Zeit mindestens einmal persönlich gesprochen.	Nur Mitarbeitende mit gültigen Antworten bei WD05 & VD05	506	5,90	1,63	3	4	4	5	12	18	54
		Alle Antworten	668	5,76	1,69	4	5	4	7	12	18	50
VD01	Der Konfirmationsgottesdienst wurde/wird gemeinsam mit den Konfirmandinnen und Konfirmanden inhaltlich vorbereitet.		666	6,46	1,06	1	1	1	3	8	17	70
VD08	Unsere Konfirmationsarbeit hat zu gutem Kontakt zwischen der Kirchgemeinde und den Konfirmanden-Eltern beigetragen.		662	4,81	1,34	1	6	10	22	29	24	9
VD06	Bei diesem Jahrgang gab es in unserer Gemeinde Zusammenarbeit zwischen Konfirmationsarbeit und Schule (z.B. gemeinsame Projekte).		657	1,91	1,50	63	14	7	7	4	3	2
VL01	In unserer Gemeinde gibt es Jugendgruppen, die für Konfirmierte geeignet sind.		661	3,89	2,30	25	12	10	9	12	12	20
VL02	Wenn eine Konfirmandin/ein Konfirmand Interesse hat, nach der Konfirmation freiwillig oder ehrenamtlich in unserer Gemeinde mitzuarbeiten, gibt es hier Gelegenheiten dafür.		666	5,57	1,60	1	6	6	8	16	23	39

Inwiefern stimmen Sie diesen Aussagen zu? (1 = trifft gar nicht zu; 7 = trifft voll zu)			N	M	SD	1	2	3	4	5	6	7
VL04	Ich tausche mich häufig mit Mitarbeitenden/Kolleginnen und Kollegen aus anderen Gemeinden über die Konfirmationsarbeit aus.		665	4,06	1,83	11	13	14	17	19	17	9
VL15	Es ist jederzeit möglich, in der Kirche Probleme der Konfirmationsarbeit zu diskutieren.		659	5,46	1,39	0	3	8	13	19	32	26
VE06	Ich wäre froh, wenn ich die Konfirmationsarbeit nicht mehr machen müsste.	Nur Mitarbeitende mit gültigen Antworten bei WE06 & VE06	505	1,83	1,31	60	20	6	9	2	2	1
		Alle Antworten	665	1,82	1,30	61	19	7	9	3	2	1

Wie häufig kamen die folgenden Dinge vor? (1 = nie; 2 = selten; 3 = manchmal; 4 = häufig)		N	M	SD	1	2	3	4
VN01	Die Zeit für die Vorbereitung der Treffen war mir zu knapp.	659	2,24	0,83	20	41	34	5
VN05	Es gab Disziplinprobleme in der Konfirmandengruppe.	656	2,07	0,85	27	45	23	6
VN12	Nach einem langen Schultag konnten sich die Konfirmandinnen und Konfirmanden kaum auf die Inhalte des Treffens konzentrieren.	639	2,75	0,80	7	27	51	16
VN06	Einzelne Konfirmanden hatten Probleme, die Zeit für die Konf-Termine freizuhalten (z.B. Schultermine, Vereine …)	659	2,65	0,73	4	38	47	11
VN08	Es gab Konflikte zwischen mir/uns und Konfirmanden-Eltern	655	1,39	0,65	69	24	6	1
VN13	Eine Konf-Stunde wurde vom Mitarbeitenden-Team gemeinsam vorbereitet.	641	2,32	1,17	35	20	22	22
VN10	Es gab Konflikte im Team der Konf-Mitarbeitenden	636	1,21	0,49	82	16	2	0
VN14	Bei den Konf-Treffen (abgesehen von Weekends und Lagern) waren Ehrenamtliche mit dabei.	651	2,23	1,18	38	22	17	22

Inwiefern stimmen Sie diesen Aussagen zu? (1 = überhaupt nicht; 7 = voll und ganz)		N	M	SD	1	2	3	4	5	6	7
VM01	Wie zufrieden sind Sie mit der Konfirmationsarbeit in Ihrer Gemeinde insgesamt?	658	5,42	1,10	0	2	4	12	28	41	13
VM02	Machen Sie die Konfirmationsarbeit gerne?	662	6,05	1,10	0	1	1	7	12	38	41
VM05	Finden Sie die finanzielle Ausstattung der Konfirmationsarbeit in Ihrer Gemeinde angemessen?	636	5,74	1,45	2	3	3	10	14	30	38
VM04	Finden Sie die Zusammenarbeit in Ihrem Konf-Team gelungen? (nur ausfüllen, wenn es ein Team gibt)	475	6,02	1,09	1	0	3	5	12	41	37
VM06	Erhalten Sie ausreichend Unterstützung von Kirchgemeinderat und Kirchenvorstand?	635	5,57	1,50	2	4	5	13	13	32	33

Ich arbeite ehrenamtlich in der Konfirmationsarbeit mit, weil ... (1 = trifft gar nicht zu; 7 = trifft voll zu)		N	M	SD	1	2	3	4	5	6	7
VP30	ich durch die Jugendlichen, die in meiner eigenen Konfirmationsgruppe ehrenamtlich / freiwillig mitgearbeitet haben, Lust dazu bekommen habe.	128	4,65	2,32	19	8	5	6	13	16	33
VP31	ich Freunde habe, die sich ehrenamtlich in der Konfirmationsarbeit engagieren.	128	4,64	2,21	17	6	7	9	14	20	27
VP47	mir mein eigener Konfirmandenunterricht gut gefallen hat.	128	4,86	2,06	13	7	3	13	16	21	27
VP32	es Spass macht.	131	5,79	1,45	3	2	2	8	21	21	43
VP35	ich gern mit Kindern und Jugendlichen arbeite.	128	6,24	1,04	0	1	1	6	14	21	57
VP36	ich mehr über den christlichen Glauben erfahren möchte.	130	4,70	1,78	7	8	6	22	16	23	17
VP37	ich Kirche mitgestalten will.	130	4,93	1,87	8	6	9	12	20	19	26
VP48	ich hier Bestätigung erfahre.	128	4,07	1,81	12	10	13	24	16	16	9
VP40	ich damit die Gesellschaft im Kleinen verändern kann.	129	4,69	1,74	6	6	12	23	10	27	16

Ich arbeite ehrenamtlich in der Konfirmationsarbeit mit, weil ... (1 = trifft gar nicht zu; 7 = trifft voll zu)		N	M	SD	1	2	3	4	5	6	7
VP38	ich hier meine Kenntnisse, Fähigkeiten und Erfahrungen einbringen kann.	133	5,66	1,30	1	5	2	4	20	44	24
VP34	ich an einem Lager/Weekend teilnehmen möchte.	130	5,54	1,93	7	5	4	11	6	18	49
VP39	ich die Konfirmationsarbeit verbessern möchte.	132	4,84	1,89	8	9	5	16	12	30	20
VP33	ich neue Freundinnen/Freunde kennenlernen kann.	130	4,70	2,04	9	13	6	13	13	20	25
VP41	ich meine Fähigkeiten als Leiterin/Leiter verbessern will.	130	5,10	1,74	8	3	7	11	21	28	23
VP42	es auch bei Bewerbungen/im Lebenslauf nützlich sein kann.	133	4,06	2,29	26	6	8	14	10	16	20
VP43	ich später beruflich mit Kindern und Jugendlichen arbeiten will.	128	3,88	2,28	24	10	13	9	11	11	21
VP44	ich junge Menschen für den christlichen Glauben gewinnen will.	129	4,77	1,98	11	6	7	15	17	19	25
VP45	ich gern mit den anderen Mitarbeiterinnen/Mitarbeitern im Konf-Team zusammenarbeite.	129	5,75	1,42	2	4	1	4	24	28	37
VP46	ich gern mit der/dem Hauptverantwortlichen (Pfarrer/in, Diakon/in, Katechet/in etc.) zusammenarbeite.	131	5,89	1,32	1	2	3	8	12	33	41

Inwiefern treffen die folgenden Aussagen zu? Während meiner ehrenamtlichen oder freiwilligen Mitarbeit in der aktuellen KonfirmandInnengruppe … (1 = trifft gar nicht zu; 7 = trifft voll zu)		N	M	SD	1	2	3	4	5	6	7
VP55	hatte ich genügend Möglichkeiten, meine eigenen Ideen umzusetzen.	180	5,41	1,27	1	1	6	11	25	38	18
VP56	hatte ich genügend Möglichkeiten, meine Talente und Fähigkeiten einzubringen.	190	5,53	1,24	1	1	5	8	23	42	19
VP57	war ich gern mit den Konfirmandinnen und Konfirmanden zusammen.	175	6,21	1,06	0	2	1	5	12	28	52
VP58	wurde ich in die Konzeption der Konfirmationsarbeit einbezogen.	178	5,57	1,44	1	6	5	7	17	37	28

Inwiefern treffen die folgenden Aussagen zu? Während meiner ehrenamtlichen oder freiwilligen Mitarbeit in der aktuellen KonfirmandInnengruppe … (1 = trifft gar nicht zu; 7 = trifft voll zu)		N	M	SD	1	2	3	4	5	6	7
VP59	habe ich den Konfirmationsgottesdienst mit vorbereitet.	175	5,37	2,04	10	6	4	5	9	24	42
VP60	fühlte ich mich von den Hauptverantwortlichen für die Konfirmationsarbeit wertgeschätzt.	178	6,25	1,03	0	1	3	3	9	31	53
VP61	habe ich erfahren, dass ich durch meine Mitarbeit etwas verändern kann.	177	5,66	1,23	0	1	5	10	19	36	28
VP62	wurden mir wichtige Aufgaben übertragen.	175	5,76	1,26	0	4	1	6	19	39	30
VP63	fühlte ich mich oft frustriert.	176	2,48	1,67	37	28	13	8	4	10	1
VP64	hatte ich viel Spass.	174	5,88	1,24	1	2	1	8	13	39	35
VP65	habe ich mehr über Gott und Glauben erfahren.	176	4,89	1,80	6	9	8	11	20	28	19
VP66	wurde ich im Glauben gestärkt.	165	4,78	1,85	8	8	7	16	19	23	20
VP67	habe ich darüber nachgedacht, was gut oder schlecht ist für mein Leben.	172	5,10	1,58	4	5	7	15	22	30	19
VP68	nur ausfüllen, wenn Sie selbst konfirmiert sind: Mir hat meine eigene Konf-Zeit gut gefallen.	162	5,45	1,86	6	5	8	5	12	24	40

Wie stark wurden die folgenden Eigenschaften und Fähigkeiten durch Ihre ehrenamtliche oder freiwillige Mitarbeit in der Konfirmationsarbeit weiterentwickelt? (1 = gar nicht; 7 = sehr stark)		N	M	SD	1	2	3	4	5	6	7
VP69	offen auf andere Menschen zugehen können	171	5,33	1,41	2	4	2	16	24	30	21
VP70	sich mit jungen Menschen auseinandersetzen können	174	5,70	1,05	0	0	4	10	17	48	21
VP71	mit Unsicherheit und neuen Anforderungen umgehen können	169	5,44	1,29	1	3	2	12	21	42	17
VP72	Beziehungen eingehen und aufrechterhalten können	169	5,37	1,29	2	2	3	15	23	37	17
VP73	Glaubensfragen stellen	168	5,25	1,40	2	3	8	10	27	33	17
VP82	über Glaubensthemen reden können	176	5,46	1,45	3	3	3	12	16	38	24

Wie stark wurden die folgenden Eigenschaften und Fähigkeiten durch Ihre ehrenamtliche oder freiwillige Mitarbeit in der Konfirmationsarbeit weiterentwickelt? (1 = gar nicht; 7 = sehr stark)		N	M	SD	1	2	3	4	5	6	7
VP74	Kommunikationsfähigkeit	171	5,62	1,26	1	1	2	11	22	36	26
VP75	Selbstbewusstsein	170	5,22	1,41	2	3	7	17	22	32	18
VP76	Zuverlässigkeit	166	5,22	1,51	2	5	6	16	19	32	20
VP77	Verantwortungsbewusstsein	169	5,54	1,53	2	6	3	11	15	33	31
VP78	Konfliktlösungsfähigkeit	161	5,01	1,38	3	3	6	17	29	32	10
VP79	kritisches Denken	162	5,23	1,33	2	1	5	18	27	28	18
VP80	Kreativität	161	5,29	1,38	1	4	4	14	23	36	17
VP81	Toleranz gegenüber anderen Meinungen	166	5,74	1,17	1	1	1	10	19	39	28
Wenn Sie an die Gottesdienste während der Konf-Zeit der aktuellen Konfirmandengruppe denken, was sind Ihre Erfahrungen? (1 = trifft gar nicht zu; 7 = trifft voll zu)		**N**	**M**	**SD**	**1**	**2**	**3**	**4**	**5**	**6**	**7**
VB30	Ich habe nette Leute getroffen.	165	5,78	1,42	3	1	4	11	11	33	38
VB35	Ich habe interessante Predigten gehört.	164	5,21	1,48	4	2	6	12	30	27	20
VB36	Es hat mir gefallen, alte Kirchenlieder zu singen.	166	4,27	2,08	12	14	14	12	13	13	22
VB37	Es hat mir gefallen, moderne Kirchenlieder zu singen.	163	5,61	1,62	3	6	3	11	13	26	39
VB38	Ich habe jugendgemässe Gottesdienste erlebt (z.B. Jugendgottesdienste).	159	5,42	1,72	5	5	4	13	15	24	35
VB39	In den Gottesdiensten ging es oft um Dinge, die mir wichtig sind und die mich beschäftigen.	164	5,11	1,43	2	2	8	20	25	23	19
VB28	Ich konnte mit meinen eigenen Ideen zu den Gottesdiensten beitragen.	160	4,47	1,85	7	11	14	14	16	22	15
VB29	Ich habe Aufgaben in Gottesdiensten übernommen (z.B. etwas vorgelesen).	158	4,75	2,14	15	7	3	11	15	23	26
VB40	Mir hat das Gemeinschaftsgefühl gefallen.	164	5,51	1,41	2	2	5	15	14	36	27
VB41	Ich habe mich sicher in der Gruppe gefühlt.	160	5,60	1,25	2	1	3	10	19	44	22
VB42	Ich habe mich unwohl gefühlt.	162	2,00	1,49	54	23	7	6	4	3	2

Wenn Sie an ihre Erfahrungen in der Konf-Arbeit denken – wie stehen Sie zu den folgenden Aussagen?											
(1 = trifft gar nicht zu; 7 = trifft voll zu)		N	M	SD	1	2	3	4	5	6	7
VB43	Mich motiviert vor allem die Jugendarbeit und weniger das Arbeiten in der Kirche.	174	4,16	1,95	13	11	8	24	15	12	16
VB44	Es macht einen Unterschied, ob man in der kirchlichen Jugendarbeit oder in einer anderen Jugendarbeit (z.B. Pfadi, Sportverein...) mitarbeitet.	174	5,42	1,60	4	3	5	13	16	28	31
VB45	Es ist mir unangenehm, wenn mich jemand fragt, ob ich gläubig bin.	175	2,42	1,99	52	18	5	7	6	2	10
VB46	Ich bin stolz darauf, in der Kirche zu arbeiten.	176	5,37	1,62	4	3	2	20	13	27	31

8.2.6 t2-Ergebnisse Hauptverantwortliche

Wenn Sie auf die Konf-Zeit zurückblicken: Was haben die Konfirmandinnen und Konfirmanden dabei Ihrer Meinung nach erlebt, gelernt und gemacht? Die Konfirmandinnen und Konfirmanden ...						Häufigkeit in %						
(1 = trifft gar nicht zu; 7 = trifft voll zu)			N	M	SD	1	2	3	4	5	6	7
VC04	haben Unterstützung in ihrer persönlichen und sozialen Entwicklung erfahren.	Nur Hauptverantwortliche mit gültigen Antworten bei WC04 & VC04	333	5,12	1,02	0	1	3	19	39	31	6
		Alle Antworten	407	5,09	1,05	0	2	4	19	38	31	6
VC05	haben unsere Kirchgemeinde besser kennen gelernt.		410	5,24	1,17	0	2	7	13	32	34	12
VC06	haben Jugendarbeitsangebote der Kirche kennen gelernt.	Nur Hauptverantwortliche mit gültigen Antworten bei WC06 & VC06	326	4,63	1,65	6	7	9	22	23	21	13
		Alle Antworten	400	4,67	1,65	6	6	9	21	21	24	12
VC17	wurden zu freiwilliger oder ehrenamtlicher Mitarbeit in der Kirchgemeinde motiviert. (z.B. Jugendarbeit, Konfirmationsarbeit ...)		408	4,14	1,56	4	13	17	26	19	15	7

Wenn Sie auf die Konf-Zeit zurückblicken: Was haben die Konfirmandinnen und Konfirmanden dabei Ihrer Meinung nach erlebt, gelernt und gemacht? Die Konfirmandinnen und Konfirmanden ...						Häufigkeit in %						
(1 = trifft gar nicht zu; 7 = trifft voll zu)			N	M	SD	1	2	3	4	5	6	7
VC18	wurden freiwilliger oder ehrenamtlicher Mitarbeit ausserhalb der Kirchgemeinde ermutigt (z.B. Sportverein, Pfadi ...)		401	2,69	1,38	23	29	20	16	10	2	1
VC10	haben Formen von Stille, Andacht oder Meditation kennen gelernt.	Nur Hauptverantwortliche mit gültigen Antworten bei WC10 & VC10	333	4,75	1,59	2	9	14	13	23	27	12
		Alle Antworten	407	4,75	1,58	2	8	14	13	23	28	11
VC12	wurden dazu befähigt, über ihren Glauben entscheiden zu können.		408	5,40	1,07	0	2	4	12	33	36	14
VC20	haben in Angeboten der Gemeinde mitgearbeitet.		406	4,91	1,69	4	9	8	13	25	21	20
VB16	haben einen Überblick über christliche Traditionen – Symbole, Feste, Kunst usw. – bekommen.		409	5,03	1,38	1	6	7	13	31	31	11
VB09	haben die Themenauswahl in der Konf-Zeit mitbestimmt.	Nur Hauptverantwortliche mit gültigen Antworten bei WB09 & VB09	335	4,04	1,96	12	17	12	14	16	16	13
		Alle Antworten	407	4,00	1,96	11	19	12	14	16	15	13
VB04	konnten jugendgemässe Formen des Gottesdienstes erleben (z.B. Jugendgottesdienste).	Nur Hauptverantwortliche mit gültigen Antworten bei WB04 & VB04	332	4,87	1,86	5	11	8	13	15	24	23
		Alle Antworten	402	4,92	1,84	5	10	8	12	16	24	24
VB06	waren bei der Vorbereitung von Gottesdiensten beteiligt.		403	5,24	1,71	4	7	7	10	18	26	28

Wenn Sie auf die Konf-Zeit zurückblicken: Was haben die Konfirmandinnen und Konfirmanden dabei Ihrer Meinung nach erlebt, gelernt und gemacht? Die Konfirmandinnen und Konfirmanden ... (1 = trifft gar nicht zu; 7 = trifft voll zu)		N	M	SD	Häufigkeit in % 1	2	3	4	5	6	7
VB18	wurden mit ihren Glaubensfragen berücksichtigt.	406	5,55	1,12	1	1	3	11	25	42	18
VC03	lernten zentrale Texte des christlichen Glaubens kennen (z.B. das Unservater, die 10 Gebote, die Bergpredigt…).	408	5,07	1,55	3	5	7	15	22	29	18

Welche Themen und Aktivitäten in der Konf-Zeit vorkommen, hängt von verschiedenen Faktoren ab. Wie stark ist bei der Entscheidung darüber der Einfluss von …? (1 = kein Einfluss; 2 = geringer Einfluss; 3 = starker Einfluss; 4 = sehr starker Einfluss)		N	M	SD	1	2	3	4
VJ01	Hauptverantwortliche/r (Pfarrer/in, Katechet/in, etc.)	407	3,64	0,53	0	2	31	66
VJ02	Ehrenamtliche / Mitarbeitenden-Team	372	2,14	0,82	22	46	27	5
VJ03	Konfirmandinnen und Konfirmanden	404	2,61	0,69	3	43	45	9
VJ04	Eltern der Konfirmandinnen und Konfirmanden	406	1,69	0,66	41	50	8	1
VJ05	Kirchgemeinderat / Kirchenvorstand	407	1,63	0,61	44	49	7	
VJ11	Finanzielle Ressourcen für die Konfirmationsarbeit	407	2,11	0,80	22	49	24	5
VJ06	Offizielle Regelungen / Rahmenordnung Konfirmationsarbeit	405	2,34	0,76	13	44	39	4
VJ09	die örtliche Tradition, „wie es immer schon war"	404	2,16	0,76	18	52	26	4
VJ10	lokale Rahmenbedingungen	407	2,49	0,75	9	38	46	6

Inwiefern stimmen Sie diesen Aussagen zu? (1 = trifft gar nicht zu; 7 = trifft voll zu)			N	M	SD	1	2	3	4	5	6	7
VD05	Ich habe mit jeder Konfirmandin/ jedem Konfirmanden während der Konf-Zeit mindestens einmal persönlich gesprochen.	Nur Hauptverantwortliche mit gültigen Antworten bei WD05 & VD05	329	6,18	1,33	0	3	4	4	9	18	62
		Alle Antworten	395	6,15	1,35	1	3	4	5	10	18	60

Inwiefern stimmen Sie diesen Aussagen zu? (1 = trifft gar nicht zu; 7 = trifft voll zu)			N	M	SD	1	2	3	4	5	6	7
VD01	Der Konfirmationsgottesdienst wurde/wird gemeinsam mit den Konfirmandinnen und Konfirmanden inhaltlich vorbereitet.		396	6,52	1,05	1	1	1	1	8	13	74
VL16	Ehrenamtliche oder Freiwillige werden am Konfirmationsgottesdienst beteiligt.		395	4,51	2,24	15	12	9	9	10	15	29
VD08	Unsere Konfirmationsarbeit hat zu gutem Kontakt zwischen der Kirchgemeinde und den Konfirmanden-Eltern beigetragen.		394	4,83	1,37	1	6	11	21	29	23	10
VD06	Bei diesem Jahrgang gab es in unserer Gemeinde Zusammenarbeit zwischen Konfirmationsarbeit und Schule (z.B. gemeinsame Projekte).		394	1,68	1,36	72	13	4	4	4	2	1
VL01	In unserer Gemeinde gibt es Jugendgruppen, die für Konfirmierte geeignet sind.		393	3,45	2,28	32	14	10	8	9	11	16
VL02	Wenn eine Konfirmandin/ein Konfirmand Interesse hat, nach der Konfirmation freiwillig oder ehrenamtlich in unserer Gemeinde mitzuarbeiten, gibt es hier Gelegenheiten dafür.		393	5,27	1,70	2	8	8	10	18	22	32
VL04	Ich tausche mich häufig mit Mitarbeitenden/Kolleginnen und Kollegen aus anderen Gemeinden über die Konfirmationsarbeit aus.		392	4,12	1,75	8	16	14	15	22	18	8
VL15	Es ist jederzeit möglich, in der Kirche Probleme der Konfirmationsarbeit zu diskutieren.		391	5,40	1,46	1	4	9	11	17	32	26
VE06	Ich wäre froh, wenn ich die Konfirmationsarbeit nicht mehr machen müsste.	Nur Hauptverantwortliche mit gültigen Antworten bei WE06 & VE06	329	1,92	1,39	58	19	7	10	3	3	1
		Alle Antworten	393	1,89	1,38	59	18	7	10	2	3	1

Wie häufig kamen die folgenden Dinge vor? (1 = nie; 2 = selten; 3 = manchmal; 4 = häufig)		N	M	SD	1	2	3	4
VN01	Die Zeit für die Vorbereitung der Treffen war mir zu knapp.	394	2,34	0,78	14	44	38	5
VN05	Es gab Disziplinprobleme in der Konfirmandengruppe.	387	2,04	0,88	30	42	21	7
VN12	Nach einem langen Schultag konnten sich die Konfirmandinnen und Konfirmanden kaum auf die Inhalte des Treffens konzentrieren.	383	2,82	0,81	7	22	52	18
VN06	Einzelne Konfirmanden hatten Probleme, die Zeit für die Konf-Termine freizuhalten (z.B. Schultermine, Vereine ...)	392	2,65	0,75	5	38	46	12
VN08	Es gab Konflikte zwischen mir/uns und Konfirmanden-Eltern	392	1,38	0,62	68	27	4	1
VN13	Eine Konf-Stunde wurde vom Mitarbeitenden-Team gemeinsam vorbereitet.	383	2,01	1,10	46	21	19	14
VN10	Es gab Konflikte im Team der Konf-Mitarbeitenden	373	1,12	0,36	89	10	0	0
VN14	Bei den Konf-Treffen (abgesehen von Weekends und Lagern) waren Ehrenamtliche mit dabei.	392	1,97	1,09	46	26	14	14

Inwiefern stimmen Sie diesen Aussagen zu? (1 = überhaupt nicht; 7 = voll und ganz)		N	M	SD	1	2	3	4	5	6	7
VM01	Wie zufrieden sind Sie mit der Konfirmationsarbeit in Ihrer Gemeinde insgesamt?	391	5,29	1,07	0	2	4	11	35	39	8
VM02	Machen Sie die Konfirmationsarbeit gerne?	394	5,91	1,15	1	1	2	8	13	41	34
VM05	Finden Sie die finanzielle Ausstattung der Konfirmationsarbeit in Ihrer Gemeinde angemessen?	395	5,91	1,42	2	3	2	7	11	30	44
VM04	Finden Sie die Zusammenarbeit in Ihrem Konf-Team gelungen? (nur ausfüllen, wenn es ein Team gibt)	261	5,87	1,13	1	0	4	6	12	48	29
VM06	Erhalten Sie ausreichend Unterstützung von Kirchgemeinderat und Kirchenvorstand?	395	5,67	1,49	2	4	4	9	13	32	35

Wie oft nutzen Sie die folgenden Orte für die Konfirmationsarbeit?								
(1 = nie; 2 = selten; 3 = manchmal; 4 = häufig)		**N**	**M**	**SD**	**1**	**2**	**3**	**4**
VV01	Kirchgebäude (hier bitte nur ankreuzen, wenn das Kirchgebäude auch ausserhalb der Gottesdienste für die Konfirmationsarbeit genutzt wurde)	382	2,53	0,79	8	43	38	11
VV02	Gemeindehaus	381	3,69	0,82	6	4	5	85
VV03	Pfarrhaus	365	1,57	0,96	67	19	5	10
VV04	Räume einer Schule	367	1,28	0,74	85	8	2	5
VV06	die freie Natur	372	2,10	0,70	20	51	29	0
VV05	Sonstiges, nämlich: VV05a................................	101	2,00	0,99	39	32	20	9

Methoden und Materialien: Wie oft haben Sie die folgenden Methoden und Handlungsformen bei diesem Konfirmandenjahrgang eingesetzt?								
(1 = nie; 2 = selten; 3 = manchmal; 4 = häufig)		**N**	**M**	**SD**	**1**	**2**	**3**	**4**
VH01	Leiter/in spricht bzw. erzählt über ein Thema	400	3,42	0,65	1	5	43	50
VH07	Geschichten erzählen	391	2,69	0,73	4	36	48	12
VH02	Diskussion	398	3,63	0,56	0	4	29	67
VH03	Rollenspiel und Theater	395	2,26	0,85	19	43	30	7
VH38	individuelles Lernen (Werkstatt, Lernstrassen...)	389	2,37	0,92	20	35	35	11
VH05	Rätsel und Quizfragen	392	2,21	0,83	21	41	33	5
VH06	Spiele	397	2,58	0,81	10	34	46	11
VH08	Zeichnen, Malen und kreatives Gestalten	398	2,57	0,79	9	36	45	10
VH09	Gebet	394	2,58	0,92	11	39	31	19
VH10	mit Bibeltexten arbeiten	400	3,10	0,66	1	15	58	27
VH11	mit anderen Texten arbeiten	395	2,72	0,78	6	30	50	14
VH13	gemeinsam singen	399	2,66	0,99	14	31	30	25
VH25	Musik machen	395	1,87	0,83	38	41	18	4
VH32	mit Internet arbeiten	396	1,67	0,78	51	34	14	2
VH33	mit SMS arbeiten	396	1,54	0,88	67	19	8	6
VH34	soziale Netzwerke (z.B. Facebook-Gruppen)	398	1,44	0,82	72	16	6	5
VH15	Gruppenarbeit	394	3,43	0,69	1	7	39	53
VH17	Gespräche mit Experten	398	2,25	0,83	20	41	34	5

Methoden und Materialien: Wie oft haben Sie die folgenden Methoden und Handlungsformen bei diesem Konfirmandenjahrgang eingesetzt? (1 = nie; 2 = selten; 3 = manchmal; 4 = häufig)		**N**	**M**	**SD**	**1**	**2**	**3**	**4**
VH12	auswendig gelernte Texte aufsagen	397	1,36	0,67	74	17	8	1
VH16	Erkundungsgänge und Exkursionen	400	2,35	0,82	16	40	38	7
VH18	Begegnungen mit Menschen aus der Gemeinde	395	2,38	0,72	9	48	38	5
VH27	Meditation / Stille-Übungen	394	2,14	0,86	23	49	20	8
VH36	Lerntagebücher	398	1,29	0,69	82	10	5	3
VH28	Erlebnispädagogische Übungen	390	2,21	0,91	26	36	32	7
VH37	Projektarbeit / -einsätze	391	2,10	0,95	33	30	30	7
VH29	andere, nämlich VH26a	61	2,37	1,17	37	10	34	19

Wie oft haben Sie mit den Konfirmandinnen und Konfirmanden dieses Jahrgangs mit folgenden Materialien und Medien gearbeitet? (1 = nie; 2 = selten; 3 = manchmal; 4 = häufig)		**N**	**M**	**SD**	**1**	**2**	**3**	**4**
VI01	Bibel	400	3,14	0,71	1	16	50	32
VI03	Evangelisch-reformiertes Gesangbuch (RG)	399	1,97	0,83	31	45	19	5
VI04	moderne christliche Lieder	390	2,42	0,97	20	33	33	15
VI05	Konfirmandenmappe / Kursbuch, nämlich (Name und Erscheinungsjahr des Buches) VI15a...................................	337	1,53	1,01	75	6	9	10
VI14	Arbeitsblätter	395	2,99	0,96	10	17	37	36
VI06	eigene Materialien	392	3,46	0,73	2	9	31	58
VI07	Filme	401	2,87	0,72	3	25	55	17
VI08	Tafel oder Flipchart	399	2,91	0,85	7	20	48	25
VI10	Beamer	400	2,92	0,85	8	15	53	24
VI12	DVDs, CDs etc.	400	2,80	0,79	6	25	52	17
VI16	Materialien aus dem Internet	398	2,36	0,82	15	41	37	7
VI09	Hellraumprojektor	396	1,79	0,92	50	26	19	5
VI15	Musikinstrumente	394	1,93	0,95	40	35	17	8
VI13	sonstiges, nämlich VI13a..	48	1,83	1,17	61	10	14	15

Nur für Pfarrerinnen und Pfarrer: Bitte gewichten Sie die Relevanz der folgenden Aufgabenbereiche in Ihrer täglichen Arbeit: (1 = nicht wichtig; 7 = sehr wichtig)		N	M	SD	1	2	3	4	5	6	7
VR25	Gottesdienstvorbereitung / Predigen	371	6,21	1,03	1		2	3	11	34	49
VR26	Diakonie	368	3,93	1,52	4	16	21	24	19	9	7
VR27	Seniorinnen- und Seniorenarbeit	367	4,35	1,74	8	12	9	17	24	21	8
VR28	Konfirmationsarbeit	376	5,87	1,01	0	0	1	7	24	37	31
VR29	Öffentlichkeitsarbeit	366	4,79	1,36	1	4	14	19	29	23	10
VR30	Kasualien	372	5,97	1,21	1	2	3	5	17	30	42
VR31	Seelsorge	373	5,62	1,30	0	1	6	12	21	29	31
VR32	Schulunterricht	352	3,24	2,29	41	9	6	7	14	11	12
VR36	Gemeindeentwicklung	372	4,83	1,50	3	5	10	21	25	23	13
Inwiefern treffen die folgenden Aussagen zu? (1 = trifft gar nicht zu; 7 = trifft voll zu)		**N**	**M**	**SD**	**1**	**2**	**3**	**4**	**5**	**6**	**7**
VU07	In unserer Gemeinde wird die Konfirmationsarbeit gemeinsam mit den ehrenamtlich/freiwillig Mitarbeitenden organisiert und vorbereitet.	332	2,84	2,01	37	22	8	8	11	6	8
VU08	In unserer Gemeinde können die ehrenamtlich/freiwillig Mitarbeitenden ihre eigenen Ideen in die Konfirmationsarbeit einbringen und umsetzen.	319	3,28	2,04	29	18	10	10	15	11	7
VU11	Die Einbeziehung der ehrenamtlich/freiwillig Mitarbeitenden in die Konfirmationsarbeit ist eine zusätzliche Belastung für mich.	314	2,41	1,76	48	17	7	10	10	6	2
VU10	In unserer Gemeinde werden die ehrenamtlich/freiwillig Mitarbeitenden in die Konzeption der Konfirmationsarbeit einbezogen.	319	2,51	1,73	42	19	13	10	8	5	3
VU09	Die Einbeziehung der ehrenamtlich/freiwillig Mitarbeitenden ist ein grosser Gewinn für die Konfirmationsarbeit in unserer Gemeinde.	303	4,57	2,31	21	5	4	11	9	21	28

8.3 Abbildungsverzeichnis

8.4 Tabellenverzeichnis

9. Literaturverzeichnis

Albright, Jeremy J./Marinova, Dani M. (2010), Estimating Multilevel Models using SPSS, Stata, SAS, and R: http://www.indiana.edu/~statmath/stat/all/hlm/hlm.pdf.

Altmeyer, Stefan/Bitter, Gottfried/Boschki, Reinhold (Hg.) (2016), Christliche Katechese unter den Bedingungen der «flüchtigen Moderne». Stuttgart.

Baltes-Götz, Bernhard (2013), Analyse von hierarchischen linearen Modellen mit der SPSS-Prozedur MIXED. Trier: https://www.uni-trier.de/fileadmin/urt/doku/hlm/hlm.pdf.

Baumann, Martin/Stolz, Jörg (Hg.) (2007), Eine Schweiz – viele Religionen. Risiken und Chancen des Zusammenlebens. Bielefeld.

Beile, Markus (2012), Reise durch die Welt des Glaubens. Ein Konfi-Kurskonzept für 9 Samstage und ein Wochenende. Gütersloh.

Beile, Markus (2016), Herausforderungen und Perspektiven der Konfirmationspredigt. Empirische Einsichten und theologische Klärungen. Stuttgart.

Bertelsmann-Stiftung (Hg.) (2009), Woran glaubt die Welt? Analysen und Kommentare zum Religionsmonitor 2008. Gütersloh.

Bochinger, Christoph (Hg.) (2012), Religionen, Staat und Gesellschaft. Die Schweiz zwischen Säkularisierung und religiöser Vielfalt. Zürich.

Böhme-Lischewski, Thomas (2010), Pfarrerinnen und Pfarrer, in: Ders. u. a. (Hg.), Konfirmandenarbeit gestalten. Perspektiven und Impulse für die Praxis aus der Bundesweiten Studie zur Konfirmationsarbeit in Deutschland. Gütersloh, 45–55.

Bubmann, Peter/Doyé, Götz/Keßler, Hildrun/Oesselmann, Dirk/Piroth, Nicole/Steinhäuser, Martin (Hg.) (2012), Gemeindepädagogik. Berlin/Boston.

Bucher, Anton A. (2016), Jugendtheologie und Spiritualität, in: Thomas Schlag/Bert Roebben (Hg.), «Jedes Mal in der Kirche kam ich zum Nachdenken». Jugendliche und Kirche. Jahrbuch für Jugendtheologie, Bd. 4. Stuttgart, 42–51.

Bundesamt für Statistik, Die 7 Grossregionen der Schweiz: http://www.bfs.admin.ch/bfs/portal/de/index/regionen/11/geo/analyse_regionen/02a.html.

Bundesamt für Statistik, Bevölkerungsstand und -struktur – Detaillierte Daten: http://www.bfs.admin.ch/bfs/portal/de/index/themen/01/02/blank/data/01.html.

Bundesamt für Statistik, Ständige und nichtständige Wohnbevölkerung nach Kanton, Geschlecht, Zivilstand und Alter: https://www.pxweb.bfs.admin.ch/Selection.aspx?px_language=de&px_db=px-x-0102010000_102&px_tableid=px-x-0102010000_102\px-x-0102010000_102.px&px_type=PX.

Burri, Hans Ulrich (2004), Den Glauben weitergeben? Die pädagogische Arbeit in den Reformierten Kirchen Bern-Jura-Solothurn. Zürich.

Busch, Eberhard (2007), Reformiert. Profil einer Konfession. Zürich.

Campiche, Roland J. (2004), Die zwei Gesichter der Religion. Faszination und Entzauberung. Zürich.

Cohen, Jacob (1988), Statistical power analysis for the behavioral sciences. New York.

Demont, Oliver/Schenker, Dominik (2009), Ansichten vom Göttlichen: 22 Jugendliche. Zürich.

Domsgen, Michael/Haseke, Carsten (2009), Zukunfts- oder Auslaufmodell? Konfirmandenarbeit im Osten Deutschlands, in: Deutsches Pfarrerblatt 109, 302–306.

EKD (2006), Kirche der Freiheit. Perspektiven für die evangelische Kirche im 21. Jahrhundert. Ein Impulspapier des Rates der EKD. Hannover.

Enders, Craig K./Tofighi, Davood (2007), Centering Predictor Variables in Cross-Sectional Multilevel Models. A New Look at an Old Issue, in: Psychological Methods 12, 121–138.

European Social Survey (2014), Weighting European Social Survey Data: http://www.europeansocialsurvey.org/docs/methodology/ESS_weighting_data.pdf.

Freudenberg, Matthias (2011), Reformierte Theologie. Eine Einführung. Neukirchen-Vluyn.

Furler, Frieder (2012), Diakonie – eine praktische Perspektive. Vom Wesensmerkmal zum sichtbaren Zeichen der Kirche. Zürich.

Gennep, Arnold van (2005), Übergangsriten. 3., erweiterte Auflage. Frankfurt am Main/New York.

Grümme, Bernhard/Schlag, Thomas (Hg.) (2016), Gerechter Religionsunterricht. Religionspädagogische, pädagogische und sozialethische Orientierungen. Stuttgart.

Helbling, Dominik/Leimgruber, Stephan/Jakobs, Monika/Kropač, Ulrich (Hg.) (2013), Konfessioneller und bekenntnisunabhängiger Religionsunterricht. Eine Verhältnisbestimmung am Beispiel Schweiz. Zürich.

Hochuli-Wegmüller, Lilli (2016), Gottesdienste als Herausforderung der Konfirmationsarbeit – Partizipation als jugendtheologischer Lösungsansatz, in: Thomas Schlag/Bert Roebben (Hg.), «Jedes Mal in der Kirche kam ich zum Nachdenken». Jugendliche und Kirche. Jahrbuch für Jugendtheologie, Bd. 4. Stuttgart, 182–190.

Huber, Stefan (2016), Religiöse Erfahrungen nehmen zu! Längsschnittanalysen zur Religiosität junger Erwachsener in den westeuropäischen Daten des Religionsmonitors 2008 und 2013, in: Thomas Schlag/Bert Roebben (Hg.), «Jedes Mal in der Kirche kam ich zum Nachdenken». Jugendliche und Kirche. Jahrbuch für Jugendtheologie, Bd. 4. Stuttgart, 64–77.

Huber, Sven/Rieker, Peter (Hg.) (2013), Offene Kinder- und Jugendarbeit in der Schweiz. Theoretische Perspektiven – jugendpolitische Herausforderungen – empirische Befunde. Weinheim/Basel.

Ilg, Wolfgang/Schweitzer, Friedrich/Elsenbast, Volker (Hg.) (2009), Konfirmandenarbeit in Deutschland. Empirische Einblicke, Herausforderungen, Perspektiven. Konfirmandenarbeit erforschen und gestalten, Bd. 3. Gütersloh.

IBM (International Business Machines Corporation) (2014), IBM SPSS Missing Values 23. USA: ftp://public.dhe.ibm.com/software/analytics/spss/documentation/statistics/23.0/en/client/Manuals/IBM_SPSS_Missing_Values.pdf.

Kessler, Andreas/Noth, Isabelle (Hg.) (2015), Herausforderungen und Chancen des reformierten Religionsunterrichts in der Deutschschweiz. Zürich.

Klie, Thomas (2007), Art. Konfirmation, in: Wilhelm Gräb/Birgit Weyel (Hg.), Handbuch Praktische Theologie. Gütersloh, 591–601.

Krieg, Matthias/interkantonale Initiativgruppe (Hg.) (2009), Reformierte Bekenntnisse. Ein Werkbuch. Zürich.

Krieg, Matthias/Diethelm, Roland/Schlag, Thomas (Hg.) (2012), Lebenswelten. Modelle kirchlicher Zukunft, Bd. 2: Orientierungshilfe. Zürich.

Krieg, Matthias/Luibl, Hans Jürgen (Hg.) (1999), In Freiheit Gesicht zeigen. Zur Wiederaufnahme des liturgischen Bekennens im reformierten Gottesdienst. DenkMal, Bd. 2. Zürich.

Krieg, Matthias/Zangger-Derron, Gabrielle (Hg.) (2002), Die Reformierten. Suchbilder einer Identität. Zürich.

Kropač, Ulrich/Meier, Uto/König, Klaus (Hg.) (2012), Jugend, Religion, Religiosität. Resultate, Probleme und Perspektiven der aktuellen Religiositätsforschung. Regensburg.

Kumlehn, Martina (2014), Gemeindliche Bildungs-Räume, in: Ralph Kunz/Thomas Schlag (Hg.), Handbuch für Kirchen- und Gemeindeentwicklung. Neukirchen-Vluyn, 347–356.

Kundert, Lukas (2014), Die reformierte Kirche. Grundlagen für eine reformierte Schweizer Ekklesiologie. Zürich.

Kunz, Ralph/Liedke, Ulf (Hg.) (2013), Handbuch Inklusion in der Kirchengemeinde. Göttingen.

Kunz, Ralph/Marti, Andreas/Plüss, David (Hg.) (2011), Reformierte Liturgik – kontrovers. Praktische Theologie im reformierten Kontext, Bd. 1. Zürich.

Leitfragen und Arbeitsinstrumente zur Freiwilligenarbeit für reformierte Kirchgemeinden (2010), hg. von Fachstellen div. Kantonalkirchen, 2. Auflage: http://benevol.ch/fileadmin/pdf/Freiwilligenarbeit_Leitfaden_Kirche.pdf.

Leyland, Alastair H. (2014), A review of multilevel modelling in SPSS. Glasgow: http://www.bristol.ac.uk/media-library/sites/cmm/migrated/documents/reviewspss.pdf.

Maaß, Christoph H./Simojoki, Henrik (2015), Minding the Gap: Overall Satisfaction and Perceived Daily Life Relevance of Confirmation Work, in: Friedrich Schweitzer et al. (Eds.) (2015b), Youth, Religion and Confirmation Work in Europe. The Second Study. Gütersloh, 125–134.

Maissen, Thomas (2011), Geschichte der Schweiz. 3., korrigierte und mit Registern versehene Auflage. Baden.

Meyer, Karlo (2012), Gottesdienst in der Konfirmandenarbeit. Eine triangulative Studie. Göttingen.

Meyer-Liedholz, Dorothea/Siebenthal, Patrick von/Frei, Daniel/Moser, Barbara/Perrenoud, Markus/Weber, Christian/Widmer Hodel, Monika/Wüthrich, Simone (2014), Konf – Wir leben in Beziehungen. Arbeitshilfe für die Konfirmationsarbeit, mit 2 Begleit-DVDs und 103 Karten [Eure Wahl!]. Hg. von der Evangelisch-reformierten Landeskirche des Kantons Zürich. Zürich.

Miller, Alan S./Hoffman, John P. (1995), Risk and Religion. An Explanation of Gender Differences in Religiosity, in: Journal for the Scientific Study of Religion 34, 63–75.

Morgenthaler, Christoph (2011), Abendrituale. Tradition und Innovation in jungen Familien. Stuttgart.

Müller, Sabrina, Bedingungen eines gelingenden theologischen Diskurses mit jungen Freiwilligen, in: Thomas Schlag/Bert Roebben (Hg.), «Jedes Mal in der Kirche kam ich zum Nachdenken». Jugendliche und Kirche. Jahrbuch für Jugendtheologie, Bd. 4. Stuttgart, 160–170.

Niemelä, Kati (2008), Does confirmation training really matter? Tampere.

Nord, Ilona (Hg.) (2015), Inklusion im Studium Evangelische Theologie. Grundlagen und Perspektiven mit einem Schwerpunkt im Bereich von Sinnesbehinderungen. Leipzig.

Norris, Pippa/Inglehart, Ronald (2004), Sacred and secular. Religion and politics worldwide. Cambridge studies in social theory, religion, and politics. Cambridge.

Perrin, Petra Jörg (2007), Geschlechts- und ausbildungsspezifische Unterschiede im Investitionsverhalten. Bern.

Pettersson, Per/Simojoki, Henrik (2010), Does Confirmation Work Contribute to Civil Society?, in: Friedrich Schweitzer/Wolfgang Ilg/Henrik Simojoki (Eds.), Confirmation Work in Europe. Empirical Results, Experiences and Challenges. A Comparative Study in Seven Countries. Gütersloh, 265–275.

Plüss, David/Wüthrich, Matthias D./Zeindler, Matthias (Hg.) (2016), Ekklesiologie der Volkskirche. Theologische Zugänge in reformierter Perspektive. Ein Handbuch. Zürich.

Porkka, Jouko/Simojoki, Henrik/Schweitzer, Friedrich (2015), The Wider Context. Volunteerism and Civil Society, in: Friedrich Schweitzer/Kati Niemelä/Thomas Schlag/Henrik Simojoki (Eds.), Youth, Religion and Confirmation Work in Europe. The Second Study. Gütersloh, 93–103.

Rüegger, Heinz/Sigrist, Christoph (2011), Diakonie – eine Einführung. Zur theologischen Begründung helfenden Handelns. Zürich.

Schenker, Dominik (2016), Organisierte Freiheit. Jugendarbeit der katholischen Kirche in der Deutschschweiz. Ein Handbuch. Zürich.

Schlag, Thomas (2010a), Confirmation Work in Switzerland, in: Friedrich Schweitzer/Wolfgang Ilg/Henrik Simojoki (Eds.), Confirmation Work in Europe. Empirical Results, Experiences and Challenges. A Comparative Study in Seven Countries. Gütersloh, 95–115.

Schlag, Thomas (2010b), Partizipation, in: Thomas Böhme-Lischewski u. a. (Hg.), Konfirmandenarbeit gestalten. Perspektiven und Impulse für die Praxis aus der Bundesweiten Studie zur Konfirmandenarbeit in Deutschland. Gütersloh, 112–124.

Schlag, Thomas (2010c), Wenn Glaube auf Wirklichkeit trifft. Notwendige Überlegungen zur theologischen Bildungserfahrung in der Konfirmationsarbeit, in: Thomas Böhme-Lischewski/Sönke von Stemm/Volker Elsenbast (Hg.), Konfirmandenarbeit für das 21. Jahrhundert. Münster, 26–32.

Schlag, Thomas (2012a), Seelsorge in der Konfirmationsarbeit, in: Isabelle Noth/Ralph Kunz (Hg.), Nachdenkliche Seelsorge – seelsorgerliches Nachdenken. Festschrift für Christoph Morgenthaler zum 65. Geburtstag. Göttingen, 277–295.

Schlag, Thomas (2012b), Zwischen Sonntagsschule und nicht-konfessionellem Religionsunterricht. Das neue religionspädagogische Gesamtkonzept im Kanton Zürich, in: Martin Friedrich/Hans Martin Luibl (Hg.), Glaubensbildung. Die Weitergabe des Glaubens im europäischen Protestantismus. Leipzig, 197–209.

Schlag, Thomas (2013), Schulische und kirchliche religiöse Bildung im Kanton Zürich. Entwicklungen – Spannungen – Perspektiven, in: Dominik Helbling/Ulrich Kropač/ Monika Jakobs/Stephan Leimgruber (Hg.), Konfessioneller und bekenntnisunabhängiger Religionsunterricht. Eine Verhältnisbestimmung am Beispiel Schweiz. Zürich, 87–114.

Schlag, Thomas (2014), Reformierte Kirche im helvetischen Kulturkontext. Deutsch-Schweizerische und deutschschweizerische Perspektiven, in: Birgit Weyel/Peter Bubmann (Hg.), Kirchentheorie. Praktisch-theologische Perspektiven auf die Kirche. Leipzig, 80–93.

Schlag, Thomas (2015), Ehrenamtliche Präsenz in den Leitungsaufgaben nach dem Schweizer Modell. Zur helvetischen Verantwortungskultur in den Reformierten Kirchen der Schweiz, in: PTh 104, 465–481.

Schlag, Thomas/Christensen, Leise (2010), Gender and Confirmation Work, in: Friedrich Schweitzer/Wolfgang Ilg/Henrik Simojoki (Eds.), Confirmation Work in Europe. Empirical Results, Experiences und Challenges. A Comparative Study in Seven Countries. Gütersloh 2010, 254–264.

Schlag, Thomas/Koch, Muriel (2015), Confirmation Work in Switzerland, in: Friedrich Schweitzer/Kati Niemelä/Thomas Schlag/Henrik Simojoki (Eds.), Youth, Religion and Confirmation Work in Europe. The Second Study. Gütersloh, 204–213.

Schlag, Thomas/Schweitzer, Friedrich (2011), Brauchen Jugendliche Theologie? Jugendtheologie als Herausforderung und didaktische Perspektive. Neukirchen-Vluyn.

Schlag, Thomas/Schweitzer, Friedrich u. a. (2012), Jugendtheologie. Grundlagen – Beispiele – kritische Diskussion. Göttingen.

Schlag, Thomas/Voirol-Sturzenegger, Rahel (Hg.) (2010), Konfirmationsarbeit im Kanton Zürich. Erkenntnisse – Herausforderungen – Perspektiven. Zürich.

Schlag, Thomas/Voirol-Sturzenegger, Rahel (2011), Weit entfernt … oder näher als vermutet? Zum Stand der Religionspädagogik in der Schweiz und im Kanton Zürich, in: Theo-Web. Zeitschrift für Religionspädagogik 10/2, 69–79.

Schweitzer, Friedrich/Elsenbast, Volker (Hg.) (2009), Konfirmandenarbeit erforschen. Ziele – Erfahrungen – Perspektiven. Gütersloh.

Schweitzer, Friedrich/Ilg, Wolfgang/Simojoki, Henrik (Hg.) (2010), Confirmation Work in Europe. Empirical Results, Experiences and Challenges. A Comparative Study in Seven Countries. Konfirmandenarbeit erforschen und gestalten, Bd. 4. Gütersloh.

Schweitzer, Friedrich/Maaß, H. Christoph/Lißmann, Katja/Hardecker, Georg/Ilg, Wolfgang in Verbindung mit Elsenbast, Volker und Otte, Matthias (2015a), Konfirmandenarbeit im Wandel – Neue Herausforderungen und Chancen. Perspektiven aus der zweiten bundesweiten Studie. Konfirmandenarbeit erforschen und gestalten, Bd. 6. Gütersloh.

Schweitzer, Friedrich/Niemelä, Kati/Schlag, Thomas/Simojoki, Henrik (Eds.) (2015b), Youth, Religion and Confirmation Work in Europe. The Second Study. Konfirmandenarbeit erforschen und gestalten, Bd. 7. Gütersloh.

Schweizerischer Evangelischer Kirchenbund (Hg.) (2010), Die Taufe in evangelischer Perspektive. Bern.

Shell Deutschland (Hg.) (2015), Jugend 2015. 17. Shell Jugendstudie. Frankfurt am Main.

Stemm, Sönke von/Meyer, Karlo (2010), Gottesdienste, in: Thomas Böhme-Lischewski u. a. (Hg.), Konfirmandenarbeit gestalten. Perspektiven und Impulse für die Praxis aus der Bundesweiten Studie zur Konfirmandenarbeit in Deutschland. Gütersloh, 80–89.

Stolz, Jörg/Ballif, Edmée (2010), Die Zukunft der Reformierten. Gesellschaftliche Megatrends – kirchliche Reaktionen. Zürich.

Stolz, Jörg/Krüggeler, Michael/Könemann, Judith/Schneuwly Purdie, Mallory/Englberger, Thomas (2014), Religion und Spiritualität in der Ich-Gesellschaft. Vier Gestalten des (Un-)Glaubens. Zürich.

Sullins, D. Paul (2006), Gender and Religion. Deconstructing Universality, Constructing Complexity, in: American Journal of Sociology 112, 838–880.

Voirol-Sturzenegger, Rahel (2014), Kirchliche Religionspädagogik in der Schweiz. Reformierte Perspektiven am Beispiel des Zürcher Religionspädagogischen Gesamtkonzepts (rpg). Zürich.

Weber-Berg, Christoph (2016), Reformulierter Glaube. Anstösse für kirchliche Verkündigung heute. Zürich.

Winter-Pfändler, Urs Christian (2015), Kirchenreputation. Forschungsergebnisse zum Ansehen der Kirchen in der Schweiz und Impulse zum Reputationsmanagement. St. Gallen.

Zimbardo, Philip G./Gerrig, Richard J. (2008), Psychologie. 18., aktualisierte Auflage. München/Boston u. a.